ROBERT WHYMANT

Richard Sorge – Der Mann mit den drei Gesichtern

Aus dem Englischen übersetzt
von Thomas Bertram

Europäische Verlagsanstalt

Die Originalausgabe erschien 1996 unter dem Titel »Stalin's Spy. Richard Sorge and the Tokyo Espionage Ring« bei I. B. Tauris Publishers, London, New York
Copyright © 1996 by Robert Whymant

Die Deutsche Bibliothek – CIP-Einheitsaufnahme

Whymant, Robert:
Richard Sorge : der Mann mit den drei Gesichtern / Robert Whymant.
[Aus dem Amerikan. von Thomas Bertram]. – 2. Aufl. –
Hamburg : Europäische Verlagsanstalt, 1999
ISBN 3-434-50407-9

© Europäische Verlagsanstalt/Rotbuch Verlag, Hamburg 1999
Umschlaggestaltung: Groothuis+Malsy, Bremen
Foto: Richard Sorge nach der Gefangennahme, Oktober 1941 (Kyoto News Agency)
Signet: Dorothee Wallner nach Caspar Neher »Europa« (1945)
Herstellung: Das Herstellungsbüro, Hamburg
Satz: Greiner & Reichel, Köln
Druck und Bindung: Clausen & Bosse, Leck
Printed in Germany
Alle Rechte vorbehalten

Inhalt

Vorwort und Danksagungen   7

Prolog
Der Unfall   9

Teil 1
1   Kind und Soldat   *21*
2   Student und Revolutionär   *34*
3   Moskau, 1924–29   *40*
4   Einsatz in Schanghai   *47*
5   »Tokio wäre nicht schlecht«   *61*

Teil 2
6   »Ein Mann, dessen Stimme Gewicht hat«   *71*
7   Der Ring formiert sich   *83*
8   Moskau, Sommer 1935   *103*
9   »Es ist schwer hier, wirklich schwer«   *109*

Teil 3

10 Winter und Frühling 1941   *185*
11 Mai 1941   *208*
12 Juni 1941   *239*
13 Juli 1941   *277*
14 August 1941   *309*
15 September 1941   *333*
16 Oktober 1941   *349*

Teil 4

17 Ein hoher Preis   *389*

Epilog

Ein Heldengrab   *440*

Anhang

Bildnachweis   *448*
Anmerkungen   *449*
Bibliographie   *500*
Personenregister   *505*

Vorwort und Danksagungen

Die Geschichte von Richard Sorge, einem der erfolgreichsten Spione unserer Zeit, ist überwuchert von Mythen, Verdrehungen und Erfindungen. Für den Versuch, Wahrheit und Lüge zu entwirren, waren zwanzig Jahre Detektivarbeit in Japan, Rußland, Deutschland, China und den Vereinigten Staaten nötig. Auf der Suche nach Richard Sorge wurden Freunde, Bekannte und Feinde aufgespürt, überlebende Mitglieder des Spionagerings und deren Familien. Einige der Interviewten starben vor Beendigung dieses Buches. Aber ich bin froh, daß Ishii Hanako, die mir von Sorge erzählte, und Yamazaki Yoshiko, die mich mit Informationen über ihren verstorbenen Mann Branko Vukelic versorgte, sich guter Gesundheit erfreuen, die eine lebt in Tokio, die andere in Yokohama.

Dieses Buch basiert auf Gesprächen mit vielen Menschen, die unmittelbar von der Affäre wußten, auf bislang unveröffentlichtem Material aus dem russischen Verteidigungsministerium und auf KGB-Akten, auf Material aus deutschen diplomatischen Archiven, auf japanischen und deutschen Memoiren und offiziellen Aufzeichnungen. Dennoch beruht ein Großteil unserer Kenntnis über die Affäre auf dem, was Sorge selber und seine Untergebenen den japanischen Vernehmungsbeamten zu Protokoll gaben. Was die Glaubwürdigkeit dieser im Gefängnis, in einer Atmosphäre der Angst gemachten Aussagen betrifft, ist allerdings Vorsicht geboten. Die Gewichtung der Zeugnisse im Schatten des Galgens gehörte zu den schwierigsten Aufgaben beim Zusammenfügen der einzelnen Teile der Geschichte von Richard Sorge.

Denen, die einem persönlichen Gespräch zustimmten oder auf Bitten um Informationen brieflich oder telefonisch antworteten, danke ich herzlich. Ihre Namen finden sich in den Anmerkungen. Besonderen Dank schulde ich Eta Harich-Schneider, die drei Jahre vor ihrem Tod, 1986, mit mir über Sorge sprach. Ihre Sichtweise war von unschätzbarem

Wert, weil niemand Sorge während seiner letzten Wochen in Freiheit näher stand.

Zu Dank verpflichtet bin ich Ryu Otomo für seine großzügige Hilfe beim Aufstöbern und bei der Erläuterung vieler japanischer Quellen. Professor Christopher Andrew vom Corpus Christi College in Cambridge war so freundlich, mir zu erklären, wie die sowjetischen Geheimdienste Sigint* – Informationen durch Abfangen und Auswerten von Nachrichtensignalen – nutzten, um Sorges Berichte zu untermauern.

»Es sind so viele Lügen geschrieben worden, so viel wurde verdreht«, sagte Frau Harich-Schneider. Sie fürchtete, daß ich den Reigen der erfundenen Geschichten fortsetzen könnte, und bat mich, aufzuschreiben, was tatsächlich geschehen war. Das vorliegende Buch ist der Versuch, diesem Wunsch zu entsprechen. Dennoch liegt auch heute noch ein Schleier des Geheimnisses über weiten Abschnitten im Leben und in der Arbeit eines außergewöhnlichen Geheimagenten. Vieles bleibt noch zu erhellen. Die Akte Dr. Sorge ist noch nicht geschlossen.

Um einige Schlüsselepisoden in diesem Buch lebendiger zu gestalten, wurde sparsam wörtliche Rede eingesetzt. Wo dies der Fall ist, beruhen die Dialoge auf Erinnerungen von Gesprächsteilnehmern oder wurden nach Gerichtsprotokollen rekonstruiert, ohne irgend etwas auszuschmücken. Die direkte Rede wurde in Übereinstimmung mit den bekannten Tatsachen und dem vorliegenden Beweismaterial nachempfunden; die Quellennachweise finden sich in den Anmerkungen im Anschluß an den Text.

Bei den japanischen Namen folgt dieses Buch der japanischen Gepflogenheit, zuerst den Familiennamen und dann den Vornamen zu nennen.

---

* *sig*nals *int*elligence – Fernmeldeaufklärung.

Prolog

Der Unfall

Gegen 3 Uhr am Morgen des 13. Mai 1938 erschütterte ein Donnergrollen die Stille von Toranomon in der Nähe des Regierungsviertels im Herzen Tokios. Ein schweres Motorrad kam beim Gebäude der Südmandschurischen Eisenbahn um die Ecke die Straße hinauf, die zur Amerikanischen Botschaft führt. Der T-förmige Botschafts-Compound erstreckt sich damals wie heute über einen Hügelkamm am oberen Ende dieser Straße. Hier bog der Motorradfahrer scharf nach links ab und donnerte über die steile, dunkle Gasse, die an der südlichen Mauer der Botschaft entlangführt.

Ein, zwei Augenblicke später hörte der Polizist am Tor der Botschaft einen gewaltigen Knall und ein metallisches Scheppern. Er rannte hangaufwärts und fand Teile eines Motorrads, das beim Frontalzusammenstoß mit der Steinmauer vollständig verbogen worden war. Im Schein der Taschenlampe entdeckte er zwischen den Metalltrümmern menschliche Zähne. Der Mann, der blutend auf der Straße lag, war Ausländer. Er wurde später als deutscher Journalist identifiziert, Richard Sorge. Ein amerikanischer Arzt, Stedefeld, der in der Nähe der Botschaft wohnte, wurde geholt, um Erste Hilfe zu leisten. Kaum später traf Prinz Urach, ein Freund Sorges, der im Imperial Hotel residierte, am Unfallort ein.

Die beiden hatten seit dem frühen Abend getrunken und waren in den frühen Morgenstunden aus der Bar des Rheingold getorkelt. Urach hatte Sorge gedrängt, ein Taxi zu nehmen oder zu Fuß nach Hause zu gehen, aber auf keinen Fall mit dem Motorrad heimzufahren. Sorge hatte auf seine typische unbekümmerte Art gelacht. Er war kein Mensch, der auf die Stimme der Vorsicht hörte. Wenn er zu betrunken war, um zu fahren, dann war er auch zu betrunken, sich über die Folgen Gedanken zu machen.

Urach war entsetzt über das, was er vorfand. Kaum fähig, durch seinen blutenden Mund zu sprechen, versuchte Sorge unter Schmerzen, Urach etwas Dringendes mitzuteilen. »Sag Clausen, er soll sofort kommen«, murmelte er.

Zu Hause in Roppongi wurde Max Clausen vom hartnäckigen Klingeln des Telefons aus dem Schlaf gerissen. Er war äußerst beunruhigt, als er hörte, daß Sorge soeben schwerverletzt mit dem Krankenwagen ins St Luke's Hospital gebracht wurde, zog sich rasch an und fuhr, so schnell er konnte, zu dem modernen medizinischen Zentrum im Tsukiji-Viertel.

Sorge war in sehr schlechter Verfassung und kurz davor, das Bewußtsein zu verlieren. Er konnte nicht deutlich sprechen. Clausen erinnerte sich später, was geschah, als er in den frühen Morgenstunden im Krankenhaus eintraf:

Unter Aufbietung der Willenskraft, die ich immer so bemerkenswert fand, zog er die auf englisch geschriebenen Geheimberichte und die amerikanischen Dollarnoten aus seiner Jackentasche, die auf keinen Fall jemand sehen durfte, und übergab sie mir – dann verlor er das Bewußtsein, als sei er endlich von einer schweren Last befreit.[1]

Clausen beeilte sich, die Sachen wegzustecken. Dann fuhr er zu Sorges kleinem Haus in Nagasaka-cho. Dort ließ er alle Unterlagen, die Verdacht erregen könnten, verschwinden, einschließlich eines Notizbuchs.

Er wurde gerade zur rechten Zeit fertig. Als es zu dämmern begann, erschien Rudolf Weise, als Leiter der offiziellen deutschen Nachrichtenagentur, des Deutschen Nachrichtenbüros, der ranghöchste deutsche Journalist, um Sorges Haus und Eigentum zu versiegeln. Das war knapp gewesen, und Clausen jagte es einen Schauder über den Rücken: »Mir wurde heiß und kalt bei dem Gedanken, daß unsere geheime Arbeit hätte aufgedeckt werden können, wäre Weise vor mir eingetroffen. Was mich auch beunruhigte, war, daß es seltsam ausgesehen hätte, wenn ein Fremder wie ich zu so einer Zeit im Haus gewesen wäre.«[2]

Es stimmte, daß man Sorge und Clausen manchmal zusammen bei einem Bier im Deutschen Club sah, aber niemand hatte so recht verstanden, warum der begabte Journalist und Intellektuelle sich mit einem so geistlosen, unkultivierten Geschäftsmann wie Clausen abgab. Deshalb war Prinz Urach verblüfft, als Sorge dringend nach Clausen verlangte. Kein Mensch wäre je auf den Gedanken gekommen, daß die Treue zur Sowjetunion beide verband oder daß sie Genossen in einem Spionagering im Dienste der Roten Armee waren.

Clausen war fix und fertig. Das Spionagenetz war mit äußerster Sorgfalt aufgebaut worden, und all das konnte wegen dieser einen Leichtsinnstat zusammenbrechen. Die Japaner waren besessen von dem Gedanken, daß überall Spione lauerten, und Ausländer wurden daher schärfstens überprüft. Gerieten die Papiere, die Sorge bei sich trug, der Polizei in die Hände, würde das mit Sicherheit zu unangenehmen Fragen führen.

Es wäre verständlich gewesen, hätte Clausen seinen Chef innerlich verflucht. Mit der Zeit hätte der angestaute Groll seine Loyalität zerfressen, und die Ereignisse dieser Nacht wären vielleicht der Anfang davon gewesen. Doch wie groß sein Ärger auch sein mochte, als er sah, wie Sorge im Krankenhaus den Schmerzen standhielt, war er voller Staunen und Bewunderung.

Ein normaler Mensch in diesem Zustand – mit ausgeschlagenen Vorderzähnen und großen, klaffenden Wunden an Kiefer und Stirn – wäre ohnmächtig geworden, aber Sorge hatte irgendwie durchgehalten, bis Clausen eingetroffen war.

Als ich nach dem Anruf zum Krankenhaus raste, konnte er nicht sprechen, aber er hatte seine fünf Sinne beisammen. Erst nachdem er mir die wichtigen, vertraulichen Papiere und die anderen Sachen gegeben hatte – erst als ich alles sicher in Händen hielt –, verlor er das Bewußtsein ... Einmal mehr konnte ich nicht anders, ich war von seiner zähen Natur beeindruckt.[3]

Das Datum dieses Ereignisses blieb Clausen im Gedächtnis, und ziemlich genau vier Jahre später erklärte er den japanischen Vernehmungsbeamten, warum: »Zufällig war es Freitag, der 13., der Tag, den Europäer und Amerikaner am meisten hassen.«[4]

Am Sonnabend, dem 14. Mai, fanden die Leser des *Japan Advertiser* in der beliebten Kolumne »Gesellschaft und Vermischtes« direkt unter den Neuigkeiten vom kaiserlichen Hof die folgende Meldung:

»Dr. R. Sorge, der hiesige Korrespondent des *Hamburger Fremdenblatts*, wurde gestern am frühen Morgen nach einem Motorradunfall ins St Luke's International Center eingeliefert. Wie verlautet, ist er schwerverletzt.«

Miyake Hanako, Sorges Freundin, erfuhr durch ein Telegramm seiner Hausangestellten von dem Unfall: »Sorge verletzt. Komm sofort.« Sie eilte zu seinem Haus im Wohnblock Nagasaka-cho der Hauptstadt und nahm ein Taxi zum St Luke's, nachdem sie sich die konfuse Version der Ereignisse aus dem Munde der Haushälterin angehört hatte. Sorges Zustand war jämmerlich, der Kopf war dick bandagiert, der Kiefer verdrahtet, und der linke Arm steckte in einer Schlinge.

»Ich brach in Tränen aus, als ich ihn so sah«, erinnert sich Hanako. »Ich konnte gar nicht aufhören zu weinen. Nur mit viel Mühe gelang es mir, mich zusammenzureißen. Ich fragte ihn, ob er mich erkenne. Zu meiner Erleichterung nickte er schwach. Ich hielt seine Hand, und nach einer Weile sagte ich, daß ich am nächsten Tag wiederkäme. Ich konnte nicht viel tun. Ich wollte bei ihm übernachten, neben seinem Bett. Aber das Krankenhaus wollte es nicht erlauben.«[5]

In den 1930er Jahren war St Luke's das modernste Zentrum westlicher Medizin in Japan. Ausländer, die japanischen Krankenhäusern nicht trauten, kamen mit ihren Wehwehchen zu Dr. Elliot und seinem amerikanisch ausgebildeten medizinischen Personal. Die meisten Ausländerkinder kamen in dieser seltenen Oase der Hygiene zur Welt, die sie mit einer kräftigen Duftwolke aus Linoleumpolitur und Desinfektionsmitteln begrüßte.

Die Bibeln auf den Nachttischen mit dem Aufdruck der Episkopalkirche von Amerika erinnerten die Patienten daran, wem sie das schöne Gebäude und die erstklassige Pflege zu verdanken hatten. So erfuhr ein sowjetischer Agent, ein Agnostiker, in seiner Stunde der Not Beistand in einem Krankenhaus, das von amerikanischen Missionaren betrieben wurde, die ihn gesund pflegten, damit er weiter seine Pflicht erfüllen konnte.

Sorge lag als Privatpatient in einem Raum in der zweiten Etage, in den bald ein steter Strom von Besuchern ein und aus ging – obwohl seine Lippen so übel aufgeschlagen waren, daß es ihn, selbst nachdem die Verbände entfernt waren, Schmerzen kostete, mehr als ein paar zusammenhängende Worte zu sprechen.

Diplomaten und Sekretäre der Deutschen Botschaft, Kollegen von der Presse und Parteigenossen des Tokioter Zweigs der NSDAP kamen, um dem Korrespondenten der *Frankfurter Zeitung*, damals Deutschlands führender Tageszeitung, ihr Mitgefühl zu bekunden. (Der *Japan Advertiser* hatte sich hinsichtlich Sorges Zugehörigkeit geirrt.) Sorge war ein Mann, der Respekt und Aufmerksamkeit forderte. Das wurde offenkundig, als eine schwarze Limousine mit flatternder Hakenkreuzfahne auf der Kühlerhaube in den Vorhof des Krankenhauses glitt, der Helma Ott, die Frau des deutschen Botschafters, entstieg.

Helma war eine auffallende Erscheinung, als Frau selbst für europäische Verhältnisse groß – die Japaner dachten, sie ähnele einer *matsu no ki*, einer Kiefer – und sehr schlank. Ihr Haar war vollkommen ergraut, obwohl sie erst vierundvierzig war, und ihr Teint erstrahlte im frischen Glanz einer sehr viel jüngeren Frau. Bei einem ihrer ersten Besuche überbrachte sie ein Genesungstelegramm ihres Mannes, Eugen Ott, der erst kürzlich zum Botschafter des Dritten Reiches in Japan ernannt worden war.

Ott selber war eben in diesem Augenblick auf dem Weg nach Berlin, um mit Hitlers Außenminister Joachim von Ribbentrop über die Pflichten seines neuen Amtes zu sprechen. Und er sollte von Reichskanzler Adolf Hitler höchstpersönlich empfangen werden. Kein Zweifel, wäre nicht diese dringende Reise gewesen, der Botschafter hätte sich schnurstracks auf den Weg zum St Luke's Hospital gemacht. Für Ott war Sorge nicht einfach nur ein unvergleichlicher Journalist. Er war ein enger Freund, den er sehr mochte und bewunderte und der in den häuslichen Plänen der Otts eine ganz besondere Rolle spielte.

Im Laufe der folgenden Wochen erschien Helma, sehr zum Nachteil ihrer Pflichten als First Lady der deutschen Kolonie, regelmäßig im Krankenhaus. »Ich muß jetzt gehen, mein Patient wartet«, pflegte sie erstaunten Gästen bei gesellschaftlichen Ereignissen zu sagen, bevor sie davonrauschte. Vielleicht war es unvermeidlich, daß diese ausufernde Fürsorge unter den Matronen der Kolonie bei jedem Kaffeeklatsch für anregenden Gesprächsstoff sorgte.[6]

Schon früher hatte die Natur der Beziehung Frau Otts zu Dr. Sorge Anlaß zu Getuschel gegeben. Die Gerüchte über eine Affäre waren zudem nicht grundlos. Aber – und das konnten die Wichtigtuer nicht wissen – die Romanze war längst vorbei. Zumindest was Sorge betraf, konnte von Leidenschaft keine Rede mehr sein, obgleich Helma immer noch nach Glut in der kalten Asche suchte.

Unter denen, die kamen, um den Patienten moralisch aufzurichten, war auch Prinz Albrecht von Urach, Sorges Retter in der Unfallnacht. Auf den ersten Blick schienen er und Sorge schlecht zusammenzupassen. Vom Naturell her war der eine praktisch das genaue Gegenteil des andern. Der Prinz, ein Sprößling des württembergischen Königshauses, hatte eine zurückhaltende Art und war eine laxe, kraftlose Erscheinung (obwohl Hanako ihn für elegant und gutaussehend hielt).

Sorge dagegen war kraftvoll, extrovertiert und in den meisten Dingen maßlos, besonders was seinen Appetit auf Frauen und Alkohol anlangte. Urach, der Korrespondent des *Völkischen Beobachters*, des offiziellen Organs der Nationalsozialisten, hielt Sorge für amüsant und exzentrisch, aber auch für einen versierten und beschlagenen Autor. Der Adelstitel verschaffte Urach automatisch Zugang zu den feinsten Kreisen in Deutschland und Japan, und er stand mit jedem auf vertrautem Fuß, der im deutschen Auswärtigen Amt etwas zu sagen hatte, was ihn zu einem nützlichen Begleiter machte.

Zweifellos sehr viel wohler fühlte Sorge sich in Gesellschaft von Major Erwin Scholl, dem stellvertretenden Militärattaché, der oft zum St Luke's hinüberfuhr. Für Scholl, einen geborenen Ostpreußen, war Sorge ein guter Kamerad und enger Freund. Bei seiner Ankunft in Japan im Januar 1936 hatte er erfreut festgestellt, daß Sorge Ende 1914 in Flandern im selben Studentenbataillon gedient hatte. Die Gemeinschaft des Schützengrabens war das stärkste Band und schuf ein unmittelbares und absolutes Vertrauensverhältnis. Selbstverständlich sprach Scholl freimütig über seine Arbeit, ohne zu wissen, daß Sorge die wichtigsten Informationen nach Moskau weitergab. Untermauert wurde ihre Kameradschaft durch das gemeinsame Faible für Frauen und Alkohol, und beide hatten Spaß daran, zotige Anekdoten zum besten zu geben. Wie gerade von der Front zurückgekehrte Soldaten hatten sich der Militärattaché und der Journalist in den vergangenen zwei Jahren lärmend ihren Weg durch Tokio gesoffen.

Wir besitzen keine vollständige Liste der Besucher Sorges während seines Aufenthalts im St Luke's Hospital, aber es wäre erstaunlich, wenn nicht auch Kapitän (später Konteradmiral) Paul Wenneker, Marineattaché an der Deutschen Botschaft, dazugehört hätte. Wenneker, blond, blauäugig, gerade gewachsen wie ein Ladestock, war ein Lebemann so recht nach Sorges Geschmack (es ging das Gerücht, er habe alle 2000 Bars auf der Ginza persönlich getestet). Kapitän Wenneker gehörte zu den wenigen Männern, die Sorge buchstäblich unter den Tisch trinken konnten. Und er war eine seiner besten Quellen in der Botschaft, der ihm ahnungslos wertvolle Geheimnisse anvertraute, die flugs ihren Weg nach Rußland fanden.

Hans-Otto Meissner, ein junger Dritter Sekretär, gehörte in eine andere Kategorie. Ihn führte eher Pflichtgefühl als Freundschaft zum Krankenhaus. 1936 nach Tokio versetzt, stellte Meissner sich Sorge zuerst als »das Rätsel der deutschen Kolonie« und ihren »geheimnisvollen Mann« vor. Als er jedoch mehr über ihn erfuhr, kam er zu der Ansicht, Sorge sei ein »lebenslustiger, zügelloser Abenteurer, blitzgescheit und von unerschütterlicher Einbildung«. Ein Besuch im St Luke's bestätigte seinen Eindruck, daß Sorge eine beneidenswerte Anziehungskraft auf Frauen ausübte. An diesem Tag erschütterte ein Erdbeben das Gebäude: Drei junge Krankenschwestern seien in den Raum gestürmt und hätten sich auf Sorges Bett geworfen, um ihn vor herabfallendem Putz zu schützen.[7]

Wir wissen außerdem, daß mindestens zweimal ein schmaler Mann mit schütterem Haar und runder Brille ins Krankenhaus kam, Branko Vukelic, ein 34jähriger Jugoslawe, Fotoexperte des Spionagenetzes. Um seine illegalen Aktivitäten zu tarnen, arbeitete er als Journalist für die französische Nachrichtenagentur Havas. Einmal brachte er Robert Guillain mit, den Leiter des Tokioter Havas-Büros. Guillain war neu in Tokio und wollte den Korrespondenten der *Frankfurter Zeitung*, dessen Loblied Vukelic gesungen hatte, unbedingt kennenlernen.

»Keiner hat bessere Beziehungen als Sorge. Er ist der engste Freund des deutschen Botschafters«, sagte Vuki (wie alle Freunde ihn nannten). »Es war ein schrecklicher Unfall. Aber er ist auf dem Wege der Besserung. Die Ärzte haben wirklich ganze Arbeit geleistet und seinen gebrochenen Kiefer wieder zusammengeflickt. Kommen Sie, wir besuchen ihn. Es ist eine gute Gelegenheit für Sie, ihn kennenzulernen und mit ihm zu plaudern.«[8]

Auch Max Clausen besuchte den Patienten, wobei er einmal seine Frau mitbrachte. Anna Clausen war eine übergewichtige, mütterliche Person, die auf die Vierzig zuging – genauso alt wie Max, ein unscheinbarer, stämmiger Mann mit verschlagenem Grinsen und einer devoten Art. Zusammen waren sie ein molliges, biederes Paar, nach dem sich in Europa niemand auf der Straße umgedreht hätte. Anna, die etwas Strenges, Puritanisches hatte, glaubte, daß Sorge einen schlechten Einfluß auf ihren Mann ausübte. Die jüngste Eskapade ließ ihn in ihrer Achtung nur noch tiefer sinken.

Sorge war während dieser Wochen im Krankenhaus nicht untätig. Anfangs litt er an Schwindelanfällen, aber sobald sie nachließen, nahm er, schwer bandagiert, wie er war, seine Arbeit wieder auf. Die Besucher überhäuften ihn mit Gerüchten und sprachen von ihrer Arbeit; und aus beidem destillierte er die Informationen, die er seinen Führungsoffizieren übermittelte. Aller Wahrscheinlichkeit nach war es das erste Mal, daß St Luke's als Clearing-Stelle für den sowjetischen Geheimdienst fungierte.

Scholls Besuche erwiesen sich als besonders nützlich. Auf der Bettkante sitzend, gab er die neuesten Informationen weiter, die er über seine japanischen Kontaktpersonen im Hauptquartier des Generalstabs sammelte. Und wie üblich bat er Sorge um Hilfe. Zu seinen Aufgaben als Militärattaché gehörte die Abfassung von Berichten für seine Vorgesetzten in Berlin über die militärischen Angelegenheiten Japans. Voller Respekt vor der besseren Japan-Kenntnis des Journalisten, hatte Scholl sich angewöhnt, diese Berichte mit Sorge durchzusprechen. Sein Vertrauen in dessen Seriosität war derart, daß er es aus Faulheit manchmal gleich Sorge überließ, die Berichte für ihn zu entwerfen. »Er brachte mir eine Menge Informationen und fragte mich, was ich davon hielte. Er gab nichts Wichtiges an die Heimat weiter, ohne es zuerst mit mir zu besprechen und mich um meine Meinung zu fragen, besonders, wenn es sich um unbestätigte Informationen handelte«, bemerkte Sorge.[9]

Aus Sicherheitsgründen mußten die Berichte für Moskau vor der Übertragung verschlüsselt werden. Sorges Netz verfügte über einen eigenen Code, der die Buchstaben des Alphabets durch Zahlen ersetzte. Um das System sicherer zu machen, wurden willkürlich Zahlen aus den Tabellen des *Statistischen Jahrbuchs für das Deutsche Reich*, Jahrgang 1935, hinzugefügt. Bevor Sorge nach Übersee geschickt worden war, hatten Spezialisten der Vierten Abteilung ihn in Verschlüsselungstechniken unterwiesen, und er hatte den Code auswendig gelernt. Kein anderes Mitglied des Tokio-Netzes wußte, wie er funktionierte.

Bis zum Mai 1938 kannte Clausen den Inhalt der Meldungen, die er im Morse-Code absetzte, nicht, und Sorge hatte keinen Grund, sie mit ihm durchzusprechen. Das war allgemein üblich. Aus naheliegenden Gründen steht ein Funker sich besser, wenn er die Bedeutung der geheimen Mitteilungen, die durch seine Hände gehen, nicht kennt. »Nur die Person, die für die Spionagegruppe verantwortlich ist, kennt die Verschlüsselungs- und Dekodierungsmethode. Aber nach dem Unfall hatte ich keine Ahnung, wie ich die Sache allein erledigen sollte«, erklärte Sorge einem polizeilichen Vernehmungsbeamten.

Jetzt, während er im Krankenhaus lag, kam ihm der Gedanke, daß es sehr zweckmäßig wäre, wenn Clausen diese lästige Pflicht übernähme. Um sich abzusichern, benachrichtigte er Moskau, daß er krank sei – ohne nähere Erläuterungen –, und bat um Erlaubnis, Clausen in die

Der Unfall   17

Codiertechnik einweisen zu dürfen. Seine Führungsoffiziere in der Vierten Abteilung waren einverstanden, und Sorge erklärte Clausen die Vorgehensweise. »Prägen Sie sich das, was ich Ihnen sage, genau ein. Schreiben Sie nichts auf. Vernichten Sie nach der Übermittlung Ihre Arbeitsunterlagen. Lassen Sie unter gar keinen Umständen Code-Materialien dort liegen, wo man sie finden kann.«

Von nun an übernahm Clausen zusätzlich zu seinen Aufgaben als Funker die Codierarbeit. Jetzt konnte er den ein- und ausgehenden Funkverkehr lesen, was verheerende Folgen haben sollte, und Sorge würde sich später Vorwürfe wegen einer gravierenden Fehleinschätzung machen.

Doch der Unfall hinterließ noch andere Spuren. Nach einer kosmetischen Operation nahm die triebhafte Seite von Sorges Charakter heftigere, beinahe dämonische Züge an. Später entdeckte mancher Freund, was beunruhigender war, Symptome seelischer Unausgeglichenheit und schwerer psychischer Störungen, die man aber allein dem psychischen Schock durch den Motorradunfall zuschrieb.[10]

Teil 1

• •

Kind und Soldat
Student und Revolutionär
Moskau, 1924-29
Einsatz in Schanghai
„Tokio wäre nicht schlecht"

Kapitel 1

Kind und Soldat

Das früheste Foto zeigt Richard Sorge rittlings auf einem hohen, runden Tisch, wie auf einem Thron, ein Säugling von acht Monaten, der ernst in die Kamera starrt. Neben ihm hält eine Frau mit einem schwachen Lächeln einen winzigen Fuß fest, für den Fall, daß der Junge auf die Idee kommen sollte, von diesem Hochsitz aus auf die vier unter ihm sitzenden Kinder zu springen. Ein stattlicher Vater mit mächtigem Bart, einen Arm in die Hüften gestemmt, überragt den Nachwuchs und blickt mit der Miene eines Mannes, der mit seiner Stellung in der Welt rundum zufrieden ist, ins Weite.

Das Familienfoto stammt vom Juni des Jahres 1896. Die Sorges lebten damals in einem riesigen, von Akazien umschatteten Holzhaus in Sabunchi in der Nähe der staubigen Stadt Baku in Aserbaidschan. Der Vater, Spezialist für Ölbohrmaschinen, arbeitete für die schwedische Kaukasus-Ölgesellschaft Gebrüder Nobel. Er gehörte zu den zahlreichen hochbezahlten ausländischen Ingenieuren, die in Scharen auf die Ölfelder an den Ufern des Kaspischen Meeres strömten.

In der luftigen Villa war selbst die sommerliche Hitze erträglich. Ausländer lebten wie Kolonialherren, abgesondert von den muslimischen Einwohnern, die zusammengepfercht in kahlen Hütten hausten. Ausgebildete Ingenieure wie Richard Sorge senior konnten sich innerhalb weniger Jahre einen hübschen Notgroschen für daheim zurücklegen. Für die Einheimischen waren sie unterschiedslos Eindringlinge und Ungläubige, egal ob Deutsche, Schweden, Amerikaner oder Russen.

Ein Hauch von Erinnerung daran begleitete Richard Sorge sein ganzes Leben lang. Als er zwei Jahre alt war, zog die Familie nach Berlin, aber diese erste flüchtige Erfahrung eines fremden Landes prägte sich seiner Jugendzeit in Deutschland ein. »Mein Leben unterschied sich einfach in dem einen Punkt ein wenig vom Durchschnitt, als mir die Tatsache sehr stark bewußt war, daß ich im Südkaukasus geboren war und daß wir nach Berlin gezogen waren, als ich sehr klein war«, schrieb er selber später.[1]

Die Familie ließ sich in einem behaglichen, gutbürgerlichen Viertel nieder, und Richard Sorge senior machte Karriere als leitender Angestellter einer Bank, die mit dem Import von russischem Naphtha zu tun hatte. In Deutschland herrschte Frieden. Bei der Niederschrift seiner Aussage im Gefängnis erinnerte Sorge sich an diese Zeit als ruhige, behütete Phase seines Lebens: »Bis zum Ausbruch des Krieges verbrachte ich meine Kindheit im Schoße der im wohlhabenden deutschen Bürgertum häufig anzutreffenden relativen Geborgenheit. Wirtschaftliche Sorgen gab es bei uns daheim nicht.« Dennoch merkte Richard, der ein empfindsames Kind war, daß sein Zuhause »sich sehr vom bürgerlichen Durchschnittshaushalt Berlins unterschied«.

In seiner Aussage ging Sorge auf die Unterschiede nicht näher ein. Aber man kann sie sich leicht ausmalen. Die Sorges dürften weniger engstirnig als die meisten ihrer Nachbarn gewesen sein, in Kenntnis, daß es noch eine Welt jenseits der Grenzen des Wilhelminischen Deutschland gab. Sorges Vater hatte einen Großteil seines Erwachsenenlebens in Übersee gearbeitet, seine Mutter Nina war Russin, und er selber war in einem entlegenen Winkel des zaristischen Rußland zur Welt gekommen. »Der Sorge-Haushalt war schon ein bißchen ungewöhnlich, und so war um meine Kindheit etwas Eigentümliches, was mich, und meine Brüder und Schwestern, von normalen Kindern abhob.«

Mit dem Übergang zum Schulleben wurden ihm die Unterschiede noch stärker bewußt. Von Ostern 1905, als er neun war, bis zum Kriegsausbruch 1914 besuchte Sorge die Oberrealschule in Lichterfelde. Hier wurden die Schüler in ein enges Korsett aus Disziplin, kleinlichen Regeln und Loyalität gegenüber Kaiser und Vaterland gezwängt, und Sorge ärgerte sich über die Starrheit der preußischen Erziehung. In seiner Schilderung jener Schuljahre finden sich Spuren der ersten Regungen eines standhaften, unabhängigen Geistes: »Ich war ein schlechter Schüler, widersetzte mich den Regeln der Schule, ich war stur und eigensinnig und machte kaum den Mund auf.« Aber wenn ein Schulfach ihm gefiel, dann stürzte er sich mit Begeisterung darauf: »In Geschichte, Literatur, Philosophie, Politik und – natürlich – in Leichtathletik war ich um Längen besser als der Rest der Klasse, aber in anderen Fächern war ich unterdurchschnittlich.«

Eine gewisse Wehmut liegt über dieser Erinnerung. Der 46jährige Mann, der in einem japanischen Gefängnis an seiner Aussage tippt, besteht auf seiner körperlichen Fitneß als Jugendlicher. Einmal erwähnt er beim Verhör, daß er 1912 und 1913 mit Blick auf die Olympischen Spiele im Sprint, Weit- und Hochsprung hart trainiert habe. Es ist die Stimme eines Mannes, der nicht mehr länger rennen oder springen kann, der aber möchte, daß die Beamten, die ihn vernehmen, wissen, daß er bis zu seiner Verwundung auf dem Schlachtfeld im Ersten Weltkrieg, von der ein Hinken zurückblieb, ein fabelhafter Sportler gewesen war.

Mit Fünfzehn entdeckte er die Freuden der deutschen Literatur. Er verschlang die Werke Goethes und Schillers und »mühte [sich] vergeblich, die Geschichte der Philosophie und Kant zu verstehen«. Die Dramen Schillers waren eine förmliche Offenbarung für ihn. *Kabale und Liebe, Don Carlos* und *Die Räuber* waren die Art von Lektüre, die das soziale Bewußtsein so manches jungen Mannes vor ihm erweckt hatte. Kein Wunder, daß die Französische Revolution – die die aufrüttelnde Botschaft von Schillers Sturm-und-Drang-Dramen in die Tat umsetzte – die Phantasie des jungen Sorge fesselte. Er war begeistert von den *Räubern*, wo der Held, Karl Moor, zum Verbrecher und Anführer einer Mörderbande wird, als er keinen anderen Weg sieht, die Ungerechtigkeiten der Gesellschaft, in der er lebt, zu korrigieren. Ein Thema, das nicht nur dem jugendlichen Sorge gefiel, sondern das ihn zeit seines Lebens beeinflußte. Gemeinheit war gerechtfertigt, wenn sie Gemeinheit bekämpfte. Der Sieg über das Unrecht erforderte moralische und physische Opfer.

Auch an der Gesellschaft, in deren Mitte er lebte, zeigte der junge Sorge lebhaftes Interesse, und er verschlang die Zeitungen, um sich über die politischen Entwicklungen zu informieren: »Ich wußte über die aktuellen Probleme Deutschlands besser Bescheid als der durchschnittliche Erwachsene ... In der Schule nannten sie mich ›Premierminister‹.«

Früh Einfluß hatte Friedrich Adolf Sorge, ein Pionier der Revolution und enger Weggefährte von Karl Marx. »Ich kannte die Verdienste meines Großvaters um die Arbeiterbewegung«, schrieb Sorge im Gefängnis. In Wirklichkeit war Friedrich Adolf nicht sein Großvater, sondern ein Großonkel, und es ist nicht ganz klar, warum Sorge behauptete, mit diesem, einem unermüdlichen Organisator der amerikanischen Arbeiterklasse, der 1906 gestorben war, enger verwandt zu sein, als er es war. Sicher ist, daß er sich in Friedrich Adolfs zahlreiche Traktate und Zeitschriftenartikel über die Arbeiterbewegung vertiefte, obwohl sein konservativer Vater eine solche Lektüre kaum ermutigt haben dürfte: »Kein Zweifel, Vater war Nationalist und Imperialist ... er war sich seines Besitzes, den er angehäuft hatte, als er im Ausland war, und seiner sozialen Stellung immer stark bewußt.«

Als junger Mann schloß Sorge sich der Jugendbewegung an, zu deren unschuldigen Vergnügungen ausgedehnte Wanderungen durch Bergwälder gehörten, auf denen man in Liedern die Reinheit des großen deutschen Volkes pries. Sorge teilte die pangermanischen Ideale seiner Generation und war glühender Patriot. Aber noch waren seine politischen Überzeugungen nicht geformt, als der Krieg die Schulzeit und eine ungetrübte Jugend abrupt beendete.

Er war achtzehn, als Kaiser Wilhelm II. dem zaristischen Rußland im August 1914 den Krieg erklärte. Er hatte mit einer Gruppe von Freunden Wanderferien in Schweden gemacht, und sie erwischten das letzte Schiff zurück in die Heimat, wo die Bahnhöfe vor Männern in Uniform wimmelten, die zu ihren Einheiten einberufen worden waren.

Eine Woge des Patriotismus rollte über Deutschland hinweg. Junge Männer wie Richard Sorge warfen ihre Bücher fort und griffen mit Begeisterung zu den Waffen. Der Krieg, mit den Worten eines jungen, zeitgenössischen deutschen Romanciers, war ein »Fegefeuer« und der Beginn »neuer Lebensfreude«. Genauso muß Richard empfunden haben. Auch er hatte den Gemeinplatz jener Zeit, daß die Erziehung eines Mannes ohne die Schule der Armee unvollständig sei, verinnerlicht. Rektoren wetteiferten darum, welche Schule die meisten Rekruten stellte. Richard Sorge in seinem Ungestüm brauchte keine besondere Einladung.

Erst als er die Rekrutierungspapiere unterschrieben hatte, sagte er es seiner Mutter. Nina Sorge war eine warmherzige, liebevolle Mutter und ungeheuer stolz auf ihr jüngstes Kind. Richard liebte sie über alles. Ihre Bestürzung, als er ihr sagte, daß er dem Ruf zu den Fahnen gefolgt sei, kann man sich unschwer vorstellen. Richard senior, ein überzeugter Nationalist, hätte sicher zugestimmt, aber er erlebte seinen Sohn in Uniform nicht mehr. Er war 1911 im Alter von neunundfünfzig Jahren gestorben und hatte seiner Familie ein stattliches Erbe hinterlassen. Leider schweigt sich Richard Sorge über die Beziehung zum Vater aus. Vermutlich hatten die Erzählungen des Vaters von den militärischen Triumphen und der Reichsgründung des großen Bismarck ihre Wirkung auf den Jungen nicht verfehlt.[2]

Sorges Schilderung seines Auszugs in den Krieg gibt einen flüchtigen Blick frei auf einen Wesenszug, der sein späteres Schicksal bestimmen wird. Wir erleben einen kräftigen, temperamentvollen jungen Mann, der sich ohne Ansehen persönlicher Gefahr in den Kampf stürzt und darauf brennt, der erstickenden Langeweile des bürgerlichen Lebens zu entfliehen. »Was mich zu dieser Entscheidung trieb, war ein Verlangen nach neuen Erfahrungen, der Wunsch, mich vom schulischen Lernen und von einem Leben, das einem Achtzehnjährigen vollkommen sinnlos erschien, zu befreien, und die allgemeine Erregung, die der Krieg hervorrief.«

Er meldete sich am 11. August freiwillig, durchlief eine Grundausbildung, die er als »völlig unzulänglich« beschrieb, und wurde zu einem Studentenbataillon des 3. Feldartillerie-Garderegiments abkommandiert. Ende September kam er an die Front. Seinen neunzehnten Geburtstag verbrachte er auf dem Schlachtfeld an den Ufern der Yser in Flandern. Am 11. November erlebte er seine Feuertaufe. Die deutschen Studentenbataillone sollten französische und belgische Stellungen stürmen, rückten in geschlossener Formation vor und wurden von Maschinengewehrfeuer niedergemäht. Tausende starben mit patriotischen Liedern auf den Lippen. »›Vom Klassenzimmer aufs Schlachtfeld‹ oder ›Von der Schulbank auf den Schlachtblock‹, so könnte man diesen Zeitabschnitt beschreiben«, notierte Sorge grimmig in der Erinnerung an die Naivität der studentischen Freiwilligen, die der preußische Kriegsminister, General Erich von Falkenhayn, als Kanonenfutter benutzt hatte.

Eine Fotografie von Sorge als Soldat zeigt einen auffallenden Jüngling mit tiefliegenden Augen und großem, wohlgeschnittenem Gesicht. Der Mund mit den vollen Lippen und das starke Kinn machen einen energischen Eindruck. Abgerundet wird das schöne Bild durch die militärische Uniform. Noch liegen die schlimmsten Alpträume des Krieges vor ihm.

In den schlammigen Gräben Flanderns begann Sorge über die Sinnlosigkeit des Krieges nachzugrübeln. Auf eben dieser Erde war jahrhundertelang Schlacht um Schlacht geschlagen worden, aus gewichtigen Gründen, an die sich niemand mehr erinnern konnte. Und wer hatte davon profitiert?

> Keiner meiner Kriegskameraden war sich über den wahren Zweck dieses Krieges im klaren, von seiner wahren inneren Bedeutung ganz zu schweigen.
> Die meisten Soldaten waren in den besten Jahren: Arbeiter und Handwerker. Fast alle von ihnen gehörten der Gewerkschaft an, viele unter ihnen den Sozialdemokraten. Nur ein wirklich Radikaler war unter ihnen, ein grauhaariger Steinmetz aus Hamburg, der sich einfach weigerte, sich mit irgend jemand über seine politischen Ansichten zu unterhalten.
> Wir wurden gute Freunde, und er erzählte mir von seinem Leben in Hamburg, wo er arbeitslos gewesen war und Verfolgung erlitten hatte. Er war der erste Pazifist, dem ich begegnete. Anfang 1915 fiel er an der Front, kurz bevor ich selbst das erste Mal verwundet wurde.

Im Frühsommer 1915 wurde Sorge durch ein Schrapnell der belgischen Artillerie verwundet und kam in ein Militärlazarett nach Berlin. Die Phase der Genesung nutzte er zum Lernen. Daneben fand er Zeit, in einige Vorlesungen an der Medizinischen Fakultät der Berliner Universität hineinzuhören.

Die Heimkehr wurde zu einem entmutigenden Erlebnis. Der kriegsbedingte Mangel hatte Wucher und Schwarzmarkt angekurbelt, und die Armen konnten kaum ihre Familien ernähren. Die Männer waren mit dem hehren Ideal eines besseren Europa im Herzen in den Krieg gezogen, in dem Deutschland seinen rechtmäßigen Platz einnähme. Doch das Land, das Richard nun sah, war ein Sumpf aus Habgier, Materialismus und Korruption.

Zudem begann er Deutschlands Motive für den Krieg anzuzweifeln und argwöhnte, daß es in Wahrheit um territoriale Expansion und die Hegemonie in Europa ging. Aber er überwand seine Bedenken und meldete sich vor Ablauf der ihm zugestandenen Rekonvaleszenz freiwillig zum Frontdienst zurück, begierig, sich noch einmal ins Kampfgetümmel zu stürzen. Diesmal kam er an die Ostfront. Wieder wurde er verwundet, und wieder kam er nach Berlin.

Im Lazarett stürzte er sich noch einmal auf seine Bücher und machte das Abitur. Das Abschlußzeugnis, ausgestellt von der Königlichen Prüfungskommission zu Berlin, ist auf den 19. Januar 1916 datiert. In Deutsch, Französisch, Englisch und Religionslehre hat er jeweils die Note »befriedigend«, in Geschichte, Erdkunde, Mathematik, Physik und Chemie jeweils ein »gut«. Was die heißgeliebten Leibesübungen betrifft, so klafft eine Lücke: Er war zu schwer verletzt, um die Prüfung zu machen. Das Zeugnis zeigt, daß er seit seiner ersten Meldung befördert worden ist: Er wird als Unteroffizier des 43. Reserve-Feldartillerie-Regiments geführt.

Er kehrte in eine Heimat zurück, die von Tag zu Tag einen trostloseren Eindruck machte. Die Siegeszuversicht war verschwunden. Die Wirtschaft verfiel zusehends – es gab Fälle von verhungernden Kriegerwitwen –, und er konnte die Verarmung der Mittelschichten in Berlin mit eigenen Augen beobachten. Das Bürgertum sank auf die ökonomische Stufe des Proletariats herab und tröstete sich mit dem Mythos von der geistigen Überlegenheit der Deutschen. Das Schauspiel »dieser ignoranten und überheblichen Repräsentanten ›deutschen Geistes‹« erfüllte Sorge mit Abscheu.

Die Phrasen der deutschen Führer über den Kampf für ein wohlhabendes und harmonisches Europa klangen zunehmend hohl. Ebenso wie Großbritannien und Frankreich fehlte auch Deutschland jede Vorstellung davon, wie man die Welt besser machen könnte. Als Sorge diese Einsicht dämmerte, verfehlte das seine tiefe Wirkung nicht: »Seit dieser Zeit, und gleichgültig, welcher Rasse die Menschen angehörten, hatte ich nichts mehr dafür übrig, wenn eine kriegführende Nation ihren Anspruch auf geistige und ideelle Führung hinausposaunte.«

Was er während seiner Genesungsaufenthalte in Berlin sah und hörte, zwang ihn, die Wertvorstellungen der Mittelschicht, der er entstammte, und die patriotischen Ideale, die es seiner Meinung nach wert gewesen waren, daß man dafür starb, zu überprüfen. Dennoch trieb ihn sein rastloses Wesen im Frühjahr 1916 noch einmal zurück an die Ostfront. Er selber erklärte es so: »Ich hatte das Gefühl, daß ich besser dran wäre, wenn ich in einem fremden Land kämpfte, als wenn ich immer tiefer im heimischen Dreck versänke.«

Wieder bei seiner Einheit, stellte er fest, daß die Moral seiner Kameraden immer mehr schwand. Viele begriffen mittlerweile die Sinnlosigkeit des Krieges und die Notwendigkeit einer radikalen gesellschaftlichen und politischen Veränderung. »Allmählich entstand die Überzeugung, daß ein gewaltsamer politischer Umsturz die einzige Möglichkeit wäre, uns aus diesem Schlamassel zu befreien.«

Während der Kampfpausen im Sektor von Minsk lauschte er den Linken und ihren radikalen Rezepten. Es gehe nicht nur einfach darum, den Krieg zu beenden, vielmehr müßten die Ursachen für die endlos sich wiederholenden Kriege in Europa beseitigt werden.

> Wie es meine Art war, hörte ich bei diesen Diskussionen nur zu und stellte Fragen; noch immer hatte ich keine Überzeugung, kein Wissen oder eine Lösung. Dennoch war die Zeit für mich reif, mein Zaungastdasein zu beenden und mich endlich für eine Sache zu entscheiden.
> Ausgerechnet da wurde ich zum dritten Mal verwundet. Diesmal ernsthaft. Ich wurde von ziemlich vielen Granatsplittern getroffen, wovon zwei Knochen zertrümmerten.

In einem Feldlazarett in Königsberg im damaligen Ostpreußen begegnete Richard einer jungen Krankenschwester. Sie öffnete ihm die Augen für eine Welt voll neuer Ideen. Ebenso wie ihr Vater, ein Arzt, war sie radikale Sozialistin, und glücklich nahmen die beiden den jungen Soldaten unter ihre Fittiche. »Sie waren die ersten, die mich umfassend über den aktuellen Stand der revolutionären Bewegung in Deutschland aufklärten ... zum ersten Mal hörte ich von Lenin.«

Beim Wechseln der Verbände und Reinigen seiner schrecklichen Wunden flößte ihm die junge Frau – deren Namen wir nicht kennen – tröpfchenweise sozialistische Theorie ein. Sie schwärmte von einer besseren, gerechteren Welt und erklärte, wie man sie verwirklichen könne. Neben Sorges Bett türmten sich Bücher von Marx und Engels, Kant und Schopenhauer. Sie reizte seine intellektuelle Neugier, wenn sie ihm ihre Lieblingsbücher über Ökonomie, Geschichte und die schönen Künste verordnete. Diese Erziehung dauerte mehrere Monate, unterbrochen durch eine Reihe von Operationen seiner zerschmetterten Beine. Es war eine Zeit qualvollster Schmerzen und höchster Wonnen: »Abgesehen von der Schwere meiner Behandlung und den gräßlichen Schmerzen ... war ich zum ersten Mal seit vielen Jahren glücklich.« An das, was er der »sehr kultivierten und gebildeten Krankenschwester«, der er in Königsberg begegnet war, schuldete, sollte er sich zeit seines Lebens erinnern. »Mein ausgeprägter Lernwille – von dem ich mich selbst heute manchmal getrieben fühle – stammt aus jener Zeit«, notierte er während der Untersuchungshaft in seiner Aussage.

Als er das Lazarett verließ, hatten die Chirurgen zwar seine Beine gerettet, aber das linke war zwei Zentimeter kürzer als das rechte. Er würde nie mehr richtig gehen können. Immer wieder quälten ihn in späteren Jahren sporadisch auftretende Schmerzen. Aber wie viele Menschen mit einer körperlichen Behinderung stand er förmlich unter dem Zwang, sich selber beweisen zu müssen, daß er besser in Form und fähiger war als andere Männer.

Als Spion sollte er einen Weg finden, Kapital aus diesem Handicap zu schlagen. Die Kriegsverletzungen waren seine Tapferkeitsmedaille (manchmal krempelte er die Hosenbeine hoch, um Saufkumpanen die

Narben zu zeigen) und eine bessere Referenz als das Eiserne Kreuz II. Klasse, das ihm für »Tapferkeit« verliehen worden war. Der hinkende Gang verband ihn mit anderen Veteranen aus den Gräben. Mit dem sichtbaren Beweis seines Opfers für das Vaterland konfrontiert, verspürten deutsche Beamte weniger Hemmungen, sich von vertraulichen Informationen zu trennen.

Sorge war nun untauglich für den Militärdienst und kehrte zu seinen Büchern zurück. Der knabenhafte Appetit auf Kriegsabenteuer war ihm ohnehin vergangen:

> Um diese Zeit, also im Sommer und Winter 1917, wurde mir in aller Deutlichkeit bewußt, das der Große Krieg sinnlos war und alles in Trümmer legen würde. Mehrere Millionen waren schon auf jeder Seite umgekommen, und wer konnte schon voraussagen, wie viele Millionen noch genauso enden würden?

Sein politisches Bewußtsein war durch die Krankenschwester in Königsberg geschärft worden, und seine weltanschauliche Formung hatte begonnen. Er nahm das Studium an der Berliner Universität wieder auf, wechselte von Medizin zu Politik und Wirtschaftswissenschaften und suchte in den sozialistischen Lehrsätzen Antworten auf die Gebrechen der Gesellschaft. Die Situation in Deutschland schrie nach einer radikalen Veränderung. Die mächtige Wirtschaftsmaschinerie war zusammengebrochen, das kapitalistische System zeigte Risse, und es herrschte verzweifelte Armut. »Gemeinsam mit unzähligen Angehörigen des Proletariats spürte ich den durch Hunger und ständige Lebensmittelknappheit bedingten Zusammenbruch am eigenen Leib.«

Wie viele Familien des Bürgertums hatten auch die Sorges alle Hände voll zu tun, sich über Wasser zu halten. Die wütende Inflation hatte das väterliche Erbe zunichte gemacht, und am Ende war Nina Sorge gezwungen, das komfortable Haus im bürgerlichen Lichterfelde aufzugeben und in eine Mietwohnung in einem weniger angenehmen Berliner Bezirk zu ziehen.

Die Erfahrungen hatten Sorge einen Haß auf den Krieg eingepflanzt, der für den Rest seines Lebens ein konstanter Faktor bleiben sollte. Seine Überzeugungen formten sich unter dem Eindruck des Alptraums, den er durchlebt hatte, und im Angesicht des gewaltigen Schauspiels, das Deutschlands Niedergang bot:

> Der Weltkrieg von 1914 bis 1918 beeinflußte mein ganzes Leben von Grund auf. Hätten andere Erwägungen weiter keine Rolle gespielt, allein dieser Krieg hätte aus mir einen Kommunisten gemacht.

Wie viele andere junge Deutsche war Richard Sorge im Schützengraben zum Radikalen geworden. Und was sie erlebten, als sie nach Jahren voller Blut und Dreck auf dem Schlachtfeld in die Heimat zurückkehrten, verstärkte ihre Sehnsucht nach drakonischer Abhilfe. Im Herbst 1918 stand Deutschland am Rande des Chaos und war auf dem besten Wege, an Verzweiflung und Haß zugrunde zu gehen. Lebensmittel und Treibstoff waren knapp, und die grassierende Unterernährung beschleunigte die Ausbreitung einer verheerenden Grippeepidemie. Verhungernd und ohne Arbeit, waren die überlebenden, ausgezehrten Frontheimkehrer offen für extremistische Ideen.

Anfang November 1918 besetzten Matrosen mit revolutionären Liedern auf den Lippen den wichtigsten Kriegshafen, Kiel, und binnen kurzem sprang die Meuterei auf andere Nordseehäfen über. Ein linker Aufstand in München fegte Deutschlands älteste Monarchie hinweg. Die Revolte griff auf Berlin über, wo Karl Liebknecht und Rosa Luxemburg, die Führer der radikalen Linken, davon träumten, die Russische Revolution nachzuahmen und Deutschland in eine Republik der Arbeiter- und Soldatenräte zu verwandeln.

Am 9. November 1918 wurde der diskreditierte Kaiser Wilhelm II. zur Abdankung gezwungen, und zwei Tage später akzeptierte eine neue sozialdemokratische Regierung die schmachvollen Kapitulationsbedingungen der Alliierten. Obwohl Generalität und zivile Elite für die Niederlage verantwortlich waren, war es die neue Führung der Mitte, die fortan mit dem Stigma behaftet sein würde, einen entwürdigenden Waffenstillstand unterzeichnet zu haben.

Millionen Deutsche wurden von diesen Ereignissen zutiefst aufgewühlt, und niemand stärker als ein 29jähriger Gefreiter, der sich in einem Lazarett von einem Giftgasangriff erholte. Adolf Hitler nahm die nationale Niederlage als persönliche Beleidigung. Im Gegenzug beschuldigte er Marxisten und Juden, das moralische Rückgrat des Volkes gebrochen zu haben. »Es war also alles umsonst gewesen«, schrieb Hitler später in seiner Autobiographie *Mein Kampf*: »Vergeblich der Tod von zwei Millionen.«

Trotz seines tiefen Abscheus vor dem Verrat durch Schurken »im Solde feindlicher Propaganda« stand Hitler nicht der Sinn danach, sich dem Kampf gegen den Feind, der durch die Straßen marschierte, anzuschließen. Viele gleichgesinnte Veteranen meldeten sich freiwillig zu den unter dem Kommando reaktionärer Offiziere stehenden Freikorps, die losstürmten, um Schädel einzuschlagen und revolutionäre Aktivitäten zu unterdrücken. Hitler jedoch entschloß sich, einen anderen Weg zu gehen, als er von Deutschlands Niederlage und dem Ende der Monarchie erfuhr: »Was folgte, waren entsetzliche Tage und noch bösere Nächte ... In diesen Nächten wuchs mir der Haß, der Haß gegen die Urheber dieser Tat. In den Tagen darauf wurde mir auch mein Schicksal bewußt ... Ich aber beschloß, Politiker zu werden.«

Der Krieg war vorüber, aber die Kriegsmarine der Alliierten hielt die Blockade aufrecht, die Deutschland von der Lebensmittel- und Treibstoffzufuhr abschnitt. Die Grippeepidemie wütete im Winter 1918/19 unvermindert fort. Harry Graf Kessler, Diplomat und Lebemann, notierte in seinem Tagebuch, während der ersten sechs Monate des Waffenstillstands seien 700 000 Kinder, alte Leute und Frauen der Seuche erlegen. »Das deutsche Volk, das zu Hunderttausenden verhungerte, taumelte wie im Delirium zwischen nackter Verzweiflung, überschäumenden Festen und Revolution.«

Jeder junge Mann, der die Hölle der Front durchlebt hatte, konnte nicht anders, als vor Zorn über die bitteren Früchte des Friedens die Fäuste ballen. Einige wüteten gegen die Linke und gegen die Juden, die den deutschen Soldaten den Dolch in den Rücken gestoßen hätten, und rüsteten sich für die Stunde der Rache. Andere, wie Sorge, bejubelten den

Untergang der alten kaiserlichen Ordnung mitsamt ihren Kriegstreibern und glaubten, daß der Militarismus nur durch einen drastischen Eingriff ein für allemal besiegt werden könne. Sorge schien der Moment vielversprechend, in Deutschland den von den bolschewistischen Führern in Rußland errungenen revolutionären Sieg zu wiederholen. Er sollte bald feststellen, daß die breite Masse diese Vision nicht teilte und – zumindest vorläufig – einer demokratischeren Richtung des Sozialismus die Treue hielt.

Kapitel 2

Student und Revolutionär

Sorge war zweiundzwanzig Jahre alt, als die bolschewistische Revolution im November 1917 die Welt erschütterte. Ihre Wirkung auf einen jungen Mann, der auf der Suche nach etwas war, an das er glauben konnte, war überwältigend. Wie er später schrieb, sei dies das erste Mal in der langen Geschichte des internationalen Klassenkampfes gewesen, daß die ausgebeuteten Massen die Ketten zerbrochen und die Unterdrücker besiegt hätten. War nicht genau dies das Heilmittel für die Übel der Gesellschaft, die absolute Lösung für alle Probleme der Armut, Ungleichheit und Ungerechtigkeit, auf die die Welt gewartet hatte? Richard wurde »im Innersten aufgewühlt«.

Die Russische Revolution war ein Wendepunkt in seinem Leben. Sie wies ihm den Weg, den der Kampf der Arbeiter nehmen müßte, und zwar in jedem Land, und für ihn war sie der Anstoß, sich mit Leib und Seele der Sache des revolutionären Kampfes in Deutschland zu verschreiben: »Ich beschloß, nicht nur zu studieren, sondern mich auch an der organisierten revolutionären Bewegung zu beteiligen.«[1]

Sobald er 1918 seinen Abschied aus der Armee erhalten hatte, begann er, seine Überzeugungen in die Tat umzusetzen. Anfang des Jahres ging er zum Studium nach Kiel, wo er einen ersten Vorgeschmack auf die konspirative Arbeit unter Revolutionären erhielt: die Meuterei auf den Schiffen der deutschen Kriegsflotte im Oktober. Er strich an den Docks im Kieler Hafen entlang und drückte den Matrosen verstohlen Flugblätter in die Hand, auf denen sie aufgefordert wurden, sich dem Kampf der Arbeiter gegen die kapitalistische Tyrannei anzuschließen: »Ich hielt vor Matrosen, Hafen- und Werftarbeitern illegale Vorträge über den Sozialismus.«

Kurt Gerlach, Professor der Wirtschaftswissenschaften, und seine Frau Christiane, die in ihrem Haus einen regelmäßigen politischen Salon für junge Leute unterhielten, wurden auf Richard aufmerksam.

»Mein Mann hatte mehrere Jahre in England gelebt«, schreibt Christiane Gerlach, »... und sympathisierte mit der deutschen Revolution. Spätherbst 1918, Winter 1919! Maler sprachen von neuer Kunst, Dichter brachen mit allen Traditionen, schweigsam saß ein junger Hörer meines Mannes zwischen den Gästen, Richard Sorge, Sohn eines gutsituierten deutschen Vaters und einer russischen Mutter, geboren in Baku.
Er hatte den Krieg mitgemacht und hinkte mit seinem zerschossenen Knie. Im Hörsaal, im Seminar schien er mehr aus sich herauszugehen als bei uns im Salon, denn bald war zu sehen, daß mein Mann ihn vor allen anderen bevorzugte. Es entspann sich eine Freundschaft zwischen den beiden; wir nannten Sorge mit seinem Spitznamen ›Ika‹, und als mein Mann nach Aachen an die Technische Hochschule übersiedelte, nahm er ihn als seinen Assistenten mit.«[2]

Etwas an Richard – »Ika« –, das »ungewöhnliche Gesicht«, die blauen Augen, weckte mehr als nur Interesse in Christiane: »In seinen hellen, scharfen Augen lag unendliche Ferne und Einsamkeit, jeder mußte das spüren.«
Es folgten ereignisreiche Jahre. Sorge verbrachte einen Teil des Jahres 1919 an der Hamburger Universität, wo er an seiner Doktorarbeit über die Lohn- und Tarifpolitik des Zentralverbands deutscher Konsumvereine arbeitete. Am 8. August machte er seinen Doktor in Staatswissenschaften mit Auszeichnung (summa cum laude). Aufs neue in zwielichtige Aktivitäten verwickelt wurde er, als er eine sozialistische Studentengruppe organisierte. Irgendwann zog er auf Gerlachs Einladung hin nach Aachen um und wurde Assistent an der Technischen Hochschule. Und es war in Aachen, wo Richard Sorge am 15. Oktober 1919 der Kommunistischen Partei Deutschlands beitrat.

Begierig, sich in der Partei einen Namen zu machen, übernahm er einen anspruchsvollen Auftrag. Um Bergarbeiter für die Partei zu rekrutieren, nahm er auf einer Zeche in der Nähe von Aachen Arbeit auf und organisierte auf verschiedenen Gruben im rheinischen Industriegebiet Zellen. Das Leben auf den Zechen sei hart und gefährlich gewesen, erinnerte er sich später, besonders hart, weil seine Kriegsverletzung ihm immer noch sporadisch Schmerzen bereitete. »Aber ich habe den Entschluß nie bedauert. Die Erfahrung als Bergarbeiter [war] ebenso wertvoll für mich ... wie die Erfahrung an der Front und mein neuer Beruf [hat] der Partei ebenfalls viel bedeutet.«[3]

Im März 1920 versuchten deutsche Offiziere, durch einen Militärputsch die politische Macht an sich zu reißen. Die kommunistische Antwort war ein Aufruf zum Generalstreik, und Richard Sorge saß im Aachener Streikkomitee. Es gibt Hinweise darauf, daß er auch zu den Militärkadern »M« der Partei an der Ruhr gehörte, die kräftige junge Gefolgsleute für den Straßenkampf mit den »Konterrevolutionären« rekrutierten. Er war, nach den Worten eines Freundes, »absolut nicht in der Lage, sich aus einem Kampf herauszuhalten, dem andere sich angeschlossen hatten«.[4]

Von seinen Zeitgenossen wissen wir, daß Sorge militant war und die blauen Flecken aus Schlägereien mit allen möglichen Reaktionären voller Stolz trug. In seiner im Gefängnis niedergeschriebenen Aussage jedoch schweigt er sich über die gewalttätigen Episoden dieser Glanzzeit seines Lebens aus. Seine Darstellung dieser aufregenden, spannungsgeladenen Jahre ist bruchstückhaft und selektiv und scheint bewußt darauf angelegt, nach seiner Festnahme für Verwirrung zu sorgen.

Diejenigen, die Sorge in den zwanziger Jahren kannten, nannten ihn einen unbeschwerten jungen Mann, der »kein Heiratskandidat« gewesen sei. Das traurige Ende seiner Verbindung mit Christiane Gerlach deutet darauf hin, daß darin wohl ein Körnchen Wahrheit steckte.

Anfang 1919 stand Sorge plötzlich auf der Schwelle des Gerlachschen Hauses in Aachen. Christiane hatte die Tür geöffnet:

Draußen stand Ika. Mir war, als ginge ein Blitz durch mich hindurch. In diesem einen Augenblick wurde etwas in mir wach, das bisher geschlafen hatte, etwas Gefährliches, Dunkles, Unentrinnbares.
Ika war nie zudringlich, er brauchte um Menschen nicht zu werben, sie flogen ihm zu, Männer wie Frauen. Hatte er vielleicht subtilere Mittel, sie unter seinen Willen zu beugen?[5]

Kurt Gerlach fand sich mit der Situation ab. Sorge war jung, fesselnd und entwaffnend. Wie wir aus zahlreichen Quellen wissen, konnten Frauen ihm nur schwer widerstehen, und Männern fiel es schwer, ihn zu hassen. Die Gerlachs einigten sich auf eine einvernehmliche Scheidung, und Richard und Christiane heirateten im Mai 1921.

Es war überhaupt nicht das, was Richard sich vorgestellt hatte: Augenscheinlich hatte er gehofft, mit Christiane zusammenleben zu können, ohne sich den Formalitäten einer Eheschließung unterziehen zu müssen. Täuschung war nicht im Spiel – er hatte ihr erzählt, daß die Ehe für ihn ein bürgerlicher Fluch sei. Als moderne Sozialisten, so sagte er, hätten sie mit Eheschwüren nichts zu schaffen.

Das stimmte, aber es war nicht der einzige Grund, warum es Richard widerstrebte, sich in bezug auf Christiane festzulegen. Er genoß seine Freiheit als »Wanderer, der nichts in seinen Händen halten kann«. In einem Brief vom 29. Oktober 1919 an den engen Freund Erich Correns schreibt er: »Ich habe halt keinen Menschen auch nur irgendwie innerlich mehr zum Leben, zum wirklichen Leben, nicht bloß zum Vegetieren, nötig und hänge so vollkommen in der Luft, bin so vollkommen heimatlos, daß die Landstraße mein liebster Ort und Weg ist.«

Im Februar 1920 hatte Sorge sich mit Christiane Gerlach in Solingen eingerichtet, wo er Arbeit bei einer Zeitung, der von der Kommunistischen Partei herausgegebenen *Bergischen Arbeiterstimme*, gefunden hatte. Bald war klar, daß die Polizei ihn scharf überwachte und nach einem Grund suchte, ihn aus der Stadt zu weisen. Da er »in Sünde« lebte, lieferte er der Polizei den Anlaß, den sie brauchte. In einem Brief an Correns vom 19. April 1921 erklärte er sein Dilemma:

Denn man [die Polizei] will mich natürlich aus Solingen rausschmeißen, was man, da keine direkte Handhabe vorhanden, wegen Erregung öffentlichen Ärgernisses aber versuchen wird. Wilde Ehe ist dem Bürger Erregung öffentlichen Ärgernisses. Wir ärgern uns beide, werden aber in den sauren Apfel beißen müssen.[6]

Der saure Apfel hieß Heirat. 1922 stoßen wir in Frankfurt am Main auf das rechtmäßig verheiratete Paar. Gerlach, der keinen Groll hegte, besorgte Richard eine Arbeit bei der von ihm mitbegründeten Stiftung für sozioökonomische Forschung, dem späteren Institut für Sozialforschung. Wir besitzen die folgende Beschreibung Sorges aus dieser Zeit: »Groß, gutgebaut, mit vollem Haar, erweckte Ika einen Eindruck von Stärke. Obwohl blaß, waren seine Züge attraktiv, mit vorspringender Stirn, wodurch seine Augen sehr tief zu liegen schienen.«[7]

Während zweier Jahre, in denen die Kommunistische Partei zeitweise verboten war, bekleidete Sorge verantwortungsvolle Positionen, die auf die Wertschätzung hindeuten, derer er sich bei den Parteioberen erfreute. Zu seinem Aufgabenfeld gehörte die Verbindung zwischen Frankfurt und dem Berliner Zentralkomitee, die Beschaffung von Spendengeldern für die Partei und die Zusammenstellung von Propagandamaterial.

Im April 1924 fiel die Wahl eines Leibwächters für sowjetische VIPs, die am 9. Parteitag der deutschen Kommunisten in Frankfurt teilnahmen, auf Sorge. Die Komintern hatte einige mächtige Männer als Delegierte entsandt, darunter Dmitri Manuilski und Salomon Rosowski. Pflichtbewußt und penibel sorgte Richard nicht nur für die Sicherheit und Unterkunft der Russen, sondern zeigte ihnen in ihrer freien Zeit auch Frankfurt.

Eines Tages nahm er sie mit in das Haus, das Christiane geschmackvoll mit Antiquitäten und einer schönen Sammlung moderner und seltener alter Gemälde eingerichtet hatte.[8] Christiane war von den bäurischen Manieren der Russen nicht sonderlich beeindruckt: »Ich träume zurück und sehe sie auf meinem violetten Sofa sitzen, Erdnüsse essend, die sie mitbrachten; die Schalen warfen sie ganz einfach auf den Teppich.«[9]

Doch die Russen waren hochzufrieden. Am Ende ihres Besuchs fanden sie, daß ihr tüchtiger und charmanter Begleiter genau die Sorte junger Mann war, die der Sowjetunion nützlich sein könnte. »Am Ende des Kongresses forderten sie mich auf, noch in diesem Jahr nach Moskau zu kommen, um in der Zentrale der Komintern zu arbeiten.«[10]

Unter dem Vorbehalt, zuerst die ihm von der deutschen Partei übertragenen Aufgaben erledigen zu müssen, willigte Sorge hocherfreut ein – geschmeichelt, daß diese berühmten Revolutionäre seine Fähigkeiten erkannt hatten. Der gescheiterte kommunistische Aufstand in Sachsen und Thüringen am 23. Oktober 1923 hatte gezeigt, daß die deutsche Revolution nicht mehr länger unmittelbar bevorstand, wie er geglaubt und gehofft hatte. Bitter enttäuscht kam er zu dem Schluß, daß er woanders nützlichere Arbeit leisten könnte.

An einem Oktobermorgen des Jahres 1924 überquerte Richard Sorge mit seiner Frau in aller Frühe die sowjetische Grenze. Christiane war von dem, was sie sah, nicht angetan: »Das war der erste Eindruck von Rußland. Unendlich melancholisch!« schrieb sie.[11]

Kapitel 3
Moskau, 1924-29

Moskau war trostlos. Es herrschte bitterste Armut, und Furcht war allgegenwärtig. »Jeder nennt jeden in Rußland heimlich einen Spion, und alle werden überwacht. Man fühlt sich niemals sicher«, so die Beobachtung einer Freundin der Revolution im Jahr 1921.[1]

Richard Sorge war blind gegenüber den Unzulänglichkeiten der Sowjetunion oder rechtfertigte sie – wie zahlreiche blauäugige Besucher aus kapitalistischen Ländern – mit der Begründung, die Revolution stecke noch in den Kinderschuhen. Er »sah alles in Schwarzweiß«, bemerkte eine Freundin, und er duldete partout keine Kritik am Arbeiterparadies. Er ging in bester Stimmung zur Arbeit in der Zentrale der Komintern, der Organisation, die Lenin 1919 gegründet hatte, um die Revolution in der ganzen Welt zu verbreiten. Er wurde der Abteilung für Internationale Verbindungen OMS* zugeteilt, die er in seiner im Gefängnis niedergeschriebenen Aussage als »Informationsabteilung der Komintern« bezeichnete.

Seine Aufgabe war es, Informationen zusammenzutragen – teils aus veröffentlichten Quellen, teils von Agenten der Komintern – und Memoranden über die Arbeiterbewegungen sowie über die ökonomischen und politischen Bedingungen in Deutschland und anderen Ländern zu erstellen. Die von ihm vorbereiteten vertraulichen Analysen wurden an hochrangige Funktionäre weitergeleitet, wie Otto Kuusinen, den Generalsekretär der Komintern, Josif A. Pjatnizki, Chef des OMS, und Dmitri Manuilski vom Zentralkomitee der Kommunistischen Partei. Andere Berichte von Sorge wurden in den Organen der Komintern oder in der

---

* OMS: *O*tdjel *M*eshdunarodnoj *S*vasej.

theoretischen Zeitschrift der Kommunistischen Partei veröffentlicht. Sie erschienen unter seinen Pseudonymen »R. Sonter« und »I. K. Sorge«.

Sorge wohnte im Hotel Lux, einem Treffpunkt von Funktionären der Komintern und ausländischen Kommunisten und Gewerkschaftsdelegierten, die zu Besuch in Moskau weilten. Die Hotelgäste wurden von der Geheimpolizei streng observiert: Die Sowjetregierung traute keinem Genossen von außerhalb und wollte von jedem wissen, was er tat und sagte.[2]

Das Paar hatte kaum gesellschaftlichen Umgang. Einmal in der Woche gingen sie in den Deutschen Club, wo es ein paar deutsche Bücher und nur wenig Unterhaltung gab. Christiane fand die Atmosphäre bedrückend. Als Richard zum Präsidenten gewählt wurde, scheint etwas Leben in den Club gekommen zu sein; er war ein fähiger Organisator, und 1926 schaffte er es unter anderem, für die Kinder der deutschen Kolonie Moskaus eine Gruppe Junger Pioniere einzurichten.

Christiane hatte entdeckt, daß es nicht leicht war, mit Richard zusammenzuleben. Er war unabhängig, wußte sich stets selbst zu helfen, und obwohl er sie mochte, hatte sie das Gefühl, daß er genausogut auch ohne sie hätte leben können. »Seine innere Einsamkeit durfte nie und von niemandem angetastet werden, sie erst gab ihm die vollständige Unabhängigkeit – und war vielleicht auch der Grund seiner Macht über die Menschen?«[3]

Es gab ein glückliches Zwischenspiel, als die beiden während eines Sommerurlaubs ihrer eigenen Wege gingen. Richard reiste nach Baku, inzwischen Hauptstadt der Aserbaidschanischen Sozialistischen Sowjetrepublik, um die Stätte seiner Geburt zu besuchen. Das Haus war in ein Genesungsheim umgewandelt worden; immer noch spendete eine herrliche Akazie der Veranda Schatten, so wie sie dies – wie Nachbarn ihm erzählten – schon zur Zeit seiner Geburt vor dreißig Jahren getan hatte. Von Baku aus fuhr er weiter nach Sotchi, einem Urlaubsort am Schwarzen Meer, wo Christiane mit einer Freundin die Ferien verbrachte.

Aber die Ehe war rasch Belastungen ausgesetzt. An manchen Abenden blieb Christiane allein im Hotel Lux, und Richard sagte ihr weder, wohin er ging, noch, mit wem er sich traf. »Eine quälende Unruhe kam über mich; es war immer deutlicher zu spüren, daß unsere Wege sich voneinander entfernten mit der gleichen schicksalshaften Fügung, wie wir einst aufeinandergeprallt waren.«[4]

Die Einsamkeit und Langeweile ihres Lebens in Moskau wurden unerträglich, und sie schlug vor, daß es besser wäre, wenn sie heimführe. »Entscheide du selbst«, sagte Richard. Er konnte sie nicht festbinden, und er selber hatte etwas dagegen, festgebunden zu werden.

Der Abschied im Herbst 1926, spätabends auf einem kalten Moskauer Bahnsteig, grub sich für immer in ihre Erinnerung ein. »Wir taten, als würden wir uns bald wiedersehen. Doch als der Zug anfuhr, konnte ich doch nicht verhindern, daß mir die Tränen aus den Augen stürzten. Ich wußte, es war das Ende unseres gemeinsamen Lebens, und er wußte es wohl auch.«[5]

Sorge war ruhelos und ehrgeizig. Er war mit seiner Schreibtischarbeit nicht glücklich und sehnte sich nach Abenteuern. Seine Chance kam 1927, als man ihn nach Skandinavien schickte, auf die erste von vielen Europareisen. Es waren spannende Aufträge – Hilfe beim Aufbau nationaler kommunistischer Parteien unter den Fittichen der Komintern, Berichte über die kommunistische Durchdringung von Gewerkschaften und Analysen der wirtschaftlichen und politischen Situation in den Ländern, die er bereiste.

Seinen eigenen Angaben zufolge wurde er im Frühjahr 1929 nach England geschickt. Er sollte zehn Wochen dortbleiben, um über den Streik der Bergarbeiter, den Stand der Gewerkschaften und die Stärke der Kommunistischen Partei Großbritanniens zu berichten. Er besuchte die Bergbaugebiete und »sah mit eigenen Augen, wie schwer die Krise war«. Jahre später entlockten die japanischen Vernehmungsbeamten ihm nur einen Teil der Wahrheit. Zu seiner eigentlichen Mission in England hatte es offenbar gehört, von einem Sowjetspion innerhalb des britischen Geheimdienstes MI6 vertrauliche militärische Informationen einzuholen.

Während seines Aufenthalts in London war Christiane bei ihm. Ihre Erinnerungen erhellen, daß der Auftrag sehr riskant war. Aus dem Abstand vieler Jahre entsann sie sich, daß ein sehr wichtiger Agent kontaktiert werden sollte. Sie gingen zusammen zu dem vereinbarten Treffpunkt an einer Straßenecke. Auf Sorges Bitte hin blieb Christiane, während die beiden Männer miteinander sprachen, auf Distanz und hielt nach Anzeichen von Gefahr Ausschau. Möglich, daß es sich bei dem Agenten um Charles »Dickie« Ellis handelte, einen höheren MI6-Offizier, der im Laufe einer bewegten Karriere anscheinend sowohl den Deutschen als auch den Sowjets Geheimnisse verriet. Wäre Sorge mit einer solchen Aufgabe betraut gewesen, hätte er mit Sicherheit keinen Kontakt zu Mitgliedern der Kommunistischen Partei Großbritanniens gesucht, die der Polizei wohlbekannt gewesen sein dürften.[6]

Auf solchen geheimen Reisen legte Sorge sich einen anderen Namen zu, benutzte einen falschen Paß und trieb ein Katz-und-Maus-Spiel mit den Polizeikräften, die ein wachsames Auge auf die örtlichen kommunistischen Organisationen hatten. Er war in seinem Element. »Bei konspirativen Tätigkeiten fühlte er sich wohl wie ein Fisch im Wasser. Er warf einem ein amüsiertes Lächeln zu und zog voller Verachtung die Augenbrauen hoch, weil er einem einfach nicht sagen konnte, wo er das letzte Jahr verbracht hatte«, erinnerte sich Hede Massing, eine Freundin aus Frankfurter Tagen.

Als sie sich 1929 in Berlin trafen, fand sie, daß die ungefähr vier Jahre Moskau ihn kaum verändert hatten. Über seine Arbeit bewahrte er absolutes Stillschweigen, war aber trotzdem unterhaltsam und gesprächig. Was seinen ersten Auftrag betraf, so erzählte er ihr, daß es in »irgendeinem nordischen Land (er sagte nie, in welchem) gewesen sei, wo er ›hoch oben in den Bergen‹ gelebt habe und wo ›die meiste Zeit Schafe‹ seine einzige Gesellschaft gewesen seien. Er pflegte sich endlos über die menschlichen Qualitäten von Schafen auszulassen, wenn man sie denn erst einmal kennengelernt habe.«[7]

Sorge entwickelte eine Begabung für Aufklärungsarbeit, aber die internen Probleme der kommunistischen Parteien in Europa zu lösen, war überhaupt nicht nach seinem Geschmack. Aus seinen Erfahrungen vor Ort schloß er, daß es ein Fehler war, das Sammeln von Informationen mit parteilicher Organisationsarbeit zu verbinden. Ein Geheimagent, der mit bekannten Kommunisten verkehrte, mußte früher oder später die Aufmerksamkeit der Polizei auf sich ziehen. Also legte er seinen Vorgesetzten bei der Rückkehr nach Moskau 1929 in einer »freimütige[n] Analyse« Vorschläge zur Trennung der »Spionageagenten ... vom Apparat der Komintern« dar.

Doch es besteht kaum ein Zweifel, daß Sorge die Wahrheit scheute, als er den japanischen Behörden die Motive für seinen Wechsel von der Komintern zum Nachrichtendienst der Roten Armee gegen Ende des Jahres 1929 erklärte. Sein Übertritt fiel mit einer Krise innerhalb der Komintern zusammen, die einen Schatten auf alle warf, die in ihren Diensten standen. Im Jahr 1929 fiel Nicolai Bucharin, seit 1926 Vorsitzender des Exekutivkomitees, einer Hexenjagd gegen »Klassenfeinde« zum Opfer; er verlor seinen Posten in der Komintern und anschließend seinen Sitz im Politbüro. Mit der Verfolgung Bucharins hatten die begabten ausländischen Kommunisten, die er herangezogen hatte – unter ihnen Sorge –, einen Beschützer verloren; auch sie gerieten in Bedrängnis und wurden aus der Komintern ausgestoßen. Aber weil Sorge die Japaner in dem Glauben lassen wollte, er allein sei Herr seines Schicksals, verschwieg er ihnen diesen Umstand.

Tatsache war, daß Sorge sich in der Komintern zunehmend unsicher fühlte. Irgendwann erfuhr er durch Zufall, daß die Berichte, die er nach Moskau schickte, ungelesen zu den Akten wanderten, eine Entdeckung, die sowohl seinen Stolz verletzte als auch seinen Idealismus anknackste. Ihm wurde klar, wie exponiert seine Stellung geworden war. Aber die einzige Andeutung, die er den Japanern gegenüber über diesen unbefriedigenden Zustand machte, ist eine Randnotiz in seiner im Gefängnis niedergeschriebenen Aussage: »Die Komintern war an meinen politischen Informationen nicht interessiert.«[8]

Zum Glück für ihn war sein Talent für geheime Aktivitäten General Jan Karlowitsch Bersin zu Ohren gekommen, dem Gründer und Chef der Vierten Abteilung, der Sektion des Sowjetischen Militärgeheimdienstes*, die ein Netz von Agenten im Ausland unterhielt. (Möglicherweise hatte Bersins Abteilung bei den heiklen Geheimdienstaufträgen,

---

* GRU: Glawnoje Raswediwatelnoje Uprawlenije – Hauptverwaltung für Aufklärung.

die Sorge während seiner Komintern-Jahre nach Skandinavien, Großbritannien und Deutschland führten, die Hand im Spiel.) Der General suchte händeringend gute Leute und war froh, Sorge aus einer ungemütlichen Lage befreien zu können.

Als Sorge im Jahre 1929 zur Vierten Abteilung wechselte, konzentrierte sich das Hauptinteresse der Sowjets auf den Fernen Osten. Nachdem die Revolution in Westeuropa gescheitert war, hatten die sowjetischen Führer ein Auge auf die asiatischen Kolonien der kapitalistischen Mächte des Westens geworfen. Aus Moskauer Sicht war China der wahrscheinlichste Ausgangspunkt einer Revolution, die sich über ganz Asien ausbreiten würde. Aber die Aufklärungsbemühungen der Sowjets in China hatten ernsthafte Rückschläge erlitten.

In einer dramatischen politischen Kehrtwende hatte Chiang Kai-shek, der Führer der Kuomintang, sich entschlossen, die Kommunisten, mit denen er ein Bündnis auf Zeit eingegangen war, zu zerschlagen. Die meisten ihrer Führer waren hingerichtet worden oder in den Untergrund gegangen. Die diplomatischen Beziehungen zwischen Moskau und der Chiang Kai-shek-Regierung in Nanking wurden nach Anschuldigungen, die Sowjetunion benutze ihre Konsulate zu Spionagezwecken, abgebrochen.

China befand sich mitten im Bürgerkrieg, aber die Vierte Abteilung war ohne Informationen über Kernfragen, wie das militärische Kräfteverhältnis zwischen der Nanking-Regierung Chiang Kai-sheks und ihrem Widersacher, der chinesischen Roten Armee. Die Russen waren immer noch unentschlossen, auf welches Pferd sie setzen sollten, und so lag ihnen unbedingt daran zu erfahren, welche der beiden Armeen die größten Chancen hatte, am Ende als Sieger dazustehen. Für Bersin genoß der Wiederaufbau des zerschlagenen chinesischen Netzes Priorität, und er hatte vor, Alex Borowitsch, einen Oberst aus seiner Fernöstlichen Sektion, zusammen mit einem erfahrenen Funker nach Schanghai zu schicken, um erneut ein funktionierendes Spionageunternehmen aufzuziehen. Sorge sollte der dritte Mann in diesem Team sein.

Bersin forderte von Sorge regelmäßige Berichte über das militärische Potential der Nanking-Regierung und der chinesischen Kommunisten.

Der Funkverkehr sollte auf schnellstem Wege wiederhergestellt werden. Sorge machte den Vorschlag, über die politische und gesellschaftliche Lage ebenso zu berichten wie über die militärische, und Bersin stimmte zu. Sorge war begeistert von seinem neuen Auftrag: »Ich entschloß mich zur Mitarbeit, teils, weil diese Arbeit jemandem mit meinem Naturell auf den Leib geschneidert war, und teils, weil die neuen und extrem verwikkelten Verhältnisse im Orient mich reizten.«[9]

Im Herbst 1929 wurde er in die Pflichten eines Nachrichtenoffiziers der Roten Armee eingewiesen. Die Fernöstliche Sektion der Vierten Abteilung unterwies ihn in den militärischen Aspekten, und andere Spezialisten instruierten ihn über die politischen Ziele der Sowjetregierung und der Partei in bezug auf China. Es folgte eine Grundausbildung im Chiffrieren und Dechiffrieren. Er erhielt den Codenamen »Ramsay«, den er bis Sommer 1941 beibehielt.

Im November reiste er nach Berlin, wo er Abmachungen traf, Artikel für eine landwirtschaftliche Fachzeitschrift und für eine soziologische Schriftenreihe zu liefern. Die Tätigkeit als Journalist sollte seine legale Tarnung sein. Mit einem gültigen deutschen Paß auf seinen eigenen Namen begab er sich im Dezember 1929 an Bord eines japanischen Schiffes in Marseille. Zusammen mit seinen beiden Genossen erreichte er irgendwann im Januar 1930 Schanghai.

Kapitel 4

Einsatz in Schanghai

Sorge und seine beiden Begleiter gingen ohne Schwierigkeiten in Schanghais reichhaltigem Völkergemisch auf. Das China von Bambus und Weiden fanden sie nicht, dafür aber eine pulsierende Stadt mit den höchsten Wolkenkratzern Asiens, mit breiten Boulevards und vielen rosigen Gesichtern aus dem Westen.

Mehr als die Hälfte Schanghais wurde von ausländischen Mächten regiert; in der Internationalen Niederlassung, die über ihren eigenen Stadtrat, eine eigene Polizeitruppe, Zollbehörden und eine Freiwilligentruppe verfügte, waren die Briten Herr im Haus. Neunzig Jahre zuvor hatten britische *Merchant Adventurers* im Sumpf- und Schlammland des Hwangpukiang, sechzehn Kilometer landeinwärts der Mündung des Jangtsekiang, Chinas größtem Fluß, einen Handelshafen errichtet. 1930 fand der Besucher ein großes, blühendes Handelszentrum vor, pulsierend von Unternehmungsgeist, ungezügelter Gier und allen nur erdenklichen Arten von Vergnügungen. Ausländische Bewohner waren oft ratlos, wenn sie den Zauber der Stadt beschreiben sollten, und verfielen meist auf das nächstbeste Klischee: einzigartig.

Schanghai war einzigartig, was den Grad der westlichen Durchdringung Chinas betraf, und einzigartig in einem anderen Sinne. In den autonomen Ausländerenklaven fanden unzählige chinesische Intellektuelle, Abweichler und Revolutionäre, die vor der Verfolgung durch die Kuomintang-Behörden auf der Flucht waren, Unterschlupf. Die Untergrundzentrale der Kommunistischen Partei Chinas hatte hier ebenso ihren Sitz wie das prosperierende Gangstertum und die Tycoone der Kuomintang. Schanghai war ein Magnet für Abenteurer, Profitjäger und Spione jedweder Nationalität.

Als Sorge 1930 in Schanghai ankam, war China in einer verzweifelten Lage. Chiang Kai-shek hatte sich selber zum obersten Kriegsherrn aufgeschwungen, aber ein großer Teil des riesigen Landes war zur Beute rivalisierender Warlords und Banditen geworden. Tausende Chinesen kamen Tag für Tag um – wenn nicht vor Hunger oder durch Räuberhand, dann bei Plünderungen durch kommunistische oder Regierungstruppen, die sich einen brutalen Bürgerkrieg lieferten. Für die ausländischen Einwohner und die chinesische Elite Schanghais indessen hätte der Krieg ebensogut auf einem anderen Planeten stattfinden können.

In einem Artikel mit der Überschrift »Die Bürgerkriege in China – und was weiter?« schilderte Agnes Smedley, die berühmte Korrespondentin der *Frankfurter Zeitung*, im Februar 1930 die Stimmung in der genußsüchtigen Stadt:

> In den großen Städten freilich, wie etwa in Schanghai, geht das Leben unbekümmert seinen normalen Gang weiter. Da gibt es luxuriöse offizielle Empfänge und Bälle, die Eröffnung neuer Banken, die Bildung von großen Finanzgruppen und aller möglicher Vereinigungen, das Spiel an der Börse, Opiumschmuggel und gegenseitige Beleidigungen von Fremden und Chinesen unter der Aegide der Exterritorialität. Und es gibt da die nächtlichen Tanzklubs, Bordelle, Spielklubs und Tennisplätze usw. usw. Und es gibt tatsächlich Leute, die alles das den Beginn einer neuen Zeit, die Geburt einer neuen Nation nennen. Für eine bestimmte Klasse von Chinesen mag das vielleicht auch wirklich zutreffen: für die Kaufleute, für die Bankiers, für die Schieber. Für die chinesische Bauernschaft aber, das heißt, für 85 Prozent des chinesischen Volkes, ist das wie die – das Leben auslöschende Pest.

Einer von Agnes Smedleys Bewunderern unter ihren Lesern war Richard Sorge, und er machte sie bald nach seiner Ankunft ausfindig. Für den Neuanfang in einer fremden Stadt war es ungemein wichtig, Beziehungen zu knüpfen. Ein an den deutschen Generalkonsul adressierter Brief des Berliner Auswärtigen Amtes empfahl ihn als Journalist, der über die Lage der chinesischen Landwirtschaft schreiben wolle. Andere Empfehlungsschreiben hatte er offenbar nicht vorzuweisen. Wie er sich in seiner im Gefängnis niedergeschriebenen Aussage erinnerte, erwies sich Smedley, der er noch nie begegnet war, was die Anbahnung von Kontakten betraf, als sehr ergiebig: »Ich hatte schon in Europa von ihr gehört. Ich wußte, daß ich mich auf sie verlassen konnte. Beim Aufbau meiner Gruppe in Schanghai und besonders bei der Auswahl chinesischer Mitarbeiter sicherte ich mir ihre Hilfe.«[1]

Sie war eine außergewöhnliche Frau, die sich den Weg zum Ruhm aus einer ärmlichen Kindheit in den Bergarbeitercamps von Colorado erkämpft hatte. Als unermüdliche Streiterin für die Unterdrückten hatte sie leidenschaftlich für die Sache der Unabhängigkeit Indiens und für die Befreiung der Frau Partei ergriffen. Internationalen Ruhm erlangte sie mit der Veröffentlichung eines autobiographischen Romans, *Daughter of Earth*, der 1929 in einer deutschen Ausgabe erschien *(Eine Frau allein)* und den Sorge mit ziemlicher Sicherheit gelesen hatte. Als sie im Frühjahr 1929 im Auftrag der *Frankfurter Zeitung* in Schanghai eintraf, stieß sie auf neue aufregende Herausforderungen. Die chinesische Frau war praktisch eine Sklavin, sexuell, wirtschaftlich und gesellschaftlich; ein Symbol für die Rückständigkeit der Gesellschaft. Der chinesische Bauer wurde von den herrschenden Klassen grausam ausgebeutet.

Der Kampf der revolutionären Bewegung Chinas machte den Opfern der Unterdrückung Hoffnung, und Smedley stürzte sich mit Leib und Seele auf die neue Sache. Um die Zeit, als Sorge sie besuchte, hatte sie zahlreiche Kontakte zur Kommunistischen Partei Chinas im Untergrund geknüpft. In Schanghai war sie in ihrem Element.

Sorge war von ihrem Mut, ihrer Verachtung jeder Autorität und der Festigkeit ihrer Überzeugungen beeindruckt, und er respektierte ihr Geschick bei ihrem journalistischen Kreuzzug. Sie waren beide Kommunisten, und beide waren sie überzeugt davon, daß sie berufen seien, bei der Befreiung der Unterdrückten dieser Erde mitzuhelfen.

Smedley war nicht schön im herkömmlichen Sinne. Das kurzgeschnittene Haar und ein vorstehendes Kinn verliehen ihr etwas Männliches, das sie bewußt kultivierte. Wie sie selber sagte, versuchte sie ihre mangelnde körperliche Attraktivität durch intellektuelle Fähigkeiten zu kompensieren. Nach Aussage einer Zeitgenossin war Smedley 1930 »von ihrer Erscheinung her eine intelligente Arbeiterin. Schlicht gekleidet, dünnes braunes Haar, voller Leben, groß, graugrüne Augen, in keiner Hinsicht hübsch, aber ein schöngeschnittenes Gesicht. Wenn sie ihr Haar zurückstreicht, sieht man die große Wölbung ihrer Stirn.«[2]

Sie war dreieinhalb Jahre älter als Sorge – sie müssen sich das erste Mal etwa um ihren achtunddreißigsten Geburtstag herum begegnet sein (23. Februar 1930). Anscheinend waren sie zuerst intim miteinander, bevor sie sich anfreundeten. Wie wir noch sehen werden, scheinen reife Frauen eine besondere Anziehungskraft auf Sorge ausgeübt zu haben.

Einem Freund Smedleys zufolge verbrachten sie das Spätfrühjahr und den Sommer zusammen in Kanton (Ghuangzhou).[3] Sie war fasziniert von dem Neuankömmling aus Deutschland, und für die Dauer einer kurzen, aber um so heftigeren Romanze schwebte sie im siebten Himmel. Ein Brief, den sie am 28. Mai 1930 einer engen Freundin schrieb, ist in bezug auf beide aufschlußreich:

> Ich bin sozusagen verheiratet, mein Kind – einfach irgendwie verheiratet, weißt Du; aber er ist auch ein sehr männlicher Typ, und es steht fifty-fifty auf der ganzen Linie, er hilft mir und ich ihm, und wir arbeiten zusammen oder gehen zugrunde usw.; eine große, starke, gegenseitige Freundschaft und Kameradschaft. Ich weiß nicht, wie lange sie halten wird; das hängt nicht von uns ab. Ich fürchte, nicht lange. Aber diese Tage werden die besten meines Lebens sein. Noch nie ist es mir so gut gegangen, noch nie habe ich mich so wohlgefühlt, geistig und körperlich.[4]

Smedley, deren Kreuzzug für die Gleichberechtigung der Frau das Recht auf sexuelle Befriedigung einschloß, fand bei ihrem Liebhaber die totale Erfüllung. Für Sorge erwies sich die Beziehung außerdem von praktischem Nutzen. Smedley hatte weitreichende Beziehungen, öffnete ihm großzügig alle Türen und versorgte ihn mit wertvollen Informationen. In seiner im Gefängnis niedergeschriebenen Aussage zählte er sie zu seinem

Schanghaier Netz: »Ich setzte sie als direktes Mitglied meiner Gruppe ein, und sie leistete ausgezeichnete Arbeit.«[5]

Smedley selber indessen betrachtete sich nicht als »Mitglied« irgendeiner Gruppe. Sie wußte, daß Sorge für Moskau arbeitete, war sich jedoch nicht sicher, ob er im Dienst der Komintern oder des Sowjetischen Militärgeheimdienstes stand. Smedley rieb sich an jeder Art Autorität und war keine Frau, die sich in eine Organisation hätte einbinden lassen. Später schrieb sie, daß sie immer mit den Kommunisten sympathisiert und die kommunistische Bewegung in China aktiv unterstützt habe, daß sie aber niemals in die Partei eingetreten sei.

Das Paar kam Anfang Mai in Kanton an, und ein paar Wochen lang reisten sie durch Südchina, eine Region, die von Warlords beherrscht wurde. Der Vertragshafen von Kanton war nach Schanghai das bedeutendste Handelszentrum unter ausländischer Kontrolle. Drei Jahre zuvor hatten Chiang Kai-sheks Truppen hier einen kommunistischen Aufstand niedergeschlagen und Tausende massakriert – darunter die meisten Angehörigen des sowjetischen Konsulats. Die überlebenden Führer der Kommunisten und der Gewerkschaften versuchten sich zu reorganisieren. Unter der Oberfläche brodelte Unzufriedenheit.

Sorge machte die internationale autonome Enklave in Kanton zum Ausgangspunkt seiner Ausflüge in die Umgebung, bei denen er die Verhältnisse in der Provinz, die an die britische Kronkolonie Hongkong grenzte, erforschen wollte. Zu der Zeit, als er die Stadt verließ, hatte er ein Netz aus willigen Helfern geknüpft, die über die Schritte der Nanking-Regierung zur Unterwerfung der Warlords im Süden berichten sollten. Zusammen mit Informanten in anderen Teilen Chinas sorgten diese Helfer für einen nicht abreißenden Strom von Informationen über Chiang Kai-sheks Bemühen um administrative Einheit und innere Ordnung. Während der folgenden Monate übermittelte Sorge Moskau seine Einschätzungen des Kräfteverhältnisses zwischen dem Regime Chiang Kai-sheks und seinen wichtigsten Gegnern.

Zu den vordringlichsten Aufgaben des Agententrios – Alex Borowitsch, Richard Sorge und Seppel Weingarten – gehörte die Verbesserung der Funkverbindung zwischen Moskau und Schanghai. Bei

Ankunft des neuen Teams war die Sache bereits in Arbeit. Max Clausen, Weingartens Kollege aus der technischen Abteilung des Vierten Büros, war im Herbst 1928 nach China geschickt worden. Als Clausen Sorge im Januar 1930 begegnete, hatte er Funkkontakt zwischen Schanghai und Wladiwostok hergestellt und für eine in Harbin stationierte Spionagegruppe der Roten Armee eine Sendeanlage installiert.

Clausen war 1930 einunddreißig Jahre alt und überzeugter Kommunist. Als Sohn eines armen Ladenbesitzers aus Norddeutschland war er von der Erfahrung der Armut geprägt. Seine Eltern konnten ihm nur die allerdürftigste Ausbildung ermöglichen, und er war froh, Arbeit in der Handelsmarine zu finden. Als Aktivist in der deutschen Seemannsunion* fiel Clausen dem sowjetischen Geheimdienst auf und wurde nach Moskau eingeladen, wo er eine einmonatige Ausbildung an der Funkschule der Roten Armee erhielt, bevor er einem bestehenden Apparat in Schanghai zugeteilt wurde.

Nach seinem Aufenthalt in Harbin kehrte Clausen nach Schanghai zurück, wo er die Witwe Anna Wallenius kennenlernte, die vor der Russischen Revolution geflohen war. Wie Tausende anderer Weißrussen hatte sie sich mit ihrem Mann in Schanghai, einem Kaleidoskop aus über dreißig Nationalitäten, niedergelassen. Anna verabscheute den Kommunismus, und als sie sich in Max verliebte, hatte sie keine Ahnung, daß er leidenschaftlicher Kommunist und sowjetischer Agent war. Die beiden lebten in wilder Ehe zusammen, und es sollte mehrere Jahre dauern, bis die Vierte Abteilung ihm die Erlaubnis gab, die Verbindung zu legalisieren.

Ein paar Monate nach der Ankunft in Schanghai mußte Sorges Vorgesetzter Alex Borowitsch überstürzt abreisen – die Schanghaier Polizei war ihm auf den Fersen. Von da an war Sorge für das Netz verantwortlich. Für den Rest seiner Laufbahn als Nachrichtenoffizier war er sein eigener Chef. Mit Ausnahme der winzigen Gruppe von Agenten des

---

* 1922 von den Kommunisten gegründet, hervorgegangen aus der Abteilung Seeleute des Transportarbeiterverbandes innerhalb des freien Allgemeinen Deutschen Gewerkschaftsbundes ADGB.

Vierten Büros wußte niemand in Schanghai, wer Sorge wirklich war. Er besaß zwei weitere Identitäten, eine komplett gefälschte und eine, die seiner legalen Tarnung entsprach. Chinesische Kollaborateure kannten ihn als Mr. Johnson, einen amerikanischen Journalisten, und nahmen an, er arbeite für die Komintern. Dann gab es Dr. Sorge, den Autor von Artikeln wie »Die Sojabohnenernte in der Mandschurei«, »Gute Sesamernte in China« und »Chinas steigende Erdnußexporte«, die in der *Deutschen Getreide-Zeitung* in Berlin erschienen.

Dies war die Person, die die deutsche Gemeinde kannte und mittlerweile respektierte. Seine wertvollsten Informationsquellen über die militärische Stärke der Nanking-Regierung fand Sorge unter den fünfzig deutschen Offizieren, die als Militärberater für Chiang Kai-sheks Armeen fungierten. Als Kriegsveteran konnte er sich vertrauensvoll an solche Männer wenden, das Hinken als sichtbare Referenz.

Deutschland war bemüht, durch Unterstützung bei der Reorganisation der chinesischen Armee und durch Lieferung von Ausrüstungsgerät sein Prestige in China aufzubessern. Der Sowjetunion bereitete der wachsende deutsche Einfluß zwar großes Kopfzerbrechen, aber eine unmittelbarere Bedrohung sowjetischer Interessen in China stellte die japanische Expansion dar. Ein explosives Ereignis im Jahr 1931 machte dies schlagartig klar. In der Nacht des 18. September verübten unbekannte Täter in der Nähe von Mukden einen Sprengstoffanschlag auf die Südmandschurische Eisenbahn. Die japanische Kwangtung-Armee, die in der Mandschurei in Garnison lag, schob die Schuld auf die Chinesen und besetzte nach einem schweren Bombardement auf chinesische Truppen Mukden. Nach kaum mehr als einem Monat befand sich fast die gesamte Mandschurei in japanischer Hand. Am 1. März 1932 wurde die Republik »Mandschukuo« ausgerufen und Pu-yi, eine Marionette Japans, als Regent eingesetzt.

Dieser aggressive Akt, von Japan euphemistisch als Mandschurischer Zwischenfall bezeichnet, war der Funke, der zehn Jahre später den Flächenbrand im Pazifik entzündete. Eine direkte Folge war die Erschütterung des zerbrechlichen Interessengleichgewichts zwischen Japan und der Sowjetunion. Wie Sorge schrieb:

Nach Übernahme der Macht in der Mandschurei hatte Japan einen Anreiz, eine äußerst aktive Rolle in Ostasien zu spielen. Außerdem konnte man leicht sehen, daß die Eroberung seine Entschlossenheit gestärkt hatte, daraus eine dominante und exklusive Rolle zu machen. Die direkte Wirkung des Mandschurischen Zwischenfalls auf die Sowjetunion war, daß sie Japan plötzlich von Angesicht zu Angesicht in einer riesigen Grenzregion gegenüberstand, die bislang unter dem Blickwinkel der nationalen Verteidigung mehr oder weniger vernachlässigt worden war.[6]

Der Mandschurische Zwischenfall wurde international verurteilt, aber die Großmächte hüteten sich, Japan zu provozieren, und räumten ein, daß die Japaner in der Mandschurei besondere Rechte und Interessen hätten. Die Chinesen waren wütend über die feige Antwort der Weltgemeinschaft. Überall in Chinas Städten flammten antijapanische Demonstrationen auf. In Schanghai erreichten die Spannungen einen Siedepunkt, als die japanischen Einwohner forderten, die Armee solle die Chinesen für ihre Frechheit »bestrafen«. Ende Januar 1932 kam es zu bewaffneten Zusammenstößen. Japanische Marine-Landungstruppen griffen Chapei, das chinesische Viertel von Schanghai, an, und nach wochenlangen schweren Kämpfen wurden die chinesischen Truppen aus der Stadt vertrieben. In der Internationalen Niederlassung beobachteten ausländische Einwohner die Schlacht von den Fenstern des Cathay Hotels und anderen Aussichtspunkten aus. Vom ausgebrannten Chinesenviertel wehte beißender Rauch herüber.

Für Sorge waren die Kämpfe eine Herausforderung, der er nicht widerstehen konnte. Nach seiner eigenen Darstellung befand er sich in der Nähe der Kampflinien. Anscheinend war er vom Heldenmut der chinesischen Soldaten und ihrer Helfer aus den Reihen der Studenten so begeistert, daß er möglicherweise an den Barrikaden mit Hand anlegte. Sicher ist, daß er die Gelegenheit ergriff, sich aus erster Hand ein Bild von der Kampfkraft und Moral der chinesischen Streitkräfte zu machen.

Chiang Kai-sheks deutsche Militärberater, mit denen Sorge sich teilweise angefreundet hatte, behaupteten, ein japanischer Soldat sei so viel wert wie fünf bis zehn Chinesen. Es lag nicht an der Tapferkeit im Kampf, vielmehr waren es die bessere Disziplin, die bessere Organisation und die bessere militärische Ausrüstung, die den Japanern den überwältigenden Vorteil verschafften. Sorge hatte gesehen, wie die Chinesen eine beeindruckende Verteidigung aufgebaut hatten. Die bei den Gefechten in Schanghai eingesetzte 19. Linien-Armee zählte zu den besten chinesischen Kampfeinheiten. Überdies war sie stark verschanzt, und die japanischen Angreifer zogen es vor, mit Frontalangriffen auf die Stellungen einzuhämmern, statt ihre Überlegenheit bei beweglichen Operationen im Feld auszuspielen. Sorge kam widerwillig zu dem Schluß, daß die meist schlecht bewaffneten und undisziplinierten chinesischen Regierungstruppen für einen Krieg gegen die übermächtige japanische Militärmaschinerie nicht gerüstet waren.

Ein Krieg schien nun jedoch unvermeidlich. Der »Schanghai-Zwischenfall« bestärkte Sorge in seiner Ansicht, daß Japan nach weiteren Eroberungen strebte und eine ernsthaftere Bedrohung für Chinas Überleben darstellte als der Imperialismus der westlichen Mächte. Von diesem Punkt an, schrieb Sorge später, »sah ich mich veranlaßt, mich mit dem Problem Japan als ganzem zu befassen, und ich beschloß, mich allgemein vorzubereiten, solange ich noch in China war. Für den Anfang schrieb ich mich für eine Reihe von Kursen ein, weil ich mich gründlich mit japanischer Geschichte und den diplomatischen Gepflogenheiten Japans vertraut machen wollte.«[7]

»Kannst du mich mit einem Japaner bekanntmachen, der mir hilft, meine Kenntnisse der japanischen China-Politik zu verbessern?« fragte Richard Agnes Smedley, als er im November 1930 aus Kanton zurückkehrte.[8]

Sie hatte Sorge mit vielen jungen Chinesen zusammengebracht, die sich im Kampf gegen den Imperialismus engagierten, und er hatte eine Reihe von ihnen als Informanten und Kuriere eingespannt. Nun war er erpicht darauf, ihre japanischen Freunde kennenzulernen, die mit dem Vordringen in China nicht einverstanden waren und für die es eventuell Arbeit in seinem Netz gab. Smedley war bereit zu helfen und arrangierte ein Treffen, das bleibende Folgen haben sollte. Der Mann, mit dem sie Sorge in einem Restaurant in der Nankingstraße bekannt machte, hieß Ozaki Hotsumi, war Zeitungskorrespondent, verfügte über gründliche Kenntnis der chinesischen Angelegenheiten und stimmte vollkommen mit Smedleys progressiven Ansichten überein. »Johnson ist ein feiner Mann«, hatte sie Ozaki versichert.

Smedleys Freund, sechs Jahre jünger als Sorge, war äußerlich unscheinbar, pausbäckig, mit einer für Japaner langen Nase, freundlichen Augen und mit einem schnellen Lächeln. Er stellte sich selber nicht ohne Stolz als Korrespondent der *Osaka Asahi* vor, Japans führender Tageszeitung. Smedley hatte Sorge erzählt, daß er einer der führenden China-Spezialisten seines Landes sei.

Die beiden Männer verstanden sich rasch. Ozaki war umgänglich, interessant und hilfsbereit. Man respektierte die intellektuellen Fähigkeiten des anderen und entdeckte bald gemeinsame Interessen. Ozaki war verheiratet – er zog gern Fotos von seinem kleinen Töchterchen aus der Brieftasche –, aber er war, wie ein Freund es ausdrückte, ein »Hormontank«, der zwanghaft hinter jedem Rock herjagte.

Ozakis Frauengeschichten begannen während seiner Studienzeit in Tokio. Eine gewisse Yaeko, eine verheiratete Frau, die seiner Familie sehr gut bekannt war, folgte ihm von Taipeh aus nach Japan und wurde seine Geliebte. Sie verließ ihn, als sie das kümmerliche Leben mit einem mittellosen Studenten nicht mehr aushielt. Ehegelübde waren für diesen Schürzenjäger nie ein Hindernis. 1927 heiratete er Eiko, die Ex-Frau seines Bruders Honami – ein neuartiges Arrangement im Japan jener Zeit –, was ihn in seiner unermüdlichen Vergnügungssucht nicht daran hinderte, weiter jeder Frau nachzustellen, die ihm gefiel. Er hatte seinen Spaß daran, Freunde mit Geschichten über seine außerehelichen Eroberungen zu unterhalten, wobei er den Eindruck eines unverbesserlichen *enpuka*, eines Frauenhelden, vermittelte. Eiko dürfte seine wiederholte Untreue kaum verborgen geblieben sein, die sie mit der stillen Kraft der traditionellen japanischen Ehefrau ertrug.[9]

Ozaki fing an, Sorge – der weiterhin als amerikanischer Journalist »Johnson« firmierte – über die japanischen Absichten in China und die

Politik der Nanking-Regierung aufzuklären. Als angesehener Korrespondent verfügte er über ausgezeichnete Beziehungen zu den Beamten und Kaufleuten der japanischen Gemeinde in Schanghai. Im Untergrund half er außerdem beim Aufbau der chinesischen Kommunistischen Partei in der Stadt mit. Ozaki hatte sich geweigert, in Japan oder in China der Kommunistischen Partei beizutreten, und konnte um so wirkungsvoller agieren, da sein Name auf keiner Schwarzen Liste stand.

Über Ozaki lernte Sorge in Schanghai zwei weitere Japaner kennen, die einverstanden waren, politische und militärische Informationen zu sammeln. Mizuno Shigeru, ein junger Idealist mit strahlenden Augen, dessen Arbeit für den Spionagering ein vorzeitiges Ende fand, als man ihn als studentischen Agitator deportierte, und Kawai Teikichi, ein Journalist ohne feste politische Anschauungen, ein *Shina Ronin*, ein Abenteurer, der nach China eingewandert war, um hier sein Glück zu versuchen.

Die Begegnung mit zwei westlichen Ausländern in Schanghai veränderte Ozakis Leben. Nach seiner Verhaftung äußerte er: »Wenn ich es recht überlege, kann ich sagen, daß es in der Tat mein Schicksal war, Agnes Smedley und Richard Sorge zu treffen. Es war meine Begegnung mit diesen Leuten, die von da an letztendlich meinen schmalen Weg bestimmte.«[10]

Sorge hatte ein schweres Motorrad gekauft, auf dem er in halsbrecherischem Tempo durch das Menschengewimmel in den Straßen Schanghais raste. Eines Tages, im September 1931, passierte, was passieren mußte. Er geriet ins Schleudern, stürzte und brach sich ein Bein. Im Krankenhaus, das Bein in Gips, lachte er über die Verletzung: Sein Körper sei von Kriegswunden schon so übel zugerichtet, da komme es auf eine Narbe mehr oder weniger nicht an. Er hatte seine leichtsinnige Ader noch nicht überwunden und stellte seinen Mut immer wieder von neuem auf die Probe, obwohl er inzwischen als Befehlshaber einer Einheit der Roten Armee Verantwortung für das Leben anderer trug.

Im Krankenhaus besuchte ihn auch Ruth Kuczynski alias Werner, eine junge deutsche Kommunistin, die auf seine Einladung hin bereitwillig zugestimmt hatte, für den Spionagering zu arbeiten. Sie war eine beflissene Helferin und bot ihr Haus für heimliche Zusammenkünfte an, während sie Schmiere stand. Ruth, ein energische, willensstarke Frau, entwickelte eine tiefe Zuneigung zu ihrem Werber, den sie unwiderstehlich fand. Ihm vertraute sie ihr Leben an, und um es zu beweisen, setzte sie sich bei den wilden Spritztouren mit dem Motorrad auf den Soziussitz und klammerte sich an Sorge fest, wenn sie mit Vollgas die Nankingstraße hinunterfegten und hinausfuhren zum grünen Stadtrand, in das orientalische Surrey, wo die ausländischen *taipans*, die Herren der Handelshäuser, wohnten.

Obwohl sie verheiratet war und ein Baby hatte (ihr Mann, Rolf Hamburger, war Architekt und arbeitete beim Schanghaier Stadtrat), verliebte sie sich in Sorge. Als Ende 1932 die Zeit der Abreise kam, hatte sie das Gefühl, den Verlust nicht verkraften zu können. Mit ungeheurer Energie stürzte sie sich auf ihre Arbeit für den sowjetischen Geheimdienst, dem sie mit Hingabe und Mut diente, wobei sie sich als einer der wirkungsvollsten Geheimagenten Moskaus erwies.

Auch Max Clausen erlebte den Nervenkitzel der Fahrten auf dem Rücksitz des Motorrads. Aber während Ruth die Gefahr genoß, ließen solche Eskapaden Clausen vor Angst zittern. Wie Sorge hatte auch Ruth Nerven aus Stahl. Clausen nicht.[11]

Sorge bewegte sich während dieser Jahre vornehmlich in deutschen Kreisen und hielt sich die Militärberater, Diplomaten und Geschäftsleute, die Zugang zu den höchsten Rängen der nationalistischen Regierung hatten, als Informationsquellen warm. Einige der angelsächsischen Journalisten, mit denen Smedley bekannt war, kannte er flüchtig. Zu einem von ihnen, Roger Hollis, dem späteren Chef der britischen Spionageabwehr, könnte er ebenfalls über Smedley in Kontakt gekommen sein.

Zumindest während eines Teils der Zeit, die Sorge in der Stadt stationiert war, lebte Roger Hollis in Schanghais Internationaler Niederlassung. Der junge Mann, der das Studium in Oxford ohne Abschluß an den Nagel gehängt hatte, war 1927 nach China gekommen, um hier sein Glück als freier Journalist zu versuchen. Im Jahr darauf fand er eine sicherere Stelle bei der British American Tobacco Company (BAT).

1936 endete seine Karriere in China krankheitshalber abrupt, und er kehrte nach England zurück. Nach zwei schwierigen Jahren kam er beim MI5, dem britischen Secret Service, unter. Einige Kollegen erinnern sich an ihn als farblosen, zurückhaltenden Mann, aber Hollis wurde rasch befördert, und 1956 erklomm er mit dem Posten des Generaldirektors die letzte Stufe.

In den achtziger Jahren wurde Hollis (der 1973 gestorben war) öffentlich als »Maulwurf« und Verräter in Diensten der Sowjetunion verdächtigt. Die in zwei sensationellen Büchern über die Unterwanderung der britischen Nachrichtendienste ausgebreiteten Behauptungen basierten zum Teil auf Hollis' Schanghaier Zeit, wo angeblich die Saat seines »Verrats« gesät worden war. Während seines Aufenthalts in China soll Hollis zum Kommunismus übergetreten sein und in Schanghai mit drei kommunistischen Agenten eine Zelle gebildet haben: Agnes Smedley, Arthur Ewert und Ruth Kuczynski. Einer anderen Darstellung zufolge könnte er in dieser Zeit auch Richard Sorge begegnet sein.[12]

Die Vermutung, daß Hollis und Sorge einander über den Weg liefen und gemeinsam Sauftouren durch die zwielichtigen Bars von Schanghai unternahmen (beide waren »trinkfest« und liebten Frauen), ist verlockend, aber nicht zu beweisen. Ebensowenig gibt es irgendeinen Beleg dafür, daß der künftige Spionagechef – in China oder sonstwo – in die Reihen von »Stalins Engländern« aufgenommen worden wäre.

Zweifelsfrei erwiesen ist jedoch, daß Ruth Kuczynski, die engagierte Spionin, die in den vierziger Jahren in Großbritannien ein höchst wirkungsvolles Netz unterhielt, von Sorge in Schanghai zum ersten Mal angeworben wurde und von ihm ihre Grundausbildung erhielt. Es war Sorge mit seinem unbeirrbaren Blick für Talente, der sie unter seine Fittiche nahm und dem Sowjetischen Militärgeheimdienst zu der Agentin mit dem Codenamen »Sonja« verhalf – einer Frau, die als »erfolgreichster weiblicher Spion aller Zeiten« beschrieben wird.[13]

Die Romanze zwischen Sorge und Smedley ging nach ein paar Monaten in die Brüche, so wie sie es vorausgesagt hatte. Warum, weiß niemand. Aller Wahrscheinlichkeit nach hatte sie von seinen Seitensprüngen genug. Smedley war eine leidenschaftliche Verfechterin sexueller Freiheit für Männer und Frauen, zumindest in der Theorie, aber wenn sie vor großen Zuhörerschaften hehre Ansichten vertrat, hieß das nicht, daß sie in ihrem Privatleben gegen Eifersucht immun gewesen wäre.

Als Sorge Schanghai Ende 1932 verließ, war er dieser bemerkenswerten Frau zutiefst zu Dank verpflichtet – die meisten Chinesen in seinem Netz waren mit Smedleys Hilfe angeworben worden. Aber das Ausmaß dieser Dankesschuld wurde erst später offenbar, als Ozaki Hotsumi, mit dem Smedley ihn in Schanghai bekanntgemacht hatte, in Japan zu Sorges wichtigstem Mitarbeiter wurde. Im Lichte dessen, was wir heute über die intensive Beziehung der beiden wissen, klingt Sorges Beschreibung Smedleys auffallend undankbar und gefühllos: »Smedley hatte eine gute Erziehung, sie war sehr intelligent und sie gab eine gute Journalistin ab, aber jemand zum Heiraten war sie nicht. Sie war einfach ein Mannweib.«[14]

In Sorges Schanghaier Netz spielten Frauen eine aktive Rolle als in Japan. Außer Agnes Smedley und Ruth Kuczynski warb er mindestens noch zwei Chinesinnen an. Eine von ihnen, die Agentin mit dem Codenamen »Mrs. Chui«, beschrieb er als »gebürtige Kantonesin, die ausgesprochen gut in unser Netz paßte«.

Um so erstaunlicher ist es dann, seine vernichtenden Ansichten über den weiblichen Mangel an Begabung für die Spionage zu hören: »Frauen sind für Spionagearbeit vollkommen ungeeignet. Sie verstehen nichts von Politik und anderen Zusammenhängen, und ich habe noch von keiner Frau befriedigende Informationen bekommen. Da ich sie als unbrauchbar betrachtete, beschäftigte ich auch keine Frauen für meine Gruppe.«[15] Möglich, daß Sorge diese Aussage machte, um die Frauen an der Peripherie seines Netzes in Japan zu schützen. Es paßt gewiß nicht zu dem, was wir über seinen Einsatz in Schanghai wissen.

Kapitel 5

„Tokio wäre nicht schlecht"

Bei seiner Rückkehr nach Moskau im Januar 1933 wurde Sorge von General Bersin, der ihm zu seinen drei produktiven Jahren in Schanghai gratulierte, »herzlich empfangen«.

Diese erste Mission begründete in der Vierten Abteilung Sorges Ruf als fähiger Organisator mit Mut bei der Beschaffung militärischer Informationen und Geschick in der Analyse politischer und ökonomischer Angelegenheiten. Über einen neuen Auftrag wurde zunächst nicht gesprochen, und so setzte Sorge sich hin, um ein Buch über chinesische Landwirtschaft zu schreiben. Ein wissenschaftliches Werk, so dachte er, würde sein Ansehen als Orientexperte erhöhen.

Das Moskauer Zwischenspiel verlief zu seiner Zufriedenheit. Bevor er nach Schanghai abgereist war, hatte er eine tiefe Zuneigung für Yekaterina Maximowa entwickelt. Ihre Freunde kannten sie als Katja, eine Schauspielschülerin, die – möglicherweise vom Sicherheitsdienst[*] – beauftragt worden war, ihm Russisch beizubringen. Fotos zeigen Katja als hübsches Mädchen mit dunklen Augen und wehmütigem Lächeln. In Richards Abwesenheit hatte sie, begierig darauf, ihren Beitrag zur Erhöhung der industriellen Produktion zu leisten, die Schauspielschule aufgegeben und Arbeit in einer Fabrik gesucht. Ihre gegenseitige Zuneigung hatte die lange Trennung überstanden, und nun zog er zu ihr in ihre bescheidene Erdgeschoßwohnung und genoß ein paar Monate häuslichen

---

[*] OGPU: Objedinjonnoje Gosudarstwennoje Politischeskoje Uprawlenije – Vereinigte Staatliche Politische Verwaltung; sowjetischer Sicherheitsdienst 1923–34.

Glücks. Er vertiefte seine Russischkenntnisse, schrieb sein Buch und ging mit Katja ins Theater.

Im Gefängnis erklärte Sorge, warum er schließlich von der Vierten Abteilung nach Tokio entsandt worden war:

Es war im selben Jahr, etwa gegen Ende April. Bersin bestellte mich zu sich. Er sagte, ich weiß, ich habe Ihnen versprochen, Sie dürfen Ihr Buch zu Ende schreiben. Tut mir leid, ich kann mein Versprechen nicht halten. Ich muß Sie bitten, wieder ins Ausland zu gehen. Wohin ich gehen wolle.
Also sagte ich, daß es drei Orte in Asien gäbe, wo ich gern hingehen würde. Nordchina, die Mandschurei, und ich sagte – halb im Scherz –, Tokio wäre nicht schlecht. Das war beim ersten Treffen. Zwei Wochen später rief Bersin mich erneut zu sich. Er sagte mir: Uns interessiert, was Sie da gesagt haben, daß Sie es mit Tokio versuchen wollen.[1]

Bersin sagte Sorge, sein Geschick und seine Erfahrung würden in Japan am dringendsten benötigt.

Die japanische Expansion nach dem Mandschurischen Zwischenfall hatte den Puffer der chinesischen Souveränität hinweggefegt und Rußland aus seinem Einflußbereich in der Nordmandschurei verdrängt. Eine riesige, angriffslustige japanische Armee, die Rußland als traditionellen Feind betrachtete und für die Kommunismus eine heimtückische Form von Giftgas war, drängte unmittelbar gegen die russische Grenze. Die Abneigung beruhte auf Gegenseitigkeit. Jeder erwachsene Russe konnte sich an die aus den Händen des Emporkömmlings unter den asiatischen Staaten empfangenen Demütigungen erinnern – die vernichtende Niederlage der russischen Armee in Port Arthur und den Untergang der kaiserlichen Flotte in der Straße von Tsushima zu Anfang dieses Jahrhunderts.

Und nun zielten die in diesem dicken Stück Mandschurei steckenden Bajonette der Kwangtung-Armee in drei Richtungen gegen die Sowjetunion – gegen die sowjetische Küstenprovinz im Osten, die endlosen

Steppen Sibiriens im Norden und den unter sowjetischem Schutz stehenden Staat der Äußeren Mongolei im Westen. Die sowjetische Verteidigung im Fernen Osten war schwach und wurde von einer niedrigen Moral untergraben, die von den grausigen Entbehrungen des vergangenen Winters herrührte. Es hatte eine regelrechte Hungersnot gegeben – Ergebnis der von Stalin vorangetriebenen beschleunigten Industrialisierung. Die Ängste wegen der japanischen Absichten hinsichtlich des sowjetischen Fernen Ostens erhielten zudem durch Geheiminformationen aus dem abgefangenen japanischen Funkverkehr reichlich Nahrung. Durchbrüche bei der Fernmelde-Aufklärung – Sigint – hatten die Vierte Abteilung mit beunruhigenden Hinweisen darüber versorgt, was die Japaner wirklich dachten.

»Zuerst und zuvörderst müssen wir wissen, was die Japaner in bezug auf unser Land tatsächlich vorhaben«, sagte General Bersin, als er die Art der Mission Sorges in Tokio skizzierte. Er fuhr fort:

Die zentrale Frage ist selbstverständlich, ob Japan Pläne schmiedet, uns anzugreifen oder nicht. Es scheint, daß die Militärs versuchen, in Tokio das Heft in die Hand zu bekommen. Nach dem, was wir über die Haltung der Armee seit der Eroberung der Mandschurei wissen, haben wir allen Grund zu der Annahme, daß der leichte Sieg ihnen den Mund nach weiteren Eroberungen wäßrig gemacht hat. Sie gieren nach mehr Land.
Konzentrieren Sie sich darauf, zu ermitteln, welche Richtung diese Expansion nehmen wird. Natürlich brauchen wir exakte Angaben über die militärische Stärke der Japaner, insbesondere über jede Neuordnung und Massierung von Armee- oder Luftwaffeneinheiten als Vorbereitung auf einen Angriff.[2]

Bersin fürchtete, extreme antisowjetische Elemente könnten inzwischen in der japanischen Politik den Ton angeben. Die Machtübernahme in der Mandschurei hatte gezeigt, daß eine einzige japanische Garnison in Übersee der Regierung daheim ihre Politik diktieren konnte – ein Fall, bei dem der Schwanz mit dem Hund wedelte.

Augenscheinlich verfügte die Vierte Abteilung zu diesem kritischen Zeitpunkt in Japan über kein Spionagenetz. Abgesehen von Sigint waren die »legalen Organisationen« in Tokio – die Sowjetische Botschaft, das Handelsbüro und die Nachrichtenagentur Tass – die Hauptinformationsquellen. Frühere Versuche der Abteilung, Agenten nach Japan einzuschleusen, hatten sich als peinliche Fehlschläge erwiesen.

In der knappen Zeit, die ihm bis zu seiner Abreise nach Japan blieb, hockte Sorge in Moskauer Bibliotheken über Büchern und Zeitungen, um seine Kenntnisse über das kaum bekannte Land, das seine neue Heimat werden sollte, zu vertiefen. Seinen ersten Nachforschungen entnahm er, daß die meisten Japaner die Expansion auf den asiatischen Kontinent für unvermeidlich hielten, überzeugt, daß Japan seine beinahe 70-Millionen-Bevölkerung auf den Heimatinseln nicht würde ernähren können. Quer durch alle sozialen Schichten waren die Japaner von der Vorstellung besessen, die Bevölkerungsdichte – zehnmal höher als im Weltdurchschnitt – sei der eigentliche Grund für ihre gesellschaftlichen und ökonomischen Schwierigkeiten.

Japan zähle zu den Nationen der »Habenichtse«, denen ihr rechtmäßiger Platz in Asien von den westlichen Mächten vorenthalten werde, die sich ihrerseits mit den natürlichen Ressourcen ihrer Kolonien mästeten. Es gäbe noch weitere Ungeheuerlichkeiten. Nicht nur hitzköpfige Nationalisten, auch gemäßigte Akademiker verwiesen auf die Ungerechtigkeit weltweiter Beschränkungen der japanischen Einwanderung und der überwiegend aus Textilien bestehenden japanischen Exporte. Kurzum, die territoriale Expansion durch Ausgreifen auf das asiatische Festland wurde mit der simplen Begründung gerechtfertigt, daß von ihr das nackte Überleben Japans abhinge.

China übte ungeachtet seiner Übervölkerung aus kulturellen und geographischen Gründen auf die Japaner eine magische Anziehungskraft aus. Seine Schwäche, die die westlichen Mächte durch Besetzung von »Vertragshäfen« gründlich ausgenutzt hatten, machte das Riesenreich zu einer leichten Beute. Japan war ein Spätstarter beim imperialistischen Rennen gewesen, hatte sich in einem Krieg mit China 1894/95 Taiwan angeeignet, hatte einige Jahre später Korea, ein chinesisches Protektorat, annektiert und 1931 in der Mandschurei zugeschlagen.

Aber würde Japan sich mit diesen Besitztümern zufriedengeben? Oder wäre der Ruch gesellschaftlichen und nationalen Niedergangs eine Versuchung, die Zähne tiefer in den Kadaver Chinas zu schlagen? Eine der Aufgaben Sorges in Tokio würde es sein, so instruierte man ihn, die japanischen Ambitionen hinsichtlich einer Verschiebung seiner Grenzen auf das asiatische Festland sehr genau im Auge zu behalten. Japans Schritte in China hatten direkte Auswirkungen auf seine Strategie gegenüber anderen Nationen.

»Wir möchten, daß Sie uns umfassend über die japanische Politik gegenüber China informieren«, sagte Bersin zu Richard. »Dadurch bekommen wir eine gute Vorstellung von den japanischen Absichten gegenüber der Heimat. Der Kurs der japanischen Außenpolitik gegenüber anderen Ländern ist leicht aus seiner Chinapolitik abzulesen.«[3]

Sorges ruhiges Leben mit Katja in der düsteren Erdgeschoßwohnung war nur von kurzer Dauer. Zwar machte der Gedanke an eine neuerliche lange Trennung beide traurig, aber er nahm den neuen Auftrag freudig an. Einmal mehr triumphierte seine Sehnsucht nach Abenteuern über den instinktiven Wunsch nach häuslichem Glück und trauter Zweisamkeit.

Doch vor seiner Abreise machte er ein bedeutsames Zugeständnis an die verhaßten Konventionen der bürgerlichen Gesellschaft und die starre Bürokratie der Sowjetunion. Er schlug vor, daß sie – aus rein praktischen Erwägungen – ihre Beziehung legalisieren sollten: Auf diese Weise würde Katjas Existenz von der Vierten Abteilung anerkannt. Als Ehefrau eines Offiziers der Roten Armee, der in Übersee diente, könnte sie auf sein Gehalt zurückgreifen, und die Post würde weitergeleitet. Katja war Freigeist und teilte seine Verachtung für die eheliche Zwangsjacke. Aber sie ließ sich überreden – eine Entscheidung, die sie später bedauern würde.

Nach Erledigung der Formalitäten wurden sie ohne Zeremonie und große Feierlichkeiten Mann und Frau. Mit der Ausfertigung der Papiere ließen die Behörden sich Zeit. Die Urkunde, die bestätigt, daß Yekaterina Maximowa Sorges Frau war, ist auf den 8. August 1933 datiert. Da war er auf dem Weg nach Japan bereits in New York eingetroffen.[4]

Im Gefängnis führte Sorge die Vernehmungsbeamten hinsichtlich seiner Beziehung zu Katja in die Irre und bezeichnete sie als seine »Geliebte«. Mit einem Anflug von Wehmut fügte er hinzu: »Ich glaube, wenn ich jetzt in Moskau wäre, dann würden wir zusammenleben und wären verheiratet.«[5]

Um die schützende Tarnung als Journalist aufzufrischen, machte Sorge auf der Reise nach Westen Richtung Tokio zuerst in Berlin Station. In Japan wären unanfechtbare Referenzen und Empfehlungsschreiben für einflußreiche Persönlichkeiten unerläßlich. Beides bekam man nur in Deutschland, einem Land, das sich seit Sorges letztem Besuch im Jahr 1929 verändert hatte.

Adolf Hitler hatte die Macht ergriffen, und die nationalsozialistische Revolution war in vollem Gange. Als Sorge Ende Mai in Berlin eintraf, war die deutsche Demokratie zerstört. Die kommunistischen Führer, die man nicht ermordet oder inhaftiert hatte, waren aus dem Land geflohen; die Parteibasis hatte sich der neuen Ordnung widerspruchslos unterworfen.

Für Sorge war es gefährlich, in diesen turbulenten Zeiten nach Deutschland einzureisen. Er wird genau gewußt haben, daß die von den Nazis übernommenen Polizeiakten durchaus Hinweise auf seine Aktivitäten in der kommunistischen Bewegung enthalten konnten. Es war ein kalkuliertes Risiko. Immerhin konnte er von dem Umstand profitieren, daß der Gestapo-Apparat noch in den Kinderschuhen steckte und in der Bürokratie das Chaos regierte. Außerdem hatten viele Ex-Kommunisten Treueschwüre auf die Nazis geleistet, so daß seine Vergangenheit ihn nicht notwendig als Feind des Hitler-Regimes auswies.

Sein erster Schritt war, sich einen neuen Paß zu besorgen; er meldete sich deshalb am 1. Juni auf einem Berliner Polizeirevier wieder mit Wohnsitz in Berlin an. Die unvermeidlichen behördlichen Formulare füllte er so aus, daß der Eindruck entstand, er sei auf direktem Wege von

China nach Deutschland gekommen; die letzten fünf Monate in Moskau waren »verschwunden«. Nachdem er eine Weile über die Sache nachgedacht hatte, beschloß er, mit dem Aufnahmeantrag für die NSDAP zu warten, bis er in Japan wäre, um nicht Gefahr zu laufen, daß sein Lebenslauf überprüft wurde, solange er noch in Deutschland war. 1933 brauchte ein Journalist, wenn er arbeiten wollte, noch nicht unbedingt einen Mitgliedsausweis der Partei.

Während der wenigen Wochen in Deutschland war Sorge bemüht, seinen beruflichen Status zu verbessern. Die Tarnung als Auslandskorrespondent hatte ihm bei seiner dreijährigen Spionagetätigkeit in Schanghai gute Dienste geleistet. Zwar hielt er die Rolle des Geschäftsmannes für ideal, aber sie entsprach nicht seinem Naturell. Er hatte von Natur aus eine didaktische Ader, und es machte ihm Spaß, seriöse, faktengesättigte Artikel zu schreiben, die eher von Fachleuten als von Laien gelesen wurden. Er hatte sich bereits mit klugen Artikeln über die chinesische Landwirtschaft einen Namen gemacht, suchte aber nun nach neuen Abnehmern für seine Arbeiten. Einer von ihnen war die einflußreiche *Zeitschrift für Geopolitik*, wo man einverstanden war, Artikel über Themen wie Japans Armee oder die Landwirtschaft und die Entwicklung der Mandschurei abzudrucken.

Gründer der Zeitschrift war Dr. Karl Haushofer, ein für seine Theorien über den Einfluß der Geographie auf die Politik bekannter Universitätsprofessor, Japanexperte und großer Bewunderer der Japaner und Freund mächtiger Nazis, darunter Rudolf Heß.

Sorge fuhr nach München, um dem geschätzten Dr. Haushofer persönlich seine Aufwartung zu machen, und der Besuch zahlte sich aus. Als Vorbereitung hatte er sich in Ideologie und Begriffswelt der Nationalsozialisten vertieft und Hitlers *Mein Kampf* durchgeackert. Dr. Haushofer war beeindruckt und versorgte ihn mit Empfehlungsschreiben an die deutschen Botschafter in Japan und in den Vereinigten Staaten.

Mag sein, daß Haushofer im Laufe dieses Besuchs den Namen eines gewissen Oberstleutnant Eugen Ott erwähnte, der kurz zuvor in seinem Büro gewesen war, um sich vor seiner Abreise nach Japan, wo er einen neuen Posten antreten sollte, mit Informationen zu versorgen. Auch in einer Unterhaltung mit Dr. Zeller, dem angesehenen Leitartikler der Berliner *Täglichen Rundschau*, fiel Otts Name. Sorge erkundigte sich, ob die Zeitung an Beiträgen aus Japan interessiert wäre. In der Tat wäre sie das, sagte Zeller, der einige von Sorges Artikeln über China gelesen hatte.[6]

Die Tatsache, daß beide Männer im Großen Krieg gedient hatten, erzeugte sofort einen *esprit de corps*, und sie ergingen sich in Erinnerungen an ihre Erlebnisse im Schützengraben. Im Laufe des Gesprächs fiel Zeller ein Offizier ein, mit dem er gedient hatte, ein enger persönlicher Freund. »Es gibt da einen Mann, den Sie unbedingt kennenlernen müssen, wenn Sie dort sind. Ein guter Freund von mir. Er ist erst kürzlich nach Japan abgereist«, sagte Dr. Zeller. »Er ist Austauschoffizier bei einem japanischen Artillerieregiment in Nagoya. Sein Name ist Ott. Oberstleutnant Eugen Ott.« Dr. Zeller schrieb ihm einen Empfehlungsbrief an den Offizier, und Sorge dürfte innerlich gestrahlt haben, als er folgenden Satz las: »Du kannst Dich in jeder Hinsicht auf Sorge verlassen – politisch und persönlich.«[7]

Anfang Juli beschloß Sorge, daß es zu gefährlich wäre, noch länger in der Höhle des Löwen zu verweilen. »Bei der momentanen Aufregung hier könnte man sich über Gebühr für meine Person interessieren«, ließ er Moskau wissen. Bevor er Berlin auf der Reise nach Japan via New York und Vancouver verließ, meldete er der Vierten Abteilung, was er während der zwei Monate in Deutschland erreicht hatte:

> Ich kann nicht behaupten, ich hätte alles hundertprozentig erreicht, aber es war einfach unmöglich, mehr zu tun, und es hätte keinen Zweck, länger hierzubleiben, nur um weitere Korrespondenzverträge mit anderen Zeitungen zu bekommen. Man muß die Dinge so nehmen, wie sie sind, und das Beste daraus machen. Die Rolle des Faulenzers zu spielen ist unerträglich. Ich muß mit der Arbeit weitermachen. Gegenwärtig kann ich nur sagen, daß die Voraussetzungen für die Wiederaufnahme meiner Arbeit mehr oder weniger geschaffen sind.[8]

Teil 2

••••••••••••••••••••

„Ein Mann, dessen Stimme Gewicht hat"
Der Ring formiert sich
Moskau, Sommer 1935
„Es ist schwer hier, wirklich schwer"

Kapitel 6

„Ein Mann, dessen Stimme Gewicht hat"

Am 6. September 1933 um 13 Uhr machte der Canadian-Pacific-Liniendampfer *Empress of Russia* in Yokohama fest. Die letzte Etappe durch die Bucht von Tokio hatte sich wegen der von den letzten Stößen eines schweren Taifuns aufgepeitschten, kabbeligen See länger hingezogen. Nun war der Himmel, abgesehen von ein paar winzigen Wolken, klar. Auf dem Weg zum Kai hinunter spürten die Passagiere die drückende Hitze des Spätsommers. Vom Hafen her schlug ihnen als Willkommensgruß ein mächtiger Gestank nach verfaulendem Fisch, vermischt mit menschlichen Abfällen, entgegen.

Wie üblich druckte der *Japan Advertiser* am folgenden Tag die Passagierliste des Schiffes ab. Die kleine, fern der Heimat von der Außenwelt abgeschnittene ausländische Gemeinde wollte über das Kommen und Gehen gern auf dem laufenden sein. Unter den ankommenden Passagieren auf der Liste dürfte sie einen »Mr R. Sorge« entdeckt haben, ein Name, der den meisten, wenn nicht allen Lesern der Zeitung nichts sagte.

Richard Sorge reiste unter seinem eigenen Namen und mit einem echten Paß des Deutschen Reiches. Aber im Jargon seines geheimen Gewerbes kam er als »Illegaler«. Während in den legalen Organisationen der Sowjetunion in Tokio ebenfalls unter verschiedenstem Deckmantel Nachrichtenoffiziere arbeiteten, genoß Sorge nicht den Schutz diplomatischer Immunität. Der Erfolg seiner Mission in Japan – und sein eigenes Überleben – würde von einer wasserdichten Tarnung abhängen und von seinen operativen Fähigkeiten, die durch seine Lehrzeit in der Geheimdienstabteilung der Komintern in Europa und während seines Dienstes im Sowjetischen Militärgeheimdienst in China geschärft worden waren.

Was der offizielle Reiseführer der Japanischen Staatsbahnen für das Jahr 1933 über das Land schrieb, in dem Sorge die nächsten zehn Jahre verbringen würde, klingt verführerisch:

Japan, ein Land von höchstem Zauber, dessen Auftauchen aus dem Feudalismus und Aufstieg zum Status einer Großmacht die moderne Welt immer noch in Erstaunen versetzt, erstreckt sich als Ultima Thule Asiens über rund 4600 km entlang der Ostküste dieses Kontinents von den Kurilen im Norden ... bis nach Formosa (Taiwan) im Süden.

Doch den Eintritt in die moderne Welt hatte Japan noch nicht ganz vollzogen, und natürlich machte das einen Teil seines Reizes für den Besucher aus dem Westen aus. Auf den Straßen der Städte verkehrten Straßenbahnen und Ein-Yen-Taxis, man sah aber auch Rikschas, die von einem Mann gezogen wurden (wenngleich letztere rasch verschwanden); auf der Ginza promenierten Frauen im Kimono neben sogenannten *moga* (modernen Mädchen) in Röcken, deren Säume zum ersten Mal in der Geschichte oberhalb des Knies endeten; seit den zwanziger Jahren mußte die traditionelle Samisen-Musik* sich neben Neuheiten aus dem Westen wie Jazz und Tango behaupten. Die Verwestlichung hatte das Flugzeug, Wasserwerke und Heinz-Tomatenketchup gebracht. Es gab auch ein neumodisches demokratisches System, aber fest verwurzelt war die Idee einer auf dem Willen der Massen basierenden Regierung in den frühen dreißiger Jahren noch nicht.

Für ausländische Autoren war die Feststellung beinahe schon zu einem Klischee geworden, daß Japan mit einem Fuß in der Vergangenheit und mit dem anderen in der Gegenwart lebte. In einem Reisebericht äußerte der deutsche Journalist Friedrich Sieburg, die Japaner »sind zugleich ein modernes und ein feudales Volk, sie leben – das muß in jeder

---

* Samisen: dreisaitige, im 16. Jahrhundert von den Riukiu-Inseln eingeführte sog. Spießlaute, seit dem 17. Jahrhundert charakteristisch für eine neue bürgerliche japanische Musikkultur.

Betrachtung aufs neue gesagt werden – gleichzeitig in zwei Zeitaltern. ›Noch heute hinkt Japan auf zwei ungleichen Füßen‹, heißt es mit bemerkenswerter Offenheit in einer amtlichen Werbeschrift.«[1]

Friedrich Sieburg, der 1938 in Japan eintraf und eine Zeitlang mit Sorge im Land herumreiste, war vom Kontrast zwischen Altem und Neuem beeindruckt. Auf dem Vorplatz vor dem Kaiserpalast imponierten ihm die Loyalität und Ergebenheit, die die Japaner dem Kaiser, ihrem göttlichen Oberherrn, gegenüber bezeigten:

> Die Menschen blicken zum Palast, pressen die Arme an den Körper und neigen sich dann tief zur Erde. Spaziergänger tun dies, Schulkinder, einkaufende Frauen, Familien, die die Stadt besichtigen, Bauern, die gerade auf dem Bahnhof angekommen sind, Soldaten, die Urlaub haben oder morgen an die Front gehen.

Der Glaube, die Regierung müsse auf dem erhabenen Willen des Kaisers beruhen, war tief verankert. Demokratie war für die herrschende Elite nur akzeptabel, wenn sie die bestehende gesellschaftliche Ordnung nicht herausforderte, die durch die Stellung des Herrschers an ihrer Spitze sanktioniert wurde. Die Konservativen waren von Forderungen nach liberaler Demokratie und Volkssouveränität nach englischem Muster ebenso beunruhigt wie von der durch die Russische Revolution angestoßenen Einführung von Sozialismus und Marxismus.

Im Jahr 1925 war ein strenges Gesetz zur Kontrolle subversiver Elemente erlassen worden, das heißt derjenigen, die versuchten, das *kokutai*, die im kaiserlichen System verkörperte japanische Form der Regierung, zu untergraben. Das Gesetz zur Sicherung des Friedens zielte jedoch nicht nur auf Kommunisten und Anarchisten; Bürokraten, Polizisten und Politiker benutzten es, um abweichende Meinungen von Liberalen, Sozialisten, Christen und Pazifisten zu ersticken. Während der folgenden zwanzig Jahre diente dieses Gesetz als Allzweckinstrument, um mit »Gedankenverbrechern« *(shisohan)* fertigzuwerden, womit in der Praxis jeder gemeint war, der den militärischen Expansionismus Japans ablehnte.

Um die Zeit, als Sorge ankam, war die kurze Blüte der japanischen Demokratie vorüber. Die geglückten Attentate auf den Ministerpräsidenten, den Finanzminister und führende Industrielle im Jahr 1932 markierten das definitive Ende der Regierung mit parlamentarischen Mitteln. Der Rechtsstaat brach zusammen. Militärmachthaber rissen die Entscheidungsprozesse an sich, wie die Eroberung der Mandschurei 1931 gezeigt hatte.[2]

Ein verhängnisvoller Mangel des Regierungssystems war der Brauch, die Posten des Kriegs- und des Marineministers Reserveoffizieren vorzubehalten, was darauf hinauslief, daß das Militär das Schicksal des Kabinetts diktierte. Die einflußreichste politische Figur in Japan war deshalb nicht der Ministerpräsident und nicht einmal – als Oberbefehlshaber der Streitkräfte – der Kaiser, sondern der Kriegsminister, damals General Araki Sadao, ein fanatischer Ideologe und führender Exponent des totalitären Schinto. Es sollte noch schlimmer kommen. Im Laufe der dreißiger Jahre »wurde Japan [zunehmend] nicht von irgendeinem echten Regierungsapparat beherrscht, der die Richtlinien der Politik bestimmt hätte, sondern von einer Anarchie des Schreckens«.[3]

Die Vormachtstellung des Militärs jagte Stalin Angst ein. Es schien unvermeidlich, daß die Hitzköpfe im japanischen Militär sich durchsetzten und einen Konflikt mit der Sowjetunion beschleunigten, die in keinster Weise darauf vorbereitet war, einen umfassenden Krieg zu führen.

Am 7. September 1933, einen Tag nach Sorges Ankunft, notierte Joseph Grew, der US-Botschafter in Japan, in sein Tagebuch, allenthalben werde über einen Krieg mit Rußland geredet. Bis zum 8. Februar 1934 hatten sich die Gerüchte erhärtet. Grew schrieb: »Die Armee ist vollkommen zuversichtlich, daß sie Wladiwostok und die Küstenprovinz und möglicherweise das gesamte Gebiet bis hinauf zum Baikalsee erobern kann.«[4]

In dieser aufgeladenen Atmosphäre einen Spionagering aufzubauen, war für einen Abendländer besonders gefährlich. Alle *gaijin* (Fremdlinge) standen unter strenger polizeilicher Überwachung. Man hielt Ausländer automatisch für Unruhestifter und sah in ihnen einen Quell kultureller

Verunreinigung Ein blonder, blauäugiger Weißer war besonders verdächtig. In Schanghais Internationaler Niederlassung hatte niemand einem Westler weiter Beachtung geschenkt, aber in ganz Japan gab es nur 8000 Europäer und Amerikaner – fremde Wesen, die, wo sie gingen und standen, neugierige Blicke auf sich zogen und unwillkommene Aufmerksamkeit erregten.

Fasziniert beobachtet wurde die japanische Spionagefurcht von Albrecht Haushofer, dem Sohn des berühmten Gelehrten, den Sorge in München besucht hatte, und Verfasser eines detaillierten Berichts zu diesem Thema (Rudolf Heß, inzwischen in Deutschland Stellvertreter des Führers, hatte das Projekt unterstützt). Wahrscheinlich war Sorge dieses Dokument, dessen Autor mit seiner Meinung über die Eigentümlichkeiten der Inselrasse nicht hinter dem Berg hielt, bekannt: »Wenn er ins Ausland reist, hält jeder Japaner sich selber für einen Spion; und wenn er zu Hause ist, meint er, er müsse die Rolle des Agentenfängers übernehmen. Ich vermute, daß den Japanern diese ständige Sorge um Spionage angeboren ist.«[5]

In einem Land, das von Spionen besessen war und Ausländern instinktiv feindlich begegnete, würde Sorges Erfolg davon abhängen, ob es ihm gelänge, sich das untadelige Image eines Menschen von Rang und Autorität zuzulegen. Wie ihm aus seiner Beobachtung der Japaner in China klargeworden sein dürfte, zählte die Form weit mehr als der Inhalt. Der Neuankömmling trug ein Empfehlungsschreiben des japanischen Botschafters in den Vereinigten Staaten, Debuchi Katsuji, für die Presseabteilung des Außenministeriums bei sich, das er präsentierte, als er der Abteilung in den ersten Tagen einen Höflichkeitsbesuch abstattete und seinen Ausweis als Auslandskorrespondent beantragte.

Doch Sorge vermutete, daß japanische Beamte sich in ihrer Einschätzung nach der Deutschen Botschaft richten würden: »Ich dachte, daß ich in den Augen der Japaner zuverlässiger erscheinen würde, wenn ich nahe genug heranqueme, um das Vertrauen der Botschaft zu gewinnen. Und daß die Botschaft als Bollwerk gegen jeden eventuell aufkommenden Zweifel an meiner Person dienen würde.«[6] Außerdem hatte seine Erfahrung in Schanghai ihn gelehrt, daß man es in den weit von zu Hause entfernten deutschen Missionen mit der Sicherheit nicht so genau nahm und daß Diplomaten und Militärs in isolierten Außenposten über die Gesellschaft eines gutinformierten, sympathischen Landsmanns normalerweise hocherfreut waren:

> Als ich nach Japan kam, erinnerte ich mich, mit wieviel Erfolg ich das deutsche Generalkonsulat in Schanghai und die deutschen Militärberater bei der Nanking-Regierung für meine Aufklärungsarbeit in China genutzt hatte. Also machte ich mich daran, bei der Durchführung meiner Aufklärungsarbeit in Japan zuerst und zuvorderst auf die Deutsche Botschaft in Tokio zurückzugreifen.[7]

General Bersin hatte betont, wie wichtig es war, in die Deutsche Botschaft einzudringen. Die Russen waren überzeugt, daß Deutschland und Japan im Begriff waren, engere Beziehungen zu knüpfen, und fürchteten, von einer Allianz in die Zange genommen zu werden. Eine der Aufgaben Sorges war es, diese beunruhigenden Schritte zu beobachten. Unumgänglich war es, das Vertrauen der Botschaftsmitarbeiter zu gewinnen und sie dazu zu bringen, mit vertraulichen Informationen herauszurücken, die sie einem Journalisten normalerweise nicht geben würden.

Drei Tage nach seiner Ankunft machte Sorge sich von seinem Hotel, dem Sanno in Akasaka, aus auf den Weg, um sich als neu in Japan angekommener deutscher Staatsangehöriger in der Botschaft anzumelden, eine übliche Formalität. Die deutsche Vertretung lag malerisch auf einem Hügel, von dem aus man einen Blick auf den Kaiserpalast hatte. 1933 war der Zuschnitt der Vertretung eher bescheiden. Der Mitarbeiterstab bestand aus dem stellvertretenden Botschafter und fünf Diplomaten, zwei Waffenattachés und zwei Schreibkräften. Der neue Botschafter, Herbert von Dirksen, wurde nicht vor Dezember erwartet.

Sorge präsentierte zweien der Mitarbeiter die Empfehlungsschreiben des Herausgebers der *Zeitschrift für Geopolitik*. Es stellte sich heraus, daß beide, Karl Knoll, der Legationsrat, und Hasso von Etzdorff, einer der Botschaftssekretäre, als Gefreite in der deutschen Reichswehr gedient hatten. Sorges eigene Kriegserfahrung erleichterte die Anbahnung eines persönlichen Verhältnisses außerordentlich. Es war ein hoffnungsvoller Auftakt in dem entscheidenden Bemühen, persönliche Beziehungen zu knüpfen.

Irgendwann im Herbst fuhr Sorge mit dem Zug nach Nagoya, viereinhalb Stunden von Tokio entfernt. Oberstleutnant Eugen Ott war dem 3. Artillerie-Regiment als Verbindungsoffizier zugeteilt worden und mit einer Untersuchung der Abwehrorganisation der japanischen Armee befaßt.[8] Ott, damals vierundvierzig Jahre alt, war Militär vom Scheitel bis zur Sohle. Die stramme Haltung, das steife Benehmen, das große eckige, wie aus Granit gemeißelte Gesicht erinnerten an einen preußischen Offizier, obwohl Ott in Wirklichkeit dem sehr viel entspannteren schwäbischen Milieu entstammte.

Nagoya, wo Ott einen gräßlichen Sommer verbracht hatte, war eine trübselige Ansammlung von Porzellan- und Textilfabriken und übelriechenden Schornsteinen. Es gab nur wenige Ausländer, und jeder deutsche Besucher war eine willkommene Unterbrechung der Langeweile. Besonderes Vergnügen dürfte Ott die Entdeckung bereitet haben, daß der sechs Jahre jüngere Dr. Sorge charmant und geistreich war und gern eine Partie Schach spielte. Hinzu kam, daß er für einen Neuankömmling recht gut über die politischen Verhältnisse in Japan Bescheid wußte.

Einmal mehr erzeugten Sorges eindrucksvolle militärische Leistungen sofort eine Atmosphäre von Vertrauen und Verständnis. Nach seiner Verhaftung unterstrich Sorge die Bedeutung dieser Bande. »Meiner Ansicht nach ist einer der Gründe, warum wir uns so nahekamen, mein persönlicher Hintergrund, daß ich als einfacher deutscher Soldat im Ersten Weltkrieg diente und verwundet wurde. Auch Ott hatte als junger Offizier im Krieg gedient.«[9] Sollte Ott den Neuankömmling zunächst mißtrauisch beäugt haben, dürfte jeder Zweifel wie weggeblasen gewesen sein, als er das Empfehlungsschreiben seines guten Freundes Dr. Zeller öffnete, der ihm versicherte: »Du kannst Dich in jeder Hinsicht auf Sorge verlassen.«

Soweit wir wissen, war es purer Zufall, daß Sorge kurz darauf Helma Ott und den Kindern begegnete. Bei einer Wanderung durch die Reisfelder sah er, wie sich unter dem tiefblauen Himmel, den die Japaner voller Besitzerstolz *nihonbare* (die Reinheit des japanischen Himmels) nennen, ein Auto näherte. Drinnen saß Ott mit einer Europäerin und zwei kleinen Kindern. Der deutsche Offizier und die Frau stiegen aus, um ihn zu begrüßen. »Dies ist meine Frau Helma. Und das«, er deutete auf das kleine Mädchen, das ebenfalls aus dem Wagen geklettert war, »ist Ulli. Und mein Sohn, Podwick.«

Die hohe Gestalt und das vorzeitig ergraute Haar verliehen Helma Ott ein hoheitsvolles Aussehen. Sie ging ein wenig gebeugt, eine Angewohnheit, die vielleicht daher rührte, daß sie sich ständig bückte, um den Größenunterschied zwischen sich und ihrem kleineren Mann zu verringern. Sorge küßte ihr die Hand, dann ging er in die Hocke, um das süße blonde Mädchen mit den kurzen Zöpfen zu begrüßen. »Ulli, meine Kleine, wie alt bist du?« Ulli verdrehte schüchtern die Augen. Aber der Fremde schien nett zu sein, und durch seine freundliche Art und das warme Lächeln war sie rasch gewonnen. »Ich bin sieben«, erklärte sie. »Das ist mein Bruder. Er ist alt. Er ist schon elf.«

Mit der ihm eigenen Energie stürzte Sorge sich auf ein intensives Studium Japans, wobei er sich besonders auf Geschichte, Literatur und die Reiskultur konzentrierte, die er als Schlüssel zum Verständnis des *yamato-damashii*, des japanischen Geistes, betrachtete. Wie er später erklärte, setzte er sich zum Ziel, ein anerkannter Japanfachmann zu werden.

In seinem Bericht aus der Untersuchungshaft stellte er fest, daß er seine tonangebende Stellung in der Botschaft dem Wissen verdankt habe, das er sich durch Lernen aneignete: »Ohne diese Kenntnisse, das heißt ohne meine gründlichen Recherchen, wäre kein Mitarbeiter der Botschaft daran interessiert gewesen, Dinge mit mir zu besprechen oder mich in vertraulichen Angelegenheiten um Rat zu fragen.«[10]

Gegen Ende des Jahres 1933 war er mit der Materie so weit vertraut, daß er einen ersten politischen Essay für die *Tägliche Rundschau* schreiben konnte. Er wurde, so Sorges eigene Worte, »in Deutschland sehr gut aufgenommen« und erhöhte sein Ansehen bei den Diplomaten.

In diesen ersten Monaten waren seine Japankenntnisse oberflächlich, doch durch die bloße Kraft seiner Persönlichkeit beeindruckte er alle mit seiner überlegenen Klugheit. Er hatte eine didaktische Ader und war energisch und selbstsicher genug, jedermann ein obskures Land zu »erklären«, in das er selber erst vor so kurzer Zeit gekommen war. Scharfsinnige Analyse war seine Stärke. In erstaunlich kurzer Zeit erwarb er sich einen Ruf als ernstzunehmender Journalist, der unter der trügerischen Oberfläche der japanischen Politik herumschnüffelte.

Selbst Herbert von Dirksen, der als neuer Missionschef im Dezember eintraf, gewöhnte sich bald an, Sorges Wissen anzuzapfen. Das war um so erstaunlicher, als Dirksen arrogant und verschlossen war und der gesamten Journaille generell mißtraute. Nach seiner eigenen Darstellung hatte Sorge das Ziel, sich in der Deutschen Botschaft eine festen Stand zu verschaffen, im Herbst 1934 erreicht. So kam es, »daß man mich binnen eines Jahres nach meiner Ankunft in Japan für einen Mann hielt, dessen Stimme Gewicht hat«.[11]

Die Vierte Abteilung hatte nun Augen und Ohren innerhalb der Tokioter Nazi-Zitadelle und Zugang zu internen Informationen, die für die strategische Planung der Sowjetunion von großem Wert waren. In der Anfangsphase legte Sorge methodisch den Grundstein für seine Mission, bevor er versuchte, seine Vorgesetzten mit Informationen zu füttern. Diese sorgfältige, bedächtige Vorgehensweise zahlte sich aus, und er zog später das Fazit der ersten Phase seiner Arbeit in Japan:

> Ich möchte von Anfang an betonen, daß ich dadurch, daß ich mich der Deutschen Botschaft in Japan erfolgreich näherte und das völlige Vertrauen der Leute in der Botschaft gewann, das Fundament für meine anschließende Aufklärungsarbeit legte und daß ich diese Arbeit erst ausführen konnte, nachdem ich dieses Fundament gelegt hatte.[12]

Einer seiner ersten Schritte war, sich in einen Nationalsozialisten mit Parteibuch zu verwandeln. Er bewarb sich über die Nazi-Organisation*

---

* Seit 1934 als AO, Auslandsorganisation der NSDAP, bezeichnet, hervorgegangen aus der 1931 gegründeten Auslandsabteilung der Partei. Seit 8.5.1933 eigener NSDAP-Gau unter Ernst Wilhelm Bohle.

in Japan um Aufnahme in die NSDAP, und sein Mitgliedsausweis zeigt, daß er am 1. Oktober 1934 mit der Nummer 2 751 466 aufgenommen wurde. In Berlin wurde seine Vergangenheit routinemäßig von Funktionären der Partei überprüft, die jedoch eindeutig nichts Verdächtiges zutage förderten.

Der NSDAP-Beitritt war eine vernünftige Vorsichtsmaßnahme. Zwar war die deutsche Gemeinde nicht durchweg pronazistisch – sie zählte auch eine Reihe Juden und unabhängig denkender Personen, die Hitler feindlich gesonnen waren –, aber die Partei war dabei, die in Übersee lebenden Deutschen fester an die Kandarre zu nehmen. Auch die Botschaft besaß ihr Quantum hackenschlagender Fanatiker, die auf Parteifesten Braunhemden trugen und ihre Zustimmung zum »Führer« herausbrüllten. »Die Deutsche Botschaft ist blödsinnig nazistisch, und Beamte sagen ihren früheren jüdischen Freunden, die so nett sind und ihnen zur Begrüßung bei ihrer Rückkehr aus dem Urlaub Blumen schikken, nicht einmal mehr danke schön«, bemerkte die Frau eines britischen Diplomaten im Januar 1934.[13]

Mit dem Parteiabzeichen am Revers war Sorges Anerkennung vollständig. Manche haben seine hundertprozentige Nazi-Camouflage für bare Münze genommen, aber das Beweismaterial deutet darauf hin, daß er in Gesellschaft der Deutschen klarstellen wollte, daß die blinde Ergebenheit gegenüber der Partei nicht geheuchelt war. Tatsächlich machte er oft bissige Bemerkungen über die NSDAP und ihre Führer. »Sorge machte aus seiner Abneigung gegen den Nationalsozialismus keinen Hehl«, bemerkte ein höherer deutscher Diplomat.[14]

Nach seiner Verhaftung meinte Sorge, daß Eugen Ott ihn nicht für einen loyalen Hitler-Anhänger habe halten können: »Bei meiner Lebenseinstellung und meiner Weltanschauung hätte Botschafter Ott bestimmt nicht geglaubt, daß ich ein linientreuer Nazi bin.«[15] Im allgemeinen nahm man Sorge seine harsche Kritik an der Partei nicht übel. Man sah darin einen weiteren Beweis seines Individualismus, seiner Exzentrik und entwaffnenden Offenheit. Ehrlichkeit war die Ausnahme in der Botschaft, wo jeder seine Zunge hütete, aus Angst, daß Informanten des deutschen Geheimdienstes zuhören könnten. Auch wenn er den Nazi spielte, konnte er seine eigene Natur nicht unterdrücken. Dennoch hielten einige prominente Angehörige der deutschen Gemeinde Sorge für verläßlich genug, um die Nazi-Organisation in Japan zu führen. Bei seiner Vernehmung erinnerte sich Sorge mit sichtlichem Vergnügen daran:

> Im Jahr 1934 kehrte der Chef der Nazi-Organisation in Japan nach Hause zurück, und eine Zeitlang war die hiesige Sektion führerlos. Ein paar deutsche Mitglieder baten mich, den Posten zu übernehmen. Insgeheim dachte ich, das wäre absurd, aber ich ging sofort zu Ott, der damals Militärattaché war, um die Sache mit ihm zu besprechen. Ott trug die Angelegenheit Botschafter Dirksen vor, und sie beide sagten, ich solle es machen und Chef der Organisation werden, dann hätten die Nazis endlich einen vernünftigen Führer.[16]

Sorge erwähnte dies als Beispiel für die Wertschätzung, derer er sich in der Botschaft erfreute, wo man seine unkonventionelle Art sehr schätzte.

> Es ist bloß eine Anekdote, aber sie zeigt, wie sehr Ott und Dirksen mich mochten, weil ich irgendwie ein ungewöhnlicher Kerl war. Kurz, Botschafter Ott und die anderen Leute in der Botschaft hielten mich für einen Spitzenjournalist der *Frankfurter Zeitung*, aber einen ganz schön exzentrischen. Und wie ich schon erwähnte, dank meiner Eigenheiten, meines Wissens und meines fehlenden Ehrgeizes erwarb ich mir ein so außerordentliches Vertrauen.[17]

Diese Bemerkungen an die Adresse des Staatsanwalts verraten ebensoviel darüber, wie Sorge sich selber sah, wie über die Meinung, die andere von ihm hatten.

Vielleicht war es klug, daß Sorge den Posten des Ortsgruppenleiters ablehnte. Die Partei nahm seine Dienste auf andere Weise in Anspruch, und man lud Sorge als Referent zu politischen Schulungsabenden ein, die für die in Japan lebenden Auslandsdeutschen veranstaltet wurden. Einmal wählte er als Thema für seinen Vortrag die Komintern. Leider ist nicht überliefert, was der Sowjetagent seiner Zuhörerschaft erzählte. Wir dürfen vermuten, daß Sorge die Ironie genoß, Nazi-Getreuen einen Vortrag über Komintern-Techniken zur Ausbreitung der Revolution zu halten – Techniken, die er aus eigener Erfahrung kannte und persönlich in die Praxis umgesetzt hatte.[18]

Kapitel 7
Der Ring formiert sich

Im Oktober 1933 wies die Vierte Abteilung dem Netz in Tokio einen Funker mit dem Decknamen »Bernhardt« zu. Sorge begrüßte den Neuankömmling und seine Frau in der Lobby des Hotels Imperial. Er erklärte, daß schnell eine Funkverbindung mit Moskau hergestellt werden müsse, »Bernhardt« aber zunächst eine Tarnung als Geschäftsmann aufbauen und außerdem das Funkgerät selber bauen müsse.

Ein weiterer Genosse war bereits in Tokio und wartete gespannt darauf, daß jemand unter dem verabredeten Zeichen mit ihm Kontakt aufnähme. Branko Vukelic war am 11. Februar 1933 nach einer sechswöchigen Seereise, aus Marseille kommend, mit seiner dänischen Ehefrau Edith in Yokohama angekommen. Ihren einjährigen Sohn Paul hatten sie bei Ediths Mutter in Dänemark zurückgelassen, und die beiden gingen davon aus, binnen zwei Jahren zurück in Frankreich zu sein.

Vukelic, neunundzwanzig, schlank, mit fliehender Stirn, war Jugoslawe, stammte aus Kroatien und hatte in Paris im Exil gelebt. Er trug eine Nickelbrille, liebte politische Debatten und unterschied sich in nichts von unzähligen anderen Intellektuellen, die bei Kaffee und Zigaretten in den Cafés am linken Seineufer für die Errichtung einer besseren Welt stritten. Ein Jahr zuvor hatte man ihm die Chance geboten, seine Ideale in die Wirklichkeit umzusetzen. Eine Genossin, eine gewisse Olga, ein »energischer, sportlicher Typ«, hatte ihn aufgefordert, für den Geheimdienst der Komintern zu arbeiten.

Vukelic wandte zunächst ein, daß er nicht aus vollem Herzen Kommunist und deshalb für eine solche Mission kaum geeignet sei. »Ich glaube kaum, daß ich einen guten Spion abgebe. Meine einzige militärische Erfahrung sind vier Monate Militärdienst, die ich Kasernen verbrachte«, sagte Vukelic. Sein Vater hatte in der Armee Karriere gemacht, aber er selber war zu sehr Individualist, um sich militärischer Disziplin zu fügen. Genossin Olga, die er für einen früheren Hauptmann der Roten Armee hielt, wischte diesen Einwand beiseite. »Unsere Aufgabe hat nichts mit dem zu tun, was die Spione in Oppenheims Detektivgeschichten tun«, beruhigte sie ihn.

Zweck seiner Mission sei es, die Sowjetunion vor einem Krieg zu bewahren und sie damit in die Lage zu versetzen, einen uneinnehmbaren sozialistischen Staat zu errichten, stark genug, die kapitalistischen Staaten von einer Intervention abzuschrecken. Vukelic ließ sich überreden. In seiner Aussage in der Untersuchungshaft erklärte er, warum: »Selbst wenn die Revolution zu unseren Lebzeiten nicht verwirklicht werden könnte, würde zumindest ein Land, das den wertvollen Kampf für die Errichtung des Sozialismus durchgestanden hätte, weiterexistieren, um die Idee der sozialistischen Revolution für künftige Generationen zu bewahren.«[1]

Es war ihm schleierhaft, warum die Moskauer Zentrale ihn nach Japan schickte. »Man sagt, die Landschaft in Japan sei wunderschön. Ich wünschte nur, ich wäre es, die ginge«, sagte Genossin Olga, als sie schließlich seinen Bestimmungsort verriet. Sie machte unmißverständlich klar, daß er als Agent der Komintern ganz auf sich gestellt wäre und nichts mit der Sowjetischen Botschaft in Japan zu tun haben dürfte:

> Wir sind auf junge Kommunisten wie dich und Sympathisanten im Ausland angewiesen, um an Informationen zu kommen. Sowjetische Botschaften werden von der Polizei streng überwacht. Geht etwas schief, ist die Sowjetunion in Gefahr, wenn man sie mit Aktivitäten der Komintern in Verbindung bringt. Überdies sind die Komintern und sowjetische diplomatische Stellen nicht notwendigerweise einer Meinung.

Mit einem Gefühl der Beklommenheit traten Branko und Edith die Reise zur anderen Seite der Weltkugel an. Japan war ein rätselhaftes Land, der Auftrag war nur grob umrissen, und er hatte keinerlei Ausbildung erhalten. Bald nach ihrer Ankunft merkten sie, daß die finanziellen Mittel, die man ihnen zur Verfügung gestellt hatte, nicht ausreichten, um länger als eine kurze Zeit einen westlichen Lebensstandard aufrechtzuerhalten. Die mangelnde Vorbereitung wurde schmerzhaft offenbar. Er hatte den Eindruck, daß die Komintern nicht der unerschöpfliche Informationsquell war, für den er sie gehalten hatte.

Zur Tarnung seiner geheimen Mission hatte Vukelic mit einer französischen Illustrierten und einer jugoslawischen Tageszeitung vereinbart, Artikel über Japan zu schreiben – eine, wie er fand, »fadenscheinige Tarnung«. Überdies deckten die Honorare, die er erhielt, kaum die Miete. Edith, eine ausgebildete Gymnastiklehrerin, fand hin und wieder Arbeit an zwei Fachhochschulen in Tokio, Tamagawa Gakuen und Bunka Gakuin. Zehn Monate lang hielten sie sich knapp über Wasser, bis Sorge sie schließlich aus ihrer Notlage erlöste. Er schickte »Bernhardt« in ihre Wohnung, um den ersten Kontakt herzustellen, und kam am folgenden Tag selbst.

Sorge sagte später, Vukelic sei damals in bemitleidenswerter Verfassung gewesen – krank vor Heimweh und völlig abgebrannt. Obwohl er der Chef des Spionagenetzes war, hatte er bei der Auswahl dieses Agenten kein Mitspracherecht gehabt, und augenscheinlich war er nicht übermäßig beeindruckt. Möglicherweise entsprach Vukelic in seiner geschwätzigen, unbekümmerten Art nicht ganz Sorges hohen Anforderungen an einen Geheimagenten. Bis zum letzten Tag wurde Vukelic nie das Gefühl los, daß er ein »Außenseiter« war und Sorge ihn für »unseriös« hielt.

Bevor Sorge Moskau verließ, hatte er General Bersin gesagt, daß ein japanischer Komplize für die Gruppe in Tokio unerläßlich wäre. In der großen japanischen Gemeinde an der Westküste der Vereinigten Staaten war ein geeigneter Mann angeworben worden, der am 24. Oktober in Yokohama eingetroffen war. Seit seiner Ankunft hatte Miyagi Yotoku, ein dreißig Jahre alter Künstler, den Kleinanzeigenteil des *Japan Advertiser* Tag für Tag nach einem vorher vereinbarten Text durchforstet. Endlich, am 6. Dezember 1933, erschien die Annonce unter der Rubrik »Zu kaufen gesucht«: »Ukiyo-E-Drucke* von alten Meistern. Auch englische Bücher zum selben Thema. Dringend gesucht.« Für 5 Sen pro Wort hatte Vukelic diese Anzeige auf Anweisung vom »Boß«, wie er Richard Sorge nannte, aufgegeben.

Ebenso wie an Vukelic war die Komintern auch an Miyagi herangetreten, einen nicht näher definierten Auftrag in Japan zu übernehmen. Miyagi beschrieb seine Werber später als einen »japanisch-amerikanischen Komintern-Agenten, Yano Toru«, und einen »weißen Komintern-Mitarbeiter unbekannter Nationalität«.

Miyagi war sechzehn, als er das heimatliche Okinawa in Richtung Vereinigte Staaten verließ, um bei seinem Vater zu sein, der auf der Suche nach Arbeit ausgewandert war. Seine große Liebe galt der Kunst, und er studierte Malerei an einem College in San Diego. 1931 trat er in die Kommunistische Partei ein, weil er glaubte, daß der Kommunismus eine gerechte Gesellschaft schaffen werde. Seine Überzeugungen entwickelten sich unter dem Eindruck eigener bitterer Erfahrungen. Von den Japanern wurden die Einwohner Okinawas wie Menschen niederer Kaste behandelt; und als Orientale war ihm die Diskriminierung in den Vereinigten Staaten nicht fremd.

Dennoch ergriff Miyagi die Gelegenheit, der kommunistischen Sache durch Arbeit in Japan einen Dienst zu erweisen, nicht gleich beim Schopf. Er litt an Tuberkulose, und im trockenen Klima Südkaliforniens hatte sich sein Zustand gebessert. Außerdem ließen die Werber sich über die Art seiner Tätigkeit in Tokio nicht näher aus, wenngleich kein Zweifel daran bestand, daß sie illegal sein würde. Alles, was sie sagten, war: »Gehen Sie nach Tokio, dort werden Sie durch einen Kontaktmann Instruktionen über Ihre Aufgaben erhalten. Sie werden schon in einem Monat wieder hier sein.«

Das war im Juli gewesen. Wider bessere Einsicht hatte Miyagi zugestimmt, war nach Japan gereist, und im Dezember hatte er endlich her-

---

* Ukiyo-E (jap.): »Bilder der fließenden, vergänglichen Welt«. Japanische Genremalerei, Durchbruch im Bürgertum seit Mitte des 17. Jahrhunderts, Weltgeltung im Holzschnitt, u. a. Hiroschige Ando.

ausgefunden, welche Art von Arbeit man von ihm erwartete. Nachdem er auf die Anzeige geantwortet hatte, war Branko Vukelic seine erste Kontaktperson. Beide verschwiegen ihre richtigen Namen. Jeder hatte die Hälfte einer Dollarnote in der Tasche, um sich der Echtheit seines Gegenübers zu versichern. Auf dieses Treffen folgte die erste Begegnung Miyagis mit Richard Sorge vor der Ueno-Kunstgalerie. Als Erkennungszeichen trug Sorge an diesem Tag eine schwarze Krawatte und Miyagi eine blaue.

Bei ihrem ersten Treffen horchte Sorge den Mann aus Okinawa aus, um sich ein Bild zu machen, wie er eingesetzt werden könnte; erst später erläuterte er die Rolle, die Miyagi spielen würde.

Sorge sagte nicht eindeutig, daß ich Spionagearbeit tun sollte, aber er fragte mich nach politischen und militärischen Angelegenheiten Japans. Er sagte, er arbeite für die Komintern, versuche aber nicht, irgendeine Organisation aufzubauen. Aber irgendwann im Dezember merkte ich, daß mein Auftrag darin bestand, für die Komintern zu spionieren. Im Januar 1934 wurde ich von Sorge gebeten, in Japan für ihn zu arbeiten, und ich willigte ein.[2]

Obwohl Miyagi seine japanischen Landsleute nicht ausstehen konnte, war er nicht begeistert davon, in die Rolle des Verräters zu schlüpfen, und ließ sich mit seiner Antwort Zeit. »Es wäre etwas anderes gewesen, wenn man diese Arbeit in Amerika getan hätte. Aber wie stand ein Japaner da, der das in Japan tat?«[3]

Was ihn schließlich umstimmte, war Sorges Argument, Hauptzweck der Tätigkeit der Spionagegruppe sei die Verhinderung eines Krieges zwischen Japan und der Sowjetunion. Miyagi habe die Chance, für den Frieden zu arbeiten – die übliche Masche, derer sich Werber für den sowjetischen Geheimdienst bedienten. Miyagi, der Idealist, konnte sich dem nicht verschließen. Dennoch scheint er nur widerwillig zugestimmt zu haben, bedrängte er Sorge doch, sich nach jemandem umzusehen, der eher geeignet wäre, diese Art von Arbeit so schnell wie möglich zu übernehmen. »So beteiligte ich mich an dem Ring, wobei mir völlig bewußt war, daß diese Tätigkeit gegen die Gesetze Japans verstieß und ich in Kriegszeiten für meine Spionage hingerichtet werden würde.«[4]

Sorge sagte, er würde versuchen, einen Ersatz zu finden, aber aus diesem Versprechen wurde nichts. Vielleicht hat er sich nie bemüht. Es wäre nicht leicht gewesen, jemanden aufzutreiben, der so kompetent, fleißig und pflichtbewußt war wie Miyagi. Er hing in Japan fest, hatte eine Arbeit am Hals, die er nicht wollte, und sollte die Vereinigten Staaten ebenso wie die Frau, die er zurückgelassen hatte, niemals wiedersehen.

Im Dezember 1933, nachdem er fast vier Monate lang in Hotels gelebt hatte, mietete Sorge ein Haus in Nagasaka-cho, einem ruhigen Wohnblock im Tokioter Bezirk Azabu. Er hatte sich für ein Viertel entschieden, in dem die untere Mittelschicht lebte: Zu seinen Nachbarn gehörten ein Ingenieur der Bergbaugesellschaft Mitsui und ein Sparkassenangestellter.[5] Es war ein schlichtes zweigeschossiges Holzhaus, das sich mit zwei ähnlichen Häusern ein winziges Grundstück teilte.

Für jemanden, der durch seine Arbeit im Geheimen gefährdet war, schien Sorge der Mangel an Privatsphäre nichts auszumachen. Die Häuser standen so dicht beieinander, daß sämtliche Gerüche durch alle Wohnungen zogen. Von der nahe gelegenen Toriisaka-Polizeistation aus konnten Besucher leicht beobachtet werden. Wie ein Polizeibeamter berichtete, gab es freie Sicht in die Zimmer auf der ersten Etage. Möglich, daß Sorge gerade dieses Haus aussuchte, weil es ein unwahrscheinlicher Rahmen für die Schaltzentrale eines Spionagerings war.

Im Vergleich zu ausländischen Diplomaten und Geschäftsleuten in Tokio lebte Sorge in einer bescheidenen Umgebung (ungeachtet der Nachteile blieb er fast acht Jahre hier wohnen, bis zum Tag seiner Verhaftung). Manche seiner deutschen Besucher fanden die Wohnung winzig und spartanisch und von grotesker Unordnung. Wie in jedem japanischen Haus zog man in einem winzigen betonierten Vorflur die Schuhe aus. Das Erdgeschoß bestand aus einem Wohnraum in der Größe von acht *tatami**-Matten[6], einem viereinhalb Matten großen Eßzimmer, Küche,

---

* *tatami:* Reisstrohmatten, mit denen die Böden japanischer Wohnungen ausgelegt sind.

Badezimmer und Toilette – der japanischen »Hock«-Variante. Eine enge Treppe führte hinauf in die erste Etage, wo Sorge sein Arbeitszimmer hatte, vollgestopft mit Bücherregalen, Aktenschränken, einem Sofa und einem riesigen Holzschreibtisch. Ein Teppich bedeckte die acht *tatami*-Matten. Nebenan schloß sich ein sechs Matten großes Schlafzimmer an, in dem Matratzen – *shikibuton* – gestapelt waren, die als Bett in westlichem Stil herhalten mußten.

Bei schönem Wetter schien die Sonne in den oberen Korridor, in dem das Telefon stand. Wenn Sorge hier die Schiebefenster beiseite schob, konnte er nach draußen auf eine wackelige hölzerne Veranda mit ein paar Topfpflanzen treten. Helma Ott fand, daß seine häuslichen Verhältnisse doch zu offen vor aller Augen lägen. Unaufgefordert maß sie die Fenster aus und verhängte sie mit Blümchenvorhängen.

Sorges Tagesablauf war streng reglementiert. Er kam mit sehr wenig Schlaf aus und stand jeden Morgen gegen fünf auf, um eine Treppe tiefer in der engen Holzwanne ein Bad zu nehmen. Eine ältere Haushälterin kam, um das Frühstück zu machen. Vorher trainierte er eine Weile intensiv mit einem Brustexpander. Er las jede Zeile des (in amerikanischem Besitz befindlichen) *Japan Advertiser* und verbrachte anschließend den größten Teil des Vormittags an der Schreibmaschine. Vor seiner Abreise aus Europa hatte er vereinbart, Artikel für die holländische Wirtschaftszeitung *Algemeen Handelsblad* zu schreiben, das zu einem wichtigen Abnehmer wurde, als die Nationalsozialisten im Dezember 1933 die liberale *Tägliche Rundschau* verboten.

Nach dem Mittagessen legte er sich grundsätzlich eine Stunde schlafen. Nachmittags verließ er das Haus und ging zum Gebäude der Domei-Nachrichtenagentur, in dem auch das Deutsche Nachrichtenbüro untergebracht war. Er besuchte regelmäßig die Deutsche Botschaft und häufig den Deutschen Club, wo es einen Lesesaal mit den neuesten Zeitungen von zu Hause gab. Ab fünf Uhr nachmittags fand man ihn gewöhnlich an der Bar des Hotels Imperial; später am Abend besuchte er vielleicht eine der Parties, mit denen die deutschen Geschäftsleute und Diplomaten Abwechslung in ihr langweiliges Leben zu bringen suchten.

Sorge, ein glänzender und erfrischend indiskreter Gesprächspartner, war bei gesellschaftlichen Anlässen dieser Art ein willkommener Gast. Unter den Auslandsdeutschen erwarb er sich den Ruf eines exzentrischen, trinkfesten Junggesellen mit lockerem Lebenswandel, der den zahlreichen in Tokio angebotenen Versuchungen des Fleisches gern erlag und Stammgast in einer Reihe von Etablissements auf der Ginza war, wie der Florida Dance Hall, wo er Mädchen in eleganten Abendkleidern für einen Tango bezahlte, und in Bars wie dem Silver Slipper, dem Rheingold und der Fledermaus. Saufen ist Teil der journalistischen Kultur, aber Sorge trieb es bis zum Exzeß.

Hier in Japan finden wir bei ihm die ersten Anzeichen eines zügellosen, chronischen Alkoholismus. Wie sein Freund Prinz Urach beobachtete, »durchlebte Sorge alle Trunkenheitsstadien des Quartalssäufers: Hochgefühl, heulendes Elend, Aggressivität, Verfolgungs- und Größenwahn, Delirium, stumpfsinniges Dahindämmern und die graue Öde des Katzenjammers, der nur durch neuen Alkohol vertrieben werden konnte«.[7]

Ein amerikanischer Journalist, der manch frühe Morgenstunde mit seinem Korrespondentenkollegen Sorge im Suff verbrachte, unterstellt, daß die häufigen Barbesuche und Frauengeschichten »kalkulierter Bestandteil seiner Maskerade waren. Er erweckte den Eindruck eines Playboys, beinahe eines Wüstlings, das genaue Gegenteil eines hart arbeitenden und gefährlichen Spions.«[8]

Die japanische Gesellschaft glich einer Seeanemone, die sich beim Nahen eines Räubers verschließt. Sorge erkannte, daß er sich als Außenseiter und Ausländer keine Hoffnungen zu machen brauchte, ihre inneren Schichten zu durchdringen. Nur ein gutsituierter Japaner würde Zugang zu vertraulichen politischen und wirtschaftlichen Informationen erhalten, die die Zeitungen nicht drucken durften. Die Frage, wie ein solcher Informant angeworben werden könnte, spielte beim Aufbau seines Apparates während dieser ersten Monate eine herausragende Rolle in seinen Überlegungen.

Miyagi, der sein halbes Leben in Amerika verbracht hatte und dem der richtige soziale Hintergrund fehlte, würde es schwerfallen, in den oberen Rängen dieser Cliquengesellschaft Beziehungen zu knüpfen. Aber Sorge kannte einen Mann, der genau der richtige war: Ozaki Hotsumi. Der Journalist, der ihm in Schanghai geholfen hatte, war auf denselben Eliteschulen gewesen wie viele bekannte Persönlichkeiten des öffentlichen Lebens und wurde in den ausschlaggebenden Kreisen akzeptiert. Er war dabei, sich einen Namen als Chinaexperte zu machen, kannte sich in der Politik aus und hatte die richtigen Ansichten. Und nicht zuletzt war Ozaki durch keine Verbindung zur verbotenen Kommunistischen Partei Japans kompromittiert. Sorge beschloß, sich aufs neue seiner Hilfe zu versichern.

Ozaki war nach vier aufregenden Jahren in Schanghai im Februar 1932 in die Zentrale der *Asahi* nach Osaka zurückgekehrt, hatte einen Posten in der Auslandsredaktion übernommen und sich mit seiner Frau und seiner kleinen Tochter in einem ruhigen Vorort eine Existenz aufgebaut. Eines Tages gegen Ende Mai, Ozaki war gerade dreiunddreißig geworden, erhielt er im *Asahi*-Gebäude Besuch von einem Unbekannten. Der Mann, der sich als Minami Ryuichi vorstellte und vorgab, Künstler zu sein, sagte, er käme im Auftrag eines Ausländers, den Ozaki in Schanghai gekannt habe. Dieser Ausländer sei nun in Japan und würde ihn gern treffen. Ozaki war auf der Hut und hatte den Fremden im Verdacht, für die Polizei zu arbeiten.[9]

Nachdem sie sich etwas länger unterhalten hatten, dämmerte es Ozaki, daß es sich bei dem fraglichen Ausländer um den Mann handeln mußte, den er als »Johnson« gekannt hatte. Sein Verdacht wurde am selben Abend bestätigt, als er mit Minami in ein chinesisches Restaurant essen ging, um sich in Ruhe mit ihm unterhalten zu können. Der Künstler war ein angenehmer Gesellschafter, und Ozaki fühlte sich so weit beruhigt, daß er ihn in sein Haus einlud. Auch einem Treffen mit dem Fremden stimmte er nun zu.[10]

Anfang Juni 1934 trafen sich Richard Sorge und Ozaki Hotsumi in Nara. Die Begegnung sollte auf den Stufen stattfinden, die vom Kofukuji-Tempel hinunter zum Sarusawa-ike (dem Affensumpf-Teich) führen. Die beiden hatten sich seit zwei Jahren nicht gesehen, und wir dürfen annehmen, daß sie sich herzlich begrüßten.

Der Ring formiert sich

In Schanghai hatte jeder große Stücke auf den andern gehalten. Sorge war von Ozakis politischem Riecher und seiner exzellenten Kenntnis Chinas beeindruckt gewesen. Dem japanischen Journalisten war Sorges erfrischend unprätentiöse, natürliche Art sympathisch gewesen. In seinem Benehmen hatte sich keine Spur jener Herablassung gefunden, die sich in Schanghai viele Leute aus dem Westen im Umgang mit Japanern und anderen Asiaten nicht verkneifen konnten.[11] Sie unterhielten sich am Ufer des großen ovalen Teichs, in dem sich die nahe gelegene fünfstufige Pagode spiegelte. Wahrscheinlich waren viele Ausflügler unterwegs, denn die ersten Junitage in der Gegend von Kansai sind angenehm warm und beinahe wolkenlos.

Von den japanischen Touristen, die sich pflichtschuldigst die Tempel ansahen, dürften nur wenige mit der Geschichte dieser reizvollen Stadt so vertraut gewesen sein wie Sorge. Für ihn vereinte die 1200 Jahre zurückliegende Nara-Zeit die besten – und unwiederbringlich verlorenen – Elemente japanischen Wesens: die ästhetischen Maßstäbe von Bildhauern, Malern und Baumeistern und die Dichter, deren in den *Manioschu* (der »Sammlung der zehntausend Blätter«) enthaltene Oden voller Schwermut Sorge sogar in der Übersetzung genießen konnte.

Hinter einer Reihe knorriger Weiden windet sich ein Pfad am Teichufer entlang, und vielleicht spazierten die beiden Männer hier, während sie sich unterhielten. In dem kleinen Teehaus am Ufer könnten sie eine Rast eingelegt haben, um etwas zu trinken. Irgendwo inmitten dieser malerischen Kulisse stimmte Ozaki einem Vorschlag zu, der sein ganzes Leben verändern sollte.

»Ich muß Sie um etwas bitten«, sagte Sorge. »Ich möchte, daß Sie mir helfen, mehr über die Situation in Japan herauszufinden. Nicht über China, sondern über Japan. Ich hätte von Ihnen gern Informationen über die politische, ökonomische und militärische Situation und wüßte gern, was Sie davon halten.« »Ich werde alles tun, was ich kann, um Ihnen zu helfen«, antwortete Ozaki.[12] Von Ozaki selber erfahren wir, daß die Sache schnell entschieden war. Er bat nicht um Bedenkzeit, bevor er Sorge eine Antwort gab. Im Gefängnis faßte er das kurze Gespräch mit folgenden Worten schriftlich zusammen: »Sorge bat mich, bei seiner

Aufklärungsarbeit in Japan mitzumachen, und ich ging bereitwillig auf seinen Vorschlag ein und beschloß, mit Sorge bei der Aufklärungsarbeit zusammenzuarbeiten.«[13]

Daß Ozaki einer Zusammenarbeit mit Sorge »bereitwillig« zustimmte, hat einige japanische Forscher verblüfft. Sie tun sich schwer damit, die Tatsache zu akzeptieren, daß ein Mann von Ozakis intellektuellem Format und gesellschaftlicher Stellung ohne Gewissensbisse vom Fleck weg einverstanden war. Einige Experten dieses Falles ziehen es vor anzunehmen, man habe Ozaki bei den Verhören das Geständnis, daß er sich vom sowjetischen Geheimdienst bereitwillig habe anwerben lassen, abgepreßt.

Dafür gibt es nicht den geringsten Beweis. Alle Anzeichen deuten darauf hin, daß Ozaki offenbar nicht überredet werden mußte, sich Sorges Netz anzuschließen, obwohl er damit zum Verräter wurde, der gegen die Interessen seines Vaterlandes handelte. Seine schicksalsschwere Entscheidung erforderte ein Ausmaß an Mut und Weitsicht, das über die Grenzen normalen Verständnisses hinausgeht.

Warum also ließ sich Ozaki, ein Familienvater, dem eine große Karriere sicher war, auf Spionage für die Sowjetunion ein, auf ein Unternehmen, von dem er wußte, daß es ein »schwieriges und wenig lohnendes Unterfangen« war? Einige Hinweise liefert seine Vergangenheit. Ozaki wurde am 1. Mai 1901 in Tokio in bescheidenen Verhältnissen geboren. Unmittelbar nach seiner Geburt zog die Familie nach Taiwan, einer japanischen Besitzung, und er wuchs als Angehöriger der privilegierten kolonialen Klasse auf.

Seit 1919 besuchte er die Eliteanstalt *Ichiko* (Erste Höhere Schule) in Tokio, und 1922 wechselte er zur Kaiserlichen Universität von Tokio. Sein politisches Bewußtsein wurde geschärft, als im darauffolgenden Jahr die Führer der neugegründeten Kommunistischen Partei Japans verhaftet wurden. Die Ermordung vieler Kommunisten und Arbeiterführer traf ihn tief und nachhaltig. Als Mitglied einer sozialwissenschaftlichen Arbeitsgruppe an der Kaiserlichen Universität entdeckte er den Reiz des Marxismus. Ohne Zweifel war er zur Zeit der Massenverhaftung von Mitgliedern der Kommunistischen Partei und ihrer Sympathisanten im

Jahr 1928 überzeugter Kommunist. Aber dieses harte Durchgreifen zeigte, wie klug seine Entscheidung gewesen war, sich nicht formell an die Partei zu binden.

Als junger Reporter für die *Asahi* in Schanghai geriet er in den Sog der Zirkel der Kommunistischen Partei Chinas. Die japanische Besetzung der Mandschurei und der Angriff auf Schanghai beeinflußten sein Denken nachhaltig. Japans Säbelrasseln entlang der mandschurischen Grenze zur Sowjetunion beseitigte letzte Zweifel, wo sein Platz war. Da er an die Weltrevolution glaubte, begriff er, wie wichtig es war, die Revolution in Rußland vor dem kriegerischsten Feind dieses Landes zu schützen: Japan.

Nach seiner Verhaftung erläuterte er die Motive für seine Arbeit mit Sorge:

> Ich kam schließlich zu der Überzeugung, daß von all unseren Arbeitsfeldern die Verteidigung der UdSSR eines der wichtigsten war. Und wegen dieser Verteidigung bestand unsere wichtigste Mission darin, die Komintern oder die sowjetische Regierung mit genauen Informationen über die interne Situation in Japan – der stärksten der mit der Sowjetunion verfeindeten Weltmächte – zu versorgen, um Gegenmaßnahmen zu ermöglichen. Hinzu kam, daß die Kommunistische Partei Japans um diese Zeit so machtlos war, als existierte sie überhaupt nicht. Manchmal dachte ich insgeheim, daß die Tatsache, in Japan Kommunist zu sein und sich für dieses schwierige und undankbare Unternehmen zu engagieren, etwas war, auf das man stolz sein konnte.[14]

In Schanghai hatte Ozaki denselben Eindruck gehabt wie Agnes Smedley – daß Sorge für die Komintern arbeitete. Dieser wiederum scheint Ozaki in seiner Illusion bestärkt zu haben, indem er ihn glauben machte, er sei als »Mitglied« der Komintern registriert worden.

In all seinen Jahren als Spion erfuhr Ozaki niemals, daß er für den Geheimdienst der Roten Armee arbeitete. Er wußte nicht, daß ein Dossier in der Vierten Abteilung ihn seit Sommer 1935, als Sorge seinen Vorgesetzten in Moskau Bericht erstattete, als einen der Köpfe der Tokioter Einheit führte. Zweifellos glaubten Sorge und seine Leiter, daß ausländische Kommunisten der Kommunistischen Internationale bereitwilliger dienten als dem sowjetischen Geheimdienst, und dies war der Grund, warum alle, Ozaki, Miyagi und Vukelic, bewußt in die Irre geführt wurden.

Bei dem Treffen in Nara erfuhr Ozaki nicht Sorges richtigen Namen. Er hielt ihn immer noch für einen Amerikaner, der sich »Johnson« oder einfach »John« nannte. Es dauerte noch lange, bevor er hinter seine wahre Identität kam. »So um 1935 herum hörte ich aus Johns Mund, daß ein Elternteil deutsch und das andere russisch sei, also dachte ich, daß er die deutsche und die russische Staatsangehörigkeit hätte.«[15] Im September 1936 schließlich erfuhr er zufällig Sorges richtigen Namen, bei einem Empfang im Hotel Imperial, wo jemand Ozaki dem Mann »vorstellte«, den er bereits seit fünf Jahren kannte: »Ich möchte, daß Sie Dr. Sorge kennenlernen, einen deutschen Journalisten.«

Im April 1934 wurde Eugen Ott zum leitenden Militärattaché an der Deutschen Botschaft in Tokio ernannt und zum Oberst befördert. Ungeheuer erleichtert verließ die Familie Nagoya und zog nach Tokio, das wesentlich mehr Zerstreuung zu bieten hatte. Ihr neues Heim, ein schlichtes Holzhaus, stand im Nagai Compound, einer Oase der Ruhe mit Rasenflächen und Bäumen, nur ein oder zwei Minuten von Shibuya, einem der belebtesten Bahnhöfe Tokios, entfernt. Ulli war glücklich, weil sie nun mit den Kindern amerikanischer und europäischer Diplomaten und Geschäftsleute spielen konnte. Auch ein kleiner jüdischer Junge zählte zu ihren Freunden – bis die Gestapo die deutsche Kolonie 1936 stärker unter Kuratel stellte und solche Verbindungen fürderhin nicht mehr ratsam waren.

Sorge wurde ein regelmäßiger Gast bei den Otts. Er verließ das Hotel Imperial gegen sieben und fegte mit seinem neugekauften Motorrad gefährlich schlingernd die Aoyama Avenue hinunter. Oft blieb er zum Abendessen, und anschließend spielten er und Oberst Ott bis tief in die Nacht Schach, tranken Cognac und diskutierten über die Hitlersche Revolution, die in Deutschland im Gange war. Bei diesen entspannten Anlässen erzählten sie einander, was sie über die wachsende Vorherrschaft des Militärs in Japan und die Ohnmacht der zivilen Führer des Landes wußten. Ott war die innere Dynamik der japanischen Armee wohlvertraut, und er kannte eine Reihe einflußreicher Offiziere aus den mittleren Rängen persönlich, so Oberst Oshima Hiroshi, einen Germanophilen und Bewunderer Hitlers, und den Spionagechef und politischen Ränkeschmied Doiohara Kenji.

Ott vertraute auf Sorges Diskretion; es war klar, daß diese Informationen nicht zur Veröffentlichung bestimmt waren. Sorge revanchierte sich mit scharfsinnigen Analysen politischer und diplomatischer Entwicklungen, die sich aus extensiver Lektüre, klugen Schlußfolgerungen und (seit Anfang 1935) aus Ozakis Innenansichten speisten. In den Augen des Militärattachés war Sorge nicht irgendein Nullachtfünfzehn-Journalist, sondern ein scharfer Beobachter, der wissenschaftliche Interessen mit einem ausgezeichneten Verständnis der politischen Realitäten Japans verband. Irgendwie gewann der Oberst den Eindruck, als hätte Sorges Beherrschung des Japanischen ihm geholfen, den Bambusvorhang zu durchdringen. In Wahrheit kam Sorge, da er nicht genug Zeit zum Lernen fand, über rudimentäre Kenntnisse der Sprache niemals hinaus.

Im Frühherbst 1934 bat der Militärattaché Sorge, nachdem er Botschafter Dirksen um Erlaubnis gefragt hatte, ihn auf einer Reise durch die Mandschurei zu begleiten. Diese Einladung bestätigt die besondere Stellung, die Sorge sich binnen eines Jahres nach seiner Ankunft in Tokio aufgebaut hatte. Der Ertrag der Reise bestand in einer Fülle von Informationen über die militärischen und ökonomischen Aspekte des japanischen Wiederaufbaus von Mandschukuo, wie die Mandschurei nun hieß, und ohne Zweifel in einigen nützlichen Kontakten zur Kwangtung-Armee, die das riesige Territorium besetzt hielt. Nach seiner Rückkehr setzte Sorge sich hin und verfaßte einen ausführlichen Überblick über die Lage in der Mandschurei, den er Ott zeigte. Der Oberst war beeindruckt und schickte den Bericht an seine Vorgesetzten im Oberkommando des Heeres in Berlin, die ihn gut aufnahmen. Sorge erhielt weitere Aufträge für gründliche Studien, die sein Ansehen sowohl in der

Botschaft in Tokio als auch im Berliner Hauptquartier außerordentlich erhöhten.

Bald schon behandelten die Otts Sorge – »Onkel Richard« für die kleine Ulli – wie ein Mitglied der Familie. Beide Kinder liebten ihn heiß und innig, er vergaß nie, Süßigkeiten mitzubringen, und es war ihm nie zuviel, sich zu ihnen auf den Boden zu hocken, um mit Podwicks Modelleisenbahn zu spielen. Sie gingen alle so vertraut miteinander um, daß sich zwischen ihm und Helma beinahe ebenso zwangsläufig eine Liebesaffäre entwickelte, wie es unvermeidlich war, daß der Oberst davon Wind bekam. Anscheinend fand Helma in ihrer Ehe längst keine Erfüllung mehr, und offenbar schliefen sie und ihr Mann seit Anfang der dreißiger Jahre in getrennten Betten.[16]

Eine Freundschaft, die eine Goldmine für Informationen zu werden versprach, hätte durch Richards sexuelles Ungestüm zerstört werden können. Wieder einmal erleben wir ihn als Sklaven seiner Triebe, der den Kitzel des Abenteuers mit einer verheirateten Frau ebenso genoß wie die Erregung, sich volltrunken auf sein Motorrad zu schwingen. Aber Ott reagierte auf die Entdeckung von Helmas Untreue mit bewundernswerter Selbstbeherrschung. Einer Darstellung zufolge – die recht unwahrscheinlich klingt – erhob er sein Glas und rief: »Prost, Sorge, auf das, was wird!«[17] Einer seiner Lieblingsbeinamen für Sorge lautete »der Unwiderstehliche«, und vielleicht war auch Ott Sorges Zauber verfallen. Er ließ es nicht zu, daß die Affäre sich zwischen sie schob. Außerdem war er sich sicher, daß die Romanze bald in die Brüche gehen würde, und die Ereignisse gaben ihm recht.

In der ersten Januarwoche des Jahres 1935 wurde Sorge von der Ankunft der sowjetischen Agentin »Ingrid« benachrichtigt, und er fuhr zum Hotel Imperial, um sie zu treffen. Sie war von der Vierten Abteilung geschickt worden, und er hätte sicher zu gern herausbekommen, warum seine Vorgesetzten es für notwendig erachtet hatten, noch jemanden nach Japan zu beordern – auf »sein« Territorium.

Der Neuankömmling hieß Aino Kuusinen und war die von ihrem Mann getrennt lebende Frau von Otto Kuusinen, dem finnischen Sekretär des Exekutivkomitees der Komintern. Sorge hatte sie zum ersten Mal vor etwa zehn Jahren in Moskau während seiner Arbeit im deutschen Sekretariat der Komintern getroffen. Auch sie war inzwischen umgesattelt und gehörte nun zum Geheimdienst der Roten Armee.[18]

Der Name in ihrem schwedischen Paß lautete »Elisabeth Hansson«. Ihr Deckname in der Vierten Abteilung war »Ingrid«. Sie hatte Befehl, sich als Schriftstellerin Zutritt zu den höchsten Kreisen von Gesellschaft und Regierung zu verschaffen; mit ausreichenden Mitteln für einen standesgemäßen Lebensstil war sie versorgt worden. Wie sie selber sagte, war es keine anstrengende Mission, und ihr blieb genug Zeit, die japanische Kultur und Sprache zu studieren. Viele Jahre später würde sie sich an diese Zeit als »eine der glücklichsten meines Lebens« erinnern. Sie war entzückt von Japan. Es war nicht die höfliche Fassade, sondern die Selbstbeherrschung und die Fähigkeit, persönliche Schicksalsschläge hinter einem Lächeln zu verbergen, die sie als bemerkensweteste Charakterzüge der Japaner am meisten beeindruckten.[19]

Ihre Instruktionen lauteten, unabhängig von Sorge zu operieren, aber über seine Organisation mit Moskau Verbindung zu halten und Gelder in Empfang zu nehmen. Was niemand in der Vierten Abteilung wußte, war, daß Aino zu der Zeit, als sie in Japan eintraf, einen Gesinnungswandel durchgemacht hatte: Was den Kommunismus anlangte, war sie vollkommen ernüchtert. Auslöser war ihre vorangegangene Komintern-Mission in den Vereinigten Staaten gewesen. Die »freie Luft«, die sie in Amerika hatte atmen können, hatte ihre Ansichten über das Rußland Stalins geändert, und als sie nach ihrer Rückkehr feststellte, daß einer ihrer besten Freunde Opfer der Säuberungen geworden war, war die Enttäuschung vollkommen. Sie war überglücklich, als General Bersin ihr anbot, sie mit einem Spionageauftrag nach Tokio zu schicken. Japan war auf dem Wege zu einem Polizeistaat, aber verglichen mit dem, was sie in Rußland erlebt hatte, erschien ihr die Freiheit dort geradezu paradiesisch.

Sie und Sorge hatten einen wackeligen Start. Bei ihrer zweiten Verabredung eine Woche später nahm er sie in eine seiner Kneipen mit – offenbar in die Fledermaus oder ins Rheingold, ihrer Beschreibung nach zu urteilen. Dieses »deutsche Wirtshaus der untersten Kategorie« sei kein Ort, an den man eine Dame einlade, sagte sie in entschiedenem Ton. Sorge tat ihre Klage mit einem Achselzucken ab; offensichtlich war ihm gleichgültig, was sie von ihm dachte.

Während der nächsten Monate war Aino damit beschäftigt, Kontakte zur japanischen Presse und zu den höheren Rängen der Bürokratie herzustellen. Niemand erwartete von ihr, daß sie mit der Aufklärungsarbeit anfinge, bevor sie in der japanischen High-Society nicht völlig anerkannt war, gesetzt den Fall, daß das überhaupt möglich war.

Die Spannungen zwischen der Sowjetunion und Japan während der ersten Monate des Jahres 1934 unterstrichen die Wichtigkeit von Sorges vorrangiger Mission – nämlich zu untersuchen, ob die japanische Armee einen Angriff auf sowjetisches Territorium im Fernen Osten plane. Auf Sorges Anweisung hin bereitete Miyagi einen Bericht über die Haltung der Armee hinsichtlich der Sowjetunion vor. Er kam zu dem Ergebnis, daß ein Angriff unmittelbar bevorstehe. Allerdings verfügte Miyagi über keinerlei Quellen im Oberkommando und war bei seinen Informationen auf Artikel in Zeitungen und Magazinen und auf Gerede von der Straße angewiesen.

Sorge ließ sich durch die Kriegshysterie nicht von seiner Organisationsarbeit abhalten und kümmerte sich mit peinlicher Sorgfalt um den Aufbau des Spionagerings. Seiner Ansicht nach konnte die Aufklärungsarbeit erst richtig beginnen, wenn alle Dinge an ihrem Platz waren:

> In der Zeit von Herbst 1933 bis Frühjahr 1935 war an eine Ausführung unserer Aufgaben überhaupt nicht zu denken. Die Zeit ging dafür drauf, die besonders verzwickte japanische Situation in den Griff zu bekommen. Vor Beginn des eigentlichen Einsatzes mußten wir die Gruppe aufbauen und ein Fundament schaffen.[20]

Um die Zeit, als die erste Phase abgeschlossen war, wurde Sorge in der Deutschen Botschaft in einem Ausmaß geachtet, das er selber für »absolut einmalig« hielt, und erfreute sich allgemeiner Anerkennung als umtriebiger und fähiger Journalist. Insbesondere mit Oberst Ott, dem leitenden Militärattaché, und mit Kapitän Paul Wenneker, dem Marineattaché, der 1934 in Tokio eingetroffen war, hatte er Freundschaft geschlossen. Der Botschafter selbst hielt große Stücke auf ihn.

Außerdem hatte er bewiesen, daß er fähig war, in einer feindlichen Umgebung zu operieren, deren Polizeikräfte derart von Spionagefurcht besessen waren, daß sie eine Razzia in einer Kunsthandlung durchführten und Drucke aus dem 18. Jahrhundert beschlagnahmten, die den Hafen von Nagasaki zeigten. Ausländer wurden rund um die Uhr von der Polizei oder ihren Informantenheeren verfolgt. Sorge ging bei seiner Arbeit davon aus, daß er überwacht wurde – von den normalen Polizisten des Toriisaka-Reviers, von der *Tokko* (der Geheimen Staatspolizei Japans), von der *Kempetei* (der Militärpolizei) oder von allen dreien.[21]

Ihm war bewußt, daß seine Haushälterin häufig von der Polizei verhört wurde und daß man sein Haus durchsuchte, wenn er in China auf Reisen war. Selbst im Hotel Imperial wurde er das Gefühl nicht los, daß Polizisten ihn beobachteten. Lässig stellte er sich auf die permanente Überwachung ein: »Das war bei allen Ausländern üblich. Ich war nicht der einzige Ausländer, der verdächtig war.«[22] Um jeden Verdacht zu zerstreuen, sammelte er die Streichholzschachteln von Restaurants, Bars und Freudenhäusern (im Rotlichtbezirk Honmoku), die er aufsuchte, und ließ sie so liegen, daß das Hausmädchen sie fand. So konnte sie der Polizei von nächtlichen Ausflügen berichten, die er keinen Grund hatte zu verheimlichen.

Kurz nach seiner Ankunft in Tokio schickte er einen Funkspruch nach Moskau, in dem er damit prahlte, daß er nun wisse, was er von der japanischen Polizei und ihren Methoden zu halten habe: »Ich kriege den Eindruck, daß ich sie an der Nase herumführe.«[23] Im Gefängnis äußerte er die Ansicht, daß japanische Polizisten sich zu sehr um Kleinigkeiten kümmerten und den Wald vor lauter Bäumen nicht sähen: »Ich glaube, daß sie ihre Zeit damit vergeuden, triviales, wertloses Zeug zusammenzutragen.«[24]

Die erste Verhaftung eines Ausländers gemäß dem rigorosen Gesetz zur Sicherung des Friedens zeigte jedoch, wie unklug es war, die Polizei zu unterschätzen. Im März 1934 wurde William Bickerton, ein junger Neuseeländer, der an der *Ichiko*-Oberschule unterrichtete, verhaftet und wegen »gefährlicher Gedanken« und »kommunistischer Aktivitäten« angeklagt. Im Laufe seines Verhörs durch die Beamten der *Tokko* wurde er wiederholt geschlagen, aber er weigerte sich zu gestehen und wurde nach Intervention der Britischen Botschaft wieder auf freien Fuß gesetzt. Sechzig Jahre nach dem Ereignis beweisen von Moskau freigegebene Dokumente nun schlüssig, daß die Vorwürfe berechtigt waren und daß Bickerton tatsächlich eine Rolle als Verbindungsmann zwischen der Komintern und japanischen Kommunisten gespielt hatte.[25]

Gegen Ende des Jahres 1934 erfuhr Sorge, daß Ozaki nach Tokio in die Forschungsorganisation der *Asahi*, die Gesellschaft zum Studium Ostasiatischer Fragen *(Toa Mondai Chosakai)*, versetzt werden sollte. Das waren hervorragende Neuigkeiten: Sorge brauchte in Tokio dringend Ozakis Hilfe, und nun konnten sie sich regelmäßig treffen.

Um seiner Genußsucht frönen zu können, verabredete Ozaki sich häufig mit Sorge in Edelrestaurants *(ryotei)* oder in Geisha-Clubs *(machiai)*. Manchmal trafen sie sich auch bei Lohmeyer, einem deutschen Restaurant, oder im Rheingold, einer deutschen Bar. Als Erklärung für seine häufigen Treffen mit dem Ausländer erzählte Ozaki Bekannten, daß er von seinen Vorgesetzten bei der *Asahi* gebeten worden sei, für den ausländischen Journalisten den Fremdenführer zu spielen. »Es ist eine Last *(onimotsu)*! Aber ich konnte schlecht nein sagen!«[26]

Sorge war zufrieden, daß ihm die Komponenten eines funktionierenden Apparats zur Verfügung standen, aber es gab einen großen Schwachpunkt – das Fehlen sicherer Kommunikationswege nach Moskau. Auf den Funkkontakt war kein Verlaß, hauptsächlich weil »Bernhardt«, der Funker, von der Furcht besessen war, erwischt zu werden. »Er war äußerst ängstlich und sendete nicht die Hälfte der Nachrichten, die ich ihm gab«, so Sorges eigene Worte.[27]

Die Folge war, daß er darauf angewiesen war, Material per Kurier aus Japan herauszuschmuggeln. Vukelic, dem die Verantwortung für die fotografische Arbeit des Spionagerings übertragen wurde, kopierte die

Berichte Sorges auf Mikrofilm, dessen Rollen unter der Kleidung des Trägers befestigt werden konnten. Aber diese Methode war nicht zufriedenstellend. Ein Umweg über Schanghai war notwendig, und es konnten Monate vergehen, bis das Material Japan in Richtung Moskau verließ.

Der Ring brauche dringend einen Funker mit starken Nerven, erklärte Sorge im Frühjahr 1935 in einer Meldung nach Moskau. Der Sondierungsteil seiner Mission sei nun erledigt, und er bat darum, zu Beratungen zurückgerufen zu werden, um über Fortschritte zu berichten und die nächste Phase zu erörtern. Im Mai erhielt er Anweisung, unverzüglich nach Moskau zurückzukehren.

Kapitel 8

Moskau, Sommer 1935

»Ich werde den Sommer in den Vereinigten Staaten verbringen«, teilte Sorge Helma und Eugen Ott mit. »Ich möchte mir ein wenig das Land ansehen und ein paar alte Freunde dort besuchen. Ich brauche ab und zu mal eine Pause von Japan.« Das stimmte in zweifacher Hinsicht: Er reiste auf dem Weg nach Moskau tatsächlich in die Vereinigten Staaten, und wir wissen, daß er es auf dem Rückweg über dieselbe Route einrichtete, zumindest eine alte Freundin zu treffen.

In Moskau stellte Sorge fest, daß einige seiner Kollegen aus der Vierten Abteilung verschwunden waren. Die bedeutsamste Veränderung war die Ablösung General Bersins, des »alten Mannes«, vor dem er tiefen Respekt empfand und den er wirklich gern hatte, durch einen neuen Direktor, General Semjon Petrowitsch Urizki.

Sorges im Gefängnis niedergeschriebene Aussage enthält keinen Hinweis darauf, ob ihn die Veränderungen, die er vorfand, beunruhigten. Als er dem neuen Chef Bericht erstattete, gewann er den Eindruck, daß Urizki stark an seiner Arbeit interessiert war. Sorge erzählte von seinen Erfahrungen beim Aufbau des Rings und sprach über die »strahlenden Aussichten« für künftige Einsätze. Der neue Direktor ermutigte ihn, seinen wichtigsten Auftrag, die Ausforschung der japanischen Pläne, weiterzuführen. Mit besonderem Nachdruck betonte er, daß Sorge der Entwicklung der Beziehungen zwischen Japan und Deutschland, die auf eine gegen Rußland gerichtete Annäherung hinauszulaufen schienen, größte Aufmerksamkeit schenken solle.

Sorge bat um Blankovollmacht, die Beamten der Deutschen Botschaft in Tokio mit einer gewissen Menge an Informationen füttern zu dürfen, um seine Beziehungen weiter zu festigen. Dadurch, so glaubte er, würden sie sich bemüßigt fühlen, freiwillig Informationen von größerer

Relevanz beizusteuern. Urizki war einverstanden und überließ es Sorges Diskretion, zu entscheiden, was er den Deutschen mitteilte.[1] Dieses Geben und Nehmen sollte sich als überaus effektives Mittel zur Konsolidierung seiner Stellung in der Botschaft erweisen.

Ein weiteres wichtiges Thema war die Auswahl eines neuen Funkers. Auf Sorges Bitte hin hatte die Zentrale den nervösen »Bernhardt« aus Tokio abgezogen, und man brauchte einen Ersatz. Sorge meinte, daß Max Clausen, mit dem er in China zusammengearbeitet hatte, der Richtige sein könnte.

Nachdem Clausen im August 1933 nach Rußland zurückbeordert worden war, hatte ihn das Glück verlassen. Er wurde für über ein Jahr aus Moskau verbannt – als Strafe für nicht zufriedenstellende Arbeit, wie er japanischen Vernehmungsbeamten später erzählen würde. Daß er in Ungnade fiel, hatte möglicherweise mehr mit einem Akt des Ungehorsams zu tun – er hatte sich rundweg geweigert, Schanghai ohne Anna, die Weißrussin, mit der in wilder Ehe zusammenlebte, zu verlassen.

Als Sorge in Moskau war, stellte er fest, daß Clausen zur Funkerschule der Roten Armee versetzt worden war und den Auftrag erhalten hatte, ein transportables Sende- und Empfangsgerät zu entwickeln. Mit Billigung Urizkis schlug Sorge Clausen vor, in Japan zu ihm zu stoßen. Clausen war froh über den neuen Auftrag. »Ich war sehr stolz, als Moskau mich mit dem Funkbetrieb für das Tokioter Spionagenetz beauftragte. Ich kam als Feind der japanischen Regierung nach Japan und, so glaubte ich, als Freund des japanischen Volkes«, schrieb er im Gefängnis.[2]

Der 7. Kongreß der Komintern sollte in diesem Sommer in Moskau stattfinden, und Sorge hatte gehofft, teilnehmen zu können. Aber das Risiko, daß man ihn erkannte und daß Deutschland oder Japan von seiner Anwesenheit in Moskau Wind bekämen, war zu groß. Er erhielt daher den strikten Befehl, sich von dem Kongreß und den ausländischen Delegierten fernzuhalten.

Im Gefängnis gab Sorge nur wenig von diesem Zwischenspiel in Moskau preis. Er räumte ein, den Kontakt zum Leiter der Komintern, Otto Kuusinen, und zu dem befreundeten Grigori Smolianski, der seinen Posten als Erster Sekretär des Zentralkomitees aufgegeben hatte, aufgefrischt und sich oft mit Clausen getroffen zu haben, um die Arbeit in Tokio zu besprechen. Einen Teil seiner Zeit verbrachte er mit den Spezialisten der »Chiffrier- und Fernostabteilungen«, mit denen er die Codes und Chiffren des Netzes durchsprach. Davon abgesehen, so behauptete er in seiner Aussage, habe er wenig Verpflichtungen gehabt: »Ich hatte kaum soziale Kontakte.«[3]

Die verfügbaren Beweise deuten indessen darauf hin, daß er sich während seines Aufenthalts in Moskau öfter mit persönlichen Freunden traf, deren Namen er jedoch lieber verschwieg. Ignaz Porezki (alias Ludwig Reiss), ein Agent des NKWD*, der früher für die Vierte Abteilung gearbeitet hatte, und seine Frau Elisabeth sahen Sorge in diesem Sommer häufig. Sie gehörten zu einem ausgewählten Kreis vertrauter Freunde, die offen mit ihm über die Schrecken sprechen konnten, die die Russen durchmachten. Stalins Säuberungen unter den Anhängern seines großen Rivalen Trotzki, die mit dem 15. Parteitag im Jahr 1927 begannen, hatten unzählige Opfer gefordert. Sorge erfuhr, daß viele Menschen, die er persönlich kannte, verhaftet worden waren, darunter der gefeierte Grigori Sinowjew, sein einstiger Mentor aus der Zeit als Novize bei der Komintern. Überall lebten die Menschen in Furcht vor willkürlicher Verhaftung, in großen Städten wie Moskau ebenso wie in winzigen Dörfern in der Provinz. Niemand war vor den paranoiden Attacken Stalins sicher. Sorge hörte mürrisch zu und weigerte sich zu glauben, daß Stalins Herrschaft böse sei.[4]

Doch ein Freund gewann im August 1935 einen anderen Eindruck von Sorge. Niilo Virtanen, der im Sekretariat der Komintern arbeitete, lud ihn zum Abendessen ins Restaurant des Hotels Bolschaja Moskowskaja ein und war überrascht, als er sah, wie sehr Sorge sich verändert hatte. Die alte Selbstsicherheit und der Idealismus waren verschwunden. Während Sorge sich betrank, ließ er seinem Kummer freien Lauf.

Er gab ziemlich offen zu, daß er es müde sei, als Spion für die Russen zu arbeiten, daß er aber keine Möglichkeit sähe, sich loszureißen und ein

---

* *Narodnij Komissariat Wnutrennych Djel* – Volkskommissariat für innere Angelegenheiten, 1922/23 und 1934–43 für die Staatssicherheit der UdSSR zuständige Behörde.

neues Leben zu beginnen. Er spüre, daß er in der Sowjetunion in Gefahr schwebe, aber er könne nicht nach Deutschland zurückkehren, weil ihn dort sofort die Gestapo schnappen würde. Die einzige Chance, die ihm bliebe, sei, zurückzukehren und mit seiner Spionagetätigkeit in Japan weiterzumachen. Aber er fürchte, selbst in Japan werde es nicht mehr lange mit ihm dauern.[5]

Aus dem Munde eines engagierten Kommunisten und stolzen Offiziers der Roten Armee war dies ein schockierendes Geständnis. Wir wissen nicht, was Sorge an diesem Abend im August dazu veranlaßte, seine innersten Gefühle auszubreiten – war es der Wodka, oder war das Ganze eine Reaktion auf das Eingeständnis seines treuen Freundes Virtanen, er sei von Stalins Regime restlos enttäuscht?

Die von Aino Kuusinen überlieferte Szene ist verblüffend, paßt sie doch so gar nicht in das herkömmliche Bild des naßforschen, selbstbewußten Spions, getrieben von bedingungsloser Ergebenheit gegenüber seinen Leitern. Wir erhaschen hier den ersten flüchtigen Blick auf einen Knacks in Sorges Loyalität. Wie bei späteren Gelegenheiten erleben wir einen von Zweifeln geplagten, einsamen Gefangenen seines Spionageauftrags, hin- und hergerissen zwischen der Hoffnung und der Furcht, nach Rußland zurückzukehren. Ainos Angaben zufolge kehrte Sorge nach Japan zurück, um seine geheimen Operationen wiederaufzunehmen, weil ihm keine andere Wahl blieb. Er war äußerst geschickt und couragiert, aber trotzdem war er offenbar zugleich ein Spion wider Willen.

Zwei lange Jahre hatte Katja auf diesen Augenblick gewartet. Gemeinsam verlebten die beiden ein paar glückliche Wochen daheim, die erste Zeit, die sie als Mann und Frau miteinander verbrachten. Richard ging auf die Vierzig zu und war bereit, sein Nomadenleben in exotischen Ländern auf dem gewöhnlichen Altar ehelichen Glücks zu opfern. Aber er unterstand der militärischen Disziplin, und die Vierte Abteilung erwartete von ihm, daß er am Ende des Sommers die Spionageoperationen in Tokio wiederaufnähme. Der Direktor versprach Sorge hoch und heilig, ihn binnen ein oder zwei Jahren ablösen zu lassen, und vielleicht linderte dies den Schmerz, als er Katja erzählte, daß man ihn wieder nach Übersee schicke. Er reiste Ende August ab, bat sie, regelmäßig zu schreiben, und versicherte ihr, daß es nicht allzu lange dauern werde, bis er wieder nach Hause käme, um endlich ein geregeltes Leben zu führen.

»Ich verließ Moskau mit dem Flugzeug«, schrieb Sorge im Gefängnis. Seine Darstellung der Rückreise wie auch des Aufenthalts in Rußland selber enthält zahlreiche auffällige Auslassungen und Ungereimtheiten – darunter nicht zuletzt seine Aussage, er habe Moskau Ende Juli, nach einer kurzen, »nur ungefähr vierzehntägigen« Stippvisite, verlassen. Den Vernehmungsbeamten erzählte er, daß er durch Holland gereist sei, wo er den falschen Paß mit dem österreichischen Namen, mit dem er nach Rußland eingereist sei, vernichtet habe und wieder Richard Sorge geworden sei. In New York sei er zu einem Schneider gegangen, um einen Anzug abzuholen, wobei er vergaß, daß er bei der Anprobe drei Monate zuvor einen anderen Namen benutzt hatte, und dann habe er sich ein wenig die Stadt angeschaut.

Zu den wenigen gesicherten Fakten gehört, daß Sorge auf der Rückreise nach Japan Hede Massing aufsuchte, eine alte Freundin, die in Amerika für den Apparat der sowjetischen Geheimpolizei spionierte. Aus Anlaß ihres ersten Wiedersehens nach sechs Jahren gingen sie zum Abendessen ins New Yorker Café Brevoort. Was ihr auffiel, war, daß Sorge sich durch seine jahrelange Arbeit als Geheimagent für die Sowjetunion verändert hatte.

Ihre Eindrücke sind es wert, vollständig wiedergegeben zu werden. Sie bemerkte, aus Richard sei

> ein heftiger Mann geworden, ein starker Trinker. Von dem Charme des romantischen, idealistischen Studenten war wenig geblieben, obwohl er noch überraschend gut aussah. Seine kalten blauen Augen, die leicht schräg standen und mit starken Augenbrauen, hatten ihre Fähigkeit behalten, sich auch grundlos zu mokieren. Sein Haar war noch voll und braun, aber seine Backenknochen und der schwermütige Mund waren eingefallen, seine Nase war spitzer. Dieser Ika, mit dem ich 1935 im Café Brevoort zu Abend aß, war

ein ganz anderer Mann als der, der mich Ende des Jahres 1929 in Berlin zum Essen ausführte.[6]

Ende September war Sorge nach viermonatiger Abwesenheit zurück in Tokio. Wenn deutsche Diplomaten und Kollegen von der Presse in ihn drangen, wo er denn die ganze Zeit gewesen sei, gab er eine bravouröse Vorstellung: »Ach, so ein bißchen Kalifornien habe ich mir angesehen, alte Freunde wieder aufgetan. Und dann in Pittsburgh, dem Stahlzentrum, war ich auch. Dunnerwetter, da kommen die Japanerchen, und wenn sie ganz China erobern, längst nicht mit, mit dieser amerikanischen Stahlerzeugung.«[7]

Er geriet in Verzückung, als er die statuenhaften Amerikanerinnen beschrieb, denen er begegnet war: »Aber die Mädchen drüben, gewachsen sind die! Beine haben sie, keine so hatscheten Muskelknorren wie die Japanerinnen.« Aber er mußte zugeben, daß man mit den amerikanischen Mädchen nicht so umspringen konnte wie mit ihren japanischen Schwestern: »Freilich so bequem und anspruchslos wie die Mädchen hier sind sie auch wieder nicht.«[8]

Kapitel 9

„Es ist schwer hier, wirklich schwer"

Am Abend des 4. Oktober 1935, es war warm und nieselte leicht, ging es im Restaurant und in der Bar des Rheingold in Nishi-Ginza zu wie in einem Bienenstock. Das kleine Etablissement von Helmut Ketel zog heimwehkranke deutsche Geschäftsleute, Techniker und Seeleute magnetisch an, aber zur Stammkundschaft gehörten auch ein paar japanische Akademiker, Künstler oder mittlere Offiziersdienstgrade, die sich sehnsüchtig ihrer Studien- oder Kadettentage in Deutschland erinnerten. Papa Ketel, wie er allseits bekannt war, hatte in Tokio ein kleines Fleckchen Vaterland nachempfunden, komplett mit Berliner Pfannkuchen, die man mit Holsten Pils hinunterspülte, und sentimentalen Berliner Schlagern, die aus dem neumodischen elektrischen Grammophon tönten.

Gemütlichkeit traf das Wesen des Rheingold am ehesten, eine Melange aus deutschen Gerüchen, deutschem Essen, deutscher Musik und der jovialen, bärbeißigen Stimme des gewitzten Wirtes bei der Begrüßung der Gäste. Womit das Rheingold sich am meisten brüstete und was keine Bierstube in Leipzig oder Bremen zu bieten hatte, das waren seine hübschen japanischen Kellnerinnen, die reizend aussahen in ihren Dirndlkleidern und Schürzen. Sie bedienten an den Tischen und brachten so manch einsamen Gast mit ihrer lustigen Art und den falsch ausgesprochenen deutschen Redewendungen zum Lachen. Alle Mädchen wurden von Papa Ketel persönlich ausgewählt, wobei er auf Aussehen und einen Anflug guter Erziehung achtete – und alle erhielten neue Namen. Da gab es eine Bertha, eine Dora, eine Irma – und eine Agnes, die an diesem Abend ihre ersten zögernden Worte an Richard Sorge richtete und damit ihr Leben in eine neue, unvorstellbar turbulente Bahn lenkte.

»Wer ist der Ausländer, der mit Papa spricht?« fragte Agnes – so der Barname von Miyake Hanako – ihre Freundin Bertha, die schon länger hier arbeitete und alle Stammkunden kannte.[1] In einer Nische an der Wand sah Hanako einen Ausländer mittleren Alters sitzen, mit vorspringender Stirn und hohen Wangenknochen, welligem, kastanienbraunem Haar und blauen Augen – ein echtes *gaijin*(Ausländer)-Gesicht. Es war nichts Besonderes an ihm, nichts Auffälliges, was ihre Aufmerksamkeit erregt hätte, aber Hanako starrte all die seltsamen Leute aus dem Westen, die ins Rheingold kamen, mit großen Augen und voller Neugier an.

»Alter Gast, war aber lange nicht da«, erzählte Bertha ihr. »Er ist ein netter Mann. Spricht kein Wort Japanisch. Aber er ist sehr großzügig.« Das waren brauchbare Informationen. Papa zahlte keine Gehälter, und die Mädchen waren auf Trinkgelder angewiesen – und es gab jede Menge knauseriger Gäste, die versuchten, sich ums Bezahlen zu drücken.

Da Hanako mit Bedienen an der Reihe war, ging sie hinüber, um die Bestellung des blauäugigen Ausländers entgegenzunehmen. Er schenkte der Kellnerin sein strahlendes Lächeln und musterte sie mit offensichtlichem Interesse. Das Mädchen, das Sorge sah, war keine Schönheit im herkömmlichen Sinne. Mit ihrer pummeligen Figur, ihrem Mondgesicht mit Grübchen und den weichen, babyhaften Zügen machte sie einen schüchternen Eindruck, der nur teilweise gekünstelt war. Hanako hatte schon vor dem Rheingold in Bars gearbeitet, aber sie hatte sich eine unschuldige Art bewahrt, die einen Gast glauben machte, es sei ihr erster Tag in diesem Gewerbe. Es hatte etwas Kokettes und gleichzeitig Sprödes, wie sie vor einem Mann mit den Wimpern klimperte; eine scheue Anmut, die Sorge sehr wohl gereizt und gleichzeitig fasziniert haben könnte.

Papa Ketel übernahm die Vorstellung. »Dies ist Dr. Sorge. Und er hat heute zufällig Geburtstag.« »*Soo desu, soo desu*«, sagte der Mann mit tiefer, rauher Stimme. »Ich bin Sorge.« Er bot ihr die Hand – eine sehr große Hand –, und sie ergriff sie mit schüchternem Lächeln, nicht sicher, wie sie antworten sollte. Taktvoll erhob sich Papa und ließ die beiden allein; Sorge bedeutete Hanako, sich neben ihn zu setzen. »Wie alt bist du, Agnes?« fragte er auf englisch.

»Ich bin dreiundzwanzig Jahre«, antwortete das Mädchen. In Wirklichkeit war sie fünfundzwanzig, aber sie sah eine ganze Ecke jünger aus, und für Ausländer war es aussichtslos, das Alter einer Japanerin zu erraten.

»Ich werde heute vierzig. Also laß uns zur Feier des Tages Champagner trinken.«

Hanako arbeitete schon seit einem Jahr im Rheingold, fühlte sich aber noch immer unbehaglich, wenn Ausländer sie anstarrten, wie Sorge es nun tat. Jedesmal, wenn sie unter ihren langen Wimpern aufschaute, sah sie, daß er sie unverwandt anblickte. Sie wurde rot und betete, daß Bertha oder eines der anderen Mädchen käme und sie erlöste. Er versuchte in einer Mischung aus Deutsch und Englisch etwas zu sagen, aber sie konnte beides überhaupt nicht gut. Das Grammophon plärrte eine rührselige Melodie, und die Ausländer ringsherum fielen mit lauten, gutturalen Stimmen ein. Aber irgendwie verstand sie, was er meinte.

»Ich bin heute glücklich ... sag, Agnes, was hättest du gern? Ich möchte dir etwas schenken.« Hanako nahm ihren ganzen Mut zusammen und erwiderte: »Wenn Sie mir ein Geschenk machen wollen, dann hätte ich gern eine Schallplatte. Ich mag Musik.« Sorge nickte. »Also gehen wir morgen zusammen los und kaufen eine.« Er zog ein Notizbuch aus der Tasche, schrieb sich Zeit und Ort auf und versicherte sich, daß Hanako ihn richtig verstanden hatte. Er blieb nicht lange, und als die Rechnung kam, gab er ein großes Trinkgeld. Als er weg war, fragte Hanako Bertha, ob dieser Ausländer eine der Kellnerinnen besonders mochte. »Eigentlich nicht. Dora sitzt manchmal bei ihm. Aber er fragt nie nach einer bestimmten.«

Am nächsten Tag ging Hanako zu der Verabredung in ein Musikgeschäft auf der Ginza. Wie versprochen, kaufte Sorge ihr die Platten, die sie haben wollte – Opernarien –, und einige Mozart-Sonaten, die er selber sehr mochte. Anschließend ging er mit ihr zu Lohmeyer, einem deutschen Restaurant in der Nähe, wo die Kellner ihn mit Namen begrüßten. Beim Mittagessen erzählte er ihr in einer Mixtur aus Englisch und Japanisch ein bißchen mehr über sich und seine Arbeit als Journalist. Als sie sich verabschiedeten, sagte Sorge, daß er sie gern wiedersehen würde, und nach einigem Zögern willigte sie ein.

Zwei Monate nach Sorges Rückkehr nach Tokio traf Max Clausen, an Bord der *Tatsuta Maru* aus San Francisco kommend, in Yokohama ein. In seiner Kleidung versteckt hatte er zwei kleine Vakuumröhren für das Funkgerät, das er komplett selber bauen wollte. Bevor sie sich in Moskau getrennt hatten, waren Sorge und er übereingekommen, so lange jeden Dienstag in eine bestimmte Bar in der Nähe der Ginza zu gehen, bis sie in Kontakt miteinander kämen. Aber einen Tag nach Clausens Ankunft, am Freitag, dem 29. November, gab der Deutsche Club in Tokio einen Maskenball, und hier liefen sich die beiden zufällig über den Weg – Sorge war an diesem Abend herausgeputzt wie ein Berliner Würstchenverkäufer. Sie verabredeten sich für den folgenden Tag in der Blue Ribbon Bar, wo Sorge Clausen darin bestärkte, als Ersatz für den unförmigen Kasten, den sein ängstlicher Vorgänger »Bernhardt« dagelassen hatte, so schnell wie möglich einen neuen Sender zu bauen.

Die Aufgabe forderte Clausens ganzes handwerkliches Geschick und seinen Einfallsreichtum. Geduldig durchkämmte er die kleinen Geschäfte im Ginza- und Shimbashi-Viertel nach Funkbauteilen und nach Kupferdraht, den er für den Bau der Abstimmspulen brauchte. Da Privatpersonen keine Sender besitzen durften, war bei diesen Käufen besondere Vorsicht geboten, um keine Aufmerksamkeit zu erregen. Das Zusammensetzen der Teile und die Testphase nahmen mehrere Wochen in Anspruch, und es dauerte bis Februar 1936, bevor die Funkverbindung mit Moskau stand und funktionierte.

Mit der Ankunft Clausens war der Kern des Rings an seinem Platz. Branko Vukelic, der einzige weitere Ausländer in Sorges Netz, war für Fotografie zuständig. Zu seiner Arbeit gehörte das Abfotografieren der Dokumente, die auf Mikrofilm nach Moskau geschickt werden sollten, und die Entwicklung eingehender Mikrofilme mit Instruktionen aus Moskau (und gelegentlich mit Briefen Katjas an Sorge).

Zusätzlich sammelte Vukelic, was immer er an Informationen von britischen und französischen Diplomaten und von den westlichen Journalisten, zu denen er Kontakte pflegte, bekommen konnte. Er hatte die französische Nachrichtenagentur Havas überredet, ihn als Reporter einzustellen, was ihm auch Zugang zur Domei-Nachrichtenagentur verschaffte, wo er Neuigkeiten aufschnappte, die wegen der Zensurbestimmungen nicht veröffentlicht werden konnten. Aber der Jugoslawe, so würde Sorge den Vernehmungsbeamten später erzählen, habe keine Möglichkeit gehabt, irgend etwas über wirklich vertrauliche politische und militärische Angelegenheiten Japans in Erfahrung zu bringen. Was hochwertige Informationen betraf, so war Sorge auf Ozaki und in geringerem Umfang auf Miyagi, seine beiden loyalen japanischen Mitarbeiter, angewiesen. »Ich muß zugeben, daß ich meinen ungeheuren Erfolg Ozaki und Miyagi verdanke«, so seine eigenen Worte.[2]

Ozaki Hotsumi war Spezialist für komplexe Sachverhalte. Er hatte das Talent, aus den Informationen, die er zusammentrug, den Kern herauszuschälen, ohne die Erläuterung obskurer Ereignisse im Zusammenhang zu vernachlässigen. Für Sorge waren diese Erklärungen so wichtig, daß er es sich zur Regel machte, Ozakis Analyse abzuwarten, bevor er Berichte über wichtige Entwicklungen nach Moskau schickte. Ozaki hatte eine einfache, bescheidene Erklärung für seinen Erfolg bei der Informationsbeschaffung: seine freundliche Art. »Ich bin von Natur aus ein geselliger Mensch. Ich mag Menschen. Ich kann mich mit den meisten Menschen anfreunden. Außerdem bin ich zu Menschen gern freundlich. Ich habe nicht nur einen großen Freundeskreis, mit den meisten stehe ich auch auf sehr vertrautem Fuß. Diese Freunde waren meine Informationsquellen.«[3]

Sorge war ein findiger Geheimagent und geschickt genug, aus seinem kleinen Team das Beste herauszuholen. Er leitete das Spionagenetz auf zwanglose Art, mit einem Minimum an Disziplin. Nach seiner eigenen Beschreibung war es keine strenge Organisation, obwohl man die Arbeit, wie er sagte, »ganz sicher nicht locker« anging.

Niemand war durch Verträge gebunden oder machte mit, weil er sich materielle Vorteile erhoffte. »Wir hatten keine festen Verträge oder Vorschriften, aber für Moskau arbeiteten wir als Gruppe, die von der kommunistischen Ideologie und keinesfalls vom Gedanken an Geld oder Profit zusammengehalten wurde.«[4]

Nicht immer bewahrte Sorge seinen Gleichmut, und zwischen Männern von so unterschiedlichem Charakter mußte es von Zeit zu Zeit zu Reibungen kommen. In seinem in der Haft verfaßten Bericht erinnerte sich Vukelic, daß Sorge ihn einmal wegen einer Nachlässigkeit scharf tadelte. Und von einem anderen Zeugen wissen wir, daß Vukelic, als einmal Sorge am Telefon war, schrie und außer sich vor Wut mit den Füßen stampfte. Solche Ausbrüche waren selten, und Vukelic respektierte Sorge als fähigen Vorgesetzten. Wenn ein bestimmter Auftrag ausgeführt werden sollte, erteilte Sorge niemals Befehle – er erklärte, worin die Aufgabe bestand, machte einen Vorschlag, wie sie anzugehen sei, und fragte, wie man am besten vorgehen sollte.

> Clausen und ich waren eigentlich schreckliche Kunden und benahmen uns oft unbeherrscht. Trotzdem wurde Sorge, bis auf ein zwei Ausnahmen, als er sich beleidigt fühlte, niemals offiziell. Und selbst wenn er gekränkt war, appellierte er immer nur an unser politisches Gewissen und vor allem an unsere Freundschaft. An andere Motive appellierte er nie.[5]

Auch Ozaki blieb in seiner Bewunderung für Sorge unerschütterlich. Der Eintritt von zwei Ausländern in sein Leben – Sorge und Smedley – hatte verheerende Konsequenzen, aber selbst nach seiner Verhaftung war er voll des Lobes für sie: »Beide waren prinzipientreu, fähig, traten für ihre Überzeugungen ein und waren enthusiastisch in ihrer Arbeit.«[6]

Ein verbitterter Clausen sah eine andere Seite seines Chefs und hielt gegenüber den Beamten, die ihn verhörten, mit der folgenden wütenden Anschuldigung nicht hinter dem Berg: »Er würde seinen besten Freund ans Messer liefern, wenn der Kommunismus es verlangte ... Er war ein strammer Kommunist, doch er war ein Mensch, der unter bestimmten Umständen die Beherrschung verlor ... Als Mensch hatte Sorge nicht gerade den besten Charakter.«[7]

Für Sorges Freunde bestanden seine schlimmsten Fehler in seinem Dogmatismus, seiner Intoleranz gegenüber den Standpunkten anderer Menschen und im Fehlen jeglichen Sinns für Humor: »Sorge kannte nur Ironie und scharfen Hohn; er kannte keine Übergänge. Er lebte in einer Schwarzweißwelt; aber die Welt ist farbig.«[8]

Dennoch, unter diesem zynischen Panzer schlug ein zutiefst mitfühlendes Herz. Die Sympathie, die er für die Schwachen und Ausgebeuteten empfand, steht außer Zweifel. Der Schriftsteller Friedrich Sieburg, der Sorge im Lauf der Zeit gut kennenlernte, bemerkte zu dessen vorurteilslosen Mitleid mit den Frauen, die ihre Armut dazu trieb, in den schäbigen Bordellen im Tokioter Tamenoi-Viertel zu arbeiten: »Sorge war wie besessen von dem Schicksal aller dieser rücksichtslos in die großen Städte gesandten Mädchen, die oft nicht mehr als Kinder waren, und hatte sich eine wirklich reizende Art zugelegt, in seinem gebrochenen Japanisch mit ihnen zu schwatzen, sie zu necken und ihnen auch kleine Vorteile zuzuwenden. Er war in diesem Milieu unglaublich beliebt.«[9]

Aino Kuusinen, der »Maulwurf« der Vierten Abteilung in der japanischen High-Society, erschrak, als sie den Befehl erhielt, nach Moskau zurückzukehren. Man schrieb November 1935, und sie war noch nicht einmal ein Jahr in Tokio. Die Aufforderung versetzte sie in helle Aufregung.

Bei ihrer Rückkehr fand sie eine Vierte Abteilung vor, in der alles drunter und drüber ging. Niemand konnte ihr erklären, warum General Bersin als Chef der Organisation, die er ins Leben gerufen hatte, abgelöst worden war. Ihr Rückruf aus Japan schien ein Symptom des herrschenden Chaos zu sein. General Urizki, dem sie zum ersten Mal begegnete, erklärte ihr, daß es sich um ein »Versehen« handele. Sie solle nach Japan zurückkehren, ihr Sprachstudium fortsetzen und die Bandbreite ihrer Kontakte vergrößern. Besondere Aufgaben hatte Urizki nicht für sie, aber er schlug vor, sie solle ein positives Buch über Japan schreiben, das ihre Wertschätzung in diesem Land erhöhen und es ihr erleichtern würde, sich in einflußreiche Kreise einzuschleusen.

Zu ihrer Überraschung riet man ihr, sich von Sorge fernzuhalten, und ließ ihr gegenüber keinen Zweifel daran, daß der Direktor mit dem Ramsay-Ring unzufrieden war. Clausen hatte sie ersucht, eine Bitte um 20 000 US-Dollar Startkapital für ein Geschäft, das ihm als Tarnung dienen sollte, weiterzugeben, und die Reaktion des Generals war ein Wutausbruch: »Diese Halunken – sie tun nichts als trinken und Geld ausgeben! Keine Kopeke werden sie bekommen!«[10]

Augenscheinlich war Sorge seit dem Weggang seines Mentors Bersin in Ungnade gefallen. Aino entdeckte dies im Dezember 1935, nur ein paar Monate nach Sorges Moskau-Besuch. Konnte es sein, daß Sorge die Spannung in der Vierten Abteilung nicht gespürt hatte, als er Urizki im Sommer Bericht erstattete? War er gegenüber dem von Aino geschilderten »Zustand völliger Verwirrung« blind gewesen?[11]

Natürlich war er ein viel zu feinsinniger Beobachter, als daß ihm der frostige Hauch und die Feindschaft entgangen wären, die den Parteigängern Bersins, zu denen auch er zählte, entgegenwehten. Eine ungute Vorahnung veranlaßte ihn im August zu dem Geständnis im Hotel Bolshaja Moskowskaja, bei dem zum ersten Mal Ernüchterung über Stalins Rußland durchschimmerte. Im Verein mit den abschätzigen Bemerkungen des Direktors entsteht das Bild eines von Zweifeln geplagten Agenten, der sich für launische und undankbare Herren abmühte. In diesem Licht betrachtet, ist der zynische Schild, der seinen Bekannten so stark auffiel, leichter verständlich. Ebenso wie die Jagd nach Vergessen im Alkohol und bei Frauen, eine Suche, die sich um so verzweifelter gestaltete, als die Bemühungen, Japan zu entkommen, sich als vergeblich erwiesen.

In den frühen Morgenstunden des 26. Februar 1936 marschierten 1500 Soldaten der Ersten Elite-Division bei Schneetreiben aus ihren Kasernen und putschten gegen die japanische Regierung. Unter dem Kommando unzufriedener junger Offiziere besetzten die Aufständischen strategische Punkte in Tokio. Todesschwadrone machten sich daran, den »liberalen Einfluß in der Umgebung des Throns« auszuschalten – die Absicht war, angesehene Persönlichkeiten des öffentlichen Lebens zu liquidieren, die die expansionistischen Pläne der Armee in Asien nicht unterstützten.

Takahashi Korekiyo, der altgediente Finanzminister, war das erste Opfer der Aufrührer. Etwa zur selben Zeit verschaffte sich eine andere Mörderbande gewaltsam Zutritt zum Amtssitz des Ministerpräsidenten, Admiral Okada Keisuke. Sie erschossen Oberst Denzo Matsuo, seinen Schwager, den sie irrtümlich für Okada hielten. Der Ministerpräsident war in eine Toilette geflüchtet, wo er sich zwei Tage lang versteckt hielt. Weitere Opfer waren der Geheime Lordsiegelbewahrer, Vicomte Saito, und der Generalinspekteur der Militärerziehung, General Watanabe. Der Großkämmerer, Admiral Suzuki, wurde schwer verletzt.

Leutnant Yukawa Yasuhiro, zweiundzwanzig Jahre alt, schilderte, wie er eine Abteilung der Aufständischen beim Angriff auf das Polizeipräsidium führte:

> Wir marschierten von Azabu zur Hauptwache der Tokioter Polizei in Sakuradamon, stiegen die Treppe hinauf und feuerten mit den Maschinengewehren, um die Treppentüren aufzubrechen, während ein anderer Trupp anfing, mit den befehlshabenden Polizeioffizieren zu verhandeln.
>
> Es gab kein Blutvergießen, weil die Polizisten zurückwichen, als sie unsere Maschinengewehre hörten. Wir brachten zwei Maschinengewehre auf dem Dach in Stellung und warteten anschließend auf ein Leuchtsignal von der kaiserlichen Palastanlage, das bedeuten würde, verbündete Truppen hätten den Palast erobert.[12]

Die Aufständischen verschanzten sich rings um den Kaiserpalast und die Regierungsgebäude, einschließlich des Kriegsministeriums. Die Deutsche Botschaft in Nagata-cho lag in der Schußlinie. Botschafter Dirksen, der an diesem Tag zufällig in Nagasaki war, eilte nach Tokio zurück.

Die Botschaft befand sich praktisch im Belagerungszustand. Ebenso wie das gesamte diplomatische Korps konnten sich auch Dirksen und sein leitender Militärattaché, Oberst Ott, die Ursachen der beispiellosen Meuterei nicht erklären und waren über die Unfähigkeit der Staatsgewalt, sie rasch niederzuschlagen, verblüfft. Dirksen und Ott wandten sich an ihr Orakel, Sorge, auf dessen Urteil in politischen und wirtschaftlichen Dingen sie sich bei früheren Gelegenheiten hatten verlassen können. Sie wurden nicht enttäuscht. Sorge sah eine ausgezeichnete Chance, seine Stellung in der Botschaft zu stärken, und machte sich mit Feuereifer daran, sowohl seinen Moskauer Leitern als auch der deutschen Mission in Tokio das Rätsel zu erhellen.

Nach seiner Verhaftung nannte Sorge fünf Anlässe, bei denen das gesamte Netz auf Hochtouren gearbeitet habe, um Informationen für die Vierte Abteilung zu sammeln und auszuwerten. Die erste war der Putsch vom 26. Februar 1936. Bewaffnet mit einer Kamera und seinem Presseausweis kundschaftete Sorge die Linien der Rebellen im Herzen Tokios aus. Auf der Straße zwischen dem Außen- und dem Marineministerium fiel ihm auf, daß Soldaten und Marineinfanteristen sich in einer Pattsituation gegenüberstanden. Er schloß daraus, daß die Marine nicht bereit war, untätig zuzusehen, und das war tatsächlich der Fall – es stellte sich heraus, daß Schlachtschiffe in der Bucht von Tokio ihre Geschütze auf Stellungen der Rebellen gerichtet hatten.

Miyagi übersetzte das Manifest und die Flugblätter der jungen Offiziere sowie die Zeitungsartikel und befragte die Leute auf der Straße, die entweder dazu neigten, sich aus der Sache herauszuhalten oder sich entschieden auf die Seite der Rebellen zu schlagen. Ganz zu Anfang wagte der Künstler-Spion die Vorhersage, daß die meuternden jungen Offiziere verloren seien. Miyagi war davon überzeugt, daß die Niederwerfung der Rebellion ein Sieg für die Fraktion innerhalb der Armee wäre, die nach China expandieren wollte, und eine Niederlage für die jungen radikalen Offiziere, die darauf drängten, gegen Rußland loszuschlagen. In nächster Zukunft, so seine Schlußfolgerung, wäre Rußland sicher. Die dunkle Kehrseite der Medaille war, daß die Armee sich nun noch stärker in die Angelegenheiten der Nation einmischen und die Zügel fester in die Hand nehmen würde.

Ozaki Hotsumi, der sich in Yurakucho in der Nähe der Ginza, einer Hochburg der *Asahi,* postiert hatte, konnte Sorge die allerneuesten Berichte über den Gang der Ereignisse liefern. Seine gründliche Untersuchung des Dramas erwies sich als besonders wertvoll. Als eigentliche Ursache für die Unruhen machte Ozaki die elenden Lebensbedingungen der Bauern aus. Die meisten aufständischen Soldaten stammten aus ländlichen Bezirken und waren von der drückenden Armut, die sie gesehen oder selber erlebt hatten, geprägt. (Bauern machten die Hälfte der Gesamtbevölkerung Japans aus, verfügten aber, einschließlich der Grundbesitzer, nur über 18 Prozent des Nationaleinkommens. In einigen Gegenden war die Armut so würgend, daß die Bauern gezwungen waren, ihre Töchter – die Schwestern von Männern wie diesen Rebellen – in die Prostitution zu verkaufen. In manchen Dörfern forderten Bekanntmachungen der Regierung die ansässige Bevölkerung auf: »Fragen Sie die Behörden, bevor Sie Ihre Töchter verkaufen!«)

Doch Ozaki wies Sorge darauf hin, daß die jungen Offiziere, wenngleich antikapitalistisch, keine Linken seien. Er sah zwei wahrscheinliche Folgen der Revolte voraus – erstens das Anwachsen des Einflusses der Rechten in Japan und zweitens einen schärferen antisowjetischen Einschlag in der japanischen Außenpolitik.

Mit Hilfe der Erkenntnisse Ozakis und Miyagis war Sorge in der Lage, seinen eigenen detaillierten Bericht über die Meuterei abzufassen, den er in der Botschaft vorlegte. In Berlin kam diese verläßliche Analyse unter anderem dem Chef der Amtsgruppe Wehrwirtschaft im Oberkommando des Heeres, General Georg Thomas, zu Gesicht. Thomas war so beeindruckt, daß er Sorge beauftragte, für seine Abteilung eine Spezialstudie über die Meuterei zu erstellen.

Gleichzeitig erstattete Sorge Moskau Bericht über die Unruhen in Tokio. Clausen experimentierte noch mit seinem neuen Funkgerät herum, so daß der Großteil des Materials per Kurier herausgeschleust werden mußte. Das aus Japan geschmuggelte Päckchen mit dem Mikrofilm enthielt auch vertrauliche Dokumente, die Ott von der japanischen Armee erhalten hatte. Der Militärattaché hatte Sorge erlaubt, die Dokumente durchzulesen, und der hatte Gelegenheit gefunden, sie heimlich zu fotografieren. Es war das erste Mal, daß er auf dem Botschaftsgelände eine Pocketkamera benutzte, um Material abzulichten. Bald würde es Routine sein.

Der verblüffende Vorfall vom 26. Februar war der erste echte Test für die Fähigkeiten des Netzes und zeigte, wie Informationen aufbereitet werden konnten, um den Bedürfnissen verschiedener Herren gerecht zu werden. Das vom Ring gesammelte Material landete am Ende nicht nur in Moskau, sondern auch in Berlin. Sorges Aktien in der Botschaft stiegen gewaltig, und er erhielt Zugang zu noch mehr offiziellen Geheimnissen. Ein dankbarer Botschafter stellte ihm ein Büro zur Verfügung. Im Mai erfuhr sein Prestige durch die Veröffentlichung seiner Studie über die Revolte in der einflußreichen *Zeitschrift für Geopolitik* eine nochmalige Steigerung.

Die Episode vom 26. Februar erwies sich als Wasserscheide und beseitigte die letzten Zweifel daran, daß in der japanischen Politik Gewehre mächtiger waren als Stimmzettel. Die Revolte wurde niedergeschlagen, achtzehn Offiziere vor ein Kriegsgericht gestellt und erschossen, und die Armee war vorübergehend diskreditiert. Aber wie Miyagi vorausgesagt hatte, war die Vormachtstellung der Armee im Leben der Nation nicht mehr zu erschüttern. Das Ergebnis war der Triumph einer Politik ungehemmter Expansion auf dem asiatischen Kontinent.

Ein paar Wochen später konnte Sorge sich selber davon überzeugen, woher der Wind wehte. Kriegs- und Marineminister rechtfertigten die massive Erhöhung der Ausgaben für Armee und Marine mit der Behauptung, Japan sei »durch das Marineprogramm der Vereinigten Staaten und die kriegerischen Vorbereitungen Sowjetrußlands im Fernen Osten dazu gezwungen worden«.

Wie Ozaki Sorge gegenüber betonte, würde die Bedrohung, die Japan für die Sowjetunion darstellte, künftig noch zunehmen, und man müsse unbedingt wachsam sein. Die japanische Armee sei besessen von dem Verlangen nach Eroberung des asiatischen Kontinents. Dies setze die Zerstörung der Sowjetmacht voraus: »Folglich bestand seit dem Mandschurischen Zwischenfall permanent die Gefahr eines japanischen Angriffs auf die Sowjetunion.«[13]

Im Winter 1935/36 baute Sorge den sowjetischen Spionagering auf, festigte seine Stellung in der Deutschen Botschaft und ging seinem journalistischen Tarnberuf nach. Daneben fand er Zeit, Hanako den Hof zu machen. Bei seinen häufigen Besuchen im Rheingold bestand unter den Kellnerinnen die stillschweigende Übereinkunft, daß nur Hanako neben ihm sitzen dürfe. Wenn sie frei hatte, lud er sie zum Mittagessen ein und ging mit ihr einkaufen, wobei sie sich im einfachen Kleinkind-Japanisch verständigten. Das ging mehrere Monate so.

»Im Frühling 1936, kurz nach der *Niniroku*-Affäre, der Armee-Revolte vom 26. Februar, sagte er, daß er in die Mongolei reisen würde und welches Geschenk er mitbringen solle.« Viele Jahre später erinnerte sich Hanako:

> Also sagte ich, einen Fotoapparat! Er kam eine Zeitlang nicht ins Rheingold, und dann kreuzte er im Sommer irgendwann abends mit dieser Kamera auf – made in Germany, eine wirklich gute. Ich war ganz glücklich. Ich hatte noch nie eine Kamera besessen.
> Nicht lange danach lud er mich an meinem freien Tag zum Abendessen ein und bat mich, zu ihm nach Hause mitzukommen. Er sagte, er wolle mir etwas Interessantes zeigen. Ich dachte mir, daß das nicht gutginge, aber ich sagte ja. Ich war nicht aufgeregt oder sonstwas. Wir kauften in der deutschen Bäckerei in Yurakucho ein paar Schokoladenkekse und nahmen ein Taxi.
> Sein Haus lag in Azabu, in Nagasaka-cho, es ging immer bergab bis hinunter bis zum Toriisaka-Polizeirevier, dann bog man nach links ein. Wir stiegen aus und gingen durch eine schmale Gasse, und sein Haus stand am Ende. Ausländer hätten nichts Besonderes daran gefunden, aber für japanische Verhältnisse war es ein modernes Mittelklassehaus.
> Wir gingen nach oben in die erste Etage, in einen Zehn-Matten-Raum, der vollgestopft war mit zwei Schreibtischen, Büchern und Papieren. Die Wände waren übersät mit Landkarten, überall Landkarten! Selbst im *tokonoma* [einer Nische, in der man eine Schriftrolle oder ein Bild aufhängt] waren Bücher und ein Grammophon. Ach, und ein niedriges Sofa an einer Seite.
> Na ja, ich aß ein paar von den Schokoladenkeksen. Er machte Kaffee, und er hatte eine Flasche mit irgendwas und einen Soda-

Syphon. Sorge zeigte mir eine Kachel, die er aus der Mongolei mitgebracht hatte, und erklärte ihre Geschichte, die ich gar nicht mitbekam. Ich interessierte mich mehr für eine antike goldene Spange, in die ein roter Edelstein eingelassen war. Er sah, daß ich sie anschaute, und sagte, ich könnte sie haben.

Dann fing er an, ein wenig herumzualbern. Er zog ein Schwert aus dem *tokonoma*, fuchtelte damit herum und tanzte durch das Zimmer – nicht, daß genug Platz zum Tanzen gewesen wäre. Und er brach in Gelächter aus, und ich lachte, und dann spielte er ein paar Platten. Ich weiß nicht mehr, was er auflegte. Er wußte, daß ich italienische Opern mochte. Er liebte Mozart und Bach.

Irgendwann war er es wohl leid, Platten zu wechseln und das Grammophon anzukurbeln, und er kam rüber zu mir und setzte sich neben mich aufs Sofa. Dann, ohne Vorwarnung, preßte er mich mit seinem Körper – er war kräftig gebaut – nach unten. Ich war so überrascht, daß es mir die Sprache verschlug. Dann schlang er einen Arm um mich, und seine andere Hand streichelte meine Brüste und meinen Bauch. Seine Hand erreichte meinen Schoß, und ich fand meine Sprache wieder.

»Aufhören! Aufhören!« Ich wehrte mich heftig, wand mich und versuchte, mich loszumachen. Sorge sagte einfach nur: »Warum?« Ich schrie irgend etwas wie »Schrecklich! Schrecklich!« Und er ließ los. Er saß da und schaute mich an – ich muß ausgesehen haben, als würde ich jede Sekunde losheulen. Er half mir hoch, und ich strich meinen Rock glatt. Ich sagte ihm, ich müsse gehen. Also brachte er mich den Hügel rauf, besorgte mir ein Taxi und gab mir etwas Geld. Damit hatte sich's. Ich stieg ein und blickte ihn an, wie er dastand und unglücklich dreinschaute. Und auch ich war traurig, als ich ihn an diesem Abend verließ.

Ich war erleichtert, als er ein paar Tage später ins Rheingold kam. Wir verabredeten uns aufs neue, gingen Schallplatten kaufen und aßen zusammen zu Abend. Wieder lud er mich in sein Haus ein, und ich ging mit. Ich denke, ich wußte, was geschehen würde. Er war zweiundvierzig – nach japanischer Rechnung – und Junggeselle. Ich war sechsundzwanzig, also wußte ich, was ich tat, wenn ich in die Wohnung eines Mannes ging, der mir gefiel. Als er mich umarmte, leistete ich Widerstand, nur ein bißchen, aber ich schrie nicht auf, ich schloß die Augen. Meine Furcht war wie weggeblasen. Nicht lange danach kam er einmal spätabends ins Rheingold, wartete, bis ich Feierabend hatte, und nahm mich auf seinem Motorrad mit nach Hause. Ich kann Ihnen sagen, ich habe vielleicht gezittert. Er war betrunken und gab Vollgas. Ich klammerte mich verzweifelt an ihn. An diesem Abend blieb ich zum ersten Mal über Nacht bei ihm.

Ich hatte eine kleine Wohnung, wo ich allein lebte. Aber bald nach dieser Nacht packte ich meine Sachen und zog in Sorges Haus. Ich verbrachte die halbe Woche mit Sorge in Nagasaka-cho, aber er war sehr beschäftigt, und so wohnte ich jede Woche noch ein paar Tage bei mir zu Hause.[14]

Ein paar Monate nach seiner Abreise aus Moskau erhielt Sorge die Nachricht, daß Katja schwanger sei. Das Baby sollte im Mai kommen. In einem Antwortbrief, datiert auf den 9. April 1936, freut er sich über die Aussicht, Vater zu werden:

> Und bald wird noch jemand anderes dabeisein, der dann zu uns beiden gehört. Weißt Du noch unsere Verabredung mit dem Namen? Ich möchte von meiner Seite die Verabredung dahin ändern, daß, wenn es ein Mädchen ist, es Deinen Namen tragen soll ... Ich habe Dir ein Paket mit Sachen geschickt. Hoffentlich freust Du Dich daran und kannst es gebrauchen, wenn die schwere Zeit für Dich vorbei ist und Du wieder elegant sein kannst. Heute veranlasse ich ein zweites Paket mit Sachen für das Baby.

Aber offenbar passierte irgendein Mißgeschick, denn im Sommer 1936 schreibt er: »Ich habe von zu Hause eine kurze Mitteilung erhalten und weiß jetzt, daß alles ganz anders gekommen ist, als ich hoffte.« Von einem Baby ist in den Briefen nicht mehr die Rede, und es wurde vermutet, daß Katja die Schwangerschaft abbrach. Über der ganzen Episode liegt ein Schleier des Geheimnisses.[15]

Der Brief, den Sorge weniger als ein Jahr, nachdem er Moskau verlassen hatte, um seine geheime Arbeit wiederaufzunehmen, schrieb, klingt durch und durch traurig. Es reizt ihn, nach Moskau zurückzukehren, aber er weiß, daß es ein unerfüllbarer Traum ist. Er kann nicht über seinen Auftrag sprechen oder gar sein Aufenthaltsland preisgeben. »Es ist schwer hier, wirklich schwer«, ist alles, was er sagen kann.

> Ich quäle mich mit dem Gedanken, daß ich alt werde. Mich erfaßt die Stimmung, bei der ich rasch wieder nach Hause will, nach Hause in Deine neue Wohnung. Doch das alles sind vorläufig nur Träume ... Streng objektiv gesprochen: Es ist schwer hier, wirklich schwer. Doch es ist besser, als erwartet werden konnte ... Überhaupt bitte ich Dich, dafür zu sorgen, daß ich bei jeder Gelegenheit von Dir Nachricht erhalte, ich bin hier nämlich furchtbar einsam.

Sorge litt unter der Einsamkeit. Es war eine nagende Krankheit, gegen die auch zahlreiche Liebesaffären und Hanakos Hingabe nicht halfen. Der Schmerz eines einsamen Lebens unter der Last von Geheimnissen, die er mit niemandem teilen konnte, klingt in den erhaltenen Briefen an Katja und in einem Teil seiner Korrespondenz an die Vierte Abteilung an. Wir spüren die durch seinen Zwangsaufenthalt in Japan verursachte tiefe Frustration, abgeschnitten vom geistigen Nährboden Rußlands, in panischer Angst vor dem Alter und voller Furcht vor der Zukunft. So sah es hinter der naßforschen, selbstsicheren Fassade im Inneren dieses Menschen aus.

Zu ihrer großen Zufriedenheit kehrte Aino Kuusinen alias »Ingrid« Mitte September 1936 mit der Anweisung, ihre Unterwanderung der höheren Kreise der Gesellschaft fortzusetzen, nach Japan zurück. Sie hatte ein Buch mit dem Titel *Det Leende Nippon* (»Das lächelnde Japan«) geschrieben und damit ein weiteres Eisen im Feuer. Es handelte von den Tugenden Japans und der Japaner und entzückte die Beamten im japanischen Außenministerium derart, daß sie eine englische Übersetzung des schwedischen Originals in Auftrag gaben *(Smiling Japan)*. Wie sie vermutet hatte, sorgte dieses positive Porträt Japans dafür, daß prominente Beamte und Aristokraten sie mit offenen Armen empfingen.

Die schwedische Schriftstellerin Elisabeth Hansson – so der Name in ihrem Paß – wurde zu Kaiser Hirohitos Gartenfest und zu einem Empfang im Kaiserpalast eingeladen. Für den sowjetischen Geheimdienst war es nicht ganz der große Coup, als der die Sache erschien. Ainos eigener Darstellung können wir entnehmen, daß sie für Hirohito mehr Sympathie empfand als für Stalin. In ihrem Herzen hatte sie mit der Sowjetunion, wo ihr Bruder und so viele Freunde inzwischen im Gefängnis saßen, bereits gebrochen.[16]

Aino knüpfte freundschaftliche Bande zu Prinz Tschitschibu, dem Bruder des Kaisers, dem sie »demokratische Ansichten« attestierte – im Gegensatz zu denjenigen Hirohitos. Aber ihre Memoiren enthüllen ärgerlicherweise nur wenige Einzelheiten über ihre Kontakte am japanischen Hof. Tatsächlich bleibt ihre Mission als Agentin der Vierten Abteilung in Tokio geheimnisumwittert. Sorges und Clausens Aussagen im Gefängnis fügen unserem Wissen über »Ingrid« nur wenig hinzu. Etwa vierzehn Monate lang studierte sie Japanisch und vertiefte sich in orientalische Philosophie – ein recht erholsamer Auftrag für eine sowjetische Spionin. Ob sie ihren Lebensunterhalt mit der Lieferung von Informationen an die Vierte Abteilung verdiente, wissen wir nicht. General Urizki, der über die horrenden Kosten des Sorge-Rings geklagt hatte, bewilligte Aino großzügige Summen für einen eleganten Lebensstil. Für ihre Vorgesetzten in Moskau hat sie in ihren Memoiren kaum gute Worte übrig, lediglich der ungewöhnlichen Großzügigkeit, mit der sie ihr einen angenehmen Aufenthalt in Japan finanzierten, zollt sie ihren Tribut.[17]

Die Entwicklung enger Beziehungen zwischen Japan und Deutschland, die im Antikominternpakt vom 25. November 1936 gipfelten, bestätigte die schlimmsten Befürchtungen der sowjetischen Führung. Wie Sorge seinen Inquisitoren erzählte, hegte Moskau »keinen Zweifel daran, daß das Hauptziel, das die beiden Staaten damals einte, die UdSSR oder, genauer gesagt, die gemeinsame Feindschaft gegenüber der UdSSR war«.[18] Dank Sorge waren die Russen über den Antikominternpakt und die monatelangen Verhandlungen, die zu seinem Abschluß führten, bestens informiert. Dieser Spionagecoup war die erste große Dividende aus seiner Vertrautheit mit dem leitenden Militärattaché Eugen Ott.

Die Deutsche Botschaft kam nur per Zufall dahinter, daß in Berlin Geheimgespräche über eine deutsch-japanische Allianz geführt wurden. Die treibenden Kräfte waren Joachim von Ribbentrop, Leiter der Dienststelle Ribbentrop und seit September 1934 Sonderbeauftragter Hitlers für Abrüstungsfragen, Oshima Hiroshi, der germanophile Militärattaché an der Japanischen Botschaft in Berlin, und Konteradmiral Wilhelm Canaris, Chef der Abwehrabteilung des deutschen Kriegsministeriums. Diese kleine Clique gab sich sehr viel Mühe, die Verhandlungen vor einmischungswütigen Politikern und vor den Beamten in den Außenministerien beider Länder zu verheimlichen.

Für Hitler, auf den die Besetzung der Mandschurei durch die japanische Armee im Jahr 1931 im Gegensatz zur Weltmeinung großen Eindruck gemacht hatte, war Japan ein nützlicher Bundesgenosse in einer antibolschewistischen Front. An seiner in *Mein Kampf* geäußerten Überzeugung, die Japaner seien eine primitive Rasse, die ihre gesamte Kultur von anderen übernommen habe, hatte sich nichts geändert, aber aus Zweckmäßigkeitserwägungen verbarg er seine Verachtung.

Japan, durch die sich verhärtende russische Haltung beunruhigt, hielt es für klug, einen europäischen Verbündeten zu haben, der in der Lage wäre, Rußland in Schach zu halten. Die Idee eines Bündnisses mit Deutschland fand in der japanischen Armee großen Anklang. Ihre kriegstreiberischen Elemente glaubten, daß Deutschland bei einem gemeinsamen Angriff auf die Sowjetunion ein starker Partner wäre, und alle Fraktionen der Armee waren sich darin einig, daß ein Bündnis der deutschen Unterstützung für Chiang Kai-shek ein Ende machen und den chinesischen Widerstand gegen das japanische Vordringen schwächen würde.

Zu Beginn des Frühjahrs – kurz nachdem die Armee-Revolte niedergeschlagen war – erfuhr Oberst Ott über seine Kontaktpersonen im Hauptquartier des japanischen Generalstabs zufällig von den Verhandlungen. Er konnte seine Aufregung nicht zügeln und platzte gegenüber Sorge mit der Neuigkeit heraus:

> Die Sache ist so streng geheim, daß man weder Botschafter Dirksen noch mir selber irgend etwas davon gesagt hat. Die Gespräche müssen äußerst wichtig sein. Der Botschafter hat mich gebeten, mich mit dem Generalstab in Berlin in Verbindung zu setzen, um in Erfahrung zu bringen, was hinter unserem Rücken vor sich geht. Ich werde dem Hauptquartier des Stabes telegrafieren und den Code der Wehrmacht benutzen, und ich möchte gern, daß Sie mir helfen. Sie müssen schwören, niemandem von der Sache zu erzählen.

Sorge schilderte, was als nächstes geschah:

> Das tat ich und half ihm in seiner Wohnung, das Telegramm zu chiffrieren. Er hatte mich und nicht ein Botschaftsmitglied um Hilfe gebeten, weil die Sache äußerste Geheimhaltung erforderte. Aus Berlin kam keine Antwort, und Ott war sehr verärgert. Er sprach mit von Dirksen, der ihn beauftragte, noch einmal Informationen anzufordern und den Code der Wehrmacht dabei zu benutzen, er solle sich aber nur von Sorge dabei helfen lassen. So bat Ott mich ein zweites Mal um Unterstützung.
> Endlich kam eine Antwort aus dem deutschen Hauptquartier, die Ott anwies, sich an den japanischen Generalstab um Informationen zu wenden.[19]

Aus dieser Quelle war Sorge über den Fortgang der Verhandlungen und den Inhalt des am 25. November bekanntgegebenen Antikominternpaktes besser informiert als sonst irgend jemand in der Botschaft, abgesehen vom Botschafter und vom leitenden Militärattaché. Die offizielle veröffentlichte Version dieses Bündnisses gegen den internationalen Kommunismus war harmlos genug: Japan und Deutschland kamen überein, Informationen auszutauschen und gemeinsam die weltweiten Aktivitäten der Kommunistischen Internationale zu bekämpfen.

Brisant sei jedoch, wie Sorge nach Moskau berichtete, ein Geheimes Zusatzabkommen, in welchem die Sowjetunion ausdrücklich als Zielscheibe des Paktes genannt werde. Die beiden Länder kamen überein: »Sollte einer der Hohen Vertragschließenden Staaten Gegenstand eines nicht provozierten Angriffs oder einer nicht provozierten Angriffsdrohung durch die Union der Sozialistischen Sowjet-Republiken werden, so verpflichtet sich der andere Hohe Vertragschließende Staat, keinerlei Maßnahmen zu treffen, die in ihrer Wirkung die Lage der Union der Sozialistischen Sowjet-Republiken zu entlasten geeignet sein würden.«* Der Pakt lief nicht auf ein Militärbündnis hinaus, aber für die sowjetische Führung roch er nach der finsteren Verschwörung zweier feindlicher Nationen an den eigenen westlichen und östlichen Grenzen.[20]

Sorges Bericht über diese Episode ist insoweit von besonderem Interesse, als er Aufschluß gibt über seine Vertrautheit mit den geheimsten Materialien in der Botschaft: den Codes, die zur Verschlüsselung des Nachrichtenverkehrs mit Berlin benutzt wurden, darunter der ausschließlich von der deutschen Wehrmacht gebrauchte Code. Ausgeschlossen, daß Sorge sich die Gelegenheit entgehen ließ, die Codebücher zu fotografieren und die Filme nach Moskau zu schicken, um den russischen Spezialisten zu helfen, die sich abmühten, den geheimen deutschen Nachrichtenverkehr zu entschlüsseln.

Noch ein anderer sowjetischer Nachrichtenoffizier nahm das Verdienst für sich in Anspruch, Moskau auf die geheimen Vorbereitungen für einen deutsch-japanischen Pakt aufmerksam gemacht zu haben. Walter Kriwizki, Resident der Geheimpolizei NKWD in Den Haag, beschrieb, wie einer seiner Agenten im Sommer 1936 in den Besitz des Codebuchs der Japanischen Botschaft und ihrer Unterlagen über die Verhandlungen kam: »Ab diesem Zeitpunkt ging die gesamte Korre-

---

* Vgl. *Der Nationalsozialismus. Dokumente 1933–1945*, hg. und kommentiert von Walther Hofer, Frankfurt/M. 1983.

spondenz zwischen General Oshima und Tokio regelmäßig durch unsere Hände«, schrieb Kriwizki in seinen Memoiren, die nach seinem Bruch mit den Sowjets veröffentlicht wurden.[21]

Wenn das stimmt, gelang Kriwizki ein unglaublicher Coup. Die entscheidenden Informationen über die Entwicklung der Beziehungen zwischen den Nationalsozialisten und den Japanern liefen über den verschlüsselten Funkverkehr zwischen der Japanischen Botschaft in Berlin und Tokio. Wenn die Sowjets im Besitz von Oshimas Codebuch waren, konnten sie die Geheimberichte des Militärattachés an die japanische Regierung über seine Gespräche mit Hitler und anderen deutschen Spitzenbeamten lesen.[22] Dieses Material hätte bestätigt, was Sorge über die deutsch-japanischen Verhandlungen berichtete. Es gibt Anhaltspunkte dafür, daß die Russen sogar schon vor diesem Zeitpunkt – seit Anfang der dreißiger Jahre – Zugang zu ungefilterten Geheiminformationen über Japan hatten, die Sorges Depeschen aus Tokio ergänzten.

In der Tat behauptet ein führender Experte für den sowjetischen Geheimdienst, daß die weitreichendsten Informationen, die die Sowjetunion in den frühen dreißiger Jahren erhielt, von Sigint stammten – Informationen, die aus abgefangenen und entschlüsselten Signalen des geheimen Nachrichtenverkehrs zwischen Japan und seinen Botschaften im Ausland und zwischen den Armee-Einheiten gewonnen wurden.[23] Wie dieser Experte versichert, legten die Russen enormes Gewicht auf Sigint – nicht zuletzt wegen Stalins krankhaftem Mißtrauen gegenüber seinen Agenten in Übersee. Menschliche Spione neigten dazu, den Versuchungen des Fleisches zu erliegen, und konnten zu Verrätern werden. Sigint log nicht, und kein noch so gerissener und geschickter Agent war schneller.

Bei der komplizierten Aufgabe, ein Codesystem zu knacken, konnten Agenten vor Ort jedoch einen entscheidenden Part übernehmen, und sowjetische Agentenführer wiesen ihre Agenten an, Unterlagen zu stehlen, die den Codebrechern ihre Arbeit erleichterten. Zweifellos erwartete man von Sorge, daß er sich die aktuellen Tabellen mit den Marine- und Wehrmacht-Codes und die Verschlüsselungsanweisungen der Deutschen

Botschaft beschaffte und nach Moskau schickte. Offenbar war dazu keine besondere Anstrengung vonnöten. Wir wissen von zwei Gelegenheiten, bei denen Eugen Ott, zuerst als Militärattaché, dann als Botschafter, Sorge die Wehrmacht-Codes aushändigte, so daß dieser seine geheimen Pflichten in deutschem Auftrag erfüllen konnte.

Ein oder zwei Wochen nach Unterzeichnung des Antikominternpaktes machte Sorge einen kurzen Urlaub. Zusammen mit Hanako reiste er irgendwann im Dezember 1936 ins Thermalbad Atami, etwa achtzig Kilometer südwestlich von Tokio. Mit über achtzig würde Hanako sich mit trockenem Humor an ihre erste Reise als Paar erinnern:

»Laß uns für ein oder zwei Tage aus Tokio verschwinden«, sagte er und kaufte mir einen neuen Koffer. Es sollte ein Urlaub werden, aber er nahm auch seine Schreibmaschine mit und arbeitete die ganze Zeit. Er hatte ein Zimmer im Hotel Sanno gebucht. Es war so ein Hotel im westlichen Stil, natürlich mit richtigen Betten. Das Verrückte war, daß es japanisches Essen gab. Sorge mochte rohen Fisch. Er war die Sorte Mensch, die sich überall an alles anpassen konnte. Das Hotel lag etwa auf halber Höhe am Hang des großen Berges, der die Bucht überblickte. Es gab heiße Quellen, und ich weiß noch, daß Sorge sich sehr lange einweichte. Abends aßen wir auf dem Zimmer, tranken warmen Sake und gingen ins Bett. Er war sehr leidenschaftlich, aber sanft – nicht so ein wildes Männchen mit fletschenden Zähnen. Das war nicht Sorges Art. Am nächsten Tag regnete es, und wir blieben auf dem Zimmer. Sorge tippte wieder auf seiner Maschine, und ich schaute nach draußen, wie der Regen an die Fensterscheiben prasselte.[24]

Hanako war ein Mädchen aus der Stadt, und in Atami, das in dieser Jahreszeit grau und verlassen war, langweilte sie sich schnell. Schon nach einem Tag Abwesenheit von Tokio vermißte sie die hellen Lichter und die Vergnügungen der Hauptstadt. Aus lauter Langeweile suchte sie sich eine Beschäftigung, legte sich aufs Bett und schrieb ein Gedicht.[25]

Nach einer Weile hörte Sorge auf zu schreiben, kam zu ihr und legte sich neben sie. »Was ist das, Miyako?« fragte er, wobei er sie mit dem Kosenamen ansprach, den er ausgesucht hatte. »Was tust du?«

»Es ist ein Gedicht. Ich versuche, ein Gedicht zu schreiben.«

»Ich glaube, für dich ist es nicht interessant, wenn ich an der Schreibmaschine sitze, nicht wahr? Aber schau, Miyako, wie es regnet. Wenn wir rausgehen, werden wir ... werden wir ...«

Sorge suchte nach dem passenden Wort. Hanako half ihm aus.

»*Nureru* – *nu-re-ru* – werden wir naß. Mach dir nichts draus. Du tippst. Ich schreibe mein Gedicht.«

Sie fand, daß sein Japanisch sich seit ihrer ersten Begegnung vor genau einem Jahr gebessert hatte. Jetzt, wo sie die halbe Woche zusammen waren, lernte er von ihr neue Vokabeln, die er sich in einem Notizbuch aufschrieb. Er gab sich alle Mühe, aber Japanisch war eine Sprache, für deren Beherrschung man Jahre brauchte, und Sorge klammerte sich an die Hoffnung, daß sein Aufenthalt in Japan nur kurz sein würde, so wie der Direktor es ihm versprochen hatte.

»Möchtest du lernen, Miyako? Sorge wird dir beim Lernen helfen. Was möchtest du lernen?«

»Gesang. Ich möchte Gesang lernen. Seit ich zur Schule ging, träume ich davon, Sängerin zu werden.«

»Sorge kennt einen deutschen Musiklehrer. Wenn wir nach Tokio zurückkehren, werde ich dich sofort zu ihm bringen. Freust du dich darüber?«

Hanakos Laune besserte sich schlagartig. Sorge verbrachte den größten Teil des Tages an der Schreibmaschine und stürzte sich zwischendurch in die heißen Quellen. Am nächsten Tag klarte der Himmel auf. Sie nahmen vom Hotel aus einen Wagen nach Odawara, über die Bergstraße, die durch Hakone führt, und erwischten dort den Zug zurück nach Tokio.

»Er war so ein feiner Mensch!« sagt Hanako.

Wenn Sorge etwas zusagte, dann hielt er es auch. Wie versprochen, vereinbarte er für mich Gesangsstunden bei Dr. August Junker, der an der Musashino-Musikhochschule unterrichtete, und unterstützte mich, wo er nur konnte. Er kaufte mir ein Klavier, aber es paßte nicht in meine Wohnung, also mietete er ein Haus, und ich fing an, Klavier zu lernen. Das war typisch Sorge! Sich selber gönnte er keinerlei Luxus, wie goldene Armbanduhren oder teure Kleidung, aber als es darum ging, mir beim Lernen zu helfen, gab er mir soviel Geld, wie ich brauchte, um mir meinen Traum zu erfüllen.[26]

Seine ersten Meldungen funkte Clausen aus der Wohnung des Journalisten Günther Stein, der 1936 als Korrespondent der Londoner *Financial News* und des *News Chronicle* nach Japan gekommen war. Stein, ein deutscher Jude, der als britischer Staatsbürger naturalisiert wurde, könnte schon, bevor er nach Japan kam, mit sowjetischer Spionage zu tun gehabt haben. Im Gefängnis beschrieb Sorge ihn als »Anhänger« des Rings. Mit ziemlicher Sicherheit wurde seine Rolle im Netz damit heruntergespielt.[27]

Stein stellte Clausen sein Haus zur Verfügung, und von einem Raum im Obergeschoß aus nahm der Funker Mitte Februar 1936 zum ersten Mal Verbindung mit »Wiesbaden« (Wladiwostok) auf. Auch in Vukelics Wohnung und in seinen eigenen vier Wänden betrieb Clausen sein Funkgerät. Es war eine gefährliche Arbeit. Wenn die Polizei seine Ausrüstung entdeckte, würde er automatisch als Spion behandelt. Er vermutete, daß japanische Horchposten den Funkverkehr ausmachen konnten, und das war in der Tat der Fall. 1937 fingen japanische Stellen zum ersten Mal verbotene Funksignale ab. Man versuchte, die Quelle zu lokalisieren, aber die Japaner besaßen keine Peilantennen und kamen nie näher als bis auf eine Entfernung von zwei Kilometern heran. Sie schlossen daraus, daß ein Spion von Tokio aus operierte – die Meldungen wurden in einem Code gesendet, den staatliche Dechiffrierspezialisten vergeblich zu knacken versuchten. Sie glaubten, die Empfangsstation habe zuerst in Schanghai gestanden und ab 1940 im sowjetischen Fernen Osten.

Die Ausrüstung zum Sendeort zu schleppen, war eine nervenaufreibende Angelegenheit. Der erfinderische Clausen hatte das Funkgerät so kompakt konstruiert, daß es in eine große Aktentasche paßte, die einen ausreichend unschuldigen Eindruck machte. Aber es gab mehrere brenzlige Situationen, die Clausens Nerven arg strapazierten. Einmal wurde er von der Polizei angehalten, als er von einem Einsatz in Vukelics Haus nach Hause fuhr. Ein Polizist trat auf die Straße und fragte ihn, wohin er wolle.

> Vukelic saß im Wagen und umklammerte die schwarze Tasche mit dem Funkgerät, und mein Herz raste bei dem Gedanken, daß man uns entdeckte. Aus irgendeinem Grund bemerkte der Polizist nur: »Ihre Scheinwerfer sind aus. Passen Sie besser auf.« Dann ging er weg, ohne unser Gepäck untersucht oder uns gefilzt zu haben.[28]

Als grundlegende Vorsichtsmaßnahme wurden von den Mitgliedern der Gruppe nur ihre Codenamen benutzt: Sorge war »Ramsay« oder »Vix«, Miyagi »Joe«, Ozaki »Otto«, Vukelic »Gigolo«, Clausen »Fritz« und Günther Stein »Gustaf«. Auch für die wichtigsten im Nachrichtenverkehr mit der Zentrale erwähnten Orte und Personen wurden Codenamen verwendet. Moskau war »München«, und die Empfangsstation in Wladiwostok hieß »Wiesbaden«. Ott war »Anna« und Wenneker »Paul«.

Sorge glaubte, daß eine wasserdichte legale Deckung der wichtigste Schutz für einen Geheimagenten sei. Am besten war seiner Ansicht nach die Tarnung als Kaufmann, die Clausen gewählt hatte. Herablassend meinte Sorge:

> Ein Mann, der gerissen genug war, vor allem Spionagearbeit zu seinem Beruf zu machen, würde seinen Beruf nicht für ein Geschäft aufgeben, und selbst wenn er es täte, spricht vieles dafür, daß er scheitern würde. Im großen und ganzen besteht die Kaufleutekaste aus Männern von durchschnittlicher oder unterdurchschnittlicher Intelligenz, und der Agent, der sich eine solche Tarnung zulegt, dürfte recht sicher vor der Entdeckung durch die Polizei sein.[29]

Ähnlich von oben herab verhielt Sorge sich Clausen gegenüber, und zweifellos war er davon überzeugt, daß dem Funker die Kaufmannstarnung gut anstand.

Clausen selber sagte, er habe drei Grundregeln, um Verdacht abzulenken: »Mich in der Öffentlichkeit gutgelaunt zeigen, blöd dreinschauen und, vor allem, überall herumerzählen, ich sei an Amateurfunkerei interessiert«.[30]

Viele von Sorges Berichten waren zu lang, um sie per Funk zu übermitteln. Zusammen mit den Texten japanischer und deutscher Dokumente, mit Landkarten und Schaubildern wurden sie auf Mikrofilm aufgenommen und von Mitgliedern des Rings aus Japan herausgeschmuggelt. Bis 1939 fanden die Übergabe des Materials und der Empfang von Geldern und Instruktionen gewöhnlich an einem vorab mit den Moskauer Verbindungsleuten verabredeten Treffpunkt in Schanghai oder Hongkong statt.

Dreimal kam es vor, daß Sorge selber die Filmpatronen, die er unter seiner Kleidung versteckte, außer Landes brachte; Clausen und seine Frau Anna reisten jeweils zweimal als Kuriere nach Schanghai. Anna, die Max im August 1936 in Schanghai geheiratet hatte, nachdem sie endlich eine Ausreisegenehmigung aus der Sowjetunion erhalten hatte, machte nur widerwillig mit. Sie war mit einer Mischung aus verhüllten Drohungen und der Versprechung, sie dürfe einen Teil der Gelder des Rings für persönliche Einkäufe ausgeben, zu den Kurierdiensten überredet worden.

Nach Ausbruch des europäischen Krieges im September 1939 wurden diese Reisen eingestellt, hauptsächlich deshalb, weil die Hongkonger und Schanghaier Polizei die Überwachung deutscher Staatsbürger verschärfte. Auf Sorges Bitte hin sorgte Moskau dafür, daß die Verbindung künftig über sowjetische Emissäre in Japan lief. Theoretisch war es im Ausland operierenden »Illegalen« verboten, Kontakte mit den örtlichen sowjetischen Missionen zu unterhalten. Was Japan betraf, so war es in jedem Fall eine vernünftige Regel: Ausländische Diplomaten wurden von der Polizei streng überwacht. Es ist deshalb überraschend, daß sowjetische Diplomaten sich – trotz der Wahrscheinlichkeit, daß man ihnen folgte – regelmäßig mit Clausen in seinem Büro zu Hause trafen.

Für den 27. Januar 1940 hatten Max und Anna Karten für das Teikoku Gekijo, das Kaiserliche Theater gegenüber dem Äußeren Palastgarten. Ihre Eintrittskarten waren Anfang des Monats in Clausens Postfach in der Tokioter Hauptpost angekommen, nachdem Moskau ihn zuvor per Funk instruiert hatte, sich auf ein Treffen vorzubereiten. Clausen trug ein kleines Päckchen bei sich, in dem sich achtunddreißig Mikrofilmrollen mit Material aus der Deutschen Botschaft befanden, das Sorge heimlich fotografiert hatte. Ein paar Minuten, nachdem die beiden ihre Plätze eingenommen hatten, ließ sich ein Europäer auf dem Sitz neben Clausen nieder. Der Austausch fand unbeobachtet in dem abgedunkelten Theater statt. Der Mann übergab Clausen einen Umschlag mit 5000 US-Dollar, Gelder für den Ring.

Mit demselben »Mann aus Moskau« kam es in den darauffolgenden Monaten zu weiteren Treffen. Dann übernahm im November 1940 ein neuer Mann, den Clausen als »Serge« kannte, die Rolle des Verbindungsmannes; und mit ihm traf Clausen sich entweder in seinem Büro in Shimbashi oder in seinem Haus in Hiroo-cho. Auf Fotografien, die die Polizei Clausen nach seiner Verhaftung zeigte, wurden die beiden eindeutig als Helge Leonidowitsch Vutokewitsch, Chef der Konsularabteilung der Sowjetischen Botschaft, und Viktor Sergewitsch Saizew, Zweiter Sekretär bei der Sowjetischen Botschaft, identifiziert.

Der wertvollste Aktivposten des Rings war Ozaki Hotsumi, dessen wachsender Ruhm als China-Experte ihm von Mal zu Mal besseren Zugang zu den Machthabern seines Landes verschaffte. Besonders ein Ereignis festigte sein berufliches Ansehen nachhaltig: die Konferenz des Institute of Pacific Relations im kalifornischen Yosemite im Sommer 1936. Das IPR war ein Forum für den Austausch von Ideen und Informationen zur Pflege der Beziehungen zwischen den pazifischen Anrainerstaaten. Durch Vermittlung eines Schulfreundes, Ushiba Tomohiko, wurde Ozaki eingeladen, sich als anerkannter Experte für das »China-Problem« (oder *Shinamondai*, der Ausdruck, mit dem die Japaner das Chaos bezeichneten, in das nur sie glaubten, Ordnung bringen zu können) der japanischen Delegation anzuschließen.[31] In einer Rede auf der Konferenz vermied es Ozaki sorgfältig, das Establishment daheim zu beunruhigen. Er hielt mit seiner persönlichen Verurteilung der japanischen

Aggression hinter dem Berg und rechtfertigte mit beredten Worten die expansionistische Politik Japans in China.

Yosemite hatte zwei weitreichende Folgen für Ozakis Aufstieg. Zum einen lernte er wichtige Leute in der japanischen Delegation kennen. Seine lebenslange Freundschaft mit Saionji Kinkazu, dem Enkel des Staatsmannes Prinz Saionji, begann an Bord des Schiffes nach Kalifornien, und seine Beziehung zu Ushiba festigte sich. Die beiden jungen Männer stiegen in die einflußreichsten Kreise auf und würden sich als unschätzbare Kontaktpersonen erweisen. Zum anderen erhöhte sein Beitrag in Yosemite sein Prestige und lenkte das Augenmerk mächtiger Männer auf ihn. Im Dezember 1936 schließlich stiegen seine Aktien abermals, als er einen Artikel über einen dramatischen Zwischenfall schrieb, der sich in China ereignete.

Chang Hsueh-liang, der Kriegsherr der Mandschurei, kidnappte in Sian, der Hauptstadt der Provinz Shensi, Chiang Kai-shek, den Führer der Nationalisten (Kuomintang). In dem Artikel, den Ozaki für seine Zeitung schrieb, prophezeite Ozaki, daß die Entführung die Nationalisten zwingen würde, mit ihren eingeschworenen Feinden, den Kommunisten, die Friedenspfeife zu rauchen und gemeinsame Sache mit ihnen zu machen, um sich der japanischen Aggression zu erwehren. Im chauvinistisch aufgeheizten Klima jener Tage gehörte Mut zu einer solchen Vorhersage. Aber die Ereignisse gaben Ozaki schnell recht: Als Preis für die Freilassung Chiangs willigten die Nationalisten widerstrebend in die Bildung einer Einheitsfront mit den Kommunisten ein.

Im April 1937 wurde der berühmte Journalist eingeladen, der neugegründeten Showa-Forschungsgesellschaft beizutreten, deren Zweck darin bestand, herausragenden politischen Denkern ein Forum zur Erörterung von Alternativen zur Politik der rechten Extremisten zu verschaffen, die einen totalitären Staat und *hakko ichiu* anstrebten, die japanische Hegemonie über Ostasien. Durch den Eintritt in diese Gruppe gewann Ozaki neue und einflußreiche Freunde. Einer von ihnen nahm ihn unter seine Fittiche: Kazami Akira, der Leiter der Sektion innerhalb der Gesellschaft, die sich mit dem »China-Problem« befaßte. Als Prinz Konoe im Juni 1937 sein Kabinett formierte, wurde Kazami zum Ersten Kabinettssekretär ernannt, und die Showa-Forschungsgesellschaft fungierte als Expertenkommission des neuen Ministerpräsidenten.[32]

Im Anschluß an den Ausbruch offener Feindseligkeiten zwischen Japan und China wuchs die Nachfrage nach Ozakis Sachverstand. Wenige Tage nach einem kurzen Gefecht zwischen japanischen und chinesischen Truppen am 7. Juli 1937 an der Marco-Polo-Brücke in der Nähe von Peking sagte Ozaki in einem Zeitschriftenartikel voraus, daß der Zwischenfall sich »als ein Ereignis von überragender weltgeschichtlicher Bedeutung erweisen« werde.[33]

Ozakis Auffassungen vom Verlauf des »China-Zwischenfalls« waren für Sorge außerordentlich interessant; überzeugt von der Tragweite des Ereignisses, wies er alle Mitglieder des Netzes an, sich ausschließlich auf diese Angelegenheit zu konzentrieren. Ozaki war der Meinung, daß der »Zwischenfall« keinesfalls auf der Ebene lokaler Befehlshaber angesiedelt sei, und prophezeite, daß er unweigerlich zu einem längeren Krieg zwischen Japan und China führen werde. Da die Deutsche Botschaft hinsichtlich einer Interpretation der Ereignisse in China auf Sorge blickte, gab er Ozakis Ansichten gegenüber dem Botschafter und dem Militärattaché als seine eigenen aus: »Ich informierte Dirksen und Ott, die zunächst lachten, später jedoch verstanden. Vielleicht waren ich und Ozaki die einzigen, die der Ansicht waren, daß der Zwischenfall an der Marco-Polo-Brücke einen langen Krieg zwischen Japan und China auslösen würde. Ich berichtete dies nach Moskau und fügte hinzu, was ich selber davon hielt.«[34]

Ozaki glaubte, daß die Gefahr eines japanischen Angriffs auf Rußland wegen des »China-Zwischenfalls« nachgelassen habe, zumindest vorübergehend. Wenn die japanische Armee in China alle Hände voll zu tun hätte, würde sie ihren Ehrgeiz, den Bolschewismus zu zerstören, vorläufig ad acta legen müssen. Auch diese Einschätzung übermittelte Sorge sowohl der Deutschen Botschaft als auch seinen Leitern in Moskau.

Es dauerte nicht lange, da tobte in Nordchina ein offener Krieg, und Ende Juli eroberten die Japaner Peking und Tientsin. Im November besetzten sie Schanghai und anschließend, im Dezember 1937, die chinesische Hauptstadt Nanking. Die Japaner hatten leichte Siege erwartet;

dem Kaiser hatte man versichert, die Kämpfe wären in drei Monaten vorbei. Aber es sollte anders kommen. Die Invasoren stießen auf den zähen Widerstand der chinesischen Armeen, der nationalistischen wie der kommunistischen, und wurden immer tiefer in den riesigen Kontinent hineingezogen.

Zuerst hatte Japan beabsichtigt, die nationalistische chinesische Regierung zu »züchtigen«, aber bis Januar 1938 hatten Japans Kriegsziele sich ausgeweitet und zielten nun auf die »Errichtung einer neuen Ordnung«. Getragen von einer Welle öffentlicher Unterstützung, zogen die japanischen Soldaten in den Krieg. Die gesamte Bevölkerung und sämtliche nationalen Reserven wurden für etwas eingespannt, das schließlich als *seisen*, als heiliger Krieg unter Führung des Kaisers höchstpersönlich, Berühmtheit erlangen sollte. Der *seisen*, den Wochenschauen und Zeitungen als eine Serie ruhmreicher, aber schwer erkämpfter Siege schilderten, wurde zum Mittel, »die Bevölkerung zu mobilisieren und zu kontrollieren und jegliche Opposition, nicht nur gegen die Fortführung des Krieges, sondern ebenso gegen die Regierung, zu unterdrücken«.[35]

Für Sorge war der Ausbruch des Krieges in China eine willkommene neue Gelegenheit, gegenüber der Botschaft seine Unentbehrlichkeit unter Beweis zu stellen. Indem er die Ansichten Ozakis wiederkäute, als handelte es sich um seine eigenen, mehrte Sorge sein Prestige und wurde häufig ins Büro des Botschafters gerufen, weil sein Rat gebraucht wurde.

Selbstverständlich wurde er gebeten, sich einer von Ott eingesetzten Studiengruppe der Botschaft anzuschließen, die die Mobilmachung und Ausrüstung der japanischen Armee sowie ihre Operationen auf dem chinesischen Kriegsschauplatz untersuchen sollte. Ergebnis der Sitzungen dieser Arbeitsgruppe, die sich mehrere Monate lang hinzogen, war eine ganze Reihe nützlicher Berichte über die Logistik der Japaner, über Flugzeuge, Ausbildung und Truppenaufstellungen, die Sorge heimlich fotografierte und nach Moskau schickte.

Auf Kazami Akiras Empfehlung hin nahm Prinz Konoe im Juli 1938 Ozaki als Regierungsberater – *naikaku shokutaku* – in den engeren Kreis seiner Mitarbeiter auf. Ozaki gab seine Arbeit bei der *Asahi* auf und bezog ein Büro im Amtssitz des Ministerpräsidenten. Als Eingeweihter hatte er Zugang zu Geheimdokumenten und arbeitete an Berichten mit Vorschlägen, wie mit dem »China-Zwischenfall« umzugehen sei. Dennoch habe er, wie er später betonte, seine Stellung nicht zur Verwirklichung seiner politischen Ziele ausnutzen können, weil die Regierungspolitik bereits unzweideutig festgelegt gewesen sei. »Ich nutzte meine Position vielmehr, um eine richtige Vorstellung von der konkreten Richtung der japanischen Politik zu bekommen … Selbstverständlich habe ich die Informationen, die ich aus dem Kabinett erhielt, an Sorge weitergegeben.«[36]

Im November 1937 legte Ministerpräsident Konoe sich eine neue, informelle Beratergruppe zu, *Asameshikai*, den Frühstücks-Club. Die Initiative ging von seinen beiden Privatsekretären Ushiba Tomohiko und Kishi Michizo aus, die im Laufe der Zeit neben Saionji Kinkazu und Ozaki eine Reihe anderer »Weiser« als Mitglieder gewannen. Der Frühstücks-Club bot genügend Spielraum, um für den Prinzen Konoe politische Vorstellungen auszudiskutieren, wenngleich er selber an den Sitzungen nicht teilnahm.

Freimütig trugen die Mitglieder des Frühstücks-Clubs bei *Miso*-Suppe vertrauliche Informationen zusammen. Außerdem öffnete sich hier ein Weg zu den Entscheidungsträgern in der Regierung. Als führendem politischen Analytiker hörte man Ozaki in dieser ausgewählten Clique mit der nötigen Aufmerksamkeit und dem gebührenden Respekt zu. Nahezu vier Jahre lang ließ er keine Gelegenheit aus, Einfluß auf die Ansichten derjenigen zu nehmen, die an den Schalthebeln der Macht saßen. Dieser Versuch politischer Einflußnahme, davon war er fest überzeugt, sei genauso wichtig gewesen wie das Sammeln offizieller Geheimnisse.

Mit traumwandlerischer Sicherheit verkehrte Ozaki, ohne sich verstellen zu müssen, in Kreisen der Elite Japans. Zur selben Zeit verstand Sorge sich blendend mit den von ihm verachteten hackenschlagenden Nazi-Diplomaten, liebenswert, stets zu Diensten und doch auf Distanz bedacht, unter Wahrung einer Spur von Zynismus, was seine Beliebtheit noch steigerte. Ein Gruppenfoto, das am 22. September 1937 nach einer Diplomatenhochzeit im Garten der Botschaft aufgenommen wurde, zeigt, wie gründlich Sorge in das Milieu eingedrungen war. Steif posiert er dort mit Graf Mirbach, dem Leiter der Presseabteilung, Oberst Ott, Helma Ott, Botschafter Dirksen und Frau Dirksen, ein Botschafts-Intimus vom Scheitel bis zur Sohle. Der Bräutigam ist Hans-Otto Meissner, ein Dritter Sekretär, der im Vorjahr in Tokio eingetroffen war.

Obwohl die beiden Männer sich nicht näher kannten, war es für Meissner undenkbar, Sorge, der eine recht verwegene Erscheinung, aber auch ein angesehener Korrespondent und Liebling des Botschafters war, nicht einzuladen. Schließlich werde Sorge »von allen überall akzeptiert«.[37] Der Kerl sei ein »brillanter Kopf«, auch wenn Meissner seine »durch nichts zu erschütternde Eitelkeit« abstoßend fand.[38]

Ein anderer junger Diplomat, der auf dem Hochzeitsempfang zugegen war, würde sich nach mehr als einem halben Jahrhundert an diesen Tag erinnern. »Natürlich gab es an Sorges Verhalten nichts, was darauf hingedeutet hätte, daß er etwas anderes war als das, wofür wir alle ihn hielten. Er war ein anerkannter Journalist, Berater von Dirksen und Ott, und er fühlte sich in der Botschaft völlig zu Hause.«[39]

Die deutsche Gemeinde in Tokio war winzig – im Jahr 1933 zählte sie laut *Japan-Manchukuo Yearbook* nur 1118 Seelen, obwohl die Zahl sich bis 1940 fast verdoppeln sollte. Das größte Kontingent lebte in Tokio, aber deutsche Missionare waren weit verstreut überall auf den Inseln zu finden.[40]

Deutschland schien unendlich weit entfernt. Ein schneller Dampfer des Norddeutschen Lloyd brauchte sechs Wochen bis Hamburg. Die Transsibirische Eisenbahn konnte Berlin via Shimonoseki, Pusan, Harbin, Mandschuli und Moskau binnen sechzehn Tagen erreichen, wenn der Reisende es eilig hatte, bis Hitlers Angriff auf Rußland diese Route im Juni 1941 unterbrach.

Man lechzte nach den wenigen Erinnerungen an die Heimat und genoß sie. Die vielleicht beste Zuflucht für Heimwehkranke war der Deutsche Club. Er teilte sich die Räumlichkeiten eines bescheidenen einstöckigen Gebäudes, fünf Minuten Fußweg von der Botschaft entfernt, mit einem Kulturinstitut, der Deutsch-Ostasiatischen Gesellschaft. Ein geschwungenes japanisches Ziegeldach krönte das Eingangstor, und das Gebäude schmiegte sich um einen Garten herum. Durch Wände aus Glas fiel der Blick des Besuchers auf einen Teich und Bambusgehölz.

Bücherei und Lesesaal des Instituts waren Oasen der Ruhe, und Sorge war ein häufiger Gast. Es gab deutsche Zeitungen, die zwar schon einen Monat alt waren, und eine recht ordentliche Bibliothek, meist Bücher über orientalische Kultur, darunter der seltsame Band eines deutschen Anthropologen, der die Größe der Köpfe und anderer Körperteile von Hunderten junger Japanerinnen ausgemessen hatte. Das Buch war üppig mit Halbakten illustriert.

Frieda Weiß, eine hübsche junge Frau, die als Sekretärin im Büro der Deutsch-Ostasiatischen Gesellschaft arbeitete, fiel Sorge auf. Sie plauderten miteinander, und schließlich fragte er, ob sie etwas für ihn tippen könne. »Ich tippte einen langen Pressebericht über die Ereignisse vom 26. Februar (die Armee-Revolte des Jahres 1936). Er fragte mich tatsächlich, ob ich seine Assistentin werden wolle, aber meine Augen waren schlecht, und ich mußte das Angebot ablehnen.«[41]

Der Deutsche Club auf der anderen Gartenseite bestand aus einem Saal für Konzerte und Zusammenkünfte, einer Bar und einem Restaurant. Mitte der dreißiger Jahre traf sich der Tokioter Zweig der NSDAP regelmäßig hier, und der Saal hallte wider vom *Horst-Wessel-Lied* und feurigen Reden. Gelegentlich wurden Schulungen veranstaltet, zu deren Lektüre Fibeln wie das *ABC des Nationalsozialismus* gehörten, und Sorge zählte zu den lokalen Berühmtheiten, die man zu Vorträgen einlud.

Etablissements wie Lohmeyer erzeugten eine künstliche Atmosphäre von Heimat. Auf der Speisekarte stand Schweinshaxe, und an der Theke gab es »erstklassige« Wurst zu kaufen. Der Apfelstrudel und die Schwarzwälder Kirschtorte aus der deutschen Bäckerei in Yurakucho galten allgemein als hervorragend. Auf der Ginza gab es das Rheingold mit Bar und Restaurant und dessen etwas zwielichtigeren Konkurrenten, die Fledermaus, eine winzige schmuddelige Kneipe im deutschen Stil, wo Sorge manchmal zu finden war. Sein Freund, der Schriftsteller Friedrich Sieburg, war ganz und gar nicht beeindruckt, als Sorge ihn eines Nachts mitschleppte: »Nichts Japanisches war in diesem Raum zu sehen, außer einigen Serviermädchen, die der untersten Klasse anzugehören schienen und die Gewohnheit hatten, sich zu den Gästen zu setzen, ihnen den Arm um den Nacken zu legen und dazu albern zu kichern.«[42]

Wenn deutsche Geschäftsleute und Diplomaten Gästelisten für ihre Abendgesellschaften zusammenstellten, fand sich auf ihnen auch unweigerlich Dr. Sorge. Manchmal hatten die Gastgeber Grund, ihre Einladung zu bereuen. Sorge pflegte bürgerliche Empfindsamkeiten mit gewagten Witzen zu verletzen, und er flirtete schamlos, wobei er keinerlei Unterschied zwischen verheirateten und ledigen Frauen machte. Frieda Weiß, eine alleinstehende Mittdreißigerin, schildert ihn als stürmischen Salonlöwen. »Die Frauen waren hingerissen von ihm, und sollten Männer ihn beneidet haben, so waren sie sehr bemüht, es nicht zu zeigen.« Sie erinnert sich an ein Fest im Deutschen Club, als er sie in einem feurigen Tango über die Tanzfläche wirbelte, ein menschliches Energiebündel. Beim Tanzen schien das von seinen Kriegsverletzungen herrührende Hinken wie weggeblasen. »Bei jedem gesellschaftlichen Ereignis, dem Sorge beiwohnte, erregte er die Aufmerksamkeit zahlreicher Bewunderer, Männer wie Frauen. Er war Leib und Seele jedes Festes.«[43]

Aino Kuusinen – die sowjetische Agentin »Ingrid« – besuchte Sorge eines Nachts Ende November 1937 in einer dringenden geschäftlichen Angelegenheit. Zu ihrer Bestürzung war er schwer betrunken und lag ausgestreckt auf dem Sofa, neben sich eine fast leere Flasche Whisky – ein bedauernswerter Zustand für einen Mann, »der so viel Verantwortung trug«.[44] Obwohl er betrunken war, erklärte Sorge in knappen Worten, daß Moskau ihm aufgetragen habe, »Ingrid« eine Botschaft auszurichten.

> Wir alle, und das schließt mich ein, sind nach Moskau zurückbeordert worden. Sie sollen über Wladiwostok zurückreisen und dort weitere Anordnungen abwarten. Ich weiß nicht, was hinter diesem Befehl steckt.
> Auch wenn Sie die Atmosphäre in Moskau als ungesund empfinden, haben Sie keinen Grund, etwas zu befürchten. Was mich betrifft, so werde ich dem Befehl Folge leisten, wenn es absolut nötig sein sollte. Aber wenn Sie unsere Chefs sehen, bestellen Sie ihnen

bitte etwas in meinem Namen. Sagen Sie ihnen, daß all die bemerkenswerten Kontakte, die ich geknüpft habe, verlorengehen, wenn ich Tokio verlassen muß. Und sagen Sie ihnen, daß ich auf jeden Fall nicht vor nächstem April abreisen kann.

Als sie im Begriff war, zu gehen, machte Sorge eine seltsame Bemerkung, die sich fest in ihr Gedächtnis eingrub: »Sie sind eine sehr intelligente Frau, und ich muß gestehen, daß ich nie einer anderen Frau mit solch klarem Verstand begegnet bin. Doch mein Verstand übertrifft den Ihren!«[45]

Bei ihrer Rückkehr nach Moskau im Dezember stellte sie fest, daß sich die Situation seit ihrem letzten Besuch weiter verschlechtert hatte. General Urizki, der Direktor der Vierten Abteilung, war verhaftet worden, und aller Wahrscheinlichkeit nach hatte man ihn exekutiert. Viele andere Offiziere des sowjetischen Geheimdienstes waren aus Übersee zurückgerufen worden und anschließend verschwunden. Aino selber wurde verhaftet und als »Volksfeindin« unter erfundenen Beschuldigungen eingesperrt. Erst jetzt, als es zu spät war, begriff sie, was Sorge mit seinen Worten bei ihrem Abschied gemeint hatte. Augenscheinlich war er schlau genug, um die Gefahr zu spüren, die beiden drohte, und hatte für seinen Teil nicht die Absicht, dem Rückkehrbefehl Folge zu leisten.

Aino wurde scharfen Verhören unterzogen, in deren Verlauf man ihr deutlich zu verstehen gab, was die sowjetische Führung von Sorge hielt. Ihre Inquisitoren sagten, daß er die Erwartungen von Leuten an den »höchsten Stellen« enttäuscht habe. Die Informationen, die er liefere, seien »nicht zufriedenstellend, und er gäbe zuviel Geld aus«. Es fehlte jeder versöhnliche Ton. Die Vernehmungsbeamten der Geheimpolizei NKWD erzählten ihr sogar, »daß man Sorge viele Male befohlen hatte zu kommen und daß Stalin ihm diesen Befehl sogar persönlich gegeben hatte«. Und er besäße die Frechheit, nicht zu gehorchen!

Man befahl Aino, Sorge einen Brief zu schreiben, in welchem sie ihn bitten sollte, nach Moskau zurückzukehren. Für sie machte das keinen Sinn – wenn er Stalins Befehl mißachtet hatte, so ihr Einwand, warum sollte er ihr Beachtung schenken? Auf eine solche Bitte, käme sie von einer so engen Freundin, würde Sorge ganz sicher reagieren, gaben die Vernehmungsbeamten zurück. Diese Annahme sei falsch, protestierte Aino. Sie und Sorge seien *keine* engen Freunde. Alle gegenteiligen Gerüchte, die dem NKWD zu Ohren gekommen seien, entbehrten jeder Grundlage.[46]

Ainos Verhör fand zu Beginn des Jahres 1938 statt. Die Stimmung in Moskau war wütend. Der Liquidierung der mutmaßlichen Feinde Stalins war in vollem Gange: Sowohl Bersin als auch sein Nachfolger in der Vierten Abteilung waren hingerichtet worden. Obwohl Sorge nichts Konkretes über ihr Schicksal wußte, ist es wahrscheinlich, daß er die Veränderung spürte.

Überall auf der Welt wurden sowjetische Agenten nach Hause beordert – in der Tat war es bemerkenswert, wenn jemand im Jahr 1937 *nicht* zurückgerufen wurde. Es war allgemein üblich, die Top-Nachrichtenoffiziere mit einem Appell an ihr Ego zurückzulocken. In dem Befehl konnte es heißen, daß die Anwesenheit in Moskau erforderlich sei, um die Führung über die Situation in dem Land, in dem man stationiert war, zu informieren; möglicherweise war der Befehl an Sorge in ähnlichen Worten abgefaßt.[47]

Aber Sorge war umsichtiger. Nachrichten über den Terror erreichten Tokio in erstaunlicher Zahl, und er hatte Zugang zu deutschen, englischen und amerikanischen Zeitungen, die Berichte über die »Schauprozesse« und den Aderlaß brachten. Überdies sorgte im September 1937 die Ermordung seines alten Freundes Ignaz Porezki (alias Reiss), der sich vom NKWD abgesetzt hatte, in der Schweiz weltweit für Schlagzeilen.

Aino hatte sich den Kopf darüber zermartert, ob sie der Aufforderung aus Moskau Folge leisten sollte. Sie glaubte, eine Wahl zu haben, getreu dem finnischen Sprichwort »Hier ein Sumpf – dort Schlamm«. Natürlich konnte ihr Name auf Stalins »Abschußliste« stehen. Aber wenn sie nicht gehorchte, würde die Sowjetregierung nicht Agenten losschicken, um sie ausfindig zu machen? Obwohl Sorge in Japan unglücklich war und sich nach einer Rückkehr sehnte, wie seine Briefe an Katja zeigen, erschien ihm die momentane Atmosphäre als zu »ungesund« für einen Umzug. Aino war davon überzeugt, daß er sich richtig entschieden hatte: »Wenn Sorge damals dem Befehl zur Rückkehr gehorcht hätte, so wäre er zweifellos liquidiert worden«, schrieb sie.[48]

Für Sorge war der Journalismus weder eine bloße Fassade für Spionage, noch war der professionelle Ruf, den er sich erwarb, nur ein Mittel, um Eindruck auf die Botschaft zu machen. Er liebte das Schreiben um seiner selbst willen, und er war stolz auf seine sorgfältige Berichterstattung über Japan und China. In der Tat widmete er sich dieser Tarntätigkeit ebenso gewissenhaft wie jeder seiner Kollegen vom Pressekorps, und dies trotz der schweren Anforderungen, die die geheime Arbeit für Moskau an ihn stellte.

Seit 1937 schrieb er regelmäßig für die *Frankfurter Zeitung*, ein Blatt, das nach seinen eigenen Worten »die höchsten Standards des deutschen Journalismus repräsentierte.«[49] Man bot Sorge niemals eine feste Stelle in der Redaktion an, und er blieb bis zum Schluß ein Lokalreporter ohne formellen Arbeitsvertrag. Aber er war ein fruchtbarer Autor. In den Jahren 1940 und 1941 erschienen seine mit »S« gezeichneten Artikel in der Regel vier- bis fünfmal monatlich.

In seinem im Gefängnis verfaßten Bericht stellte er mit Genugtuung fest, daß die *Frankfurter Zeitung* »mich oft mit der Begründung lobte, daß meine Artikel ihr internationales Renommee steigerten«.[50] Überdies, so fügte er unbescheiden hinzu, sei er in Deutschland als »der beste Reporter in Japan« anerkannt. Nicht alle deutschen Diplomaten wären mit diesem Urteil einverstanden gewesen. Graf Mirbach, der Leiter der Presseabteilung der Botschaft und ein Mann von Welt, hielt Sorge für einen mittelmäßigen Journalisten, dem es an Kultur mangele. Eugen Ott indessen hegte nicht den leisesten Zweifel, daß Sorge den anderen Korrespondenten haushoch überlegen sei. »Der Mann weiß alles«, erzählte er den Leuten gern.

Pflichtschuldigst nahm Sorge an den regelmäßig vom Außenministerium und seit 1940 von der Informationsbehörde veranstalteten Pressekonferenzen teil. Aber an Neuigkeiten hatten beide herzlich wenig zu bieten. Ein Kollege von der amerikanischen Presse erinnerte sich, daß der Sprecher des Außenministeriums Fragen auswich und so gut wie nie eine Information freiwillig preisgab. »Sein ganzes Verhalten drückte aus, wie unangenehm ihm die Konferenz war und daß er sie möglichst rasch hinter sich bringen wollte.«[51]

Die offizielle manische Geheimniskrämerei verwehrte dem Außenministerium, die finsteren Winkel der Regierungspolitik zu erhellen, aber einzelne Beamte bemühten sich um die Gunst der ausländischen Journalisten. Kase Toshikazu, ein jüngerer Mitarbeiter in der Presseabteilung des Außenministeriums, wurde angewiesen, die Beziehungen zu den deutschen Korrespondenten, darunter auch Sorge, zu pflegen. »Er kam mindestens einmal pro Woche zur Pressekonferenz ins Außenministerium. Ich sah ihn dort oft mit den anderen ausländischen Pressevertretern sitzen«, erinnert sich Kase.

Beruflich machte Sorge auf den jungen Diplomaten, der nach dreijähriger Tätigkeit an der Japanischen Botschaft in Berlin gut Deutsch sprach, wenig Eindruck. »Besonders raffiniert schien er mir nicht zu sein. Ich nahm es einfach für selbstverständlich, daß er ziemlich alltäglich war – kein außergewöhnlicher Journalist. Aber ein sehr netter Mann. Es ist überall dasselbe mit Spionen.«

Sorge, der zweifellos darauf aus war, die Palette seiner offiziellen Kontakte auszuweiten, ging auf Kases Annäherungsversuche ein, und zwischen beiden entwickelte sich ein freundschaftliches Verhältnis. Irgendwann im Jahr 1936 lud er Kase in sein Haus in Nagasaka-cho ein. »Er mochte Bach und legte ein paar Platten auf, als ich da war. Ich weiß noch, daß wir die Brandenburgischen Konzerte hörten. Er wußte, daß ich Musik liebte. Das tat jeder, der damals, gegen Ende der Weimarer Republik, in Deutschland war. Deutschland galt als die Welthauptstadt der Musik.« Im Haus war eine junge Frau, aber Sorge stellte sie nicht vor, und Kase erfuhr nie ihren Namen. Vielleicht war es Hanako, die im Sommer 1936 in Sorges Haus einzog.[52]

Im Februar 1938 freute Sorge sich darauf, irgendwann im Sommer nach Rußland zurückzukehren. Er schrieb an Katja:

Ich konnte mein Versprechen nicht halten und im vorigen Herbst nicht heimkehren. Ich weiß nicht, ob Du die Geduld nicht schon verloren hast, während Du auf mich wartest ... Ich denke, meine Liebe, daß ich bald nach Hause fahren kann ... Ich bitte Dich, wenn möglich, mit dem Sommerurlaub bis zu meiner Ankunft zu warten. Dann fahren wir zusammen ... Bis dahin auf Wiedersehen, meine Liebe ... Dein Ika.[53]

Immer wieder hatte er Katja Hoffnungen gemacht, nur, um sie zu enttäuschen, aber aus jeder Zeile dieses Briefes spricht zuversichtliche Erwartung. Dennoch hing alles von der Laune seiner Vorgesetzten ab. Am 26. April 1938 erleben wir, wie er den Direktor bittet, ihn zurückzurufen: »Die Gründe für meinen hartnäckigen Wunsch, nach Hause zurückzukehren, sind Ihnen bereits wohlvertraut. Sie wissen, daß ich nun das fünfte Jahr hier arbeite, und Sie wissen auch, wie schwer es ist.« Die Mitteilung durchzieht ein mürrischer Ton, der nicht so recht ins Bild des unerschrockenen und engagierten Spions passen will. Obwohl Sorge beides war, zeigt sein Schriftwechsel mit der Zentrale, daß er nicht immer die Zähne zusammenbiß und Härten mit der Stärke ertrug, die von einem Eliteoffizier der Roten Armee erwartet wurde.

Der Zeitpunkt dieses Gesuchs ist interessant. Im voraufgegangenen Jahr hatte Sorge Befehle, nach Moskau zurückzukehren, ignoriert und im November 1937 Aino gebeten, dem Direktor auszurichten: »Ich kann nicht vor April nächsten Jahres abreisen.« Wir können nur mutmaßen, warum Sorge es vorzog, bis April in Japan zu bleiben. Hatte er Grund zu glauben, daß die Gefahr, liquidiert zu werden, bis dahin vorüber wäre?

Die Stalinschen Säuberungen gingen im Frühjahr 1938 immer noch blutig weiter, obwohl das Schlimmste vorüber war. (Sorges Freund aus Komintern-Tagen, Niilo Virtanen – dem er im Sommer 1935 seine Zweifel anvertraut hatte –, kam in diesem Jahr durch die Kugeln eines Exekutionskommandos ums Leben.) Sorge war in zweierlei Hinsicht mißtrauisch. Zunächst einmal war er ein Schützling Jan Bersins, des eliminierten Direktors der Vierten Abteilung, und folglich allein schon wegen seines Umgangs Trotzkist. Zweitens war er als Ausländer ein mutmaßlicher Doppelagent, möglicherweise im Sold der Deutschen. Das alles muß Sorge gewußt haben, ebenso wie er einfach gewußt haben muß, daß er für diese beiden »Verbrechen« im Falle seiner Rückkehr einen hohen Preis würde zahlen müssen. Daß er wiederholt darum bat, abberufen zu werden, scheint erstaunlich. Aber war es nicht dieselbe eigentümliche russische Sehnsucht nach der Heimat, die so vielen der Agenten Stalins zum Verhängnis wurde?

Mit der Abreise Dirksens, der unter schweren Asthmaanfällen litt, wurde im Februar die Stelle des deutschen Botschafters in Tokio vakant. Ein paar Wochen später informierte Militärattaché Eugen Ott, der im vergangenen Herbst zum Generalmajor befördert worden war, Sorge, daß Berlin ihm den Botschafterposten angeboten habe. »Niemand weiß bislang davon, außer Helma«, sagte Ott. »Ich wollte hören, was Sie davon halten. Soll ich den Posten annehmen?«

Wir können nur vermuten, was Sorge durch den Kopf ging. Als Botschafter würde Ott einen direkten Draht zu den Machthabern des Dritten Reiches haben. Es bestand eine gewisse Gefahr, daß ein Botschafter Ott unnahbarer und vorsichtiger sein könnte als ein leitender Militärattaché Ott und daß er Sorge nicht mehr in gewohntem Umfang Zugang zu vertraulichem Material gewähren würde. Aber vielleicht fürchtete Sorge auch, daß Otts Beförderung seinen eigenen Wert in den Augen seiner Vorgesetzten außerordentlich steigern würde – so daß sie seine flehentlichen Bitten um baldige Abberufung ohne viel Federlesens vom Tisch wischten.

»Tun Sie es nicht«, riet Sorge. »Sie verlieren Ihren ganzen Charakter. Als Botschafter Hitlers werden Sie Anweisungen ausführen, die Ihren eigenen innersten Überzeugungen zutiefst widersprechen.« Später erzählte Sorge einer Freundin, daß er den Militärattaché aus aufrichtiger Besorgnis gedrängt habe, den Posten nicht anzunehmen: Ein anständiger Mensch könne kein unmoralisches Regime repräsentieren, ohne selber moralisch korrumpiert zu werden. Wie selbstlos dieser Rat war, ist schwer zu sagen.[54]

Doch Ott konnte der Machtfülle und dem Glanz eines Postens als Hitlers Generalbevollmächtigter in Japan nicht widerstehen. Am 28. April wurde er in einer Pferdekutsche zum Kaiserpalast gefahren, um sein Beglaubigungsschreiben vorzulegen. Die Kirschblüten rings um den Wassergraben leuchteten im hellen Sonnenlicht, als Ott in Begleitung seiner Frau Helma das Sakuradamon-Tor passierte und durch die Palastanlage zur Audienz mit Kaiser Hirohito fuhr.

Etwa um diese Zeit war ein Treffen mit einem sowjetischen Agenten in Hongkong arrangiert worden, um eine Menge Mikrofilme, Berichte und Briefe Sorges zu übergeben und Gelder für den Tokio-Ring in Empfang zu nehmen. Sorge erzählte Ott, daß er vorhabe, im Auftrag seiner Zeitung die britische Kronkolonie zu besuchen, und Ott bat ihn, einen Kurierauftrag für die Deutsche Botschaft zu erledigen – ein zwingender Beweis für das absolute Vertrauen des Botschafters in den Journalisten. Sorge erhielt einen befristeten Diplomatenpaß, der ihn von Zoll- und Polizeikontrollen befreite, und wurde, wie er es ausdrückte, »eine Art Doppel-Kurier nach Manila und Hongkong, der Dokumente beider Seiten bei sich trug«.

Bald nach seiner Rückkehr ging Sorge auf eine seiner Sauftouren. Bei der Heimfahrt mit dem Motorrad in den frühen Morgenstunden des 13. Mai verließ ihn sein Glück. Übel zerschunden und blutend fand man ihn auf der Straße neben der Amerikanischen Botschaft und brachte ihn auf schnellstem Wege ins St Luke's Hospital. Dieser beinahe tödliche Unfall hatte eine Reihe schwerwiegender Folgen.

Nach Lösung der Verbände und mehreren kosmetischen Operationen war Sorges Gesicht verändert. Die Furchen auf der Stirn gruben sich tiefer ein als zuvor, die vollen Lippen waren dünner und die Linien von seiner Nase zu den Mundwinkeln sehr viel schärfer. Als sich sein Gaumen entzündete, mußten ihm weitere Zähne gezogen werden; oben und unten wurden künstliche Zähne eingesetzt, die ihm starke Beschwerden verursachten. Für geraume Zeit geriet ihm jeder Versuch zu lachen zur Grimasse. Einer Frau, die ihn genau drei Jahre nach dem Unfall traf, kamen seine Gesichtszüge »ein wenig maskenhaft, dämonisch« vor.[55]

Hanako erinnert sich an den Schock, als sie ihn einen Tag nach seinem Unfall im Krankenhaus sah: »Bei dem Aufprall war er mit dem Gesicht auf den Motorradlenker geschlagen. Ich dachte, sein ganzes Gesicht wäre ein für allemal ruiniert. Schlimmer noch, ich fürchtete, daß etwas mit seinem Gehirn passiert wäre und daß er auf Dauer hirngeschädigt bliebe.«[56]

Sorge hatte eine schwere Gehirnerschütterung, aber das Röntgenbild erbrachte keinerlei Anhaltspunkte für Hirnschädigungen. Der deutsche Botschafter war jedoch davon überzeugt, daß der Zusammenprall sich auf Sorges seelische Ausgeglichenheit ausgewirkt habe. Beinahe vier Jahre später berichtete Ott nach Berlin: »Er litt unter nervösen Störungen, den Nachwirkungen eines Schädelbruchs bei einem Motorradunfall 1938.«[57]

Für einige Freunde war die Episode ein Wendepunkt in Sorges Leben. Sie sprachen von dem Mann, den sie »vor dem Unfall«, und dem, den sie »nach dem Unfall« gekannt hatten, als sei durch dieses Ereignis nicht nur Sorges äußeres Erscheinungsbild, sondern etwas viel Wesentlicheres in Mitleidenschaft gezogen worden.[58]

Obwohl er noch zu Schwindelanfällen neigte, verließ Sorge das St Luke's Hospital und verbrachte kurze Zeit zur Erholung in der Residenz des Botschafters. Eugen Ott war zu Konsultationen mit seinen Vorgesetzten und einer Audienz bei Hitler nach Berlin abgereist. Helma Ott sollte in Deutschland zu ihm stoßen; sie hatte für den 2. Juni eine Schiffspassage gebucht.

Ein paar Tage lang überhäufte sie den Mann, den sie liebte, mit Aufmerksamkeiten. Helmas Affäre mit Sorge war längst vorüber, aber sie ergriff die Gelegenheit, ihn mit ihrer Fürsorge und Liebe zu erdrücken. Natürlich gab es in der deutschen Gemeinde endlosen Klatsch. Wenn Helma gehofft hatte, Sorges Liebe durch frische Verbände und heiße Suppen wiederzugewinnen, während sein Zahnfleisch heilte, sollte sie enttäuscht werden. Als er sich einer Freundin gegenüber an diese Episode erinnerte, fehlte jeder Anflug von Dankbarkeit: »Ja, einen Hilflosen vereinnahmen, unerwünschte Intimität aufzwingen – das kann sie gut! Jedes Krankenhaus hätte mich genauso gepflegt. Sowie ich mich halbwegs bewegen konnte, bin ich raus aus der Falle.«[59]

Der Unfall machte Sorges Hoffnungen auf eine Rückkehr nach Moskau endgültig zunichte. Am 7. Oktober schrieb er seiner geliebten Katja einen wehmütigen Brief:

> Als ich Dir den letzten Brief Anfang dieses Jahres schrieb, war ich so sehr davon überzeugt, daß wir im Sommer unseren Urlaub gemeinsam verbringen werden, daß ich sogar Pläne machte, wo wir das am besten tun sollten.
> Doch ich bin immer noch hier. Ich habe Dich so oft mit meinen Terminen irregeführt, daß ich mich nicht wundern werde, wenn Du das ewige Warten aufgegeben ... hast. Ich hatte einen Unfall, nach dem ich mehrere Monate im Krankenhaus lag. Doch jetzt ist schon wieder alles in Ordnung, und ich arbeite wie früher.
> Allerdings bin ich nicht schöner geworden. Ich habe noch einige Schrammen dazu bekommen, und die Zahl meiner Zähne hat sich wesentlich verringert. Doch werde ich mir künstliche machen lassen. Das alles kam von einem Sturz mit dem Motorrad. Wenn ich also wieder zu Hause bin, wirst Du mich nicht sehr schön finden. Ich sehe jetzt eher wie ein verschlissener Raubritter aus. Außer den fünf Wunden aus der Kriegszeit habe ich noch eine Menge gebrochener Knochen und Schrammen.[60]

Am 13. Juni 1938 floh General Genrich S. Liuschkow, Kommandeur der NKWD-Truppen im Fernen Osten und Kommissar für Staatssicherheit III. Ranges, über die Grenze in die Mandschurei und stellte sich unter den Schutz der japanischen Armee. Die Desertion beunruhigte die Russen, während die Japaner wegen des Propagandaeffekts und der Informationen, die das unerwartete Geschenk ihnen bescherte, hocherfreut waren. Liuschkow wurde zum Verhör ins Hauptquartier des Generalstabs nach Tokio gebracht, wo eine Fülle von Informationen über militärische Standorte, Gliederung, Ausrüstung und Stärke der sowjetischen Truppen im Fernen Osten und die durch die drakonischen Säuberungen Stalins innerhalb des höheren Offizierskorps provozierte überbordende Unzufriedenheit in der Roten Armee aus ihm heraussprudelte. Der General sagte, er habe sich zur Flucht entschlossen, weil er sein eigenes Leben in Gefahr glaubte.

Sorge erholte sich immer noch von seinem Unfall und maß dem Überläufer, dessen Tat die japanischen Zeitungen in triumphierenden Schlagzeilen herausposaunten, nachdem die Armee die Neuigkeit bekanntgegeben hatte, anfangs wenig Bedeutung bei. Aber seine Vorgesetzten in Moskau nahmen die Sache sehr viel ernster. Sie erfuhren, daß Admiral Wilhelm Canaris, der Chef der deutschen Abwehr, einen Oberst der Spionageabwehr nach Japan entsandt hatte, um Liuschkow auszufragen, und wollten wissen, welche Geheimnisse dieser verraten hatte.

Am 5. September 1938 empfing und entschlüsselte Clausen den folgenden Funkspruch der Zentrale:

> Ramsay. Tun Sie alles, was möglich ist, und gebrauchen Sie jedes Mittel, um Kopien der Dokumente zu bekommen, die der Sonderbeauftragte von Admiral Canaris von Grüner Zelle [der japanischen Armee], oder Kopien von Dokumenten, die der Sonderbeauftragte persönlich von Liuschkow erhält, zu bekommen. Berichten Sie sofort über alle Dokumente, die Sie beschafft haben. Ferner Osten.[61]

Selbst für einen geschickten und findigen Kerl wie Sorge sei das laut Clausen eine harte Nuß gewesen. »Es bereitete ihm Kopfzerbrechen«, erzählte Max später der Polizei.[62]

Major Erwin Scholl, der stellvertretende Militärattaché, erwies sich als ahnungsloser Retter in der Not. Scholl war von Sorges Zuverlässigkeit überzeugt und nur zu gern bereit, das, was er über die Befragung Liuschkows durch den Offizier der deutschen Spionageabwehr wußte, weiterzugeben. Sorge übermittelte Moskau diese Informationen und fügte hinzu, seiner Meinung nach bestehe »die Gefahr eines japanisch-deutschen Militärschlags, um die von Liuschkow in seinem Bericht enthüllten Schwachstellen innerhalb der Roten Armee auszunutzen«.[63]

Der von Canaris angeforderte Bericht geriet mehrere hundert Seiten lang. Scholl erlaubte Sorge, die für die Botschaft bestimmte Kopie zu lesen, und mit großem Geschick gelang es Sorge, die Hälfte abzufotografieren. Ordnungsgemäß wurde das Material im Januar 1939 auf Mikrofilm nach Moskau geschickt. Folglich kriegten die Russen heraus, was Japan und Deutschland von ihrem militärischen Potential im Fernen Osten und der Moral der Truppe hielten. Noch wichtiger war, daß die Rote Armee in die Lage versetzt wurde, Mängel in ihrer Verteidigung wettzumachen, Abweichler in den eigenen Reihen auszusondern und sich ein Urteil darüber zu bilden, wo die japanische Armee aller Wahrscheinlichkeit nach losschlagen würde.

Sorges »Berichterstattung« über die Desertion Liuschkows sollte sich als unbezahlbar erweisen, als sowjetische Truppen im Mai 1939 in Nomonhan, einer Gemeinde an der Grenze zwischen Mandschukuo und der Mongolei, mit japanischen Eindringlingen zusammenstießen. Den ganzen Sommer über tobte ein heftiger, lokal begrenzter Krieg, der in Japan als »Nomonhan-Zwischenfall« bekannt ist und mit einem entscheidenden russischen Sieg endete.

Dank Sorges Berichten über die Desertion Liuschkows war den sowjetischen Kommandeuren die Einschätzung ihres militärischen Potentials durch die japanische Armee wohlvertraut. Einem Staatsanwalt zufolge, der den Fall Sorge untersuchte, habe dies der russischen Kriegsführung bei Nomonhan einen entscheidenden Vorteil verschafft. »Ich glaube, es war eine der wichtigsten Aufgaben, die Sorge während seiner acht Jahre in Japan für Moskau durchführte«, erklärte Yoshikawa Mitsusada viele Jahre später.[64]

Agent »Ramsay« tat weiterhin seine Pflicht, aber seine Leiter in der Vierten Abteilung dürften angesichts seines mangelnden Gleichmuts die Köpfe geschüttelt haben. Ihre Reaktion auf seine wiederholten Bitten um Rückruf können wir uns lebhaft vorstellen: Erst hatte er sich im Herbst 1937 einem Befehl, nach Hause zurückzukehren, widersetzt, und nun schimpfte er in einer Tour über die Härten seines Auftrags, als erwartete er, daß ein Offizier des Geheimdienstes der Roten Armee auf Rosen gebettet lebte!

Ein unzufriedener, pessimistischer Ton durchzieht einen Brief vom Juni 1939, adressiert an den »Liebe[n] Direktor«, der per Kurier nach Rußland gebracht wurde. Sorge beklagt den Umstand, daß Ott wegen seiner wichtigen diplomatischen Verpflichtungen nicht mehr so leicht verfügbar sei wie früher: »Ott ist endlich ein bedeutender Mann geworden. Folglich hat er viel weniger Zeit, mit mir spazierenzugehen und Dinge Punkt für Punkt zu besprechen. Die Zukunft sieht also düster für mich aus.«[65] Seine wertvollsten Kontaktpersonen in der Botschaft hätten Japan verlassen, jammert er – vermutlich ein Hinweis auf die Versetzungen des stellvertretenden Militärattachés, Major Scholl, und des Marineattachés, Kapitän Wenneker.[66]

Und es taucht ein weiteres Problem auf – es wird schwieriger, sich frei zu bewegen, nachdem die japanischen Behörden die Kontrollen der Ausländer verschärft hatten. »Ich habe den Eindruck, daß die beste Zeit für unsere Arbeit hier endgültig vorbei ist oder zumindest bald vorbei sein wird.«

In freundlicherem Ton berichtet er, daß der Tokio-Ring ordentlich funktioniere. Clausen leiste als Funker gute Arbeit, und die Verbindung mit Moskau laufe reibungslos. Dann kommt er zum eigentlichen Anliegen des Briefes: Er hat genug von Japan und möchte abgelöst werden.

> Dennoch möchte ich meine frühere Bitte wiederholen. Ich möchte, daß Sie neue Leute schicken. Zuallermindest einen Mitarbeiter, der mich ablösen könnte ...
> Ich lebe hier schon seit sechs Jahren, neun Jahre insgesamt im Fernen Osten. Ich konnte nur sehr kurze Zeit zu Hause sein. Vor einem Jahr erlitt ich ein sehr bitteres Mißgeschick. Neun Jahre sind scheint's wirklich zuviel.
> Bitte richten Sie Katja meine besten Wünsche aus. Für sie ist es unerträglich, daß sie so lange auf meine Heimkehr warten muß.
> Lieber Direktor, bitte kümmern Sie sich persönlich darum, daß in dieser Sache etwas geschieht.
> Wir bleiben Ihre alten, loyalen und gehorsamen Arbeiter. Wir senden Ihnen allen dort herzliche Grüße. Ramsay.

Der Direktor legte diesen Brief mit Sorges früheren Auslassungen zum gleichen Thema zu den Akten. Es passierte gar nichts. Möglich, daß die Vierte Abteilung mit Sorge unzufrieden war, aber ganz offensichtlich war sie knapp an Agenten, die qualifiziert genug waren, seinen Platz auszufüllen.

Die Abberufung Scholls und Wennekers, zwei der ergiebigsten Quellen Sorges, hinterließ zweifellos eine große Lücke. Er hatte zu beiden eine enge persönliche Beziehung aufgebaut, und sie gaben bereitwillig vertrauliche Informationen preis. Dennoch kann man sich nur schwer des Eindrucks erwehren, daß Sorge die Folgen der personellen Veränderungen in der Deutschen Botschaft übertrieb, um seinen Rückzug aus Japan zu rechtfertigen.

Tatsache war, daß kein von Moskau geschickter Ersatz noch einmal die Stellung hätte erlangen können, die Sorge in der Botschaft erreicht hatte. Er genoß das Vertrauen von Oberst Gerhard Matzky, dem Nachfolger Otts als leitender Militärattaché, und es dauerte nicht lange, bis er sich auch mit dem neuen Marineattaché, Kapitän Joachim Lietzmann, der mit einem Empfehlungsschreiben Wennekers angereist war, glänzend verstand.

Oberstleutnant Nehmitz, der stellvertretende Luftattaché, war über Sorges Besuche in seinem Büro ebenfalls erfreut, und auch als Anfang 1939 Oberstleutnant Hans Wolfgang von Gronau eintraf, um den Posten des leitenden Luftattachés zu übernehmen, hatte Sorge weiterhin Zutritt.

Überdies zeigt das vorhandene Beweismaterial, daß Sorges Beziehung zu Ott von dessen Aufstieg zum Botschafter unberührt blieb. Auch künftig hielt General Ott an seiner Gewohnheit fest, ihm Entwürfe der Telegramme und Berichte zu zeigen und ihn um seine Meinung zu bitten, bevor er sie nach Berlin weiterleitete, und der Rest des Botschaftsstabes tat es seinem Chef gleich. Um Sorge zu zitieren: »Sie sagten mir zum Beispiel, sie hätten diese oder jene Information bekommen. Ob ich schon etwas davon gehört hätte und was ich davon hielte?«[67]

Sorges Bitte um Abberufung aus Japan kam zur Unzeit. In dem verlassenen Gebiet zwischen Mongolei und Mandschurei war es im Mai zu

Grenzzwischenfällen gekommen, die alle Voraussetzungen eines größeren Konflikts in sich trugen. Japans Kwangtung-Armee stand Gewehr bei Fuß zur Eroberung der Mongolei und bedrohte lebenswichtige russische Interessen. Die sowjetische Führung wollte unbedingt wissen, ob der Zusammenstoß in Nomonhan der Auftakt des lange erwarteten japanischen Angriffs auf Sibirien gewesen war. Der Tokio-Ring wurde über Funk angewiesen, schnellstens herauszufinden, ob als Vorboten eines umfassenden Krieges bereits Truppenverstärkungen aus Japan in Marsch gesetzt worden seien.

Sorge mobilisierte sein Team und wies seine Agenten an, zu untersuchen, was die Japaner mit der ihnen eigenen üblichen Untertreibung als »Nomonhan-Zwischenfall« bezeichneten: »Ich befahl jedem [Mitglied], alles daranzusetzen, die japanischen Pläne zur Verstärkung ihrer Armee entlang der Grenze zur Mongolei aufzudecken und Materialien zu sammeln, die mir ein Urteil darüber erlauben würden, wie weit dieser Zusammenstoß eskalieren würde.«[68] Nach Ozakis Einschätzung würde die japanische Regierung versuchen, den Konflikt zu lokalisieren, und hatte nicht die Absicht, einen totalen Krieg mit Rußland zu riskieren.

Mit einer Gruppe Journalisten besichtigte Vukelic auf Einladung der japanischen Armee das Kampfgebiet, und seine Beobachtungen erwiesen sich als nützlich. Aber es waren Miyagi und ein neues Mitglied, Odai Yoshinobu, die kritische Informationen über Aufbau und Ausrüstung der Armee-Divisionen und den Transport von Panzern, Artillerie und Flugzeugen ins Kriegsgebiet lieferten.

Korporal Odai war Miyagis »Entdeckung«. Drei Jahre lang war er in der Mandschurei stationiert gewesen und nach Beginn des »China-Zwischenfalls« im Juli 1937 in Nordchina. Während seiner aktiven Dienstzeit hatte er den Zustand der Armee, die Moral der Truppe und ihre Bewaffnung aus erster Hand miterlebt, und er kannte sich im Aufbau des Heeres und in den Truppenaufstellungen gut aus.

Miyagi hatte Odai kennengelernt, als der Jüngere in Tokio an der Meiji-Universität studierte, und zwar über einen gemeinsamen Bekannten, Kiyotake Yasumasu, der wie Miyagi gleichfalls aus Okinawa stammte und zufällig Tür an Tür mit Odai wohnte. Kiyotakes linke Ideen hatten Eindruck auf den Studenten gemacht, und Miyagi wußte, wo Odais Sympathien lagen, als er ihn in den Anfangstagen des »Nomonhan-Zwischenfalls« zum ersten Mal ansprach.

Im Laufe ihrer Diskussion äußerte Miyagi die Ansicht, daß, wie stets, die Bauern und Arbeiter beider Länder am meisten zu leiden hätten, wenn zwischen Rußland und Japan ein Krieg ausbräche. Um eine solche Tragödie abzuwenden, schicke er, Miyagi, der Komintern verschiedene Daten. Ob Odai bereit sei, Informationen über die japanische Armee beizusteuern, die der Sache des Friedens dienten? Der Weg erwies sich als gangbar: Odai antwortete, daß er kaum Zugang zu Geheimsachen habe und daß er kein Geld wolle, aber er willigte ohne weiteres Überreden ein mitzumachen. Am Ende akzeptierte er einen monatlichen Vorschuß von fünfzig Yen, für einen schlechtbezahlten japanischen Soldaten eine üppige Summe.

Korporal Odai war die Antwort auf Sorges Gebete. Seine Moskauer Führungsoffiziere hatten ihn wiederholt bedrängt, die Informationskapazität des Netzes im militärischen Sektor zu verbessern. Im Februar 1939 befahl der Direktor: »Es ist absolut erforderlich, daß wir zwei oder drei Offiziere der japanischen Armee einschalten. Prüfen Sie diese Angelegenheit unverzüglich.« Zwei Monate später, am 13. April, funkte die Vierte Abteilung ungeduldig, daß sie immer noch auf eine Antwort warte: War es möglich oder nicht, Offiziere der japanischen Armee anzuwerben?

Es war, glaubte Sorge, so gut wie unmöglich. An ein Eindringen in die höheren Ränge der Kaiserlichen Japanischen Armee war überhaupt nicht zu denken, und selbst rangniedrigere Offiziere wären schwer zu umgarnen. Die Armee war ein Bollwerk der Ultranationalisten, darauf konditioniert, in Rußland ihren Feind Nummer Eins zu sehen, und sie brannte darauf, in Sibirien und in die Küstenprovinz einzumarschieren, um den Bolschewisten eine Lektion zu erteilen, die sie nicht so schnell vergessen würden. »Das wird nicht einfach sein«, sagte Sorge zu Clausen. Er räumte Niederlagen nicht leichthin ein, aber diesmal schien er nicht mehr weiterzuwissen.[69]

Nicht ein einziger höherer Offizier wurde vom Ring angeworben.[70] Aber Miyagi richtete es ein, daß Sorge sich von seinem Bekannten, Korporal Odai, ein Bild machen konnte, und die beiden trafen sich – ein- oder zweimal, wie Sorge sich erinnerte – in einem Restaurant in Tokio. Auf diese Weise versicherte sich die Moskauer Zentrale der Dienste eines idealistischen jungen Mannes, der bereit war, für seine utopische Vision von sozialer Gerechtigkeit und Weltfrieden sein Land zu verraten. Fortan erhielt Odai im Nachrichtenverkehr mit Moskau den Codenamen »Miki«. Trotz seines unteren Dienstgrades sollte er sich als einer der wertvollsten Aktivposten des Netzes erweisen.

Vom Juni 1939 an lieferte Odai systematisch militärische Geheimnisse.[71] Auch Miyagi war bei der Beschaffung von Informationen über die japanische Truppenstärke und -ausrüstung äußerst aktiv. Mit diesen Daten war Sorge in der Lage, der Roten Armee nachrichtendienstliche Einschätzungen zu übermitteln, die General Georgi Schukow ohne Zweifel bei seinem massiven Gegenangriff auf die japanischen Stellungen wertvolle Dienste leisteten.

Die Russen vernichteten ihren Gegner rasch und endgültig. Am 15. September war der Krieg vorbei. Die Kwangtung-Armee war gedemütigt worden, und man unternahm jede Anstrengung, das Debakel vor der japanischen Öffentlichkeit zu verbergen. Die sterblichen Überreste Tausender im Kampf gefallener japanischer Soldaten wurden in kleinen Schüben in die Heimat überführt, um das Ausmaß der Niederlage zu verschleiern.

Der Ausgang des Krieges war eine schmerzhafte Lektion für die Kwangtung-Armee. Eines war klargeworden: Der Geist des *buschido** (»Weg des Kriegers«) allein konnte einen Gegner mit überlegener Feuerkraft, Technik und Luftwaffe nicht bezwingen. Jahrzehntelang hatten Japans militärische Führer Rußland als einzigen realen möglichen Feind angesehen. Aber das Debakel von Nomonhan zerstörte das Selbstvertrauen der japanischen Armee und untergrub ihren Willen, einen umfassenden Konflikt mit der Sowjetunion zu riskieren.

Solange die Hitzköpfe im Militär ihre Wunden leckten, war die japa-

---

* Bezeichnung für die Regeln der Lebensführung des japanischen Ritters (Buschi, Samourai), wie Treue, Mut, Höflichkeit, Ehrfurcht u. a.

nische Bedrohung der Sowjetunion nicht akut. Sorge faßte die günstige neue Lage in einer langen Depesche unter dem Datum des 24. Januar 1940 zusammen:

> Wirtschaftliche Schwierigkeiten, die Tatsache, daß der Krieg mit China sich hinzieht, die Niederlage von Nomonhan und schließlich die deutsch-sowjetische Zusammenarbeit – all diese Faktoren haben die Position der Armee innerhalb der japanischen Führung und in den Augen des japanischen Volkes geschwächt.
> Nicht nur in der Innen- und Außenpolitik, selbst in militärischen Angelegenheiten hat die Armee ihren Ruf eingebüßt. Momentan ist die Führung dabei, sich Kreisen am Hofe und einer Gruppe großer Kapitalisten anzunähern.
> Der jüngste Trend geht in Richtung politischer Parteien und Marine, die sich stärker engagieren sollen, in der Hoffnung, dadurch die Oberhand zu behalten.[72]

Auffallend an bestimmten Mitteilungen der Vierten Abteilung an Sorge ist der übellaunige Tonfall. Seine Vorgesetzten nörgelten und krittelten an ihm herum und wiesen ihn zurecht, daß er ihre Bedürfnisse nicht begreife. Im Gefängnis erzählte Sorge den Vernehmungsbeamten stolz von den Glückwunschbotschaften, die er für seine Arbeit von sowjetischen Führern erhalten habe, und deutete an, wie sehr seine Arbeit bewundert worden sei. Das verfügbare Beweismaterial spricht indessen eine andere Sprache: daß sein Verhältnis zu Moskau sich seit seiner Rückkehr nach Tokio im September 1935 verhärtete und bis zum allerletzten Tag von Reibereien gekennzeichnet war.

Ein Telegramm, datiert auf den 1. September 1939, den Tag des Kriegsausbruchs in Europa, vermittelt eine Vorstellung davon, was Sorge auszuhalten hatte. Keine Frage, der Direktor war schlecht gelaunt:

> Ich muß Sie darauf hinweisen, daß Ihre Informationen über die augenblickliche militärische und politische Lage sich während des Sommers verschlechtert haben. Grün [Japan] hat in letzter Zeit

wichtige Schritte unternommen, um einen Krieg gegen Rot [UdSSR] vorzubereiten, aber wir bekommen nicht die wertvollen Informationen, von denen Sie durch Anna [Ott] vollständige Kenntnis haben müßten ...
Ich betone, Sie müssen mehr tun, um diese Informationen zu erhalten, und sie unverzüglich per Funk durchgeben. Sie verfügen über ausreichend Erfahrung und genießen höchstes Ansehen bei Anna, und worum ich Sie ersuche und was ich von Ihnen erwarte, sind Informationen über äußerst wichtige militärische und politische Angelegenheiten. Dagegen haben Sie sich zurückgehalten und uns nur Informationen von geringem Wert geschickt.

Weiter heißt es in der Mitteilung, Sorge solle »Joe« (Miyagi), »Miki« (Odai) und »Otto« (Ozaki) besser einsetzen und sie – so der Vorschlag – für jeden Auftrag, den sie für den Ring erledigen, bezahlen.

> Erwägen Sie meinen Rat und die Bedeutung Ihrer Arbeit und denken Sie an das tiefe Vertrauen, das Ihre Heimat zu Ihnen hat. Ich erwarte eine Verbesserung in Ihrer Arbeit. Funken Sie eine Antwort, wenn Sie diese Nachricht erhalten haben.[73]

Wir können uns Sorges ungeheure Frustration lebhaft vorstellen, als er diese Rüge erhielt – und sie war kein Einzelfall. Sorge führte ein einsames, gefährliches Leben in einem feindlichen Land, widmete sich ganz der Aufgabe, die Sowjetunion vor ihren Feinden zu schützen, und die Belohnung waren fortgesetzte Klagen von Büromenschen, die sich in Moskau sicher häuslich niedergelassen hatten. Man könnte durchaus annehmen, daß eine solch schäbige Behandlung Sorges Enttäuschung, deren Spuren wir bereits entdeckt haben, nur noch verstärkte. Wie hätte es anders sein können?

Es war Clausen, der den japanischen Vernehmungsbeamten verriet, daß Sorge sich nicht gerade der hohen Wertschätzung erfreute, die er selbst nach seiner Festnahme zu schildern suchte. Bis zum Jahr 1938, als er den Code lernte, habe er die Mitteilungen nicht lesen können, aber hinterher habe er entdeckt, wie oft die Zentrale über unbefriedigende Resultate klagte. Geflissentlich betonte der Funker, daß er Sorges Berichte in diesem Stadium wortwörtlich in voller Länge durchgegeben habe – also träfe ihn keine Schuld an irgendwelchen mangelhaften Leistungen des Tokio-Rings. Die Mitteilung vom 1. September 1939 sei eine von vielen strengen Ermahnungen gewesen, sagte Clausen – wie wir annehmen dürfen, nicht ohne eine gewisse Schadenfreude. »Von da an erhielt er regelmäßig Telegramme mit Schimpfereien und Ermahnungen«, erzählte Clausen nach seiner Festnahme.[74]

Die Vierte Abteilung stand Sorges Einschätzung, die Niederlage der Kwangtung-Armee bei Nomonhan habe die japanische Bedrohung beseitigt, skeptisch gegenüber. Man argwöhnte nach wie vor, daß es nur eine Frage der Zeit sei, bis die japanischen Militaristen einen neuen Anlauf gegen den sowjetischen Fernen Osten unternähmen, und Sorge erhielt Anweisung, Augen und Ohren offenzuhalten. Außerdem setzte man den Tokio-Ring unter Druck, mehr Routine-Informationen über das militärische Potential Japans, über Truppenaufstellungen und Daten über Japans Rüstungsindustrie zu liefern.

Ein Funkspruch der Zentrale vom 19. Februar 1940 enthielt folgende Direktive:

Tun Sie Ihr Äußerstes, um genaue Aufstellungen über die Waffenlager von Armee und Marine und über die Produktionskapazität der zivilen Rüstungsindustrie bezüglich Artillerie, Panzern, Flugzeugen, Automobilen, Maschinengewehren usw. zu erhalten.

Und ähnlich am 2. Mai per Funk aus Moskau:

Senden Sie Daten über Anlagen zum Flugzeugbau und Fabriken für schwere Artillerie. Exakte Zahlen über den Ausstoß 1939. Berichten Sie, welche Maßnahmen zur Produktionssteigerung getroffen werden.

Eine Lektion, die die Japaner in Nomonhan gelernt hatten, betraf die dringende Notwendigkeit, ihre Rüstungsindustrie auszubauen und zu modernisieren, und Sorge war sehr wohl bewußt, daß der Aufgabe, die Industrie für die Erfordernisse der Streitkräfte einzuspannen, nationale Priorität eingeräumt worden war. Allerdings war es keine ganz leichte Sache herauszubekommen, wie viele Panzer und Flugzeuge gebaut wurden – selbst die Zahlen zur Fahrradherstellung waren ein Staatsgeheimnis. Wie üblich hatten seine Vorgesetzten keinen Begriff von den Hindernissen, vor denen ein Geheimagent stand, der in Japan arbeitete.

Sorge überlegte, wie er den Auftrag am besten anpacken könnte. Als erstes sprach er Miyagi an, und der stets hilfsbereite Mann verwandte eine gehörige Menge Zeit und Energie darauf, Einzelheiten über die Panzerproduktion in den Fabriken von Hitachi und Nihon-Diesel in Erfahrung zu bringen. Ein oder zwei Jahre früher hätte Sorge die deutschen Geschäftsleute und Ingenieure, mit denen er Kontakt pflegte, aushorchen können; sie hatten sich in der Vergangenheit als nützliche Informationsquellen über die Stahl-, Chemie- und Luftfahrtsektoren Japans erwiesen. Aber die zunehmende japanische Agentenphobie machte sie nervös, und er fand, daß es Zeitverschwendung wäre, sich an sie zu wenden. Außerdem wußte er, wo die meisten der Antworten, die er suchte, zu finden waren. Die Botschaft besaß umfangreiches Aktenmaterial über das Kriegspotential der japanischen Industrie: Alles, was er brauchte, um Zugang zu dieser Fundgrube zu erhalten, war ein plausibler Vorwand.

Während Sorge das Problem erwog, lieferte die deutsche Bürokratie die Lösung. Eines Tages im Sommer 1940 bat Oberst Gerhard Matzky, der Militärattaché, Sorge in sein Büro, das sich in einem kleinen Gebäude hinter der Residenz des Botschafters befand. Die beiden kamen gut miteinander aus, obwohl Matzky ein glühender Hitler-Anhänger war. Der Oberst respektierte Sorges Fähigkeiten und wußte, daß er sich der Gunst hoher Wehrmachtskreise in Berlin erfreute. Im Vorjahr hatte Sorge für General Georg Thomas, den Leiter des Wehrwirtschaftsstabes, eine »Studie über die japanische Wirtschaft unter den Bedingungen des Krieges in China« erstellt, die so gut aufgenommen worden war, daß der General Sorge nun drängte, einen Folgebericht über die verarbeitende Industrie während des Krieges zu liefern.

Sorge war ganz Ohr, als Matzky ihm die Bitte aus Berlin übermittelte. Es sei eine sehr heikle Angelegenheit, erklärte Matzky. Die Botschaft wünsche nicht, daß ein Wort davon zu den Japanern durchsickere. Man habe Sorge den Auftrag gegeben, weil er unvoreingenommen und absolut zuverlässig sei. »General Thomas geht es darum, zu erfahren, welche Fortschritte die Umstellung der japanischen Industrie auf Kriegserfordernisse macht«, sagte Matzky. »Er hätte gern eine vollständige Untersuchung über die Sektoren Flugzeug-, Automobilbau, synthetisches Benzin, Eisen- und Stahlindustrie – Produktionszahlen, Produktionsstandards, so etwas in dieser Art.«

Seit Beginn der Feindseligkeiten mit Großbritannien im September 1939 hatte Deutschland gehofft, die Regierung von Ministerpräsident Konoe zum Kriegseintritt bewegen zu können: die »Habenichtse« – Deutschland und Japan – gegen Britannien, den Erzimperialisten. Deutschlands Militärstrategen waren deshalb darauf aus, eine Vorstellung von Japans Stehvermögen gegen einen gefährlicheren Gegner als China zu bekommen. Japans Fähigkeit, einen langwierigen Krieg durchzustehen – und damit sein Nutzen als Verbündeter in einem Krieg –, hinge davon ab, wie weit die japanische Industrie in der Lage wäre, der kämpfenden Truppe das erforderliche Kriegsgerät zu liefern. Sorge war hocherfreut, daß er behilflich sein konnte. Die Anfrage aus Berlin harmonierte perfekt mit seinem Geheimauftrag für Moskau; wenn er seine Dienste den Deutschen zur Verfügung stellte, konnte er seinen sowjetischen Herren um so nützlicher sein.

Wie er es schon im Falle von Sorges früherem Wirtschaftsbericht für Berlin getan hatte, ermächtigte Matzky ihn, alle Unterlagen der Botschaft zu benutzen, gleich, worum es sich handelte. Praktischerweise war ein Großteil der Lauferei bereits erledigt. Oberstleutnant Nehmitz, der stellvertretende Luftattaché, hatte den Fabriken von Mitsubishi, Kawasaki, Nakajima und Aiichi Tokei Denki, wo Flugzeuge und Präzisionsinstrumente hergestellt wurden, diskrete Besuche abgestattet und überließ Sorge die Ergebnisse seiner Recherchen.

Nehmitz' eigene Darstellung erhellt, daß Sorge von dem Material, das ihm zur Verfügung gestellt wurde, nicht beeindruckt war. Aber es reichte aus, um sich ein Bild von Japans rasch expandierender Flugzeugproduktion zu machen. Als nächstes kümmerte Sorge sich um Nissan und Toyota, die nicht nur Personenkraftwagen, sondern auch Laster und Mannschaftstransporter herstellten – und deren Kapazität er als nicht sehr hoch veranschlagte. Was die Panzerfabrik in Niigata betraf, betonte er, daß die Produktion dort sich in bedauernswertem Zustand befinde.

Was Material über die Erzeugung von Aluminium und synthetischem Treibstoff in Japan anging, so brauchte Sorge nur durch den Garten zur Wirtschaftsabteilung von Dr. Alois Tichy zu spazieren. Dort fand er in den Unterlagen Einzelheiten der den Japanern von Deutschland überlassenen Patente zur Herstellung von synthetischem Benzin aus Kohle. Japans Marine und Heer suchten dringend nach Alternativen in der Ölversorgung, um ihre Abhängigkeit von den Ölquellen der Vereinigten Staaten zu reduzieren, und führten mit Hilfe deutscher Technologie Versuche durch. Von Dr. Tichy erhielt Sorge auch schwer zugängliche Statistiken über die japanische Eisen- und Stahlerzeugung. Sorge machte sich Notizen und konnte sich tatsächlich noch achtzehn Monate später bei seinen Verhören an die Zahlen erinnern. Die Eisenerzeugung belief sich auf jährlich 6 Mio. Tonnen, mit Reserven für 18–24 Monate, während die mit modernen deutschen Methoden angekurbelte Stahlproduktion 2–3 Mio. Tonnen jährlich erreichte.[75]

Oberst Matzky hatte die Bezeichnungen von Kraftfahrzeugen, Flugzeugen und Panzern samt Statistiken in ein Notizbuch eingetragen und dachte, daß Sorge sie ebenfalls für seine Studie benötige. »Wollen Sie sich's notieren?« fragte er. Also zog Sorge sein – grau eingebundenes – Notizbuch aus der Tasche und schrieb sich die Daten auf, die Matzky ihm so bereitwillig überließ. »Natürlich waren all diese Statistiken geheim«, bemerkte Sorge gegenüber seinen Vernehmungsbeamten.[76]

Peinlich genau und mit Bedacht sammelte er jeden Informationsschnipsel, der für Moskau von Interesse sein könnte. »Sämtliches Material, das ich für diese beiden von Thomas durch Matzky in Auftrag gegebenen Berichte benutzte, war von höchster Wichtigkeit. Also fotografierte ich unbeobachtet alle Dokumente, die ich in der Botschaft einsah, und übermittelte sie Stück für Stück der Moskauer Zentrale«, erklärte er.[77]

Sorge sammelte alle notwendigen Unterlagen und nahm sie mit in sein Büro in der Presseabteilung im zweiten Stock des Alten Kanzleigebäudes. Hier konnte er die Dokumente mit seiner Robot-Kamera, die unauffällig in den geräumigen Taschen seines Jacketts Platz fand, fotografieren. Aber äußerste Vorsicht war geboten. Graf Mirbach, der Presseattaché, Richard Breuer, zuständig für Information und Propaganda, und Kulturattaché Reinhold Schulze saßen in den angrenzenden Räumen. Eine Tür weiter stand der Fernschreiber, über den Nachrichten aus Berlin hereinkamen, und auf dem Flur herrschte ein ständiges Hin und Her. Sorge lief ständig Gefahr, daß jemand plötzlich sein Büro betrat und ihn beim Fotografieren der Unterlagen erwischte.

Das Fotografieren wurde zu einer »wirklich gefährlichen Arbeit«, als der Mitarbeiterstab der Botschaft im Laufe des Jahres 1940 ständig anwuchs. Es wurde zunehmend schwieriger, etwas zu verheimlichen. Glücklicherweise konnte er einige Dokumente aus der Botschaft mit nach Hause nehmen, wo er sie dann entweder mit der kleinen Robot oder der größeren Leica ablichtete.

Clausen erinnerte sich, wie er Sorge einmal zu Hause besucht und seinen Chef in Kopien von Unterlagen der Deutschen Botschaft vertieft vorgefunden hatte, in denen es um Flugzeuge und Panzer gegangen sei. Das muß Anfang 1941 gewesen sein – offensichtlich ließ sich Sorge Zeit bei diesem Auftrag. »Ich glaubte, er faßte den Inhalt auf englisch zusammen, und dann gab er mir den Entwurf einer Meldung, die ich über Funk durchgeben sollte. Ich sendete sie irgendwann im Frühjahr 1941«, erzählte er der Polizei.[78] Aber das Material war so umfangreich, daß das meiste per Kurier nach Moskau geschickt werden mußte. Clausen sagte, daß er die Mikrofilme irgendwann Anfang 1941 »Serge« von der Sowjetischen Botschaft übergeben habe.

Sorges Sicherheitsvorkehrungen ließen viel zu wünschen übrig. Sein graues Notizbuch, das Matzkys vertrauliche Angaben enthielt, die sämtlich nicht im Besitz eines Journalisten hätten sein sollen, ließ er einfach in seinem Arbeitszimmer liegen; es fand sich unter dem belastenden Beweismaterial, das die Polizei bei der Haussuchung nach seiner Verhaftung sicherstellte.[79]

Seit Anfang 1939 hatte sich Sorges Augenmerk auf die Verhandlungen zwischen Japan und Deutschland konzentriert, die auf den Abschluß eines Bündnisses zielten. Hitler, der einen Krieg gegen Großbritannien und Frankreich plante, hoffte auf eine militärische Allianz, die Japan verpflichtete, gegen die britischen Besitzungen im Fernen Osten loszuschlagen. Aber Japan, das sich im Krieg gegen China verzettelt hatte, wollte sich partout auf nichts einlassen, und die Gespräche kamen nur langsam voran.

Über Tokios Zaghaftigkeit verärgert, handelte Deutschland im August 1939 einen Nichtangriffspakt mit Rußland aus. Die Japaner, die mit den Russen bei Nomonhan in einem heftigen Konflikt standen, waren entsetzt. Der Pakt roch nach Verrat und führte den 1936 mit Deutschland abgeschlossenen Antikominternpakt ad absurdum.

Deutschland und Japan drifteten auseinander, und die Hakenkreuzfahnen verschwanden aus Tokios Straßen und Schaufenstern. Bis zum Sommer 1940 hatten die Siege der Nationalsozialisten in Europa jedoch die Phantasie der politischen und militärischen Führer Japans aufs neue beflügelt. Sie witterten günstige Gelegenheiten für eine wohlfeile Expansion. Die deutsche Besetzung Frankreichs und der Niederlande hatte Indochina und Niederländisch-Ostindien zu hilflosen »Waisen« gemacht. Japan, das mit den dortigen Mineralien und Ölvorkommen liebäugelte, brannte darauf, beide zu adoptieren. Auch Großbritannien war ganz auf eine drohende deutsche Invasion fixiert und schien verloren zu sein. Seine Kolonien im Fernen Osten, besonders Hongkong und Singapur, waren so schutzlos wie verlockend.

Eine Allianz mit den siegreichen Deutschen schien nun ein Gebot der Vernunft. Das im Juli 1940 gebildete zweite Kabinett von Ministerpräsident Konoe, dem Matsuoka Yosuke als Außen- und Tojo Hideki als Kriegsminister angehörten, beide stramm prodeutsch, räumte einem engeren Zusammengehen mit der Achse Berlin-Rom höchste Priorität ein.

Die Zeit der Schaukelpolitik zwischen einer Freundschaft mit Deutschland oder den westlichen Demokratien war vorüber.[80]
Anfang September beauftragte Außenminister Ribbentrop einen Sondergesandten, Heinrich Stahmer, Gespräche über einen Entwurf zu führen, der auf vorbereitenden Sitzungen in Berlin ausgearbeitet worden war. Die Unterredungen, die aus Gründen der Geheimhaltung im Privatwohnsitz von Außenminister Matsuoka stattfanden, dauerten drei Wochen.

Sorge stand während der Verhandlungen in enger Verbindung zu Stahmer. Von seinem Beobachterposten in der Botschaft aus hatte er jedes Stadium der Annäherung verfolgt, seit Deutschland Ende 1938 die ersten zaghaften Gespräche initiiert hatte. Bei einem Besuch in Tokio im Frühjahr 1938 war Stahmer von Sorges Kenntnis der politischen Lage beeindruckt gewesen und hatte gegenüber Botschafter Ott geäußert, daß sein Berater »ein famoser Kerl mit scharfem Verstand« sei.

Im Laufe der Gespräche zwischen Stahmer und Matsuoka erhielt Sorge Zugang zu den Telegrammen, die der Sondergesandte täglich an Ribbentrop in Berlin abschickte. Folglich erfuhr Moskau vom Haupttenor der Verhandlungen lange vor der öffentlichen Bekanntgabe des Dreimächtepaktes. Der wichtigste Punkt, den Sorge schon in einem frühen Stadium durchgab, lautete: »Von Anfang an war die Sowjetunion von der Reichweite dieses Bündnisses ausgeschlossen, das in erster Linie auf Großbritannien abzielte und gegen die USA nur wirksam würde, wenn die USA in den Krieg gegen Deutschland einträten.«[81]

Auf halbem Wege tauchte in den Besprechungen ein Problem auf. Die japanische Seite – besonders Ministerpräsident Konoe – war besorgt wegen der Verpflichtungen Japans für den Fall, daß es zum Krieg zwischen Deutschland und den Vereinigten Staaten käme.

Während die deutsche Seite eine engere Auslegung befürwortete, zog die japanische Seite es vor, die Bedingungen mehrdeutig zu formulieren. Schließlich kamen beide Seiten überein, daß der Vertrag im Falle eines Angriffs in Kraft treten sollte. Und daß es jedem der Verbündeten überlassen bliebe, zu entscheiden, auf welches angreifende Land er angewendet würde.[82]

Dank dieses Hintertürchens – das sich als von entscheidender Bedeutung erweisen sollte – konnten die Gespräche zügig zum Abschluß gebracht werden. Am 27. September 1940 wurde die Welt mit der Bekanntgabe des sogenannten Dreimächtepaktes überrascht. Tokio hatte sich der Achse Rom-Berlin angeschlossen.

Nach Darstellung der japanischen Führung zielte das neue Bündnis darauf ab, in einer ungerechten Welt für neue Gerechtigkeit zu sorgen und den drei »Habenichtsen« einen gerechteren Anteil an dem Kuchen zu sichern, den die »Besitzenden« (Amerika und Großbritannien) bislang unter sich aufgeteilt hätten. Auf der Kaiserlichen Konferenz, die den Pakt am 26. September absegnete, faßte Außenminister Matsuoka Yosuke die gemeinsamen Ziele zusammen: »Deutschland will den Kriegseintritt Amerikas verhindern, und Japan will einen Krieg mit den Vereinigten Staaten vermeiden.«

Die vertragschließenden Parteien kamen überein, zusammen eine »neue Ordnung« in der Welt zu schaffen, eine euphemistische Beschreibung für die Ersetzung der angelsächsischen Vormachtstellung durch die der Achse mit allen Mitteln, einschließlich Waffengewalt. Deutschland und Italien stimmten zu, daß der »großostasiatische Raum« die japanische Sphäre zur »Schaffung einer neuen Ordnung« sei. Japan anerkannte seine beiden Partner als Führer der »neuen Ordnung« in Europa.

Der Dreimächtepakt ist ein finsteres Dokument, das die Existenz von drei neuen Herrenrassen postulierte und in einer seltsamen Präambel forderte, »daß jede Nation der Welt den ihr gebührenden Platz erhält«.*
In Großostasien – das sich laut Definition Matsuokas von Burma im Westen bis nach Neukaledonien im Süden erstreckte – sah sich Japan auf dem ihm »gebührenden Platz« in der Rolle des älteren Bruders und Vormunds der rückständigeren Rassen.

Aber die zentrale Bedeutung des Bündnisses lag darin, daß es die Japaner ermutigte, ihr Ziel einer Beherrschung Ostasiens wiederaufzugreifen. Mit neuem Selbstvertrauen schmiedeten sie neue Pläne zur Brechung der angelsächsischen Vorherrschaft in Asien, wobei sie überzeugt

---

* Vgl. Huber, *Der Nationalsozialismus.*

waren, daß Deutschland und Italien, sollte Amerika angreifen, ihrerseits Schritte gegen Amerika unternehmen würden.

Der Dreimächtepakt überrumpelte die amerikanische Regierung und Administration. Man hatte sich damit abgefunden, daß Japan sich früher oder später mit den siegreichen Nazis zusammentäte, aber die Schnelligkeit, mit der die Allianz zustande kam, überraschte dennoch. Die Mauer der Geheimhaltung, mit der die Verhandlungen umgeben worden waren, hatte sich als praktisch undurchlässig erwiesen. Die Chefredakteure der japanischen Zeitungen hatten strikte Anweisung gehabt, nicht einmal die Anwesenheit Stahmers in Japan zu erwähnen, geschweige denn, über den Zweck seiner Mission zu spekulieren. »Wir tappten alle mehr oder weniger im dunkeln«, schrieb der amerikanische Botschafter später.

Auch die ausländischen Korrespondenten waren in den vergangenen ein oder zwei Wochen im Kreis umhergeirrt und hatten vergeblich versucht, eine Bestätigung für die Gerüchte zu finden, daß Japan dabei sei, ein Bündnis mit Deutschland und Italien einzugehen. »Selbst einige der amerikanischen Presseleute dachten bis fünf Uhr am Nachmittag der Unterzeichnung, daß der Pakt in Tokio und nicht in Berlin unterzeichnet werden sollte, und ein paar von meinen Kollegen taten die Möglichkeit einer solchen Allianz selbst noch bis zum Tag ihres Abschlusses verächtlich ab«, berichtete Grew.[83]

Am späten Nachmittag wurden die ausländischen Korrespondenten informiert, daß das Außenministerium um 22 Uhr eine außerordentliche Pressekonferenz abhalten werde. Alle dachten sich, daß es um die Gerüchte über eine Allianz zwischen Deutschland und Japan ginge, aber in Wirklichkeit hatte niemand die geringste Ahnung.

Wilfred Fleisher, Chefredakteur des *Japan Advertiser*, fand den Compound des Außenministeriums in hellem Aufruhr: ein Gewimmel aus Autos und Motorrädern, hektisch umherirrenden japanischen Zeitungsleuten und pausenlosem Blitzlichtgewitter. Pressesprecher des Ministeriums führten Journalisten der Achse ohne Umschweife sofort in einen separaten Raum, getrennt vom angelsächsischen Pressekorps (bzw. dem, was davon im Herbst 1940 noch übriggeblieben war). Fleisher zählte an diesem Abend bloß ein halbes Dutzend Kollegen. Viele hatten ihre Koffer gepackt, und ein beliebter Pressevertreter war unter mysteriösen Umständen ums Leben gekommen. Jimmy Cox, der Korrespondent von Reuters, hatte sich am 29. Juli während eines Verhörs, bei dem es um Spionagevorwürfe gegangen war, »selber« aus einem Fenster im Hauptquartier der *Kempetei* »gestürzt«).

Das größere deutsche Kontingent feierte mit lautem Geschrei und klirrenden Bierflaschen zusammen mit den italienischen Kollegen in den Büros der japanischen Beamten. Ein wohlgehütetes Geheimnis war gelüftet. »Der japanische Rundfunk schmetterte die Neuigkeit bereits der ahnungslosen japanischen Öffentlichkeit entgegen, die von der bedeutsamen Entscheidung, auf die sie gerade verpflichtet wurde, nicht den leisesten Schimmer gehabt hatte.«[84]

Um 22 Uhr 30 rief man die zwei Journalistengruppen im Konferenzraum zusammen. Die Wangen der deutschen Korrespondenten glühten von dem Bier. Auch Richard Sorge stand in dieser Gruppe. Er gehörte zu der winzigen Handvoll Menschen in Tokio, die wußten, was los war, aber natürlich durfte er für seine Zeitung nicht über die Verhandlungen berichten. Moskau hingegen war über jede Drehung und Wendung auf dem laufenden gehalten worden. Heute abend mußte er so tun, als habe er bezüglich der bedeutungsvollen Ereignisse genauso im dunkeln getappt wie seine Pressekollegen.

Es war, wie der amerikanische Korrespondent Relman Morin berichtet, ein »warmer Abend, an dem die Luft elektrisch aufgeladen war«. In dem Raum des Außenministeriums, wo die Neuigkeit bekanntgegeben wurde, surrten die Ventilatoren. »Ohne lange Vorrede sagte der Sprecher, daß Japan einen gegenseitigen Beistandspakt mit Deutschland und Italien unterzeichnet habe.«[85]

Draußen vor dem *Asahi*-Gebäude in Sukiyabashi flimmerte die Nachricht von dem »bewegenden Jahrhundertereignis« *(kangeki)* über einen neumodischen Bildschirm. Passanten hielten inne und schauten hoch. Ein paar Straßen weiter, im Rheingold, ließen ausgelassene deutsche Gäste Hitler und den Kaiser mit erhobenen Bierkrügen hochleben und legten Japanern in einem Anflug von Brüderlichkeit die verschwitzten Hände auf die Schultern.

Die Zeitungen berichteten am nächsten Tag, daß ein geschäftstüchtiger Kneipenwirt binnen weniger Minuten nach der Bekanntgabe im Radio die Flaggen der drei Mächte und ein Glückwünsch-Transparent gehißt habe. »Der große Jubel allerorten über den erfolgreichen Abschluß des Paktes war unmißverständlich«, notierte der deutsche Marineattaché in seinem Kriegstagebuch.[86]

Aus Anlaß der Unterzeichnung, die in Berlin stattgefunden hatte, wurde im Amtssitz des Außenministers ein prunkvoller Empfang gegeben. Minister, hohe Militärs und deutsche und italienische Diplomaten brachten nacheinander Trinksprüche auf den Pakt, Reichskanzler Hitler und Kaiser Hirohito aus. Aber ein Mann fehlte auffälligerweise. Ministerpräsident Konoe war besorgt, wie die Vereinigten Staaten auf die Allianz reagieren würden. Er war an diesem Abend indisponiert. Wie schon des öfteren zog er sich wegen seiner strapazierten Nerven ins Bett zurück.

Für den folgenden Tag, einen Samstag, hatte Botschafter Ott japanische und deutsche Journalisten zu einem Empfang in die Botschaft eingeladen. Es war ein strahlender, sonniger Vormittag, und Stahmer, der einen selbstzufriedenen Eindruck machte, schlenderte mit einigen der Presseleute durch den Garten. Mit zufriedenem Lachen bemerkte er, daß nichts von »seinem« Vertrag im Vorfeld nach außen gedrungen sei.

Auch Sorge, der bei dieser Feier für die Presse zugegen war, hatte Grund, sich selber zu beglückwünschen. Ein deutscher Diplomat, der an diesem Tag ebenfalls dabei war, schrieb viele Jahre später: »Sicher lächelte Dr. Sorge innerlich, wenn er nicht laut herausplatzte.«[87]

Die *Asahi* widmete dem Ereignis in ihrer Samstagsausgabe den größten Teil der Titelseite. »Japan, Deutschland, Italien, Dreimächteallianz perfekt. In Berlin unterzeichnet«, lautete in großer Aufmachung die Hauptschlagzeile. Weiter unten erklärte eine kleinere Überschrift: »Sehr bedeutsam für Beziehung mit der Sowjetunion«, bevor der Leser über mehrere Absätze hinweg daran erinnert wurde, daß Deutschland und Rußland ein Jahr zuvor einen Nichtangriffspakt geschlossen hatten. Ohne Zweifel werde der Dreimächtepakt die Beziehungen Tokios zu Moskau positiv beeinflussen, kommentierte die Zeitung.

Sorge fühlte sich von Japan auf vielfältige Weise angezogen. Er war fasziniert von den Tempeln, von der buddhistischen Kunst und von der Reiskultur. Die Anmut und Zartheit der Japanerinnen entzückte ihn immer wieder aufs neue. Wenn er aufs Land fuhr, dann eher aus privater Neugier denn aus beruflichem Interesse. »Meine Reisen in Japan dienten nicht Spionagezwecken, sondern dazu, das Land und seine Bewohner besser kennenzulernen«, so seine eigenen Worte.[88]

Im Jahr 1939 begleitete Sorge den Schriftsteller Friedrich Sieburg auf einer ausgedehnten Reise nach Nara, Kioto und zum Ise-Schrein in Yamada. Mit Botschafter Ott stieg er im Kawana Hotel in der Nähe von Ito ab, sie machten Ausflüge nach Shizuura, einem winzigen Fischerhafen an der Westküste der Halbinsel Izu, zum Hakone-Nationalpark, und Sorge besuchte die Otts in ihren Sommerhäusern in Akiya und Karuizawa. Wenn er Zeit hatte, unternahm er kurze Ausflüge in die ländliche Umgebung Tokios. »Sonntags wanderte ich überallhin, von Tokio bis in die Gegend westlich von Atami«, schrieb er im Gefängnis.

Großes Vergnügen bereiteten ihm die Rituale japanischer Herbergen. Nach einem ausgiebigen Bad im Freien genoß er die Kühle und den Duft der *tatami*, die Behaglichkeit des *yukata*, eines leichten Baumwollkimonos, und ließ sich von Zimmermädchen verwöhnen, die hinter vorgehaltener Hand über die Ungeschicklichkeit des seltsamen Gastes kicherten.

Aber der Ausländer war immer eine einsame Gestalt, und Sorge litt wie viele Besucher der japanischen Inseln unter der bedrückenden Isolation. Ausländer waren wie Motten, angelockt von einem hell erleuchteten Zimmer, begierig, aufgenommen zu werden, und doch gezwungen, als ewig Ausgeschlossene vor dem Fenster herumzuflattern. Sorge, der sich mit den Einheimischen nicht verständigen konnte – außer in der Babysprache, die er mit Hanako sprach –, wird wohl das Gefühl gehabt haben, vom Leben selber abgeschnitten gewesen zu sein. Die kleine deutsche Gemeinde bot ihm weder die geistige und kulturelle Nahrung, nach der ihn verlangte, noch fand er dort zufriedenstellende Gesellschaft: Wiederholt klagte er darüber, »keine Freunde« zu haben.[89]

Während seiner sieben Jahre in Japan spüren wir, daß Sorge sich selber sehr stark wie der traurige Wanderer aus dem Gedicht vorkam, das er in seiner Studentenzeit geschrieben hatte – »ewig ein Fremder, der sich selbst dazu verdammt, niemals wahren Frieden zu finden«. Bis zum Herbst 1940 hatte sich sein Wunsch, Japan zu verlassen, zur Besessenheit gesteigert. In einem Brief an den Direktor bat er zum wiederholten Mal, von seinen Pflichten entbunden zu werden, und klagte darüber, daß die Belastungen der Spionagearbeit unerträglich geworden seien. Max Clausen hatte einen Herzinfarkt gehabt, was, wie Sorge glaubte, kein Wunder war. »Er hat hier fünf Jahre gearbeitet, und zwar unter Bedingungen, die die stärkste Konstitution untergraben könnten«, schrieb Sorge kurz nach seinem fünfundvierzigsten Geburtstag am 4. Oktober 1940.

> Was mich betrifft, so habe ich Ihnen schon gesagt, daß ich auf meinem Posten bleiben werde, solange der Krieg in Europa dauert. Da aber die Deutschen hier behaupten, der Krieg werde bald beendet sein, muß ich wissen, was aus mir werden soll. Kann ich damit rechnen, bei Kriegsende nach Hause zurückzukehren?
> Ich bin eben 45 geworden und habe an diesem Auftrag jetzt elf Jahre gearbeitet. Es wird Zeit, daß ich mich niederlasse, dieses Nomadenleben beende und Gebrauch von den umfangreichen Erfahrungen mache, die ich gesammelt habe. Bitte vergessen Sie nicht, daß ich ohne Unterbrechung hier gelebt habe und nicht – wie andere »angesehene Ausländer« – alle drei oder vier Jahre Urlaub gemacht habe. Das könnte verdächtig wirken.
> Wir bleiben, wenn auch mit wirklich angegriffener Gesundheit, immer Ihre treuen Genossen und Mitarbeiter.[89a]

Der Brief klingt verzweifelt. Sorge fürchtet, daß seine Agentenführer ihn dazu verurteilt haben, in einem Land alt zu werden, in dem er keine Wurzeln hat und zu dem er nie gehören wird. Die versteinerten Herzen der Männer, die die Macht haben, sein Schicksal zu wenden, erweicht seine Bitte nicht. Wir kennen die Antwort des Direktors nicht, aber Sorges Wunsch blieb unerfüllt, und er sah einer trostlosen Zukunft unendlichen Exils in Japan entgegen.

Je mehr das Geschäft florierte, desto lustloser widmete Clausen sich der Mission, die ihn nach Japan geführt hatte. Er war im November 1935 als »überzeugter Kommunist« nach Japan gekommen, um seinen Part in dem sowjetischen Spionagenetz zu spielen, voller Sehnsucht nach dem Zusammenbruch des kapitalistischen Systems in Japan. Im Gefängnis schrieb er: »Ich hatte immer gedacht, die Japaner würden unter brutaler staatlicher Unterdrückung stöhnen, und deshalb glaubte ich nach meiner Ankunft, daß ich zum Wohle der Menschen arbeiten würde, wenn ich das politische System bekämpfte ... Das war der größte Fehler meines Lebens.«[90]

Im Jahr 1940 warf seine Firma, die Lichtpausmaschinen herstellte, solide Profite ab. Sein Engagement für die kommunistische Sache ließ ebenso nach wie sein Interesse an der Funkerei. Hinzu kam, daß das Verhältnis zu Sorge unter der Oberfläche weniger freundlich war, als es auf den ersten Blick schien: »Er behandelte mich immer wie eine Art Dienstboten, da er sonst niemanden hatte, der ihm half.«[91]

Clausen konnte nicht anders, als Sorges lässiges Benehmen gegenüber jemandem wie ihm selbst, der keine höhere Schule besucht hatte, mit dem Respekt zu vergleichen, den Sorge einem Intellektuellen wie Günther Stein entgegenbrachte, einem Journalisten, der dem Ring viele nützliche Dienste erwies. Aus Clausens Aussage gewinnen wir den Eindruck, daß Sorges herablassende Art ihn wurmte.[92] Im Gefängnis hatte er nur wenige freundliche Worte für seinen Chef übrig. Sorge sei »furchtbar engstirnig«, habe das mühsame Sammeln von Informationen den anderen überlassen und versucht, sich selber aus der Schußlinie zu bringen.

Vielleicht hoffte Clausen, sich bei den Japanern einzuschmeicheln, wenn er Sorges Charakter in den düstersten Farben schilderte. Aber zumindest einer seiner Kritikpunkte klingt glaubhaft: Immer, wenn Sorge wegen irgendeines Wehwehchens zu Hause blieb, mußte Clausen ihm Gesellschaft leisten, weil er es allein nicht aushielt. »Damals war ich selber schwer krank, und der Arzt hatte mir verboten zu arbeiten, aber Sorge forderte mich auf, genauso weiterzuarbeiten, als sei ich kerngesund. Es muß einfach einmal gesagt werden: Er nahm keine Rücksicht auf andere Menschen.«[93]

In solchen Klagen könnte die Saat für Clausens Falschheit liegen. Hätte Sorge sich mehr um zwischenmenschliche Beziehungen gekümmert, hätte Clausen sich vielleicht weiter loyal verhalten, obwohl er sich keinerlei Illusionen mehr über die sowjetische Spionage machte. Aber am Ende des Jahres 1940, dem Jahr seines schweren Herzinfarkts, war Clausen erbittert und verärgert. Just in dem Augenblick, als der Tokio-Ring in seine entscheidende Phase trat, war er so recht in der Stimmung, dem Netz ernsthaften Schaden zuzufügen.

Eine Episode im Winter 1940/41 hätte Sorge vor der Gefahr warnen müssen, die von Clausens wachsender Inanspruchnahme durchs Geldverdienen ausging. Im Herbst 1940 kam folgende Mitteilung aus Moskau: »Wegen des Krieges sind Devisen knapp, und es ist schwierig geworden, Geld zu überweisen. Also werden die Überweisungen von nun an auf 2000 Yen monatlich begrenzt; was darüber hinaus benötigt wird, sollten Sie Clausens unternehmerischen Gewinnen entnehmen.«[94]

Die Vierte Abteilung glaubte, es sei nun an der Zeit, daß ihre Investitionen in Clausens Geschäft sich auszahlten. Die Firma – »M. Clausen Shokai« – verdiene sicher genug, um einen Teil der laufenden Kosten des Rings zu decken: 1939 meldete sie einen Nettogewinn von 14 000 Yen.

Die monatlichen Auslagen des Sorge-Rings lagen bei durchschnittlich 3000 Yen (etwa 700 US-Dollar). Clausen erhielt ein Gehalt von 700 Yen und 175 Yen für Miete. Sorge entnahm zur Deckung seiner eigenen Ausgaben und der Kosten der japanischen Mitglieder des Rings jeden Monat unterschiedliche Summen, manchmal bis zu 2000 Yen. Obwohl Clausen die Konten verwaltete, wußte er nie, wie hoch das Gehalt war, das Sorge aus Moskau bezog.

Die Zentrale hatte ein wachsames Auge auf Ausgaben und wäre zweifellos wütend gewesen, hätte sie entdeckt, daß Sorge 150 Yen im Monat für Hanakos Lebenshaltung ausgab und sogar noch mehr für Alkohol und Bar-Rechnungen. Gemessen am Standard des Durchschnittsjapaners schwelgten sowohl Clausen als auch Sorge im Luxus (ein japanischer Oberschullehrer verdiente im Schnitt etwa 80 Yen monatlich).

Mit Moskaus Forderung konfrontiert, ging Clausen auf die Barrikaden. Er hatte hart gearbeitet, um die Firma aufzubauen, und wichtige

Unternehmen wie Mitsubishi, Mitsui, Hitachi und Nakajima ebenso als Kunden gewonnen wie das Marineministerium. Die Auftragsbücher in Japan waren gefüllt, und Clausen hatte sogar in Mukden in der Mandschurei eine Niederlassung eröffnet, um das japanische Militär und die Geschäftsleute in der Kolonie beliefern zu können. Er selber erklärte dazu: »Zuerst machte ich diese Arbeit zur Tarnung, aber als mir die Spionagearbeit immer mehr gegen den Strich ging und meine kommunistische Überzeugung abzubröckeln begann, verwandte ich schließlich meine ganze Energie darauf, das Geschäft ordentlich am Laufen zu halten, investierte das ganze Geld, das ich hatte, und arbeitete so hart ich konnte.«

In einem längeren Bericht setzte er Moskau die Gründe auseinander, warum die Firma nicht in der Lage sei, den Spionagering, wie es die Vierte Abteilung forderte, finanziell zu unterstützen. Die Geschäfte liefen nicht gut; der kleine Gewinn in Höhe von 4300 Yen im Jahr 1940 werde für neue Maschinen benötigt; die Firma sei verschuldet. »Es ist unmöglich, Geld aus dem Geschäft abzuziehen ... Wir haben jede Menge Ausgaben, während die Gewinne nicht so hoch sind wie erwartet. Die Polizei hier erlaubt bei Geschäften nur einen 15prozentigen Profit. Außerdem reguliert die Polizei die Preise.«

Überdies, fuhr Clausen fort, koste die Aufrechterhaltung seiner Tarnung als wohlhabender ausländischer Kaufmann Geld:

Da ich die verschiedensten Aufgaben habe, kann ich in keinem kleineren Haus als dem jetzigen wohnen. Als ich vor fünf Jahren hierherkam, reichte mein Monatsgehalt für ein anständiges Leben. Inzwischen jedoch hat sich die Situation völlig verändert, die Verbraucherpreise haben sich verdreifacht, und außerdem muß ich noch stärker darauf achten, den äußeren Schein zu wahren. Deshalb habe ich mehr Ausgaben, als mir lieb ist.
Außerdem bin ich Mitglied der Deutschen Gesellschaft, wodurch mir weitere Kosten entstehen. In diesem Winter muß ich beispielsweise schon wieder 500 Yen an das blöde Winterhilfswerk zahlen, was mir total gegen den Strich geht.

Da Clausen beunruhigt war, wie Sorge auf seine Weigerung, dem Tokio-Ring aus der Patsche zu helfen, reagieren würde, wartete er bis Januar oder Februar, bevor er ihm den Bericht zeigte. Sorge akzeptierte Clausens Erklärungen ohne weiteres; der Bericht wurde auf Mikrofilm kopiert und nach Moskau geschickt.

Nach seiner Festnahme gab Clausen zu, daß er die Russen belogen hatte und daß seine Firma in Wirklichkeit genug Gewinn abgeworfen habe, um den Spionagering zu unterstützen. Er hatte das Ersuchen ausgeschlagen, weil er sich, wie er den japanischen Vernehmungsbeamten erzählte, von den Russen habe distanzieren wollen.[95]

Hitler hatte immer davon geträumt, das Sowjetregime zu stürzen und Europa von Großbritannien bis zum Ural zu beherrschen. Der 1939 mit Stalin geschlossene Nichtangriffspakt war nichts als ein kurzfristiges Hilfsmittel, um Deutschland bei der Eroberung Westeuropas den Rücken freizuhalten. Während Hitler auf den geeigneten Moment zum Losschlagen wartete, kochten die Haßgefühle gegenüber dem Bolschewismus auf kleiner Flamme. Im Sommer 1940 besetzten sowjetische Truppen die baltischen Staaten und rückten anschließend in die Nord-Bukowina nahe der rumänischen Ölfelder vor, von denen Deutschland abhängig war. Hitler tobte und entschloß sich zu handeln, bevor die Sowjetunion zu stark wäre. Am 18. Dezember genehmigte er das »Unternehmen Barbarossa«, die Planung für den Überfall auf die Sowjetunion. Nur den höchsten Offizieren im Oberkommando der Wehrmacht war bekannt, daß eine solche Weisung überhaupt existierte.

Ende Dezember schnappte Sorge von »all den Militärs«, die aus Berlin kommend in Tokio eintrafen – anscheinend eine Anspielung auf die deutschen Offiziere, die den Auftrag hatten, die Kuriere mit der Diplomatenpost zu begleiten –, alarmierende Neuigkeiten auf.

Im Kern handelte es sich um folgendes: Nach der anhaltenden Bombardierung britischer Städte und militärischer Einrichtungen habe Hitler die Hoffnung auf eine rasche Invasion in England aufgegeben und wende sich nun dem Osten zu. Eine gewaltige Streitmacht, zu der auch Einheiten aus Frankreich und den französischen Küstengebieten gehörten, würde in die östlichen Grenzgebiete sowohl Deutschlands als auch Rumäniens verlegt. Etwa achtzig Divisionen seien dort bereits stationiert, und Deutschland habe Befestigungen fertiggestellt, die eine ernsthafte Bedrohung der Sowjetunion darstellten.

Sorge testete die Genauigkeit dieser Informationen an Oberst Alfred Kretschmer, dem leitenden Militärattaché, der Oberst Matzky abgelöst hatte. Kretschmer war gerade angekommen und kannte Sorge zu der Zeit – im Dezember 1940 – kaum. Matzky hatte Sorge, den Journalisten der *Frankfurter Zeitung*, jedoch am Vorabend seiner eigenen Abreise nach Berlin mit seinem Nachfolger bekanntgemacht und Kretschmer versichert, daß Sorge sich im Oberkommando der Wehrmacht großer Wertschätzung erfreue und absolut zuverlässig sei. Die beiden Männer entdeckten starke gemeinsame Bande. Wie Sorge war auch Kretschmer im Großen Krieg schwer verwundet worden. Die Nase war ihm auf dem Schlachtfeld weggeschossen und durch kosmetische Operationen teilweise wiederhergestellt worden.

Die beiden scheinen sich auf Anhieb gut verstanden zu haben, und es dauerte nicht lange, bis Kretschmer in der Botschaft zu den glühendsten Bewunderern Sorges zählte. Irgendwann Ende Dezember erzählte Sorge ihm, was er gehört hatte, und Kretschmer bestätigte das im wesentlichen, hielt die Zahl von achtzig an der Grenze aufmarschierten deutschen Divisionen jedoch für übertrieben. Er vertraute Sorge auch an, daß er bei seiner Ankunft die Anweisung erhalten habe, die japanischen Militärbehörden davon in Kenntnis zu setzen, daß der deutsche Aufmarsch eine Antwort auf die Truppenmassierung der Sowjetunion an ihrer Westgrenze sei.

Kretschmer war bewußt, was Hitler und seine Generäle im Sinn hatten. Er war im November von Berlin nach Tokio abgereist und hatte durch General Friedrich Paulus, seit September 1940 Oberquartiermeister I im Generalstab des Heeres, von den frühen vorbereitenden Planungen für den Fall Barbarossa erfahren.[96]

Noch vor Ablauf des Jahres erhielt Kretschmer auch von Matzky, der bei seiner Rückkehr zum Chef der Abwehrabteilung des deutschen Generalstabs ernannt und zum General befördert worden war, einen deutlichen Hinweis auf Hitlers Absichten. Matzky schickte einen sorgfältig formulierten Brief, in dem er schrieb, er hoffe, daß der Angriff auf »den Mann mit dem roten Bart« (Barbarossa), der »auf besonderen Wunsch eines einzelnen Herrn« (Hitler) vorbereitet werde, nicht zur Durchführung käme.[97]

Am 28. Dezember entwarf Sorge einen Funkspruch für Moskau: »All die Militärs aus Deutschland, die in Japan eintreffen, reden davon, daß Deutschland an seinen östlichen Grenzen einschließlich Rumäniens etwa achtzig Divisionen aufmarschieren läßt, um damit Einfluß auf die sowjetische Politik zu nehmen.« Weiter erklärte Sorge, daß, wenn die Sowjetunion auf diese Provokation mit irgendwelchen Schritten antworte, die deutsche Interessen gefährdeten, Deutschland dies zum Vorwand nehmen könnte, einen großen Brocken sowjetischen Territoriums zu besetzen:

> Obwohl Deutschland dies nicht wünscht, wird es zu dieser Maßnahme greifen, sollten sowjetische Aktionen es dazu zwingen. Deutschland ist sich darüber im klaren, daß die Sowjetunion nicht in einer Position ist, dieses Risiko einzugehen, weil die sowjetischen Führer, besonders nach dem finnischen Krieg, sehr genau wissen, daß die Rote Armee mindestens weitere zwanzig Jahre braucht, um ihre Truppen auf den neuesten Stand zu bringen.[98]

Zehn Tage, nachdem Hitler Weisung Nr. 21, besser bekannt als Fall Barbarossa, unterzeichnet hatte, war dies eine frühe Warnung, daß die sowjetische Führung schlecht beraten wäre, dem Nichtangriffspakt aus dem Jahr 1939 zu sehr zu trauen. Von diesem Zeitpunkt an spitzte Sorge die Ohren, um weitere Anhaltspunkte dafür zu finden, daß das deutsche Oberkommando die Eröffnung einer zweiten Front im Osten plante.

Doch Stalin war nicht willens, auf Agenten zu hören, deren Warnungen unausgesprochen sein Urteilsvermögen in Frage stellten. Er wollte weiterhin glauben, daß der Freundschaftspakt mit Deutschland eine Friedensgarantie an der westlichen Flanke der UdSSR sei. Während er seinen ergebensten Dienern mißtraute und ihre Ratschläge ignorierte, gab er sich damit zufrieden, auf Hitlers gute Absichten zu vertrauen. Solchermaßen wiegte Stalin sich in der Illusion, daß er von Deutschland nichts zu fürchten hätte, daß der japanischen Bedrohung die Spitze genommen sei und daß Rußland Ende 1940 in einer stärkeren Position sei als jemals zuvor seit der Revolution.

Während Hitler mit Plänen zur Niederwerfung der Sowjetunion beschäftigt war, schlug sein Außenminister Joachim von Ribbentrop vor, Rußland an die Achsenmächte zu binden, um die gegen Großbritannien und Amerika gerichtete Allianz zu stärken. Zum Auftakt spielte Deutschland den ehrlichen Makler und versuchte, eine Übereinkunft zwischen Tokio und Moskau einzufädeln.

Botschafter Ott wurde angewiesen, Japan zu überreden, seine alten Streitigkeiten mit der Sowjetunion beizulegen, und das Ergebnis war ermutigend. In einem Telegramm vom 11. November 1940 berichtete Ott nach Berlin, daß der stellvertretende Außenminister Ohashi Chuichi ihm gesagt habe, Japan begrüße Ribbentrops Bemühungen um eine Verbesserung der japanischen Beziehungen zu Rußland. Ribbentrop nahm an, daß Japan, wenn es in seinem Rücken – den Grenzen zu Rußland – nichts mehr zu fürchten hätte, veranlaßt werden könnte, an der Seite Deutschlands in den Krieg gegen Großbritannien einzutreten.

Im Winter 1940/41 wurde Botschafter Ott damit betraut, der japanischen Führung die Idee schmackhaft zu machen, daß ein Angriff auf Singapur – Großbritanniens »Perle im Osten« – von unschätzbarem nationalen Nutzen wäre. Unter Aufbietung aller Überredungskünste versicherte Ott Außenminister Matsuoka, daß es für japanische Truppen ein leichtes sei, sich Singapurs zu bemächtigen, weil Großbritannien im Begriff stehe, von der deutschen Wehrmacht in die Knie gezwungen zu werden, und deshalb keine Reserven zur Verteidigung seiner Kolonien abstellen könne.

Doch Hitler hatte das Unternehmen Seelöwe – die Invasion in England – am 12. Oktober abgeblasen, und Ott mußte einräumen, daß, soweit er informiert sei, kein neuer Termin festgelegt worden war. Die Japaner hörten sich den Vorschlag aus der Deutschen Botschaft höflich an, aber es war klar, daß sie erst einmal abwarten würden, bis die Wehrmacht die englischen Strände stürmte, bevor sie ihrerseits bereit wären, sich bei den britischen Niederlassungen im Fernen Osten selbst zu bedienen.

Japan wollte den Preis – die asiatischen und pazifischen Kolonien der westlichen Demokratien – ohne den Fleiß, einen Feldzug führen zu müssen. Unter den deutschen Diplomaten und Waffenattachés, die versuchten, ihren neuen Verbündeten in Hitlers Krieg hineinzuziehen, sorgte diese Neigung zur »Leichenfledderei« für erhebliche Frustration. In den kommenden Monaten sollten sich in der Botschaft die Klagen häufen, daß die japanische Art, die Sache schleifen zu lassen, den mit so viel Getöse und großen Hoffnungen aus der Taufe gehobenen Dreimächtepakt schwächte. Mit Genugtuung registrierte Sorge die Anzeichen von Spannungen innerhalb der Achse und meldete sie nach Moskau.

Teil 3

• •

Winter und Frühling 1941
Mai 1941
Juni 1941
Juli 1941
August 1941
September 1941
Oktober 1941

Kapitel 10
Winter und Frühling 1941

Das Jahr der Schlange, 1941, wurde mit ernsten Warnungen von offizieller Seite eingeleitet, denen zufolge die Dinge für das japanische Volk nur noch schlimmer werden könnten. »Wir begrüßen das Neue Jahr in der grimmigen Entschlossenheit, die mannigfachen Schwierigkeiten und Entbehrungen tapfer zu meistern und das zu ertragen, was unerträglich und in der Geschichte Japans ohne Beispiel ist«, sagte Ministerpräsident Konoe in einer von düsteren Vorahnungen erfüllten Botschaft an die Nation.

Japans Krieg mit China, immer noch euphemistisch als »China-Zwischenfall« bezeichnet, war hoffnungslos außer Kontrolle geraten und beraubte die Nation ihrer Jugend und ihrer materiellen Ressourcen. Mehr als eine Million japanischer Soldaten war über ganz China verstreut stationiert, und weit über 100000 waren dort in den dreieinhalb Jahren des Konflikts gefallen. Es gab keinerlei Anzeichen dafür, daß China bereit war, aufzugeben und eine Verhandlungslösung zu japanischen Bedingungen zu akzeptieren. Während der Krieg sich fortschleppte, entwickelte er eine Eigendynamik und erzeugte einen immer größeren Hunger nach Rohstoffen, den Japan nur durch ein Vordringen nach Südostasien stillen konnte. Die Baumeister des Imperiums konnten an ihren Zielen in China nur durch eine weitere militärische Expansion südwärts festhalten.

Dies war die unerbittliche strategische Logik der vom Kabinett Konoe als neue Leitlinie japanischer Außenpolitik verkündeten Gemeinsamen Großostasiatischen Wohlstandssphäre. Das Konzept der Gemeinsamen Wohlstandssphäre war ein dünner Putz, der das wahre Ziel der Japaner, die Kontrolle der Öl-, Zinn- und Kautschukvorkommen, der Reisfelder und anderer in Südostasien überreichlich vorhandener und dringend benötigter Natur- und Bodenschätze, verschleierte. Diese Reichtümer waren nun in greifbare Nähe Japans gerückt. Solange über Frankreich und den Niederlanden die Hakenkreuzfahne wehte und Großbritannien mit der Abwehr einer deutschen Invasion beschäftigt war, stellten die Vereinigten Staaten das einzige Hindernis dar, das einem japanischen Marsch auf die Kolonien des weißen Mannes entgegenstand.

Naiverweise glaubte die Regierung Konoe, Washington schrecke vor der vereinten Macht der Achse zurück und Japan sei durch Unterzeichnung des Dreimächtepakts befugt, sich in Südostasien zu nehmen, was es wolle, ohne groß Gefahr zu laufen, dabei gestört zu werden. Nach der vorherrschenden offiziellen Sichtweise Tokios hatten in Washington die Beschwichtigungspolitiker die Oberhand.

Aber die Stimmung änderte sich. Am 1. Januar 1941 notierte der US-Botschafter in Tokio – der sich so lange und mit allen Mitteln bemüht hatte, die Japaner versöhnlich zu stimmen – in seinem Tagebuch, daß Japan sich »auf dem Kriegspfad« befinde, und er sprach von der »vollkommenen Hoffnungslosigkeit einer Appeasementpolitik«.

Zum Auftakt des Aufbaus einer »Neuen Ordnung in Großostasien einschließlich der Südsee« hatte Prinz Konoe damit begonnen, im eigenen Land eine »Neue Struktur« zu schaffen, einen reglementierten Staat, der fraglos den Geboten der Militärs folgen würde. Die »Neue Struktur« war inspiriert vom deutschen und italienischen Modell, aber statt wie die Faschisten und die Nationalsozialisten eine einzige politische Partei zu gründen, schaffte Konoe einfach alle Parteien in Bausch und Bogen ab. An ihrer Statt gründete er eine totalitäre Organisation mit dem nichtssagenden Titel Verband zur Unterstützung der kaiserlichen Herrschaft *(Taisei Yokusan Kai)*. Die Gewerkschaften wurden aufgelöst, die sozialistische Bewegung wurde zerschlagen, und die wachsamen Beamten von *Tokko* und *Kempetei* griffen bei »gefährlichen Gedanken« hart durch. Jede Opposition gegen die expansionistische Außenpolitik wurde liquidiert.

Geadelt wurde das Streben nach Land und Rohstoffen durch eine intensive Propaganda, derzufolge die Segnungen der überlegenen Kultur

Japans nun auch niedrigeren Spezies von Menschen in den »acht Ecken der Welt« zuteil würden. Den Japanern wurde eingehämmert, daß diese heilige Mission selbstlose Loyalität gegenüber dem Kaiser erfordere und die Bereitschaft, Härten zu ertragen, deren geringste die permanente Lebensmittelknappheit sei. Im Rundfunk ertönten rund um die Uhr martialische Melodien und patriotische Lieder. Sparsamkeit wurde gefordert und von Vergnügungen abgeraten. Die Bürokraten waren emsig damit beschäftigt, sich neue Ernährungs- und Bekleidungsvorschriften auszudenken, die zum Teil derart kleinlich waren, daß die Leute nicht wußten, ob sie lachen oder weinen sollten.

Am 28. September 1940 ordnete die Regierung der Metropole Tokio an, daß Bräute auf pompöse und kostspielige Hochzeitskimonos zugunsten kurzärmeliger Versionen verzichten sollten. Am 1. Oktober wurden Fahrten zu Vergnügungsvierteln mit einem Verbot belegt. Nach Auskunft der staatlichen Polizeibehörde würde dies Benzin sparen und dafür sorgen, daß Vergnügungssüchtige zu Hause blieben. In einer vollkommen ernstgemeinten Erklärung gaben die Behörden bekannt, daß Konkubinen fortan kein Telefon mehr besitzen dürften. Die Reichen und Mächtigen fanden in der Regel Mittel und Wege, die Beschränkungen zu umgehen. Beispielsweise wurde Golf, ein kostspieliger und dekadenter westlicher Sport, beanstandet – wer jedoch vorgab, sich lediglich körperlich in Form halten zu wollen, durfte ihn weiter ausüben.

Solange die Ressourcen der Nation durch die japanische Armee in China vergeudet wurden, erschienen dem Normalbürger Vorschriften über Kimonoärmel lächerlich. Was ihn interessierte, war das Fehlen von Gütern des täglichen Bedarfs. So vertraute der Schriftsteller Nagai Kafu seinem Tagebuch an, daß er den Neujahrstag mit einer Wärmflasche zusammengekauert auf seinem Futon verbracht habe, um gegen die eisige Kälte in seinem Viereinhalb-Matten-Raum anzukämpfen. Es gab keine Holzkohle, nicht genug Gas, und nicht einmal satt essen konnte er sich, weil Reis ebenfalls knapp war.[1]

Auf den neu angekommenen *New York Times*-Korrespondenten Otto Tolischus machte Tokio im Februar 1941 einen trostlosen Eindruck. Er hatte zuletzt während des Krieges in Deutschland gearbeitet, und die Symptome einer Nation im Krieg waren ihm nur zu vertraut. »Tokio war bereits verdunkelt, und die hellen Lichter, von denen man mir erzählt hatte, daß sie einst dem Broadway Konkurrenz gemacht hätten, waren verschwunden.«[2] Sinkender Lebensstandard, Knappheit der notwendigsten Dinge des täglichen Bedarfs und importierter Waren, die schlechte Qualität des einheimischen Whiskys, Schwierigkeiten, ein Taxi zu bekommen – all dies provozierte die Japaner zu der Art von Gemecker, das zu hören Tolischus von den Deutschen schon gewohnt war.

Die gedrückte Stimmung wurde durch Zeitungsannoncen für Luftschutzbunker noch verstärkt. In der *Asahi* wurde ein Fünf-Personen-Bunker zum »Sonderpreis« von 150 Yen angeboten, ein günstiger Preis, denn er »kann in normalen Zeiten als feuer- und erdbebensicherer Lagerraum genutzt werden«. Wem das zu kostspielig war, der konnte sich im Tokioter Itoya-Kaufhaus auf der Ginza mit *bokuyohin* (Luftschutzutensilien) eindecken: Die Packung enthielt eine Gasmaske, Taschenlampe und ein Megaphon sowie schwarzes Papier zum Abdecken der Fenster. Die Anzeigen erinnerten die Japaner unerbittlich daran, daß ihnen in ihrem nächsten Krieg, sollten sie gegen einen gefährlicheren Gegner als China antreten, der Schrecken von Luftangriffen möglicherweise nicht erspart bliebe.

Branko Vukelic schwebte in seiner zweiten Ehe im siebten Himmel. Seine junge Frau Yoshiko war so, wie sich ein Ausländer eine japanische Frau erträumte: zart, zurückhaltend und devot. Und obendrein war sie eine schmucke Person, intelligent und einfallsreich. War Sorge, der sich nach einem seßhaften Leben mit Katja sehnte und sich vor dem Alleinsein fürchtete, neidisch, daß sein Assistent das Glück gehabt hatte, ein solches Musterexemplar zu finden, mit dem er sein Leben teilen konnte?

Am 26. Januar 1941 feierten Branko und Yoshiko, die im siebten Monat schwanger war, ihren ersten Hochzeitstag und erinnerten sich an den Zufall, der sie am Sonntag, den 14. April 1935, zusammengeführt hatte. Es war im Nogakudo gewesen, einem Theater im Tokioter Bezirk

Suidobashi, das auf *No* spezialisiert war, eine Gattung des klassischen japanischen Theaters mit Musik. Es hatte nur noch Karten für die Vormittagsvorstellung gegeben, und das Schicksal plazierte sie auf benachbarten Sitzen.[3]

Branko, der damals einunddreißig war, verliebte sich auf der Stelle in das hübsche Mädchen, das neben ihm saß – wenigstens erzählte er ihr das später. Ohne Zweifel war er nach dem Scheitern seiner Ehe auf eine Liebschaft aus. Branko und Edith paßten nicht zueinander und hatten häufig Streit. Branko war fest entschlossen, sich scheiden zu lassen.

Im Foyer des Theaters beeilte Branko sich, die junge Frau nicht entwischen zu lassen, und erfuhr, daß sie Yamazaki Yoshiko hieß und am Tsuda-College in Tokio Englisch studierte. Yoshiko erinnert sich, wie aufgeregt sie war, als der Ausländer auf sie zukam. »Ich wollte wirklich mein Englisch ausprobieren, aber ich war mit meinem Vater dort, und jedenfalls hatte ich nicht den Mut, mit ihm zu sprechen. Es war sehr voll, und ich fühlte mich nicht wohl, also ging ich nach draußen, um Luft zu schnappen, und er kam mir hinterher und fragte mich etwas über das Stück.«

Am Anfang war ihr Interesse an dem Ausländer mehr pädagogischer als romantischer Natur. Branko, der von der Frau fasziniert war, lief ihr unermüdlich nach und überschüttete sie mit geistreichen, schönen Worten, von denen er eine Menge parat hatte. »Ich besitze 91 Liebesbriefe, angefangen mit dem 15. April, dem Tag nach dem Theater, bis zu dem Datum, an dem ich einwilligte, ihn zu heiraten«, erinnert sich Yoshiko lachend. »Ich machte es ihm nicht leicht. Ich dachte, Küssen bedeute Heirat. Als er versuchte, mich in einem Boot auf einem der fünf Fuji-Seen zu küssen, landete sein Kuß auf meinem Hut, den ich schnell nach unten gezogen hatte. Er sah furchtbar enttäuscht aus.«

Wie sie geahnt hatte, waren ihre Eltern strikt dagegen, daß sie einen Ausländer heiratete. Wohlhabende japanische Familien schauderten schon zu normalen Zeiten beim Gedanken an einen ausländischen Schwiegersohn. Aber unter dem Einfluß der bösartigen Propaganda in den frühen vierziger Jahren betrachteten viele Menschen solche Ehen als Vergiftung der Rasseneinheit Japans, einem Verrat ähnlich.

Schlimmer noch, auch Sorge – »der Boß« – war nicht einverstanden, als Branko die Frage einer Trennung von Edith anschnitt. »Wenn Sie sich von Edith scheiden lassen, dann nur deshalb, weil Sie eine andere Frau heiraten wollen. Auf jeden Fall wird es dadurch schwerer, die Geheimhaltung der Gruppe zu wahren«, sagte Sorge.[4]

Branko war hartnäckig, und als Sorge merkte, daß sein Entschluß feststand, kümmerte er sich um eine Regelung für Edith. Es war unbedingt erforderlich, daß sie fair behandelt wurde. Sie wußte zuviel über die Arbeit des Tokio-Rings – die Vukelic-Wohnung war eine von Clausens Funkstationen –, und es bestand die Gefahr, daß eine rachsüchtige Frau den Standort an die Behörden verriet.

Nachdem das Paar sich im Juli 1938 getrennt hatte, erhielt Clausen den Auftrag, eine neue Bleibe für Edith zu finden. Im September dieses Jahres zog sie mit dem achtjährigen Paul in den Bezirk Kami-Meguro. Gemäß den neuen Vereinbarungen erlaubte sie Clausen, von ihrer Wohnung aus zu senden, und half aus, wo sie konnte. Nach seinem Herzinfarkt schleppte sie ihm sogar das unförmige Funkgerät. Als Gegenleistung kümmerte Sorge sich um eine besondere finanzielle Unterstützung für sie und den Jungen. Nach einem kostspieligen Gerichtsverfahren – das durch die Tatsache verkompliziert wurde, daß Edith dänische Staatsbürgerin und Branko Jugoslawe war, daß sie in Paris geheiratet hatten und nun in Tokio wohnten – wurde die Ehe der Vukelics schließlich Ende des Jahres 1939 gelöst.

Ein paar Wochen nach der Scheidung heirateten Yoshiko und Branko in der russisch-orthodoxen Nicolaikirche im Kanda-Viertel. Yoshikos Eltern hatten sich inzwischen in das Unvermeidliche gefügt und nahmen an der Hochzeit ebenso teil wie Yoshikos vier Brüder und Schwestern. »Doch ich war noch immer das schwarze Schaf der Familie«, sagt sie.

Richard Sorge war nicht eingeladen. Branko mußte die Hochzeit vor dem »Boß« geheimhalten. Er hatte sich um Sorges Erlaubnis für die Heirat bemüht, aber die Antwort war ein unerbittliches »Nein« gewesen. Aus Vukelics Aussage spüren wir, wie sehr diese Probleme Sorge ärgerten, der sich gezwungen sah, auf die Gefahren für die Tokioter Einheit hinzuweisen. »Wenn Sie eine Japanerin heiraten, wird der Ring anfälliger für eine Entlarvung sein. Wie ergeben sie Ihnen gegenüber auch ist, wenn sie hinter die Natur unserer Arbeit kommt, wird es zu einem Loyalitätskonflikt kommen, und wer weiß, ob man sich darauf verlassen kann, daß sie dichthält«, sagte Sorge.[5]

Aber Vukelic konnte seine Heirat nicht ewig verheimlichen, und mit einem Gefühl der Beklommenheit beichtete er schließlich, was geschehen war. Zu seiner Überraschung reagierte Sorge überhaupt nicht wütend. »Nun, wo Sie verheiratet sind, kann man nichts mehr machen.« Es blieb die Tatsache, daß seine Befehle nicht befolgt worden waren, und man würde die Angelegenheit der Zentrale melden müssen.

> Erzählen Sie Ihrer Frau kein Sterbenswörtchen über die Organisation, solange Sie in Japan sind. Wenn möglich, gehen Sie einfach zurück nach Jugoslawien, um über die ganze Sache nachzudenken, und holen Sie sich das Einverständnis Moskaus, Ihrer Frau die Situation zu erklären, und gewinnen Sie sie für unsere Sache. Andernfalls wird Ihnen nichts anderes übrigbleiben, als sich aus der Organisation zurückzuziehen.[6]

Also wurde Vukelic gesagt, er solle auf Anweisungen von der Zentrale warten. Sorge richtete Moskau aus, Vukelic wolle in seine Heimat zurückkehren, und zeigte ihm die Meldung, die er durchgegeben hatte. Moskaus Antwort lautete, daß Vukelic vorläufig in Japan bleiben solle. Ein oder zwei Wochen später sprang der Krieg in Europa auf Jugoslawien über. Branko konnte nicht mehr nach Hause zurückkehren, selbst wenn er gewollt hätte, und die Angelegenheit wurde ad acta gelegt.

Vor der Heirat hatte Branko Yoshiko anvertraut, daß er überzeugter Kommunist war, daß er abscheuliche »gefährliche Gedanken« von der Sorte hege, die Hunderte von Japanern hinter Gitter gebracht hatten. Was er ihr verschwieg, war, daß er zu einer Spionagegruppe gehörte und daß nicht der Journalismus, sondern diese Untergrundmission ihn nach Japan geführt hatte. Er war ängstlich darauf bedacht, Yoshiko nicht in seine gefährliche Arbeit hineinzuziehen.

Edith war der Zweck ihrer Reise nach Japan natürlich bekannt gewesen, und sie spielte eine kleine, aber nützliche Rolle in dem Unternehmen. Was Max Clausen betraf, so hatte er Anna von seiner geheimen Tätigkeit für Rußland erst erzählt, nachdem sie verheiratet waren, und als fromme Antikommunistin war Anna alles andere als begeistert gewesen.

Kurze Zeit nach ihrem Umzug in ein kleines Haus in Sanai-cho bemerkte Yoshiko, daß ihr Mann in irgendwelche zwielichtigen Geschäfte verwickelt war. Überrascht registrierte sie, wie etwa einmal im Monat ein dicker, ziemlich ungehobelter Mann – »ein typischer deutscher Kaufmann« – mit einem schwer aussehenden Aktenkoffer aufkreuzte, mit dem er anschließend für Stunden im Gästeschlafzimmer verschwand.

Branko blieb nichts anderes übrig, als ihr zu erklären, wer der geheimnisvolle Besucher war. Der Deutsche sei ein Genosse aus einer Antikriegsbewegung, an deren Spitze ein Mann stehe, von dem er einfach als »der Boß« sprach. Ziel dieser Bewegung sei es, Japan davor zu bewahren, in einen Krieg mit der Sowjetunion verwickelt zu werden. Yoshiko hielt das für eine lobenswerte Sache, und der Umstand, daß er bei diesem riskanten Unternehmen mitmachte, vertiefte nur ihre Achtung.

Tatsächlich beflügelte diese verstohlene Tätigkeit den Sinn der aufgeweckten jungen Frau für Abenteuer, und sie bat, helfen zu dürfen. Branko sagte ihr, daß sie, solange der mysteriöse Besucher mit Senden beschäftigt sei, Wache halten könne, sollte die Polizei oder ein anderer unerwarteter Besucher vor dem Haus aufkreuzen. Eines Tages ließ der dicke Deutsche achtlos einen Beleg mit dem Namen seiner Firma liegen, und so erfuhr Yoshiko, daß sein Name Clausen war.

Was den »Boß« anging, so blieb er eine verschwommene Gestalt. Branko sprach mit Respekt von ihm. Er sei ein großartiger Mensch, aber auch ein *darashinai* – mit Frauen treibe er ein falsches Spiel. Gleichzeitig habe er ein weiches Herz, und über den Brief einer Frau, die er in Moskau zurückgelassen habe, hätte er geweint – Branko hatte einen Mikrofilm, den ein Kurier überbracht hatte, auf die Wand seines Zimmers projiziert, und da war dieser Brief auf deutsch, der Sorge zu Tränen gerührt hatte.

Yoshiko sprach nie mehr als ein paar Worte mit Sorge, und die übers Telefon. Mittlerweile erkannte sie die rauhe Stimme, wenn er anrief und sie bat, Branko an den Apparat zu holen. Erst viele Jahre später, als die Zeitungen Fotos von dem Sowjetspion veröffentlichten, sollte sie der Stimme ein Gesicht zuordnen. Beinahe hätte sie ihn an dem Tag gesehen, als alle zufällig im Restaurant Lohmeyer waren. »Wir aßen zu Mittag, als Branko plötzlich sagte: Da drüben sitzt der Boß. Dreh dich nicht um. Ich tat, wie mir gesagt wurde, und so kriegte ich Sorge nie zu Gesicht.«

In jenen Zeiten eines heftigen Nationalismus mußte eine Japanerin, die mit einem Ausländer verheiratet war, viel ertragen können, strafende Bemerkungen »patriotischer« Wichtigtuer ebenso wie die Zudringlichkeiten neugieriger Beamter.

Im Jahr 1940 gingen Yoshiko und Branko eines Tages die Straße am Hibiya-Park entlang, einen Steinwurf vom Hotel Imperial entfernt, als sich ihnen ein mißmutiger Polizeibeamter in Uniform näherte. »Er wollte wissen, was mir einfiele, in einer Zeit, in der Japan in einer schweren Krise stecke, mit einem Ausländer herumzulaufen«, erinnert sich Yoshiko.

> Ich würde mich hier mit einem Ausländer abgeben, und die Nation sei von ausländischen Feinden umzingelt! Er klang wirklich wütend. Branko regte sich ganz schön auf. »Lassen Sie sie in Ruhe!« sagte er auf japanisch zu dem Polizisten. »Sie ist meine Frau!« Und er zog seinen Paß aus der Tasche, um zu beweisen daß wir ein rechtmäßiges Ehepaar waren. Mit dieser Art von Einmischung mußte man sich einfach abfinden. Für die Leute war man eine Art Verräterin, weil man einen Ausländer geheiratet hatte.

Seit Anfang 1941 bereitete die Presse die Bevölkerung auf einen großen nationalen Notstand vor, gleichzeitig wurden die Einschränkungen des zivilen Konsums verschärft und Schlichtheit und Geiz als patriotische Tugenden angepriesen.

Die Stimmung im Angesicht der drohenden Krise verdüsterte sich von Tag zu Tag. Am 1. März – dem »Tag des Neuen Asien« – standen die Einwohner Tokios zeitig auf und verneigten sich zur Feier des Ereignisses in Richtung des Kaiserpalastes. Ebenso wie die japanischsprachige Presse berichtete auch die *Japan Times and Advertiser* über »Maßnahmen zur Stärkung der Landesverteidigung«.

Jugendorganisationen wurden mobilisiert, um bombensichere Unterstände auszuheben, Abfallstoffe zu sammeln und Brachland zu kultivieren sowie »weitere Maßnahmen zur Stärkung der Landesverteidigung« durchzuführen. Varietés und Tanzsäle, Geisha-Clubrestaurants und Bordelle blieben an diesem Tag geschlossen. »Café-Hostessen, Geishas und konzessionierte Prostituierte werden nähen, sich an verschiedenen anderen Handarbeiten, an der Herstellung von Briefumschlägen und weiteren gemeinnützigen Arbeiten beteiligen. Der Erlös wird dem nationalen Verteidigungsfonds zufließen«, schrieb die *Japan Times and Advertiser.*

Ohne die Hilfe eines Übersetzers war die japanischsprachige Presse unergründlich, und wie andere ausländische Journalisten las auch Sorge jeden Tag sehr sorgfältig Tokios einzige noch erscheinende englischsprachige Zeitung. Sie war als Sprachrohr der Regierung bekannt, was für einen unter strenger Zensur arbeitenden ausländischen Korrespondenten gewisse Vorteile hatte. Im Vertrauen darauf, daß sie den Zensor unbeschadet passieren würden, spickte Sorge viele seiner Zeitungsartikel mit Zitaten aus der *Japan Times and Advertiser.* Überdies vermittelte das Blatt einen guten Eindruck davon, was die Regierung tagtäglich ärgerte, und, indirekt, von den Spannungen, Verwerfungen und Reibungspunkten innerhalb des nationalen Machtgefüges – Angelegenheiten, die Ozaki Sorge später erläutern würde.

Als Stimmungsbarometer der Bevölkerung leistete ihm indessen Hanako gute Dienste. Sie kam mit Klatsch von Familie und Freunden, erzählte vom Unmut über die Rationierung lebensnotwendiger Dinge, vom Mangel an frischem Gemüse und Fisch, von der Verweigerung einfacher Freuden. Ihr Blickwinkel strafte das von der Propaganda gezeichnete Bild von der geeinten Nation, die in einer gemeinsamen, klassenübergreifenden Anstrengung an einem Strang zog, Lügen.

Es war ein Bild, das meilenweit von der Wahrheit entfernt war. Die Opfer der einfachen Leute für die Fortsetzung des heiligen Krieges gegen China wären erträglich gewesen, wenn alle sie gleichermaßen geteilt hätten. Aber die Reichen schwelgten weiterhin im Luxus, und hohe Beamte zeigten wenig Neigung, auf verbotene Vergnügungen zu verzichten. Das geheime Tagebuch des Schriftstellers Nagai Kafu läßt daran keinen Zweifel. Am 3. März 1941 sah er sich einmal mehr veranlaßt, die Verdorbenheit der von den staatlichen Machthabern aufgezwungenen Neuen Struktur anzuprangern. Eine Frau aus Kanuma in der Präfektur Tochigi, die als Geisha arbeitete, hatte ihm erzählt, daß die Geschäfte ungeachtet der von der Regierung verfügten Einschränkungen ausschweifender Unterhaltung nach wie vor gut gingen. Ihr *machiai* (Geisha-Clubrestaurant), erklärte sie, sei vor Störungen durch die Polizei sicher, weil es wichtige Kunden mit Geishas versorge – darunter Herren von der *Tokko,* Japans Geheimer Staatspolizei, und hohe Tiere aus der *Taisei Yokusan Kai,* Konoes Organisation, die an die Stelle politischer Parteien getreten war. »Auf der dunklen Seite der Hauptstadt des Reiches grassiert die Korruption der sogenannten Neuen Struktur«, vertraute Nagai seinem Tagebuch an. »Ich muß schon sagen, das ist wirklich komisch.«[7]

In der ersten Märzwoche erzählte General Ott Sorge von einem streng geheimen Telegramm, das aus Berlin eingetroffen war. Außenminister Ribbentrop drängte ihn erneut, alles zu unternehmen, um Japan zu einem Angriff auf Singapur zu verleiten.

Der Botschafter war verärgert. Die gesamte Botschaft habe während der vergangenen zwei Monate schließlich nichts anderes getan, als versucht, Japan in einen Konflikt mit Großbritannien zu verwickeln. Die Militärattachés, die politische und die Presseabteilung und Ott selber hätten Tag und Nacht gearbeitet, um Japan in den Krieg hineinzuziehen. Marineattaché Wenneker habe zur Orientierung der japanischen Kriegsmarine sogar einen umfassenden Operationsplan für einen Feldzug gegen Singapur ausgearbeitet. Es gäbe ein paar mächtige Offiziere, wie General Ishihara, die einen Angriff befürworteten. Aber meist seien die Deutschen in hohen Militär- und Regierungskreisen auf Skepsis gestoßen. Offenbar sei sich Außenminister Ribbentrop der Schwierigkeiten im Umgang mit den Japanern nicht bewußt.

»Kein Wunder«, sagte Sorge, der von Ott persönlich über diese Anstrengungen informiert wurde. »Sie wissen sehr gut, Herr Botschafter, daß die Japaner Altmeister darin sind, Leuten aus dem Westen Sand in die Augen zu streuen. Ich habe Ihnen schon gesagt, Japan wird sich nicht als Handlanger Hitlers benutzen lassen. War es nicht der große Bismarck, der gesagt hat, daß es in jeder Allianz einen Ritter und sein Pferd gibt? Nun gut, Japan möchte in der Partnerschaft der Achse nicht das Pferd sein, das den Ritter trägt!«[8]

Dieses Gespräch fand statt, kurz bevor General Ott im Vorfeld von Außenminister Matsuoka, der im Begriff stand, Moskau, Berlin und Rom einen historischen Besuch abzustatten, von Tokio aus nach Berlin abreiste. Bevor er aufbrach, hörte er sich aufmerksam Sorges Rat hinsichtlich der bei seinen außerordentlich wichtigen Gesprächen mit Ribbentrop und Hitler in Berlin einzuschlagenden Marschroute an.

Sorge ermunterte Ott, seinen Vorgesetzten die Grenzen der deutschjapanischen Freundschaft klarzumachen. Beide Nationen teilten sich ein und dasselbe Bett, und beide träumten dieselben Eroberungsträume, aber die Zusammenarbeit funktionierte oft nur widerstrebend, und in der Botschaft beklagten sich die Deutschen ständig darüber, daß sie mehr gäben, als sie empfingen. Sorge pflichtete dem in der Regel bei und versuchte, diesen Groll zu verstärken, indem er seine Sicht der Dinge beisteuerte. Der Keil zwischen Tokio und Berlin existierte bereits, die Frage war lediglich, wie man ihn tiefer treiben konnte. Bei jedem kleinsten Reibungspunkt, den er zwischen den Achsenpartnern entdeckte, wurde ihm warm ums Herz; jedes Anzeichen eines Risses in der Allianz des Bösen munterte ihn auf.

Prinz Urach, ein alter Freund, verschaffte Sorge ein paar nützliche Einblicke in Deutschlands sich verändernde strategische Prioritäten. Urach, ein ehemaliger Journalist, der für die Presseabteilung des deutschen Auswärtigen Amtes arbeitete, erklärte, Ribbentrop hoffe immer noch auf eine aggressive japanische Politik gegenüber Singapur – aber nicht um den Preis eines provozierten Kriegseintritts der Vereinigten Staaten auf seiten Großbritanniens. Berlin neige inzwischen eher dazu, sich der Unterstützung Japans zu versichern, um die Sowjetunion im Fernen Osten in die Schranken zu weisen. Vom deutschen Generalstab – zu dem er gute Beziehungen hatte – habe er gehört, Deutschland votiere für eine Verstärkung der japanischen Truppenpräsenz in der Mandschurei, um damit Druck auf Sibirien ausüben zu können.[9]

Sorge spitzte die Ohren. Die Tragweite dieser Informationen war beunruhigend. Wenn die Deutschen wollten, daß Japan im Osten dem russischen Bären in den Rücken fiel, dann planten sie offensichtlich einen Angriff im Westen. Und während Ribbentrop Ott immer noch die Hölle heiß machte, endlich einen japanischen Angriff auf Singapur einzufädeln, hatte es den Anschein, als dächten die strategischen Planungen der Deutschen Japan inzwischen eine Rolle bei der Eroberung Rußlands zu.

Dieser Eindruck verstärkte sich in einem Gespräch, das Sorge damals mit Oberst Kretschmer führte, dem leitenden Militärattaché. Kretschmer hatte einen Brief von General Matzky erhalten, seinem Vorgänger – inzwischen Chef der Abwehrabteilung des deutschen Generalstabs. Matzky hielt ihn über die Absichten der führenden Militärs in Berlin auf dem laufenden und beschrieb die heftigen antisowjetischen Neigungen der höheren Offiziere des Heeres und anderer Stellen und überließ es seinem Nachfolger, eigene Schlüsse zu ziehen. Oberst Kretschmer seinerseits vertraute sich Sorge an und erzählte ihm, wie er die Sache nach reiflicher Überlegung beurteilte: »Nach dem, was Matzky in seinem Brief schreibt, sieht es so aus, als käme es zu einem erbitterten Kampf zwischen uns und Rußland, wenn der augenblickliche Krieg zu Ende ist. Das ist die Stimmung unter unseren hohen Tieren und den Leuten in der Umgebung Himmlers.« Aber Kretschmer, der einstige Sowjetspezialist im Generalstab, teilte die fanatische antisowjetische Einstellung vieler seiner Offizierskameraden nicht: »Kommen wir nun zu der Frage, welchen Beitrag Japan als unser Verbündeter leisten müßte. Na ja, mag sein, daß Japan den missionarischen Drang verspürt, in der Sowjetunion den Kommunismus zu bekämpfen. Aber ich bin immer noch der Ansicht, daß es wichtiger ist, Japan dazu zu bringen, etwas gegen Singapur zu unternehmen.« Diese Gespräche in der Botschaft überzeugten Sorge davon, daß Deutschland vorhatte, Japan als kriegführenden Partner für einen Überfall auf Rußland zu gewinnen. Seine vorrangige Mission, herauszufinden, ob Japan einen Angriff auf die Sowjetunion plane, entwickelte allmählich schärfere Konturen und duldete immer weniger Aufschub.

Am 12. März 1941 brach Außenminister Matsuoka vom Tokioter Hauptbahnhof aus zu seiner Odyssee nach Europa auf, nachdem er zuvor den Meiji-Schrein besucht hatte, um dem Geist des Kaisers Meiji Bericht zu erstatten. Es war ein bedeutsamer Anlaß. Die Zeitungen wiesen darauf hin, daß Matsuoka der erste japanische Außenminister seit 1907 war, der sich außerhalb der Grenzen seines eigenen Landes wage. Die Reise nach Berlin, Rom, Moskau und zurück würde fast sechs Wochen dauern; die meiste Zeit würde Matsuoka in einem von den Russen zur Verfügung gestellten Sonderzug durch Sibirien rollen.

Die Sorge-Gruppe hatte ihren eigenen »Maulwurf« im Gefolge Matsuokas. Saionji Kinkazu, der Aristokrat, mit dem Ozaki Freundschaft geschlossen hatte, als beide 1936 an der Yosemite-Konferenz teilnahmen, war in seiner Eigenschaft als Berater des Außenministers Mitglied der Delegation. Vor der Abreise teilte er Ozaki mit, daß von der Reise wenig konkrete Ergebnisse erwartet würden. Sie sollte in erster Linie die Solidarität der Achse demonstrieren. Saionji, der Adoptivenkel des berühmtesten *elder statesman* der Nation, Prinz Saionji Kinmochi, gehörte zum Konoe-Kreis und konnte Ozaki aus verläßlicher Quelle berichten, daß Matsuoka den Auftrag hatte, die Lage in Europa zu sondieren und in seinen Gesprächen mit Hitler und Ribbentrop keinerlei Verpflichtungen einzugehen. Wichtigste Aufgabe Matsuokas sei die Verbesserung der Beziehungen zur Sowjetunion durch Aushandlung eines Nichtangriffspakts. Bei einem Zwischenstopp in Moskau am 24. März schlug Matsuoka während eines Treffens mit dem sowjetischen Außenminister Wjatscheslaw Molotow einen solchen Pakt vor.

Der japanische Außenminister traf am 26. März in Berlin ein und wurde gefeiert wie ein Monarch. Allerorten rollte man rote Teppiche aus, jubelnde Menschen schwenkten japanische Flaggen, aus Laternenmasten sprossen bunte Fähnchen, und Kapellen spielten die japanische Nationalhymne. Matsuoka, ein dynamischer, unberechenbarer Mann mit einem Hang zur Großspurigkeit, schwebte auf Wolken, als ihn die deutschen und italienischen Medien als Architekten der Achse und fähigstes Mitglied des Konoe-Kabinetts priesen.

Am 27. März gab Ribbentrop ihm zu Ehren ein Mittagessen, bei dem er versuchte, den Gast davon zu überzeugen, daß es im ureigensten Interesse Japans läge, Singapur anzugreifen, ein Schritt, der dem Land die Vormachtstellung in Südostasien verschaffen würde. Matsuoka hielt sich an seine Instruktionen und vermied es sorgfältig, irgendwelche Verpflichtungen einzugehen.

Hitler hatte befohlen, Matsuoka über das Unternehmen Barbarossa, Deutschlands Plan zum Angriff auf die Sowjetunion, im dunkeln zu lassen. Obwohl er Japan als Partner in die Achse aufgenommen hatte, war sein Mißtrauen ungebrochen. Er argwöhnte, daß Japan das Unternehmen um des eigenen Vorteils willen an Rußland, Großbritannien oder Amerika verraten würde.

Nach allem, was man weiß, ähnelte das Treffen zwischen Hitler und Matsuoka einem bizarren Monolog. Hitler redete sich derart in Rage, daß er zu vergessen schien, mit wem er sprach. Er reckte die Faust, hämmerte auf den Tisch und schrie in höchster Erregung: »England muß besiegt werden!« Matsuoka, ein unerschütterlicher Bewunderer des Führers, war beeindruckt.

Anscheinend geizte Ribbentrop, der ebenfalls viel redete, nicht mit deutlichen Hinweisen auf wachsende Spannungen in Deutschlands Beziehungen zu Rußland. Die Signale in diese Richtung gingen jedoch entweder in der Übersetzung verloren oder wurden von der japanischen Seite mißverstanden. Jedenfalls verließ Matsuoka nach einem triumphalen Besuch Roms und des Vatikans am 5. April Berlin in der Annahme, eine Verbesserung der Beziehungen Japans zu Rußland werde nach wie vor von Ribbentrop unterstützt, und reiste zurück nach Moskau, um dort zu einer Verständigung zu kommen.

Als Matsuoka und sein Gefolge am frühen Morgen des 6. April an der deutsch-russischen Grenze ankamen, hörten sie im reichsdeutschen

Rundfunk die Meldung vom Einmarsch der Wehrmacht in Jugoslawien. Die Serben hatten Prinz Paul davongejagt, der sein Land am 27. März auf die Seite der Achsenmächte geführt hatte, und den Pakt mit Deutschland annulliert. Wütend über diese »Trotzhandlung« startete Hitler einen Feldzug zur Unterwerfung der serbischen Armee. Dieser Racheakt sollte Hitler am Ende zum Verhängnis werden. Wegen seines Balkanfeldzugs mußte der Überfall auf Rußland um fünf Wochen verschoben werden. »Hätte der Überfall fünf Wochen früher begonnen, hätten Hitlers Armeen Moskau möglicherweise erreicht, bevor der Winterschnee sie in ihren Aktionen so schwer behinderte«, meint der Diplomat Kase Toshikazu, der 1941 Matsuokas Sekretär war.[10] Natürlich hatte der Führer damals keine Ahnung, daß er sich ins eigene Fleisch schnitt.

Der gegen die Achse gerichtete Coup in Jugoslawien (von dem man weithin annahm, daß russische Agenten ihn eingefädelt hatten) und die deutsche Strafexpedition hatten eine noch unmittelbarere Auswirkung. Sie verstärkten die Zweifel der sowjetischen Führer an den Absichten Hitlers und machten sie empfänglicher für die Diplomatie Matsuokas, als dieser nach Moskau zurückkehrte.

Am 13. April 1941 unterzeichneten Matsuoka und Molotow einen Pakt, in welchem Rußland und Japan sich gegenseitiger Neutralität versicherten, sollte einer von beiden von einer dritten Macht angegriffen werden. Der Wein im Kreml floß in Strömen, als das Geschäft unter Dach und Fach war, und ein Toast jagte den anderen. Stalin trank auf das Wohl Kaiser Hirohitos und Matsuoka auf das Stalins. Einem Augenzeugen zufolge sagte Stalin zu dem japanischen Außenminister: »Sie sind Asiate, genau wie ich.« Worauf Matsuoka in Hochstimmung antwortete: »Wir sind alle Asiaten. Trinken wir auf das Wohl der Asiaten!«

Die Russen hatten allen Grund, zufrieden zu sein. Der Neutralitätspakt schien einen Keil in das Bündnis der Achse zu treiben und bot eine gewisse Sicherheit, wie zerbrechlich auch immer, gegen einen Angriff aus dem Osten. Japan für seinen Teil hatte die Beziehungen zur Sowjetunion gefestigt und die Bedrohung an seiner nördlichen Flanke abgeschwächt. Es konnte nun, mit der Garantie sowjetischer Neutralität im

Rücken, für den Fall, seine expansionistische Politik brächte das Land in Konflikt mit den Vereinigten Staaten und Großbritannien, seinen Vormarsch Richtung Süden fortsetzen.

Am 22. April warteten General Ott – der zwei Tage früher von seiner Reise zurückgekehrt war – und die Botschafter Italiens und der Sowjetunion auf dem Flugplatz Tachikawa im Westen Tokios auf Matsuoka. Eine kleines zweimotoriges Propellerflugzeug dröhnte durch den wolkenverhangenen Himmel heran und brachte den Außenminister am Ende seiner sechswöchigen bemerkenswerten Reise zurück zur Erde. In Regenmantel und Filzhut, in der Hand seinen charakteristischen Bambusstock, entstieg ein vom internationalen Ruhm geblendeter Matsuoka der Maschine. Mit dem Ministerpräsidenten, Prinz Konoe, wechselte er einen, wie die Zeitungen schrieben, »herzlichen Händedruck« und begrüßte anschließend die Botschafter; Offiziere des Heeres hießen ihn willkommen; später gab die Regierung ihm zu Ehren ein Bankett.

Überall strömten die Menschen zusammen und riefen dem heimkehrenden Helden, der nach Tokio fuhr, um sich in Ehrerbietung vor dem Palast zu verneigen, ihr »banzai!« (Hurra!) entgegen. Dann erstattete Matsuoka dem Ministerpräsidenten, dem Kaiser und einer Verbindungskonferenz aus Vertretern des zivilen Kabinetts und des Kaiserlichen Hauptquartiers Bericht. Eigens verfaßte Haiku-Gedichte würdigten den feierlichen Anlaß.

Der ausländischen Presse wurde in Matsuokas Amtssitz eine fünfminütige Pressekonferenz gewährt. Man fragte, ob es Pläne für Verhandlungen mit den Vereinigten Staaten gebe. »Kein Diplomat der Welt erzählt der Welt im voraus, mit wem er verhandeln oder welche Maßnahmen er ergreifen wird«, soll er geantwortet haben. Für Richard Sorge, der sich unter den dreißig anwesenden ausländischen Korrespondenten befand, war dies so gut wie eine offizielle Bestätigung. In seinem Bericht für die *Frankfurter Zeitung* vom 24. April 1941 zitierte ein übervorsichtiger Sorge die Sicht der japanischen Presse, daß Matsuoka seine Aufmerksamkeit nun der »Überprüfung der japanisch-angloamerikanischen Beziehungen« zuwenden werde.[11]

Da er es sehr eilig hatte, verteilte man eine Presseerklärung mit Matsuokas Überlegungen: Der Neutralitätspakt wurde als Stärkung des Dreimächtepakts beschrieben, und sowohl Deutschland als auch Italien seien über das Abkommen »ehrlich erfreut«. Das war zumindest unaufrichtig. Deutschland wurde durch das russisch-japanische Bündnis überrascht und war verwirrt. Der Pakt bedeutete einen Rückschlag für die Diplomatie Berlins. »Sie [die Deutschen] hätten sich nie träumen lassen, daß ein japanisch-sowjetischer Neutralitätspakt zustande käme«, schrieb Sorge.[12]

Kaum nach Tokio zurückgekehrt, teilte Botschafter Ott Sorge seine Bedenken mit. »Aus dem Munde von Botschafter Ott hörte ich, daß Japan sich durch den Abschluß des Neutralitätspaktes zu eng an die UdSSR gebunden habe und daß Deutschland darüber nicht glücklich sei. Ich gewann daraus den Eindruck, daß sich die Beziehungen zwischen Japan und Deutschland bereits verschlechtert hatten.«[13]

Sorge bat Ozaki, ihm von den Reaktionen der Öffentlichkeit und der Machthaber auf den Pakt zu berichten, ein Auftrag, der Ozaki keinerlei Schwierigkeiten bereitete. Er war seit Juni 1939 in der Forschungsabteilung der Südmandschurischen Eisenbahn, Mantetsu, angestellt, die starke wirtschaftliche Interessen in der Mandschurei hatte und mehr einem Imperium als einer Eisenbahngesellschaft glich. Ozakis Abteilung sammelte und analysierte Daten für die Kwangtung-Armee und wurde häufig vom Militär mit Forschungsprojekten betraut. Seine Tätigkeit verschaffte ihm Zugang zu politischen, ökonomischen und militärischen Informationen, die für den Sorge-Ring von unschätzbarem Wert waren. Ozaki forschte aus, was man bei der Mantetsu und im Frühstücks-Club dachte, und hörte sich Saionjis Bericht über Matsuokas Mission an. In der zweiten Aprilhälfte traf er sich ein paarmal mit Sorge und berichtete ihm, was er herausgefunden hatte.

Der Pakt wurde in politischen und militärischen Kreisen im großen und ganzen positiv aufgenommen, und der Mann auf der Straße war erleichtert, daß die Gefahr eines Krieges mit Rußland gebannt war. Auseinander gingen die Ansichten jedoch in dem entscheidenden Punkt, ob der Pakt die Allianz mit Deutschland für null und nichtig erklärte. Alles in allem neigten die Weisen des Frühstücks-Clubs zu der Ansicht, der neue Vertrag stehe nicht im Widerspruch zum Dreimächtepakt, der die Sowjetunion ausdrücklich als Ziel ausschließe und Japans Verpflichtung zur Neutralität im Falle eines Konflikts zwischen Rußland und Deutschland unterstreiche.

Doch Ozaki blieb skeptisch. Er schätzte, daß Japans Verhalten sich den je wechselnden Umständen anpassen würde und Rußland nicht davon ausgehen dürfe, seine östlichen Grenzen seien nun sicher. »Wir müssen vor japanischen Vorbereitungen für einen Angriff auf die Sowjetunion auf der Hut sein«, lautete sein Ratschlag an Sorge.[14]

Was Sorge in der Botschaft hörte, bestätigte, wie klug diese Skepsis war. Matsuoka war kaum zurück in Tokio, da bot er dem besorgten deutschen Botschafter Zusicherungen an, daß Japan im Falle von Feindseligkeiten den Neutralitätspakt mit Moskau mißachten würde. Man habe Ott zu verstehen gegeben, wie Sorge erklärte, daß, »falls zwischen Deutschland und der Sowjetunion Krieg ausbräche, es kein Kabinett in Japan gäbe, das sich vor einem Kriegseintritt an der Seite Deutschlands drücken würde«.[15] Zwar spiegele der sprunghafte Außenminister nicht die Auffassung des Kabinetts oder der Marine oder gar der Mehrzahl der führenden Militärs wider, aber Moskau wäre ganz sicher schlecht beraten, zuviel Vertrauen in irgendeinen mit Japan geschlossenen Vertrag zu setzen.

Sorge wollte außerdem gern wissen, wie Japan auf Deutschlands ständigen Druck, Singapur anzugreifen, reagiert hatte. Äußerst negativ, so Ozaki, der die Klagen von Ministerpräsident Konoe über Botschafter Otts Kampagne zur Sammlung achsenfreundlicher Kreise hinter dem »Angriff-auf-Singapur«-Plan mitangehört hatte. »Botschafter Ott war der einzige, der damit [mit diesem Plan] gespielt hat«, verriet Konoe Ozaki.[16]

Es gingen einige Wochen ins Land, bevor die Botschaft herausfand, was Sorge bereits wußte – daß ihre langwierige Kampagne gescheitert war. Erst nach dem 10. Juni erfuhr der Marineattaché, Konteradmiral Wenneker, aus seinen Quellen in der Kaiserlichen Marine, daß Japan auf keinen Fall die Absicht hatte, Singapur anzugreifen. Die Marine fürchtete, daß eine solche Tat unweigerlich einen Krieg mit den Vereinigten Staaten provozieren würde, einen Krieg, den zu gewinnen sie alles andere als überzeugt war.

Während der Abwesenheit von Botschafter Ott traf SS-Standartenführer Josef Meisinger von der Geheimen Staatspolizei in Tokio ein, um den Posten des Polizeiattachés an der Botschaft zu übernehmen. Sein makabrer Ruf als »Schlächter von Warschau« war ihm vorausgeeilt, und einige von Otts Mitarbeitern fragten sich, womit sie so einen Mann verdient hatten.

Walter Schellenberg, seit 1939 Chef der Spionageabwehr Inland (Amtsgruppe IV E) der Gestapo im Reichssicherheits-Hauptamt (RSHA) in Berlin*, äußerte nach dem Studium von Meisingers RSHA-Akte Abscheu über dessen »bestialische Taten«: »Er war in meinen Augen ein Verbrecher.« Während Meisingers voraufgegangener Tätigkeit als Polizeikommandant in Warschau hatte es angesichts seiner sadistischen Grausamkeiten selbst seinen Gestapo-Vorgesetzten die starken Mägen umgedreht. Nur die Intervention des Chefs der Sicherheitspolizei und des SD (Sicherheitsdienst), Reinhard Heydrich, hatte ihn, wie Schellenberg notierte, vor »Standgericht und Exekution« gerettet. Die Versetzung nach Tokio sollte ihn eine Zeitlang auf Distanz halten, bis die Wogen sich geglättet hatten.[17]

Meisingers äußere Erscheinung entsprach seiner traurigen Berühmtheit. »Er war ein furchterregendes Individuum, ein großer Mann mit derben Zügen, Glatze und einem unglaublich häßlichen Gesicht«, so Walter Schellenbergs Beschreibung. Eine Deutsche, die mit dem Oberst aneinandergeriet, erinnert sich: »Er hatte eine so furchteinflößende Ausstrahlung, daß mir die Knie wegsackten, als ich sein Büro betrat.«[18] Andere Angehörige der deutschen Gemeinde in Tokio flüsterten hinter vorgehaltener Hand, daß Meisinger sich gern rohes Fleisch aus seinem Kühlschrank hole und es mit bloßen Fingern verschlinge.[19]

---

* Im Juni 1941 übernahm Schellenberg als Nachfolger von Hans Jost den Auslandsnachrichtendienst (Amt VI).

Als Polizeiattaché bestand Meisingers Rolle darin, bei Kriminalfällen, in die deutsche Staatsbürger verwickelt waren, als Verbindungsmann zu den japanischen Kollegen zu fungieren. Viel wichtiger war, daß es zu seinen Amtspflichten gehörte, die Mitarbeiter der Botschaft und mutmaßliche Feinde des Dritten Reiches innerhalb der deutschen Gemeinde zu überwachen, wozu er sich einer ganzen Kette von Informanten bediente.

Zu denen, die Oberst Meisinger Anweisung hatte zu überwachen, gehörte der Korrespondent der *Frankfurter Zeitung*, Dr. Sorge. Das Reichssicherheits-Hauptamt war auf Zweifel an Sorges Loyalität aufmerksam gemacht worden, und irgendwann im Laufe des Jahres 1940 wurde Walter Schellenberg aufgefordert, der Sache nachzugehen.

»Es war die Auslandsorganisation der NSDAP, die zuerst ihr Mißtrauen gegen Sorge äußerte und dabei auf dessen politische Vergangenheit hinwies«, schrieb Schellenberg in seinen Memoiren. Er sprach mit Wilhelm von Ritgen, dem Leiter des Deutschen Nachrichtenbüros (DNB), für das Sorge gelegentlich arbeitete, über das Problem. Ritgen hatte keinen Grund zur Klage über Sorges Zuverlässigkeit. Er hatte Sorge sogar beauftragt, ein umfassendes Gutachten über Entwicklungen in Japan zu verfassen, das in einem kleinen Kreis höherer Beamter zirkuliert war und bewiesen hatte, wie fundiert Sorges Urteil war. Seine Dienste seien so nützlich, daß Ritgen »das Gefühl hatte, auf Sorges Berichte nicht verzichten zu können«.[20]

Dennoch schlug Ritgen als kluge Vorsichtsmaßnahme eine Überprüfung der Gestapo- und SD-Akten Sorges vor. Bei Durchsicht der Dossiers der deutschen Geheimen Staatspolizei stieß Schellenberg auf beunruhigende Informationen. Sicher, es gab keine stichhaltigen Beweise, daß Sorge der Kommunistischen Partei Deutschlands angehört hatte. Aber er hatte Kontakt zu zahlreichen bekannten Komintern-Agenten gehabt: »Man konnte nicht anders, als zu dem Schluß kommen, daß er zumindest ein Sympathisant war ... aber er hatte enge Verbindungen zu Leuten in einflußreichen Kreisen und war bislang stets gegen Gerüchte dieser Art in Schutz genommen worden.«[21]

Nach kurzer Gewissensprüfung entschied sich Schellenberg für einen Kompromiß:

Wenn dieser wirklich Verbindung zu fremden Geheimdiensten haben sollte, dann müßte es uns doch gelingen, Mittel und Wege zu finden, uns entsprechend abzusichern, gleichzeitig aber von Sorges Fachkenntnis zu profitieren. Ich sagte v. Ritgen schließlich zu, Sorge vor Angriffen der Partei hinfort zu schützen, sofern er sich bereit erkläre, neben seiner journalistischen Tätigkeit für uns zu arbeiten. Er solle dem Geheimdienst von Zeit zu Zeit Informationen über Japan, China und die Sowjetunion liefern.[22]

Fortan wurden Sorges Berichte an Ritgen sorgfältig geprüft, aber sie erwiesen sich stets als verläßlich, und selbst Schellenbergs Amt bediente sich ihrer.

Über die Natur der Beziehungen Sorges zum deutschen Geheimdienst lassen sich nur Vermutungen anstellen. Offiziell arbeitete er weiterhin für Ritgens Organisation, aber das gesamte Material wurde Schellenberg zugeleitet. Sorge wußte über die Arbeitsweise der deutschen Geheimdienste sehr gut Bescheid, und es muß ihm klar gewesen sein, daß die vertraulichen Informationen – deren größten Teil Ritgen nicht veröffentlichte – ihren Weg zu den Diensten fanden.

Zur selben Zeit beschloß man, Sorge genauer unter die Lupe zu nehmen, um herauszufinden, ob es irgendeinen Grund für den Verdacht gab, daß er in Diensten der Sowjetunion stünde. Die Schwierigkeit bestand darin, jemanden zu finden, der im fernen Tokio die Überwachung übernähme; die Agenten des RSHA vor Ort waren sämtlich junge, unerfahrene Männer, die von jemandem mit der Geschicklichkeit Sorges mühelos ausgetrickst würden. »Ich muß gestehen, daß ich die von Heydrich verlangte sofortige Überwachung Sorges fahrlässigerweise verzögert habe«, schrieb Schellenberg.[23]

Das Problem wurde durch Heydrichs Entscheidung gelöst, Meisinger an die Botschaft nach Tokio zu versetzen. Schellenberg instruierte Meisinger, der angewiesen wurde, sich über Sorges Aktivitäten kundig zu machen und das Reichssicherheits-Hauptamt regelmäßig durch Ferngespräche auf dem laufenden zu halten.

Sorge nahm an, daß Meisinger die Aufgabe hatte, die Mitarbeiter der

Botschaft scharf zu überwachen, und daß auch er selbst, als Teilzeitangestellter der Botschaft, observiert würde. Der Gedanke, daß die Gestapo belastende Einzelheiten seiner konspirativen Aktivitäten als junger Mann in Deutschland ausgegraben haben könnte, hätte ihn ohne Zweifel beunruhigt. Er hatte in Japan nie einen Hehl aus seiner Abneigung gegen den Nationalsozialismus gemacht, und möglicherweise vermutete er, daß irgendein Hitler-Anhänger, der ihm übel gesonnen war, seine beißenden Kommentare der Parteizentrale in Berlin gemeldet hatte.

Sorge beschloß herauszufinden, was Meisinger wirklich im Schilde führte. Mit dem Neuankömmling Freundschaft zu schließen erwies sich als leicht. Der Oberst war entzückt, als er feststellte, daß der Journalist einiges vertragen konnte, ein umtriebiger Frauenheld und unterhaltsamer Geschichtenerzähler war.[24]

Zwischen den beiden Männern entwickelte sich eine ausgelassene, derbe Beziehung. Ein höherer deutscher Diplomat, der im Mai ankam, bemerkte, Meisinger fühle »sich durchaus geehrt, daß Sorge ihm des öfteren bei der Vertilgung seiner Whiskyvorräte wacker helfe, obwohl er sich bei diesen Gelegenheiten weidlich über den dicken Meisinger lustig mache«.[25]

Kapitel 11

Mai 1941

Anfang Mai verstärkte sich Sorges Verdacht eines deutschen Überfalls auf die Sowjetunion. Zusammen mit dem Botschafter und dem Marineattaché verbrachte er viele Stunden mit der Diskussion von Hitlers Absichten, und augenscheinlich hatten die beiden gute Gründe für die Annahme, daß ein Krieg unmittelbar bevorstand. Die beiden Beamten glaubten, daß Hitler bereit sei, ein massives Risiko einzugehen und im Osten eine zweite Front zu eröffnen, ohne die Unterwerfung der Engländer durch seine Armeen abzuwarten. Ott ließ durchblicken, daß Hitler fest entschlossen sei, die Russen zu erledigen und die europäischen Gebiete der Sowjetunion zu erobern, wodurch Deutschland in den Besitz des Getreides und der Rohstoffe käme, die es zur Errichtung der absoluten Vorherrschaft über ganz Europa bräuchte.

Am 2. Mai faßte Sorge das, was er herausgefunden hatte, in einer Depesche zusammen, die Clausen vier Tage später nach Moskau sendete:

Möglichkeit des jederzeitigen Kriegsausbruchs ist sehr hoch, weil Hitler und seine Generäle zuversichtlich sind, daß Krieg mit UdSSR Kriegsführung gegen Großbritannien nicht im geringsten behindern wird.
Deutsche Generäle schätzen die Kampfkraft der Roten Armee für so niedrig ein, daß sie glauben, die Rote Armee werde im Laufe weniger Wochen vernichtet sein. Sie halten das Verteidigungssystem an der deutsch-sowjetischen Grenze für extrem schwach.

Sorge erfuhr, daß der Botschafter sich, was den kommenden Krieg betraf, derart sicher war, daß er Prinz Urach – der in offizieller Mission in Tokio war und in der Residenz wohnte – drängte, nach Hause abzureisen, bevor die Verbindung durch die Transsibirische Eisenbahn abgeschnitten wäre.

Entscheidung über Kriegsbeginn gegen UdSSR wird von Hitler allein getroffen werden, entweder schon im Mai oder im Anschluß an den Krieg mit England.
Doch Ott, der persönlich gegen einen solchen Krieg ist, ist momentan so skeptisch, daß er Prinz Urach bereits geraten hat, im Mai nach Deutschland abzureisen.[1]

In regelmäßigen Zeitabständen trafen Kuriere des deutschen Auswärtigen Amtes mit der Diplomatenpost nach einer zweiwöchigen langwierigen Reise quer durch Sibirien in Tokio ein. Die Kuriere wurden von Offizieren der drei Waffengattungen – Heer, Marine und Luftwaffe – und aus dem Generalstab eskortiert, die nach dem Rotationsprinzip ausgewählt wurden. Sorge strengte sich ganz besonders an, mit diesen Offizieren Freundschaft zu schließen, die er für eine »weitere äußerst wichtige Quelle meiner geheimen Aufklärungsarbeit« hielt.[2] Sie kamen ausnahmslos mit Empfehlungsschreiben hoher Beamter aus Berlin zu ihm.[3]

Wegen seiner Leistungen im Krieg war es ihm ein leichtes, das Vertrauen dieser Militärs zu gewinnen. Und die mittleren Offiziersdienstgrade fühlten sich durch die Aufmerksamkeiten eines so anerkannten Japankenners zweifellos geschmeichelt. Als einsame Soldaten fern der Heimat schätzten sie besonders Sorges Rat hinsichtlich der nächtlichen Freuden, die Tokio und Yokohama demjenigen boten, der sie zu finden wußte.

Die Besucher aus der Heimat waren in zweierlei Hinsicht wertvoll: Zum einen hatten sie in Japan Zugang zu militärischen Informationen, da ihre Aufgaben über die Bewachung der Diplomatenpost hinausgingen und jeder von ihnen in Erfüllung eines bilateralen Abkommens über den Austausch geheimen militärischen Materials mit einem speziellen Auftrag nach Tokio kam.

Während ihres Aufenthaltes nahmen sie mit den für die Beziehungen zu den Achsenpartnern zuständigen Offizieren in den Hauptquartieren der japanischen Armee oder Marine Verbindung auf. Im Austausch gegen Informationen über ihr jeweiliges Spezialgebiet – seien es nun Panzer, Artillerie oder Bombardierungstechniken – revanchierten sich ihre japanischen Gegenüber ihrerseits mit Spezialinformationen. Sorge zögerte nicht, sein eigenes Wissen über die interne Funktionsweise des japanischen Militärs unter Beweis zu stellen, und entlockte seinen neuen Freunden Informationen, ohne daß diese es merkten.

Zum zweiten erfuhr Sorge verläßliche Neuigkeiten über deutsche Truppenkonzentrationen in den an die Sowjetunion angrenzenden Gebieten Ostpreußens und Polens. Besonders Offiziere im Generalstab mit politischen Aufgaben lieferten ihm, ohne es zu ahnen, wertvolle Hinweise auf Hitlers Absichten. Ihr Auftrag in den ersten Monaten des Jahres 1941 lautete, die Japaner hinsichtlich der Hilfe, die Deutschland im Falle eines Überfalls auf Rußland zu gewärtigen hätte, auszuhorchen.

Beim Zusammenfügen der Hinweise fand Sorge seine schlimmsten Befürchtungen bestätigt. Der deutsche Aufmarsch im Osten war weit vorangeschritten. Ein schwerer Angriff auf die Sowjetunion erschien zunehmend unausweichlicher.

Dann, irgendwann im Mai, erhielt Sorge beunruhigende Nachrichten. Bewaffnet mit einem Empfehlungsschreiben Dirksens, des früheren Botschafters in Tokio, traf ein deutscher Major namens Niedermayer vom Reichskriegsministerium aus Berlin in Tokio ein. Im Vertrauen darauf, daß Sorge ein Geheimnis für sich behalten konnte, verbreitete dieser Offizier sich mit der Sicherheit eines Eingeweihten in aller Anschaulichkeit über die Strategie des Führers. »Im Gespräch mit Niedermayer erfuhr ich, daß der Krieg gegen die Sowjetunion bereits beschlossen war«, so Sorges eigene Worte.[4]

Niedermayer erklärte, daß Deutschland im Osten drei Ziele verfolge: erstens die Eroberung der Ukraine, der Kornkammer Europas; zweitens die Zwangsrekrutierung von ein bis zwei Millionen Kriegsgefangenen für Landwirtschaft und Industrie, um den Arbeitskräftemangel Deutschlands auszugleichen; drittens die Gefahr, die an Deutschlands östlicher Grenze existiere, ein für allemal auszuschalten. Im Gefängnis faßte Sorge zusammen, was der Major gesagt hatte:

Hitler dachte, daß, wenn er diese Chance verstreichen ließe, er keine zweite mehr bekäme. Mit anderen Worten, Hitler glaubte, wenn er einen Krieg führen wollte, dann müßte er es jetzt tun. Er dachte, es würde unmöglich sein, das deutsche Volk zu zwingen, erneut gegen die Sowjetunion in den Krieg zu ziehen, wenn der Krieg mit Großbritannien erst einmal vorbei sei.[5]

Durch den illegalen Funkverkehr, den staatliche Abhörstellen seit 1937 abfingen, war die japanische Polizei auf die Existenz eines in Tokio operierenden Spionagerings aufmerksam geworden. Mit ihrer Peilausrüstung konnten die Horchposten den Sender jedoch nicht lokalisieren, obwohl der ungefähre Standort bekannt war. Um das Risiko, aufgespürt zu werden, zu reduzieren, arbeitete Clausen schnell, schaltete das Funkgerät nur so kurz wie möglich ein, und manchmal unterbrach er die Sendung, um in ein anderes Haus auszuweichen.

In der Regel arbeitete er zwischen vier Uhr nachmittags und sieben Uhr abends oder am frühen Morgen, wenn die atmosphärischen Bedingungen am günstigsten waren. Clausens Sender hatte tagsüber eine Reichweite von 1500 und nachts von 4000 Kilometern. Man hatte ihm nicht gesagt, wo sich die Empfangsstation mit dem Codenamen »Wiesbaden« befand, aber er dachte sich, daß es wahrscheinlich Wladiwostok war – obwohl man ihm im Sommer 1941 zu verstehen gab, daß eine neue Station eingerichtet worden sei, die er in Khabarowsk vermutete. Die Reichweite des Senders war begrenzt, weil er gezwungen war, ohne Außenantenne zu arbeiten, die zu auffällig gewesen wäre.

Wie um ihre mageren Erfolge bei der Enttarnung von Spionen zu kompensieren, drängten frustrierte japanische Polizeibeamte auf mehr und schärfere Gesetze. Im März 1941 wurde das Gesetz zur Sicherung des Friedens revidiert; die Strafen wurden verschärft und die polizeilichen Ermittlungsbefugnisse erweitert. Dieses Gesetz, 1925 zur Verfolgung von Agenten der Komintern erlassen, war in der Praxis das Hauptinstrument, um Kommunisten und andere »Gedankenverbrecher« an die Kandare zu nehmen.

Im Mai 1941 trat das Gesetz zur Verteidigung der Staatssicherheit, das auf die Wahrung von Staatsgeheimnissen abzielte, in Kraft. Dieses Gesetz weitete die Definition dessen, was als Staatsgeheimnis galt, auf diplomatische, wirtschaftliche und politische Angelegenheiten aus. Militärische Geheimnisse waren bereits durch das zur Jahrhundertwende verabschiedete Gesetz zum Schutz militärischer Geheimnisse und das Gesetz zum Schutz militärischer Ressourcen aus dem Jahr 1939 abgedeckt. Auf Zuwiderhandlungen stand die Todesstrafe.

Um die Batterie repressiver Gesetze zu rechtfertigen, schürten die Behörden mit pausenlosen Warnungen, daß Japan von Spionen durchsetzt sei, die danach trachteten, das Gebäude der Nation zu unterminieren, eine regelrechte Agentenhysterie. Von Zeit zu Zeit wurden Kampagnen veranstaltet, so vom 11. bis zum 17. Mai die »Nationale Spionageschutzwoche«. Höhere Polizeibeamte baten die Öffentlichkeit beim Aufspüren der Geheimagenten, die überall herumschlichen, um Mitarbeit; fremde Mächte hätten Augen am Himmel und Ohren unter jeder *tatami*-Matte. Ganz Tokio war urplötzlich übersät mit bunten Plakaten, die Soldaten und Zivilisten gleichermaßen mit Slogans wie »Vorsicht, Spione!« und »Kampf den Spionen – das geht jeden an!« ermahnten, sorglose Reden zu unterlassen.

Alle diese Kampagnen waren nichts als ein Sturm im Wasserglas und, soweit Sorge davon betroffen war, mehr eine Unannehmlichkeit als eine wirkliche Bedrohung. Während der »Nationalen Spionagschutzwoche« mußten die Leiter der *tonarigumi*, der Wohnviertel-Gemeinschaften, der Polizei melden, wer in den Häusern von Ausländern verkehrte. Sorge sagte vorsichtshalber alle Treffen mit Ozaki und Miyagi ab, bis der Tumult vorbei war. Ein paar fieberhafte Tage lang war es für einen Japaner klüger denn je, einen großen Bogen um Ausländer zu machen.

In den vergangenen sechs Jahren hatten Ozaki und Sorge sich regelmäßig etwa einmal im Monat in einem Restaurant getroffen. Gelegentlich aßen sie abends oder mittags im Ritz in Hibaya, bei Lohmeyer in Nishi-Ginza oder im Restaurant Asien im Gebäude der Südmandschurischen Eisenbahn, wo Ozaki arbeitete. Doch Sorge liebte japanisches Essen, und so reservierte sein aufmerksamer Gastgeber häufig einen Raum in einem seiner Lieblings-*ryotei*, wie dem Kagetsu in Tsukiji, dem

Izumi in Takanawa oder dem Saganoya in Atagoyama. Diese Restaurants der obersten Kategorie boten zudem eine gewisse Privatheit. Aber als die Spionage-Paranoia schlimmer wurde, entwickelten die Mädchen, die bei Tisch bedienten, die beunruhigende Angewohnheit, Ozaki, wenn auch überaus höflich, zu fragen, wer denn sein Gast, der blauäugige *gaijin*, sei. Augenscheinlich hatten sie Order von der Polizei, Treffen von Japanern mit ausländischen Gästen zu melden.

Um dieser lästigen Überwachung zu entgehen, beschlossen Sorge und Ozaki Ende 1940, es sei an der Zeit, sich von alten Gewohnheiten zu verabschieden. Sorges Haus in Nagasaka-cho bot mehr Privatheit, so daß sie sich künftig in Abständen von zwei oder drei Wochen hier zusammensetzten. Kurz nach Ausbruch des Krieges zwischen Deutschland und Rußland begannen sie, sich einmal wöchentlich, montags, bei Sorge zu Hause zu treffen. Alternativtreffpunkt blieb das Restaurant Asien.

Am Donnerstag, dem 15. Mai, fuhr Sorge wie gewöhnlich im ersten Morgengrauen zur Botschaft, um das tägliche Nachrichtenbulletin der deutschen Gemeinde, den *Deutschen Dienst*, zusammenzustellen. Der kleine blaue Datsun ächzte den steilen Hang hinter dem Amtssitz des Ministerpräsidenten hinauf, bevor er auf dem Boulevard hinter dem neuen Reichstagsgebäude, der leeren Hülle der todgeweihten Demokratie Japans, auf Touren kam. An der Botschaft winkte ihn der Pförtner durch, als er das bekannte Gesicht sah, und Sorge fuhr hinüber zum Parkplatz zwischen Alter und Neuer Kanzlei. Hier fühlte er sich völlig zu Hause. In den Büros, der Residenz des Botschafters, den Nebengebäuden und im umgebenden Garten mit seinen gepflegten Rasenflächen und den Blumenbeeten, überschattet von Kiefern, Ahorn- und Kirschbäumen, kannte er jeden Winkel. Nur die ranghöchsten Diplomaten hatten das Glück, innerhalb des ruhigen, parkartigen Compound zu wohnen. Etwas abseits von der großen Villa des Botschafters waren zwei kleinere Häuser dem Gesandten und dem Kanzleichef vorbehalten.

Die verschiedenen Abteilungen der Botschaft waren in vier Gebäuden untergebracht, die um diese Uhrzeit meist leer waren. Die von Dr. Alois Tichy geleitete Wirtschaftsabteilung befand sich in der westlichen Ecke des Compound. Von hier aus führte ein Pfad an den rückwärtigen Unterkünften der Dienstboten, die hinter der Residenz des Botschafters lagen, vorbei zu den Räumlichkeiten der Waffenattachés – Heer, Marine und Luftwaffe. Daran schloß sich das Neue Kanzleigebäude an, das die politische Abteilung unter Hans Ulrich von Marchtaler und die Verwaltungsabteilung beherbergte und in dessen erster Etage sich der Chiffrierraum befand, wo der Telegrammverkehr abgewickelt wurde.

Ein Stückchen dahinter gabelte und verbreitete sich der Pfad. Zur einen Seite hin lagen die Garagen für die Dienstwagen und der rückwärtige Eingang des Compound, eine reichlich ausgetretene Route zum benachbarten Kriegsministerium. Ging man geradeaus weiter, gelangte man zur Alten Kanzlei, einem roten Backsteingebäude, das an ein deutsches Postamt aus Kaiser Wilhelms Zeiten erinnerte.

Hier arbeitete Sorge in offizieller Funktion. Es war die Idee des Botschafters gewesen, ihn als Teilzeitkraft in der Pressestelle zu beschäftigen. Zunächst hatte Sorge sich gesträubt, weil ihm alles Bürokratische gegen den Strich ging. Als dann im September 1939 der Krieg in Europa ausbrach, gab er Otts Drängen nach, daß er mit der Redaktion des *Deutschen Dienstes* dem Vaterland diene.

Die Stelle brachte eine Reihe von Vorteilen mit sich. Sie verlieh ihm einen offiziellen – wenn auch keinen diplomatischen – Status, ein großzügiges Gehalt und versorgte ihn zu einer Zeit mit nützlichen Vergünstigungen wie Benzinzuteilungen, als japanische Autofahrer durch Einschränkungen gezwungen waren, auf ungenügende Ersatzstoffe wie Holzkohle zurückzugreifen. Überdies verlieh sie ihm die vom bürokratischen Standpunkt aus höchst bedeutsamen formalen Weihen, die ihm selbst als engster Vertrauter des Botschafters gefehlt hatten, und verschaffte ihm einen unanfechtbaren Vorwand, zu den seltsamsten Tages- und Nachtzeiten in der Botschaft herumzuwandern.

Sorge stieg die düstere Treppe zur Presseabteilung in der ersten Etage hinauf. Das um diese Stunde stille Erdgeschoß beherbergte die Bibliothek, das Büro des Rundfunkattachés und die Kulturabteilung – das Reich von Reinhold Schulze, dem ranghöchsten Nazi in Japan. (Als Obergebietsführer der Hitler-Jugend rangierte er nur einen Dienstgrad unter

Baldur von Schirach, dem Reichsjugendführer.⁶) Sämtliche Botschaftsangehörigen waren »Pgs« (*Parteigenossen*, Mitglieder der NSDAP), manche aus Überzeugung, manche aus Notwendigkeit. Parteimitgliedschaft war Voraussetzung für eine Tätigkeit in der Bürokratie des Dritten Reiches.

Für die Presseabteilung verantwortlich war Ladislaus Graf Mirbach-Geldern, aalglatt und arrogant, ein glühender Nazi und voller Verachtung für den »Pöbel«, der erst nach Hitlers Aufstieg zur Macht in Scharen in die Partei eingetreten war. Auch für Sorge hatte er nur Spott übrig. Ihm fehle, so äußerte er gegenüber Freunden, Vornehmheit, Kultur und journalistisches Talent.

Wenn Sorge morgens eintraf, war der Dienst von Claus Lenz, der über Nacht den Nachrichteneingang überwachte, beendet. Seine Aufgabe war es, auf den Hellschreiber* im Funkraum aufzupassen und die einzelnen Meldungen – den deutschen Wehrmachtsbericht, den italienischen Heeresbericht und die Depeschen des Deutschen Nachrichtenbüros –, die nach und nach eingingen, abzureißen. Bei Tagesanbruch wartete ein ganzer Stoß Papier darauf, von Sorge zerschnitten und wieder zusammengeklebt zu werden, eine Aufgabe, die den Intellekt auf keine allzu harte Probe stellte.

Das Material mußte zum vierseitigen *Deutschen Dienst* zusammengefaßt werden, dem Mitteilungsblatt, das sich an die in Japan lebenden deutschen Staatsbürger wandte. Der Wehrmachtsbericht mit Meldungen über den Krieg gegen Großbritannien (und bald auch gegen Rußland) wurde ohne redaktionelle Eingriffe übernommen, hinzu kamen Nachrichten aus der Heimat über außergewöhnliche Stürme und Zugunglücksfälle. Wie sehr Sorge es auch herabsetzte, das kleine Bulletin erfüllte ein Bedürfnis: Der deutsche Missionar auf Hokkaido, der Ingenieur in Nagoya, der Reeder in Kobe, sie alle warteten ungeduldig auf das Eintreffen dieses Bindeglieds zur Heimat.⁷ Nach der Textredaktion, die nur etwa eine Stunde dauerte, waren die Seiten fertig zum Kopieren. Jetzt erschienen die japanischen Mitarbeiter, und es war Zeit fürs Frühstück mit dem Botschafter, das beinahe schon zur täglichen Routine geworden war.

---

* Gerät zur elektronischen Buchstabenübertragung per Lochstreifen.

An diesem Donnerstag war strahlend blauer Himmel, nur hier und da unterbrochen von ein paar Wolken, die eine kühle Brise von Zeit zu Zeit wegblies, und die beiden Männer nahmen ihre Lieblingsplätze auf dem kleinen Rasen neben dem Arbeitszimmer des Botschafters ein. (Bei schlechtem Wetter saßen sie in dem vor Pflanzen überquellenden Wintergarten, der linker Hand lag, wenn man die Residenz durch den Haupteingang betrat.) Während der Boy Kaffee und frische Brötchen brachte, die von der deutschen Bäckerei geliefert wurden, berichtete Sorge Ott von den nachts über den Drucker eingegangenen Meldungen. Es folgte eine Besprechung der jüngsten vertraulichen Mitteilungen aus Berlin, die von den Mitarbeitern im Chiffrierraum entschlüsselt worden waren.

Gegen neun Uhr, als der Botschafter sich zur morgendlichen Konferenz mit den Abteilungsleitern verabschiedete, schaute Sorge auf ein Wort mit Otts Frau in der Residenz vorbei. Als er die Eingangshalle betrat, tauchte aus einem der Zimmer plötzlich eine fremde Frau mittleren Alters auf. Einen Augenblick lang standen die beiden verlegen da und beäugten einander, aber dann erschien Helma Ott – sie hatte sich in der Rumpelkammer unter der Treppe zu schaffen gemacht. »Ach, Sie kennen sich nicht. Sorge – Frau Harich-Schneider.«[8]

Sorge kannte den Namen. Margareta Harich-Schneider war in Europa eine gefeierte Cembalistin, und ihre Konzerte ernteten im Feuilleton der *Frankfurter Zeitung* begeisterte Kritiken. Er musterte sie neugierig, registrierte die schlanke Figur, den blühenden Teint, die rosaroten Lippen, eine freche Nase und fragend hochgezogene Augenbrauen. Sorge, der ein weißes Hemd mit weit offenem Kragen und eine verknitterte Hose trug, verbeugte sich übertrieben förmlich und setzte ein theatralisches Lächeln auf: »Kein ... ganz ... unbekannter ... Name«, sagte er, wobei er jede Silbe effekvoll in die Länge zog. Dann wandte er sich um und war verschwunden.

Margareta – oder Eta, wie sie lieber genannt werden wollte – war verblüfft von diesem seltsamen Gebaren. Noch interessanter war das Aussehen des Fremden: die scharfen Furchen zwischen Nase und Mundwinkeln, die hohen Wangenknochen, die vorspringende Stirn. Ein markantes

Gesicht, dachte sie, aber es hatte etwas Dämonisches. Auch von der unergründlichen Tiefe seiner blauen Augen, die, wie sie bemerkt hatte, ständig auf der Hut ruhelos hin und her wanderten, war sie beeindruckt.

»Wer war der interessante Mann?« fragte Eta.

»Ein Journalist, *Frankfurter Zeitung*«, erwiderte die Gattin des Botschafters, wobei sie scharf hinzufügte: »Der macht sich nichts aus Frauen.«

Warum um alles in der Welt meinte Helma, so etwas über einen Fremden ausplaudern zu müssen? dachte Eta bei sich. Die seltsame Bemerkung blieb ihr im Gedächtnis haften und färbte ihre Meinung über Sorge, bis ihr schließlich dämmerte, daß die Gattin des Botschafters die Wahrheit auf den Kopf gestellt hatte.

Auch Erich Kordt, der soeben in Japan eingetroffen war, würde seine erste Begegnung mit Richard Sorge inmitten der Nationalen Spionageschutzwoche nicht so schnell vergessen. Der frisch ernannte Gesandte an der Deutschen Botschaft traf Sorge gegen Mitternacht im Hotel Imperial, als er sich gerade von einem befreundeten deutschen Diplomaten verabschieden und ins Bett gehen wollte.

»Ich möchte Sie mit Dr. Sorge bekanntmachen«, sagte sein Freund, als er den Journalisten an seinem üblichen Tisch in der Bar der Hotellobby entdeckte.[9] Kordt kannte den Namen und hatte schon einiges vom Ruf dieses Mannes gehört: Sorge galt als Mann, der Frauen liebte, der gern trank und nichts auf Konventionen gab. Trotzdem war er erstaunt festzustellen, daß der führende deutsche Journalist in Tokio eine ungepflegte Erscheinung war, nach Alkohol stank und sich, zumindest heute nacht, äußerst angriffslustig gebärdete.

Beinahe vom Fleck weg versuchte Sorge eine Auseinandersetzung zu provozieren, indem er Hohn und Spott über die Versuche Außenminister Ribbentrops ausgoß, Japan in Deutschlands Krieg mit Großbritannien hineinzuziehen. Sorge hatte herausgefunden, daß Ribbentrop Kordt mit Instruktionen nach Tokio entsandt hatte, Japan zu einem Angriff auf das britische Empire in Singapur anzustacheln, ein Unterfangen, mit dem Ott und sein Mitarbeiterstab bereits restlos Schiffbruch erlitten hatten. Kaum waren sie einander vorgestellt worden, da meinte Sorge auch schon, daß Kordt nicht mehr Erfolg haben würde als der Botschafter. »Die Japaner werden bestimmt nicht gegen Singapur zu Felde ziehen, wie ihr das wohl in Berlin möchtet. Sie sind zwar Seeräuber, aber den Gefallen tun sie euch nicht.« Anschließend gab er dem Neuankömmling einen guten Rat: »Es ist nicht so leicht, mein Freund, die Japaner zu ergründen ... Aber ich weiß hier Bescheid, nächste Woche wird es sich entscheiden, ob man sich wieder mit den Amerikanern zusammensetzt oder nicht.«

Außenminister Matsuoka hatte sich ganz auf die Seite der Achse geschlagen. Er stand fest zu Deutschland. Ministerpräsident Konoe tat das nicht. Ihm ging es vor allem darum, Ärger mit den Vereinigten Staaten aus dem Wege zu gehen.

Sorge erzählte Kordt, daß Tokios kürzlich ernannter Botschafter in Washington, Admiral Nomura, Gespräche mit dem State Department führe und bestrebt sei, die beiden Staaten von ihrem momentanen Kollisionskurs abzubringen. Im Augenblick sei dies für Japan wichtiger als eine Allianz mit Deutschland.

Kordt war erstaunt. Es war das erste Mal, daß er vom Dialog zwischen Japan und den Vereinigten Staaten hörte, und die Vorstellung, daß die Japaner heimlich versuchten, mit den Amerikanern ein Geschäft zu machen, kam ihm absurd vor.

»Erlauben Sie mir den Hinweis, Herr Doktor Sorge, daß Sie sich völlig im Irrtum befinden. Ich kann nicht glauben, daß die japanische Regierung hinter dem Rücken Hitlers mit den Amerikanern verhandelt! Das würde den Dreimächtepakt ad absurdum führen.«[10]

»Ja, das geht über Ihren Horizont!« sagte Sorge in rüdem Ton.

Daß er Kordt vom ersten Moment an nicht leiden konnte, wissen wir aus Bemerkungen Sorges gegenüber Freunden. Kordt verkörperte alles, was Sorge verachtete – ein geleckter, vorsichtiger, karrierebewußter Bürokrat, Handlanger Außenminister Ribbentrops, ein bedingungsloser Diener des Tausendjährigen Reiches.

Kordt weigerte sich zu glauben, daß Japan vom Dreimächtepakt, dem Grundstein seiner Außenpolitik, abweichen könnte. In diesem Stadium vermutete er, daß Sorges Gerede über Japan und Amerika und die Suche nach einer Einigung ein haltloses Gerücht war – und genau das sagte er auch. Sorge erwiderte:

»... aber warten Sie, ich kann Ihnen übernächste Woche alle Einzelheiten bringen. In dieser Woche ist gerade ›spy-week‹ – ›Spionagewoche‹ –, jedes Tonarigumi muß der Polizei melden, welche Ausländer im Block wohnen und wer mit ihnen verkehrt. Daher kommen meine Freunde erst nächste Woche wieder zu mir. Dann kümmert sich niemand mehr um sie. Die Japaner sind noch größere Bürokraten als ihr in Deutschland.«[11]

Sollte Sorge in jener Nacht versucht haben, beleidigend zu sein, dann war ihm das voll und ganz gelungen. Ein »rechter Aufschneider«, schrieb Kordt später in seinen Aufzeichnungen, wobei er anmerkte, daß der Cognacgenuß Sorge streitsüchtiger als sonst gemacht haben könnte. Trotzdem seien Sorges blaue Augen auch nach stundenlangem Trinken immer noch wach und aufmerksam gewesen, eine Tatsache, der der Diplomat seine Bewunderung nicht versagen konnte.

Dieser erste negative Eindruck würde bis ganz zum Schluß nachklingen, auch wenn Kordt rasch einsah, daß Sorge tatsächlich, wie Kollegen ihm versichert hatten, ein erstklassiger Japankenner war. Sorge hielt Wort und kam bald nach dieser ersten Begegnung in das Büro des Gesandten, wo er mit brauchbaren Einblicken in Japans Geheimgespräche mit Amerika aufwartete. Auch der Botschafter bezog einen Gutteil seiner Informationen über die geheimen japanisch-amerikanischen Unterredungen von Sorge, was Otts Meinung über ihn als »Mann, der alles weiß«, bestärkte.

Die Gefahr, daß Japan und Amerika ihre angespannten Beziehungen verbessern könnten, beunruhigte Ott zutiefst. Er erfuhr (aller Wahrscheinlichkeit nach durch Sorge), daß Amerika Druck auf Japan ausübte, sich aus der Achse zurückzuziehen. Gerüchte über schmutzige Tricks der Japaner wurden durch ihren Versuch genährt, die Deutschen über die Washingtoner Verhandlungen im dunkeln zu lassen. Von dieser Wendung der Ereignisse peinlich berührt, bat Ott Außenminister Matsuoka um die Zusicherung, daß Japan weiterhin fest zum Dreimächtepakt stand.[12]

Unwissentlich war Ozaki beinahe schon zum deutschen Informanten geworden, weil er die Informationen lieferte, mit deren Hilfe Sorge seine Reputation bei den deutschen Beamten aufbesserte. Ozakis Insiderwissen über die Amerikapolitik der japanischen Regierung kam Sorge sehr zustatten. Die Informationen der Deutschen über den Fortgang des japanisch-amerikanischen Dialogs wurden im Jahr 1941 einige Monate lang durch das Medium eines Sowjetspions gebrochen. Indem Sorge Ott und Kordt auf geheime Geschäfte zwischen Japanern und Amerikanern aufmerksam machte, trug er außerdem dazu bei, die Atmosphäre innerhalb der Achse zu vergiften. Je brüchiger die Vertrauensbasis zwischen Tokio und Berlin wurde, desto weniger konnte die japanisch-deutsche Allianz den sowjetischen Interessen entgegenarbeiten.

Ein Diplomat, der 1941 in der Deutschen Botschaft Dienst tat, bestätigt, daß Sorge die deutsche Seite über die Verhandlungen, die in erster Linie in Washington stattfanden, auf dem laufenden hielt: »Wir erfuhren über sie nur etwas aus der amerikanischen Presse, etwas von unserer Botschaft in Washington und manches auch von Richard Sorge.«[13]

Die Russen hatten ihre eigenen Gründe, die Entwicklung der japanischen Beziehungen zu Amerika zu verfolgen. Sorge und Ozaki hielten die Augen offen, obwohl sie erst im September Zeit fanden, sich voll und ganz auf diese Angelegenheit zu konzentrieren. Ozaki war der Meinung, daß die Sowjetunion nur profitieren könne – egal, ob Tokio und Washington ihre Differenzen nun beilegten oder es zu bewaffneten Auseinandersetzungen käme. Er erklärte:

> Wenn Japan und die USA zu einer Übereinkunft kommen, wird dies Japan von Deutschland entfernen. Und in diesem Fall wird Japan sehr darauf achten, die Sowjetunion nicht zu verärgern. Andererseits, wenn die Gespräche scheitern, folgt daraus selbstverständlich, daß japanische Streitkräfte Richtung Süden vorrücken

werden. Sollte dies Japan in Konflikt mit Amerika und Großbritannien bringen, wird die Sowjetunion von einem japanischen Angriff verschont bleiben.[14]

Sorge fand diese Analyse allzu optimistisch.

> Das mag so sein. Aber die Beziehungen zwischen Tokio und Washington können sich nur verbessern, wenn die Japaner sich zumindest zu einem allmählichen Truppenabzug aus China bereit erklären. Sagen wir, daß es Japan, um die Amerikaner zufriedenzustellen, gelingt, mit der Tschungking-Regierung Frieden zu schließen. In diesem Fall könnte die japanische Armee ihre Truppenstärke verringern und sich möglicherweise nordwärts wenden, gegen die Sowjetunion.

Dies war der Kernpunkt, warum Moskau sich für die japanisch-amerikanischen Verhandlungen interessierte. Solange die Hälfte der japanischen Armee durch die Kämpfe in China gebunden war, bestand die Gefahr eines Angriffs auf Rußland nur sehr eingeschränkt. In diesem Sinne war eine Beilegung des langwierigen »China-Zwischenfalls« aus russischer Sicht nicht wünschenswert. Folglich war Sorge gehalten, neben seinen anderen Verpflichtungen jeden Schlag im Schattenboxen zwischen Japan und Amerika genau zu verfolgen.

Sorge berichtete auch dem Leiter des Deutschen Nachrichtenbüros in Berlin, Wilhelm von Ritgen, von den japanisch-amerikanischen Gesprächen. Der Reihe nach wurden die Berichte vom deutschen Geheimdienst gelesen. Walter Schellenberg, seit Juni 1941 Chef des Auslandsnachrichtendienstes im Reichssicherheits-Hauptamt, maß dem Material große Bedeutung bei:

> Zu jener Zeit hatte Sorge uns gerade eine Lagebeurteilung übermittelt, wonach er den Beitritt Japans zum Dreimächtepakt als eine bloße politische Manipulation bezeichnete, der für Deutschland

keine reale militärische Bedeutung zukomme. (Nach Beginn des Rußlandfeldzuges wies er auch darauf hin, daß Japan an seinem Nichtangriffspakt mit Rußland unter allen Umständen festhalten werde.)[15]

Sorges Beziehung zum deutschen Geheimdienst ist interessant. Abgesehen von Schellenbergs Aufzeichnungen und einigen zweideutigen Hinweisen gibt es nur Spekulationen. Auch wenn wir keine gesicherten Erkenntnisse besitzen, gibt es doch plausible Gründe für die Annahme, daß Sorge kraft der offiziellen Aufträge, die er annahm, nach und nach in das Netz der deutschen Spionage hineingezogen wurde. Das wenige vorhandene Beweismaterial deutet darauf hin, daß er vom Reichssicherheits-Hauptamt, vom deutschen Oberkommando und vom Deutschen Nachrichtenbüro (das sich bis 1941 effektiv zu einem Zweig der deutschen Abwehr entwickelt hatte) ebenso bezahlt wurde wie vom Auswärtigen Amt.

Der Gedanke entbehrt nicht einer gewissen Ironie, daß Offiziere der Wehrmacht und Beamte im RSHA Sorges Dienste mehr zu schätzen wußten als seine Vorgesetzten in Moskau; und daß sie, selbst als Zweifel bezüglich seiner wahren Loyalität auftauchten, nur ungern auf ihn verzichteten.[16]

Der Botschafter fürchtete, daß Sorge auf die schiefe Bahn geriet. Der Botschaft war eine Reihe von Autounfällen zu Ohren gekommen, bei denen er betrunken gegen Mauern und Telegrafenmasten gefahren war. Man erzählte Ott, daß Sorge sich mit eingefleischten Nazis lautstarke Rededuelle liefere, die hier und da in Handgreiflichkeiten ausarteten, wenn das Gespräch sich um Politik drehe. Der Botschafter hatte Angst, daß man höheren Orts in Berlin Wind von den wilden Eskapaden des Journalisten bekäme, der in der Botschaft eine Vertrauensstellung bekleidete. Er glaubte, Sorges vom Alkohol umnebelter Verstand sei für sein zunehmend unberechenbares Verhalten verantwortlich und daß die Sache durch ein Nervenleiden verschlimmert wurde, das auf den verheerenden Motorradunfall im Jahr 1938 zurückging. Was immer auch die Ursache war, Ott mußte seine eigene Position schützen. Neben Meisinger, dem Gestapo-Mann, und Kordt, den er im Verdacht hatte, Ribbentrops Spion in Tokio zu sein, gab es in seinem Mitarbeiterstab noch zwei höhere Nazifunktionäre. Unruhig und unsicher, wie er war, hatte Ott das Gefühl, alle warteten nur darauf, daß er einen falschen Schritt tat.

Irgendwann im Mai unternahm er einen halbherzigen Versuch, Sorge loszuwerden, bevor es zu einem wirklich ernsten Skandal käme. Prinz Albert von Urach, ein Freund der Familie, wohnte zu der Zeit in der Residenz, und der Botschafter bat ihn um Hilfe:

> Man muß etwas unternehmen wegen Sorge. Der Mann säuft mehr als je zuvor und wirkt in letzter Zeit wie ein nervöses Wrack. Das wirft nicht nur auf die Botschaft ein schlechtes Licht. Ich habe so die böse Vorahnung, daß einmal etwas passieren könnte, irgend etwas recht Unangenehmes. Selbstverständlich geht der gute Name der Botschaft über alles.
> Ich schlage folgendes vor: Wenn Sie nach Hause fahren, nehmen Sie Sorge mit. Ich werde alles tun, was ich kann, damit er eine gute Stellung in der Berliner Presse erhält. Sie und er sind gute Freunde, und ich schlage vor, Sie reisen zusammen nach Hause.[17]

Urach stand im Begriff, Japan zu verlassen. Ott, der vor den heraufziehenden Feindseligkeiten zwischen Deutschland und der Sowjetunion gewarnt war, hatte darauf bestanden, daß er schleunigst nach Hause zurückkehrte.

Der Prinz verstand sich ausgezeichnet mit Sorge: Bei einem früheren Besuch hatte er auf seinem Sofa übernachtet und war, sehr zum Verdruß seines Gastgebers, davon ausgegangen, daß Gastfreundschaft auch das Recht einschloß, mit Hanako herumzuschmusen. Aber er kannte Sorges heftige Abneigung gegen den Nationalsozialismus und sah kaum eine Chance, ihn dazu zu überreden, sein freies, ungebundenes Leben in Tokio gegen die kriegsbedingten Einschränkungen in Deutschland einzutauschen. Widerstrebend willigte er ein, es zu versuchen.

Das Ergebnis war wie erwartet. Sorge trank den Whisky, den der Botschafter besorgt hatte, und schickte ihn mit seiner Antwort zurück zu Ott: Nein, er denke nicht daran. Nichts würde ihn in dieses große KZ Deutschland zurückkriegen![18]

Der Botschafter schaute bestürzt drein. Höflich erkundigte sich der Prinz, warum er Sorge nicht selber gefragt habe.

»Herr Botschafter, Sie und Sorge sind immer zusammen, bei allem Respekt, ich unterstelle, daß Sie ihn doch sicher mit schlagenderen Argumenten überzeugen könnten als jemand wie ich, der einfach weiß, wie schlecht die Dinge in Kriegsdeutschland stehen. Könnten Sie nicht selber mit ihm reden?«

Ott schüttelte den Kopf.

»Das geht doch nicht, ich bin doch sein Freund!«[19]

Das war das Dilemma. Der Botschafter fürchtete, daß sein guter Freund und bewährter Ratgeber zu einer Belastung würde, aber ihm fehlten der Wille und die Strenge, einen sauberen Bruch herbeizuführen, wie es Pflicht und gesunder Menschenverstand geboten hätten. Es sollte sich herausstellen, daß eine große Katastrophe abgewendet worden wäre, wenn Ott das Problem im Mai 1941 entschlossener angepackt hätte.

Nach dem gescheiterten Versuch, Sorge nach Hause zu schicken, machte Ott so weiter wie bisher und tat, als sei alles in Ordnung. Seine Besorgnis um das seelische Gleichgewicht des Freundes untergrub in keinster Weise sein Vertrauen in die Loyalität Sorges. Mehrere der nachfolgenden Ereignisse zeigen dies in aller Deutlichkeit. Bald nach der peinlichen Episode schickte er Sorge als persönlichen Gesandten nach Schanghai und vertraute ihm das streng geheime Codebuch der Botschaft an.

Ebenso wie der Botschafter erlebte auch Hanako bei Sorge wilde Stimmungsumschwünge. Eines Nachts hörte sie ein unterdrücktes Schluchzen und fand ihn zusammengekauert auf dem Sofa im Arbeitszimmer, den Kopf in den Händen vergraben. Sie war entsetzt. Niemals zuvor hatte sie ihn in so einem Zustand erlebt; sie staunte, als sie sah, wie ein erwachsener Mann weinte. Sie ging zu ihm herüber, kniete sich neben ihn, und er bettete seinen Kopf in ihren Schoß und wand sich wie unter Schmerzen. »Sei wie eine ›*mama-san*‹«, bettelte er. Hanako war verdutzt und streichelte besänftigend seine Arme und seinen Rücken, bis er ruhiger wurde. Nach einer Weile hob er den Kopf und sah sie flehentlich wie ein Kind an. Was geschehen sei, fragte sie.

»*Sabishii* [einsam]«, erwiderte Sorge mit mitleiderregender Stimme.

»Einsam? Ich verstehe nicht.«

»Ich habe keine Freunde.«

»Was meinst du? Du hast Ott-san, Weise-san, Clausen-san. Du hast Freunde«, sagte sie. Eigentlich hatte sie ihn im Verdacht, auch andere Freundinnen zu haben – sie hatte eine im Haus herumliegende Fotografie von Frau Ott gefunden –, aber es war nicht der passende Augenblick, *das* zur Sprache zu bringen.

Sorge wollte nicht getröstet werden.

»Keine wirklichen Freunde«, wiederholte er. »Ich habe auf dieser Welt keine wirklichen Freunde.«[20]

Diese Episoden deuten Sorges seelische Verfassung im Frühjahr 1941 an; die Schlußfolgerung kann nur lauten, daß die Belastungen eines über siebenjährigen Hin und Her zwischen Licht und Schatten, als Spion, Journalist und Hilfskraft in der Botschaft, sich allmählich auf seine seelische Ausgeglichenheit auswirken. Den schneidigen, von sich überzeugten, auf die eigene Kraft vertrauenden zielstrebigen Mann der Tat aus den frühen dreißiger Jahren gibt es nicht mehr. An seiner Statt erleben wir einen einsamen, von Selbstmitleid überfließenden Neurotiker.

Die wilden Sauftouren durchzieht ein Drang zur Selbstzerstörung. Verschlimmert wird die seelische Qual zweifellos durch beunruhigende Hinweise darauf, daß seine Vorgesetzten in Rußland dem Material, das er ihnen schickt, mißtrauen und seine Warnungen vor einem drohenden deutschen Überfall ignorieren. Einige der Mitteilungen der Vierten Abteilung, die eintreffen, klingen schrill. Wenn seine Aktien in Moskau so schlecht stehen, was erwartet ihn dann künftig? Deutschland gleicht einem riesigen Konzentrationslager, Japan ist eine Insel der Einsamkeit und Rußland eine recht zweifelhafte Aussicht für einen in Ungnade gefallenen Spion.

Im Laufe des Sommers sollte er ernstlich eine Flucht nach Schanghai in Erwägung ziehen, dem vielleicht besten Schlupfloch überhaupt. Im Mai, als er in Botschaftsangelegenheiten nach China geschickt wurde, hatte er eine Chance zu entkommen, ergriff sie aber nicht.

Am 17. Mai – einem Sonnabend – fuhr Sorge zum Außenministerium, um sich einen befristeten Diplomatenpaß abzuholen. Er reise auf dringende Bitte von Botschafter Ott in Angelegenheiten der deutschen Mission nach Schanghai.

Ott war beunruhigt. Er wußte, daß Japan und die Vereinigten Staaten nach einer diplomatischen Lösung für die sich verschärfende Krise suchten. Hauptursache für die Reibungen war Japans militärisches Ausgreifen nach China; sobald Japan in einen Truppenrückzug aus China einwilligte, würde ein Großteil der Spannungen zwischen Tokio und Washington sich verflüchtigen. Trotz gegenteiliger Versicherungen Matsuokas fürchtete Ott, daß Japan die Bande zur Achse tatsächlich lockern oder gar aus der Allianz ausscheren könnte, um die Amerikaner zu beschwichtigen.

Der Botschafter hatte erfahren, daß Japan die Vereinigten Staaten gebeten hatte, ihren Einfluß auf die Tschungking-Regierung zu nutzen, um in dem Konflikt zu vermitteln. Das war eine höchst alarmierende Neuigkeit, obwohl es unwahrscheinlich schien, daß die japanische Armee in China – wie sehr sie auch ein Ende des Krieges wollte – irgendeinem Schritt des Kabinetts Konoe zustimmen würde, mit dem die Amerikaner in den Friedensprozeß einbezogen würden.

Alles in allem war Ott von den jüngsten Entwicklungen verwirrt und wandte sich wie gewöhnlich an den Mann, auf den er sich stets verlassen konnte, wenn er in der Klemme saß. »Ich wäre Ihnen dankbar, wenn Sie kurz nach Schanghai fahren würden und mir einen Bericht von der Stimmung in den verschiedenen japanischen Kreisen in China geben könnten«, sagte Ott. »Versuchen Sie herauszufinden, was man dort von diesen Gerüchten hält, daß die Amerikaner eingeladen würden, als Friedensvermittler tätig zu werden.«[21]

Vor seiner Abreise machte Sorge noch zwei Depeschen für Moskau fertig. Beide sind auf den 19. Juni datiert, und aus den Originalen der Telegramme ist ersichtlich, daß Clausen sie zwei Tage später durchgab. In der ersten Mitteilung warnte er, der deutsche Überfall könne vor Ende des Monats beginnen:

> Neue Bevollmächtigte, die aus Berlin hier eintrafen, sagten, daß der Krieg zwischen Deutschland und UdSSR Ende Mai beginnen könnte, weil sie Befehl hätten, bis dahin nach Berlin zurückzukehren. Sie sagten aber auch, daß es möglich sei, daß die Gefahr sich in diesem Jahr legte. Sie berichteten, daß Deutschland über neun Armeekorps, bestehend aus 150 Divisionen, verfügt.[22]

Die zweite Mitteilung befaßte sich mit den japanisch-amerikanischen Verhandlungen und ihren Auswirkungen auf Deutschland:

> Otto [Ozaki] zufolge und laut Quellen des deutschen Botschafters Ott schlugen USA durch [US-Botschafter] Grew Japan vor, eine neue, freundschaftliche Beziehung aufzubauen. USA boten an, auf der Basis japanischen Truppenabzugs zwischen Japan und Tschungking zu vermitteln, Japans Sonderstellung in China anzuerkennen und besonderen wirtschaftlichen Status zu gewähren.
> USA boten auch an, wirtschaftlichen Forderungen Japans im Südpazifik besondere Beachtung zu schenken. Doch USA forderten, daß Japan Vordringen im Südpazifik stoppt und effektiv aus Dreimächtepakt ausschert.

Sorge teilte Moskau außerdem mit, daß die Gespräche zwischen Japan und den USA während Matsuokas Europareise weitergegangen seien, der, so sehr er es auch gewünscht haben mochte, nichts habe tun können, um den Prozeß rückgängig zu machen. Genausowenig sei Matsuoka in der Lage zu helfen, wenn Botschafter Ott ihn immer wieder mit dem deutschen Wunsch bedränge, Japan solle Singapur angreifen. Der Außenminister hätte den deutschen Freunden gern den Gefallen getan, aber angesichts der Opposition eines starken Rivalen, des Innenministers Baron Hiranuma Kiichiro, und der Kaiserlichen Marine sei er machtlos:

> Um die Zeit, als Matsuoka nach Hause zurückkehrte, wurde überall für Verhandlungen Japan-USA agitiert. Folglich war es für Matsuoka zu spät, noch entschieden gegen USA Stellung zu beziehen und dem deutschen Wunsch betreffend Angriff auf Singapur zu entsprechen.
> Heftige Auseinandersetzungen gibt es zwischen aktiver Fraktion und Fraktion, die Abwarten befürwortet. Führer der letzteren Gruppe sind Hiranuma und Marine. Marine wird erst nach Eroberung des Sueskanals handeln, aber konkrete Schritte wahrscheinlich hinauszögern.
> Matsuoka war optimistisch, als er mit Botschafter Ott über diese internen Auseinandersetzungen sprach.

Sorge schloß seine Depesche mit einem Hinweis auf die Erwartungshaltung Botschafter Otts bezüglich der Reaktion Japans im Falle von Feindseligkeiten. Ott sei der Meinung, daß Japan in der Tat intervenieren könnte, aber nur, wenn Rußland besiegt und die Sowjetunion im Fernen Osten durch Truppenverlegungen von Sibirien an die Westfront geschwächt würde.[23]

Japan Air Transport flog täglich von Tokio über Osaka und Fukuoka nach Schanghai. Die Maschine startete, soweit das Wetter es zuließ, um 6.30 Uhr vom Flughafen Haneda. Planmäßige Ankunftszeit war 14.30 Uhr. Ein an das Flugticket angehefteter Merkzettel riet den Passagieren: »Bitte gehen Sie vor dem Flug zur Toilette, denn einige Maschinen haben keine Toiletten. An Bord bekommen Sie Sandwiches.«

Schanghai hielt viele wehmütige Erinnerungen für Sorge bereit. Hier war er im Jahr 1930 zum ersten Mal dem Zauber des Orients verfallen. Hier lagen die Wurzeln seines inneren Zwangs, in die Geheimnisse einer alten und vielschichtigen Kultur einzudringen. Und hier, in diesen von

Menschen wimmelnden und von fortwährendem Geschnatter erfüllten Straßen, hatte er das Hochgefühl verspürt, frei von Moskauer Einmischung sein eigenes Spionageunternehmen aufbauen und sein eigenes Urteilsvermögen schulen zu können.

Unter Freunden und Pressekollegen in Tokio machte Sorge aus seiner Sympathie und Zuneigung für die Chinesen und dem tiefen Abscheu, den er angesichts der japanischen Aggression empfand, keinen Hehl. Aber wenn er Zeitungsartikel schrieb oder mit der Bürokratie zu tun hatte, durfte er seine wahren Gefühle nicht durchscheinen lassen. In Schanghai legte er sich die »aufrichtige« Haltung zu, die die Japaner schätzten, und machte, bewaffnet mit Empfehlungen des deutschen Generalkonsuls, seine Runde durch das Nippon-Establishment – das Generalkonsulat, die Armee- und Marinekommandos und die Geschäftswelt.

Wie Sorge erwartet hatte, waren die Japaner trotzig:

> Etwa neunzig Prozent lehnten jede Friedensvermittlung kategorisch ab und sagten, daß Ministerpräsident Konoe und Außenminister Matsuoka, wenn sie versuchten, sie durchzudrücken, auf starken Widerstand stoßen würden. Ich gewann daraus den Eindruck, daß die japanisch-US-amerikanischen Verhandlungen zum Scheitern verurteilt waren.[24]

Sorge dürfte während dieses kurzen Besuchs in Schanghai kaum zur Ruhe gekommen sein, so voll war sein offizieller Terminkalender. Von seinen anderweitigen Verabredungen wissen wir nur, daß er Ehrengast bei einem Abendessen war, das der Chef des Deutschen Nachrichtenbüros gab, und daß er zum *Tiffin** in das Haus eines jungen Diplomaten – Erwin Wickert – eingeladen wurde, der sich daran erinnert, daß Sorge »kräftig« mit seiner neuen Braut flirtete.[25]

Sorge brauchte nicht bis zur Rückkehr nach Tokio zu warten, um Ott zu erzählen, was er herausgefunden hatte. Er schickte ein verschlüsseltes Telegramm, in dem er die Atmosphäre beschrieb und seine Analyse for-

---

* Angloindisch für Cocktail mit anschließendem Essen.

mulierte – und das Ott mit einem Gefühl der Erleichterung gelesen haben muß. Der Botschafter leitete diesen Bericht, »ohne einen einzigen Buchstaben zu verändern«, an die deutsche Regierung weiter.[26]

Man wird sich daran erinnern, daß Sorge mit den Codes der Deutschen Botschaft und der Wehrmacht mindestens seit 1936 vertraut war, als Ott, damals leitender Militärattaché, den deutschen Generalstab um Klärung bezüglich der geheimen Gespräche gebeten hatte, die zum Antikominternpakt führten. Bei der Gelegenheit hatte er damals lieber Sorge mit dem Entwurf der Mitteilung unter Benutzung des Wehrmachtcodes betraut als irgendeinen seiner Botschaftskollegen. Als persönlicher Abgesandter des Botschafters in Schanghai war Sorge nun befugt, mit der Tokioter Botschaft verschlüsselt zu kommunizieren.

Satzbücher und Chiffrierblöcke – die Schlüssel für den kodierten Nachrichtenverkehr – wurden im Chiffrierraum im Neuen Kanzleigebäude, der angeblich so sicher war wie ein Banktresor, unter Verschluß gehalten. Sorge jedoch war befugt, diese Materialien bei offiziellen Aufträgen zu benutzen. Man muß davon ausgehen, daß diese begehrten Schlüssel aus Japan herausgezaubert und Moskaus Codebrechern ausgehändigt wurden.

Der Umstand, daß Sorge im Mai 1941 mit einer heiklen Mission betraut wurde und Zugang zu den Codes erhielt, wirft eine interessante Frage auf. Die Folgerung kann nur lauten, daß der Botschafter von den Zweifeln des Reichssicherheits-Hauptamtes bezüglich Sorges wahrer Loyalität, die aus dem Jahr 1940 datierten, nichts wußte. Wenn Ott im unklaren gelassen wurde, dann deshalb, so dürfen wir mutmaßen, weil die Gestapo in Gestalt von Oberst Meisinger Anweisung hatte, weiterhin ein scharfes Auge auf den Chef der Botschaft zu werfen – genau so, wie Ott befürchtete.[27]

Wie der Flugplan von Japan Air Transport aus dem Jahr 1941 zeigt, legte die tägliche Maschine aus Schanghai in Fukuoka und Osaka Zwischenstopps ein, bevor sie um 16.30 Uhr in Haneda landete. Aller Wahrscheinlichkeit nach nahm Sorge den Flug am Dienstag, den 27. Mai;

sicher ist, daß er an diesem Abend in der Residenz des deutschen Botschafters aß.

Zusammen am Eßtisch mit dem Ehepaar Ott und Sorge saßen Eta Harich-Schneider, die Gast des Botschafters war, und der deutsche Generalkonsul, Herr von Balzer. Irgend etwas an Eta hatte Sorges Interesse geweckt, und bevor er sich an diesem Abend verabschiedete, lud er sie für den folgenden Nachmittag diskret zu einer Spazierfahrt ein.

Es war der Abend, an dem die betäubende Nachricht vom Verlust der *Bismarck* die Botschaft erreichte. Britische Torpedoflugzeuge hatten das 42 000-Tonnen-Schlachtschiff – das erst vor ein paar Monaten in Anwesenheit Hitlers vom Stapel gelaufen war – manövrierunfähig geschossen; anschließend hatte britische Schiffsflak dem Stolz der deutschen Flotte den Garaus gemacht. Marineattaché Paul Wenneker dürfte die Meldung, die um 20 Uhr eintraf, unverzüglich Botschafter Ott weitergegeben haben. Der Schock war allgemein. Am nächsten Tag herrschte düstere Stimmung in der Botschaft, wie Wenneker in seinem Tagebuch festhielt.[28]

Das dramatische Seegefecht im Nordatlantik beherrschte die Schlagzeilen der japanischen Zeitungen. Die Berichte betonten, daß die Deutschen einer überwältigenden britischen Seestreitmacht gegenübergestanden hätten und daß der Verlust der *Bismarck* durch die Versenkung des britischen Schlachtkreuzers *Hood* – »das größte Kriegsschiff der Welt« – ausgeglichen werde. Auf alle Fälle war der Verlust eine bedeutsame Delle in Deutschlands Rüstung, und einfühlsame Beobachter unter den Japanern nahmen zur Kenntnis, daß Hitler sich schrecklich lange Zeit ließ, seiner Prahlerei, er werde Britannien in die Knie zwingen, Taten folgen zu lassen. Wir können uns vorstellen, daß Sorge innerlich jubelte: Jeder Rückschlag für Hitler war eine ermutigende Neuigkeit.

Am Mittwoch trafen Worte der Anteilnahme von der japanischen Marine ein, und bis zum Wochenende quoll der Briefkasten der Botschaft über von mitfühlenden Briefen japanischer Bürger und Schulkinder, und in manchem fand sich eine Spende für die Familien der deutschen Seeleute. »In die Portokasse gelegt«, notierte der Marineattaché in sein Tagebuch.[29]

Der Nachmittag des 28. Mai, ein Mittwoch, als Sorge Eta Harich zu einer stürmischen Spritztour durch Tokio mitnahm, war sonnig und warm. Eta hatte seit ihrer Ankunft Mitte Mai jenseits der Mauern des Botschafts-Compound nur wenig von Tokio gesehen. Die Ottsche Residenz schlug ihr aufs Gemüt – der endlose Klatsch, die Intrigen und die familiären Auseinandersetzungen, die sie unfreiwillig mitanhörte. Deshalb war sie erfreut, als Sorge ihr anbot, einen Ausflug zu machen – so erfreut, daß sie die Warnungen vor seinem wilden Fahrstil in den Wind schlug.

»Wollen Sie sich denn wirklich dem Sorge anvertrauen?« hatte beim Mittagessen Anita Mohr gefragt, eine auffallende, kokette Blondine Anfang dreißig, Helmas ständige Begleiterin, in die Eugen Ott bis über beide Ohren verliebt war. Eta hatte es von Helma erfahren und war anschließend sehr zu ihrem Mißvergnügen gezwungen, sich die traurige Geschichte vom Scheitern der Ottschen Ehe anzuhören. Seit sechs Jahren schlief das Paar in getrennten Schlafzimmern, ein Bekenntnis, das Eta peinlich berührte.

»Ich bin ja selig ... endlich mal der Straße und den Menschen nahe zu sein in Ihrem kleinen Wagen«, sagte sie, als Sorge durch die Straßen raste und dabei Fahrrädern auswich und über Straßenbahnschienen schleuderte. »Nicht immer in den riesigen Botschaftswagen hoch über der Welt zu schweben.«[30]

»Sie sind doch schon zwei Wochen hier, aber ›die‹ haben Ihnen wohl noch gar nichts gezeigt, was?« sagte Sorge. »Weil sie selber nichts kennen. Phantasielose Bande. Sie mußten wohl immer bloß musizieren, was? So wie neulich abend!«

»Das tue ich gern. Die Otts sind reizend zu mir.«

Sorge nahm den Blick von der Straße, neigte sich zu Eta und funkelte sie böse an. »Reizend? Reizende, phantasielose, gesinnungslose Menschen.«

Am Fuße der steilen, steinernen Treppe unterhalb des Atago-Parks hielt er. Beim Aussteigen bemerkte er, daß Eta kurzsichtig war, und als sie nach oben stiegen, legte er ihr einen Arm schützend um die Schulter. Sein Hinken war sehr ausgeprägt, und er machte sich darüber lustig.

»Der Kaiser nahm mir zwei Zentimeter von meinem Bein und gab mir ein Eisernes Kreuz«, erzählte er ihr. Dennoch fiel ihr auf, wie leichtfüßig er sich bewegte. Sie zählten die Stufen, bis sie den Park erreichten, ein guter Aussichtspunkt mit Panoramablick über die Stadt. Zu ihren Füßen erstreckte sich ein Meer kleiner Häuser, unterbrochen von einer Handvoll höherer Bauwerke, bis zu einer schlammigen Ebene, die an die Tokio-Bucht angrenzt.

»Häßlich!« rief Eta aus. »Es sieht aus wie ein unorganischer Steinhaufen. Häßlicher als Neapel.«

Sie verschnauften, tranken an einem winzigen Erfrischungsstand schwachen grünen Tee, dann machten sie sich wieder auf den Weg die Stufen abwärts. Während sie durch Tokio fuhren, wies Sorge sie auf Tempel und Denkmäler hin und demonstrierte seine Kenntnisse in japanischer Geschichte. Schließlich hielten sie an einem Friedhof – den Namen kriegte Eta nicht mit – und schlenderten zwischen den Gräbern hindurch zu einer kleinen Enklave, wo Ausländer beerdigt waren, im Tod wie im Leben getrennt von den Japanern. Es war ein angenehmer Ort, es gab einen Hain mit Kirschbäumen, deren Blüten inzwischen abgefallen waren, und eine Wiese, wo sie eine Weile im warmen Sonnenschein rasteten. Sorge nickte in Richtung der ausländischen Grabsteine.

»Hier liegen auch die ersten Europäer, die von den Japanern geschlachtet wurden«, sagte er. »Heute töten sie uns nicht mit ihren Schwertern, aber in ihren Herzen hassen sie uns genausosehr. Sie lächeln und sind höflich, aber lassen Sie sich nicht täuschen! Ihr glühendster Wunsch ist, daß wir alle dorthin gehen, wo wir hergekommen sind. Aber sie können uns nicht hinauswerfen, weil sie die europäischen Technologien brauchen, um ihre Industrien zu entwickeln, und unsere Märkte, um ihre Waren abzusetzen.

Sie tragen eine Maske aus Höflichkeit, aber selbst die wird dünner. Als ich vor acht Jahren nach Japan kam, waren sie Ausländern gegenüber sehr viel toleranter. Aber heute – dieser Groll gegen die Weißen! Wir Deutschen stehen angeblich auf derselben Seite, aber Tatsache ist, daß die meisten Japaner keinen Unterschied machen, und sie mögen uns inzwischen ebensowenig wie die Engländer und Amerikaner. Es ist noch nicht lange her, da gab es einen ziemlichen Wirbel wegen einer Deutschen, die von irgend jemandem im Zug geschlagen worden war – nicht weil sie Deutsche, sondern weil sie weiß war.

Es ist wirklich nicht verwunderlich. Sie saugen den Chauvinismus mit der Muttermilch ein und werden in dem Bewußtsein erzogen, einer göttlichen Rasse anzugehören, weshalb es eine heilige Pflicht Japans sei, Asien zu beherrschen – und den Rest der Welt dazu, wenn wir zulassen, daß sie sich seiner bemächtigen.

Statt der Ideologie der Nazis haben die japanischen Herrscher den ›Willen der Götter‹, auf den sie ihre unsagbare Überlegenheit stützen. Die gesamte Politik erfreut sich der göttlichen Zustimmung eines heiligen Throns, der auf den ersten Kaiser, Jimmu, zurückgeht, dessen Herrschaft vor 2601 Jahren und drei Monaten begann. Nicht einmal die Nazis mit ihrem Herrenrassen-Superstaat verfügen über eine solche heilige Autorität. Hitler muß grün vor Neid werden!«

Eta lauschte wie eine gute Schülerin. Als Sorge, didaktisch geschickt wie stets, innehielt, um Luft zu holen, warf Eta nur eine Frage ein, über den Kaiser von Japan. Was für eine Art Mensch – oder Gott – er sei.

»Der Kaiser? Größter Bordellbesitzer des Landes! Aber dieses Volk ist unendlich geduldig. Mehr als die Hälfte sind Bauern mit einem Reisfeld so groß wie Ihr Garten in Berlin! Ihre Schulden sind doppelt so hoch wie das, was sie in einem Jahr verdienen. Viele von ihnen sind so arm, daß sie ihre Töchter an Bordellbesitzer verkaufen müssen.«

Als Sorge es müde war zu dozieren, wollte er etwas über ihre Vergangenheit wissen. Eta gab nur wenig preis. Sie erzählte ihm, sie hätte direkt nach dem Gymnasium den bekannten Schriftsteller Dr. Walter Harich geheiratet, aber die Ehe sei vorbei. Walter sei gut zu ihr gewesen. Ihm habe sie es zu verdanken, daß sie weiter Musik studiert hatte – etwas, womit ihr Vater nie einverstanden gewesen war. Sie hatten zwei Töchter. Dann sei die Ehe in die Brüche gegangen, und plötzlich habe sie sich in Berlin wiedergefunden, ohne Arbeit, ohne große musikalische Erfahrung und mit zwei Kindern, die sie habe versorgen müssen.[31]

Dann habe man sie gebeten – ein Wink des Schicksals –, bei den Klavierabenden der Internationalen Gesellschaft für Neue Musik in Berlin zu spielen. Weitere Engagements seien gefolgt, und am Ende sei sie gefragt gewesen. In den vergangenen zehn Jahren habe sie sich einen Ruf erspielt und Konzerte in nahezu jeder größeren europäischen Stadt gegeben.

Sie erzählte ihm nicht die ganze Geschichte, wie sie aus Deutschland geflohen war – bloß um als Hausmusikantin an der Deutschen Botschaft in Tokio zu enden. Dafür wäre ein andermal Zeit, wenn sie Sorge besser kannte. In Deutschland hatte Eta gelernt, ihre wahren Empfindungen für sich zu behalten und stets damit zu rechnen, daß möglicherweise sogar Leute, die sie gut kannte, Informanten der Gestapo waren. In der Deutschen Botschaft in Tokio war sie auf dieselbe nervöse Wachsamkeit und dasselbe Mißtrauen gestoßen.

Richard schlug vor, zu Abend zu essen, und die Sonne war bereits untergegangen, als Eta zur Botschaft zurückkehrte. Die Atmosphäre in der Residenz war unverkennbar frostig. Es gehörte nicht viel Phantasie dazu, sich den Grund für die grantige Stimmung der Otts auszumalen. Eta wurde klar, daß sie in eine eifersüchtig bewachte persönliche Domäne eingedrungen war.

Sie versuchte alles wiedergutzumachen und bot Helma ein kleines Konzert an, da der 28. Mai zufällig ihr Namenstag war. Mit Hilfe von Bach, Cabezón und dem frisch aus Deutschland eingetroffenen Cembalo wurde die Harmonie wiederhergestellt. Aber sie konnte sich des unbehaglichen Gefühls nicht erwehren, daß die Otts, sollte Eta »ihren« Sorge weiterhin privat treffen, nicht immer so leicht zu besänftigen sein würden.[32]

Unter den Ende Mai im Hotel Imperial eingetragenen Gästen war Oberstleutnant Erwin Scholl, der auf dem Weg zu seinem neuen Posten an der Deutschen Botschaft in Bangkok einen Zwischenstopp in Tokio einlegte. Er kam an, als Sorge in Schanghai war, und dürfte das Wiedersehen mit einem Freund, den er zuletzt vor zwei Jahren gesehen hatte, sehnsüchtig erwartet haben.

Sobald Sorge wieder in Tokio war, aßen die beiden im Imperial zu Abend. Das wahrscheinlichste Datum ist Sonnabend, der 31. Mai. Es war eine entscheidende Begegnung. Sorge war darauf aus, seinem Freund die Antwort auf die Frage zu entlocken, die ihm am meisten auf den Nägeln brannte. Wann würde Deutschland Rußland angreifen? An diesem Sonnabend war er sich sicher, daß Scholl mit der Order nach Tokio gekommen war, den Botschafter über den bevorstehenden Überfall in Kenntnis zu setzen. Sorge faßte die dramatischen Ereignisse dieses Wochenendes mit trockenen Worten zusammen: »Zweifellos richtete Oberstleutnant Scholl Botschafter Ott unter dem Siegel absoluter Geheimhaltung aus, daß es zwischen Deutschland und der UdSSR nun endgültig zum Krieg käme und daß er die notwendigen Maßnahmen zu ergreifen hätte; und er verriet mir verschiedene Einzelheiten.«[33]

Aller Wahrscheinlichkeit nach unterrichtete der Botschafter Sorge am Freitag über die wesentlichen Punkte aus Scholls Bericht. Obwohl er Sorge nicht den Gefallen tat, das genaue Datum zu verraten, konnte kein Zweifel mehr daran bestehen, daß es bis zum deutschen Überfall nur noch zwei oder drei Wochen sein würden.

Am Freitag, den 30. Mai, hatte Sorge die folgende dringende Mitteilung an seine Führungsoffiziere entworfen:

Berlin informierte Ott, daß deutscher Angriff in zweiter Junihälfte beginnen wird. Ott 95 Prozent sicher, daß Krieg beginnen wird. Es folgen indirekte Beweise, die ich zum gegenwärtigen Zeitpunkt sehe:
Die technische Abteilung der deutschen Luftwaffe in meiner Stadt [damit meinte Sorge Tokio] empfing Befehle, unverzüglich nach Hause zurückzukehren.
Ott wies Militärattaché an, keine wichtigen Berichte via UdSSR zu schicken.
Kautschuk-Transport durch UdSSR auf Minimum reduziert.
Die Motive für die deutsche Handlungsweise: Wegen Existenz von mächtiger Roter Armee hat Deutschland keine Möglichkeit, den Kriegsschauplatz in Afrika auszuweiten, und muß riesige Armee in Osteuropa stationiert halten. Um jede Gefahr von seiten der UdSSR auszuschalten, muß Deutschland die Rote Armee so bald wie möglich zurückschlagen. Das sagt Ott.[34]

In einer »Ecke der Lobby« des Imperial wurde – wie Sorge nach seiner Verhaftung aussagte –, Hitlers größtes Geheimnis durch einen ahnungslosen deutschen Offizier an einen sowjetischen Agenten verraten.[35]

Scholl hatte keinen Grund, Sorge zu mißtrauen, einem gemeinsamen Veteran aus den Studentenbataillonen des Ersten Weltkriegs und einem Freund, der ihm bei so vielen Gelegenheiten mit seinen Berichtsentwürfen für Berlin gefällig gewesen war. Möglich, daß die beiden Männer hinüber zur Terrasse im hinteren Teil der Lobby schlenderten, wo Tee serviert wurde und die um diese Stunde leer war und außer Hörweite lag. Von dort hatte man einen schönen Blick auf den japanischen Garten mit seinen Teichen, steinernen Laternen und Bambusgehölzen ... An einem Wochenende dürfte auf der Galerie das Hanako-Orchester gespielt haben, und die Lobby wird wohl von Wiener Walzerklängen erfüllt gewesen sein, als Scholl Sorge Einzelheiten der kommenden Verwüstung verriet:

»Das Unternehmen beginnt am 20. Juni«, sagte Scholl. »Es kann sich noch um einige Tage verzögern, aber die Vorbereitungen sind jetzt abgeschlossen. Wir haben 170 bis 190 Divisionen an der Ostgrenze zusammengezogen. Es handelt sich durchweg um Panzer- oder mechanisierte Divisionen. Der Angriff wird auf ganzer Länge der Front erfolgen, und der Hauptstoß wird sich gegen Moskau, Leningrad und anschließend gegen die Ukraine richten.

Wir haben genügend Streitkräfte, um die Rote Armee mit einem Schlag zu zerschlagen und gefangenzunehmen. Es wird kein Ultimatum geben. Die Kriegserklärung wird nach Eröffnung der Feindseligkeiten erfolgen. Wir sind zuversichtlich, daß die Rote Armee binnen zwei Monaten zusammenbrechen wird. Das Sowjetregime wird wahrscheinlich ebenfalls zusammenbrechen. Zu Beginn des Winters wird die Transsibirische Eisenbahn wieder verkehren, und wir können die Verbindung mit Japan herstellen.«[36]

Man kann sich vorstellen, welche Gefühle dieser Vortrag in Stalins Spion auslöste. Hitler stand kurz davor, eine Woge der Barbarei zu entfesseln, das Sowjetsystem zu zerstören und das russische Volk unter den Stiefel zu zwingen. Es handelte sich nicht mehr länger um Vermutungen, es war eine Tatsache, und Sorge hatte entdeckt, wann die ganze Sache losgehen sollte. Verständlich, wenn er in diesem Moment ein Gefühl des Triumphs verspürte. Und sicher verzeihlich, wenn er glaubte, es läge allein in seiner Macht, die Sowjetunion vor der Katastrophe zu retten.

Sorge unterdrückte seine Erregung und löste sein Versprechen ein, mit Scholl einen »Zug durch die Gemeinde« zu machen. Zuerst aßen sie im Hotel zu Abend – wahrscheinlich im Neuen Grill. Sorge mochte das Beefsteak à la Schaljapin, eine Kreation der Küchenchefs. Später schlenderten sie über die Ginza und betranken sich fürchterlich. Ob er in dieser Nacht Schlaf fand, wissen wir nicht. Am nächsten Morgen jedenfalls war er in aller Frühe auf den Beinen und entwarf das, was für ihn die wichtigste Depesche seiner gesamten Agentenlaufbahn wurde.[37]

Kapitel 12
Juni 1941

Am 1. Juni frühmorgens rief Sorge Clausen an. Da sie davon ausgehen mußten, daß die Telefonleitungen angezapft waren, war äußerste Vorsicht geboten. Clausen solle sofort vorbeikommen. Nagasaka-cho war ganz in der Nähe, so daß er nur ein paar Minuten gebraucht haben dürfte, um den Entwurf mit Scholls Informationen abzuholen. Zweifellos schärfte Sorge Clausen die extreme Dringlichkeit der Sendung ein, von der er hoffte, daß sie die sowjetische Führung veranlassen würde, die Verteidigung an den Grenzen der UdSSR massiv zu verstärken.

> Erwarteter Beginn deutsch-sowjetischen Krieges um den 15. Juni herum basiert ausschließlich auf Informationen, die Oberstleutnant Scholl aus Berlin mitbrachte, das er am 6. Mai mit Ziel Bangkok verließ. Er übernimmt in Bangkok Attachéposten.
> Ott meinte, daß er aus Berlin direkt keine diesbezüglichen Informationen bekommen könne und nur Scholls Informationen habe.[1]

Die freigegebenen Telegramme aus russischen Archiven werfen eine interessante Frage auf. Sorge erzählte der Polizei, daß das Datum des Überfalls, das Scholl ihm genannt habe, der 20. Juni gewesen sei – womit er sich um nur zwei Tage vertan hätte. Aber auf dem Telegramm selbst sehen wir, daß der 15. Juni als Datum angegeben ist. (Es hat den Anschein, als habe dieses Datum – eine Woche vor dem tatsächlichen Kriegsausbruch – Hitlers Planungen zu dem Zeitpunkt widergespiegelt, als Scholl Anfang Mai aus Berlin abreiste.) Litt Sorge während der Verhöre unter Gedächtnisschwäche? Oder versuchte er seine Befrager im nachhinein durch die Genauigkeit seines Berichts für Moskau zu beeindrucken?

Gehorsam verschlüsselt Clausen das Material und sendet es später an diesem Tag nach Wladiwostok. Etwa zur selben Zeit gibt er per Funk auch die Meldung vom 30. Mai durch mit dem ungenaueren Zeitrahmen für den Beginn des Überfalls, den der Botschafter Sorge genannt hatte.

Sorge besuchte Clausen manchmal, aber dieser bemühte sich nach Kräften, ihn von solchen Besuchen abzubringen. Seine Frau Anna wollte mit dem Chef so wenig wie möglich zu tun haben. Ihrer Ansicht nach war Sorge ein zügelloser Charakter, und sie war überzeugt davon, daß er ihren Max in Versuchung führte. »Laß die Finger von den Frauen! Das bringt nur Ärger!« warnte sie ihn.[2] Zweifellos war sie nicht minder überzeugt, daß Sorges Schamlosigkeit eines Tages zur Katastrophe führen könnte: Eine eifersüchtige Frau konnte den Ring in den Abgrund reißen, wenn Sorge im Alkohol- oder Sinnesrausch irgend etwas ausplauderte.

Es gab ein schwerwiegenderes Problem – Clausens Arbeit für den Tokio-Ring. Die allmähliche Verschlechterung seiner körperlichen und seelischen Verfassung verursachte Anna schlaflose Nächte. Der ruhige, disziplinierte Mann, den sie geheiratet hatte, wurde immer reizbarer und nervöser, trank regelmäßig, um seine Nerven zu beruhigen, und seine einst robuste Gesundheit war stark angegriffen. Im Frühjahr 1940 hatte Clausen einen Herzinfarkt, von dem er sich zwar erholte, aber Anna hatte fürchterliche Angst, daß die Belastung durch seine Arbeit zu einem Rückfall führen würde. Sie bekniete ihn, er solle Sorge sagen, daß er wirklich eine Ruhepause brauche; ihr größter Wunsch war, daß er die Arbeit für Moskau aufgab und seine Zeit ausschließlich der Firma widmete.

Anna machte aus ihrer Abneigung gegen den Kommunismus und die Sowjetunion keinen Hehl. Als sie von Edith erfuhr, daß Vukelic sie zu überreden versuchte, Japan zu verlassen und in die Sowjetunion zu gehen, beschwor Anna sie, sich zu weigern. Das Leben in Rußland sei die Hölle, erzählte sie Edith, auf keinen Fall sollte sie sich in diesem elenden Land niederlassen. Vukelic war über Annas Einmischung, von der auch Sorge schließlich erfuhr, nicht sehr erbaut.

Zu Annas Zufriedenheit machte Clausen, der überzeugte Kommunist, einen Sinneswandel durch. Seine Geschäfte gingen gut. Sie lebten in einem großen Haus, fuhren in einem Mercedes durch die Gegend und waren nie knapp bei Kasse. Wenn er sich mit anderen deutschen Kaufleuten traf, die Hitlers Revolution in den glühendsten Farben schilderten, färbte ein bißchen davon immer auch auf ihn ab. »Die Politik Hitlers wurde mir allmählich sympathischer«, so Clausens eigene Worte. In dem Maße, in dem sein Glaube an den Kommunismus ins Wanken geriet, schwand die Begeisterung für seine gefahrvolle Mission. Dies spiegelte sich in der Obstruktionspolitik wider, die sich, ohne Wissen Sorges, schwer auf den Nachrichtenverkehr des Netzes mit der Zentrale auswirkte.

Während Sorge in Tokio seinen Spionagecoup landete, verbrachte Botschafter Ott mit seiner Familie in ihrem Haus an der See in Akiya ein erholsames Pfingstwochenende. Eta war mit ihnen gefahren, ging aber ihrer eigenen Wege und machte lange, einsame Spaziergänge über die verlassenen Sandstrände. Es war warm und bewölkt, aber das Meer war zum Baden noch zu kalt. Sorge, ein regelmäßiger Gast in der Villa der Otts, war eingeladen worden, hatte sich aber mit Arbeit entschuldigt, die ihn zwinge, in Tokio zu bleiben.

An Etas Konzert in der Botschaft am Dienstag, den 10. Juni, erinnerte man sich noch lange als glanzvolles gesellschaftliches Ereignis. Die Spitzen aus Japans Politik und Wirtschaft waren ebenso zahlreich erschienen wie hohe Militärs in Smoking und ordensgeschmückten Uniformen samt Ehefrauen in Kimonos. Auch Diplomaten der Achse und neutraler Staaten sowie ein paar vereinzelte deutsche Einwohner waren eingeladen worden. Es war die Crème der Gesellschaft, die in den Ballsaal im Erdgeschoß der Residenz strömte und der die stolzen Gastgeber, der deutsche Botschafter und Frau Ott, die Hand schüttelten.

Auch der sowjetische Botschafter Constantin Smetanin und ein paar seiner Mitarbeiter waren unter den Geladenen. Sorge, in weißem Smoking, beobachtete die Gäste, die ihre Plätze einnahmen, und zweifellos staunte er über die Unverfrorenheit, mit der der deutsche Botschafter die

Russen am Vorabend des von Hitler geplanten Überfalls auf ihr Land behandelte. Natürlich wollte Ott eine Atmosphäre von Normalität aufrechterhalten, indem er signalisierte, daß alles seinen gewohnten Gang ginge, zumal bereits Gerüchte über Manöver deutscher Truppen an Rußlands Grenzen kursierten.

An diesem Dienstag hatte der Marineattaché, Konteradmiral Wenneker, eine wichtige verschlüsselte Meldung an das Oberkommando der Kriegsmarine nach Berlin geschickt, in der es hieß: »Die japanische Armee wird sich in absehbarer Zeit nicht an einem deutsch-russischen Konflikt beteiligen, weil sie darauf offenbar nicht vorbereitet ist. Die Marine billigt eine solche Entscheidung.«[3]

Der deutsche Botschafter hatte sich bereits dafür verbürgt, daß Japan in einem deutsch-russischen Konflikt während der ersten Wochen neutral bleiben würde, und Sorge hatte Moskau ordnungsgemäß davon in Kenntnis gesetzt. Möglich, daß Wenneker, der häufig vertrauliche Informationen aus seinen Quellen bei der japanischen Marine weitergab, sich ihm gegenüber im gleichen Sinne äußerte. Jedenfalls beschäftigte Sorge von nun an die entscheidende Frage, wie Japan auf einen solchen Flächenbrand reagieren würde.

Eines der Werke, die an jenem Abend auf dem Programm standen, war Bachs Konzert für Cembalo und zwei Flöten. Eta Harich-Schneider dirigierte vom Cembalo aus und schlug sich mit einem Orchester herum, das zwar begeistert bei der Sache war, aber größtenteils auf Amateurniveau musizierte. Doch ein Publikum, das nach Musikern von Etas Format lechzte, war bereit, über die kleinen Unzulänglichkeiten hinwegzusehen, und die Vorstellung wurde ein Riesenerfolg.

Nach dem Konzert erwartete die Gäste im angrenzenden Salon ein üppiges Buffett. Helma Ott, die sich die Konzertspielzeit ausgedacht hatte, sonnte sich im Lob ihrer Gäste. Eta fand sich umringt von Bewunderern, die »schwitzten vor Lob«. Der beleibte sowjetische Botschafter schob sich nach vorne, um ihr die Hand zu küssen. »Sie waren wundervoll, wirklich wundervoll!« schnurrte er. »Ich möchte Ihnen für diese herrliche Musik danken!« Dann hörte sie hinter sich jemanden sagen: »Sie brauchen einen Schnaps!«[4]

Eta wandte sich um. Richard Sorge hielt ihr ein Glas hin. Sie hatte im Publikum vergeblich nach ihm Ausschau gehalten und war erfreut, daß er gekommen war. Es war ihre erste Begegnung nach dem Abendessen am Pfingstsonntag, obwohl sie ihn ein paarmal morgens von ihrem Fenster aus am Frühstückstisch vor dem Arbeitszimmer des Botschafters gesehen hatte.

Die Tage waren in einem Wirbel von Proben für die Konzerte in der Botschaft, Schallplattenaufnahmen und weiteren Proben für ein Rundfunkkonzert verflogen. Aber manchmal hatte sie sich beim Gedanken an Sorge ertappt und sich gefragt, ob er sie noch einmal zu einem Ausflug einladen würde.

Sie mußte zugeben, daß er sie anfangs nicht beeindruckt hatte. Was Literatur und Filme anging, hatte er einen anspruchslosen Geschmack, und sein Musikverständnis ließ zu wünschen übrig. Darüber hinaus hatten sie vollkommen entgegengesetzte Lebenseinstellungen. Sie gehörte zum römisch-katholischen Mittelstand, was sie in Sorges spöttischen Worten zu einer »frommen Kleinbürgerin« machte. Während sie an Gott, ein Leben nach dem Tode und an den Wert guter Taten glaubte, war Sorge Nihilist, dem nichts heilig war und der das Leben in vollen Zügen genoß, weil es darüber hinaus nichts gäbe.

Als sie ihn besser kennenlernte, revidierte sie ihre Meinung. Sie merkte allmählich, daß der Nihilismus eine äußere Schale war, unter der sich ein humanistischer Kern verbarg. Obschon sein ständiger Sarkasmus und Skeptizismus sie störten, zog sie es vor, das Ganze als Schall und Rauch abzutun. Viel bemerkenswerter an diesem Mann war, daß ihm jeder Anflug von Boshaftigkeit abging.

Von Anfang an war ihr der scharfe Kontrast zwischen Sorge und den Menschen seiner Umgebung aufgefallen, den deutschen Diplomaten und Geschäftsleuten, in der Mehrzahl Opportunisten und Karrieremacher, Geldmenschen, nur an einem interessiert.[5] Unter diesen aalglatten, selbstgefälligen und gespreizten Deutschen erstrahlte er, in ihren Worten, »wie ein wahrer Aristokrat, lauter und unbestechlich, natürlich und spontan«.⁶ Als er ihr auf nicht druckreife Art anvertraute, wie unangenehm es sei, sich mit solchen Leuten abzugeben, fühlte sie sich spontan zu ihm hingezogen. Es war genau das, was auch sie empfand.

Nach ein oder zwei Drinks nahm Sorge ihren Arm, zog sie auf die Seite und schlug ihr einen nächtlichen Ausflug in die Stadt vor: »Bleiben Sie nicht bei diesem Empfang. Ich fahre Sie jetzt zum japanischen Blumenfest. Sie müssen doch einmal auch entspannen und an sich selber denken.«⁷

Sorge war die offiziellen Empfänge voll gekünstelten Lächelns und falscher Schmeicheleien leid. Wie zu erwarten, waren die Otts alles andere als begeistert, daß der Star ihrer Gala schon aufbrechen wollte. Helma war gekränkt, daß Sorge ebenfalls im Begriff stand zu gehen. Gegen 21 Uhr hatte Eta ihr bodenlanges Abendkleid mit einer praktischeren Garderobe vertauscht und kam zu Richards Wagen rausgelaufen. Sie lachten wie zwei Verschwörer und brausten davon.

Nach ungefähr fünfzehn Minuten kamen sie in ein Viertel Tokios, wo so dichte Menschenmassen durch die von langen Ketten voller Lampions erleuchteten Straßen strömten, daß an ein Weiterfahren nicht mehr zu denken war. Sorge parkte das Auto in einer ruhigen, dunklen Seitengasse, nahm Etas Arm und machte ihr im Gehen ein unerwartetes Geständnis: »I am a lonely fellow«, sagte er ernsthaft. »Ich habe keine Freunde, niemanden. Und dann die politische Lage – die Entwicklung ist so bedrückend. Aber Ihre Musik heute abend – die hat mich wirklich aufgerichtet.«

Sie traten von der Gasse auf eine belebte Straße und bahnten sich einen Weg durch die Menschenmenge zu einem Tempelbezirk, von dem tiefe, dröhnende Geräusche drangen. Besucher schlugen abwechselnd gegen eine riesige Glocke und warfen Münzen in eine große hölzerne Truhe. Sorge schob sich durch die Menge, die die Glocke umwogte, Etas Hand in der seinen. Während er einen Holzklöppel gegen die Glocke schwang, warf er eine Münze, und sie sah, wie sich seine Lippen im stummen Gebet bewegten.

»Kommen Sie, alle kommen hierhin und beten um Reichtum. Jetzt sind Sie an der Reihe.«

Bevor sie den Tempel verließen, ging Sorge voran in die Haupthalle, wo die buddhistischen Mönche saßen. Sie knieten nieder, und Richard stellte Eta unter zahlreichen Verbeugungen auf japanische Art stolz den Mönchen vor, die er von früheren Besuchen her kannte. »Sie ist eine berühmte Musikerin aus Deutschland. Nun ist sie in Japan, um Konzerte zu geben«, sagte er in seinem holprigen Japanisch.

Sie stürzten sich in die Menge, die die mit Blumen, Pflanzen und Sträuchern beladenen Stände umschwirrte. Verschrumpelte alte Männer und ihre Frauen, junge Mütter mit Babies auf dem Rücken, Soldaten in Uniform starrten auf die angebotenen Waren, feilschten voller Ernst mit den Standbesitzern oder schauten einfach nur zu und genossen den Trubel. Alle, so schien es Eta, hatten Freude an dem Fest, das ihnen eine kurze Atempause von der Tristheit des Kriegsalltags verschaffte.

Sie inspizierten eine Reihe von Ständen mit Bonsai-Bäumchen. »Diese Zwergbäume faszinieren mich«, sagte Richard. »Sie sind wie eine Metapher für die Japaner selbst, unerbittlich darauf trainiert, die eigene Natur zu unterdrücken, und verwandelt in künstliche, disziplinierte Geschöpfe. Schauen Sie, diese böse kleine Kiefer kaufe ich Ihnen.«

Sie trugen ihre Erwerbungen zum Auto, und Richard schlug vor, noch ein wenig spazierenzugehen, weil es so eine herrliche Nacht sei. Eta fragte ihn, ob er gern hören wolle, warum sie alles, sogar ihre zwei Töchter, in Deutschland zurückgelassen und sich auf eine Reise begeben habe, die sie in Tokio hatte stranden lassen, ohne die leiseste Vorstellung davon, was sie als nächstes tun sollte. »Ganz ehrlich, ich stecke in der Klemme«, sagte sie. »Im Herbst 1932 begann ich an der Staatlichen Hochschule für Musik zu unterrichten, und zwei Jahre später erhielt ich eine volle Professur. Und damit fingen die Probleme an. Natürlich waren mein Rektor und die anderen führenden Leute richtige Nazis, und selbstverständlich erwarteten sie, daß alle Lehrkräfte in die Partei eintraten. Ich war im Staatsdienst, und Staatsbedienstete sind verpflichtet, die Partei zu unterstützen, obwohl es damals noch nicht gesetzlich vorgeschrieben war.

Immer wieder sagte der Rektor oder sonst irgend jemand: ›Wann werden Sie aufhören, so egoistisch zu sein und uns soviel Ärger zu machen?‹ Man hielt mich für besonders schwierig, weil ich mich für die Rechte einiger Nichtarier im Lehrkörper und unter den Studenten einsetzte, denen man das Leben sehr schwermachte.

Natürlich war es Juden verboten, öffentliche Konzerte zu geben. Und damit fiel ich auf die Nase. Eine meiner Studentinnen, ein jüdisches Mädchen, stand im Examen, und wie üblich ließ ich sie bei einem Konzert auftreten. Alle möglichen Leute kamen, und sie gab eine wunderbare Vorstellung mit Werken von Rameau und Couperin. Musikalisch war es ein durchschlagender Erfolg. Aber natürlich sah man in so einer Sache ein Zeichen dafür, daß ich auf dem besten Wege war, ein richtiger Volksschädling zu werden.

Vor zwei Jahren entließ das Erziehungsministerium mich ohne Ankündigung. Ich schlug Krach, ging sogar vor Gericht, und das Berliner Verwaltungsgericht erkannte meine Entlassung als unrechtmäßig an. Aber in Deutschland herrscht nackte Gewalt, nicht das Gesetz.

Das war noch nicht das Ende. Ich wurde zur ›Feindin der Partei‹ erklärt, zur ›dem Judentum hörigen römisch-kasuistischen politischen Katholikin‹. Da haben Sie Ihren Zungenbrecher! Es wäre komisch, nur leider neigen die Feinde der Partei dazu, auf Nimmerwiedersehen zu verschwinden.

Ich bin froh, daß ich liebe, liebe Freunde habe, die genau wie ich das Gefühl haben, daß die ganze deutsche Volksgemeinschaft krank ist, und die immer noch einen gewissen Einfluß haben. Sie meinten, daß es Zeit für mich sei, das Land zu verlassen, und arrangierten alles Nötige für mich, damit ich hierherkommen konnte. Ich soll nach Südamerika weiterreisen, wenn ich einen Platz auf einem Schiff bekomme.

Und dafür brauche ich die Hilfe des Botschafters. Die Sache ist die: Er kennt den tatsächlichen Grund nicht, warum ich hier bin. Er denkt, ich sei nach Japan gekommen, um hier meine Konzerte zu geben und an der Kaiserlichen Musashino-Akademie für Musik Cembalo zu unterrichten, und daß ich im Anschluß daran am 11. Juli zurück nach Deutschland gehe. Ich weiß nicht, wie ich Ott wegen dieser Sache ansprechen soll. Was meinen Sie, was soll ich tun?«[8]

Richard ging ihre Erzählung Punkt für Punkt durch und kam zu einer Lösung, die keinen Widerspruch duldete.

»Zunächst einmal: Nach Deutschland könnten Sie keinesfalls mehr zurück, welbst wenn Sie wollten. Am 11. Juli sind wir mitten im Krieg mit Rußland, so daß die transsibirische Route nicht in Frage kommt. Außerdem wäre es viel zu gefährlich.«

»Aber ich komme mir wie eine Hochstaplerin vor, wenn ich bei all dem Nazi-Klimbim in der Botschaft mitspiele. Ich kann nicht ich selber sein.«

Richard drückte ihre Schulter.

»Eine Hochstaplerin, tatsächlich. Schauen Sie, da gibt's noch ganz andere Hochstapler, glauben Sie mir. Hochstapelei kann manchmal ein Verdienst sein. Aber um Gottes willen kein Wort zu Ott. Der hat selber Angst. Er denkt, daß ihn jemand die ganze Zeit beobachtet und daß er als Botschafter erledigt ist, wenn er einen einzigen falschen Schritt tut. Glauben Sie mir, er würde keinen Finger rühren, um Ihnen zu helfen.

Früher war er in Ordnung. Er war gegen die Nazis. Als er hörte, daß er zum Botschafter ernannt werden sollte, fragte er mich, ob er annehmen sollte. Ich habe ihn davor gewarnt. ›Sie verlieren Ihren Charakter auf diesem Posten.‹ Und so ist es dann auch gekommen. Er wurde zum Opportunisten und Streber. Egal, mit welchen Prinzipien er auch antrat, inzwischen hat er sie längst über Bord geworfen.

Schauen Sie, was aus ihm geworden ist. Er versucht, die Japaner in den Krieg zu treiben, in Deutschlands Krieg, um Hitlers Chancen gegen England zu verbessern. Es ist nicht so, daß er die Nazis mag oder möchte, daß sie die Welt beherrschen. Nein! Er tut es nur ums Geld! Ums dreckige, hundsgemeine Geld und die Karriere!«[9]

Als sie zurück zum Auto gingen, sagte er, sie könne sich auf ihn verlassen und daß sie jetzt einfach die Nacht genießen sollten. Sie würden auf einem Fest erwartet, und es spiele keine Rolle, wann sie hingingen. Nach einer langen Fahrt durch die menschenleere Stadt kamen sie zu dem eleganten Haus von Kurt Lüdde-Neurath, Legationssekretär in der politischen Abteilung. Unter den Gästen waren auch drei junge deutsche Diplomaten. Nach Rotwein und Sandwiches begab sich die ganze Gesellschaft zu Sorges bescheidenerem Heim in Nagasaka-cho, das Eta nun zum ersten Mal zu Gesicht bekam.

Alle sprachen reichlich dem Alkohol zu, und durch Sorges Kehle floß eine unglaubliche Menge Whisky. Die Party endete am Mittwoch, den 11. Juli, in den frühen Morgenstunden, und Eta wurde »heim« zur Botschaft gefahren. Ihr Weg führte an der Sowjetischen Botschaft vorbei, und hier erlaubte sich Lüdde-Neurath einen boshaften Scherz.

»Na, Sorge? Soll ich hineinfahren zu Ihren Freunden?«

Eta war verdutzt über die Bemerkung, aber sie sollte bald entdecken, was dahintersteckte. Sorge machte aus seiner Bewunderung für die Sowjetunion keinen Hehl, ohne sich im geringsten um den Eindruck auf seine Zuhörer zu scheren. Der Botschafter konnte ein Gähnen kaum unterdrücken, wenn Sorge dieses Steckenpferd ritt. Natürlich, er habe recht, Stalin mache immer alles richtig, und die Sowjetunion sei der beste Partner, den Deutschland haben könne, war alles, was Ott dazu einfiel.

Eine amüsante Nacht endete mit einem Mißklang. Sie kamen zum grauen Steinbau der Botschaftsresidenz, und hier verlor Sorge die Beherrschung. Unter dem Fenster von Helma Ott fing er aus Leibeskräften an zu brüllen: »Botschafterin! Botschafterin!«, was Eta äußerst peinlich war, und er weckte das ganze Haus auf. Ein verschlafener Hausboy öffnete die Tür der Residenz, und Sorge umarmte Eta zum Abschied, bevor er zurück zum Wagen torkelte. Eta schauderte. Am Morgen entschuldigte sie sich für Sorge. »Er war total betrunken«, sagte sie. Es war kein Trost für Helma, die durch Sorges herzloses Betragen tief verletzt war.[10]

Im Juni 1941 entschied Kawai Teikichi, daß es an der Zeit sei, ein neues Leben anzufangen. Sein Instinkt sagte ihm, daß die Polizei ihn überwachte. Er konnte unmöglich spionieren, wenn er so »heiß« war. Er entschloß sich, Ozaki zu bitten, ihn von seinen Pflichten zu entbinden, bis die Gefahr vorüber war.[11]

Als aufrechter Mensch hatte Kawai schon für seine Überzeugungen gelitten. Seine Agentenlaufbahn hatte in den frühen dreißiger Jahren begonnen, als er Ozaki half und durch Nordchina und die Mandschurei fuhr, um Informationen zu sammeln. Bei der Rückkehr nach Japan im Frühjahr 1935 gab Ozaki ihm eine Rolle im Tokioter Netz und nutzte ihn als Informanten über die ultranationalistischen Organisationen. Aber im Januar 1936 wurde Kawai aufgrund eines Winks eines seiner ehemaligen Kollegen verhaftet und nach Hsinking, der Hauptstadt der Mandschurei, geschafft. Dort sollte er wegen Verrats von Geheimnissen an die chinesischen Kommunisten angeklagt werden.

Zum Glück fragten ihn die polizeilichen Vernehmungsbeamten nicht nach Ozaki und dem Sorge-Ring; und trotz grausamer Folter bewahrte Kawai über diese Verbindungen Stillschweigen. Nach seiner Freilassung tauchte er eine Weile in China unter, bevor er im Herbst 1940 nach Japan zurückkehrte und Ozaki aufs neue seine Dienste anbot.

Sorge und Ozaki entschieden, daß Miyagi Kawai als Mitglied seiner Agentengruppe »führen« solle, und er erhielt ein monatliches Gehalt zwischen 60 und 100 Yen. Diese Vereinbarung funktionierte nicht sehr gut. Miyagi war von den Informationen, die Kawai brachte, nicht beeindruckt, betrachtete ihn als Schmarotzer und hielt ihn von Ozaki fern. Kawais hartnäckige Weigerung, den Ring während seiner Haft in Hsinking zu verraten, trug ihm herzlich wenig Dankbarkeit ein, obwohl Ozaki ihn immer unterstützte.

Mitte Juni etwa fuhr Kawai zum Mantetsu-Gebäude in Toranomon, um Ozaki zu sagen, daß seine Wohnung überwacht wurde, was bedeutete, daß er für den Ring nicht mehr weiter von Nutzen wäre. Obwohl Ozaki bewußt war, daß auch er unter Beobachtung stand, gab er sich bemerkenswert lässig. »Ich glaube nicht, daß die Gefahr schon so akut ist. Selbst wenn man uns einsperren sollte, dann nicht länger als ein Jahr oder so. Alles hängt von der politischen Situation ab«, sagte er.

Sie unterhielten sich bei ein paar Glas Faßbier im Neuen Grill des Hotels Imperial, und selbst hier konnte Kawai sich des deutlichen Eindrucks nicht erwehren, daß ein gutgekleideter Mann mittleren Alters an der Bar sich über Gebühr für sie beide interessierte. Kawai fragte sich, ob es der hoteleigene Spion war. War es schon so weit gekommen, daß niemand mehr irgendwo in Japan eine Verabredung haben konnte, ohne von Geheimpolizisten bespitzelt zu werden?[12]

An diesem Abend lud Ozaki Kawai zum Abendessen in eines seiner Lieblingsrestaurants in Shimbashi ein, wo sie ohne Angst vor Lauschern reden konnten. Während sie plauderten und Sake tranken, wurde Kawai den Gedanken nicht los, daß sich hinter Ozakis liebenswürdigem Äußeren tiefe Besorgnis verbarg. Ein Schatten schien auf seine stets so optimistische Persönlichkeit gefallen zu sein.

Ein paar Tage später verschaffte Ozaki Kawai über Beziehungen eine Stelle bei der Großjapanischen Gesellschaft für Papier-Recycling. Mit dem 1. Juli 1941 endete das geheimnisumwitterte Leben des *Shina Ronin* (China-Abenteurers), und Kawai wurde zum gewöhnlichen Gehaltsempfänger und Pendler. Trotzdem tauchte in der Nähe seiner Wohnung und im Zug auf dem Weg zur Arbeit weiterhin ein anfängerhaft wirkender Kerl mit einem Schnäuzer auf. Kawai vermutete das Schlimmste: Die *Tokko* hatte nicht aufgegeben, und er wurde nach wie vor beschattet.[13]

Mitte Juni flimmerte Tokio vor Hitze. Ein feiner, rauchartiger Staub, der von den Straßen aufstieg, ließ die Augen tränen und trocknete die Kehle aus. Richard Sorge wußte mit bedrückender Gewißheit, daß dies die letzte Friedenswoche war. In der Botschaft waren nur Ott und der leitende Militärattaché, Oberst Kretschmer, offiziell über den genauen Zeitpunkt des Überfalls unterrichtet. Aber durch die Korridore der Botschaft schwirrten die Gerüchte. Auf der anderen Straßenseite prüfte der Generalstab der Armee Geheimdienstberichte aus Berlin und Moskau, die darauf hindeuteten, daß der Krieg unmittelbar bevorstand. Die japanische Presse sprach von wachsenden Spannungen zwischen Rußland und Deutschland und kolportierte Gerüchte über Truppenaufmärsche und Massenevakuierungen aus den Grenzgebieten.

Am Dienstag, den 17. Juni, war das Flüstern des nahenden Sturms in den schwülen Abendstunden noch zu schwach, als daß es die Feiernden in der Deutschen Botschaft in Tokio gestört hätte. Der Ballsaal war erfüllt von Stimmengewirr und Gelächter. Ein auf der Galerie postiertes Orchester spielte Strauß-Walzer, zu deren Klängen dralle Blondinen und schlanke japanische Schönheiten im Arm ihrer Smoking-bewehrten Partner übers Parkett wirbelten, während Kellner in weißer Livrée mit Tabletts voller Champagner und Whisky durch den Saal eilten.

Richard Sorge bahnte sich einen Weg durch den Raum, blieb bei Gruppen von Gästen stehen, wechselte hier ein paar Worte und beugte sich da über eine Frauenhand. Er verstand es, sich ein Glas vom Tablett zu greifen, wenn ein Kellner vorbeikam, ohne sein Gegenüber, egal, mit wem er gerade plauderte, aus den Augen zu lassen. Er trank in Maßen und nicht, wie so oft, bis er melancholisch und aggressiv wurde.

Nichts in seinem Verhalten verriet die Spannung, die sich bei so vielen Gelegenheiten in wütenden Ausbrüchen entladen hatte. Der »wilde« Sorge war ungewöhnlich zurückhaltend. Er verausgabte sich auf der Tanzfläche, und mit Eta tanzte er den Tango »At the Balalaika«. Doch die meiste Zeit des Abends saßen die beiden auf der Fensterbank eines zum Garten hin offenen Fensters, atmeten den süßen Duft der *tobera*-Blüten und sahen den Tanzenden zu.

»Ich habe sechs Bach-Konzerte und die Goldberg-Variationen geprobt, und ich bin völlig erledigt!« sagte Eta. »Und du machst mich beschwipst mit all dem Champagner.«

»Und ihre Exzellenz beobachtet uns!« sagte Sorge. In der Tat hielt Helma Ott den Blick über die wogenden Köpfe auf der Tanzfläche hinweg auf die beiden gerichtet und blickte ihnen unverwandt nach.

»Ich weiß. Ich habe das Gefühl, daß sie mich ständig beobachtet. Die Otts sind sehr freundlich gewesen, aber – ach, ich wünschte, ich könnte etwas eigenes finden. Wir sind beide erwachsen, und ich schleiche mich durch die Hintertür, um dich heimlich zu treffen, als wäre ich ihre kleine Tochter.«

»Halt dich einfach von den Otts und von jedem in der Botschaft fern. Im Ernstfall wirst du sehen, daß du dich auf keinen von ihnen verlassen kannst. Versuch dich so selbständig wie möglich zu machen. Lerne Japanisch, denn in drei Jahren mußt du so weit sein, daß du in fließendem Japanisch die Fremdenpolizei bestechen kannst!«

»Willst du wissen, was Helma mir sagte? Es gäbe etwas, das ich über Sorge wissen müsse. *Keine* Liebesaffäre mit ihm sei von Dauer. Alle endeten in Tränen. Sie wolle mich nur warnen, das sei alles. Es sei besser, ich wüßte es, *bevor* ich mich mit dir einließe.«[14]

Drei Tage später erfuhr Sorge beim Frühstück von Ott, was er bereits wußte. Hitler würde den Krieg nach Osten tragen, um Stalins Herrschaft zu brechen, und nichts könne ihn davon abbringen. Der deutsche Generalstab habe für den Angriff eine gewaltige Landstreitmacht zusammengezogen.[15]

Die beiden Männer saßen im Wintergarten und blickten auf die hellen blauen und malvenfarbenen Hortensienbüsche im Garten. Es regnete ununterbrochen, und das Laubwerk dampfte schwach. Es war Freitag, der 20. Juni. Otts Enthüllung kam nicht überraschend. Wenn Scholl recht hatte, würde der deutsche Überfall auf Rußland heute beginnen.

In der Presseabteilung dürfte Sorge gespannt die Pressemitteilungen überflogen haben, auf die Meldung gefaßt, daß die Feindseligkeiten begonnen hatten. Aber nichts war über Nacht hereingekommen. Was er beim Frühstück erfuhr, bestätigte nur die bereits nach Moskau durchgegebenen Warnungen. Zu seinem Entsetzen hatte er festgestellt, daß seine Leiter den Warnungen keinen Glauben geschenkt und sie ignoriert hatten. Erst vor kurzem war ein Funkspruch aus Moskau eingegangen, der Zweifel am Wahrheitsgehalt seiner Informationen anmeldete. Scheinbar weigerte Stalin sich hartnäckig zu glauben, daß Hitler dabei war, den Nichtangriffspakt zu zerreißen und ostwärts zu marschieren. Während Clausen zusah, hatte Sorge die Meldung gelesen und einen Wutanfall bekommen.

Trotzdem – und unsicher, ob es nicht schon zu spät war – machte Sorge einen weiteren Versuch, Stalin aus seiner Selbstzufriedenheit aufzurütteln. Irgendwann im Laufe des 20. Juni erstattete er Moskau Meldung über seine Begegnung mit Ott beim Frühstück, wobei er hinzusetzte, daß für das japanische Militär der Krieg zwischen Deutschland und Rußland von vornherein festgestanden habe.

Der deutsche Botschafter in Tokio, Ott, sagte mir, daß Krieg zwischen Deutschland und UdSSR unvermeidlich sei. Die militärische Überlegenheit der Deutschen biete die Gelegenheit, die letzte große Armee in Europa zu zerstören ... Der Grund sei, daß die strategischen Abwehrmaßnahmen der UdSSR bislang noch weniger für den Ernstfall ausreichten, als es bei der Verteidigung Polens der Fall gewesen sei.

Invest [Ozaki] sagte mir, daß der japanische Generalstab bereits darüber diskutiere, welche Position im Kriegsfalle einzunehmen sei.[16]

Diese Depesche hielt Clausen am Freitag bei Einbruch der Dunkelheit in Händen, und sie wurde am Samstag, den 21. Juni, nach Wladiwostok übermittelt.

Am Freitag abend zwischen 20 und 21 Uhr fuhr Sorge zurück zur Botschaft. Zusammen mit Eta hatte er einen Plan ausgeheckt, sich den Zutritt zur Gestapo-Zentrale im Gebäude der Residenz zu sichern. Als er aus dem Auto stieg, tönte durch die offenen Fenster des Ballsaals Musik herüber – möglicherweise Bachs *Italienisches Konzert*, das an diesem Abend auf dem Programm stand. Sorge durchquerte das Foyer und betrat den vollbesetzten Saal. Eta saß am Cembalo, wunderschön in ihrem pinkfarbenen Abendkleid, das über den Klavierhocker flutete.

Am Sonntag zuvor hatte er sie nach einem Fest zu »einem Whisky« in sein Haus mitgenommen. Euphorisch hatte er weitergetrunken und sich in eine Vision hineingesteigert, in der er selber dem deutschen Satan den Garaus machte. »Wenn irgend jemand Hitler vernichtet, dann bin das ich, Richard Sorge!«, hatte er geschrien. Eta hatte gelacht.

An diesem Sonntag, einen Monat nach ihrer ersten Begegnung, begann ihre Affäre.[17]

Das Konzert endete mit stürmischem Applaus, und Sorge schlich davon, um nicht in den Empfang hineingezogen zu werden, den der Botschafter für einige ausgewählte Gäste gab. Es war ein ruhiger, warmer Abend, er spazierte durch den Garten, wobei er sich im Schatten hielt, und wartete auf Eta.

Im Saal wurde Eta mit Blumen und Komplimenten überschüttet, nur mit Mühe konnte sie sich entziehen. Sie eilte auf ihr Zimmer am Ende des Flurs, schloß die Tür hinter sich ab und schlüpfte vorsichtshalber im Dunkeln aus ihrem Abendkleid. Dann zog sie den Schlüssel ab. Am Wochenende würde der neue Polizeiattaché, Oberst Meisinger, das Apartment beziehen. Da Meisinger das Büro des Polizeiattachés für zu beengt hielt, hatte der Botschafter, ängstlich darauf bedacht, diesen gefährlichen Mann günstig zu stimmen, sich förmlich überschlagen, ihm ein geräumigeres Quartier anzubieten.

Eta würde nun in ein Zimmer im ersten Stock umziehen müssen, wo auch die Wohnung der Otts lag und wo sie noch weniger Privatsphäre hätte. Als sie Sorge von den Veränderungen erzählte, erkannte der die ideale Gelegenheit.

»Kannst du mir den Wohnungsschlüssel bringen? Ich geb ihn dir morgen früh zurück. Und mach dir nichts draus, daß du oben direkt neben den Otts wohnst. Du kannst den Personalaufgang benutzen, ohne daß sie dich sehen.«

Als sie den begehrten Schlüssel umklammert hielt, wurde ihr klar, daß sie die Residenz unbemerkt nur noch durchs Fenster verlassen konnte, weil das Fest inzwischen im Foyer weiterging. Sie öffnete das Fenster und sprang.

Es hatte den ganzen Tag geregnet, und sie fiel in ein weiches und feuchtes Blumenbeet. Während sie sich hochrappelte, spähte sie in die Dunkelheit. Sorge kam über den Rasen; sie lief ihm entgegen und hielt stolz den Schlüssel hoch.

Sie stiegen in sein Auto und brausten durchs Tor der Botschaft, wo Chauffeure warteten, um die Gäste nach Hause zu bringen. Am Ende der Gasse in Nagasaka-cho hielten sie. Sorge legte den Arm um ihre Schulter und half ihr ins Haus. Er kochte Wasser, wusch den Schmutz von ihren Knien, säuberte die Hautabschürfungen und klebte Pflaster drauf.

»Du hast dir eben einen Zigeuner zugelegt; nun mußt du's auch ertragen.«[18]

Die Flucht hatte Eta erregt und brachte die beiden enger zusammen. Sie hatten nun das Gefühl, als Verschwörer vereint einem gemeinsamen Feind gegenüberzustehen, dem seelenlosen Konformismus des Nazisystems, der Monster wie Meisinger hervorbrachte und aus anständigen Menschen wie Ott prinzipienlose Jasager machte.

Es war auch der Abend, an dem Sorge vom Alptraum der Schützengräben des Großen Krieges erzählte und ihr gestand, wie dieses Erlebnis ihn zum Kommunisten gemacht hatte. Er erzählte ihr von seiner Arbeit in einem Bergwerk an der Ruhr, wie er kommunistische Zellen organisiert hatte, über die Moskauer Jahre und die russische Ehefrau, die »nicht wirklich seine Frau [war], sondern nur als solche angesehen« wurde und an der er sehr hänge. Er erklärte, daß er für die Niederlage Hitlers arbeite und daß er nur am Tisch des Botschafters sitze, um Informationen zu erhalten, die dieser Sache dienten. Das sei alles, was er sagen könne; den wahren Grund für seine Anwesenheit in Japan dürfe niemand wissen.

Eta war gläubige Katholikin und verabscheute den Kommunismus, aber sie teilte auch Sorges Haß auf den Nationalsozialismus. So sehr sie seinen Mut bewunderte, seine Anmaßung fand sie schwer erträglich.

»Ich, Richard Sorge, bin ... fest entschlossen, den Schweinen in Berlin ein paar Knüppel zwischen die Beine zu werfen«, versprach er.

»Das wäre schön«, erwiderte sie kühl, offenkundig unbeeindruckt.

An diesem Abend weihte er sie noch in ein anderes Geheimnis ein: Hitler sei im Begriff, einen Krieg mit Stalin anzufangen. Er könne jeden Moment beginnen.[19]

Früh am nächsten Morgen kam Sorge in die Residenz und steckte Eta den Schlüssel zu. Er hatte mit der Anfertigung eines Duplikats keine Zeit verloren. Es war Samstag, der 21. Juni, Sommersonnenwende – im Kalender des Dritten Reiches ein Feiertag –, und der Botschafter arbeitete eifrig an einer Eloge auf Hitler zur Erbauung der deutschen Gemeinde. Am Nachmittag schaffte ein Hausboy Etas Gepäck in das neue Zimmer.

Nachdem Meisinger sich eingerichtet hatte, konnte Sorge sich mit seinem Schlüssel, wann immer er wollte, Zutritt verschaffen. Abends, nach dem Essen mit den Otts, pflegte er gelegentlich Raubzüge zur neuen Gestapo-Zentrale zu unternehmen und Meisingers Akten nach Unruhestiftern innerhalb der deutschen Gemeinde zu durchforsten. Er wartete, bis die Dienstboten frei hatten, und vermied vorsichtig laut knarrende Dielenbohlen im unteren Korridor.

Meisinger hielt seine Vorgesetzten in Berlin durch regelmäßige Telefonate entweder mit Walter Schellenberg, dem neuen Chef des Auslandsnachrichtendienstes im Reichssicherheits-Hauptamt, oder mit Gestapo-

Chef Heinrich Müller über Richard Sorge – »Post«, wie sein Deckname im RSHA lautete – auf dem laufenden.

Sorge dürfte schnell herausgefunden haben, was der Ordner »Post« enthielt. Zweifellos war er erleichtert und belustigt festzustellen, daß Meisingers Berichte über ihn günstig waren: »Post« erfreue sich hoher Wertschätzung in der Deutschen Botschaft, aber auch bei den staatlichen Stellen in Japan. »Post« gehöre der Auslandsorganisation der NSDAP, Sektion Japan, Zweigstelle Tokio-Yokohama, an und habe seine Dienste als Referent auf Parteischulungen angeboten. Bis jetzt deute nichts darauf hin, daß »Post« nicht derjenige sei, als der er erscheine: ein Spitzenjournalist, auf den jede wichtige Persönlichkeit in Tokio große Stücke halte.[20]

Am Sonntag, den 22. Juni, hörte der sommerliche Regen eine Weile auf, und Tokio dampfte vor Hitze. Sorge, im eleganten weißen Leinenanzug, fuhr kurz vor fünf Uhr nachmittags auf das Botschaftsgelände. Eta, in geblühmtem Kleid und Strohhut, kam durch den Garten und sprang auf den Rücksitz. »Laß uns ins Imperial saufen gehen«, sagte er. »Ich brauche was zu trinken.«

Als sie den Wassergraben des Kaiserpalastes umkurvten, erzählte sie ihm, daß sie Helma Ott dabei ertappt habe, wie sie ihre Sachen durchwühlt und eben mit einer Bronzeschale und einem Bonsai-Baum, Geschenke Sorges, das Zimmer hatte verlassen wollen. Der Botschafter habe sich entschuldigt und ihr von Helmas Affäre mit Sorge erzählt. Sie könne sich nicht damit abfinden, daß es vorbei sei, sagte er, und darum nehme sie anderen Frauen die Beziehung zu Sorge übel. »Er selber, Ott, habe damals seine Eifersucht niedergekämpft und eine enge Freundschaft mit Sorge geschlossen. Leider sei jetzt alles zerstört, nur gemeinsame politische Interessen seien geblieben.«[21]

Sorge hatte das Gefühl, daß er für Etas Verlegenheit verantwortlich gemacht werden sollte. Er drängte sie, ein eigenes Haus zu finden und sich von den Otts unabhängig zu machen.[22] Als sie um 17 Uhr im Hotel Imperial eintrafen, öffnete eben die Bar. Sie bestellte Rotwein und Sorge einen doppelten Whisky – der erste von vielen an diesem Abend.

1. Primaner Richard Sorge (Pfeil) mit seinen Klassenkameraden in der Oberrealschule, Berlin-Lichterfelde

2. Richard Sorge als Neunzehnjähriger im Ersten Weltkrieg, 1915

3. 1915/16 in Berlin: Richard Sorge und Erich Correns (der spätere Präsident des Nationalrats der Nationalen Front der DDR) mit seiner Cousine Meta

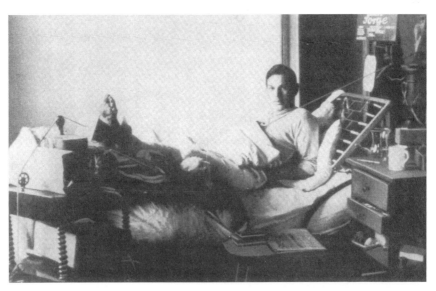

4. Richard Sorge nach seiner schweren dritten Verwundung 1917 in einem Königsberger Lazarett

5. Die Teilnehmer der »Marxistischen Arbeitswoche«, 1923. Stehend von links: Hede Massing, Friedrich Pollock, Eduard Ludwig Alexander, Konstantin Zetkin, Georg Lukács, Julian Gumperz, Richard Sorge, Karl Alexander, Felix José Weil; sitzend: Karl August Wittfogel, Rose Wittfogel, unbekannt, Christiane Sorge, Karl Korsch, Hedda Korsch, Käthe Weil, Margarete Lissauer, Béla Fogarasi, Gertrud Alexander

6. Personalblatt aus einem sowjetischen Archiv

7. Katja Maximowa (Mitte) mit ihren beiden Schwestern, Tatiana (links) und Maria

8. Die Leningrader Schauspielerin Yekaterina Alexandrowna Maximowa, die Sorge 1933 heiratete

9. Sorges Lehrer und Vorgesetzter: General der Roten Armee und Chef der militärischen Aufklärung Jan Karlowitsch Bersin

10. Richard Sorge, 1936

11. Die deutsche Botschaft, 1941. Der Botschafter wohnte im ersten Stock

12. Sorge (zweiter von links) auf Meissners Hochzeit in der deutschen Botschaft, 1937. Neben Sorge steht Mirbach; Militärattaché Ott (vierter von links); Helma Ott (sechste von links); Botschafter Dirksen (dritter von links, erste Reihe)

13. Vom »Götterwind« zum Dreimächte-Pakt. Sorge-Berichte in der Frankfurter Zeitung

14. Kaiser Hirohito empfängt den deutschen Botschafter Dirksen, Sorge im Hintergrund, 1936

15. Generalmajor und Militärattaché Eugen Ott, der spätere deutsche Botschafter

16. Eta Harich-Schneider, 1939

17. Miyake Hanako, vor Sorges Haus aufgenommen

18. Helma Ott in Karuizawa, 1941

19. Botschafter Ott mit Anita Mohr und seinem Sohn Podwick, 1941

20. Der deutsche Botschafter Ott mit seinen Kindern Ursula und Podwick. Sommer 1941 in Karuizawa

21. Richard Sorge

22. Ozaki Hotsumi

23. Max und Anna Christiansen-Clausen 1938 beim Spaziergang in Tokio

24. Branko Vukelic als französischer Korrespondent in Tokio

25. Branko Vukelic und Yoshiko, 1937

26. Der japanische Ministerpräsident Fürst Konoe holte Ozaki Hotsumi (rechts neben Konoe) als Berater in den Regierungsdienst

27. Japanischer
Geheimdienstler
und Naziverehrer:
General
Oshima Hiroshi

28. »Hände weg!« Ein Warnschild, vor
dem in Japan fotografiert zu werden Richard
Sorge sichtliches Vergnügen bereitete

29. Anti-Spionage-Woche, Mai 1941

31. Der japanische Staatsanwalt Yoshikawa Mitsusada, der die Untersuchungen des »Falles Sorge« leitete

30. Richard Sorge (Foto aus dem Familienbesitz)

32. Miyagi Yotoku, im Gefängnis aufgenommen, 1942

33. Sugamo-Zuchthaus

*34.
Sorge-Gedenkstätte
in Japan*

*35.
Sorge-Denkmal
in Moskau
(Foto: Terzani)*

36. Hanako und Yoshiko an Sorges Grab in Tokio. November 1976

37. Ishii Hanako in ihrer Wohnung in Tokio, Mai 1986 (Foto: Terzani)

Sorge bedauerte, daß Eta Probleme mit den Otts hatte, aber er war mit wichtigeren Dingen beschäftigt. Der deutsche Überfall war endlich im Gange. Kurz nach Mitternacht hatten Hitlers Truppen in drei Heeresgruppen mit Stoßrichtung baltische Staaten und Leningrad (Nord), Minsk-Smolensk-Moskau (Mitte) und Kiew-Dnjeprbogen (Süd) den langen Marsch nach Osten angetreten. Um vier Uhr morgens hatte Außenminister Ribbentrop Generalleutnant Oshima Hiroshi, den japanischen Geschäftsträger in Berlin, davon unterrichtet, daß Deutschland und die Sowjetunion sich im Krieg befanden.

Wann im Laufe des Tages Sorge davon erfuhr, ist nicht bekannt, aber in Tokio war die Nachricht um die Mittagszeit in aller Munde, und als er am Spätnachmittag vor dem Hotel Imperial eintraf, verkauften Zeitungsjungen Extrablätter *(gaigo)* mit der Überschrift »Hitler greift Sowjetunion an!«

Sorge hatte gewußt, was passieren würde, dennoch war er tief erschrocken, als das Ereignis tatsächlich eintrat. Eta, der seine gefühlsmäßige Bindung an Rußland nun wohlvertraut war, wußte, daß nichts, was sie sagte, ihn trösten würde. Klugerweise unterließ sie es, ihm zu erzählen, was Helma Ott beim Nachmittagstee gegenüber Eta und ein paar Damen von der Botschaft geäußert hatte: »Wir haben den Russen gesagt, daß wir die Erzeugnisse der Ukraine brauchen. Und wenn sie sie uns nicht geben, dann müssen wir sie uns eben nehmen.«[23]

Kurz nach Sonnenuntergang kehrte Eta in die Botschaft zurück, um mit den Otts zu Abend zu essen. Allein an der Bar des Hotels Imperial zurückgeblieben, wurde Sorge zunehmend verdrießlich und aggressiv. Irgendwann zwischen 19 und 20 Uhr ging er zum öffentlichen Telefon in der Lobby und wählte die Botschaftsresidenz an. »Dieser Krieg ist verrrrlooooooreeeeen!« brüllte er dem erschrockenen Botschafter ins Ohr.[24] Auch Billy und Anita Mohr und andere Mitglieder der deutschen Kolonie in Tokio waren schockiert, als sie Anrufe Sorges mit derselben Botschaft erhielten. Die Mohrs riefen die Otts an, und gemeinsam machte man seiner Entrüstung Luft: Natürlich sei der Mann betrunken, aber das ginge nun wirklich zu weit.

Der *Official Guide to Japan* (Ausgabe 1933) nannte das Imperial »eines der architektonisch interessantesten Hotels der Welt«, was der sonderbaren Schöpfung Frank Lloyd Wrights kaum gerecht wurde. Reisende verglichen die Außenansicht mit einem Aztekentempel; aus porösem, senffarbenem Stein errichtet, war das Hotel in seinem Innern unangenehm feucht und düster, als sei es aus einem Berghang herausgeschlagen worden. Ein Gast hatte sich beim Betreten der Hotelhalle in eine Szenerie für den ersten Akt von *Aida* versetzt gefühlt. Und Sorge, so der Kommentar dieses Gastes, habe perfekt da hineingepaßt – der Mann sei so bizarr gewesen wie die Kulisse.[25]

Für die in Tokio lebenden Ausländer war das Imperial der Mittelpunkt. Sorge aß von Zeit zu Zeit im Neuen Grill, döste in einem Sessel in der Lobby, schrieb Briefe auf Hotelpapier oder bezog Stellung an der Bar, ein paar Stufen unterhalb der Haupthalle. Ein Gast erinnert sich, daß die Stentorstimme Sorges vom Souterrain heraufschallte und als Echo von den Galerien in der Halle zurückgeworfen wurde.[26] Und genau hier lief Sorge in der Nacht des 22. Juni sturzbetrunken einem Botschaftsneuling in die Arme, dem jungen Rundfunkattaché Erwin Wickert.

Nach einem Wochenende im kühlen Hochland von Karuizawa war Wickert am frühen Abend gemeinsam mit einem Freund, dem Luftattaché Hans Wolfgang von Gronau, in Tokio angekommen. Im Zug hatten die beiden über das Gerücht eines unmittelbar bevorstehenden Krieges zwischen Rußland und Deutschland gesprochen.[27]

Die Neuigkeit brach über beide herein, als sie durch die Sperre die überfüllte Schalterhalle des Bahnhofs Ueno betraten, wo Zeitungsjungen mit den Extrablättern hin und her rannten. Sie trennten sich, und Wickert fuhr zum Hotel Imperial, wo er vorübergehend wohnte. Er fand Sorge auf einem Barhocker sitzend, wie er dem Barkeeper und einem halben Dutzend anderer Leute, die verlegen in ihre Gläser starrten, Reden hielt.

»*A fucking criminal*«, schrie Sorge auf englisch. »*A murderer! Signs a friendship pact with Stalin. Then stabs him in the back. But Stalin will teach the bastard a lesson. You just wait and see.*«

Der Barkeeper winkte mit der Hand und machte ihm vergeblich Zeichen, die Stimme zu senken.

Sorge wandte sich an Wickert und sagte auf deutsch: »Ich sage Ihnen, er ist ein ganz gewöhnlicher Verbrecher. Warum bringt ihn denn keiner um? Die Offiziere zum Beispiel?«

Wickert versuchte Sorge klarzumachen, daß er sich um Kopf und Kragen redete, wenn er an einem öffentlichen Ort aus vollem Halse »Hitler und die anderen Verbrecher« brüllte. Alle möglichen Leute könnten zuhören – Engländer, Amerikaner, Franzosen, Japaner, Oberst Meisinger von der Gestapo. Sorge schien das nicht weiter zu beunruhigen, er wurde nur noch wütender.

»Meisinger ist ein Arschloch! Ihr seid alle Arschlöcher!« schrie er.

Nervös versuchte Wickert, Sorge zu beruhigen, und trank eine Weile mit ihm.

»Und wenn ihr glaubt, die Japaner werden in Sibirien angreifen, dann irrt ihr euch sehr! Da irrt sich auch euer Botschafter sehr!«

Als Sorge aufstand, knickten ihm beinahe die Beine weg. Wickert sah, daß er in diesem Zustand auf keinen Fall nach Hause fahren konnte, und fragte an der Rezeption, ob ein Zimmer frei sei. Sorge war zu betrunken und zu müde, um zu protestieren. Plötzlich ganz sanft, schlurfte er, gestützt von Wickert und dem Liftboy, über den Korridor. Er mußte sofort ins Bad und sich übergeben. Anschließend fiel er, ohne sich auszuziehen, aufs Bett. Ein paar Minuten später war er fest eingeschlafen.[28]

An diesem Abend, dem 22. Juni, eilte der sowjetische Botschafter, völlig außer sich, in Matsuokas Privatwohnung in Sendagaya. Constantin Smetanin, einem beleibten Mann, lief der Schweiß in Strömen über das Gesicht, und seine rosige Glatze glänzte. Matsuoka dagegen machte einen kühlen und gefaßten Eindruck, obwohl die Wendung der Ereignisse in Wahrheit auch ihn überrascht hatte.

In den Wochen vor dem Überfall hatten in Deutschland operierende japanische Geheimagenten eine wachsende Zahl verräterischer Anzeichen in die Heimat gemeldet, aber die Regierung in Tokio hatte genausowenig wie die russische glauben wollen, daß Hitler so unverfroren war, eine Eroberung der Sowjetunion zu versuchen.²⁹

»Was geschehen ist, Herr Matsuoka, ist vollkommen inakzeptabel! Deutschland hat einen Nichtangriffspakt mit der Sowjetunion, und trotzdem haben sie uns ohne Kriegserklärung angegriffen. Hitlers Handlungsweise verstößt gegen jede Norm zivilisierten Verhaltens!«

Der Botschafter tobte weiter, bevor er zur Sache kam.

»Dank Ihrer Bemühungen, Herr Matsuoka, haben die Sowjetunion und Japan einen Neutralitätsvertrag. Man hat mich beauftragt, die Bitte meiner Regierung zu übermitteln, beide Unterzeichnerstaaten möchten sich genau an die Bestimmungen dieser Vereinbarung halten.«

Wie ein Zeuge dieses geheimen Treffens anmerkte, hätten die Russen um die Zusicherung, daß Japan in diesem Krieg neutral bliebe, »praktisch gebettelt«.³⁰ Am meisten fürchtete die Sowjetunion, daß die Japaner im Fernen Osten losschlagen und eine zweite Front eröffnen könnten, um deutsche Siege im Westen auszunutzen. Der Außenminister, der hinter seiner Nickelbrille mit den Augen blinzelte, schien seine Position der Stärke auszukosten.

»Ich verstehe Ihre Besorgnis. Auch meine Regierung ist wegen dieses unseligen Krieges beunruhigt. Wir wünschen auch weiterhin freundschaftliche Beziehungen zur Sowjetunion. Aber Japan ist in einer schwierigen Lage. Der Dreimächtepakt ist der Eckpfeiler unserer Außenpolitik, und wenn der Neutralitätspakt in Widerspruch zur Allianz mit Deutschland gerät, dann muß die Allianz Vorrang haben. Natürlich hoffen wir, daß dieser Konflikt zu einem schnellen Ende gebracht wird, und Sie können versichert sein, daß die Anstrengungen meiner Regierung sich darauf richten werden, ein schnelles Ende der Feindseligkeiten zu erreichen.«

Smetanin war durch Matsuokas unausgesprochene Warnung, Japan könne sich an Deutschlands verräterischem Krieg gegen die Sowjetunion beteiligen, sichtlich erschüttert. Es gab nichts mehr zu sagen – der Botschafter erkannte, daß Japan momentan noch keine Zeit gehabt hatte, seine Politik zu formulieren. Smetanin schätzte, daß die Uneinigkeit in Regierungskreisen den Russen dennoch zum Vorteil gereichen könnte.

Die Begegnung gab wenig Anlaß zur Hoffnung. Es war ein schwarzer Tag für Smetanin, und die sowjetischen Führer glaubten, daß die japanische Armee durch deutsche Siege auf dem Schlachtfeld versucht sein könnte, zu intervenieren. Deprimiert verabschiedete sich der Botschafter und eilte zurück zur sowjetischen Residenz in Azabu, um seine Regierung von Matsuokas beunruhigender Antwort zu unterrichten.

Sorge hatte sich vergeblich abgemüht, seine Leiter zu warnen: Stalin wollte nicht glauben, daß die Deutschen einmarschierten. Bis zur letzten Minute war er überzeugt, im Besitz einer ewigen Garantie für Frieden mit Hitler zu sein.

Die Warnungen des Tokio-Rings wurden ebenso mißachtet wie diejenigen anderer loyaler Agenten in Europa, die von Deutschlands Plan für einen Überraschungsangriff wußten. Der Chef des Nachrichtendienstes der Roten Armee, Generalleutnant Filipp Iwanowitsch Golikow, hatte Stalin zusammenfassend über diese Berichte informiert. Die meisten wurden als aus »zweifelhaften Quellen« stammend klassifiziert, und alle wurden samt und sonders kurz abgetan. Unterwürfige Befehlsempfänger sagten Stalin, was er hören wollte. »Gerüchte und Dokumente des Inhalts, daß Krieg gegen die UdSSR in diesem Frühjahr unvermeidlich ist, müssen als Falschinformationen des englischen oder vielleicht sogar des deutschen Geheimdienstes angesehen werden«, schloß Golikow seine Einschätzung der Stalin am 21. Mai vorgelegten »Warnungen«.[31]

Stalin argwöhnte eine antisowjetische Verschwörung von ausländischen Mächten und Verrätern in den eigenen Reihen. Am 19. April gab der britische Botschafter in Moskau eine dringende Meldung über deutsche Vorbereitungen für einen Überfall auf Rußland weiter. Churchills Warnungen – die auf entschlüsselten deutschen Nachrichtensignalen basierten, deren Ursprung die Briten geheimhielten – wurden von Stalin als Provokationen abgetan. Genauso erging es den Berichten seiner eigenen Agenten in Japan und Europa, von denen Stalin glaubte, daß sie auf die englische Propaganda hereingefallen seien.[32]

Die auf den 1. Juni datierte Depesche – in der Sorge auf den 15. Juni als das Datum des zu erwartenden Überfalls hinwies – ist ein anschauliches Beispiel für die in Moskau herrschende Paranoia. Auf das entschlüsselte und ins Russische übersetzte Telegrammexemplar der Vierten Abteilung hatten Sorges Vorgesetzte ihre vernichtenden Kommentare gekritzelt: »Verdächtig. Auf die Liste der als Provokation gedachten Telegramme.«[33]

Eine frühere Warnung Sorges - die Meldung vom 19. Mai mit dem Hinweis, daß es am Ende dieses Monats zu einem deutschen Überfall kommen könnte – soll einen Wutausbruch Stalins ausgelöst haben, der Sorge als »Arschloch« bezeichnete, »das in Japan ein paar kleine Fabriken und Puffs betreibt und es sich gutgehen läßt«.[34]

Kurze Zeit später machte die Vierte Abteilung Sorge ihre Skepsis unmißverständlich klar: »Wir bezweifeln die Richtigkeit Ihrer Information.« Clausen erinnerte sich sehr viel später, daß Sorge explodierte, als er die verletzende Mitteilung las: »Jetzt habe ich aber genug! Wie können diese Idioten unsere Meldung ignorieren!«[35]

Möglicherweise war es diese oder eine ähnliche Abfuhr, die Sorge veranlaßte, die Nachricht vom drohenden deutschen Überfall einem breiteren Publikum zugänglich zu machen – der Leserschaft der *New York Herald Tribune*. Wir wissen, daß Vukelic irgendwann im Mai den Auftrag erhielt, seinen amerikanischen Pressekollegen einen »Riesenknüller« anzubieten. Vukelic nahm Kontakt zu den Vertretern von vier amerikanischen Zeitungen und Nachrichtenagenturen auf.

Der einzige, der Interesse zeigte, war Joseph Newman, der Tokio-Korrespondent der *Tribune*. Natürlich wollte er wissen, warum Vukelic nicht selber über die Sache schrieb. Vukelic erklärte, daß Havas, die französische Nachrichtenagentur, für die er arbeitete, von den Nazis kontrolliert werde und deshalb eine solche Story nicht bringen könne. Ohne Sorges Namen zu erwähnen, versicherte er Newman, daß seine Quellen absolut zuverlässig seien.

Nachdem er die Risiken abgewogen hatte, ging Newman auf den Vorschlag von Vukelic ein, und Ende Mai lieferte er seiner Redaktion die Story. (Zu seiner Verblüffung passierte sie die japanische Zensur.) Der Artikel wurde am 31. Mai – gut versteckt im Innenteil der Zeitung – unter der Überschrift »Tokio erwartet Losschlagen Hitlers gegen Rußland« veröffentlicht.³⁶ Newman glaubte, daß Sorge von dem Wunsch getrieben wurde, die Welt im voraus wissen zu lassen, was Hitler aushecke. Ironischerweise schenkten die Herausgeber der *New York Herald Tribune* den Informationen mehr Glauben als Stalin selbst.

Rußland zahlte den Preis dafür, daß Stalin Sorges Berichte verächtlich abtat. In den ersten Stunden des Krieges vernichtete die deutsche Luftwaffe die russischen Flugzeuge am Boden und zerstörte Hunderte von Panzern. Deutsche Panzerdivisionen rückten in erstaunlichem Tempo achtzig Kilometer pro Tag vor. Nur durch eine übermenschliche Anstrengung konnten die überrumpelten Russen eine hoffnungslose Situation noch zu ihren Gunsten wenden.

Die Vierte Abteilung in Moskau war an diesem Sonntag Schauplatz hektischer Aktivität. Da man davon ausging, daß die japanische Armee aus der Mandschurei abziehen und einen Teil Sibiriens besetzen werde, versuchte der Generalstab der Roten Armee zuallererst, die japanischen Reaktionen auf den deutschen Überfall auszuloten. In aller Eile erhielten die »legalen« und »illegalen« Organisationen der Roten Armee in Tokio über Funk entsprechende Direktiven. Eine davon war ein kurz angebundener Befehl, datiert auf den 23. Juni, an den sowjetischen Militärattaché Guschenko: »Berichten Sie über die Haltung der japanischen Regierung gegenüber dem deutschen Krieg gegen die Sowjetunion.«

Einen Funkspruch gleichen Wortlauts schickte der Direktor an Richard Sorge, der am Sonntag abend jedoch nicht in der Verfassung war, einen Bericht zu liefern. Am Montag morgen fand man ihn zerzaust und in demselben zerknitterten Leinenanzug, in dem er geschlafen hatte, in der Lobby des Hotels Imperial.

Der Umstand, daß die Ereignisse Sorge recht gegeben hatten, machte ihn beim Großen Führer nicht beliebter. Tatsächlich könnte dieser Umstand am Ende sein Schicksal besiegelt haben: Stalin war nicht wild darauf, lebende Zeugen für sein kriminelles Versagen bei der Vorbereitung der sowjetischen Verteidigung auf einen deutschen Angriff zu haben, vor dem er wiederholt gewarnt worden war. Doch nun, in ihrer schwärzesten Stunde, hing das Heil der Sowjetunion von der Aussagekraft der vom Tokio-Ring gelieferten Geheiminformationen ab. Der Kreml war gezwungen, seine Meinung über Richard Sorge zu revidieren. Von nun an war Stalin auf Sorge und seine Gruppe angewiesen, wenn es darum ging zu erfahren, ob und wann die Japaner im Osten angreifen würden.

Am Montag, den 23. Juni, um 9 Uhr vormittags, empfing Außenminister Matsuoka den deutschen Botschafter in seiner Privatresidenz. Auf dem Platz sitzend, an dem tags zuvor Smetanin gesessen hatte, erläuterte Ott, warum Hitler gezwungen gewesen sei, einen Krieg gegen Rußland anzufangen. Matsuoka gab Ott zu verstehen, daß Japan wie ein »vertrauenswürdiger« Bundesgenosse handeln und in dem Konflikt nicht neutral bleiben werde. Mit anderen Worten, Japan würde seinen Neutralitätspakt mit der Sowjetunion ignorieren und loyal zur Achse stehen.

Diese Versicherung aus dem Munde von Hitlers größtem Bewunderer in Japan war indessen bloßes Wunschdenken. Matsuoka war nicht befugt, Japan darauf festzulegen, Deutschlands Krieg gegen Rußland zu unterstützen, und er wußte, daß die Option einer Intervention in Sibirien bei den tonangebenden Kreisen des Militärs keinen Anklang mehr fand.

Ott fuhr zurück zur Botschaft und dachte über eine geeignete Strategie nach, um Japan in den Krieg hineinzuziehen. Er gab sich keinerlei Illusionen hin: Trotz Matsuokas Beteuerungen würde es keine leichte Aufgabe sein, das japanische Kabinett davon zu überzeugen, daß es dem nationalen Interesse diene, sich mit dem russischen Bären anzulegen.

Der Botschafter beschloß, seinen gesamten Mitarbeiterstab für eine massive Propaganda- und Überredungskampagne zu mobilisieren. Deutschland hatte in der japanischen Armee und Bürokratie viele Freunde, und auch die würde man einspannen. Die stärksten Argumente für eine japanische Kriegsteilnahme wären die Triumphe der Wehrmacht bei ihrem immer tieferen Eindringen nach Rußland. Die Zeichen standen gut – ersten Berichten aus Berlin entnahm er, daß die Rote Armee binnen Stunden drei Divisionen verloren habe und daß Hunderte russischer Flugzeuge am Ende des ersten Kriegstages Schrott gewesen seien.

Erich Kordt war beeindruckt von Sorges starker gefühlsmäßiger Reaktion auf den russisch-deutschen Krieg, der »den Spötter und Zyniker Sorge mehr als irgendein anderes Ereignis innerlich bewegt zu haben schien«.[37] Obwohl sie nicht miteinander befreundet waren, verbarg Sorge seine Empfindungen nicht: »Er sagte mir, er empfinde besonderes Mitgefühl mit dem russischen Volk, da er in Rußland geboren und seine Mutter Russin sei.«[38]

Viele Freunde Sorges hatten, lange bevor er enttarnt wurde, Bemerkungen über das starke russische Element in seiner Persönlichkeit gemacht. Frau Matzky, die Frau des früheren Militärattachés, hatte einmal, halb im Scherz, gefragt: »Sind Sie eigentlich Russe? Sie haben so einen Typus!« Ohne zu zögern, hatte Sorge damals erwidert, nein, nein, er stamme aus Thüringen.[39]

Für Ott waren das Zurschaustellen von Gefühlen, die theatralischen Gesten, der leidenschaftliche Idealismus Ausdruck des Slawen in Sorge. »Er spielt wieder den Russen«, pflegte er mit einem tiefen Seufzen zu bemerken.[40]

Nach seiner Verhaftung gestand Sorge, daß für ihn – obwohl er die deutsche Staatsbürgerschaft besitze und in Deutschland aufgewachsen sei – Rußland seine Heimat sei. Die Bemerkung fiel während eines Gesprächs mit einem der Vernehmungsbeamten und erscheint nicht im polizeilichen Protokoll.[41]

Einige Experten haben behauptet, Sorge habe alles getan, um die Tatsache, daß er der Sohn einer russischen Mutter war, zu kaschieren. Das Gegenteil ist richtig: Sorge machte aus seinem Stolz auf diese Bindung an Rußland keinen Hehl. Doch er war gezwungen, die Nationalität seiner Mutter zu verheimlichen, als er es mit den deutschen Rassegesetzen zu tun bekam. 1937 bewarb er sich um Aufnahme in den Reichsverband der deutschen Presse innerhalb der nationalsozialistischen Reichspressekammer*,

---

* Die Reichspressekammer wurde am 1.11.1933 in Durchführung des Reichskulturkammergesetzes als Körperschaft des öffentlichen Rechts gegründet. Sie war eine der sieben Kammern der Reichskulturkammer, die sich wiederum in vierzehn Fachschaften bzw. -verbände gliederte.

ein Muß für jeden deutschen Journalisten. Er konnte erst beitreten, nachdem er den Verband überzeugt hatte, daß seine Vorfahren arischer Abstammung waren. Eine russische Mutter hätte es ihm mit Sicherheit unmöglich gemacht, weiter für die *Frankfurter Zeitung* zu arbeiten.

Er verfiel auf die geschickte Lösung, seine (deutschen) Verwandten väterlicherseits als Vorfahren seiner Mutter auszugeben. Aus einem Urgroßvater in der väterlichen Linie wurde ein Verwandter der Mutter, während er den Taufschein einer anderen Verwandten väterlicherseits seiner Großmutter mütterlicherseits unterschob. Die Dokumente, die er vorlegte, um eine einwandfreie deutsche Abstammung nachzuweisen, wurden unter seinen persönlichen Besitztümern gefunden, und die Polizei befragte ihn danach. Obwohl sie wußten, daß seine Mutter Russin war, fragten sie nicht weiter nach, warum die Papiere seine Vorfahren mütterlicherseits als Deutsche auswiesen. Viel überraschender ist, daß die Behörden in Deutschland, die seine arischen Referenzen bearbeiteten, den Betrug nicht entdeckten.

Am Montag abend stattete Ozaki Sorge einen Besuch ab, um mit ihm die mögliche Reaktion Japans auf den Krieg zu erörtern. Die Abendausgabe der *Japan Times and Advertiser*, die Sorge stets sehr genau las, verkündete in großen Schlagzeilen auf der Titelseite, daß deutsche Panzergruppen auf breiter Front vorgestoßen seien, ohne auf nennenswerten sowjetischen Widerstand zu treffen, und daß binnen ein oder zwei Tagen der Fall von Minsk zu erwarten sei. Ozaki zitierte offizielle Kreise, denen zufolge die Rote Armee zusammenbrechen und Rußland in drei, spätestens sechs Monaten besiegt sein werde. »Es ist unwahrscheinlich, daß Japan einen Schlag riskieren wird, bevor Deutschlands Sieg feststeht«, sagte er. »Aber wenn es soweit ist, wird unsere Armee der Versuchung, ein Stück aus Rußlands Allerwertestem herauszubeißen, nicht mehr widerstehen können. Es ist ein Fall von *jukushishugi* – warten, bis einem die reife Frucht in den Schoß fällt –, eine sehr pragmatische Philosophie.«

»Ja, aber wenn die Wehrmacht bis jenseits des Urals vorstößt, wird Deutschland meinen, alle Früchte gehörten von Rechts wegen ihm«, wandte Sorge ein. »Wenn Japan das Leid des Krieges nicht teilt, wird Hitler die Früchte des Sieges ebenfalls nicht teilen wollen. Das ist bestimmt die Linie, die Ribbentrop gegenüber Japan vertritt. Heute morgen war Ott bei Matsuoka, um ihn auszuhorchen, und ich nehme an, daß Ihr Außenminister ihm versichert hat, daß Japan fest hinter Deutschland stehe, und zum Teufel mit seinem Neutralitätspakt mit Rußland!«

»Das sieht Matsuoka ähnlich! Er redet, was ihm gerade in den Sinn kommt«, sagte Ozaki. »Und selbst wenn er eine Intervention befürwortet, die Regierung hat über die Frage Kriegseintritt oder Neutralität noch nicht entschieden. Und das ist der springende Punkt. Der Konoe-Kreis ist in Verlegenheit. Sie können sich nicht entscheiden, welchen Kurs sie einschlagen sollen.

Das heißt, es gibt noch immer politischen Spielraum. Ich könnte versuchen, sie davon zu überzeugen, daß die Bekämpfung der Sowjetunion nicht in Japans Interesse liegt. Ich kann diesen Leuten klarmachen, daß es ein schwerer Fehler wäre, die militärische Stärke der Sowjetunion zu unterschätzen. Und ihnen begreiflich machen, daß selbst eine militärische Niederlage die russische Einheit nicht zerstören oder Stalins Regime stürzen wird. Meine Ansichten gelten einiges im Konoe-Kreis. Es gäbe viele Gelegenheiten, bei denen ich meinen Einfluß gelten machen könnte. Wollen Sie es mich versuchen lassen?«[42]

Ozaki dürfte ob der Reaktion Sorges auf diesen Vorschlag unsicher gewesen sein. Zwei Jahre zuvor hatte er einen ähnlichen Vorschlag gemacht – sein Ansehen als anerkannter China-Experte zu nutzen, um einen Meinungsumschwung zugunsten der Sowjetunion herbeizuführen. Aber Sorge hatte diese Idee verworfen, da die eigentliche Aufgabe des Rings die Spionage sei und politische Winkelzüge nur ablenkten. Die Vorschriften der Vierten Abteilung waren unzweideutig: Niemand im Ring durfte den Rahmen seiner geheimdienstlichen Pflichten überschreiten. Mit Sorges Worten: »Moskau hat mir jede Aktivität, die nichts mit Spionage zu tun hat – das heißt jede organisatorische Propagandaarbeit politischer Art –, streng verboten.«[43] Doch wenn es ihm paßte, legte er die Dienstvorschriften großzügig aus, wie im Falle des Verbots der Propagandaarbeit. »Natürlich gehorchten wir treu und brav, mit der einen Ausnahme, daß wir andere Leute offen bearbeiteten, um ihre Auffassung von der Stärke des sowjetischen Staates zu beeinflussen.«[45]

Jetzt, da die Sowjetunion in einen Kampf um Leben und Tod verwickelt war, fand Ozaki mit seinem Vorschlag bei Sorge Gehör. Die Situation war zu ernst, um irgendeine Gelegenheit zur Beeinflussung der japanischen Strategie zu verpassen. Doch beschied er Ozaki, er müsse die Sache erst mit Moskau abklären. Er informierte die Vierte Abteilung, daß die Möglichkeit bestehe, verdeckt politisch aktiv zu werden, um Japan zu veranlassen, es sich zweimal zu überlegen, bevor man nach der Pfeife der Deutschen tanzte. Die Antwort der Zentrale war entmutigend: Außerplanmäßige Aktivitäten dieser Art seien »unnötig«. Jedoch untersagte die Anwort sie nicht ausdrücklich. Den Vernehmungsbeamten erzählte Sorge: »Ich habe das Wort ›unnötig‹ im weitesten Sinne interpretiert und mich geweigert, es als ausdrückliches Verbot einer solchen Handlungsweise auszulegen.«[46]

Im Laufe der Woche gab Sorge Ozaki grünes Licht, und die beiden setzten sich zusammen, um die Taktik zu besprechen. Es war Ozakis Idee, mit der Furcht vor der sowjetischen Militärmaschinerie zu spielen, die Japan seit seiner Niederlage beim »Nomonhan-Zwischenfall« 1939 umtrieb, und gleichzeitig den japanischen Appetit auf die in Südostasien in Hülle und Fülle gefundenen Rohstoffe zu schüren.

»Ich kann mich auf den Standpunkt stellen, daß es aus japanischer Sicht kurzsichtig und falsch wäre, Rußland anzugreifen, weil in Ostsibirien für uns, was Rohstoffe und ökonomischen Profit betrifft, nicht viel zu holen ist. Das Argument muß lauten, daß Sibirien, wenn Hitler die Rote Armee vernichtet, wie er versprochen hat, den Japanern ohnehin in den Schoß fallen wird, ohne daß sie einen Finger rühren müssen. Zweitens kann ich darauf verweisen, daß Japans politische und wirtschaftliche Interessen im Süden lägen, wo wir die für die Kriegswirtschaft entscheidenden Rohstoffe finden können. Drittens kann ich die Ängste weidlich ausschlachten, daß die Vereinigten Staaten und Großbritannien nur nach einer Gelegenheit Ausschau hielten, uns anzugreifen. Ich kann die Neuigkeit verbreiten, daß, sollte Japan sich auf einen Krieg mit Rußland einlassen, Amerikaner und Engländer, sobald unsere Öl- und Eisenvorräte zu Ende gingen, die Gelegenheit ergreifen könnten, uns zu erledigen.«

Sorge erschien das überzeugend, und er stimmte zu. »Immer, wenn jemand die sowjetische Stärke bezweifelt, müssen wir daran erinnern, wie die Russen die japanische Armee in Nomonhan fertiggemacht haben. Wir müssen bei jeder sich bietenden Gelegenheit entschieden darauf hinweisen, daß Hitler sich schwer verrechnet hat. Aber wir müssen den Eindruck vermeiden, daß wir pure Propaganda treiben. Das würde den Zweck der Übung zunichte machen und unseren eigentlichen Auftrag gefährden.«

Unter diesem Vorbehalt gab Sorge Ozaki freie Hand, auf die Berater von Ministerpräsident Konoe einzuwirken, während er selbst sich auf die Deutsche Botschaft konzentrierte.[47]

Eine gute Gelegenheit für Ozaki, diskret für die Sowjetunion zu werben, kam, als sich am Mittwoch der Frühstücks-Club traf (möglicherweise hatte er zu diesem Zeitpunkt noch gar nicht Sorges Einwilligung). Das Gespräch drehte sich unweigerlich um die Ereignisse in Europa. Ja, sagte Ozaki, es stimme schon, was einige Mitglieder von Konoes informeller »Expertenkommission« glaubten, daß eine militärische Niederlage der Russen möglich sei. Aber, gab er zu bedenken, es sei höchst unwahrscheinlich, daß sie zum Zusammenbruch des sozialistischen Systems oder der Regierung Stalins führe. »Was diesen Punkt betrifft, verschätzt sich Deutschland gewaltig«, beschied er den einflußreichen Mitgliedern des Clubs. »Außerdem können wir, wenn Deutschland gewinnt, Sibirien übernehmen, ohne unsere Soldaten in Rußlands furchtbaren Wintern in den Kampf schicken zu müssen. Und der entscheidende Punkt ist doch, daß die Rohstoffe, die wir brauchen, im Süden zu finden sind, nicht in Sibirien. Wenn wir schon ein solches Risiko eingehen wollen, dann scheint ein Vorstoß nach Süden sehr viel aussichtsreicher, oder etwa nicht?«

Auch Vukelic wurde in die propagandistischen Anstrengungen eingespannt. »Wir sollten versuchen, unter den politischen Machern in den USA eine günstige Stimmung gegenüber Rußland zu befördern«, sagte Sorge; er, Vukelic, solle sich in erster Linie um Joseph Newman kümmern, den Mann von der *New York Herald Tribune.* Vukelic schnappte sich Newman und ein paar andere amerikanische Journalisten und spielte ihnen gegenüber die von der japanischen Aggression im Pazifik für die USA ausgehende Gefahr hoch. Deutsche Diplomaten und eine deutsche »fünfte Kolonne« in Tokio würden zu jeder erdenklichen List greifen, um Japan in einen Konflikt mit Briten und Amerikanern zu verwickeln, behauptete er. Nun, da Rußland mit dem Kampf gegen Deutschland alle Hände voll zu tun habe, sei der Weg für Japan frei, nach Südostasien und in den Pazifik zu expandieren. Am 1. Juli erschien in der *Tribune* ein Artikel unter der Überschrift: »Japans Drang zur Südsee angeblich ungebrochen.« Die Quelle für diese Story sei, so verriet Newman viele Jahre später, Branko Vukelic gewesen.

Unter dem 26. Juni abends findet sich in Sorges Terminkalender der Name »Joe«, gefolgt von dem Wort »Post«. Dies bedeutete ein Treffen mit Miyagi, der bestimmte Dokumente überbringen sollte. Dem Wetterbericht für diesen Donnerstag können wir entnehmen, daß es in Tokio heiß, schwül und drückend war, typisches Regenzeitwetter *(tsuyu).* Für Miyagi war es eine Zeit wachsender innerer Unruhe. Während er kreuz und quer durch die vor Hitze dampfende Stadt fuhr, um Botengänge für Sorge zu erledigen, sagte ihm sein Instinkt mit jeder Faser, daß er beschattet wurde. Er konnte den unsichtbaren Verfolger nicht länger als Hirngespinst abschütteln.

Es war nicht das erste Mal, daß Miyagi daran dachte, ein neues Leben anzufangen, als Maler und Bauer weit weg in der Präfektur Wakayama. Von Anfang an hatte er Sorge gesagt, daß er nur solange für ihn arbeiten würde, bis ein Ersatz gefunden wäre. Das war jetzt über sieben Jahre her, und ein ruhiges Leben auf dem Lande war immer noch ein Traum. Es geschah in erster Linie aus einem Gefühl der Loyalität gegenüber Ozaki, daß er weitermachte: »Es ist töricht, wenn Leute wie wir bei so etwas mitmachen!« hatte Miyagi zu Kawai Teikichi gesagt. »Ich hatte nie vor, das auf Dauer zu machen. Nun komme ich scheint's nicht davon los.«[48]

Miyagi hatte die Angewohnheit, große Umwege zu machen und

von Zeit zu Zeit innezuhalten, um zu sehen, ob er seinen Schatten losgeworden war. Wie gewöhnlich versuchte er sich auch an diesem Abend zu vergewissern, daß die Luft rein war, bevor er in die Gasse zu Sorges Haus einbog.

Welches Dokument brachte Miyagi Sorge an diesem Abend, fünf Tage nach Ausbruch des deutsch-russischen Krieges? Es ist aktenkundig, daß er ihm um diese Zeit eine Karte von Hokkaido und Karafuto beschaffte – japanische Territorien nahe der Sowjetunion –, auf der er Luftwaffenstützpunkte und die wichtigsten Häfen markiert und mit Erläuterungen versehen hatte. Eine solche Karte war bereits per Kurier nach Moskau geschickt worden, aber als die Gefahr eines japanischen Angriffs zunahm, forderte Sorge von Miyagi Informationen auf dem neuesten Stand. Also ging er wieder in den Seishido-Buchladen in Roppongi, kaufte einen Atlas, trennte die Seiten mit den nördlichsten Inseln heraus und überarbeitete sie mit Hilfe seines Agenten auf Hokkaido, Taguchi Ugenta. Aus den Gerichtsprotokollen geht hervor, daß dieses Material Sorge an irgendeinem Tag im Juni übergeben wurde.[49]

Sorge hatte sein Augenmerk auf die rege Aktivität in Regierungs- und Militärkreisen gerichtet. Kaum ein Tag verging nun ohne eine Konferenz auf höchster Ebene. Ozaki hatte herausgefunden, daß der politische Kurs Japans auf einer »Verbindungskonferenz« von Regierung und Oberkommando am 19. Juni festgelegt und am 23. Juni in einer Sitzung höherer Heeres- und Marinestrategen gebilligt worden war.

Kurz vor dem deutschen Einfall in Rußland hatte der Generalstab der Armee für diesen Eventualfall eine vorsichtige Strategie formuliert: Japan müsse seine militärische Einsatzbereitschaft vis à vis der Sowjetunion verbessern, dürfe aber auf seiten Deutschlands nur intervenieren, wenn sich eine günstige Gelegenheit böte. Die Marineführung hatte ihr eigenes Programm formuliert; die Admiräle plädierten für eine Expansion nach Südostasien und gegen die Verschwendung militärischer Budgets für einen Truppenaufmarsch im Norden. Japan sollte sich nicht in den Konflikt Rußland – Deutschland einmischen.

Nach Ausbruch des Krieges überwanden beide Waffengattungen

ihren traditionellen Antagonismus und einigten sich auf eine gemeinsame Plattform. Bei einem Treffen am 23. Juni verständigte man sich auf eine lupenreine opportunistische Strategie: »im Süden losschlagen« und gleichzeitig, als Ausweichmaßnahme, die Stellungen der Armee im Norden, besonders in der Mandschurei, verstärken. Wenn Rußland reif zum Plündern wäre, wollte man bereit sein.

Es war das Militär, das den Schlüssel zu Japans Schicksal in Händen hielt. Aber angeblich bestimmten immer noch die Zivilisten die Richtlinien der Politik, und bis zum 1. Juli fanden mit nur eintägiger Unterbrechung pausenlos Pro-forma-Verbindungskonferenzen zwischen Kabinettsministern und den Generalstabschefs von Heer und Marine statt. Diese Beratungen waren streng geheim. Die Domei-Nachrichtenagentur berichtete verschämt, die Konferenzen seien einberufen worden, um »eine sich aus dem Beginn des deutsch-russischen Krieges ergebende Frage zu erörtern, die unmittelbare Aufmerksamkeit erfordere«. Die Polizei erließ eine besondere Warnung an die Adresse von Gerüchtemachern, die mit harten Strafen zu rechnen hätten – und fügte ostentativ hinzu, dies gelte auch für »große Männer aus allen Schichten und Berufen, von denen es heißt, daß sie wegen ihrer speziellen Kenntnisse die Quelle der Gerüchte seien«.[50]

Große Männer waren in der Tat die Hauptquelle von Gerüchten. Klatsch in privaten Zirkeln – die automatisch als vertrauenswürdig galten – war eine Garantie dafür, daß die vertraulichsten Dinge durchsickerten. Die japanische Gesellschaft sei, wie Sorge seinen Befragern eröffnete, zur Wahrung von Geheimnissen ungeeignet.

Saionji Kinkazu, der Aristokrat, der als Berater für das Außenministerium arbeitete, war der Ursprung einer Reihe wichtiger Indiskretionen gegenüber dem Sorge-Ring. Irgendwann zwischen Montag, dem 23., und Mittwoch, dem 25. Juni, sprach Ozaki ihn an, und als enger und getreuer Freund entlockte er ihm ohne Schwierigkeiten den Kern der Entscheidung, die die militärischen und politischen Führer auf ihrer Verbindungskonferenz am 19. Juni getroffen hatten. Saionji verriet Ozaki, daß Japan im Falle eines Krieges zwischen Deutschland und der UdSSR neutral bleiben werde.[51]

Ozaki sprach anschließend noch mit einem anderen Freund, Tanaka Shinjiro, dem Leiter des Ressorts für Politik und Wirtschaft bei der *Asahi Shimbun*. Tanaka verriet ihm, was er über die zentralen Gespräche zwischen Heer und Marine vom 23. Juni wußte, bei denen man sich auf die »gemeinsame Strategie« verständigt hatte.

Ozakis eigenen Angaben zufolge unterrichtete er Miyagi am »Morgen des 26.« über das, was er herausgefunden hatte und was die Grundlage des Berichts bildete, der für Sorge entworfen wurde. Miyagi fügte eigene Informationen und die seines Agenten Taguchi Ugenta hinzu. Der nächste Schritt bestand darin, dieses Material ins Englische zu übersetzen, eine Aufgabe, mit der Miyagi den Dolmetscher des Rings, Akiyama Koji, betraute. In Anbetracht der Menge des Materials ist es unwahrscheinlich, daß die Übersetzung bis zum 26. Juni fertig war oder daß dies das Dokument war, das Miyagi Sorge an jenem Abend überreichte.

Am 28. Juni, einem verregneten Sonnabend, aß Sorge mit Botschafter Ott in der Residenz zu Mittag und erfuhr bei dieser Gelegenheit etwas über die Reaktion Japans auf die deutschen Anstrengungen, das Land in den eine Woche alten Krieg hineinzuziehen. Nach einem abschließenden Cognac verließ Sorge die Botschaft und fuhr das kurze Stück bis zur Tameike-Kreuzung. An einer Ecke befand sich ein Laden für Keramikwaren, und hier wartete er in seinem Wagen auf Eta. Sie kam um viertel nach drei, und sie fuhren sofort zu Sorges Haus in Nagasaka-cho. Richard war angespannt und erregte sich über die »Schweine« in der Botschaft. Eta hatte sich an diese Ausbrüche gewöhnt, die sie tolerierte, weil sie verstand, wie sehr ihn der Überfall auf »sein« Land bedrückte.[52] Um kurz vor sechs fuhr er sie zurück zur Botschaft und war rechtzeitig zu einer weiteren Verabredung mit Miyagi um 19.30 Uhr wieder zu Hause. Möglich, daß er schon mit dem Text für das Telegramm an die Vierte Abteilung beschäftigt war, das auf dem basierte, was Botschafter Ott ihm beim Mittagessen erzählt hatte, und auf den Informationen von Ozaki.

Die Entscheidung, Truppen nach Saigon zu entsenden, wurde unter dem Druck radikaler Elemente, die Taten fordern, getroffen, aber unter der Bedingung, daß erstens der Konflikt mit Amerika vermieden werden muß und daß zweitens Japan auf Zeit spielen wird, solange der deutsch-sowjetische Krieg im Gange ist.
Invest [Ozaki] behauptet, daß Japan im Norden [Rußland] angreifen werde, sobald die Rote Armee besiegt ist, und betonte auch, daß Japan beabsichtige, Sachalin auf friedliche Art zu erwerben ...
Deutscher Botschafter Ott bestätigte den ersten Teil des oben Gesagten. Was jedoch den zweiten Teil betrifft, antwortete Matsuoka auf die Frage Otts, daß Japan gegen die UdSSR kämpfen werde, wie er es ihm immer schon versichert habe.
Matsuoka sagte zu Ott, daß der Kaiser schon vor einiger Zeit seine Zustimmung zum Marsch auf Saigon gegeben habe, und daran sei zum gegenwärtigen Zeitpunkt nichts zu ändern. Ott schloß daraus, daß Japan vorläufig im Norden [Rußland] nicht angreifen wird.[53]

Dem Inhalt dieser Depesche können wir entnehmen, daß sie aufgesetzt wurde, bevor Sorge Miyagis Bericht zu sehen bekam. Aber kaum eine Woche nach Beginn des deutschen Angriffs war der Tokio-Ring in der Lage, Moskau den Kurs, den die japanische Politik einschlagen würde, zu skizzieren. Sorge scheint seiner Sache gewiß. Er berichtet, daß die Gefahr eines japanischen Angriffs auf Rußland nach wie vor bestehe, eine unmittelbare Aktion jedoch nicht zu befürchten sei. Alles hänge davon ab, wie die Rote Armee sich auf dem Schlachtfeld schlage.

Das uns zur Verfügung stehende Material erhellt, daß dies nach Beginn des Überfalls Sorges erster Bericht über die japanischen Absichten war. Zweifellos wurde er in Moskau sehr aufmerksam gelesen. Auf dem Telegramm findet sich Stalins Unterschrift, ein Zeichen, daß er den vollständigen Text gesehen hatte und nicht eine Zusammenfassung in der täglichen Nachrichtenauswahl. Dennoch erreichte das auf den 28. Juni datierte Telegramm die Vierte Abteilung erst am 4. Juli. Max Clausen saß beinahe eine Woche auf dieser wichtigen Meldung, bevor er sie sendete. Atmosphärische Störungen mögen den Funkkontakt mit Wladiwostok verhindert haben, aber wahrscheinlicher ist, daß Clausen diesen Bericht bewußt liegenließ – ebenso wie viele andere, wenn man seiner Aussage im Gefängnis Glauben schenken kann.

Während Sorge seine Depesche aufsetzte, steckten die politischen und militärischen Führer Japans im Zentrum der Hauptstadt die Köpfe zusammen. Das zivile Kabinett hatte die vom Militär verabschiedeten Resolutionen gebilligt. Die »Grundzüge der Kaiserlichen Politik als Reaktion auf die Veränderte Situation« harrten der Genehmigung durch den Kaiser. Sie waren fortan die Richtlinien der japanischen Politik – und sollten das Schicksal der Nation bestimmen. Miyagis Bericht, der auf Informationen Ozakis, auf eigenen Quellen und persönlichen Anschauungen beruhte, brachte die kaiserliche Politik auf den Punkt:

> Die japanische Regierung und führende Militärs, im Besitz sicherer Informationen über Deutschlands Angriff auf die UdSSR, faßten auf einer Konferenz, die am 19. Juni 1941 stattfand, einen Beschluß über die Leitlinien der japanischen Politik gegenüber Deutschland und der UdSSR.
> Die japanische Regierung beschloß, am Dreimächtepakt mit Deutschland und Italien festzuhalten und gleichzeitig ihren Neutralitätspakt mit der Sowjetunion strikt zu beachten.[54]

Anschließend skizzierte Miyagi die auf dem Armee- und Marinegipfel am 23. Juni verabschiedete Strategie. Zwei oder drei Divisionen der japanischen Armee seien als Teil des Plans zur Expansion nach Südostasien bereits auf dem Weg nach Indochina. Gleichzeitig würde die Armee gemäß der für die nördliche Front verabschiedeten Politik auf Hokkaido, Sachalin und in der Mandschurei Streitkräfte zusammenziehen.

Kreise der Armee wurden mit der Vorhersage zitiert, die sowjetische Armee wäre innerhalb von drei Monaten geschlagen. Zu Miyagis Dokument gehörte außerdem ein Interview mit einem General – Araki Sadao –, das anschaulich zeigte, wie ungeduldig die kriegslüsternen Elemente in der japanischen Armee darauf brannten, gegen die Russen loszuschlagen, und wie sehr sie Japans zivile Führer verachteten. General Araki, ehemaliger Kriegsminister, wurde mit der Bemerkung zitiert, »die Politik unseres Landes basiert auf dem Vormarsch nach Norden. Nun ist die Gelegenheit da, die UdSSR zu zerstören.« Matsuoka sei ein »Dummkopf«, sagte Araki, und er hoffe, der Außenminister und das gesamte Kabinett Konoe würden zurücktreten, damit die Armee Rußland angreifen könne.[55]

Dieses mit einem Füllfederhalter geschriebene Dokument wurde sichergestellt, als die Polizei etwa vier Monate später Sorges Haus durchsuchte. Beim Verhör sagte Sorge, er habe es »zwei oder drei Tage« nach Ausbruch des Krieges von Miyagi erhalten.[56]

Doch in dem Telegramm vom 28. Juni finden sich kaum Spuren von Miyagis Arbeit – ein Hinweis darauf, daß der Bericht Sorge an diesem Sonnabend noch nicht erreicht hatte.[57]

Kapitel 13
Juli 1941

Am 2. Juli, einem schwülen Tag mit blauem Himmel und jagenden Wolken, beriet sich der Kaiser mit seinen wichtigsten Ministern und den Stabschefs. Im Kaiserpalast fand eine der seltenen Kaiserlichen Konferenzen – *gozenkaigi*, Konferenz in Anwesenheit des Erhabenen – statt, um »Kernfragen der nationalen Politik zu entscheiden«. Das war alles, was die Morgenausgaben der Zeitungen über die bedeutsame Konferenz, die das Schicksal der Nation und eines großen Teils der Menschheit bestimmen würde, preisgaben. Auf der anderen Seite des Wassergrabens, auf den heißen Kieseln des großen Vorplatzes, verbeugten sich treue Untertanen tief in Richtung des »Himmelssohnes«.

Kaiser Hirohito, der auch Oberbefehlshaber der Streitkräfte war, trug die Uniform der Kaiserlichen Marine und leitete die Konferenz. Er saß vor einem goldenen Wandschirm mit Räucherpfannen zu beiden Seiten. Vor ihm, aufgereiht an zwei langen, mit Brokat verkleideten Tischen, saßen die Minister des Kabinetts und die Führer von Armee und Marine.[1]

Ein später am Tag herausgegebenes knappes Kommuniqué brachte keinerlei Klarheit: »Entscheidende politische Beschlüsse, die gefaßt werden mußten, um der herrschenden Situation gerecht zu werden, wurden in Kraft gesetzt.« Aber welche Beschlüsse? Der geheimnisvolle Nymbus des Throns verbot profane Spekulationen, und das Gesetz zur Verteidigung der Staatssicherheit jede öffentliche Diskussion.

Der Tokio-Korrespondent der *New York Times*, Otto Tolischus, folgerte daraus, der Kaiser habe die Politik abgesegnet, auf die man sich tags zuvor auf einer Kabinettssitzung nach einer Serie von Konferenzen und Audienzen im Palast verständigt hatte. »Kein Außenstehender wußte, was diese Politik war. Die Presse bat die Öffentlichkeit um Geduld.«[2]

Die Verwirrung wurde noch größer, als Matsuoka in undurchsichtigen Worten erklärte, die Regierung sei dabei, »Vorbereitungen zu treffen, in die wir Vertrauen setzen können«, um für den »äußersten Notfall« gewappnet zu sein. Der Außenminister ermahnte die Öffentlichkeit, »sich einer ruhigen und gefaßten Haltung zu befleißigen, die alle Klassen vereint, und sich als Erwiderung auf den Erhabenen Willen seiner Majestät des Kaisers zu bemühen, nicht im geringsten von dem Weg, den unser Land eingeschlagen hat, abzuweichen«.

In Tokio rätselten ausländische Korrespondenten, Diplomaten und Spione darüber, welchen Weg Japan einschlagen würde. Wenn die *gozenkaigi* einen Angriff auf die Sowjetunion definitiv ausgeschlossen hatte, konnten die Oberbefehlshaber der Roten Armee zur Unterstützung der Abwehr unbesorgt weitere Truppen an die Westfront verlegen. Die Angelegenheit war äußerst dringlich. In Wirklichkeit waren bereits in den ersten Tagen des deutschen Angriffs vier sowjetische Fernost-Infanterie-Divisionen nach Westen geworfen worden, obwohl Sorge das wahrscheinlich nicht wußte.[3] Aber die Russen durften ihre militärische Präsenz im Fernen Osten nicht entscheidend verringern, bevor sie nicht absolut sicher sein konnten, daß die Japaner keine Intervention planten.

Sorge mobilisierte seine Kräfte und machte sich daran, die Mauer offizieller Geheimhaltung zu durchlöchern. Am Donnerstag, den 3. Juli, war Miyagi bei Sorge, aber mit neuen Einsichten konnte er nicht dienen. Informanten wie Taguchi Ugenta waren keine Hilfe gewesen.

Zum Glück verlor Ozaki mit seinen eigenen Nachforschungen keine Zeit. Am 3. oder 4. Juli traf er sich mit Saionji Kinkazu, dem gesprächigen Aristokraten und Oxford-Absolventen. Umsichtig wie immer, hütete er sich, Suggestivfragen zu stellen. Beiläufig ließ er Saionji gegenüber fallen, daß Japan sich im russisch-deutschen Krieg zu einem neutralen Kurs entschlossen habe. Ozaki konnte das zuversichtlich folgern, weil er über die Politik, die auf den Konferenzen vom 19. und 23. Juni entworfen worden war, bereits im Bilde war. Ohne zu zögern, bestätigte Saionji, daß Ozakis Annahme absolut zutreffend sei. Er hatte vollstes Vertrauen in den Freund und erzählte ihm fröhlich alles. »Meine Beziehung zu Ozaki war eben so. Ich hatte keine Geheimnisse vor Ozaki«, erklärte er viele Jahre später.[4]

Am Wochenende – dem 5. oder 6. Juli – ging Miyagi dann zu Ozaki, um sich über dessen Ergebnisse ins Bild zu setzen. Dieses Material bildete die Grundlage des Berichts, den er »um den 10. Juli herum« fertigstellte und Sorge übergab.[5] Laut Ozakis Informationen – das Wesentliche direkt weitergegeben, die Einzelheiten über Miyagi – hatte die Kaiserliche Konferenz drei Hauptbeschlüsse gefaßt.

Erstens müsse Japan sich darauf vorbereiten, auf alle Eventualitäten und Entwicklungen der internationalen Lage zu reagieren. Zweitens würde Japan sich so lange an den Neutralitätspakt mit der Sowjetunion halten, wie die internationale Lage unverändert bliebe. Drittens würde Japan seine Expansionspolitik im Süden gegen welche Hindernisse auch immer durchführen und die erforderlichen militärischen Vorbereitungen treffen, um diesem Kurs folgen zu können. Ozaki hatte außerdem erfahren, daß das Oberkommando am 5. oder 6. Juli beschlossen hatte, zum Monatsende Truppen in Saigon zu stationieren.[6]

Bevor Sorge seinen Bericht für Moskau abschloß, horchte er Botschafter Ott aus, wobei er feststellte, daß dieser die Dinge in anderem Licht sah. Am Tag der Kaiserlichen Konferenz hatte der Botschafter frühmorgens eine verschlüsselte Meldung aus Berlin mit dringenden Instruktionen erhalten. Außenminister Ribbentrop hatte Ott mitgeteilt, er müsse Japan unter Druck setzen, so schnell wie möglich Wladiwostok zu besetzen, um alsdann nach Westen vorzustoßen, um sich vor Einbruch des Winters auf sowjetischem Territorium mit der deutschen Invasionsstreitmacht zu vereinigen. Die beiden Verbündeten würden somit eine direkte Verbindung herstellen und die russische Frage durch Ausschalten der bolschewistischen Bedrohung ein für allemal lösen. Anschließend wäre der Weg für Japans Vorstoß nach Süden frei.

Ott hatte für den Abend des 2. Juli ein dringendes Treffen mit Außenminister Matsuoka vereinbart und übermittelte diesem Ribbentrops Wunsch nach einem japanischen Kriegseintritt. Kase Toshikazu, seinerzeit Privatsekretär des Außenministers, erinnert sich, daß Matsuokas Antwort nicht ermutigend war. Es sei beschlossen worden, daß Japan zum jetzigen Zeitpunkt nicht in den russisch-deutschen Konflikt eingreifen werde. Dennoch werde Japan in seinen militärischen Vorbereitungen fortfahren, um bereit zu sein, sich mit der »russischen Frage« zu beschäftigen.

Kase zufolge habe Matsuoka darauf hingewiesen, »daß Japans Anstrengungen zur Eindämmung der Vereinigten Staaten und Großbritanniens im Pazifik einen nicht weniger wichtigen Beitrag zur gemeinsamen Sache darstellen wie ein Eintritt in den sowjetisch-deutschen Krieg«.[7] Die Signale, die Ott in dem Gespräch aufschnappte, waren ein wenig anders. Vielleicht hörte er nur, was er hören wollte. Jedenfalls verließ er Matsuoka in der Überzeugung, daß Japan bereit sei, dem deutschen Geheiß Folge zu leisten. In einem Telegramm nach Berlin am folgenden Tag schätzte Ott den Fortschritt seiner Bemühungen, Japan für den Krieg zu gewinnen, optimistisch ein: »Alles deutet darauf hin, daß Japan in den Krieg gegen Rußland eintreten wird.«

Diese optimistische Prognose äußerte der Botschafter auch am 9. Juli Sorge gegenüber. Er glaube, daß Japan binnen zwei Monaten Rußland den Krieg erklären werde; der Militärattaché, Oberst Kretschmer, teile diese Ansicht, obwohl der Marineattaché anders darüber denke. Mit Sorges Worten: »Marineattaché Wenneker und ich selber waren im Gegenteil der Ansicht, daß Japan in diesem Jahr nicht in den Krieg eintreten würde. Und als Japan seine großangelegte Mobilmachung in die Wege leitete, wurde Ott sogar noch zuversichtlicher, daß Japan in den Krieg eintreten würde.«[8]

Am 10. Juli – acht Tage nach der Kaiserlichen Konferenz – bereitete Sorge seinen Bericht für die Vierte Abteilung vor. Die Folgerungen des Botschafters und Ozakis wichen in einem entscheidenden Punkt voneinander ab. Der deutsche Botschafter maß dem kaiserlichen Beschluß, daß Japan seine militärische Einsatzbereitschaft in der nördlichen Region verbessern werde, mehr Gewicht bei; Ozaki hingegen betonte, daß Japans Expansion nach Süden gelenkt würde und Japan hinsichtlich der Beteiligung am russisch-deutschen Konflikt eine abwartende Haltung einnähme. »Das glaubte auch ich und gab es umgehend an die Moskauer Zentrale durch«, sagte Sorge den Beamten, die ihn verhörten.[9]

In dem Telegramm vom 10. Juli – offenbar dem ersten, das sich auf die *gozenkaigi* bezog – unterrichtete er Moskau von beiden Versionen, räumte Ozakis Informationen jedoch stärkeres Gewicht ein.[10]

In der Depesche wird ebenfalls erwähnt, daß Matsuoka gegenüber Ott Ängste ausgesprochen hätte, die Sowjetunion könne Bomber nach Japan entsenden, sollte das Land in den Krieg eintreten. Ott suchte diese Ängste zu zerstreuen, indem er versicherte: »Die UdSSR hat im Fernen Osten nur 1500 erstklassige Flugzeuge, darunter nur 300 schwere Bomber, die Japan erreichen können. Zwei Maschinen neueren Typs, die sich für solche Einsätze eignen, sind im Fernen Osten noch nicht stationiert.«[11]

Der Botschafter stand unter dem immensen Druck, rasch mit Ergebnissen aufzuwarten; am 5. und 10. Juli schickte Ribbentrop weitere dringende Befehle, die japanische Regierung zu überreden, Rußland von Osten her anzugreifen. Mag sein, daß Sorge verständnisvoll nickte, wenn Ott klagte, Berlin begreife nicht, wie schwierig es sei, die Japaner zum Handeln zu überreden. Aber innerlich schäumte er: Der Botschafter, glaubte Sorge, war mehr damit beschäftigt, seine Karriere voranzutreiben, als sich Gedanken darüber zu machen, ob seine Kriegstreiberei im Auftrag Hitlers moralisch zu verantworten war.

Am 10. Juli schickte Sorge noch ein zweites Telegramm an die Vierte Abteilung, in dem es heißt: »Ott war über Ribbentrops Eile sehr erstaunt und sagte, ihm müßte klar sein, daß Japan noch nicht soweit ist und nur nach außen hin Kriegsgetöse veranstaltet.«[12]

Zwei Tage später teilte er Moskau mit, daß Ott hinsichtlich seiner Chancen, Japan zu einer Intervention zu überreden, gar nicht mehr so zuversichtlich klänge. »Deutscher Botschafter Ott erzählte Inson [Sorge], daß er Japan vorgeschlagen habe, in den Krieg einzutreten, Japan aber vorläufig neutral zu bleiben wünsche.«[13] Er fuhr fort und erklärte, es gebe Elemente, die sich vehement für den Vormarsch nach Süden stark machten, aber jüngere Offiziere der Kwangtung-Armee seien dafür, gegen die Russen anzutreten. Sorge schloß mit seiner eigenen Einschätzung, wie Japan auf die deutschen Wünsche nach Eintritt in den Krieg reagieren würde.[14]

Fraglos hielt Sorge je nach Entwicklung der militärischen Lage eine japanische Intervention nach wie vor für sehr wahrscheinlich. Eine klare Einschätzung, auf deren Basis eine großangelegte Verlegung von Truppen an die westliche Front möglich gewesen wäre, konnte er der Roten Armee in diesem Stadium nicht bieten. Seine lange Sommer-Nachtwache begann gerade erst. In den folgenden Wochen würde er sich bemühen, aus den verwirrenden Signalen, die Japan aussandte, klug zu werden.

Zumindest in den ersten Wochen des Krieges studierte die sowjetische Führung Sorges Berichte sehr genau. Sein Telegramm vom 28. Juni wurde sowohl von Stalin als auch von Außenminister Molotow gelesen. Zwei Telegramme, eines auf den 10., das andere auf den 12. Juli datiert, tragen die Unterschriften Stalins und seines Kriegskabinetts – Molotow, Lawrenti Berija, Georgi Malenkow und Kliment Woroschilow –, eine Bestätigung, daß sie gelesen wurden und daß man sie für höchst wichtig hielt.

Am Schluß eines auf den 10. Juli datierten Berichts findet sich eine handschriftliche Notiz des stellvertretenden Leiters der Abwehr im Generalstab der Roten Armee: »In Anbetracht der hohen Zuverlässigkeit und Genauigkeit früherer Informationen und der Kompetenz der Informationsquellen kann diesen Informationen vertraut werden.« Nachdem sich Sorges Warnungen vor dem deutschen Überfall als zutreffend erwiesen hatten, erkannte die Vierte Abteilung den Wert des Tokio-Rings an und setzte verspätet ihr Vertrauen in Sorge.

Als gewissenhafter Journalist wollte auch Robert Guillain herausbekommen, was auf der *gozenkaigi* am 2. Juli passiert war. Der Leiter des Tokioter Büros der Nachrichtenagentur Havas hatte mehr Glück als seine Kollegen vom ausländischen Pressekorps. Er wandte sich einfach an seinen Assistenten Vukelic – »Vuki«, wie seine Freunde ihn nannten.

»Mittags sagte ich, Vuki, du solltest gehen und Herrn X treffen und zusehen, was du über die Konferenz herausbekommen kannst«, erinnert sich Guillain. Dr. Sorge – »Herr X« – hatte sich in der Vergangenheit als wertvolle Quelle für Informationen über heikle Angelegenheiten erwiesen. »Wir nannten ihn unter uns Herr X, nur für den Fall, daß jemand unser Gespräch abhörte. Als die normalen Japaner von der Polizei gezwungen wurden, über die Aktivitäten von Ausländern Meldung zu erstatten, war es eine notwendige Vorsichtsmaßnahme.«

Frankreich war unter deutscher Besatzung, und Guillain hatte keine direkten Beziehungen zu Sorge, den er für einen Nazi hielt. Aber er hatte Vukelic ermuntert, den Kontakt mit Sorge diskret aufrechtzuerhalten, selbst nach Ausbruch des Krieges in Europa, und wenn in Japan oder Europa etwas Wichtiges passierte, bat er gewöhnlich Vukelic, in Erfahrung zu bringen, was Herr X darüber wußte. »Soweit ich mich erinnere, war er um drei Uhr mit der Neuigkeit zurück, daß Japan nicht in den Krieg gegen Rußland einträte und statt dessen Französisch-Indochina besetzen würde.«[15]

Noch am selben Tag erzählte Guillain die Neuigkeit bei einer Dinnerparty dem französischen Botschafter Charles Arsène-Henry, der skeptisch war. »Er dachte, es sei absurd, und sagte, Guillain, wenn Sie die Interna einer Kaiserlichen Konferenz kennen, und die Japaner kriegen das heraus, ist Ihnen klar, daß Sie morgen früh am Ende eines Seils baumeln?«

Verärgert über die Abfuhr wandte sich Guillain, obwohl er kaum Kontakte zu amerikanischen Diplomaten hatte, an einen anderen Gast, Eugene Dooman, Legationsrat an der US-Botschaft. »Er hörte zu und fragte mich dann, wie lange ich schon in Japan sei. Drei Jahre, erwiderte ich. Dooman sagte, er sei schon fünfzehn Jahre hier, und fing an, über die Bedeutung des japanischen *kimochi* (Gefühl) zu reden, und er sagte, sein *kimochi* sage ihm, es würde keine Landung in Südindochina geben.«

Am nächsten Tag wiederholte Guillain gegenüber Oberst Thiebault, dem Militärattaché an der Französischen Botschaft, was er erfahren hatte. Thiebault klang interessierter, gab aber, soweit Guillain feststellen konnte, seinen Bericht nicht weiter. Die Botschaft stand im Dienste der Vichy-Regierung, einer Marionette der Nazis, und war vollkommen machtlos, als es später darum ging, die Japaner vom Einmarsch in die asiatischen Kolonien Frankreichs abzuhalten.

Zwischen 1938 und 1941 wurde Guillain von Vukelic eine ganze

Reihe »Knüller« zugespielt: das japanische Debakel bei Nomonhan; die Gespräche, die zu einer Allianz zwischen Deutschland und Japan führten; und die Verhandlungen über einen Nichtangriffspakt zwischen Hitler und Stalin. Die japanische Zensur und die Kontrolle von Havas durch die Nationalsozialisten nach dem Frankreichfeldzug im Juni 1940 schränkten Guillains journalistische Freiheit zwar ein, und er konnte nicht jede Story bringen, aber den französischen Botschafter versorgte er für gewöhnlich mit einigen von Vukelics Informationen.

»Zwischen Februar und Juni 1941 versuchte ich meinen Botschafter davon zu überzeugen, daß es zwischen Deutschland und der Sowjetunion zum Krieg käme«, erinnert sich Guillain. »Er weigerte sich standhaft, das zu glauben. Vierzehn Stunden, bevor es passierte, sagte ich ihm dann, daß Hitler am folgenden Tag angreifen würde. Das war eine von Vuki und Sorge vierundzwanzig Stunden im voraus lancierte Indiskretion.«

Vukelic beruhigte Guillain, daß Sorge nicht der Nazi sei, der er zu sein schien, daß er von tiefer Friedenssehnsucht erfüllt sei, einen Krieg verhindern wolle und deshalb ausgewählte Informationen weitergäbe.

> Natürlich hatte ich niemals den leisesten Verdacht, daß Vukelic und Sorge Spione sein könnten. Später begriff ich, daß sie glaubten, diese Indiskretionen dienten ihrer Sache, das heißt dem Kampf gegen Hitler und den Nazismus und der Verteidigung der Sowjetunion. Bestimmte Informationen sollten die Gegner Hitlers in Paris, London oder sonstwo erreichen. Drei Jahre lang diente ich ohne mein Wissen als Kanal für den organisierten Geheimnisverrat durch den Sorge-Spionagering.[16]

Aus Anlaß des vierten Jahrestages des »China-Zwischenfalls« am 7. Juli erinnerte Sorge die Leser der *Frankfurter Zeitung* in der Ausgabe vom 8. Juli 1941 an einen vergessenen Krieg, der Millionen von Menschenleben gekostet hatte. Japans Armeen zappelten im chinesischen Morast. Die Generäle hätten seit langem erkannt, daß sie auf dem Schlachtfeld keinen entscheidenden Sieg erringen konnten, und sich damit abgefunden, einen brutalen, demoralisierenden Zermürbungskrieg zu führen. Sorge zitierte in seinem Artikel eine Erklärung des Oberkommandos, wonach die Erledigung der »China-Frage« die wichtigste nationale Aufgabe der japanischen Politik sei, und führte an, was der Krieg Angaben der Armee zufolge an Menschenleben gekostet hatte: 3,8 Millionen tote Chinesen und etwas mehr als 100 000 tote Japaner. (Der China-Konflikt strapaziere außerdem die Staatsfinanzen, verschlänge er doch ein Drittel des Staatshaushalts.)

Sorge wies darauf hin, daß der Krieg jeden Bereich der Wirtschaft, die nun eine Kriegskommando-Wirtschaft sei, in Mitleidenschaft ziehe; eine der Auswirkungen sei die Abschaffung der politischen Parteien, die durch eine »nationale Einheitsbewegung« ersetzt worden seien.[17]

Die mit »S« gezeichnete Darstellung der sich lange hinziehenden Agonie in China war im Ton trocken und sachlich. Selbst die chauvinistischsten Japaner konnten keinen Anstoß daran nehmen (obschon mancher glaubte, das Militär untertreibe die Zahl der japanischen Opfer). Niemand, der den Artikel las, hätte argwöhnen können, daß der Autor pro-chinesisch eingestellt war und sich im Kampf um die Niederringung der japanischen Aggression engagierte.

Damals schrieb Eta, sie sei vom »Richard-Sorge-Fieber« erfaßt gewesen. Es müsse ein Zustand sein, der auch andere Frauen quäle, dachte sie. Richard liebte Eroberungen, und in der Umgebung der Botschaft verebbte der Klatsch über seine sexuellen Abenteuer niemals. Sorge behauptete, daß er keine anderen Verhältnisse habe, wenn auch einige Frauen immer noch Besitzansprüche auf ihn anmeldeten. Die Affäre mit Helma Ott sei längst vorbei, sie brenne jedoch darauf, das Verhältnis mit Eta zu zerstören. Die Affäre mit Anita Mohr sei nicht mehr als eine amüsante Erinnerung, aber sie gab sich wenig Mühe, ihre Eifersucht zu verbergen.

Was die »kleine Japanerin« betreffe, die »gelegentlich« bei ihm gewohnt hatte, so habe er sie Anfang Mai »entlassen«. »Es war zu gefährlich«, führte er als Erklärung an. Das war alles andere als die Wahrheit über die Romanze mit Hanako, mit der er fast die ganzen vergangenen fünf Jahre zusammengewesen war. Hanako zog erst im Oktober, kurz vor Sorges Verhaftung, aus Nagasaka-cho aus. Eta hingegen bemerkte während der Sommermonate, als sie selbst regelmäßig dort war, keine Spuren einer anderen Frau. Seine sexuellen Begierden, die zu zahlreichen Gerüchten Anlaß gaben, waren ihr einerlei. Was zählte, war, daß er sich ihr total und ausschließlich widmete.

Da Eta bei ihrer Ankunft in Tokio keine Freunde hatte – obwohl sie Helma Ott in Berlin flüchtig gekannt hatte –, empfand sie die Isoliertheit des Ausländers in Japan um so schmerzlicher. Das fremde, brodelnde Leben jenseits der Botschaftsmauern war unbegreiflich und undurchdringlich. Auch in der deutschen Kolonie fühlte sie sich als Außenseiterin. Und um in den Chor der Heil-Hitler-Rufer einzustimmen und zu kriechen – die Voraussetzung, wenn man mit den Otts und ihrer Clique gut auskommen wollte –, dazu war sie zu intelligent, zu stark und zu unabhängig.

Um sich für die Gastfreundschaft zu revanchieren, tat Eta den Otts den Gefallen und spielte bei den Konzerten und Soiréen in der Botschaft, die Helma gern veranstaltete. Für einige wenige Glückliche war die Deutsche Botschaft ein Mekka der Kultur, ein eleganter Ort, wo der Champagner in Strömen floß und man unter funkelnden Kronleuchtern bis zur Erschöpfung Walzer tanzte. Wie Sorge oft bemerkte, hatten die deutschen Diplomaten und Firmenmanager zuviel Geld und zuwenig Arbeit; das einzige, woran sie hart arbeiteten, sei an ihrem Vergnügen. Sie könnten von Glück reden, daß sie in Japan, weit weg von dem in Europa tobenden Krieg, gestrandet seien, aber den meisten war klar, daß dieses Glück nicht ewig währen würde. Es war besser, für den Augenblick zu leben, ohne einen Gedanken an die Zukunft zu verschwenden. Es war derselbe Geist, in dem Eta und Richard sich beinahe täglich trafen.

»Du mußt aus der Botschaft verschwinden«, sagte Richard eines Nachmittags Anfang Juli. »Sonst werden die Otts dich ganz beherrschen, so wie alle Deutschen hier. Jetzt wo der Krieg mit der Sowjetunion alle Verbindungen gekappt hat, ist der Kontakt zur Heimat nur noch über die Botschaft möglich – und das macht Ott um so mächtiger; wie ein Fürst herrscht er über die deutsche Gemeinde. Als heimlicher Anti-

Nazi ist er immer darauf bedacht, das Gegenteil zu beweisen, und ist schlimmer als ein richtiger Nazi.

Zieh endlich aus! Such dir ein eigenes Haus. Ich helfe dir. Mach dich unabhängig. Lerne Japanisch, konzentriere dich auf deine Musik, und kümmere dich so wenig wie möglich um die Leute in der Botschaft. Die Sache ist die: Für mich ist das alles hier bald vorbei. Irgendwann wirst du hier allein auf dich gestellt sein. Wir müssen anfangen, an deine Zukunft zu denken.«

»Du gehst weg? Das war mir nicht klar«, sagte Eta, benommen von dieser Enthüllung. Es war das erste Mal, seit sie sich kannten, daß Sorge davon sprach, Japan zu verlassen.

»Nicht sofort«, erwiderte Richard. »Aber du sollst wissen, daß ich das Land möglicherweise plötzlich werde verlassen müssen. Ich habe vielleicht keine Wahl. Ich kann dir nicht erklären, warum. Aber wenn es geschieht und wenn jemand in der Botschaft dir sagt, ich sei mit einer anderen Frau auf und davon – versprich mir, ihnen nicht zu glauben!«[18]

Am Abend des 10. Juli, die Luft war warm und von Düften erfüllt, gab Botschafter Ott auf dem Rasen neben der Residenz eine kleine Mondschein-Cocktailparty. Insekten summten und zirpten lautstark wie eh und je, aber das Gemurmel der Unterhaltung klang gedämpfter als sonst. Deutschland kämpfte nun an zwei Fronten, und da die Verbindung durch die Transsibirische Eisenbahn abgeschnitten war, herrschte in der kleinen deutschen Gemeinde ein starkes Gefühl der Isolation. Aber das Leben mußte weitergehen, und glücklicherweise hatte der Botschafter vorgesorgt und ausreichend Whisky, Champagner, Kavier und erstklassigen Schinken herangeschafft, um den Schmerz zu lindern.

Die Party fand zu Ehren von Eta Harich-Schneider im Anschluß an ein triumphales Konzert in der Nihon Seinen Keikan-Halle von Tokio am selben Abend statt. Ott spielte den Gastgeber: Helma war im Laufe des Tages bereits in die Sommerresidenz der Familie nach Karuizawa abgereist, um die Villa für die Ferien herzurichten.

Richard kam und entschuldigte sein Fehlen bei dem Konzert mit einem wichtigen Termin. Eta nahm an, daß damit ein dringender Artikel für die *Frankfurter Zeitung* gemeint war, aber die Meldung, die an diesem Tag abgeschickt wurde, war für Stalins und Molotows Augen bestimmt – entscheidende Informationen, die ein Staatsgeheimnis betrafen, den japanischen Vormarsch nach Süden statt nach Norden, eine Politik, die Kaiser Hirohito erst vor wenigen Tagen gebilligt hatte.

Man kann zu Recht annehmen, daß Sorge damit von einer schweren Last befreit war – er hatte den ungeduldigen Forderungen der Zentrale nach einer Einschätzung der japanischen Absichten entsprochen, obwohl er wußte, daß dies erst der Anfang seiner Suche war. Auskosten konnte er das Erreichte nur im Stillen, gehört doch Einsamkeit zur Natur des Spionagehandwerks, aber ohne Zweifel genoß er die Befriedigung, die auf dem Rasen der Botschaft versammelten Nazi-Diplomaten und Geschäftsleute allesamt überlistet zu haben.

An diesem Abend erlebte man Sorge in Hochstimmung. Obwohl er reichlich trank, achtete er darauf, eine Wiederholung seines kürzlichen Ausfalls zu vermeiden. Die unverschämten Anrufe beim Botschafter und seinem Kreis am 22. Juni waren vergeben, wenn nicht vergessen. Je weniger über den Zwischenfall gesprochen wurde, desto besser. Wenn Meisinger in Tokio davon Wind bekäme, könnte das für alle ernste Konsequenzen haben.

Sorges Wutausbrüche stellten die Langmut des Botschafters auf eine harte Probe. Wie Ott Eta anvertraute, zerbröckelte ihre lange und enge Freundschaft, wenngleich er Sorge nach wie vor als politisches Orakel und verläßlichen Retter in verzwickten Situationen schätzte. Es schien tatsächlich so zu sein, daß man Sorge mehr durchgehen ließ, als vernünftig war. Die Otts und einige andere Freunde versuchten Sorge vor seinen eigenen selbstzerstörerischen Neigungen zu schützen. Er sei ein Kreuz, das man mit resignierendem Seufzen tragen müsse.[19]

»Mrs Eugen Ott, die Frau des deutschen Botschafters, traf am Donnerstag in Karuizawa ein und eröffnete die Sommersaison in ihrem Ferienhaus Nr. 1415«, erfuhren die Leser der *Japan Times and Advertiser* am Freitag, den 11. Juli. Inzwischen war die Mehrzahl der ausländischen Bewohner Tokios, soweit sie nicht schon an die See oder in die Berge abgereist waren, mit Fluchtplänen aus dem Treibhaus beschäftigt. Schon außerhalb der Regenzeit war die Hitze in der Stadt kaum erträglich, aber Dauerregen machte die Sache noch schlimmer – und der Sommer 1941 sollte als der bis dahin nasseste in die Statistik eingehen.

»Und wieder ist Ferienzeit!«, verkündete die *Japan Times and Advertiser* Ende Juni, wie sie es jedes Jahr tat. Europa wurde vom Krieg verschlungen und warf, obwohl weit entfernt, seinen Schatten auf die in Japan lebenden Ausländer. Niemand konnte beruhigt in die Zukunft blicken, was um so mehr ein Grund zu sein schien, aus dem Urlaub das Beste zu machen. Wer wohin fuhr, war in der Gesellschaftskolumne der *Japan Times and Advertiser* nachzulesen. In diesem Sommer tauchten in der Rubrik weniger amerikanische und britische Namen auf, hatten doch viele das Gefühl, daß für sie in der ausländerfeindlichen Neuen Ordnung kein Platz mehr war.

Briten und Franzosen zog es nach wie vor an den Chuzenji-See, hoch oben in den Bergen westlich von Nikko; Deutsche und Amerikaner reisten nach Karuizawa im kühlen Hochland des aktiven Vulkans Asama. Auch Hakone am Fuße des Fudschijama war bei den Deutschen beliebt. In der Nähe von Hakone liegt das Thermalbad Miyanoshita mit dem ältesten im westlichen Stil erbauten Hotel Japans, dem Fujiya, einem Lieblingshotel aller Ausländer zu jeder Jahreszeit. Aus dem Gästebuch geht hervor, daß Sorge, Wenneker, Kretschmer und in der Tat die Mehrzahl der Mitarbeiter der Deutschen Botschaft zu den regelmäßigen Besuchern zählten.

Eine neue Attraktion war das Kawana Hotel in Atami auf der Halbinsel Izu, das sich als »modernste Herberge im ganzen Kaiserreich« anpries. In einem englischsprachigen Japan-Reiseführer aus den späten dreißiger Jahren ist die Fotografie zweier Männer abgedruckt, die in dem eben eröffneten Hotel Schach spielen; sie sitzen im Solarium, von dem aus man über den Golfplatz aufs Meer blickt. Wolfgang Galinsky, ein deutscher Diplomat, der sich den Reiseführer kurz nach seiner Ankunft in Japan kaufte, würde den Gesichtern später Namen zuordnen – Richard Sorge und Eugen Ott.

Ein paar Tage nach Helma Otts Ankunft soll ein gewisser Mr K. Baumfeld in dem Urlaubsort in den Bergen zu Frau und Kindern gestoßen sein. »Seine Kartoffelpflanzen, um die er sich während des Frühjahrs von Zeit zu Zeit, wenn er heraufkam, kümmerte, sind nun ausgewachsen.« Es war ein sicheres Indiz dafür, daß der komfortable Lebensstil, an den Ausländer in Japan sich gewöhnt hatten, nicht mehr länger selbstverständlich war. Im Jahr 1941 legten eine Reihe ausländischer Einwohner in ihrer Freizeit Kartoffeläcker an; zusammen mit vielen anderen Erzeugnissen verschwand unter den Bedingungen der japanischen Kriegswirtschaft allmählich auch frisches Gemüse aus den Geschäften.

Die Japaner meckerten über die schlechte Reisqualität und das schrumpfende Angebot an Tofu, Streichhölzern und Zigaretten. Ausländer schimpften in der Regel über fehlenden Zucker, fehlendes Gemüse und fehlende Butter und erregten sich, mit gutem Grund, über die Rassendiskriminierung durch Ladenbesitzer, die sich weigerten, sie zu bedienen. Ihre Verweichlichung trug ihnen im Juli einen scharfen Tadel in der Leserbriefspalte der *Japan Times and Advertiser* ein. Als »wahrer Japaner« riet der Briefschreiber diesen »stöhnenden Fischlein« rundheraus, nach Hause zurückzugehen, wenn es ihnen hier nicht paßte:

> Der Krieg wirbelt alles durcheinander. Ich hoffe, daß kein Ausländer sich über die Zuckerration beschwert, so wie letzten Sommer in einer Hafenstadt [Kobe] ... Wir sind nicht verpflichtet, sie mit Brot, Zucker, Butter oder irgend etwas sonst zu versorgen. Sie sollten genauso wie wir bereit sein, Reis und misoshiru [Bohnenmehlsuppe] zu essen. Oder, wenn alles hier nicht nach ihrem Geschmack ist, sind sie höflich aufgefordert, verdammt noch mal von hier zu verschwinden. Wir haben genug eigene Mäuler zu stopfen.[20]

Als Antwort ließ ein gekränkter ausländischer Bewohner Kobes, der schon zwanzig Jahre im Land lebte, einen Brief los, in dem er zustimmte, daß Ausländer keine Sonderbehandlung erwarten sollten. Aber, fuhr er fort, japanische Reishändler hätten sich vor Einführung der Lebensmittelkarten schlichtweg geweigert, an Ausländer zu verkaufen. Es sei richtig, Japan habe viele Mäuler zu stopfen. Die Bevölkerung Japans habe sich in der Tat seit der Epoche, als das Land von der Außenwelt abgeriegelt war, verdoppelt, und das habe Japan ausschließlich wohlmeinenden Ausländern zu verdanken, die Handel und Industrialisierung an diese Küsten gebracht hätten.»Aber offenbar gibt es immer noch ein paar Leute, die gern Außenhandel und all die Vorteile der unaufhörlichen weltweiten Entwicklung hätten, doch, bitte schön, ohne Ausländer. Ein vernünftiger Vorschlag: Man will das eine, ohne vom anderen zu lassen.«[21]

Seit Anfang Juli hatte Botschafter Ott die gesamte Deutsche Botschaft für seine Kampagne, mit der Japan zum Angriff auf Rußland überredet werden sollte, eingespannt. Er bemühte sich, Kriegsminister Tojo, den Stabschef des Heeres, Sugiyama Gen, prodeutsche Politiker wie Matsuoka und sympathisierende Zeitungsredakteure davon zu überzeugen, daß die Wehrmacht in sechs Wochen Moskau erobert hätte. Sie setzten der militärischen Tapferkeit der Deutschen die klägliche Moral der Roten Armee, der sowjetischen Regierung und des russischen Volkes entgegen und hämmerten den Japanern die Botschaft ein, daß die schwache sowjetische Militärmaschinerie im Fernen Osten zusammenbrechen werde, sobald die Kaiserliche Armee einmarschiere. Die Antwort vom Außenminister war nicht ermutigend: Auch in den nächsten beiden Monaten werde die Mobilmachung noch nicht abgeschlossen sein. Japan werde in den Krieg eintreten, wenn Deutschland Moskau erobert habe und mindestens bis zur Wolga-Linie vorgestoßen sei. Finster setzte Ott Sorge über die japanische Politik des Abwartens und Teetrinkens in Kenntnis.

Mehr über den Versuch, die Japaner für Deutschlands Krieg einzuspannen, erfuhr Sorge vom leitenden Militärattaché, Oberst Kretschmer. Berlin hatte Kretschmer angewiesen, militärische Siege der Deutschen im Generalstab der japanischen Armee auszuposaunen. Kretschmer entwarf sogar einen Plan, wie die Armee bei der Eroberung Wladiwostoks und Sibiriens vorgehen könnte – genau das, was Wenneker im Februar für die Flotte getan hatte, als Deutschland die Kaiserliche Marine angestachelt hatte, Singapur anzugreifen.

Außerdem übergab der Militärattaché Offizieren der japanischen Armee einen Bericht der deutschen Abwehr, wonach große sowjetische Truppenverbände gerade von Sibirien an die Westfront verlegt würden. Der Bericht berief sich auf die Tatsache, daß den Deutschen russische Soldaten in die Hände gefallen waren, die zu sowjetischen Einheiten im Fernen Osten gehörten. Kretschmer versuchte, die Japaner auf diese Weise glauben zu machen, daß Rußlands östliche Verteidigung stark geschwächt und Sibirien reif für die Eroberung sei.

Während all dies geschah, saß Sorge keineswegs untätig herum. In einen wochenlangen, intensiven Kampagne versuchte er, die Anstrengungen der Botschaft mit Mitteln der psychologischen Kriegsführung zu bekämpfen und zu hintertreiben. Während die Diplomaten den Vormarsch in Rußland in rosigen Farben schilderten, verbreitete Sorge kübelweise düstere Untergangsstimmung. Seine Tätigkeit als Redakteur des *Deutschen Dienstes* erwies sich dabei als hilfreich: »Da ich damals in der Informations- und Propagandaabteilung der Botschaft arbeitete, sah ich das unterschiedliche Propagandamaterial, das aus Deutschland herübergeschickt wurde, und wußte daher, wie entschlossen Deutschland auf eine japanische Intervention hinarbeitete.«[22]

Sorge nahm seine japanischen Bekannten bei Presse und Behörden auf die Seite und versicherte ihnen, daß Hitlers Zeitplan zur Niederwerfung der Sowjetunion genauso unrealistisch und zum Scheitern verurteilt sei wie derjenige Napoleons im Jahr 1812. In einer ungewöhnlichen Geste trommelte er das deutsche Pressekorps zusammen und hielt einen Vortrag darüber, warum das Reich auf seinen Untergang zusteure. Das war ein paar Tage nach Kriegsausbruch.

Wo immer möglich, neutralisierte Sorge die Bemühungen des Botschaftsstabes, mit dem er auf vertrautem Fuß stand. Oberstleutnant Nehmitz, der stellvertretende Luftattaché, erzählte ihm beispielsweise, er habe auf Otts Anweisung ein Gutachten erstellt, das die Japaner beruhigen sollte, sie hätten im Falle eines Kriegseintritts keine russischen Luftangriffe zu befürchten. Sorge bekam das Schriftstück zu sehen und stellte befriedigt fest, daß der Ton alles andere als überzeugend war: »Nehmitz gab mir dieses Gutachten zu lesen, und man sah auf den ersten Blick, daß es einfach zu sehr geschwindelt war, um die gewünschte Wirkung zu haben.«[23]

Sorge versuchte den Luftattaché zu überlisten und erzählte seinen Kontaktpersonen im Generalstab und im Außenministerium, die sowjetische Luftwaffe sei der japanischen haushoch überlegen. Er warnte davor, nicht alles, was die Deutsche Botschaft verkündete, für bare Münze zu nehmen: Das meiste sei Propaganda. Gut möglich, daß solche demonstrative Offenheit seine japanischen Zuhörer beeindruckte: Saß nicht Sorge höchstpersönlich in der Presseabteilung der Botschaft und redigierte das tägliche Mitteilungsblatt, das von offiziellen Bekanntmachungen deutscher Siege wimmelte?

Dennoch muß es japanischen Amtsträgern seltsam vorgekommen sein, daß ein Mann, der auf der Gehaltsliste der Deutschen Botschaft stand, privat eine derart pessimistische Sicht der Dinge vertrat.

Am Abend des 16. Juli, einem Mittwoch, glitt ein schwarzer Ford aus dem rückwärtigen Tor des Ministerpräsidentenpalais in Nagata-cho. Mit ausgeschalteter Innenbeleuchtung jagte der Wagen durch die naßkalte Dämmerung in Richtung Hayama, etwa hundert Kilometer südöstlich von Tokio an der Küste, und stoppte kurz vor 21 Uhr vor der am Meer gelegenen Villa Kaiser Hirohitos. Hier reichte Prinz Konoe, der schwache und unfähige Ministerpräsident, in aller Form den Rücktritt seines Kabinetts ein. Genau vor einem Jahr war Konoe von seinem Sommerhaus in Karuizawa im selben Wagen nach Tokio gefahren, um den kaiserlichen Auftrag zur Kabinettsbildung entgegenzunehmen.

Um 23 Uhr 15 gab Regierungssprecher Dr. Ito Nobumi, der Leiter der Informationsbehörde, bekannt, daß das Kabinett vor wenigen Stunden geschlossen zurückgetreten sei. Der Kaiser habe die Demissionen angenommen. Seine Kaiserliche Majestät werde am nächsten Tag nach Tokio zurückkehren. Bis ein neues Kabinett formiert sei, werde Konoe die Regierungsgeschäfte weiterführen. Eine zufriedenstellende Erklärung für diesen Wechsel wurde nicht gegeben.

Ozaki hatte gewußt, daß das Kabinett Konoe vor einer Krise stand, und Sorge davon erzählt.[24]

Am nächsten Tag, dem 17. Juli, gab Sorge seiner Zeitung abends telefonisch einen kurzen Bericht über das Ereignis durch. Der Artikel, der am darauffolgenden Tag erschien, enthielt keinerlei Hinweis darauf, daß Sorge vorgewarnt worden war. Konoes Rücktritt sei, so hieß es in dem Bericht, »selbst für gut informierte politische Kreise ... eine große Überraschung«.

Das neue Kabinett, das am 18. Juli vorgestellt wurde, war mit Ausnahme des eigensinnigen Matsuoka, der als Außenminister durch Admiral Toyoda Teijiro ersetzt worden war, identisch mit dem vorausgegangenen. Das Ganze war ein durchsichtiger Trick, um einen Gegner der Gespräche zwischen Japan und den Vereinigten Staaten loszuwerden, ohne das Gesicht zu verlieren. Für Botschafter Ott war die Entlassung Matsuokas ein ernsthafter Rückschlag, und am Tag der Bekanntgabe der Ministerliste machte der Botschafter auf Sorge einen niedergeschlagenen Eindruck. »Das sind schlechte Neuigkeiten für uns«, sagte Ott bedrückt, als die Presse berichtete, daß »Herr Matsuoka sich in den letzten paar Tagen nicht wohlgefühlt« habe – was zweifellos stimmte. »Matsuoka war ein guter Freund Deutschlands, obwohl er so seine seltsamen Marotten hatte. Jetzt, wo er weg ist, könnte die Regierung versuchen, die Krise mit Amerika beizulegen, selbst wenn es bedeutet, daß man Deutschland die kalte Schulter zeigt. Matsuoka war der einzige, bei dem ich mich darauf verlassen konnte, daß er für Japans Eintritt in den Krieg gegen die Russen votierte. Er konnte die zivilen oder die militärischen Führer nicht überzeugen, aber ich weiß, daß er es versucht hat. Er hat mir immer erzählt, wie sehr er den Führer bewundert.«

In mehr als einem Telegramm hatte Ott Außenminister Ribbentrop versichert, »alles deutet auf einen Eintritt Japans in den Krieg gegen Rußland hin«. Nun fürchtete er, er werde alles, was er gesagt hatte, zurücknehmen müssen. »Dieser neue Kerl, Toyoda, verhält sich Deutschland gegenüber sehr kühl«, sagte der Botschafter.[25]

Sorge hatte kein Mitleid. Jeder Rückschlag für die deutsche Diplomatie erfüllte ihn mit Genugtuung. Ott ärgerte sich, daß Sorge ständig auf der Unausweichlichkeit der deutschen Niederlage herumritt und auf der politischen Vernunft der Japaner, sich aus dem Krieg herauszuhalten.

Morgens sprühte Sorge häufig vor Angriffslust und stürzte sich in heftige Debatten mit dem Botschafter, bis das Frühstücksgeschirr klirrte, wenn er mit der Faust auf den Tisch schlug.

»Dieser Krieg ist ein Verbrechen! Wir können ihn nicht gewinnen! Die Japaner lachen, wenn wir die Parole ausgeben, wir wären Ende August in Moskau! Ihre militärische Abwehr ist nicht so dumm, diese Lügen zu glauben. Die Wehrmacht rückt weiter vor, und doch haben wir schwere Verluste. Die Rote Armee kämpft um jeden Kilometer!«

Einige Tage, nachdem Matsuoka ausgebootet worden war, saßen die beiden in der morgendlichen Kühle im Garten des Botschafters und tranken Kaffee. »In drei Jahren – höchstens – haben wir den Krieg verloren. Wenn die Japaner mitmachen, mag sein, daß es ein bißchen länger dauert. Aber auf lange Sicht werden wir vernichtet. Denken Sie an meine Worte!«

Der Botschafter bekam kaum ein Wort heraus, und er versuchte es in diesen Tagen auch nur selten. Es hatte wenig Zweck, sich mit Sorge auf eine Diskussion über Recht und Unrecht von Hitlers Rußlandfeldzug einzulassen: Er hatte jedes Gespür für die Verhältnismäßigkeit der Mittel verloren und wurde wild, wenn man ihm widersprach. »Sie sind nicht der einzige, der Bedenken gegen den Krieg hat«, warf Ott zaghaft ein. »Aber was kann ich tun?«

»Sie könnten zum Beispiel aufhören, den Japanern weiszumachen, daß die Wehrmacht ihrer Armee in Sibirien die Hände schütteln wird, wenn sie in den Krieg eintreten«, sagte Sorge zunehmend ärgerlich. »Glauben Sie doch nicht, daß Japan intervenieren wird, nur um uns einen Gefallen zu tun! Meine Quellen sagen mir, daß der Versuch, diese Leute in den Krieg hineinzuziehen, nur Zeitverschwendung ist.

Erstens fragen sich die Japaner natürlich, warum sie Geld für einen Krieg ausgeben sollen, wenn sie so viel russisches Territorium, wie sie wollen, kampflos bekommen können, wenn Deutschland die Rote Armee zerschlagen hat. Das ist die Reife-Früchte-Strategie – man wartet, bis einem die reifen Früchte in den Schoß fallen.

Und zweitens, warum sollte Japan sich zum Handlanger Deutschlands machen, sich in einen risikoreichen Winterkrieg gegen die Sowjetunion verstricken und sich selber der Gefahr aussetzen, daß Amerika und Großbritannien vielleicht die Gelegenheit ergreifen, Japan anzugreifen?

Wir wissen beide, daß Japans wirtschaftliche Interessen im Süden liegen, wo es sich den für seine Kriegsmaschinerie erforderlichen Kautschuk, das Zinn und das Öl einfach nehmen kann. Nicht in Sibirien, wo es keine leicht auszubeutenden Natur- und Bodenschätze gibt. Denken Sie einfach einen Moment darüber nach. Wenn Sie der japanische Kriegsminister wären, würden Sie Hunderttausende von Männern nach Sibirien schicken, damit Joachim von Ribbentrop zufrieden ist?«[26]

Sorge hatte in diesen Wochen oft Gelegenheit, vor Wut überzukochen, wenn er sah, wie Ott seine Kriegsdiplomatie verfolgte. Er ließ alle Vorsicht fahren und machte seinen prosowjetischen Ansichten Luft, die bis zum Vorabend des Krieges hinnehmbar gewesen waren, nun aber wie Propaganda für den Feind klangen.

Fast drei Jahre lang war Sorge bereit gewesen, in Ott den anständigen Mann zu sehen, der Hitler im Innersten verabscheute. Mit Otts Ergebenheitsgesten gegenüber dem Reich konnte er leben – daß er beispielsweise, außer Weihnachten, nicht in die Kirche ging, obwohl er praktizierender Katholik gewesen war. »Wenn das Auswärtige Amt erfahren würde, daß ich zur Messe gehe, wäre ich die längste Zeit Botschafter gewesen«, erklärte er.[27]

Angewidert war Sorge davon, daß Ott die Hacken zusammenknallte und jeden Befehl Hitlers und Ribbentrops wortwörtlich befolgte, obwohl er gefahrlos weniger Eifer hätte an den Tag legen können. Als Otts Mission sich schließlich darin erschöpfte, Japan zum Kampf gegen Deutschlands Feinde aufhetzen, sank er in Sorges Wertschätzung noch tiefer. Der Botschafter war für ihn endgültig moralisch korrumpiert, jemand, der Privilegien – ein ansehnliches Gehalt, den kriecherischen Respekt der Japaner und eine außerordentliche Macht über die deutsche Gemeinde – höher hielt als die eigenen Prinzipien.[28]

Es ist offensichtlich, daß Sorge sich keine große Mühe gab, seine Gefühle zu verbergen. Sichtlich strapaziert war die Freundschaft der beiden seit dem Frühjahr 1941, als Ott halbherzig versucht hatte, Sorges Rückkehr nach Hause zu bewerkstelligen. Im Juli vertraute er Eta an, daß seine Beziehungen zu Sorge sich in einem prekären Zustand befänden. Ott reagierte empfindlich auf die Meinungen anderer. »Sorge riet mir, den Posten nicht anzunehmen. Er dachte, es würde mich meinen Charakter kosten«, bekannte er Eta. Beunruhigt wegen der Dinge, die Sorge Eta erzählt hatte, war er ängstlich bemüht, jeden falschen Eindruck zu korrigieren. »Nun, äh – hm, ich dächte, ein bißchen Charakter hätte ich mir doch wohl bewahrt?« sagte er. »Das Problem mit Sorge ist seine weltfremde Intransingenz. Er versteht einfach nicht, wie die Dinge laufen.«[29]

Die Berufung eines neuen Kabinetts, das sich kaum vom alten unterschied, rief weithin zynische Reaktionen hervor. Aufmerksame Japaner argwöhnten, daß die ganze Sache vom Militär inszeniert worden war, an dessen Leine die Konoe-Regierung zappelte. Und diese Leine wurde immer kürzer. Illusionslos notierte Nagai Kafu am 18. Juli in sein Tagebuch:

Die Zeitungen schreiben, daß Konoe bleiben wird, während alle anderen ersetzt werden, als werde das ganze Spiel neu arrangiert. Von nun an wird die Tyrannei der militärischen Kreise schlimmer und die soziale Lage trostloser. Ich bin zu alt, um mir wegen eines solchen Plagiats der Nazipolitik den Kopf zu zerbrechen.
Die Reisqualität ist schlecht, Zucker wird immer knapper. Aber ich kann mich mit allem abfinden, wenn ich mir vorstelle, ich befinde mich in der Verbannung und schaue mit reinem Gewissen in den Mond.[30]

Noch am selben Freitag rief Botschafter Ott seine Frau an und bat sie, ihre Ferien in Karuizawa zu unterbrechen und wegen seiner offiziellen Verpflichtungen im Rahmen der Amtseinführung des neuen Kabinetts nach Tokio zu kommen. Die Unterbrechung war nicht unwillkommen:

In Karuizawa hatte es pausenlos geregnet, und das Holzhaus war feucht und kühl.

Der Asama hatte am Sonntag unheimlich gegrollt, es hatte geklungen wie ein langgezogener Donnerschlag. Rauch war aus dem Krater aufgestiegen, hatte sich jedoch in der dichten Wolkendecke verloren, die über den Bergen und der Stadt lag. Die deutsche Gemeinde, die sich den Sommer über in Karuizawa niedergelassen hatte, schimpfte laut über das miserable Wetter, die Knappheit des Allernotwendigsten und die schlechter werdenden Manieren der Japaner (in dieser Reihenfolge).

Jeder neue deutsche Sieg in Rußland tat Sorge weh. »Angeblich tiefer Einbruch der Nazis in Stalin-Linie«, verkündete die *Japan Times and Advertiser* am 17. Juli auf der Titelseite, und ein oder zwei Tage lang fiel Sorge in ein Stimmungsloch. Deutsche Panzertruppen waren seit Beginn des Krieges über 600 Kilometer vorgerückt und standen nun nur noch 300 Kilometer vor Moskau. Smolensk war tags zuvor gefallen, obwohl das noch nicht in den Zeitungen stand.

Es ist anzunehmen, daß Sorge sich selber bei der Ausforschung der langfristigen strategischen Pläne der Japaner um so härter antrieb, je deprimierender die Nachrichten vom Kriegsschauplatz waren. Was er in Erfahrung brachte, war beunruhigend. In der ersten Julihälfte hatte eine riesige Mobilmachung begonnen. Die Aktion sollte streng geheim bleiben, aber in der Praxis war es unmöglich, die Einberufung von Reservisten, die Einquartierung von Soldaten und den Transport von Menschen, Ausrüstung, Verpflegung und Pferden über Bahnhöfe und Häfen in solchem Maßstab geheimzuhalten.

Es waren Wochen voller Anspannung für Sorge. Er hatte sich Ozakis Interpretation der Beschlüsse der Kaiserlichen Konferenz vom 2. Juli zu eigen gemacht, nämlich daß die militärische Expansion Japans sich südwärts und nicht gegen die Sowjetunion richten würde. Dennoch beschlichen ihn Zweifel, ob die Verstärkung der Kwangtung-Armee in der Mandschurei nicht, wie Ott meinte, der Auftakt zu einer Offensive gegen die Sowjetunion wäre. »Am Anfang waren wir wegen der umfassenden Art der Mobilmachung und der Tatsache, daß einige Verstärkungen nordwärts geschickt wurden, beunruhigt«, schrieb Sorge.[31] Fortan beanspruchte die Analyse der japanischen Mobilisierungspläne Sorge und seine Mitarbeiter vollkommen. Mit Ozaki vereinbarte er, ab Mitte Juli jeden Montag statt wie bisher etwa alle vierzehn Tage zusammenzutreffen.

Ozaki schnappte bei der Südmandschurischen Eisenbahn, die mit dem Transport der japanischen Truppen beauftragt war, im Frühstücks-Club und unter seinen Kontaktpersonen in der Geschäftswelt wichtige Hinweise auf. In langen Jahren als Journalist hatte er gelernt, Gesprächspartnern auf täuschend beiläufige Art Informationen zu entlocken. Als er Ende Juli einen leitenden Angestellten des führenden Handelshauses Mitsui Bussan traf, bemerkte er, die Armee beabsichtige offenbar, irgendwo im Norden loszuschlagen. Oda Shintaro, der stellvertretende Leiter der Versandabteilung von Mitsui, biß an: »Nach den Berichten, die ich bekomme, gehen mehr Soldaten nach Süden als nach Norden«, sagte er und rückte mit streng vertraulichen Zahlen über die Truppenbewegungen heraus, die er durch seine Abteilung erhalten hatte: »250 000 nach Norden, 350 000 nach Süden, 40 000 bleiben in Japan.«[32]

Ozaki gab diese Informationen an Sorge weiter, äußerte aber die Ansicht, daß die Mobilmachung hauptsächlich auf den Norden ziele. Dies widersprach auf alarmierende Weise seinem früheren Urteil, demzufolge die japanische Anti-Südostasien-Strategie über die Feindschaft zur Sowjetunion gesiegt habe. Sorge war beunruhigt. In seiner Aussage im Gefängnis erwähnte er seine Unzufriedenheit mit den von Ozaki gelieferten Information über die Mobilmachung.

Der sowjetischen Führung schien die Verlegung von Mannschaften und Ausrüstung in Gebiete der Mandschurei, nicht weit von Rußlands Grenzen entfernt, auf einen Krieg hinzudeuten, zumal die Ausdehnung der Großostasiatischen Wohlstandssphäre Japans, die der Kaiser am 2. Juli genehmigt hatte, Sibirien und die Küstenprovinz einschließen sollte. Solange in dieser Frage Unklarheit herrschte, waren sowjetische Streitkräfte gebunden und konnten nicht nach Westen geworfen werden, wo sie im Kampf gegen die Deutschen dringend gebraucht wurden.

An Informationen mangelte es Sorge nicht; das Problem war, sie so entschieden und unmißverständlich zu interpretieren, daß sie die Strategen in der Roten Armee vom richtigen Kurs überzeugten.

Die meisten Einzelteile des Mobilmachungspuzzles wurden von dem unermüdlichen Miyagi zusammengetragen. Gegen Regen, hartnäckige Hitze und eine durchschnittliche Luftfeuchtigkeit von 94 Prozent ankämpfend, zog er an einem Tag durch Morast und am nächsten durch Staubstürme, um die Bewegungen der Armee-Einheiten auszukundschaften. Endlose Stunden verbrachte er in schmuddeligen Kneipen und Restaurants, um Zufallsbekanntschaften oder Fremden unter großer persönlicher Gefahr winzige Kleinigkeiten zu entlocken. Oft genug spürte er die Gegenwart des polizeilichen »Schattens«.[33]

Bei seinen Nachforschungen war er auf die Unterstützung von Korporal Odai Yoshinobu von der Kaiserlichen Japanischen Armee angewiesen. Wie vorauszusehen, rief man Odai Ende Juli erneut zu den Fahnen. Seine Einheit wurde etwa 100 Kilometer nördlich von Tokio, in Utsunomiya, dem Standort der 14. Division, stationiert. Miyagi blieb nichts anderes übrig, als mit stickigen, überfüllten Zügen in diese öde Stadt zu fahren und zu beten, daß seine Verabredungen mit dem Soldaten keine ungewohnte Aufmerksamkeit erregten.[34] Bei einem dieser Treffen berichtete Odai, daß die 14. Division plane, die Reserve zu mobilisieren und auf den Kontinent, möglicherweise in die Mandschurei, zu entsenden, und daß in der Nähe von Utsunomiya ein neues Manövergelände für Panzer und Infanterie angelegt worden sei.

Miyagi fand heraus, daß die Mobilmachung in Tokio in drei Phasen ablief. Er verschaffte Sorge Details über die Soldaten, die einberufen wurden – Altersgruppen und den Grad ihrer Kampferfahrung betreffend. Sein Gutachten zeigt, daß viele der Einheiten, die in die Mandschurei verlegt wurden, aus unerfahrenen Soldaten und Reservisten bestanden, die von geringem Nutzen sein würden, wenn die Armee tatsächlich vorhatte, Kampfoperationen gegen Rußland einzuleiten.

Um abschätzen zu können, wie viele Soldaten im Süden und wie viele im Norden stationiert wurden, richtete Miyagi sein Augenmerk auf die Uniformtypen. Leichte Uniformen deuteten auf den warmen Süden hin,

Winterausrüstung auf die kalten Regionen wie das sibirische Grenzgebiet – verräterische Einzelheiten, über die Soldaten untereinander und mit den Zivilisten, mit denen sie Umgang hatten, redeten. Zwar drohte die Armee jedem, der sorglos daherredete, mit harter Bestrafung, aber wie der Tagebucheintrag von Nagai Kafu für den 24. Juli zeigt, war es unmöglich, Indiskretionen zu verhindern:

> Es heißt, daß Soldaten, die auf ihren Abtransport warten, dieser Tage in Privathäusern in der Umgebung von Shitaya und Sotokanda einquartiert werden. Sie haben Winterkleidung, und deshalb glauben sie, daß man sie nicht nach Süden, sondern in die Mongolei oder nach Sibirien schickt. Alle sind zwischen dreißig und vierzig, und unter ihnen sind solche, die nach einem Kampfeinsatz aus dem aktiven Dienst entlassen wurden. Die Waren- und Nahrungsmittelknappheit ist in dieser Stadt inzwischen so akut, daß die Leute wegen einer Einberufung in dieser Größenordnung tatsächlich beunruhigt sind.[35]

Im Juli machten neue lästige Vorschriften den englischsprachigen Ausländern das Leben noch schwerer. Fortan durfte bei Telefonaten in Japan nur noch Japanisch gesprochen werden und bei Ferngesprächen mit Europa nur noch Japanisch oder Deutsch. Kein Wunder, daß die Ausländer aus angelsächsischen Ländern – von denen nur wenige Japanisch sprachen – wütend waren. Die *Japan Times and Advertiser* berichtete von einem Fall, bei dem ein Finanzhaus in dringender geschäftlicher Angelegenheit einen ausländischen Kunden in Yokohama anrief. Der Ausländer konnte kein Japanisch; Englisch war verboten; das Geschäft mußte verschoben werden. Selbstgerecht kommentierte die Zeitung: »Der Fehler liegt natürlich bei dem Kunden, weil er die Sprache nicht spricht. Die Kürze des Aufenthalts ist ebensowenig eine Entschuldigung wie Trunkenheit.«[36]

Mit dieser kleinlichen Vorschrift – angeblich eine Anti-Spionage-Maßnahme – bestrafte Japan seine ausländischen Bewohner für die Politik ihrer Regierungen. Die Boshaftigkeiten gegenüber den USA und

Großbritannien nahmen von Tag zu Tag zu. Im Juli startete die Presse eine von offizieller Seite angestoßene Propagandakampagne, die die Einkreisung Japans durch die ABCD-Mächte – »America, Britain, China and the Dutch East Indies« – anprangerte. In einem einzigen wütenden Aufschrei machten die Zeitungen Front gegen das Einkreisungsbündnis, das »Japan den Lebensnerv aussaugt«, und forderten die Regierung zu Taten auf, ohne näher auszuführen, worin diese bestehen sollten. Die USA und das britische Empire – die wichtigsten Verbündeten der Tschungking-Regierung, die Japans Bemühungen vereitele, »China Frieden und Wohlstand zu bringen« – wurden als Feind Nummer Eins und Zwei identifiziert.

Der amerikanische Journalist Otto Tolischus war vom Gleichklang der Berichterstattung in den japanischen Zeitungen über den Krieg zwischen Deutschland und Rußland beeindruckt. Diese »Show unbedingter Neutralität«, notierte er am 13. Juli 1941 in sein Tagebuch, »deutete darauf hin, daß keiner der nächsten Schritte gegen den Norden gerichtet sein würde.«[37]

Polizeiagenten sind wie Fliegen, die eine Kuh umschwirren, fand Kawai Teikichi, während er sich auf den Weg in den Tokioter Stadtbezirk Meguro machte, wo Ozaki wohnte. Obwohl er sich aus dem Spionagegeschäft zurückgezogen hatte, gab es Tage, an denen er *wußte*, daß sie immer noch auf seiner Fährte waren. Genau dieses Gefühl hatte er am Sonntag, den 27. Juli, einem glühendheißen Tag. Um seinen Verdacht zu testen, ließ er auf der bevölkerten Fußgängerbrücke des Bahnhofs Uguisudani ein Magazin mit einer zusammengefalteten Zeitung fallen. Er drehte sich um und wartete ab. Ein Mann mittleren Alters, der direkt hinter ihm ging, hob das Magazin auf und sah auf die Zeitung. Dann näherte er sich mit vor Verlegenheit hochrotem Kopf, gab Kawai beides zurück und verschwand in der Menge. Es war der »Anfänger«, den er schon so oft gesehen hatte.[38]

In der Hoffnung, den Verfolger eine Zeitlang abgeschüttelt zu haben, ging Kawai weiter. Von seinem ersten Monatslohn kaufte er für Ozaki eine Schachtel *sushi*, als Dank dafür, daß er ihm geholfen hatte, Arbeit zu finden. Ozaki war nicht zu Hause, und Kawai sah, daß seine Frau Eiko Besuch hatte, einen Mann, in dem er Ito Ritsu erkannte.

Ito, ein Freund und ehemaliger Klassenkamerad von Ozaki, arbeitete nun mit ihm zusammen in der Forschungsabteilung der Südmandschurischen Eisenbahn. Für die Polizei war er ein zwielichtiger Charakter mit einem langen Vorstrafenregister wegen »gefährlicher Gedanken«. Seine Mitgliedschaft in der kommunistischen Jugendliga Japans hatte ihm zwei Jahre Gefängnis eingebracht; er widerrief, kehrte aber bald darauf zu seiner alten Lebensweise zurück und half beim Wiederaufbau der verbotenen Kommunistischen Partei Japans. Als die Polizei im November 1939 hart gegen Kommunisten durchgriff, wurde er erneut verhaftet und blieb bis zum darauffolgenden Sommer in Polizeigewahrsam.

Während der Haft wurde Ito Ritsu brutal verhört. Spätere Kontroversen kreisen um das Geständnis, das er in der Gefangenschaft abgelegt hatte, und um die Tatsache, daß er, als man ihn im August 1940 auf Bewährung entließ, an seinen alten Arbeitsplatz bei der Südmandschurischen Eisenbahn zurückkehrte. Wurde er dort als Polizeispitzel eingesetzt? Und wenn ja, wen sollte er dort beobachten?

Ozaki machte keinen Versuch, sich von ihm zu distanzieren, als er entlassen wurde. Ito leistete als fähiger Assistent weiterhin gute Dienste, und die beiden Männer trafen sich auch privat. Abgesehen von ähnlichen politischen Ansichten hatten sie viel gemeinsam. Beide waren intellektuell begabt, gesellig und unermüdliche Schürzenjäger. Ob richtig oder nicht, jedenfalls glaubte Ozaki, daß sein vertrauter Umgang mit einem Mann, der auf der falschen Seite des Gesetzes gestanden hatte, ihn selber nicht gefährdete.[39]

Als Kawai an diesem Sonntag zu Ozaki ging, hatte er keinen Grund zu argwöhnen, daß Ito jemand anderer war als der, der er zu sein schien – ein scharfsinniger, charmanter Freund, dem Ozaki vollkommen vertraute. Aber einige Jahre später, als dunkle Fragen über Itos Rolle bei der Entlarvung des Sorge-Netzes auftauchten, behauptete Kawai, die ganze Zeit gespürt zu haben, daß an diesem Mann, der sich Ozakis Zuneigung erschlichen habe, irgend etwas Seltsames, ja, sogar Falsches gewesen sei.

Ohne einen Schuß abzufeuern, marschierten japanische Streitkräfte am 28. Juli, in Erfüllung eines an diesem Tag bekanntgegebenen »gemeinsamen Verteidigungsabkommens« zwischen Tokio und der französischen Vichy-Regierung, in die französischen Stützpunkte im südlichen Indochina ein. Im Norden Indochinas, einer französischen Kolonie, hatten sich die japanische Armee und Marine bereits fest eingenistet. Nun, mit der Besetzung des begehrten Reislands im Süden, verschaffte Japan sich reiche Nahrungsmittelvorräte und eine strategische Basis zur Ausweitung der Grenzen seiner Sphäre von »Frieden und Wohlstand«.

Als die japanische Marine den französischen Flottenstützpunkt in der Bucht von Cam Ranh übernahm, erinnerte die Presse in Tokio die Leser daran, daß die Russen vor beinahe vierzig Jahre von diesem Hafen aus ihrer Zerstörung durch die Flotte Admiral Togos bei Tsushima entgegengesegelt waren. Und das war, wie jeder Schuljunge in Japan wußte, der erste große japanische Seesieg über den weißen Mann gewesen.

Diese neue Etappe der Erweiterung der Großostasiatischen Wohlstandssphäre provozierte eine sofortige und entschlossene Antwort der westlichen Mächte. Die USA, Großbritannien, Australien und Niederländisch-Ostindien froren die japanischen Auslandsguthaben ein und brachten damit den Handel mit Japan zum Erliegen. Präsident Roosevelt ordnete straffere Kontrollen der US-Ölverkäufe, Japans Hauptenergiequelle, an. Amerikas Schwenk von der Beschwichtigung zur Konfrontation löste in Japan eine schwere politische Krise aus. Für die Konoe-Regierung, die eine so harte Reaktion angesichts der noch laufenden Gespräche mit den USA nicht erwartet hatte – was Ozaki Sorge gegenüber betonte –, war der amerikanische Kurswechsel ein schwerer Schlag.

Die Presse in Tokio tobte vor Wut über das ungehobelte Verhalten der westlichen Demokratien. »Es gibt Nationen, die diese friedliche Expansion Japans nach Süden eine militärische Invasion nennen, womit sie also versuchen, die Errichtung der Ostasiatischen Wohlstandssphäre zu verhindern«, schäumte die *Hochi Shimbun*. Am 29. Juli brachte die *Japan Times and Advertiser* auf der Titelseite Fotos japanischer Matrosen, »die Eingeborenen in Indochina Autogramme geben« und auf Dreirädern durch die Straßen Saigons gefahren werden. »Japanische Matrosen besichtigen Sehenswürdigkeiten Indochinas«, lautete die Überschrift. Der Vormarsch der Japaner – der »vordersten Exponenten von Frieden und Wohlstand in Asien« – mußte dem arglosen Zeitungsleser vollkommen harmlos erscheinen.

Am 28. Juli und noch einmal am folgenden Tag übermittelte Sorge der *Frankfurter Zeitung* zwei kleine »Funkmeldungen« über die Ereignisse. Die »friedliche Besetzung Indochinas und der umliegenden Gewässer durch die japanische Armee und Marine« sei »mit Schnelligkeit und Geschicklichkeit ausgeführt worden« und »in engster Zusammenarbeit mit den französischen und einheimischen Streitkräften reibungslos erfolgt«, zitierte er den »Leitartikel der dem Außenministerium nahestehenden *Japan Times*«. Die Artikel sind ohne jede Ironie, obwohl es sich von selbst versteht, daß Sorge sich der offiziellen Linie mit Ironie fügte.[40]

Die Option »Vormarsch nach Süden« hatte triumphiert. Die Marine war ebenso wie der Kriegsminister und die Mehrzahl der Armeeführer strikt gegen einen Krieg mit Rußland – obwohl ein harter Kern im Generalstab weiterhin lautstark nach Krieg gegen die Bolschewisten schrie.

Im nachhinein war all das hinreichend klar. Aber damals wurde Sorge von Ungewißheit gequält – mehr jedenfalls, als er den Vernehmungsbeamten gegenüber zuzugeben bereit war. Die große Mobilmachung dauerte bereits mehrere Wochen an und überschwemmte die Mandschurei an der Grenze zu Rußland mit Zehntausenden von Soldaten. Kürzlich zugänglich gemachtes Beweismaterial erhellt, daß die Mobilisierung in Sorge den Verdacht nährte, Japan warte nur auf eine günstige Gelegenheit zum Angriff.[41]

Am Mittwoch, den 30. Juli, teilte Sorge Moskau mit, daß die japanischen Kriegsvorbereitungen in der zweiten Augusthälfte abgeschlossen wären. Es sei möglich, daß Japan eine Offensive starte, sobald die sowjetische Verteidigung im Fernen Osten durch Truppenverlegungen an die westliche Front geschwächt sei. Sorge fragte sich, wie lange die fanatischen antisowjetischen Elemente im Generalstab noch bereit wären zu warten, wenn sie erst einmal Blut geleckt hätten.

Invest und Intari [Ozaki und Miyagi] sagten, daß im Zuge der neuen Mobilisierung in Japan mehr als 200 000 Mann einberufen würden. Also werden Mitte August in Japan etwa zwei Millionen Mann unter Waffen stehen. Japan wird ab der zweiten Augusthälfte in der Lage sein, einen Krieg zu führen, wird es aber nur tun, sollte die Rote Armee von den Deutschen tatsächlich besiegt werden, was zu einer Schwächung des Verteidigungspotentials im Fernen Osten führen würde. Dies ist die Ansicht der Konoe-Gruppe, aber wie lange der japanische Generalstab auf seinen rechten Augenblick warten wird, ist im Moment schwer zu sagen.
Invest ist davon überzeugt, daß Japan nicht einen Schritt tun wird, wenn die Rote Armee die Deutschen vor Moskau stoppt.[42]

Sorge zufolge ging Japan also weiter auf Nummer sicher. Er glaubte einfach nicht, daß die Japaner die Angriffspläne gegen Rußland zugunsten der Option »Vormarsch nach Süden« aufgegeben hatten. Japans Doppelstrategie gegen Süd und Nord stellte ihn vor ein Rätsel. Wie wir aus dem Telegramm ersehen, waren Ozakis Informationen nicht eindeutig. Möglicherweise war Sorge, der fest beabsichtigte, Ott zu beeinflussen, umgekehrt von Ott beeinflußt worden – der seinerseits zuversichtlich prophezeite, die Japaner würden intervenieren, sobald sie soweit wären.

Der gesunde Menschenverstand verlangt, daß ein Geheimagent gefühlsmäßige Verwicklungen, die seine verdeckte Rolle gefährden könnten, meidet. »Keine Zuneigungen, keine Bindungen und keine Sentimentalitäten«, so Sorges eigene Worte. Das Leben eines Apparatschiks, erzählte er seiner Freundin Hede Massing, sei per definitionem »einsam und asketisch«. Sorge selber wurde den hohen Anforderungen, die er an seinen Beruf stellte, nicht gerecht. Ausdauernd widmete er sich während seines Einsatzes in Tokio dem Alkohol und den Frauen. Beides sorgte für die Befreiung vom Druck eines Lebens über dem steilsten Abgrund, aber ein Gegenmittel für Verlassenheit war weder das eine noch das andere.

Nichts konnte den Schmerz der Einsamkeit lindern, der in den letzten Jahren seiner Mission in Japan beinahe unerträglich wurde.

Sorges Liebesleben ist legendenumrankt. Der vom US-Militärgeheimdienst (G-2) im Jahr 1949 zusammengestellte Bericht über den Spionagefall Sorge bietet eine reißerische Darstellung seiner Liebesaffären, demzufolge Sorge »während seiner Dienstjahre in Tokio mit etwa 30 Frauen intim« gewesen ist, »darunter die Frau seines guten Freundes, des deutschen Botschafters, die Frau seines wichtigsten ausländischen Assistenten und die Geliebte eben dieses Assistenten«.

Die Ermittler der US Army erhielten ihre Informationen von japanischen Untersuchungsbeamten und Staatsanwälten und bauten sie in ihren Bericht ein. Von diesem Moment an war Sorges Bild als nimmermüder Frauenheld in Stein gemeißelt: Auf immer würde man sich an ihn als den Spion erinnern, der nicht nur seinem Freund (Ott), sondern auch seinem Mitarbeiter (Vukelic) Hörner aufsetzte.

Daß Helma Ott zu den Frauen gehörte, die mit Sorge das Bett teilten, ist unbestritten. Vielleicht hatte er auch mit Edith Vukelic ein Verhältnis. Ohashi Hideo, der Hilfsinspektor, der Sorge verhörte, sprach bedeutungsschwanger von ihrer »besonderen Beziehung«. Diese Affäre begann jedoch entweder, nachdem Edith und Branko sich getrennt hatten, oder nach ihrer Scheidung 1939. Ohashi zufolge fürchtete Sorge, daß Edith wegen der Zerrüttung der Ehe verärgert war und ein Sicherheitsrisiko darstellte; er habe geglaubt, die Wahrscheinlichkeit, daß sie den Ring verriete, sei geringer, wenn sie ein Liebespaar wären. Die Behauptung der US Army, Sorge sei mit Vukelics »Geliebter« intim gewesen, war unbegründet und boshaft. Yoshiko Vukelic schwört, daß sie vor ihrer Heirat nicht die Geliebte Brankos und zu keiner Zeit Sorges Geliebte gewesen sei, und es gibt keinen Grund, ihr nicht zu glauben.

Sorges Affäre mit Helmas Busenfreundin, der betörenden Anita Mohr, war kurzlebig, und am Schluß behandelte Sorge sie mit unverhohlener Verachtung. Nicht all seine Beziehungen zu Frauen waren so kurz und oberflächlich. In den fünf Jahren seines Zusammenseins mit Hanako zeigte er sich zärtlich und äußerst rücksichtsvoll.

Die Verbindung mit Eta wurde durch seine Verhaftung vorzeitig abgebrochen; ihre Schilderung Sorges als treuem und zärtlichem Liebhaber in ihren wenigen gemeinsamen Monaten ist absolut überzeugend. Im Gegensatz zu den nichtssagenden Frauen, auf die er manchmal hereinfiel, sprühte Eta vor Geist und Kunstverständnis. Sie erfüllte sein Bedürfnis nach einer verständnisvollen und loyalen Gefährtin, der er vertrauen konnte; und während er sich nie irgend jemandem völlig öffnete, gab er Eta gegenüber mehr von seinem Wesen preis als gegenüber irgendeiner anderen Frau, die er in Tokio liebte.

Seine größte Zuneigung galt möglicherweise Katja. Eta hatte den Eindruck, daß er die Frau, die er als »nicht wirklich seine Frau« beschrieb, »aber als solche betrachtete«, sehr gern hatte. Aus Sorges Briefen an Katja spricht eine tief empfundene Sehnsucht, das Leben mit ihr zu teilen. Wehmütig sprechen sie von einer großen Liebe, die zu einem traurigen Ende verdammt war.

Kapitel 14

August 1941

Am 2. August reiste Sorge mit Ott und seinem alten Freund Oberst Scholl, der inzwischen als Militärattaché in Bangkok stationiert war, nach Karuizawa. Die drei Männer verbrachten das Wochenende in der friedlichen Atmosphäre des Ottschen Sommerhauses mit der Beratung politischer Angelegenheiten. Was besprochen wurde, wissen wir nicht genau. Zu Scholls Tokiobesuch gehörten offensichtlich auch Treffen mit Offizieren des Geheimdienstes der japanischen Armee, und wahrscheinlich sprach die Gruppe in Karuizawa über die offiziellen deutschen Bemühungen, Japan in den Krieg hineinzuziehen. Ohne Zweifel wurde Sorges Vorrat an Informationen über Deutschlands Winkelzüge im Fernen Osten an diesem Wochenende um einiges bereichert, und er versäumte keine Gelegenheit, Widersprüchlichkeiten in der Allianz zwischen Tokio und Berlin auszunutzen.[1]

Nicht lange nach Deutschlands frühem überwältigenden Triumph auf dem Schlachtfeld begann sich das Scheitern der Hitlerschen Blitzkriegspläne in der Sowjetunion abzuzeichnen. Bald war offensichtlich, daß der Führer die Truppenreserven, die Stalin aus den Tiefen der UdSSR heranführen konnte, unterschätzt hatte; vor allem hatte er sich nicht vorstellen können, mit welchem Mut der Verzweiflung die russischen Soldaten ihre Heimaterde verteidigten.

Die Deutschen drangen immer tiefer nach Rußland vor, aber sie erlitten schwere Verluste. Die japanischen Armeeführer studierten die Berichte ihrer Geheimagenten und warteten wie die Geier darauf, daß die Beute völlig geschwächt wäre, um einmarschieren und ihr den Todesstoß versetzen zu können. Sie erkannten jedoch rasch, daß die Vorhersage, die Wehrmacht werde in sechs Wochen Moskau erobern, nichts als leere Prahlerei war. In der zweiten Augustwoche meldete Sorge der Vierten

Abteilung, Japans Appetit auf einen Krieg mit Rußland sei im Schwinden begriffen.[2]

Es war ein Telegramm, von dem man erwarten konnte, daß es Moskau moralisch aufrichtete, aber augenscheinlich gelangte es nicht weiter als bis in Max Clausens Hände. Glaubt man Clausens Darstellung, dann erhielt er die Depesche von Sorge, sendete sie jedoch nicht.[3]

In dem jüngst von den Russen freigegebenen Material findet sich kein solches Telegramm – obwohl damit die Möglichkeit nicht ausgeschlossen ist, daß es im Winkel irgendeines noch unentdeckten Archivs herumliegt. Möglich, daß Clausen den Beamten, die ihn verhörten, die Wahrheit erzählte, als er sagte, daß er die Meldung, deren englischer Text zwei Monate später sichergestellt wurde, als die Polizei sein Haus durchsuchte, nicht sendete.[4] Wieder einmal hatte der Funker den Operationen des Sorge-Rings einen Knüppel zwischen die Beine geworfen, ohne daß die Sache aufflog. Sorge gab ihm weiterhin Material zum Verschlüsseln und Senden, ohne sich von Ängsten um die Integrität und Loyalität Clausens beunruhigen zu lassen.

In den ersten Augusttagen kam Ozaki mit beunruhigenden Neuigkeiten zu Sorge. Ein Gerücht, das in Tokio umlief, besagte, der Krieg zwischen Japan und der Sowjetunion würde, wenn die große Mobilmachung erst einmal beendet sei, am 15. August beginnen. »Das ist genau das, was Ott denkt«, sagte Sorge niedergeschlagen. »Wie sehen *Sie* die Situation?«

»Schwer zu sagen«, gab Ozaki zurück. »Aber ich spüre, daß man in Regierungskreisen inzwischen anders darüber denkt. Zuerst wurde die Mobilmachung unterstützt, weil man von der deutschen Wehrmacht erwartete, daß sie die UdSSR ein für allemal in die Knie zwänge. Aber ich nehme an, daß das unerwartete Schachmatt sie wieder unschlüssig macht.«

»Der deutsche Vormarsch hat sich verlangsamt«, sagte Sorge. »Die Rote Armee kämpft um jeden Zentimeter russischer Erde. Die Japaner sollten es sich deshalb zweimal überlegen, bevor sie irgend etwas unternehmen.«

»Ja, und außerdem sind wir vielleicht gar nicht in der Lage, im Norden einen Krieg anzufangen«, sagte Ozaki. »Man ist sehr pessimistisch, was die Auswirkungen der von Amerika und Großbritannien verfügten Sperrung der japanischen Auslandsguthaben anbelangt. Das bedeutet, daß der Mangel an Kriegsmaterialien wie Eisen, Öl usw. sich weiter verschärfen wird. Außerdem sind die Ernten in diesem Jahr wegen des schlechten Wetters schlecht.«

»Aber was ist mit diesem Gerücht?« fragte Sorge. »Glauben Sie, daß da irgend etwas dran ist?«

»Wenn es einen Angriff gibt, dann müßte er meiner Ansicht nach spätestens in den letzten zehn Augusttagen beginnen«, sagte Ozaki. »Wegen des sibirischen Winters muß Japan die Hauptoffensive in Sibirien innerhalb der drei Monate September, Oktober und November abschließen.«

Das war richtig: Mit den Kampfhandlungen durfte nicht später als Anfang September begonnen werden. Schnee würde den Transport, selbst mit Pferden, behindern, und ab Ende November wären umfassende Operationen nicht mehr möglich.

Ozaki konnte auf Sorges Frage keine klare Antwort geben. Nach dem, was bei der Südmandschurischen Eisenbahn geredet wurde, hatte es den Anschein, als sei die Frage eines Angriffs auf die Sowjetunion noch nicht entschieden gewesen. Hitzköpfe im Kriegsministerium und im Generalstab behaupteten weiterhin, daß die Zeit für einen Kreuzzug gegen die Bolschewisten reif sei.[5]

Botschafter Otts Kampagne glich der Erkletterung eines Eishangs, und das Gehen wurde noch beschwerlicher, nachdem Matsuokas erzwungener Rückzug aus der Politik Deutschland seines besten Freundes im Kabinett beraubt hatte. Um so überraschter war Sorge, als Ott auch in der ersten Augustwoche immer noch verhalten optimistisch war, daß man die Japaner aufs Schlachtfeld werde locken können.

Sorge war skeptisch. Es gab keinen Zweifel, daß Ott, wenn er mit höheren Beamten zusammentraf, gründlicher informiert wurde als jeder andere ausländische Botschafter. Folglich war Sorge durch den Ottschen

Filter in die Meinungen der zivilen und militärischen Führung Japans eingeweiht. Aber er wußte, daß die Japaner nicht einmal ihren deutschen Verbündeten restlos vertrauten; sie zeigten Ott nur einen Zipfel der Wahrheit und erzählten ihm im großen und ganzen das, was er ihrer Meinung nach hören wollte.[6]

Am Mittwoch, den 7. August, meldete Sorge Otts Ansichten, mit Vorbehalt, nach Moskau.[7]

Am 11. August entwarf er für Moskau eine Depesche, die widerspiegelt, wie sehr er sich über den Kurs, den Japan einschlagen würde, im unklaren war:

> Der japanische Generalstab hat nicht die Absicht, die Mobilmachung zu stoppen. Der Generalstab ist fest davon überzeugt, daß er in allernächster Zukunft die endgültige Entscheidung treffen muß, besonders da der Winter näherrückt. Japans endgültige Entscheidung wird in den kommenden zwei oder drei Wochen fallen. Es ist möglich, daß der Generalstab die Entscheidung einzugreifen ohne vorherige Konsultation trifft.[8]

Der unheilschwangere Ton zeigt, daß Sorge immer noch fürchtete, die Antibolschewisten in der Armee könnten die Dinge in die Hand nehmen und sich der rückgratlosen Konoe-Regierung widersetzen.

Die Mitteilung zeigt eindeutig, daß weder Sorge noch Ozaki zu diesem Zeitpunkt klar war, daß die Falken im Generalstab der Armee sich bereits dem Willen des Kriegsministeriums gebeugt hatten. Am 9. August – zwei Tage bevor Sorge die Mitteilung entwarf – kam das japanische Oberkommando zu der generellen Entscheidung, die Sowjetunion in diesem Jahr nicht mehr anzugreifen, wenngleich man einen Angriff für das Jahr 1942 nicht ausschloß. Japan war nun unwiderruflich darauf festgelegt, den Vormarsch nach Süden fortzusetzen, und man würde die Vorbereitungen für den unausweichlichen Konflikt mit den USA in der südlichen Region beschleunigen. Japan steuerte tiefer nach Südostasien hinein, in der Absicht, den weißen Mann ein für allemal aus seinen dortigen Kolonien zu verjagen.[9]

Am Abend des 8. August kam der Botschafter mit Oberst Kretschmer, dem Militärattaché, im Schlepptau, zu spät zum Abendessen. Generalkonsul Balzer, der aus Kobe zu Besuch war, und Eta plauderten im Salon und vertrieben sich die Zeit mit Aperitifs. Helma Ott war in Karuizawa.

»Bitte entschuldigen Sie, daß ich Sie warten ließ«, sagte Ott. »Es gab ein paar wichtige Dinge zu besprechen.« Der Botschafter blickte Eta bedeutungsvoll an. »Sorge war bei uns, aber leider kann er nicht mit uns zu Abend essen.«

»Ich habe Ihnen zu danken, Herr Botschafter«, sagte Kretschmer überschwenglich, als er am Eßtisch Platz nahm. »Ich stehe in Ihrer Schuld, daß ich Gelegenheit hatte, solche exzellenten Informationen zu erhalten. Sorges Verbindungen sind wirklich unglaublich!«

Der Botschafter nahm dies als persönliches Kompliment und nickte selbstzufrieden. »Jaja, gewiß. Deshalb halten wir uns ja auch diesen Mann.«[10] Es ist nicht bekannt, mit welchen »exzellenten Informationen« Sorge an jenem Abend aufwartete. Möglich, daß er weitergab, was Ozaki ihm erzählt hatte: daß die Konoe-Clique immer noch zögerte, was die Verwicklung in einen Krieg mit Rußland anlangte, und daß Kriegsmaterialien knapp waren, was die Zahl der Optionen begrenzte. Vielleicht verbreitete er aber auch das – einmal mehr von Ozaki aufgeschnappte – Gerücht, Japan würde am 15. August, wenn die Mobilmachung beendet wäre, in den Krieg eintreten.

Am folgenden Tag, den 9. August, schickten Ott und Kretschmer unabhängig voneinander Telegramme an ihre Vorgesetzten nach Berlin. Der Inhalt der Meldungen war praktisch identisch: Japan habe sich bis jetzt noch nicht entschieden, gegen die Sowjetunion zu kämpfen, ein Angriff sei zu erwarten, sobald die Umstände günstig wären.

Sorge kannte den Inhalt der Berliner Telegramme. Wie aus einer Depesche hervorgeht, die er drei Tage später, am 12. August, entwarf, hatten der Botschafter und der Militärattaché ihm, wenn nicht den eigentlichen Inhalt, so doch zumindest erzählt, worum es ging. Kretschmer hatte Sorge inzwischen von seiner Inspektionsreise durch die Mandschurei berichtet, die er Anfang August unternommen hatte, um sich ein Bild von Japans Einsatzbereitschaft zu machen. Beim

Spiel des gegenseitigen Informationsaustauschs kam Sorge immer gut weg.

In der Depesche schreibt er:

Botschafter Ott glaubt, die Japaner warteten auf den Moment, wo die Kräfte der Roten Armee sichtlich nachlassen, als ob Kriegseintritt unter anderen Bedingungen unsicher wäre, besonders da ihre Treibstoffreserven sehr gering sind.

Moskau erhielt jedoch nur die Hälfte dieses wertvollen Berichts.[11]

Es war eine von zahlreichen Gelegenheiten, bei denen Clausen im Jahr 1941 Sorges Geheimberichte kürzte und verfälschte. Man wird sich erinnern, daß er sie andere Male einfach beiseite legte oder sich mit der Übertragung Zeit ließ. Als Erklärung für sein Verhalten führte Clausen gegenüber den Vernehmungsbeamten an, er habe damals rasch den Glauben an den Kommunismus verloren. Darin mag ein Körnchen Wahrheit stecken, aber was wir über Clausens Gemütsverfassung wissen, läßt eher vermuten, daß persönlicher Groll der Hauptgrund für seine Sabotage war.

Hanako erinnert sich, daß Sorge eines Abends, als sie allein waren, mit einer erstaunlichen Offenbarung herausrückte. Es sei sein Auftrag, dem Krieg in Europa ein Ende zu setzen – eigentlich allen Kriegen. »Sorge ist ein großer Mann. Er tut die ganze Zeit nur Gutes. Weißt du was? Sorge ist ein Gott. Gott ist immer ein Mann. Die Leute brauchen mehr Götter. Sorge wird ein Gott werden.«[12] Aus dem Grammophontrichter tönte als passende Hintergrundmusik für Sorges Bombast Beethovens *Fantasia* durch das kleine Arbeitszimmer. Sorge schwenkte eine Flasche Wermuth und war in Hochstimmung. Hanako wußte in solchen Augenblicken nie so recht, wie sie reagieren sollte. Wie antwortet man jemandem, der gerade seine eigene Göttlichkeit proklamiert? Wieder einmal war Sorge von dem Hirngespinst besessen, allein durch sein Einschreiten könne der Krieg in Rußland gewonnen und Japan das Leid eines Krieges erspart werden. Auch Eta war Zeugin eines ähnlichen Schauspiels gewesen.

Selbst wenn er sich nicht gerade auf einer seiner Sauftouren befand, war Sorge in diesem Sommer von dem Glauben erfüllt, das Schicksal der Welt hinge von seiner Leistung in Tokio ab. Diese Art von Selbstüberschätzung, die an Größenwahn grenzt, mag bei einem bestimmten Typus von Geheimagent häufig anzutreffen sein. Mit den Worten eines Geheimdienstexperten: »Viele Agenten scheinen den Einfluß der verdeckten Arbeit – besonders ihrer eigenen – auf die historischen Ereignisse zu überschätzen.«[13]

Das Ausmaß des japanischen Fremdenhasses wurde Sorge in diesem Monat durch einen häßlichen Vorfall klar, in den Hanako verwickelt war. Man hatte sie zu einem Verhör auf die Toriisaka-Polizeistation bestellt, und dort wurde sie von Kommissar Matsunaga, dem Leiter der Ausländerabteilung, gedemütigt.

»Warum verkehrt eine Frau Ihrer Erziehung mit einem Ausländer?« drang Matsunaga grob in sie. »Gibt es in Japan nicht genug Männer?«

Er forderte sie auf, sich von Sorge zu trennen, aus Respekt vor dem »nationalen Wesen Japans«. Als Hanako sich widerspenstig zeigte, wurde er wütend. Von normalen Bürgern – und selbstverständlich von Frauen – erwarte man gegenüber den Hütern des Gesetzes etwas mehr Bescheidenheit und Entgegenkommen.

»Eine Japanerin, die mit einem *keto* (einem haarigen Barbaren) lebt, ist keine wahre Japanerin! Wir wissen, was in diesem Haus vorgeht. Von diesem Fenster aus kann ich sogar sehen, wenn Sie im Bett sind – und Ihren weißen Hintern zur Schau stellen!«

Hanako war sprachlos. Sie war entsetzt von der Vorstellung, daß alles, was im Schlafzimmer vor sich ging, vom Polizeirevier aus zu sehen war; sollte dieser Mann etwa seine Nachmittage damit verbringen, mit einem Fernglas am Fenster zu hocken und sie beim Liebesspiel zu beobachten?

»Diese *keto* sind gut, oder etwa nicht, behandeln Frauen wirklich gut, diese Kerle, nicht wahr?« höhnte der Kommissar. »Da kommen wir japanischen Männer nicht mit, das ist es doch, oder etwa nicht?«

Als sie Sorge von dem Vorfall erzählte, lief sein Gesicht vor Wut rot an.

»Die Polizei will dich also Sorge wegnehmen, nicht? Nun, sollen sie es ruhig versuchen! Japanische Jungs vergnügen sich selber mit deutschen Mädchen, und Deutschland sagt nicht, daß das schlecht ist! Wenn Japan dich Sorge wegnimmt, werde ich den japanischen Jungs alle deutschen Mädchen wegnehmen. Ja, alle. Ich kann das. Ich brauche bloß ein Telegramm nach Deutschland zu schicken!«[14]

Während Ott und Kretschmer über ihren Telegrammen nach Berlin saßen, versuchte Sorge sich mit Eta in Karuizawa zu entspannen. Unter den wachsamen Augen von Helma Ott verbrachten sie den 9. und 10. August im Sommerhaus des Botschafters. Einigermaßen erleichtert brach Sorge am frühen Montag morgen auf und kehrte nach Tokio zurück, während Eta dablieb, um für ihr Konzert in Karuizawa zu proben.

Der Sonnabend hatte vielversprechend begonnen. Eta und Richard reisten zusammen mit Franz Krapf, einem eleganten jungen deutschen Diplomaten, und dessen schwedischer Freundin in einem bequemen amerikanischen Wagen. Es war eine lange Fahrt über enge, kurvenreiche Straßen, aber die Zeit verflog rasch. Sie hörten sich Sorges Anekdoten über den Ersten Weltkrieg an und lauschten den deutschen Volksliedern, die er voller Gefühl sang und in denen er eine politische Bedeutung entdeckte. Eta und Krapf revanchierten sich mit Opernarien, die sie im Duett zum besten gaben.

In winzigen Dörfern entlang der Strecke schrien Kinder, die auf vorbeifahrende Autos der Deutschen Botschaft warteten, sich die Kehlen heiser und machten sich mit hochgereckten Armen über den Hitlergruß lustig. Als die Straße sich allmählich ins Bergland hochwand, kroch die Kälte in den Wagen. Um 16 Uhr nahmen sie die letzte Kurve des steilen Anstiegs, und die ersten Häuser kamen in Sicht. Jenseits der Dächer bot sich ihrem Blick ein Panorama aus vulkanischen Bergen und dunklen, schattigen Wäldern. Sie waren nur 150 Kilometer weit gefahren, aber während die Hitze in Tokio jeden Gedanken lähmte, wirkte Karuizawa, 1000 Meter über dem Meeresspiegel gelegen, auch auf den trägsten Geist wie eine frische Brise.

Die Atmosphäre dieser kleinen Stadt, seit der Jahrhundertwende bei

Ausländern eine beliebte Sommerfrische, war ausgesprochen kosmopolitisch, zumindest während der »Saison«, aber sie war nicht mehr länger angelsächsisch. Seit dem Exodus von Amerikanern und Briten war aus Karuizawa ein deutsches Dorf geworden. Deutsch war die Sprache, die man überall auf der *machi*, wie jedermann die kleine Hauptstraße nannte, hörte. Eine Bäckerei verkaufte Pumpernickel und Apfelkuchen und manchmal so rare Delikatessen wie Honig. Das Restaurant des Fujiya hatte einen festangestellten deutschen Koch und bot zur »Stärkung vor dem Aufstieg auf den Asama« einen »gutbürgerlichen deutschen Mittagstisch« und ein »gemütliches Kaffeetrinken« an. Die Kunden, die in Brett's Pharmacy in der Nähe der Tennisplätze Vanilleeis kauften, waren in der Mehrzahl Deutsche. Im einzigen Kino am Ort liefen die neuesten Filme aus Berlin – an diesem Wochenende *Verklungene Melodie* mit Brigitte Horney.

Für viele Japaner beschwor der Name Karuizawa eine Mixtur aus Fremdartigkeit und olympischer High Society herauf. Es gab kaum einen japanischen Politiker oder Geschäftsmann, der hier, verborgen hinter einem Vorhang aus Bäumen, kein Sommerhaus besaß. Im Juli und August zogen die Reichen und Mächtigen nach Norden und verkehrten, abgeschirmt vom Pöbel, in ihren eigenen kleinen Kreisen.[15] Unter den jüngeren Angehörigen der Schickeria waren Anstand und Diskretion weniger ausgeprägt. Die Provinzzeitung *Shinano Mainichi* bemerkte im Juli 1941 mißbilligend, Karuizawa sei »ein Lieblings-Urlaubsort weltlich gesinnter Menschen. Allerorten herrscht Eitelkeit. Töchter wohlhabender Familien mit Dauerwellen und junge Frauen auf Fahrrädern ziehen die Blicke der Spaziergänger auf sich.«

In diesem Sommer begann die Saison in Karuizawa später als üblich. Der Juli war außergewöhnlich kühl und naß gewesen, und die internationalen Spannungen verzögerten die Ankunft vieler bedeutender Männer, die mit politischen und diplomatischen Angelegenheiten befaßt waren. General Ott hatte in diesen Wochen sicherlich nur wenig Gelegenheit, sein Sommerhaus zu genießen. Ribbentrop, sein aristokratischer Chef, hatte eine schwere Last auf seinen Schultern abgeladen und wartete nun voller Ungeduld darauf, daß die *samurai* ihre Schwerter zogen.

Franz Krapfs Auto holperte über die verschmutzte Straße, die aus der Stadt hinaus und an den Tennisplätzen vorbei führte, und nach ein paar Minuten bogen sie durch ein offenes Tor auf das Grundstück eines zweigeschossigen Schindelhauses. Das Haus bot nur wenige der Annehmlichkeiten der botschafterlichen Residenz in Tokio. Die meiste Zeit des Jahres war es verschlossen und kühl und feucht. Die Einrichtung war einfach, Rattan- und Korbmöbel. Die Trennwände zwischen den Räumen waren hauchdünn, und jede Unterhaltung – einschließlich der Ottschen Ehekräche – war in den angrenzenden Zimmern gut hörbar. Eta fand die Atmosphäre bedrückend und war erleichtert, als sich eine Entschuldigung bot, den Aufenthalt vorzeitig abzubrechen. Einen Trost indessen gab es: den bezaubernden Garten mit einer weiten Rasenfläche, wo Unmengen wilder Blumen wuchsen. Es gab Zedern und Zypressen und eine ehrwürdige Weide, unter deren ausladendem Schatten Eta gern mit einem Buch saß, wenn sie nicht gerade übte oder mit den zwei Afghanen Helmas spazierenging.

Frau Ott freute sich, Sorge wiederzusehen. Sie wäre glücklicher gewesen, wenn er allein gekommen wäre, aber Eta sollte ihr ein paar Tage lang Gesellschaft leisten und am Ort ein Konzert geben. Seit dem Tag im Juni, als sie eine antike Schale und ein Bonsai-Bäumchen aus dem Zimmer ihrer Rivalin entfernt hatte, hatte Helma sich zurückgehalten. Aber jedes kleinste Zeichen von Vertrautheit zwischen Eta und Sorge verletzte sie.

Beim Essen an diesem Abend schaute Sorge recht unglücklich drein. Hans Ulrich von Marchtaler, der Leiter der politischen Abteilung, unterhielt sich mit Helma über unangenehme Vorfälle zwischen deutschen und englischen Familien in der Stadt. Sie sprachen über den Plan des Botschafters, deutsche Flüchtlingsfrauen aus Niederländisch-Ostindien in Karuizawa anzusiedeln.

Beim Spaziergang mit Eta nach dem Abendessen im Garten machte Sorge einen nervösen und angespannten Eindruck. »Ich muß zurück nach Tokio. Ich habe viel zu schreiben. Und diese Leute machen mich fertig mit ihrem belanglosen Geschwätz«, sagte er gereizt. »Alle sind so selbstgefällig und selbstzufrieden. Deutschland steuert auf die totale

Zerstörung zu, und die haben nichts anderes im Kopf, als wie man an größere Benzinzuteilungen kommt.«

Sorge machte sich Gedanken über die Lage an der Ostfront und das menschliche Leid auf beiden Seiten. Mit der Anteilnahme eines Menschen, der die Schrecken des Schlachtfeldes kennengelernt hatte und Krieg niemals abstrakt betrachten konnte, erzählte er von den jüngsten Entwicklungen an der Ostfront. »Die Wehrmacht überrennt Odessa. Kiew kann vielleicht nicht mehr allzu lange standhalten. Aber die Rote Armee ist stärker, als es den Anschein hat. Schau, wie sie selbst die schwersten Angriffe wegsteckt! Wir haben überhaupt keine Chance, diesen Krieg zu gewinnen. Das ist es, was ich Ott und Kretschmer die ganze Zeit gesagt habe. Ich denke, allmählich fangen sie an, mir zu glauben.«

Am nächsten Tag, den 10. August, einem Sonntag, war es zunächst bedeckt, aber nachmittags brach die Sonne durch. Eta machte sich über die schmutzige, vom Wurzelwerk uralter Kiefern geäderte Straße auf den Weg zur Kirche. Sorge sah man am späten Vormittag durchs Tor gehen. Ganz in der Nähe befand sich das Mampei Hotel, das um diese Jahreszeit von Diplomatenfamilien belegt war. Am Wochenende zuvor hatten Sorge, Ott und Scholl einen Abend in der dämmerigen Bar verbracht, die mit ihrer Eichenholztäfelung und den Ledersesseln an einen Londoner Club erinnerte.

Wohin Sorge an diesem Morgen ging, ist nicht bekannt. Hätte er sich am Tor nach rechts gewandt, dann wäre er zu einem bewaldeten Hang gekommen, der sich bis zum Horizont aufschwingt. Im Wald führt ein Pfad an einem Bach entlang, der über Felsen stürzt und in eine von wilden Blumen überwucherte Quelle mündet. Eta ging mit Helmas Hunden oft hierher und genoß die kühle, frische, vom süßen Duft der Kiefern erfüllte Luft. Am Nachmittag war Sorge zurück und saß lesend in einem Korbsofa auf der Veranda.

Beim Abendessen wurde er munter und brachte alle mit amüsanten Geschichten aus seiner Studentenzeit zum Lachen. Der Wein floß reichlich, und die kleine Gesellschaft war ausgelassen. Man überredete Helma, Episoden aus einer Zeit zu erzählen, die sie selber als »die glücklichste meines Lebens« bezeichnete. Das war 1919 in München gewesen, dem Jahr eines kurzlebigen, von Sozialisten und Intellektuellen inszenierten Aufstands. Sie war bereits von ihrem ersten Ehemann geschieden, der genau wie sie Kommunist war. Sie war jung, frei und voller Idealismus, und linke Politik war ein flüchtiges Zwischenspiel. Das alles lag lange Zeit zurück und erschien in der Erinnerung rosarot gefärbt.

Helma und Sorge hatten viele gemeinsame Freunde, die in die Ereignisse des Jahres 1919 verwickelt gewesen waren, und die beiden unterhielten sich immer angeregter, während sie Erinnerungen an diese oder jene Person austauschten, deren Name Eta nichts sagte.

Es dürfte nicht das erste Mal gewesen sein, daß Helma und Richard auf diese Zeit zu sprechen kamen. Die beiden werden wohl unmittelbar, nachdem sie sich in Japan begegneten, entdeckt haben, daß sie sowohl linke Freunde als auch linke Anliegen teilten. Als sie vertrauter miteinander wurden, konnte Helma kaum entgangen sein, daß sich an *seinen* politischen Bekenntnissen seit seiner Jugendzeit nichts geändert hatte.[16] In diesem Fall wäre es erstaunlich, wenn sie ihren Mann nicht auf die Tatsache aufmerksam gemacht hätte, daß sein unzertrennlicher Gefährte nach wie vor überzeugter Kommunist war und ihre Verbindung seiner Karriere durchaus schaden konnte – das heißt, wenn sie nicht zu sehr verliebt war, um irgend etwas zu unternehmen, was sie und Sorge voneinander entfernt hätte.

Es wäre verlockend gewesen zu erfahren, wieviel Ott wußte, ob mit oder ohne Einflüsterung seiner Frau. In der Rückschau dachte Eta Harich-Schneider, daß Ott ein viel zu einfühlsamer Beobachter gewesen war, um die Zeichen nicht zu bemerken, die auf die wahre Loyalität seines Freundes hinwiesen. »Ich bin absolut überzeugt davon, daß Ott Sorge in Verdacht hatte, Kommunist zu sein«, sagte sie. »Sorge brauchte gar nicht deutlicher zu werden – es war die einzige Schlußfolgerung, die man aus den extremen Positionen ziehen konnte, die er in jeder politischen Diskussion, die sie hatten, vertrat, und nicht nur aus seinen Attacken gegen die Nazis.«

Die beiden verbrachten Stunden um Stunden mit politischer Polemik, beim Schach, beim Frühstück, nach dem Abendessen. Die meiste Zeit redete Sorge oder schrie, und Ott hörte zu. Manchmal war ich bei solchen Gelegenheiten dabei, und es war unmöglich, von Sorges Freimütigkeit nicht beeindruckt zu sein. Aber wieviel Helma Ott ihrem Mann von Sorges Überzeugungen verriet, das weiß ich nicht.«[17]

Seine zur Schau gestellte Begeisterung für alles Russische beunruhigte Ott erst, als der Krieg bedrohlich näher rückte und es als Ketzerei galt, solche Sympathien offen auszusprechen. Eta vermutete, daß Sorge Ott tatsächlich erzählt habe, daß er eine Zeitlang in Rußland gelebt hatte, und daß der Botschafter wohl nicht über Gebühr beunruhigt gewesen sei.[18]

Sorges Attacken auf Glaubensbekenntnis und Organisation der Nationalsozialisten hätten jedem in Otts Position Schauer über den Rücken gejagt. Aber Ott machte sich weniger wegen der Philosophie seines Freundes Sorgen als wegen der Gefahr, daß man ihn abhörte und der Gestapo meldete und sie beide in Teufels Küche kämen. »Ich ziehe es vor, einige seiner politischen Ansichten nicht ganz wörtlich zu nehmen«, bemerkte Ott vielsagend. Aus Kommentaren Freunden gegenüber können wir ersehen, daß er Sorge für einen guten Patrioten hielt, der das Herz auf dem rechten Fleck hatte, aber auch für einen hoffnungslosen Idealisten – ganz im Gegensatz zu sich selbst, hatte er sich doch in Ermangelung einer Alternative an das Hitler-Regime angepaßt.

Ohne Zweifel wirkte Sorges ungeschminkte Offenheit auf Ott ebenso entwaffnend wie auf andere. Je radikaler die Ansichten waren, die er äußerte, um so weniger konnte man sich vorstellen, daß er ein Schwindler war. Niemand, der wie Sorge sein Herz auf der Zunge trug, konnte jemand anderer sein als der, der er zu sein schien.

»Vier Divisionen von Nazis bei Massenrückzug der Roten in der Umgebung von Nikolajew aufgerieben.« Zurück in Tokio gewöhnte Sorge sich bei der Lektüre seiner *Japan Times and Advertiser* zunehmend an entmutigende Überschriften wie diese vom Mittwoch, den 20. August. So gern er es auch getan hätte, er konnte die Meldungen nicht einfach als Propaganda der Achse abtun. Tag für Tag sprachen Verlautbarungen aus glaubwürdigeren Quellen von einem Blutbad schrecklichen Ausmaßes. United Press in London schätzte, daß die Rote Armee in den ersten zwei Monaten des Krieges über eine halbe Million Mann verloren hatte. Bei seiner eigenen Schlacht hinter den deutschen Linien in Tokio blieb ihm der Erfolg versagt. Japans wahre Absichten waren ihm nach wie vor schleierhaft. Er konnte einen Angriff auf Sibirien weder ausschließen, noch konnte er ihn mit Sicherheit voraussagen. Glücklicherweise erwies sich das Gerücht als falsch, daß am 15. August eine Offensive einsetzen würde. Und dann begann der Nebel sich allmählich zu lichten. Miyagi kam mit Bruchstücken von Informationen, die ein Licht auf die Richtung der großen Mobilmachung warfen. Er hatte erstens herausgefunden, daß ein Großteil der Soldaten, die in die Mandschurei gingen, zu kleinen Hilfstruppen gehörte, die bestehende Divisionen ergänzen sollten, und daß es sich nicht um die Verlegung von Hauptkräften handelte. Und zweitens stellte sich heraus, daß die Mehrzahl der mobilisierten Truppen in Japan zurückgehalten und allmählich Richtung Süden – Südostasien – oder nach China verlegt wurde.[19]

Miyagi lieferte noch eine weitere ermutigende Information. In der ersten Augusthälfte fand er heraus, daß sein Freund und Informant Korporal Odai nicht mehr im Armeestützpunkt in Utsunomiya stationiert war. Odais Angehörige in Maebashi wußten nichts über seinen Verbleib. Kurze Zeit später kam dann eine knappe Nachricht aus der Mandschurei. Miyagi gab sie an Sorge weiter, der sich an den Kern erinnerte: »Er [Odai] war optimistisch, daß es vor Ablauf des Jahres keinen Krieg mit der Sowjetunion geben würde und daß er binnen kurzem wieder nach Japan würde zurückkehren können.«[20]

All dies gab Anlaß zu Hoffnung, reichte aber wohl nicht aus, um zu beweisen, daß die Gefahr vorüber war. Sorge und Ozaki waren sich einig, daß der 20. August ein kritischer Termin war. Sollte es eine umfassende japanische Offensive geben, dann würde sie irgendwann zwischen diesem Datum und Ende August beginnen müssen, um beendet zu sein, bevor der sibirische Winter jede Operation lähmte. Aber das dürften die Kommandeure der Roten Armee sich bereits selber ausgerechnet haben; Sorges Pflicht war es, Ereignisse vorauszusehen, nicht darauf zu warten, daß sie eintraten.

Die Rote Armee brauchte Verstärkungen aus dem Fernostkommando, um sie gegen die Deutschen zu werfen. Aber auch nach neunwöchigen Sondierungen konnte Sorge den Grad der von Japan ausgehenden Bedrohung nicht einschätzen. Er hatte das starke Gefühl, versagt zu haben.

Am Abend des 20. August waren Sorges Nöte, wenn auch nur vorübergehend, wie weggeblasen. Es war 21 Uhr. Mit Eta ging er in den abgedunkelten Ballsaal. Ihre Schritte hallten auf dem Marmorfußboden wider. Eta zündete eine Kerze an und stellte sie auf den Flügel. Tiefe Stille lag über der Residenz. Botschafter Ott hatte gesellschaftliche Verpflichtungen außer Haus, und Frau Ott war kilometerweit entfernt in den Bergen von Karuizawa.

Zur Freude Richards spielte Eta zuerst die Waldstein- und dann die Mondscheinsonate. Die Türen des Salons standen zum nächtlichen Garten hin weit auf, und Insekten schwirrten ein und aus. Während Eta spielte, blickte sie Sorge an, der gegen den Flügel gelehnt dastand, wobei sein zerfurchtes Gesicht sich im Kerzenlicht dramatisch abhob. Verzückt warf er den Kopf hin und her, hingerissen von der Musik.[21]

Mag sein, daß er sich an einem solchen Abend – Beethoven noch im Ohr – über den Korridor zu Meisingers Büro schlich, die Tür mit seinem Zweitschlüssel öffnete und die Akten überflog. Die Residenz war verwaist und Meisinger auf Reisen. Daß Sorge sich über Meisingers Ermittlungen auf dem laufenden hielt, wissen wir. Im August nutzte er mehrfach die Gelegenheit, sich in das Büro zu stehlen, wo er sich anschließend davon überzeugen konnte, daß es dem Gestapo-Mann bislang nicht gelungen war, irgend etwas Belastendes zutage zu fördern, das er seinen Vorgesetzten nach Berlin melden konnte.

Am 22. August – vielleicht auch ein oder zwei Tage später – heiterten interessante Neuigkeiten, die Paul Wenneker brachte, Sorge auf. Der Marineattaché kam an diesem Freitag von einer fruchtbaren Besprechung mit dem japanischen Marinestab. Wir wissen, daß Sorge auf einen vollständigen Bericht nicht lange zu warten brauchte. »Sie und ich, wir hatten recht, Sorge. Japan wird die Sowjetunion trotz allem nicht angreifen«, begann der Konteradmiral. Ott und Kretschmer, die auf eine japanische Intervention zählten, hatten die Situation falsch eingeschätzt.[22]

»Die Japaner haben die Risiken abgewogen und glauben, daß sie durch Einmischung nichts gewinnen«, fuhr Wenneker fort. »Es gibt keine Garantie für einen Erfolg vor dem Winter, und im Falle eines deutschen Sieges über Rußland wird Japan sich einen Teil der Beute schnappen, ohne selber dafür zu bezahlen. Hinzu kommt, daß eine Eroberung Sibiriens das akute Problem der Rohstoffsicherung nicht lösen würde.«

Das waren entscheidende Informationen von japanischen Marineoffizieren in wichtigen Positionen, die bereit waren, ihren deutschen Kameraden offen die Meinung zu sagen. »Das heißt, sie werden ihren Vormarsch nach Süden vorantreiben?« fragte Sorge.

»Das stimmt! Sie planen, ihre Stützpunkte für Marineflieger in Indochina auszubauen, und sobald sie weitere Armee-Einheiten herangeführt haben, werden sie in Thailand einmarschieren und den Golf von Siam und die östliche Seite der Landenge beherrschen. Sich Reis, Kautschuk und Zinn verschaffen und natürlich eine hervorragende Ausgangsbasis haben, um gegen Singapur und Burma zu marschieren.«

»Auch wenn sie dabei vielleicht frontal mit Amerika und Großbritannien aneinandergeraten?«

»Sie sind besorgt wegen eines Konflikts mit Amerika. Aber am meisten Angst haben sie davor, an zwei Fronten, im Norden und im Süden, kämpfen zu müssen. Die Marine tut ihr Äußerstes, um eine Offensive gegen die Sowjetunion zu verhindern, nach der sich einige Elemente in der Armee immer noch inbrünstig sehnen.«

»Aber das ist natürlich die Ansicht der Marine, nicht der beiden Generalstäbe?« fragte Sorge.

»Richtig. So denkt die Marine. Ob Armee und Regierung damit konform gehen, ist eine offene Frage. Sie können sich vorstellen, daß die Gruppe der jungen Offiziere in der Armee alles andere als zufrieden ist. Aber daß die Armee es wagen wird, sich über die zivile Regierung und über die Marine hinwegzusetzen und die Russen auf eigene Faust anzugreifen, ist eher unwahrscheinlich.«

»Also ist noch keine endgültige Entscheidung gefallen?«

»Man erwartet in ein oder zwei Tagen eine offizielle Entscheidung, irgendwann zwischen heute und dem 25.«, erwiderte Wenneker.

»Die Frage ist also jetzt, ob die Amerikaner mit verschränkten Armen alles geschehen lassen und tatenlos zusehen, wie die Japaner die Führung in Asien übernehmen.«

»Die Japaner scheinen zu glauben, daß sie ungeschoren davonkommen«, sagte Wenneker. »In ihren Planungen haben sie die Gefahr eines Konflikts mit den Amerikanern in Betracht gezogen.«[23]

Wenneker schickte an diesem Freitag ein langes Telegramm nach Berlin, das seine Gespräche mit den Marineoffizieren zusammenfaßte, und informierte den Botschafter über den Inhalt. Als Sorge mit Ott sprach, merkte er, daß dieser zögerte, sich den Schlüssen des Marineattachés anzuschließen. Die Gespräche mit Admiral Toyoda, dem Außenminister, hatten den Botschafter nicht zufriedengestellt, aber er konnte sich nicht überwinden, die Niederlage einzugestehen.

Sorge entwarf einen ausführlichen Bericht für Moskau, der auf den Enthüllungen Wennekers beruhte. Er begann mit einer wichtigen Feststellung:

Paula [Wenneker] vertraute Vix [Sorge] Geheiminformationen an, die ihm von Grüner Flasche [der japanischen Marine] gegeben wurden, daß Marine und Regierung beschlossen hätten, im Laufe dieses Jahres keinen Krieg mehr zu beginnen. Es wird erwartet, daß Japan im Oktober anfangen wird, Schlüsselstellungen in Thailand zu besetzen.

Zweifellos jubelte Sorge innerlich, als er die Meldung aufsetzte, erwartete er doch, daß sie ein wenig dazu beitrüge, die Ängste der Sowjets zu zerstreuen. Dann übergab er den Text seinem Funker – und hier war offensichtlich Endstation. Im Gefängnis sagte Clausen, daß er das Manuskript nicht übermittelt habe. Wenn er die Wahrheit sprach, worauf das verfügbare Beweismaterial hindeutet, dann ist es eines der verabscheuungswürdigsten Beispiele für Clausens Falschheit.[24]

Zwischen dem 20. und 23. August konferierte das japanische Oberkommando in Tokio mit den hohen Tieren der Kwangtung-Armee. Ozaki erfuhr in seinem Büro bei der Südmandschurischen Eisenbahn davon. Ein Kollege erzählte ihm, daß höhere Offiziere aus der Mandschurei zu Gesprächen eingetroffen seien, bei denen ein politischer Beschluß formell abgesegnet würde, der bereits Anfang des Monats ausgearbeitet worden sei, des Inhalts, daß Japan keinen Krieg mit Rußland beginnen würde. Ozaki unterrichtete umgehend Sorge, der darin die Bestätigung Wennekers sah. Bevor er die Information jedoch nach Moskau weitergab, wollte er hinsichtlich des Ergebnisses der Konferenz sicher sein. Was könne Ozaki herauskriegen?

Während Sorge gespannt wartete, entwarf er am Sonnabend, den 23. August, zwei Mitteilungen. Die eine enthielt Miyagis Zahlen über die japanischen Truppenstationierungen sowie einen Hinweis, den dieser aufgeschnappt hatte und der darauf hindeutete, daß die japanische Armee eher eine Expedition in die Tropen als in die Eiswüsten Sibiriens plante.

Während der ersten beiden Mobilmachungen wurden 200 000 Soldaten in die Mandschurei und nach Nordkorea in Marsch gesetzt. Es stehen nun insgesamt 25 bis 30 Infanterie-Divisionen, darunter 14 alte Divisionen, in der Mandschurei. 350 000 Soldaten werden nach China entsandt werden, und 400 000 bleiben auf den Inseln [Japan].
An viele Soldaten wurden kurze Hosen ausgegeben – kurze *sharovary* [weite Hosen] speziell für die Tropen –, und deshalb kann man annehmen, daß große Kontingente nach Süden verlegt werden.[25]

In der zweiten Mitteilung, in der er meldete, daß Japan nicht gegen Rußland marschieren wolle, führte Sorge dies weiter aus.[26]

Entweder am Montag oder am Dienstag – den 24. oder 25. August – lud Ozaki Saionji Kinkazu auf einen Schwatz ins Gebäude der Südmandschurischen Eisenbahn ein. Saionji arbeitete im nahe gelegenen Amtssitz des Ministerpräsidenten als vorübergehender Berater, ein Posten, den er am 14. August angetreten hatte.

Ozaki plauderte zunächst mit Saionji – vermutlich erkundigte er sich, wie es in der neuen Stelle lief –, bevor er das Gespräch auf die Sache lenkte, die ihn stark beschäftigte. »Ich habe gehört, daß Vertreter der Kwangtung-Armee nach Tokio gekommen sind, um zu besprechen, ob man die Sowjetunion angreifen solle oder nicht. Stimmt das?« riskierte Ozaki zu fragen.

»Also, nein, die Sache ist die«, sagte Saionji sofort. »Armee und Regierung haben längst entschieden, keinen Krieg anzufangen.«[27]

Das war die Bestätigung, die Sorge und Ozaki brauchten. Die Antwort stimmte mit dem überein, was sie aus anderen Quellen erfahren hatten, und konnte beruhigt nach Moskau übermittelt werden. Der Bericht – der offenbar am 25. oder 26. August entworfen wurde – ist emphatisch, und der Tonfall läßt die Erregung seines Verfassers erahnen.

Invest konnte aus Kreisen in der unmittelbaren Umgebung Konoes das Folgende in Erfahrung bringen. Vom 20. bis 23. August besprachen das Oberkommando und abgesandte Offiziere der Kwangtung-Armee, ob sie gegen UdSSR Krieg führen sollen. Die Konferenz beschloß, dieses Jahr der Sowjetunion nicht den Krieg zu erklären – ich wiederhole – nicht den Krieg zu erklären.[28]

Trotzdem war Ozaki lieber vorsichtig und zögerte mit der Bestätigung, daß die Bedrohung hundertprozentig beseitigt sei. Seiner Ansicht nach konnte die japanische Politik sich erneut ändern, sobald es zu einer unerwarteten Wende in Deutschlands Krieg gegen Rußland oder zu inneren Unruhen in Sibirien käme. Mehr noch, er war davon überzeugt, daß ein Krieg mit Rußland im nächsten Frühjahr nicht auszuschließen sei. Aber alles in allem kam er zu dem Ergebnis, daß Rußland – falls nicht vor dem 15. September, dem absolut letzten Termin für die Eröffnung einer Offensive, irgendeine unvorhergesehene Entwicklung einträte – bis zum Ende des Winters vor einem Angriff sicher war. Nach Erwähnung dieser Vorbehalte fuhr Sorge fort:

> Nach den Informationen, die Invest aus militärischen Quellen bekam, wird die Armee kämpfen, wenn folgende Bedingungen gegeben sind: erstens, wenn die Truppenstärke der Kwangtung-Armee dreimal so hoch ist wie die der Roten Armee; zweitens, wenn es deutliche Anzeichen eines inneren Zusammenbruchs der sibirischen Armee gibt.
>
> Invest berichtete außerdem, daß Verstärkungen, die in die Mandschurei verlegt wurden, aus der Frontlinie [nahe der russischen Grenze] zurückgezogen worden sind.

Sorge hatte gestrahlt, während er den Informationen und Analysen lauschte, mit denen sein unentbehrlicher Mitarbeiter aufwartete. Mit sichtlicher Befriedigung erinnerte Ozaki sich im Gefängnis daran: »Sorge sah erfreut aus, als sei eine schwere Last von seinen Schultern abgefallen.«[29]

Zwei Monate waren seit Beginn des deutschen Überfalls vergangen – ein unruhiger Sommer, in dem beide Männer von einer massiven Mobilmachung, die auf eine japanische Offensive hinzudeuten schien, irregeführt wurden. Wie wir gesehen haben, war nur Miyagi schon recht früh sicher gewesen, daß ein japanischer Angriff auf die Sowjetunion wenig wahrscheinlich war.

Sorge scheint Miyagis Einschätzung kurzerhand abgetan zu haben. Eine Zeitlang war sein Pessimismus durch nichts zu erschüttern. Obwohl Sorge und Ozaki sich überall vehement darüber ausließen, was für ein vollkommener Wahnsinn ein japanischer Angriff auf Rußland wäre, dachten beide insgeheim, daß es durchaus dazu kommen könnte.

Am Ende brachten ihre minutiösen Nachforschungen und Miyagis unermüdliche Lauferei mehr Klarheit in das Bild, und ihre Befürchtungen wegen eines japanisches Angriffs schwanden allmählich.

Aber erst in der dritten Augustwoche, als Ozaki das letzte Stück des Mosaiks lieferte, war sich Sorge, was den künftigen Kurs Japans betraf, sicher.

Dieses Mal erfüllte Clausen seine Pflicht und sendete den Text, oder zumindest einen Teil davon. (Möglicherweise fürchtete er, die Vierte Abteilung könnte Verdacht schöpfen, wenn der Strom der Telegramme aus Tokio zu sehr verebbte.) Während seines Verhörs deutete er auf das Schriftstück – das die Polizei bei der Durchsuchung seines Hauses sichergestellt hatte – und sagte: »Das Manuskript, das ich gesendet habe, war kürzer als das hier.«[30]

Kurz nach ihrem ersten quälenden Verhör auf dem Toriisaka-Polizeirevier wurde Hanako ein zweites Mal vorgeladen. Wieder forderte man, sie solle mit Sorge brechen, aber diesmal war Kommissar Matsunaga ruhiger und drohte ihr weniger.

»Schauen Sie«, sagte er, »wenn Sie sich von Sorge trennen, können Sie es sich gutgehen lassen. Sie können eine schöne finanzielle Abfindung [*tegireikin*] rausschlagen. Er hat genug Geld. Wir werden das für Sie regeln. Sehen Sie, diese Unterlagen« – er wies auf einen Aktenstapel auf seinem Schreibtisch –, »das sind alles Japanerinnen, die für einen anständigen Ausgleich in bar ihre Beziehungen mit Chinesen und Koreanern abgebrochen haben. Es wäre eine hübsche Mitgift für Ihre Heirat. Diese Frauen bekamen 3000, 5000, sogar 10 000 Yen. Seien Sie gescheit.«

»Ich bin nicht hinter Geld her«, sagte Hanako. »Er ist immer nett und großzügig gewesen. Bitte sprechen Sie mit ihm nicht über die Sache.«

»Also gut, wir können Sie nicht zwingen, vernünftig zu sein. Werden Sie ihn nun verlassen? Sie müssen sich entscheiden, so oder so. Sie wissen, daß ich dem Innenministerium einen Bericht über Ihr Verhalten vorlegen muß.«

Mit einem Seufzer holte Matsunaga ein Blatt Papier hervor, und die Fragerei begann. Wie beim letzten Mal durchschnüffelte er jeden Aspekt ihrer Beziehung zu Sorge. Matt sagte Hanako die Antworten auf, und am Ende unterschrieb sie das Protokoll, ohne zu protestieren.[31]

»So war das damals«, erinnert sie sich. »Die Polizei mischte sich nach Lust und Laune in das Privatleben der Leute. Und das war, bevor Japan mit den Vereinigten Staaten den Krieg anfing. *Iranu oseiwa* – was für Schnüffler!« Im Alter blickt Hanako nüchtern, ohne eine Spur von Bitterkeit über die arroganten Polizeibeamten, die sie beschimpften und demütigten, auf die schmerzhaften Vorkommnisse im August 1941 zurück. »Das war das zweite Mal, daß ich aufs Polizeirevier vorgeladen wurde. Ich erfuhr, daß Sorge derweil einen jungen Polizeibeamten verprügelt hatte. Er hieß Aoyama und war zu Sorges Haus gegangen, um herauszufinden, wo ich lebte. Verpaßte ihm einen Kinnhaken und schlug ihn zu Boden! So verrückt war er!«[32]

Als Sorge von dem zweiten Verhör erfuhr, machte er keinen Versuch, seine Beunruhigung zu verbergen. Er überlegte einen Moment und schlug vor, daß es für sie besser wäre, Japan zu verlassen. »Du kannst nach Schanghai gehen«, sagte er. »Schanghai ist besser – ich habe Geld dort, so daß es dir gutgehen wird.«

»Du kommst auch, oder?« fragte Hanako ängstlich.

»Ja, aber nicht sofort. Meine Arbeit hier ist fast beendet, und anschließend komme ich zu dir nach Schanghai. Freust du dich darüber?«

»Ja, ich freue mich«, erwiderte sie.

Aber als sie auf dem Sofa lag, wurde ihr höchst unbehaglich zumute, und eine dunkle Vorahnung beschlich sie. Während sie ihn tippen hörte, weinte sie leise und schlief ein. Als Clausen abends vorbeikam, war sie noch da, und er merkte, daß sie geweint hatte.

»Daran ist die Polizei schuld«, sagte Sorge, als er Clausens Blick sah. »Ich mache mir Sorgen. Haben Sie irgendeine Idee?«

Die beiden Männer unterhielten sich anschließend mit ernsten Mienen auf deutsch. Hanako bekam nur Bruchstücke mit; offenbar sprachen sie über Pässe. Finster wandte Sorge sich zu ihr um und erklärte ihr die Sache.

»Du hast keinen Paß, deshalb dürfte es für dich schwierig sein, nach Schanghai zu gehen. Ich weiß nicht, was wir tun sollen. Ich denke, wir können ruhig zusammen in Tokio bleiben. Hast du Angst?«

»Ich habe keine Angst. Solange ich bei dir bin, ist alles in Ordnung.«

»Vielleicht können wir später zusammen nach Schanghai gehen. Bist du jetzt zufrieden?«

Am nächsten Tag drängte Sorge sie, 2000 US-Dollar anzunehmen, im Jahr 1941 eine mehr als fürstliche Summe. Auf diese Weise besiegelte er ihre Trennung. Er sagte ihr, sie solle sich wegen der Polizei keine Sorgen machen, und deutete an, daß er irgendeinen Weg finden würde, sie davon abzuhalten, sie noch einmal zu belästigen. In der folgenden Woche lud er Matsunaga und Aoyama, den jungen Beamten, dem er einen Kinnhaken versetzt hatte, zu einer »Friedenskonferenz« in ein Restaurant in Nihombashi ein. Auf Sorges Wunsch nahm ein Dolmetscher von der Deutschen Botschaft, Tsunajima, an dem Treffen teil. Auch Hanako kam, in schlichtem Kimono, und schwieg den größten Teil des Abends. Sorge drängte den beiden Polizisten Sake und Bier auf und beriet sich anschließend ausführlich mit Matsunaga, während Tsunajima übersetzte. Hanako konnte nicht hören, was die beiden redeten, und erfuhr nie genau, wie Sorge es schaffte, das Problem zu lösen.[33]

»Ich weiß nicht, ob er ihnen irgend etwas zahlte oder nicht«, sagte sie viele Jahre später. »Aber kurz nach dieser ganzen Geschichte kam der *shunin* [Leiter der Abteilung] zu mir nach Hause und brachte mir die Berichte über mein skandalöses Verhalten, die er dem Innenministerium hätte abliefern sollen. Sehen Sie, sagte er, vergessen wir die ganze Sache. Niemand braucht je etwas davon zu erfahren. Und er verbrannte das Schriftstück an Ort und Stelle im *hibachi* [Holzkohlebecken].«[34]

Manchmal wachte Ozaki morgens mit der beunruhigenden Vorahnung auf, daß die Polizei bereits unterwegs war und in ein paar Minuten hereinstürmen und ihn verhaften würde. Die quälende Unruhe wurde im Laufe des Sommers schlimmer, obwohl Freunde und Kollegen davon scheinbar nichts mitbekamen: Nach außen hin war er gutgelaunt, redselig und beherrscht wie eh und je. Mit großer Anstrengung verbarg er seine geheimen Ängste vor seiner Frau. Aber er vertraute sich einem Mitverschwörer, Kawai Teikichi, an, als die beiden einander Ende August zufällig über den Weg liefen. Die Begegnung ereignete sich in einem überfüllten U-Bahn-Wagen der Ginza-Linie. Ozaki war auf dem

Weg zum Bahnhof Ueno, um den Zug nach Hokkaido zu erwischen. Die Zeit reichte gerade, um etwas zu trinken, also gingen sie in eine Kneipe im Bahnhof.[35]

Nachdem sie in dem vollbesetzten Lokal einen Platz gefunden hatten, flüsterte Kawai, daß er möglichweise immer noch überwacht werde – er fühle sich gefangen »wie eine Ratte im Käfig«. Was Ozaki veranlaßte zuzugeben, daß er dasselbe empfinde. »Hinter mir sind sie auch her. Ich habe das Gefühl, als lebte ich die ganze Zeit mit einem Polizeispitzel im Rücken. Neulich, als ich in einer Bar etwas trinken war, kam so ein Kerl, setzte sich neben mich und sagte irgendwas. Ich dachte, der sieht aus wie ein Spitzel, und schrie ihn an.«

Für Kawai war dieses Eingeständnis alarmierend. Es paßte gar nicht zu dem stets höflichen und ruhigen Ozaki, jemanden anzuschreien. Verlor auch er schon die Nerven? Wenn Ozaki Angst hatte, mußte die Situation wirklich ernst sein. Nach einem kurzen, verstörenden Gespräch mußte Ozaki seinen Zug erreichen, also tranken sie aus und gingen hinüber zur Sperre. Viele Jahre später schilderte Kawai den Abschied. »Er blickte zurück, eine Gestalt in der Menge auf dem Bahnsteig, dann winkte er und verschwand. Es war das letzte Mal, daß ich ihn als freien Mann sah.«[36]

Kapitel 15

September 1941

Die Versicherung des Tokio-Rings, daß es in diesem Jahr keinen japanischen Angriff gäbe, trug nur wenig zur Beruhigung Stalins bei. Das sowjetische Fernostkommando blieb in Erwartung einer Offensive in erhöhter Alarmbereitschaft. Sorge, der das extreme Mißtrauen seiner Vorgesetzten kannte, begriff, daß sie schlüssigere Beweise würden sehen wollen, daß er die japanischen Absichten korrekt gedeutet hatte. Nach seiner eigenen Darstellung argwöhnte Moskau noch bis September, daß die japanischen Militaristen einmarschieren würden, und erst dann hatten sie »vollstes Vertrauen in meine Berichte«.

Inzwischen hatte Sigint, die sowjetische Fernmelde-Aufklärung, Sorges Prognose wohl erhärtet. Der von Horchposten der Roten Armee entlang der Grenze zur Mandschurei überwachte Nachrichtenverkehr der japanischen Armee dürfte bestätigt haben, daß die Gefahr vorüber war. Überdies lieferte Sorge bald darauf stichhaltige Beweise, die seine anfängliche Schlußfolgerung bestätigten.

Ende August verständigte er die Vierte Abteilung, daß er Ozaki in die Mandschurei schicke, um die Situation vor Ort zu erkunden.[1] In Wirklichkeit unternahm Ozaki die Reise, um als Vertreter des Tokioter Büros an einer großen Konferenz der Forschungsabteilung der Südmandschurischen Eisenbahn in der Zentrale in Dairen teilzunehmen und Kollegen zu treffen, die mit Transport und Logistik im militärischen Sektor zu tun hatten und die Bewegungen der Kwangtung-Armee aus dem Effeff kannten. Der Ausflug war eine gute Gelegenheit, aus erster Hand zu erfahren, ob die Kwangtung-Armee sich an die Beschlüsse hielt, die Ende August in Tokio gefaßt worden waren.

Bevor Ozaki auf den Kontinent abreiste, lieferte er Sorge Statistiken über die japanischen Ölvorräte und entsprach damit einem dringenden

Ersuchen der Vierten Abteilung. Durch das Handelsembargo der Westmächte war der Ölnachschub, der Japan erreichte, drastisch zurückgegangen, und die Russen wollten unbedingt wissen, wie hoch die vorhandenen Reserven waren, um einschätzen zu können, wie lange Japan einen Krieg durchhalten würde. Darüber hinaus war die Notwendigkeit, statt nach Norden südwärts in Richtung der Ölfelder Niederländisch Ostindiens vorzustoßen, um so größer, je knapper die Ölreserven waren.

Ozaki brauchte einen plausiblen Vorwand, um an die entsprechenden Informationen zu kommen: Wie alle industriellen Statistiken waren auch Angaben zu den Ölreserven streng geheim und, weil sie militärisch relevant waren, besonders heikel. »Ich muß mir ein allgemeines Bild verschaffen und brauche eine Aufschlüsselung der Ölvorräte von Armee und Marine. Können Sie mir das Material beschaffen?« fragte er Miyanishi Yoshio, einen Forschungskollegen. Die Bitte war gerechtfertigt, weil beide an einem Bericht über die wirtschaftliche Situation arbeiteten. Aber um jeden Verdacht zu zerstreuen, hielt Ozaki noch einen kleinen Vortrag darüber, wie sinnlos nationale ökonomische Studien seien, wenn sie die autonome wirtschaftliche Macht von Armee und Marine nicht in Rechnung stellten.[2]

Gehorsam forschte Miyanishi nach und besorgte die Zahlen: 2 Millionen Tonnen Öl für den zivilen Sektor, 8 Millionen Tonnen zur Verfügung der Marine und 2 Millionen Tonnen in den Bunkern des Heeres. Bei der Überprüfung anderer Quellen erfuhr Ozaki, daß die tatsächliche Zahl für die Marine nahezu 11 Millionen Tonnen betrug.

Ozaki besprach die Sache anschließend mit Sorge und Miyagi. »Der normale nichtmilitärische Verbrauch liegt bei 4 Millionen Tonnen jährlich, das heißt, geht man nach diesen Zahlen, wäre nach einem halben Jahr kein Tropfen mehr übrig. Allein die Lage beim Öl zeigt, daß Japan zwei Alternativen hat – nach Süden vorstoßen, um sich das Öl Niederländisch-Ostindiens zu sichern, oder sich durch einen Kotau vor den Vereinigten Staaten Öl verschaffen.«[3]

Die Frage, ob Japan sich den Vereinigten Staaten beugen würde, stand Anfang September für den Tokio-Ring im Mittelpunkt. Die Vierte Abteilung verfolgte die Entwicklungen mit großem Interesse. Wenn es zwischen Japan und den Vereinigten Staaten zu bewaffneten Auseinandersetzungen käme, würde der strategische Druck Japans auf die Sowjetunion im Fernen Osten abnehmen. Die Rote Armee könnte all ihre Reserven gegen die Deutschen werfen, und die Amerikaner würden in Großbritanniens Krieg gegen Hitler hineingezogen. Ein japanisch-US-amerikanischer Konflikt käme direkt der Sowjetunion zugute.

Sorge spürte, daß bei der Suche nach einer diplomatischen Übereinkunft keine Fortschritte gemacht worden waren, und versicherte sich der Hilfe Ozakis, um weiterhin ein Ohr an den Gesprächen zu haben (Hauptverhandlungsort war Washington). So geheim sie auch waren, Ende August fiel doch kurz ein Licht auf die Unterredungen. Durch eine Indiskretion in Washington wurde bekannt, daß Ministerpräsident Konoe Präsident Roosevelt eine persönliche Botschaft geschickt hatte. Obwohl der Inhalt seiner Adresse geheim blieb, erfuhr die japanische Öffentlichkeit zum ersten Mal von Schritten der Regierung, einen Ausweg aus der Krise mit Amerika zu finden.

Ozaki vermutete – und er lag richtig –, daß Konoe dem Präsidenten ein Treffen vorgeschlagen hatte, um aus der Sackgasse herauszukommen. Aber auch persönliche Treffen auf dieser Ebene seien zum Scheitern verurteilt, sagte Ozaki, weil die Amerikaner sich weigerten, auf ihre Forderung nach einem vollständigen Abzug der japanischen Truppen aus China und Indochina zu verzichten. Dies wiederum sei für das japanische Militär völlig inakzeptabel. Das Oberkommando bereite sich schon auf den erwarteten Bruch der »Friedensgespräche« mit den USA vor.

Wie die Strategen in Marine und Armee die Sache sahen, mußte ein Feldzug zur Sicherung des Ölnachschubs beginnen, bevor die Ölvorräte auf ein Niveau abgesunken waren, auf dem es nicht mehr möglich wäre, einen Krieg zu führen. Wenn man zu lange wartete, würde man sich in der demütigenden Lage wiederfinden, Amerikas Forderungen schlucken zu müssen. Die Generalstäbe hatten bereits an den Plänen für die Mobilmachung und Stationierung von mehr als 4 Millionen Soldaten und die Beschlagnahme und Ausrüstung von Handelsschiffen mit einer Gesamttonnage von mindestens 400 000 Tonnen gearbeitet.

Nach hitziger Debatte beugte sich das Konoe-Kabinett dem Oberkommando und stimmte einer Politik der Kriegsvorbereitung gegen Großbritannien und die Vereinigten Staaten zu. Dieser Beschluß wurde von Kaiser Hirohito am 6. September auf einer Kaiserlichen Konferenz offiziell sanktioniert. Japan wurde verpflichtet, den Vereinigten Staaten, Großbritannien und den Niederlanden den Krieg zu erklären, sollten Verhandlungen nicht innerhalb der ersten zehn Oktobertage zu einem befriedigenden Ergebnis führen. Die landesweiten Vorbereitungen auf die Feindseligkeiten würden bis Ende Oktober abgeschlossen sein.[4]

Diese Entscheidung war seinerzeit nur einer winzigen Handvoll Spitzen in Staat und Militär bekannt, aber Tokios Gerüchteküche brodelte bereits vor gräßlichen Prophezeiungen eines Konflikts mit den Vereinigten Staaten. Am 3. September notierte Nagai Kafu in sein Tagebuch: »Schönes Wetter. Es kursieren zahlreiche Gerüchte über den möglichen Ausbruch eines Krieges mit den USA.«[5]

Zwei Tage zuvor hatte er über die lästige Kriegswirtschaft geschimpft und geargwöhnt, daß noch Schlimmeres im Anzug sei:

Kleinbildfilme sind ausverkauft. Auch Zigaretten seit zwei oder drei Tagen ausverkauft. In der Stadt geht das Gerücht um, daß Haushaltsgegenstände aus Eisen und Kupfer beschlagnahmt würden [zu militärischen Zwecken], so daß ziemlich viele Leute sie an Trödler verkauft haben. Wir leben nun in einer Gesellschaft, in der wir sogar die Metallpfeifen, die wir rauchen, verstecken müssen.[6]

Anfang September, inmitten der Gluthitze der sommerlichen Hundstage, die die Japaner *zansho* nennen, richtete Eta sich glücklich in ihrem neuen Heim in Aoba-cho ein. Ungeheuer erleichtert kehrte sie der Ottschen Residenz den Rücken, wo kleinliche Eifersüchteleien, bösartiger Klatsch und verstohlene Blicke die Atmosphäre vergifteten. Sie gewann ihre Privatsphäre zurück und hatte sogar ihren eigenen kleinen Garten, den nun die Kosmeenblüten sanft färbten. Trotz eines vollen Programms aus Konzerten, Rundfunksendungen und Schallplattenaufnahmen blieb sie gern noch eine Weile länger in Japan.

Am 1. September, ihrem Umzugstag, kam Sorge zur Besichtigung vorbei, und noch am selben Nachmittag schickte er ihr ein riesiges Orchideenbukett. Zwei Tage später war er wieder da, mit einer Flasche Whisky, während sie Scarlatti-Sonaten auf dem Cembalo spielte. Bei mehreren Gelegenheiten sprach er in dieser Zeit davon, Japan zu verlassen, nach Schanghai oder vielleicht nach Berlin zu gehen. Auch von der Möglichkeit einer Verhaftung sprach er, obwohl es Eta damals nicht in den Sinn kam, daß er die japanische Polizei meinen könnte: Sie vermutete, daß es die Gestapo war, die ihm angst machte.[7]

Auf jeden Fall bemerkten die beiden, wenn sie ihn an der Tür verabschiedete, daß Polizisten sich in der Nähe des Hauses herumtrieben, und es waren keine Beamten vom örtlichen Revier. »Das Gesicht kenn ich«, rief Richard eines Abends und riß das Fenster auf. »*O-yasumi-nasai* (Ich wünsche wohl zu ruhen)!« brüllte er einen auf der Lauer liegenden Polizisten an.[8]

Erst später ging ihr auf, daß Sorge – trotz lässiger Pose – bewußt war, daß er von der japanischen Polizei scharf beobachtet wurde und daß seine Tage in Freiheit gezählt waren. »Was meinst du, wie der Ottsche Amüsierklub reagieren wird, wenn ich im Gefängnis sitze?« sagte er eines Abends und verzog das Gesicht. »Die werden sich weiter amüsieren, saufen und huren, und niemand wird an den armen Sorge denken.«[9]

Immer wieder war sie gezwungen, sich Tiraden gegen die Otts, die Nazis und ihre »Kollaborateure in der Botschaft« anzuhören. Obwohl sie seine Empfindungen teilte, fand sie seine vehemente Art übertrieben. In Richards Leben gab es nur Extreme, dachte sie voller Überdruß, nur schwarz und weiß. Wenn sie etwas in Frage stellte, bekam er einen Wutanfall. Er duldete keinen Widerspruch. Auch seine heftigen Stimmungsumschwünge stellten ihre Geduld auf eine harte Probe. Der Wechsel von Begeisterung und Gelächter zu Schwermut oder Zorn konnte abrupt sein, oder es konnte passieren, daß er von Bescheidenheit auf unerträgliche Arroganz umschaltete. Seine Unberechenbarkeit begann ihr angst zu machen.

Eines Nachmittags Ende September stürmte er unangemeldet herein, laut, »voller Triumph« und bereits »schwer betrunken«. »Es ist erledigt!

Die Sache ist restlos erledigt!« schrie er. »Ich brauche Ott nicht mehr! Was mich betrifft, kann er zur Hölle fahren, zusammen mit den anderen Nazis in der Botschaft!«

Eta starrte ihn verständnislos an und wartete auf eine Erklärung. »Das Manuskript ist fertiggestellt! Alles ist fertig!« schrie er. Sie versuchte ihn zu beruhigen, aber er war zu erregt. Er lief im Wohnzimmer hin und her, verstreute Kissen und Zeitschriften und brachte die peinliche Ordnung durcheinander.

»Was ist in dich gefahren? Könntest du es mir erklären?«

»Ich habe sie geschlagen, sage ich dir. Ich habe sie geschlagen, und niemand außer dir weiß es. Eigentlich könntest du mir gratulieren ...«

»Richard! Wie kann ich dir gratulieren, wenn ich nicht weiß, wovon du sprichst?«

Er könne es ihr jetzt natürlich noch nicht sagen, aber sie werde schon früh genug verstehen. Nun habe er dringende Geschäfte und müsse gehen, sagte er voller Hybris und stolzierte aus dem Haus, wobei ihm die Hemdzipfel aus der Hose hingen. Aber im nächsten Moment war er zurück, nahm sie bei der Hand und riß sie mit sich zur Tür hinaus.

»Ab ins Auto! Wir machen eine Spritztour!«

Vom Alkohol benebelt, raste er mit Vollgas los und lachte glucksend über die schüttelnde Bewegung, wenn die Reifen über Straßenbahnschienen schlitterten. Im Fußraum des Wagens kullerte eine leere Whiskyflasche hin und her. Mit pochendem Herzen sah Eta den Hibiya-Park, das Hotel Imperial, das Teikoko-Theater vorbeifliegen. Sie fürchtete, eine Ermahnung, langsamer zu fahren, könnte den gegenteiligen Effekt haben, und sagte nichts. Nach einer Zeit, die ihr wie eine Ewigkeit vorkam, war er das ziellose Herumfahren müde, und sie rasten zurück zu ihrem Haus. Dann jagte er davon, zu seinen, wie er sagte, »dringenden Geschäften«.

Verstört blieb sie zurück. Die leichtsinnige Art, die sie zu Beginn ihrer Freundschaft fasziniert hatte, war inzwischen wie ein dämonischer Drang, sich selbst zu zerstören und jeden vor den Kopf zu stoßen, dem er etwas bedeutete; erst sehr viel später verstand sie die Gefühle, die ihn während dieser angespannten Wochen aufgewühlt hatten.[10]

Am Morgen nach dieser Episode klingelte das Telefon; es war Richard. »Habe ich dich gestern sehr gekränkt? Verzeih mir! Kann ich dich heute nachmittag sehen?« Widerstrebend willigte sie ein. Er kam – wie immer mit einem Blumenstrauß – und war reuig und zerknirscht. »Bitte spiel *Sœur Monique*.« Sie ging hinüber zum Klavichord, setzte sich ans offene Fenster, durch das die Sonnenstrahlen einfielen, und der Klang von Couperins Stück, das Sorge über alles liebte, erfüllte das Zimmer. Sie muß es wohl insgesamt zehnmal gespielt haben, erinnert sie sich, während er ihr zu Füßen auf dem Boden saß.[11]

Worum handelte es sich bei dem Manuskript, mit dem Sorge sich brüstete und das ihn tags zuvor zu seinen wilden Eskapaden verleitet hatte? Wir wissen, daß er Ende September erfuhr, daß die Botschaft den Versuch aufgegeben hatte, Japan zu einer Kriegserklärung an Rußland zu verleiten.

Gedrückt hatte Botschafter Ott eingeräumt, daß seine Bemühungen vergeblich gewesen waren. Zu seinem Verdruß hielten die Stabsoffiziere der japanischen Armee einen deutschen Sieg für nicht sehr wahrscheinlich; außerdem glaubten sie, daß der Winter, der im sowjetischen Fernen Osten jede militärische Operation ausschloß, sich für den deutschen Vormarsch auf Moskau als nicht weniger gewaltiges Hindernis erweisen könnte.

Nachdem Sorge über die Ansichten der Waffenattachés im Bilde war, meldete er nach Moskau, daß Ott (Codename »Anna«), Kretschmer (»Marta«) und Wenneker (»Paula«) nun eingestanden hätten, daß Japan nicht intervenieren würde; kategorisch versicherte er, daß im Laufe dieses Jahres kein Angriff mehr stattfände.

Nach dem wohlabgewogenen Urteil von uns allen hier, und von Marta, Paula und Anna, ist die Möglichkeit, daß Grün [Japan] angreift, die bis vor kurzem bestand, zumindest bis zum Ende des Winters auszuschließen. Daran kann überhaupt kein Zweifel bestehen.[12]

Anschließend erinnerte Sorge daran, daß Japan etwas unternehmen könnte, sollte die UdSSR in großem Umfang Divisionen vom Fernostkommando abziehen und sollte es zu Unruhen in Sibirien kommen.

Doch werde im japanischen Militär heftig darüber gestritten, wer für die große Mobilmachung verantwortlich sei. Die Kosten für den Unterhalt der stark erweiterten Kwangtung-Armee führten zu ökonomischen und politischen Schwierigkeiten.

Clausen gab bei der Vernehmung zu Protokoll, daß er diese Depesche zusammen mit einigen anderen am 14. September gesendet habe. Zum Beweis besitzen wir das Telegramm, das bei der Vierten Abteilung einging. Ein Vergleich mit dem von der Polizei beschlagnahmten tatsächlichen Manuskript Sorges zeigt, daß Clausen, um sich Arbeit zu erparen, den Text vereinfacht hatte. Was die Offiziere der russischen Abwehr wirklich zu sehen bekamen, liest sich folgendermaßen:

Nach Meinung von Botschafter Ott kommt japanischer Angriff auf UdSSR jetzt nicht mehr in Frage. Japan könnte höchstens angreifen, wenn die UdSSR in großem Umfang Truppen aus dem Fernen Osten abzieht.

In verschiedenen Kreisen begannen erbitterte Diskussionen über die Verantwortung für die umfassende Mobilmachung und die Unterhaltskosten der vergrößerten Kwangtung-Armee, die unzweifelhaft größere ökonomische und politische Schwierigkeiten im Lande verursachten.[13]

Eine andere, am selben Tag gesendete Meldung faßte zusammen, was Ozaki (»Invest«) vor seiner Abreise in die Mandschurei über die von der japanischen Regierung vertretene Linie berichtet hatte.

Invest ist in die Mandschurei abgereist. Er sagte, die japanische Regierung habe beschlossen, keinen Krieg gegen die UdSSR anzufangen, daß aber in der Mandschurei Streitkräfte für eine mögliche Offensive im nächsten Frühjahr stationiert blieben, für den Fall, daß UdSSR zu diesem Zeitpunkt besiegt ist.

Invest bemerkte, daß die UdSSR nach dem 15. September vollkommen befreit [Wort unleserlich] sein werde.

Iteri [Miyagi] berichtete, daß ein Bataillon der 14. Division, das in den Norden verlegt werden sollte, in den Kasernen der Garde-Division in Tokio zurückgehalten worden sei.[14]

Der zweite Absatz geriet bei der Übertragung unverständlich, aber an seiner Wichtigkeit konnte kein Zweifel bestehen. Wie Sorge Ende August durchgegeben hatte, war der 15. September der absolut letzte Termin, an dem die Armee militärisch handeln konnte.
Beide Meldungen unterstrichen seine Einschätzung, daß die UdSSR sich wegen der japanischen Bedrohung keine Sorgen mehr zu machen brauche – eine Versicherung, die es der Roten Armee erlauben würde, sich auf die Vernichtung der Armeen Hitlers zu konzentrieren. Entworfen irgendwann zwischen Ozakis Abreise am 4. September und dem Datum von Clausens Übertragung, dem 14. September, gaben die Meldungen Moskau Anlaß zum Jubel und Sorge allen Grund, mit seinen Fortschritten zufrieden zu sein.[15]

In Sorges Notizbuch findet sich für den 21. September ein Eintrag über eine Verabredung mit »O« (für »Otto«). Gemeint ist Ozaki, der am 19. September aus der Mandschurei zurückkehrte und Sorge wahrscheinlich in groben Zügen informierte: Er brauchte fast vierzehn Tage, bis er seinen vollständigen Bericht fertig hatte.
Wie erwartet, war die Reise äußerst ergiebig gewesen. Auf der Konferenz in Dairen hatte Ozaki den führenden Experten der Forschungsabteilung auf den Zahn gefühlt und war anschließend mit dem Zug in die Hauptstadt Hsinking und nach Mukden gefahren, wo er mit leitenden Angestellten der Südmandschurischen Eisenbahn zusammentraf und den Bahntransport von Truppen und Material beobachtete. Bei seiner Rückkehr hatte er ein klares Bild von der Kriegsbereitschaft der Kwangtung-Armee und ihren Truppenaufstellungen.[16]
Später legte Ozaki seine Ergebnisse schriftlich nieder und gab das Manuskript Miyagi, der sich um die Übersetzung kümmerte. Diese wurde Sorge anscheinend ausgehändigt, als Miyagi ihn – laut Sorges Notizbucheintrag – am 1. Oktober traf.

Seine Depesche mit den Informationen Ozakis trägt das Datum 3. Oktober und wurde am folgenden Tag durchgegeben.[17] Sie enthält eine Warnung, man müsse nach wie vor sehr wachsam sein: Die japanische Armee habe ihre aggressiven Pläne verschoben, aber nicht fallengelassen.[18]

Eines Morgens wurde Sorge gesehen, wie er den arg ramponierten Wagen inspizierte, den er vor der Alten Kanzlei geparkt hatte; er schaute verlegen drein, wie jemand, der überrascht feststellt, daß er mit einem platten Reifen durch Tokio gefahren ist. Vergangene Nacht war er zu betrunken gewesen, um auf solche Kleinigkeiten zu achten.[19] Er hatte sich das Auto von einem Diplomaten geliehen, der seine Großzügigkeit nun bedauerte. Sorges eigener kleiner Datsun befand sich noch zur Reparatur in der Werkstatt, nachdem er ihn im Vollrausch gegen einen Laternenmast gesetzt hatte.

Diese Eskapaden, die in der Botschaft zu allerlei Kommentaren Anlaß gaben, erschöpften Otts Reserven an Geduld und Verständnis nahezu restlos. »Sorges unberechenbares Verhalten gerät außer Kontrolle«, sagte er, als er den Gesandten Erich Kordt auf ein Wort in sein Arbeitszimmer bat. »Wenn man die Dinge weiter laufen läßt, besteht wirklich die Gefahr, daß die Botschaft in Verruf gerät.«

Die Verschlechterung von Richards Gemütszustand war für Eta offensichtlich. Ungezügelte Temperamentsausbrüche wechselten ab mit melancholischen Phasen; manchmal glaubte sie, er sei von einem neurotischen Zwang besessen, ihre Zuneigung und alles Gute in seinem Leben zu zerstören. Am 28. September, einem Sonntag, erschien er mit unterdrückter Wut bei ihr, bereit, jederzeit zu explodieren. Diesmal war Etas Kirchenbesuch der Stein des Anstoßes. Wie gewöhnlich war sie an diesem Morgen mit Graf Mirbach, dem Leiter der Presseabteilung, der zu den wenigen praktizierenden Christen unter den Nazi-Diplomaten gehörte, zur Messe gegangen.

»Warum um Himmels willen gehst du jeden Sonntag mit Mirbach zur Kirche?« schäumte Richard. »Hör endlich auf damit! Wie kann eine intelligente Frau wie du die Lehren einer Kirche akzeptieren, die dir vorschreibt, was du mit deinem Körper tust? Die Kirche hat die Frauen zur Sklaverei erniedrigt! Durch das Verbot der Geburtenkontrolle rauben sie einer Frau die Freiheit, sich ohne eheliche Fesseln hinzugeben, wem sie möchte und wann sie möchte!«

»Wie Kühe auf der Weide!« warf Eta ein.

Sorge ignorierte den Kommentar. »Bleib von diesen Pfaffen weg! Geh da nicht mehr hin!«

»Brauchst ja doch nicht mitzukommen, schöner Richard. Ich bete immer eifrig für dich mit!«

Kaum hatte sie die Worte ausgesprochen, da bemerkte sie ihren Fehler. Richards Wut erreichte einen neuen Höhepunkt. Die Vorstellung, jemand bete für seine Seele, war ihm ein Greuel.

»Wage das nicht! Ich verbiete dir, das je zu tun! Wenn es einen Gott gäbe, ich, Richard Sorge, würde rebellieren gegen dieses Ungeheuer, Schöpfer einer entsetzlichen Welt, in der der Größere den Kleineren frißt, die Mächtigen das arme Volk mit Füßen trampeln ...«

»Schrei nicht! Deine Gedanken werden nicht origineller dadurch, daß du brüllst.«

Sorge starrte sie verwundert an. Lange Zeit danach erinnerte Eta sich an die Szene in dem kleinen Wohnzimmer: die akkurat auf dem Sofa drapierten Kissen, die Flasche Rotwein und die halbvollen Gläser, die schwache Brise, unter der die Notenblätter auf dem Klavichord flatterten. Den Ausdruck auf seinem Gesicht würde sie nie vergessen, die Augen wie Steine, als sähe er sie zum ersten Mal. Und dann sagte er mit eisiger, mechanischer Stimme, wie ein Fremder, nicht mehr wie der Mann, den sie kannte und liebte: »Der Kommunismus ist etwas Großes und Schönes.«

Damit machte er auf dem Absatz kehrt, hinkte durch die Tür zu seinem Auto und war verschwunden. Eta stand da, blickte, fröstelnd vor Schmerz, aus dem Fenster. Sie war sicher, daß dies das Ende war. Nach vier gemeinsamen Monaten hatte sie ihn verloren. Sie sah auf die zwei Weingläser, beide so gut wie unberührt. Wie ein stiller Vorwurf standen sie da, als sie sich an den Schreibtisch setzte, um ihre Niedergeschlagenheit mit ihrem Tagebuch zu teilen. »Was mußte ich ihm auch widersprechen!« fragte sie. »Ich hab ihn doch sonst immer ruhig quatschen lassen.«[20]

Wär ich doch bloß hinausgelaufen, sagte sie zu sich selbst, und hätte ihn zurückgerufen, ihn mitsamt dem Wein hingesetzt und den Scarlatti oder den Couperin gespielt, die er liebte, und hätte die innere Wut, die an ihm nagte, besänftigt. Sie hatte den Eindruck, daß der Mann, den sie für einen »Paradiesvogel unter den Spatzen« in der korrupten Nazi-Botschaft gehalten hatte, jetzt endlich ausgeflogen war – genau so, wie er sie gewarnt hatte, daß er es eines Tages tun müsse.

An diesem unglücklichen Sonntag lösten sich die ersten Maschen des Sorge-Netzes. Kaltäugige Männer von der *Tokko*, der Geheimen Staatspolizei, griffen sich Kitabayashi Tomo, eine der unwichtigsten der von Miyagi angeworbenen Agentinnen. Die Auswirkungen waren katastrophal und standen in keinem Verhältnis zu ihrem Beitrag für den Ring.

Kitabayashi, eine attraktive Frau von 57 Jahren, Schneiderin von Beruf, hatte Miyagi mit ein paar Informationsbrocken über Luftschutzübungen, die Reisrationierung und über Familien, in denen ein Mann zu den Fahnen gerufen worden war, versorgt. Ihre Bedeutung für die Sorge-Gruppe stand im umgekehrten Verhältnis zu dem Schaden, den sie ihr zufügte.

Sie wurde zusammen mit ihrem Mann in Kokowa, einer Kleinstadt in der Präfektur Wakayama, verhaftet. Als man sie auf die Roppongi-Polizeistation nach Tokio brachte und über ihre Kontakte zur japanischen Sektion der Kommunistischen Partei Amerikas befragte, gab sie unbeabsichtigt Miyagis Namen preis. Nachdem man sie als Informationsquelle ausgeschöpft hatte, glaubte die Polizei, einer Gruppe subversiver Elemente dicht auf den Fersen zu sein, die Verbindung zu Kommunisten in den Vereinigten Staaten hätten und die durch Spionage und andere illegale Aktivitäten auf einen staatlichen Umsturz hinarbeiteten.

Was führte die Polizei zuerst auf die Spur von Kitabayashi? Nach dem Krieg hielt man es in Japan für ausgemacht, daß Ito Ritsu den entscheidenden Hinweis lieferte. Ito, so wird man sich erinnern, war Ozakis Assistent im Tokioter Büro der Südmandschurischen Eisenbahn gewesen. Er wurde im November 1940 verhaftet, und man befragte ihn über seine Rolle beim Wiederaufbau der zerschlagenen Kommunistischen Partei Japans.

Irgendwann im Laufe endloser, brutaler Verhöre könnte Ito ausgeplaudert haben, daß eine gewisse Kitabayashi ein ehemaliges Mitglied der Kommunistischen Partei Amerikas sei. Man beobachtete sie zunächst scharf, aber an ihrem Lebenswandel – sie aß nicht einmal Fleisch – gab es nichts auszusetzen; das Verdächtigste an ihr war ihre Zugehörigkeit zur Kirche der Adventisten des Siebenten Tages. Nach einer Weile lockerte man die Beschattung, bis ihr Name während eines Verhörs ihrer Nichte, Aoyagi Kikuyo, in Verbindung mit einer linken Untergrundgruppe erneut auftauchte.

Aoyagi war im Juni verhaftet worden und hatte der Polizei von Kitabayashis kommunistischen Verbindungen erzählt. Dennoch gibt es stichhaltige Beweise, daß Mitglieder des Sorge-Rings schon seit vielen Monaten, wenn nicht noch länger, überwacht worden waren und daß weder Ito noch Aoyagi der Polizei Namen lieferten, die nicht schon auf einer Schwarzen Liste standen.

Am Ende wurden die kommunistischen Verbindungen Miyagis und der meisten seiner Unteragenten – wie Kitabayashi – Sorge zum Verhängnis. Die Agenten der Vierten Abteilung hatten strikte Anweisung, keinen Kontakt mit den örtlichen kommunistischen Parteien aufzunehmen oder mit bekannten Linken zu verkehren. Sorge kannte die Vorschrift, aber es fiel ihm schwer, sie zu befolgen. In einer undurchdringlichen Gesellschaft wie der japanischen war Spionage auf die Mithilfe Einheimischer angewiesen. Inmitten der fanatischen Spionagemanie der dreißiger Jahre waren die einzigen Japaner, denen zuzutrauen war, daß sie für die Sowjetunion arbeiten würden, engagierte Kommunisten, und die waren in der Regel vorbestraft.

Sorge war in aggressiver Stimmung, als Ozaki ihn am Montag in Nagasako-cho besuchte. Er muß in der Tat unerträglich gewesen sein, weist Ozaki doch in seiner Aussage in der Haft ausnahmsweise auf das seltsame Verhalten seines Chefs hin. Als Überbringer einer brandaktuellen Information über die vertraulichen japanisch-US-amerikanischen Gespräche hatte er vielleicht einen freundlicheren Empfang erwartet.

»Ich konnte einen Blick auf den Entwurf mit den Vorschlägen der Regierung an die Adresse der Vereinigten Staaten werfen«, sagte der zweifellos mit sich selber höchst zufriedene Ozaki, als Sorge ihn nach oben ins Arbeitszimmer führte. »Was steht drin?« wollte Sorge barsch wissen. Woraufhin Ozaki aus dem Gedächtnis die wichtigsten Punkte des Entwurfs referierte – Japan habe den Vereinigten Staaten vorgeschlagen, einen umfassenden Friedensvertrag und ein neues Handelsabkommen abzuschließen, und, das sei das Wichtigste, Zugeständnisse angeboten, zu denen auch ein Teilabzug von Truppen aus China gehöre.

Sorge war ein anspruchsvoller Arbeitgeber, aber nach Ozakis Erfahrung verhielt er sich stets korrekt und respektvoll. An jenem Abend jedoch brachte irgend etwas an der Art Sorges den Japaner aus dem Konzept. Im Gefängnis kamen Ozaki Zweifel, ob er den Sinn des Entwurfs mit Worten wiedergegeben hatte, die Sorge verstand.

»Wer hat Ihnen den Text gezeigt?« fragte Sorge mit demselben brüsken Ton.

»Einer von Konoes Beratern«, antwortete Ozaki.[21]

Der Berater – dessen Identität er nicht preisgab – war Ozakis guter Freund Saionji Kinkazu. Sie hatten sich im Kuwana Machiai, einem Geisha-Clubrestaurant in Kyobashi, getroffen.[22] Saionji hatte ein Schriftstück aus seiner Aktenmappe gezogen – zwei oder drei Seiten Kanzleipapier, die sechs Punkte enthielten, mit Füllfederhalter geschrieben und übersät mit Ergänzungen und Korrekturen.

Es war Saionjis Werk – ein Rohentwurf mit dem jüngsten Bündel von Vorschlägen, mit denen Japan hoffte einen Konflikt mit den Vereinigten Staaten abwenden zu können. Saionji arbeitete, obwohl er immer noch als Berater *(shokutaku)* im Außenministerium tätig war, seit kurzem in ähnlicher Funktion auch für das Kabinett. Ministerpräsident Konoe hatte ihn eingestellt, damit er beim Entwurf sämtlicher Positionspapiere für die japanischen Unterhändler mithalf.

Saionji erwartete Gäste zum Abendessen, und Ozaki hatte keine

Lust, mit einem vertraulichen Dokument in Händen gesehen zu werden. Obwohl nur wenig Zeit war, das Schriftstück zu überfliegen, versuchte Ozaki sich die wichtigsten Punkte einzuprägen und gab es Saionji kurz vor Eintreffen der Gäste zurück.[23]

Zusammen mit seiner eigenen Lagebeurteilung berichtete er Sorge folgendes: »Japan und die USA könnten ihre Differenzen beilegen – so glaubt Konoe –, vorausgesetzt, die Amerikaner akzeptieren seinen Kompromißplan. Der Plan verlangt von uns einen Teilabzug unserer Truppen aus Zentral- und Südchina und aus Französisch-Indochina.

Aber beide Seiten trennt noch ein tiefer Graben. Die Amerikaner sind unflexibel und fordern einen vollständigen japanischen Truppenrückzug aus China und Indochina, einen Stopp der Expansion in Südostasien und eine Aufkündigung des Dreimächtepakts. Wissen Sie, wir Japaner sind scheint's sehr viel mehr darauf aus, uns zu arrangieren, als die USA.«

Dank Ozakis Informationen konnte Sorge nach Moskau melden, daß die japanische Seite keine konkreten Vorschläge präsentiert habe und daß die Hoffnung auf einen Erfolg der japanisch-amerikanischen Konferenz schwach sei. Bis zum 3. Oktober hatte er einen Bericht vorbereitet, in dem er prophezeite, daß Japan, sollten die Gespräche bis Mitte Oktober zu keinem Ergebnis geführt haben, in Südostasien einen Feldzug beginnen würde. Am 4. Oktober gab Clausen den Text über Funk an »Wiesbaden« durch:

> Wenn US-Seite bis Ende September oder Mitte Oktober zu keinem Kompromiß mit Grün [Japan] kommt, wird Grün zuerst Thailand angreifen und sich anschließend gegen Malaysia, Singapur und Sumatra wenden ... Dennoch hat es den Anschein, als versuche Grün [Japan] alles, um einen Kompromiß zu erreichen, selbst auf Kosten Deutschlands.[24]

Aus Sorges Notizbuch geht hervor, daß er Ozaki an diesem Montag traf und ihm für seine Mitarbeit 200 Yen Spesen ausbezahlte. Von Eta wissen wir, daß er sie irgendwann im Laufe des Tages besuchte. Tags zuvor noch war sie überzeugt gewesen, daß er nicht wiederkäme. Aber am

Montag morgen war er sanft und versöhnlich und hatte sie angerufen, um ihr zu sagen, daß er später mit ein paar Freunden vorbeikommen wolle. »Auf den Taifun folgt blauer Himmel«, sagte sie sich sehr erleichtert.

Kapitel 16

Oktober 1941

MITTWOCH, 1. OKTOBER Nicht weit von der Deutschen Botschaft entfernt liegt der *Sanno-sama*, der Hie-Schrein, ein Tempelkomplex, wo in den vergangenen Wochen Soldaten auf einer Baustelle gearbeitet hatten. Auf Anweisung der Vierten Abteilung beschloß Sorge, sich die Sache aus der Nähe anzusehen. Er passierte den Torbogen des *Torii*, des Eingangstores, und stieg eine lange steinerne Treppe zum Schrein hinauf, der rittlings auf dem Hoshiga-Hügel thront.

An diesem Mittwoch regnete es in Tokio, und der Schrein, der an schönen Tagen viele Spaziergänger anzog, lag einsam und verlassen da. Sorge machte sich auf den Weg hangaufwärts und sah die neuen Beton-Luftabwehrstellungen der Tokioter Luftverteidigung, die sich in den Schatten der alten japanischen Zedern und Zypressen schmiegten. Während er den Komplex umrundete, wird er sich im Geiste wohl ein Bild von der Anordnung der Verteidigungsanlagen gemacht haben, sichtbarer Ausdruck der wachsenden Besorgnis über die Wehrlosigkeit der Hauptstadt vor feindlichen Bombern.

Der Bau dieser Geschützplattformen hatte geheim bleiben sollen, aber wie Sorge den Vernehmungsbeamten sagte, hatte er sie kaum verfehlen können. So manchen Tag wanderte er, wenn er mit dem Nachrichtenbulletin der Botschaft fertig war, über die Wege, die rings um den Hang mäanderten und sich unter Hunderten grellroter Bögen hindurchschlängelten.

Irgendwann im September hatte die Vierte Abteilung Einzelheiten über die Standorte der Luftabwehrkommandos in Tokio und anderswo verlangt. Sorge selber inspizierte diskret die Stellungen beim Hie-Schrein, im Äußeren Garten des Meiji-Schreins und in der Nähe des Kaiserpalastes. Miyagi lokalisierte zahlreiche weitere Stellungen und lieferte die Antworten auf eine Reihe von Routineanfragen nach militärischen Daten: Wie viele neue Panzereinheiten waren aufgestellt worden? Wie viele 18-Tonnen-Panzer besaß Japan? Welche Maßnahmen zur Steigerung der Rüstungsproduktion hatte die Regierung ergriffen?

Am 1. Oktober besuchte Miyagi Sorge und überbrachte ihm Informationen, die er von Odai und anderen Agenten seines Unterrings erhalten hatte. Das Kriegsministerium, berichtete er, habe eine dritte umfassende Mobilmachung abgeschlossen, wobei diesmal minder taugliche Rekruten für Heimatschutzverbände, die in Japan stationiert waren, einberufen worden seien. Es seien erneut Flakübungen angesetzt worden, die am 12. Oktober beginnen und zehn Tage dauern würden.

Die Flakübungen wurden parallel zur Verstärkung der Heimatverteidigung durchgeführt, um die Bevölkerung psychologisch auf die Gefahren, die der Nation drohten, vorzubereiten. Mit ihrem Geschrei, daß die USA und Großbritannien Japan mit ihrem Handelsembargo strangulierten, hatten Zeitungsredakteure und Militärs die Krisenstimmung angeheizt. Oberst Mabuchi vom Pressebüro der Armee hatte den ausländischen Druck als »Verbrechen gegen die Menschlichkeit« denunziert. In einer leidenschaftlichen Rundfunkansprache warnte er, daß Japan beabsichtige, aus der Einkreisung auszubrechen und sich Rohstoffquellen zu sichern – wenn möglich, auf diplomatischem Wege, andernfalls durch Gewalt. Japan, so versprach er, werde an seinen Plänen zur Errichtung der Großostasiatischen Wohlstandssphäre festhalten.[1]

Die Zeit arbeitete gegen die Friedensstifter. Der unerbittliche Countdown hatte am 6. September mit dem Beschluß der Kaiserlichen Konferenz begonnen, den Vereinigten Staaten und Großbritannien den Krieg zu erklären, sollten die Gespräche bis Anfang Oktober keine Aussicht auf eine gütliche Einigung erkennen lassen. Aus Furcht, eine Gelegenheit zum Losschlagen zu verpassen, hatten die Oberkommandierenden von Armee und Marine die Regierung am 25. September gedrängt, bis zum 15. Oktober eine Entscheidung über Krieg oder Frieden zu treffen. Die Geduld der Generäle und Admiräle ging zu Ende. Japan mußte nun wählen: entweder seinen Stolz überwinden oder kühn losschlagen, um sich die Rohstoffe zu sichern, die das Land benötigte.

Der Kaiser hatte seinem Friedenswunsch nicht so unverblümt Ausdruck verliehen, wie Konoe augenscheinlich gehofft hatte.[2] Wenn der Kaiser passiv war, dann war der Prinz träge. Wie seine gesamte politische Laufbahn gezeigt hatte, fehlte Konoe der Wille, sich gegenüber starken Persönlichkeiten zu behaupten. Außerdem war er seit den ersten Septembertagen, als vier mit Schwertern und Dolchen bewaffnete Möchtegern-Attentäter auf das Trittbrett seines Autos aufgesprungen waren, vollkommen eingeschüchtert. Der Fahrer hatte Vollgas gegeben und die Männer abgeworfen, aber der Vorfall hatte Konoe klargemacht, daß kriegshungrige nationalistische Fanatiker vor nichts zurückschreckten, um ihre Ziele zu erreichen.

Anfang Oktober schwanden die Hoffnungen, den Konflikt mit friedlichen Mitteln beizulegen. Armee und Marine hatten ihre Kriegsplanungen zur Eroberung Malaysias, der Philippinen, Niederländisch-Ostindiens und Borneos sowie für einen Überraschungsangriff auf die amerikanische Flotte in Pearl Harbor praktisch abgeschlossen. Bei den Verhandlungen mit den Amerikanern war nichts herausgekommen, was Konoes Bitte an die Adresse der Militärs, ihm mehr Zeit zu geben, gerechtfertigt hätte.[3]

Das Tempo der Friedensbemühungen war *molto vivace*, das der Kriegsvorbereitungen *vivace*.

DONNERSTAG, 2. OKTOBER Eta gab in ihrem Haus ein Konzert mit Empfang. Richard kam kurz vor fünf Uhr nachmittags, nahm einen Gin und ging in die Küche, um die Cocktails zu mixen, bevor die Gäste eintrafen. Er war wieder ganz der alte, kontrolliert, liebenswürdig und unterhaltsam.

Konteradmiral Paul Wenneker, der ahnungslose Quell so vieler von den Russen gelesener Geheimnisse, kam in Begleitung seiner Frau. Graf Mirbach saß neben Araki Mitsuko, einer attraktiven Dame der Schickeria, die zur Ottschen Clique gehörte. Alle wußten, oder glaubten zu wissen, daß Frau Araki, die mit einem Universitätsprofessor verheiratet war, der unsichtbar blieb, Mirbachs Geliebte war. An diesem Abend in Etas Haus sah sie blendend aus in ihrem hellblauen Kimono, der an Raffinesse und Kostspieligkeit nicht zu überbieten war.

Nach dem Konzert, als die meisten Gäste gegangen waren, spielte Sorge, der vor Jovialität strotzte, den Zeremonienmeister. »Kommen Sie! Kommen Sie!« tönte er. »Ich möchte, daß Sie noch einmal mein Lieblingsstück hören – natürlich, wenn die *maestra* uns den Gefallen tut.« Mit einem Drink in der Hand geleitete er Graf Mirbach und Frau Araki hinüber zum Klavichord und bestand darauf, daß sie alle Etas Vortrag von Couperins *Sœur Monique* lauschten.

»Erhaben! Erhaben!« rief er aus, als der letzte Akkord verklang. »Das Spiel der *maestra* ist erhaben – ein paar Minuten lang hielt sie meine Seele in den Händen! Haben Sie es nicht auch gespürt?« Richard zog sie auf die Füße. »Ein Toast, meine Damen und Herren!« rief er aus. »Auf mein kleines preußisches Genie!«[4]

FREITAG, 3. OKTOBER Drei Wochen lang schwieg das Funkgerät des Tokio-Rings. Laut Clausens Tagebuch wurde zwischen dem 14. September und dem 4. Oktober nichts durchgegeben. Offenbar machte er am 27. September einen Versuch, aber er sagte Sorge, daß eine Übertragung wegen widriger atmosphärischer Bedingungen nicht möglich sei.

Direktiven aus Moskau hingegen kamen durch, vielleicht über die Sowjetische Botschaft. Am 18. September erhielt Clausen Besuch von »Serge«, dem Verbindungsmann; Serge benutzte die Schreibmaschine von Max, um Instruktionen, möglicherweise Moskaus Forderung nach Informationen über das Luftabwehrkommando in Tokio, über Panzer und Armee-Einheiten, schriftlich niederzulegen. (Das einzige, woran Clausen sich beim Verhör erinnern konnte, war, daß sie in schlechtem Englisch geschrieben waren.)

Am Freitag faßte Sorge Ozakis Befunde über die militärische Lage in der Mandschurei zusammen. Offenbar hatte er den schriftlichen Bericht abgewartet, der übersetzt werden mußte und sich wahrscheinlich unter dem Material befand, das Miyagi am 1. des Monats ablieferte.

Clausen versprach Sorge, am folgenden Tag, dem 4. Oktober, noch einmal zu versuchen, mit »Wiesbaden« – Wladiwostok – Verbindung aufzunehmen.

Am Abend gab der Gesandte Erich Kordt in seinem Haus auf dem

Botschafts-Compound eine Cocktailparty. Wieder tauchten Graf Mirbach und Frau Araki auf. Auch Rudolf Weise, der Chef des Deutschen Nachrichtenbüros, und seine Frau, Sorge und Eta waren eingeladen. Obwohl Sorge die deutschen Diplomaten als Nazis, Raffkes und Karrieristen verächtlich machte, konsumierte er fröhlich ihren zollfreien Schnaps, während er ihnen Informationen entlockte. Wenn er der Meinung war, daß es nützlich sei, Kordt, einen Günstling Außenminister Ribbentrops, zu kennen, so beruhte das auf Gegenseitigkeit. Die Nummer Zwei der Botschaft hatte allen Grund, Sorge für wertvolle *aperçus* zu vertraulichen Angelegenheiten, die die Japaner vor ihren deutschen Verbündeten zu verbergen trachteten, dankbar zu sein.

Während die Gesellschaft vergnügt vor sich hin plätscherte, brachte Kordt einen Trinkspruch auf »Professor Sorge« aus – ein, wie er fand, passender Titel für einen Experten, der wie ein Schulmeister seinen Spaß daran hatte, jedermann Japan zu »erklären«. Sorge brachte ein schwaches Lächeln zustande. Inmitten der gut aufgelegten Runde saß er schweigsam da, lustlos und gelangweilt – ein völliger Kontrast zum voraufgegangenen Abend.[5]

SONNABEND, 4. OKTOBER Irgendwann gelang es Clausen, bei Vukelic von einem Zimmer im oberen Stockwerk aus Funkkontakt mit »Wiesbaden« herzustellen. Zwischen 16 und 17 Uhr nachmittags gab er per Morse-Code sechs Meldungen durch, die Sorge ihm gegeben hatte. Sich selber stärkte er mit warmem Sake; ohne Alkohol zur Nervenberuhigung schien Max nicht mehr arbeiten zu können, stellte Vukelic fest.

Das war nicht immer so gewesen. Clausen war voller Enthusiasmus nach Japan gekommen und hatte seine Aufgaben anfangs mit der Kühnheit und dem Einfallsreichtum erledigt, die Sorge in China so beeindruckt hatten. Aber sechs aufreibende Jahre hatten seine physischen und psychischen Reserven aufgezehrt. Wurde man als Spion verhaftet, erwarteten einen härtere Strafen, und die polizeiliche Überwachung war verschärft worden. Sorge hatte die Verschlechterung seines allgemeinen Wohlbefindens beobachtet und im letzten Herbst die Vierte Abteilung gedrängt, Ersatz für Max und sich selbst zu finden. Hätte der Direktor dem Beachtung geschenkt, die Dinge hätten einen sehr viel anderen Verlauf genommen.

Verschlimmert wurde Clausens Vertrauensbruch durch die nackte Angst, verhaftet zu werden. Um möglichst nicht Gefahr zu laufen, mit dem Funkgerät auf frischer Tat ertappt zu werden, warf er einige Meldungen einfach weg, andere verstümmelte er. Am 4. Oktober kürzte er das Verfahren erneut ab, indem er mehrere Depeschen zusammenstrich – darunter Sorges Zusammenfassung der Beobachtungen Ozakis in der Mandschurei und seine Vorhersage, daß die Japaner, sollte keine diplomatische Lösung gefunden werden, nach Südostasien vorstoßen würden.

Um 18 Uhr kam Max nach unten. Er schien zu einem Drink und einem Schwatz aufgelegt zu sein, aber Vukelic stellte klar, daß es für ihn Zeit zu gehen sei. Er nahm seine familiären Verpflichtungen ernst und wollte, daß die Funkausrüstung aus dem Haus war, bevor Yoshiko und das Baby zurückkamen.

Sie packten alles zusammen, und da Clausen herzkrank war, trug Vukelic ihm die schwere Tasche zu seinem Wagen und fuhr mit ihm nach Hiroo-cho. Es war das letzte Mal, daß er sich dieser lästigen Pflicht unterziehen mußte. Es sollte keinen weiteren Funkkontakt mehr zwischen Moskau und dem Tokio-Ring geben.[6]

An diesem Sonnabend war Sorges sechsundvierzigster Geburtstag. Vielleicht war dies der Tag, an dem er und Hanako sich im Restaurant Lohmeyer verabredet hatten, das in der Nähe des Rheingold lag, wo das Schicksal sie vor genau sechs Jahren zusammengeführt hatte.[7]

Irgendwann im Sommer beschloß Sorge, Hanako zu bitten, ganz aus seinem Haus auszuziehen. Möglicherweise faßte er den Entschluß, weil er vorhatte, Japan zu verlassen. Nach Hanakos Verhör auf der Toriisaka-Polizeistation, das ihm die Strenge der polizeilichen Überwachung vor Augen führte, dürfte er davon überzeugt gewesen sein, daß es klüger wäre, sie gehen zu lassen.

Er brachte ihr die Neuigkeit schonend bei. Sie solle sich einen cleveren japanischen Jungen zum Heiraten suchen und ein neues Leben anfangen, andernfalls würde sie einsam enden – »Japan wird mich töten, ich werde sterben«, hatte er mit dramatischer Geste erklärt. Am nächsten Tag sagte er ihr, sie solle, wenn sie am Abend nach Hause ginge, all ihre Sachen mitnehmen. »Es ist gefährlich, etwas hierzulassen. Es ist besser so.« Und so packte sie, als er wegging, ihre Kleider, Kosmetika, ihre Zahnbürste und Kämme ein. Mit einem kleinen Koffer in der Hand verließ sie das Haus, in dem sie fünf Jahre gelebt hatte, und kehrte schweren Herzens nach Hause zu ihrer Mutter im Tokioter Bezirk Higashi-Nakano zurück.

Von der Eingangstür aus ließ Sorge den Blick durch das Restaurant schweifen, und sein geübtes Auge erspähte sofort die anwesenden Bewacher. »Hanako, hier treibt sich heute eine Menge Polizei rum. Hast du Angst?« sagte er, während er auf einen Tisch in der Lokalmitte zusteuerte. Sie schüttelte den Kopf, und Sorge musterte sie eindringlich.

»Es macht nichts, wenn du ein bißchen ängstlich bist. Ich bin nicht dumm. Ich werde dich nicht in Gefahr bringen. Ist die Polizei bei dir gewesen?«

Ja, sagte sie, jemand von der Toriisaka-Polizeistation habe sie besucht, und das Problem sei aus der Welt. Nach Lage der Dinge würde der Bericht über ihre Beziehung zu Sorge nicht an die vorgesetzte Behörde weitergeleitet – er sei im *hibachi* ihrer Mutter in Flammen aufgegangen. »Ich fühle mich so erleichtert«, sagte Hanako.

»Sorge ist immer gut zu dir. Ich bin froh«, sagte er.

Sie tranken Cocktails und bestellten das Essen. Sorge fragte, was ihr Bruder über die Krise in den Beziehungen zwischen Amerika und Japan dächte.

»Mein Bruder sagt, die japanische Regierung wird nicht verlieren, sie gewinnt immer, und Botschafter Nomura ist ein großer Mann. Aber *ich* glaube nicht, daß die Dinge besser werden. Der China-Zwischenfall ist so lange weitergegangen. So viele Menschen wurden getötet. Krieg ist nicht gut. Der japanischen Regierung gefällt Krieg.«

»Das stimmt. Die japanische Regierung war immer schon ein Räuber«, sagte Sorge. »Die Menschen sind zu bedauern. Und ich bin noch mehr zu bedauern. Krieg ist schlecht. Ich weiß, Amerika ist stark. Gegen Amerika kann Japan niemals gewinnen. Niemals. Und dann wird Japan in einem wirklich bemitleidenswerten Zustand sein.«

Hanako erinnert sich, daß auf der Ginza die Lichter angingen, als sie das Restaurant verließen. Sie erwartete, daß Sorge vorschlagen würde, zu ihm nach Hause zu gehen, aber er hatte andere Pläne. Sie standen da, angestarrt von Passanten, die sich über Japanerinnen ärgerten, die mit Ausländern verkehrten.

»Ich glaube, es ist gefährlich, heute zusammenzusein. Die Polizei beobachtet uns. Geh zurück zu deiner Mutter. Ich melde mich telegrafisch bei dir. Du wirst nicht einsam sein mit deiner Mutter.«

Sie nahm einen Moment seine Hand, dann ließ sie los und sagte Lebewohl.

Viele Jahre später entsann Hanako sich dieses Abschieds. »Wir hatten früh zu Abend gegessen. Es wurde gerade erst dunkel. Er sagte, er müsse zur Domei-Nachrichtenagentur. Also ging er in die eine Richtung, und ich ging in die andere. Wir haben uns nie wiedergesehen.«[8]

Was Sorge später an diesem Abend tat, wissen wir in allen Einzelheiten. Zunächst erschien er zu einem Geburtstagsdinner in der Ottschen Residenz, das mit einem Eklat endete. Sämtliche Freunde des Botschafters waren da, aber Eta hatte man nicht eingeladen.

Das war Helmas Werk. Warum hätte sie eine Person einladen sollen, in der sie eine Rivalin um Sorges Zuneigung sah? Und wie hätte sie ahnen können, daß er Etas Ausschluß als persönlichen Affront auffassen und während des ganzen Essens mürrisch sein würde. Daß er nur kurz nicken würde, als sie ihm mit Champagner zuprostete, und nach dem Kaffee aufstehen und seine Serviette auf den Tisch schleudern würde. »Ich bin verabredet«, verkündete er. »Wünsche allseits gute Nacht.« Sprach's und stürmte aus dem Zimmer. Die Gäste starrten ihm mit offenem Mund nach. Helma wußte, wohin seine Verabredung ihn führte.

Eta war überrascht und erfreut, als er um 21 Uhr auftauchte. Während er ihr nicht ohne Vergnügen die Episode in der Botschaft schilderte, machte sie ein Flasche Wein auf und zündete Kerzen an. Er kniete sich neben das Klavichord auf den Boden und schmiegte seinen Kopf an sie, und sie spielte Sonaten von Couperin und Bach. Sein Ärger über die Kleinlichkeit der Otts verflog.

»Tausend Dank«, sagte er, als sie innehielt. »Das war das schönste Geburtstagsgeschenk, das man mir machen konnte. Als ich heute abend hierherkam, fühlte ich mich mit jeder Faser wie sechsundvierzig. Eigentlich noch viel älter. Aber wenn ich dich spielen höre, fühle ich mich – nun ja, alterslos. Hast du deshalb keine Falten?«

Der Rest seines sechsundvierzigsten Geburtstags verlief glücklich; es sollte sein letzter in Freiheit sein.[9]

SONNTAG, 5. OKTOBER Mittags fanden sich die europäischen Mitglieder des Rings zu einer kleinen Feier in Sorges Haus ein. Vukelic brachte eine Flasche französischen Wein mit und gratulierte »dem Boss« zum Geburtstag. Clausen steuerte ein paar Eier bei, wegen ihrer Knappheit ein Luxus. Ein oder zwei Stunden lang saß man zusammen, aß Omeletts und trank den hervorragenden Brandy, den Sorge über Paul Wenneker in der Botschaft bekommen hatte. Das Gespräch drehte sich hauptsächlich um den Krieg in Europa.

An diesem kühlen, bewölkten Sonntag schrieb Sorge in aller Eile einen kleinen Artikel für seine Zeitung. Unter der Überschrift »Eine Herausforderung« berichtete er, daß Japan gegen die Aufhebung der diplomatischen Privilegien seiner Teheraner Botschaft – »wofür die Regierungen Großbritanniens und Sowjetrußlands von der japanischen Regierung verantwortlich gemacht werden« – scharfen Protest eingelegt habe. Der Artikel, den Sorge telefonisch durchgab, erschien in der Montagsausgabe der *Frankfurter Zeitung* am 6. Oktober – der letzte Beitrag des Tokio-Korrespondenten mit dem Namenskürzel »S«.

Abends gab es noch eine weitere Geburtstagsfeier, die ein deutscher Zeitungskorrespondent ihm zu Ehren gab, der ihn als fähigen Kollegen bewunderte. Sorge amüsierte sich prächtig und war in Hochform – der Anekdotenerzähler, der seine Zuhörer zu Lachsalven hinriß, der Salonlöwe, bei dessen Anblick Frauen schwach wurden, ein Mann voller Dynamik, der die Nacht durchtanzte. Unter begeistertem Beifall griff er sich Eta für einen Tango und improvisierte mit der attraktiven Frau von Rudolf Weise einen gewagten Fandango. Eta entschuldigte sich früh – sie habe letzte Nacht nur wenig geschlafen –, und der Gastgeber bot ihr an, sie nach Hause zu begleiten. Als sie ging, tanzte Sorge immer noch; versunken in die Musik, umgab ihn eine Aura ungeheurer Konzentration.

MONTAG, 6. OKTOBER Die Aussichten für ein Abkommen zwischen Japan und den Vereinigten Staaten schwanden, und das Gerücht kursierte, die Regierung Konoe trete möglicherweise geschlossen zurück. Eingeklemmt zwischen amerikanischer Inflexibilität auf der einen und einer unnachgiebigen Armee- und Marineführung auf der anderen Seite, blieb dem Ministerpräsidenten kein Handlungsspielraum. So jedenfalls schätzte Ozaki die Situation ein, als er Sorge an diesem Abend traf. »Ich habe gehört, daß er gehen muß, wenn die Verhandlungen scheitern; und wenn er Erfolg hat, werden die Militärs ihn rausdrängen, weil es bedeutet, daß wir uns den Vereinigten Staaten beugen und das in China Erreichte aufgeben. Meiner Ansicht nach werden die Verhandlungen scheitern. Aber noch ist das Ende offen – vor dem Abbruch wird man sich noch ein wenig drehen und wenden.«[10]

Die Diskussion mit Ozaki überzeugte Sorge, daß die Gespräche zwischen Japan und den USA zum Scheitern verurteilt waren. Die japanischen Antworten waren vage, aber so viel war klar – Japan war nicht bereit, die Herrschaft über China, im vergangenen Jahrzehnt unter hohen Verlusten erkämpft, aufzugeben oder die Aussicht auf eine weitere Expansion in Südostasien fahrenzulassen.

Binnen ein oder zwei Tagen hatte Sorge eine Depesche verfaßt, in der er unmißverständlich prophezeite, daß ein Krieg zwischen Japan und den Vereinigten Staaten nun unvermeidlich und nicht mehr fern sei.

Nach Informationen aus verschiedenen offiziellen japanischen Quellen [grün] wird es entweder einen geschlossenen Rücktritt oder eine drastische Umbildung der Regierung geben, falls die USA auf Japans Verlangen nach Verhandlungen bis zum 15. oder 16. dieses Monats nicht zufriedenstellend geantwortet haben. In diesem Fall wird es [in naher Zukunft] in diesem oder im nächsten Monat Krieg mit Amerika geben.[11]

Was die UdSSR betreffe, so fügte er hinzu, habe die japanische Führung sich auf eine Strategie des Abwartens geeinigt. Sollten die Deutschen gewinnen, könne man die Früchte des Krieges im Fernen Osten ernten. »Auf jeden Fall ist die amerikanische Angelegenheit und die Frage des Vordringens nach Süden viel wichtiger als das Problem im Norden.«[12]

Diese Depesche war bis zum 16. Oktober, als das Kabinett Konoe zurücktrat, noch nicht übermittelt worden, und Sorge verlangte sie deshalb von Clausen zurück, weil er Änderungen vornehmen wollte. Er kam jedoch nicht mehr dazu, und der Bericht wurde niemals gesendet. Die Beamten fanden den Text, als sie am 18. Oktober sein Haus durchsuchten.[13]

Nach dem japanischen Angriff auf Pearl Harbor bedauerte Sorge im Gefängnis, daß er daran gehindert worden war, seine Aufklärungsarbeit über die japanisch-amerikanische Krise zu Ende zu bringen. Wie er in seinem Bericht schrieb: »Im Dezember führte die Krise schließlich zum Krieg, aber wir konnten nur die erste Phase untersuchen. Unglücklicherweise wurden wir der Möglichkeit beraubt, diese Mission abzuschließen.«[14]

Als Ozaki und Sorge sich am Montag verabschiedeten, verabredeten sie, wahrscheinlich für den folgenden Montag, den 13. Oktober, ein Treffen im Restaurant Asien im Mantetsu-Gebäude. Keiner der beiden Männer ahnte, daß sie sich nie wiedersehen sollten.

DIENSTAG, 7. OKTOBER Ein heftiges Fieber mit Schwindelanfällen warf Sorge nieder. Es ging ihm so schlecht, daß er nicht zur Botschaft fahren konnte und die deutsche Gemeinde um ihr Nachrichtenbulletin kam, sehr zum Bedauern der Missionare in einem abgelegenen Teil Japans.[15] Aber es half nichts, er mußte im Bett bleiben. Die Herbstsonne fiel in breiten Strahlen, in denen Staubkörnchen tanzten, durch die großen Fenster in den Flur im oberen Stockwerk.

Sorge konnte nicht allein sein; ohne Gesellschaft wurde er depressiv und versank in Selbstmitleid. An solchen Tagen, wenn er niemanden zum Reden hatte, wandte er sich an Clausen. So auch heute. Er rief Max an und bat ihn, vorbeizukommen und ihn aufzumuntern, es gehe ihm nicht gut. Im Gefängnis klagte Max, jedesmal, wenn der Chef auch nur leicht krank gewesen sei, hätte er ununterbrochen bei ihm sein müssen: »Er hatte einfach Angst, mit sich allein zu sein.« Sorge informierte die Botschaft, daß er nicht vorbeikommen könne. Der Botschafter und seine Frau, die er drei Tage zuvor beleidigt hatte, waren voller Mitgefühl. Fräulein Berger, die Krankenschwester der Botschaft, wurde sofort in einem Dienstwagen mit einer Schachtel Medikamente und der Anweisung zu ihm geschickt, so lange nicht von seiner Seite zu weichen, bis es ihm besser ginge. Als Clausen eintraf, fand er Sorge mit einer Kompresse auf der Stirn im Bett sitzend vor. Fräulein Berger, eine junge, hübsche Person, war um ihn bemüht, hantierte mit einem Fieberthermometer und verabreichte Medizin.

Erwartungsgemäß diktierte Sorge eine Mitteilung, die Clausen auch pflichtschuldigst mit nach unten nahm, jedoch niemals durchgab. Vermutlich war Fräulein Berger in diesem Moment gerade außer Hörweite. Am Abend, Clausen plauderte mit der Schwester, klingelte es. Max erkannte in dem Besucher »Joe«, den kränklich aussehenden Japaner, den er schon früher gelegentlich im Haus gesehen hatte.[16]

Sollte Miyagi gespürt haben, daß er beschattet wurde (wie er Kawai Teikichi erzählte), dann grenzten seine häufigen Besuche in dieser Zeit in Nagasaka-cho an Leichtsinn. Er kam ständig mit hochexplosiven Dokumenten an, die – hätte die Polizei ihn angehalten und durchsucht – den gesamten Ring gesprengt hätten. An diesem Dienstag erschien er mit einem Stadtplan von Tokio, auf dem er die Flakstellungen eingezeichnet hatte, und wahrscheinlich brachte er auch einen Bericht – in Form handschriftlicher Notizen – über die japanisch-amerikanischen Verhandlungen mit, der auf Informationen Ozakis beruhte.[17] Sein Dokumentenpäckchen enthielt außerdem Teile eines als *gokuhi* (streng geheim) klassifizierten Berichts aus Ozakis Büro, der das japanische Kriegsführungspotential analysierte.[18]

Miyagi wurde in den schäbigen Salon im Erdgeschoß geführt und bekam etwas von dem Sake, den Max warm gemacht hatte. Scheinbar wurde er nicht nach oben gebeten, um den Patienten zu besuchen; die Dokumente nahm Clausen in Empfang.

MITTWOCH, 8. OKTOBER Sorge fühlte sich schwach. Er hatte immer noch hohes Fieber und war nicht in der Verfassung, das Haus zu verlassen. Als er jedoch hörte, daß ein Konzerthonorar Etas nicht angewiesen worden war, bestand er darauf, nach Aoba-cho zu fahren, um ihr Geld zu leihen. Fräulein Berger war früh am Morgen gekommen, um sich um ihn zu kümmern. Sie verbot ihm auszugehen; Sorge ignorierte sie.

Es war ein schöner Herbsttag mit blauem Himmel, und eine leichte Brise machte die Hitze erträglicher. Aber das herrliche Wetter hob weder seine Stimmung, noch vertrieb es seine nervöse Gereiztheit. Eta war bestürzt, als er eine seiner Schmähreden gegen die Otts vom Stapel ließ.

»Was meinst du, warum haben sie mir wohl diese Krankenschwester geschickt?« tobte er. »Ich werd dir sagen, warum. Sie denken, ich mache mich an sie ran, und das ist es, was sie wollen – uns zusammen ins Bett kriegen. Kannst du dir vorstellen, was das für Menschen sind, die so etwas versuchen?«

»Ich finde, es war sehr nett von ihnen, dafür zu sorgen, daß du die richtige medizinische Pflege kriegst. Wirklich sehr aufmerksam«, sagte Eta.

»Nein! Nein! Die sind am glücklichsten, wenn ich von ihnen abhängig bin. Nach dem Motorradunfall war es genau dasselbe. Ich war ein hilfloser Krüppel, der völlig auf ihr Mitgefühl angewiesen war, und Helma war entzückt! Sie wollen alles unter Kontrolle haben! Jetzt wollen sie mich mit der kleinen Krankenschwester verkuppeln. Sie hoffen, daß ich dich darüber vergesse – daß du und ich zusammen sind, das kann Helma nicht ertragen. Das haben sie sich wohl gedacht. Ich werde diese Frau nicht anrühren – sie ist noch ein Kind!«[19]

Lustlos hörte Eta zu. Die Tiraden gegen die Otts waren wie eine Schallplatte, die einen Sprung hatte, und sie war nicht unglücklich, als er sich erhob. Er sagte, ihm sei ein bißchen schwindelig und er wolle sich ausruhen. Sie gab ihm einen Kuß zum Abschied, den letzten, wie sich herausstellen sollte. Später wurde sie von Schuldgefühlen überwältigt. Er hatte sich ihr gegenüber loyal und ergeben wie immer gezeigt, hatte sein Krankenbett verlassen, weil sie Geld brauchte – und sie war erleichtert gewesen, ihn gehen zu sehen.

An diesem Abend traf Sorge Miyagi zum letzten Mal. Gewissenhaft wie stets, hatte der Mann aus Okinawa seinen Bericht über die japanisch-US-amerikanischen Beziehungen teilweise überarbeitet. Offenbar sprachen die beiden nur kurz miteinander. Miyagi richtete Sorge die besten Wünsche Ozakis für eine rasche Genesung aus, denen er sich anschloß. Sorge schrieb in sein Notizbuch, daß er Miyagi 100 Yen Spesen gezahlt habe.

DONNERSTAG, 9. OKTOBER Als Vukelic seinen kränkelnden Boß besuchte, konnte er mit einem »Knüller« aufwarten. Joseph Grew, der US-Botschafter, hatte in einer Rede die Aussichten für eine diplomatische Beilegung der Differenzen zwischen Japan und Amerika als trübe bezeichnet. Das war zumindest Vukelics Version dessen, was der Botschafter einer handverlesenen Zuhörerschaft zwei Tage zuvor im Amerikanischen Club mitgeteilt hatte. Vukelic selbst war nicht dort gewesen, aber Joseph Newman, der *Herald Tribune*-Korrespondent, hatte ihn informiert, und Vukelic hatte daraus den Schluß gezogen, daß die Verhandlungen zwischen den beiden Ländern nicht glatt über die Bühne gingen.[20]

Immer noch ans Bett gefesselt, hörte Sorge sich Vukelics Bericht ohne große Begeisterung an. Der Inhalt war interessant, aber kaum weltbewegend. Sorge schätzte, daß die Amerikaner darauf spekulierten, die in der Rede formulierten Vorstellungen, die selber nicht veröffentlicht wurden, würden bis zur japanischen Regierung durchsickern. Zweifellos hatte auch die Sowjetische Botschaft Wind von der Sache bekommen. Es schien nicht notwendig, die Moskauer Zentrale von Vukelics »Knüller« in Kenntnis zu setzen.

Vielleicht war dies der Tag, an dem Sorge ein erstaunliches Geständnis machte. Vukelic traute seinen Ohren nicht, als der »Boß« gestand, er habe Angst gehabt, in seine Wahlheimat zurückzukehren. Nikolai Bucharin, der brillante Theoretiker der Kommunistischen Partei, und andere bedeutende bolschewistische Führer seien liquidiert worden. Irgendwann sei auch sein eigenes Leben in Gefahr gewesen. Selbst heute noch traue er sich kaum zurück. Etwa zwei Monate später faßte Vukelic zusammen, was Sorge gesagt hatte:

Er erzählte mir, er würde gerne nach Moskau zurückkehren, wenn man es ihm erlaubte. Aber er würde sich einsam fühlen, weil in Moskau von der »alten Lenin-Gruppe« heute niemand mehr übrig sei. Wenn er zurückkehrte, wäre er der letzte dieser »Lenin-Gruppe«. Und er sagte, daß sein Aufenthalt in Japan ihn davor bewahrt habe, ein Opfer der Säuberungen zu werden.[21]

Wir können uns vorstellen, welche Wirkung diese Worte auf Vukelic hatten. Die beiden arbeiteten seit sieben Jahren zusammen, und während dieser ganzen Zeit hatte Sorges Vertrauen in seine sowjetischen Leiter unerschütterlich gewirkt. Bei ihren häufigen politischen Diskussionen hatte Sorge stets den Eindruck eines wahren Gläubigen gemacht, der das Gute und das Schlechte in der Sowjetunion entschieden verteidigte, bis hin zu den Exzessen des Terrors. Selbst die Hinrichtung Bucharins 1938 – des großen Mannes, den Sorge persönlich gekannt hatte und den er bewunderte – hatte er gerechtfertigt. Stalin sei kein böser Mensch, und es müsse für alles besondere Gründe geben, hatte er Vukelic gegenüber geäußert. Jetzt stellte sich heraus, daß auch er, genauso wie Bucharin, als Trotzkist und Volksfeind eingestuft worden war.

Im Sommer 1935 hatte Sorge einer Freundin anvertraut, daß er um seine Sicherheit fürchte, und zwei Jahre später hatte er sich Befehlen, nach Moskau zurückzukehren (die möglicherweise von Stalin unterzeichnet waren), widersetzt. Die Belohnung treuer Dienste für die Sowjetunion hätte ein Erschießungskommando im Morgengrauen sein können. Aber Sorge klammerte sich, wie es sein Mitagent Kim Philby ausdrückte, weiter auf gefährliche Weise an einen »unerschütterlichen Glauben, daß die Prinzipien der Revolution die Verirrungen der Menschen, wie groß sie auch waren, überleben würden«.

Sollte er jemals in seinem Engagement schwankend geworden sein, der deutsche Überfall auf die Sowjetunion dürfte die moralische Rechtfertigung dafür geliefert haben, einem zweifelhaften Regime zu dienen. Aber bevor dieses zufällige Ereignis eintrat, war wohl eine gewisse Selbsttäuschung notwendig, um den Glauben aufrechtzuerhalten, ohne den Sorge seine Arbeit nicht hätte fortführen können. Wie ein Spionage-

Autor beobachtet hat, muß »ein Nachrichtenoffizier vollkommen in den Einstellungen verankert bleiben, die ihn anfänglich veranlaßt haben, diese Laufbahn einzuschlagen. Der winzigste Riß in seiner ideologischen Motivation, und er läuft Gefahr zu scheitern.«[22]

Vukelic wurde an diesem Tag erstmals auf beunruhigende Weise der Risse in Sorges vormals nahtloser ideologischer Panzerung gewahr. Der »Boß« sprach freimütig über seine Ängste und Vorahnungen, die bei seinen häufigen Anfällen von Depression eine wichtige Rolle gespielt haben müssen. Es habe keinen Zweck mehr, sich Gedanken darüber zu machen, wie unsicher seine Position bei den Russen gewesen sei und wie ungewiß seine Zukunft aussähe. Er habe sich entschlossen, den Spionagering aufzulösen und Japan für immer zu verlassen. Bald würden sie getrennte Wege gehen. Sorge würde vielleicht eines Tages wieder nach Moskau zurückkehren, aber es bestand kein Zweifel, daß er momentan andere, sicherere Optionen erwog.

FREITAG, 10. OKTOBER Die Polizei hielt eine Aussage von Kitabayashi Tomo in Händen. Sie hatte den Namen eines japanischen Mitglieds der Kommunistischen Partei Amerikas genannt, Miyagi Yotoku, der zur Zeit im Tokioter Roppongi-Viertel wohne. Laut ihrer Aussage war Kitabayashi vor vierzehn Jahren in Los Angeles Miyagis Hauswirtin gewesen, und in Japan hätten die beiden ihre Freundschaft erneuert.

Miyagi befand sich bereits im Fadenkreuz der Beschatter – es gibt Beweise, daß er seit 1935 auf einer Schwarzen Liste der Tokioter Polizei stand –, aber Kitabayashis Geständnis hatte die Wirkung eines Sprengsatzes.[23] Am Freitag stürmten drei Beamte der Ersten Abteilung der *Tokko* kurz nach dem Morgengrauen in eine Pension in Roppongi und holten Miyagi von seinem *futon*. Während er sich anzog, durchblätterten sie auf seinem Schreibtisch liegende Papiere und fanden Teile eines streng geheimen Berichts der Südmandschurischen Eisenbahn.

Miyagi wurde zur Tsujiki-Polizeistation gebracht, wo ein brutales Verhör begann. Miyagi weigerte sich zu reden. Am Wochenende – am 11. oder 12. Oktober – kam es zu einem dramatischen Zwischenfall. Miyagi paßte einen Augenblick ab, als die Aufmerksamkeit seiner Wächter abgelenkt war, und stürzte sich aus einem Fenster im zweiten Stock. Dabei brach er sich ein Bein; stark blutend, aber am Leben, schleppte man ihn zurück ins Polizeirevier. Das Verhör ging weiter.

Der tapfere Versuch, die anderen zu schützen, indem er seine Geheimnisse mit ins Grab nahm, war fehlgeschlagen. Mehr konnte er nicht tun. Er begann frei über seine Tätigkeit als Informant der Komintern zu reden und nannte Richard Sorge und Ozaki Hotsumi als Genossen und Mitspione. Die Vernehmungsbeamten horchten auf; bis zu diesem Punkt waren sie sich nicht sicher gewesen, ob sie einem Spionagering auf die Spur gekommen waren oder (so ihre anfängliche Vermutung) einer subversiven Gruppe, die Antikriegsbroschüren der amerikanischen Kommunistischen Partei nach Japan einschmuggelte.

Jetzt erst wurde den Beamten der *Tokko* klar, daß sie auf eine große Sache gestoßen waren – einen Spionagefall, in den zumindest ein Japaner mit guten Beziehungen zu allerhöchsten Kreisen und ein prominenter Ausländer verwickelt waren – und daß sie tatsächlich sehr umsichtig würden vorgehen müssen. Vorsichtshalber beschlossen sie, die vorgesetzte Behörde zu konsultieren. Zu diesem Zeitpunkt trat Yoshikawa Mitsusada, Staatsanwalt am Tokioter Bezirksgericht, auf den Plan. Er sollte von nun an eine der Hauptrollen im Sorge-Drama spielen.

Am Freitag abend erschien der russische Verbindungsmann »Serge« wie verabredet in Clausens Firmenbüro in Shimbashi. Die Karte mit den Flakstellungen und dem Material, das Miyagi zusammengestellt hatte, wurde übergeben. »Serge« erstattete Clausen die 500 US-Dollar, die der Funker für Edith Vukelics Reisekosten ausgegeben hatte. Edith war am 25. September mit ihrem Sohn Paul nach Australien abgereist. Sie war es müde gewesen, in Japan zu leben, und hatte sich schließlich entschieden, zu ihrer jüngeren Schwester nach Perth zu gehen. Sorge hatte Moskaus Einwilligung einholen müssen. Nach ihrer Scheidung von Branko im Jahr 1939 hatte sie Clausen erlaubt, ihre Wohnung als Sendestation zu benutzen, wofür Sorge sie großzügig mit 400 Yen monatlich unterstützt hatte – zweimal soviel, wie er Vukelic zahlte. »Serge« alias Viktor Sergewitsch Saizew, seines Zeichens sowjetischer Konsul, bestimmte den

20. Dezember als Termin für das nächste Treffen. Ereignisse, die sich seiner Kontrolle entzogen, sollten Clausen daran hindern, diese Verabredung einzuhalten.[24]

SONNABEND, 11. OKTOBER Sorge war immer noch fiebrig, als Botschafter Ott mit einer Flasche Brandy bei ihm auftauchte. Aber er war schon wieder recht gut bei Kräften, und es juckte ihn, dem von Fräulein Berger verordneten Hausarrest zu entkommen. Nach dem, was wir von der Begegnung wissen, stand der Botschafter nicht an, über die Beziehung Patient – Schwester milde zu witzeln. Sorges Argwohn, daß Helma ihm die attraktive 22jährige nicht ohne Hintergedanken ausgeborgt hatte, wurde dadurch nur noch verstärkt. Es stellte sich tatsächlich heraus, daß Helma ihr glattweg gesagt hatte, sie solle Sorge heiraten und »ihm ein bißchen Vernunft einbleuen«. Dieser Rat bereitete Fräulein Berger viel Kummer.

Durch Sorges Krankheit hatte Ott den einzigen Menschen in der Botschaft verloren, mit dem er frei über politische Dinge sprechen konnte, ohne fürchten zu müssen, daß eine indiskrete Bemerkung höheren Stellen in Berlin gemeldet wurde. Nun konnte er Sorge endlich fragen, wie er die Zukunft der Beziehungen zwischen Japan und den Vereinigten Staaten sah. Würde es zum Krieg kommen – eine Aussicht, die ihn düster stimmte –, oder würden die kühleren Köpfe sich durchsetzen und beide Länder ihren Streit beilegen?[25]

Ott hegte die Hoffnung, die Vereinigten Staaten würden Japan zum Kampf provozieren. Sorges Erwiderung ist nicht dokumentiert. Er fühlte sich nicht länger verpflichtet, mit Ott Informationen auszutauschen, um ihre Beziehung zu erhalten; wie wir gesehen haben, hatte er Anfang September frohlockt, er brauche Ott oder die Deutsche Botschaft nicht länger. Mit seiner Einschätzung, daß ein japanischer Angriff unwahrscheinlich sei, betrachtete er seine Mission für Moskau als erfüllt. Doch aus Gewohnheit oder aus Stolz auf seinen Ruf verhehlte er Ott seine Ansicht nicht, daß die Konoe-Regierung, sollte bis zum 15. oder 16. Oktober keine diplomatische Lösung gefunden sein, erledigt wäre und ein japanisch-amerikanischer Krieg unausweichlich.

Ott dürfte über eine solche Vorhersage höchst froh gewesen sein.

Nun, da keine Aussicht mehr auf eine japanische Intervention in Sibirien bestand, lauteten seine Instruktionen, die Führung in Tokio zu einem Schlag gegen die amerikanische Vorherrschaft über Asien zu ermuntern. Seit September war dies in bezug auf Japan Deutschlands wichtigstes Anliegen. Hitlers Kalkül war, daß Amerika, wenn sein militärisches Potential in Asien gebunden war, nicht mehr in der Lage wäre, in nennenswertem Umfang Menschen und Material zur Unterstützung Großbritanniens abzuzweigen.

Zu Anfang des Jahres hatte Ott Japan angestachelt, das britische Empire anzugreifen; im Sommer hatte er auf eine japanische Intervention in Sibirien gedrängt; und nun versuchte er den Japanern klarzumachen, daß sie am meisten bei einem Kampf gegen die Vereinigten Staaten zu gewinnen hätten. In Wirklichkeit hatte er monatelang nichts anderes getan, als versucht, einen Konflikt einzufädeln, der den Interessen des Reiches diente. Sorges Mission war das Spiegelbild der Ottschen: die Bewahrung des Friedens. Aus dem, was er über die Barbarei und den Wahnsinn des Krieges wußte, war ihm die Überzeugung erwachsen, daß das einzig lohnende Ziel nachrichtendienstlicher Tätigkeit die Verhinderung bewaffneter Konflikte sei.

SONNTAG, 12. OKTOBER Zum Auftakt einer vierzehntägigen (im übrigen Japan zehntägigen) Serie von Luftschutzübungen heulten in Tokio die Alarmsirenen. Alle Wohnviertel-Organisationen im ganzen Land wurden für Verdunklungs- und Feuerbekämpfungsübungen mobilisiert. Ähnliche Übungen hatte es in diesem Jahr bereits gegeben, nur klang der Aufruf der Regierung, sich auf Luftangriffe durch einen namenlosen Feind vorzubereiten, diesmal eine Spur schärfer. Beileibe nicht alle Japaner nahmen die Gefahr ernst: »Während Frauen sich eifrig an den Luftschutzübungen beteiligten, standen viele Männer, so wurde in manchen Regionen mit Bedauern festgestellt, tatenlos daneben«, beklagte die *Japan Times and Advertiser*.

Sonntags war Miyagi regelmäßig zu Ozaki gegangen, um dessen Tochter Yoko Malunterricht zu geben, für die beiden Männer ein legitimer Vorwand, um sich zu treffen und über ihre verdeckten Geschäfte zu sprechen. An diesem Sonntag erschien Miyagi nicht. Ozaki fand das »etwas eigenartig«, ahnte aber nicht im entferntesten, daß der Künstler der Polizei just in diesem Moment einen lückenlosen Bericht ihrer Beziehung gab.[26]

MONTAG, 13. OKTOBER Als Sorge nicht wie verabredet im Restaurant Asien in der sechsten Etage des Mantetsu-Gebäudes auftauchte, beschlich Ozaki ein Gefühl der Unruhe.[27] Zwar gab es zufällig eine vollkommen harmlose Erklärung für sein Nichterscheinen, aber die würde Ozaki nie erfahren. Aus irgendeinem Grund dachte Sorge, er sei mit Ozaki am Mittwoch verabredet, und wartete am Montag auf den Besuch Miyagis. Natürlich erschien Miyagi nicht.

In seinen letzten Tagen in Freiheit wurden Sorges Kräfte, wenn sie nicht vom Alkohol vernebelt waren, vom Fieber ausgezehrt. Seine einstmals beachtliche Konzentrationsfähigkeit wurde schwächer. Schilderungen seines Verhaltens in jenem Herbst geben Aufschluß über seine seelische Verfassung. Mehrfach fiel auf, daß er unkonzentriert und geistig abwesend war. Wir wissen außerdem von seinen neurotischen Phasen, dem Verlust des seelischen Gleichgewichts, den unprovozierten Wutausbrüchen, unter denen seine Freunde sehr zu leiden hatten. Möglicherweise war das schwächende Fieber im Oktober das physische Symptom eines großen psychischen Aufruhrs. Sorge hatte jahrelang das gehetzte Leben eines Menschen geführt, der im Verborgenen arbeitete; er hatte seine Leiter vergeblich gebeten, ihn vom extremen Zwang seiner Lebensumstände zu erlösen. Alle Anzeichen deuten darauf hin, daß Sorge im Oktober 1941 ausgebrannt war und daß er es wußte. Man kann sich unschwer vorstellen, daß das Gefühl einer unsicheren Existenz durch die Furcht vor dem Schicksal, das ihn in Rußland erwartete, noch erhöht wurde. So viele seiner alten Freunde und Förderer waren der Stalinschen Paranoia zum Opfer gefallen; und wie wir gesehen haben, machte Sorge sich keine Illusionen, daß er verschont würde.

An diesem Montag faßte die Polizei zwei Mitglieder von Miyagis äußerem Ring, Kuzumi Fusako und Akiyama Koji. Wie die meisten der von Miyagi rekrutierten Japaner war Kuzumi, die geschiedene Ehefrau eines christlichen Ministers, Kommunistin. Akiyama, der Übersetzer so vieler geheimer Dokumente, war als einziges Mitglied des Sorge-Rings nicht ideologisch motiviert, obwohl ihm klar war, daß der Mann, der ihm Aufträge gab, Kommunist war.[28]

DIENSTAG, 14. OKTOBER Kriegsminister Tojo Hideki war in der morgendlichen Kabinettssitzung in gereizter Stimmung. Kategorisch forderte er, die Regierung müsse die Verhandlungen mit den USA abbrechen. Prinz Konoes Versuch, ein Gipfeltreffen mit Präsident Roosevelt zu arrangieren, war gescheitert, und Tojo hielt es für verrückt, diesen hoffnungslosen Dialog fortzusetzen. Die Amerikaner, argwöhnte er, versuchten, die Gespräche in die Länge zu ziehen, um Zeit zu gewinnen, bis sie soweit wären, gegen Japan loszuschlagen.

Am 12. Oktober, seinem fünfzigsten Geburtstag, sagte der Ministerpräsident zu Tojo, er, Konoe, sei für die Verwicklung Japans in den Konflikt mit China verantwortlich, und er könne die Verantwortung für einen weiteren Krieg nicht auf sich nehmen. Bestimmt könne Japan den Amerikanern ein paar »befristete« Zugeständnisse machen und einige Truppen aus China zurückziehen? Tojo war unnachgiebig und machte aus seiner Verachtung für Konoes Schwäche keinen Hehl. Amerikanischem Druck nachzugeben, würde die in vierjährigem Kampf erbrachten enormen Opfer für null und nichtig erklären und die Moral der Armee schwächen.

An diesem Dienstag entschied das Kabinett, daß man den abschließenden Kriegsvorbereitungen ihren Lauf lassen müsse. Konoes Position war unhaltbar geworden; ihm fehlte der Mut, gegen den Strom des Militarismus zu schwimmen oder weiter auf seiner Welle zu reiten. Am nächsten Morgen begab er sich in den Palast und erläuterte dem Kaiser seine Sicht der Dinge. Seine Beziehungen zum Kriegsminister, sagte er, seien äußerst gespannt: In der Tat hatte Tojo verkündet, künftig nicht einmal mehr mit ihm reden zu wollen. Bedauerlicherweise mußte Konoe Seiner Majestät empfehlen, ein neues Kabinett zu ernennen, an dessen Spitze einer der kaiserlichen Prinzen stünde.[29]

MITTWOCH, 15. OKTOBER Um sechs Uhr morgens hatte Ozaki gefrühstückt und entspannte sich mit einem Buch in seinem von der Morgensonne beschienenen Arbeitszimmer. Es war eine bewegende Lektüre, das letzte Zeugnis eines altgedienten Journalisten, der in China gestorben war.

Plötzlich kam vom Korridor großer Lärm und das Trampeln schwerer Schritte. Er wußte augenblicklich, wer die Besucher waren. Mit bemerkenswerter Selbstbeherrschung legte er das Buch beiseite und ging aus dem Zimmer, um die von Inspektor Takahashi Yosuke angeführten Agenten der *Tokko* begrüßen. In einem Brief aus dem Untersuchungsgefängnis beschrieb er seine Gefühle an diesem Morgen:

> Ich hatte schon seit Tagen eine unbehagliche Vorahnung gehabt, und an diesem Morgen wußte ich, daß die Stunde der Abrechnung gekommen war. Als ich sicher war, daß meine Tochter in die Schule gegangen war – ich wollte nicht, daß Yoko dabei wäre –, verließ ich das Haus, ohne meine Frau anzusehen und ohne ein Wort des Abschieds.[30]

Er wurde zur Meguro-Polizeistation in der Nähe seines Hauses gebracht. Das Verhör begann. Japans großer China-Experte stellte bald fest, daß die Polizei ziemlich gut über seine Spionagetätigkeit im Bilde war. Miyagi war verhaftet worden und hatte schließlich geredet. Die Vernehmungsbeamten pickten sich Ozakis Beziehung zu Sorge heraus: »Ich begriff, daß das ganze Netz aufgedeckt war, und sagte mir, alles sei zu Ende.«[31] Zuerst bestritt er kategorisch, irgend etwas von einem Spionagering zu wissen, aber er wußte, daß Widerstand sinnlos war. Um Mitternacht war er bereit, eine Aussage zu machen.

An eben diesem Tag reiste Joseph Newman, der Korrespondent der *Herald Tribune*, dem Meer und der Sonne Hawaiis entgegen. Achtundvierzig Stunden zuvor hatte er die heißbegehrte Genehmigung erhalten, sich auf der *Tatsuta Maru* einzuschiffen, einem von nur drei japanischen Schiffen, die seit Inkrafttreten des Embargos gegen Japan amerikanische

Hoheitsgewässer befahren durften. Newman wollte seine Frau treffen und drei Wochen ausspannen.

Kaum hatte das Schiff Yokohama verlassen, durchwühlte die Polizei sein Büro im Domei-Gebäude in Tokio und fuchtelte mit einem Haftbefehl für ihn herum. Seine Pressekollegen mußten erst eine Szene machen, bevor der US-Botschafter sich bereit zeigte, über die Kommunikationswege der Botschaft die Herausgeber des *Herald Tribune* in New York zu alarmieren. Gerade noch rechtzeitig erreichte man Newman in Honolulu und warnte ihn davor, nach Japan zurückzukehren.

Man kann nur vermuten, was Branko Vukelics Freund und Kollegen geschehen wäre, wenn die Warnung nicht durchgekommen wäre. Möglich, daß die Polizei genug Beweise in Händen hielt, um Newman gemäß dem Gesetz zur Verteidigung der Staatssicherheit anzuklagen. Dadurch, daß er Japan gerade noch rechtzeitig verließ, ersparte er sich große Unannehmlichkeiten.[32]

Am Abend kam Clausen nach Nagasaka-cho. Sorge hatte sich erholt, war aber noch blaß und nicht ganz auf dem Posten. Der Chef schaute besorgt drein. »Irgend etwas stimmt nicht«, sagte er. »›Joe‹ ist am Montag nicht gekommen, so wie wir ausgemacht hatten. Er ist sehr zuverlässig, was Verabredungen betrifft. Ich frage mich, was das bedeutet. Glauben Sie, man hat ihn geschnappt?« Clausen war mit den Nerven am Ende. Wenn »Joe« erwischt worden war, dann schwebten sie alle in Gefahr. Er würde sich an diesen Mittwoch als an den Tag erinnern, an dem er »ein Vorgefühl hatte, daß die Zeit der Verhaftung näher rückte«.

Sie verließen gemeinsam gegen 18 Uhr das Haus und nahmen ein *entaku* (Ein-Yen-Taxi) zum Mantetsu-Gebäude. Dort ging jeder seiner Wege. Es war der Abend, an dem Sorge glaubte, er sei mit Ozaki im Restaurant Asien verabredet. Er wartete eine Weile, aber von Ozaki war weit und breit nichts zu sehen.[34]

Wahrscheinlich war dies der Tag, an dem Sorge noch einmal versuchte, seine Führungsoffiziere zu überreden, ihm zu gestatten, Japan zu verlassen. Er habe seinen Auftrag erfüllt und könne nun anderswo von sehr viel größerem Nutzen sein. Würde der Direktor bitte für ihn und Clausen eine Versetzung arrangieren?

Im Laufe der Jahre hatten Sorges Leiter unmißverständlich klargestellt, daß sie ihn nicht zurückrufen würden. Ein Zugeständnis machten sie: Im Jahr 1940 schickten sie ihm Geld und schlugen vor, er solle Urlaub auf Hawaii machen. Aber, so sagte Sorge den Vernehmungsbeamten, er habe keine Zeit gefunden, von diesem großzügigen Angebot Gebrauch zu machen.[35] Außerdem habe er kein Sonnenbad gewollt, sondern einen neuen Auftrag. Als er zum x-ten Mal ein Gesuch aufsetzte, versuchte er es anders und führte an, daß es im Interesse der Vierten Abteilung läge, von zwei äußerst erfahrenen Offizieren wie Clausen und ihm selbst besseren Gebrauch zu machen.[36]

Sorge wünschte, daß Clausen diese Zeilen mit zwei anderen Meldungen, die auf dasselbe Blatt getippt waren, durchgeben sollte. Die eine war die wichtige Prognose, daß es nach Konoes erwartetem Rücktritt aller Wahrscheinlichkeit nach zu Feindseligkeiten zwischen Japan und den USA käme. In der anderen meldete er Otts Befürchtung – die der Botschafter bei seinem Wochenendbesuch geäußert hatte –, Japan könne in seinem Bestreben, mit Washington zu einer Einigung zu kommen, seinen Achsenpartner links liegenlassen.

Clausen überflog, was Sorge geschrieben hatte. »Es ist ein bißchen zu früh, um das zu senden. Behalten Sie's erst einmal«, sagte er und gab ihm das Blatt zurück. Wie Clausen selber sagte, habe er es abgelehnt, Sorges Meldungen entgegenzunehmen, weil er vom Kommunismus und der Arbeit im Geheimen endgültig die Nase voll hatte. Sein Entschluß habe festgestanden: Er würde nicht mehr weiter mitmachen.

Sorge hatte das ganz anders in Erinnerung. Clausen habe die Meldungen entweder am 15. oder am 16. mit nach Hause genommen und versprochen, sie bei der ersten Gelegenheit durchzugeben. Aber dann sei die Nachricht vom Rücktritt des Kabinetts Konoe gekommen; natürlich habe er eine der Meldungen aktualisieren wollen und Max also gebeten, ihm den Entwurf zurückzugeben. Diese Erklärung dafür, daß das Manuskript nach Sorges Verhaftung in seiner Wohnung gefunden wurde, klingt glaubhafter als Clausens Märchen von Tapferkeit und Wagemut.

Offener Widerstand paßte nicht zu Clausen; es gibt keine Beweise, daß er jemals einen Befehl offen verweigert oder eine Konfrontation riskiert hätte. Viele Monate lang ignorierte er Befehle einfach, wenn es ihm paßte, ein heimlicher Verrat, der nicht auffliegen würde.[37]

Sorges Bitte an die Adresse Moskaus läßt den Schluß zu, daß er die Loyalität des Funkers niemals in Frage stellte. Hätte er irgendwelche Zweifel gehegt, dann hätte er wohl kaum vorgeschlagen, man solle ihn und Max zusammen nach Deutschland versetzen. Das Vertrauen Sorges in Clausen und der Respekt vor seinen Fähigkeiten als Funker waren bis zum Schluß ungebrochen.

Max wird seine eigenen Gründe gehabt haben, warum er dafür sorgte, daß niemand in Moskau diese Mitteilung je zu Gesicht bekam. Wir können annehmen, daß er die Optionen abwog und die Aussichten in Deutschland für nicht besser hielt als die in der Sowjetunion. Bis ihn an diesem Mittwoch eine ungute Vorahnung beschlich, waren seine äußeren Lebensumstände in Japan glücklich gewesen. Er hatte in seinem Leben als Geschäftsmann Erfüllung gefunden, und was als Tarnbetrieb angefangen hatte, war nun sein ganzer Stolz und machte ihm Freude. Wie Vukelic hatte auch Max – ganz anders als der wurzellose Sorge – in Japan wirklich etwas zu verlieren.

Donnerstag, 16. Oktober Max wußte, daß etwas nicht stimmte, als Sorge ihm erzählte, seine beiden wichtigsten japanischen Mitarbeiter seien zu Verabredungen nicht erschienen. Sorges Verhalten ließ einen gewissen Nachdruck vermissen, was ihn unsicher machte. »Ich würde Ozaki anrufen und fragen, warum er nicht gekommen ist«, sagte Sorge, »wenn ich die Nummer wüßte.« Clausen begriff, daß er den Informanten »Otto« meinte, dessen Codename im Sommer in »Invest« geändert worden war. Es war das erste Mal, daß Sorge diesen Informanten – dem Max nie begegnet war – diesem gegenüber bei seinem richtigen Namen nannte.[38] »Na ja, warten wir zwei oder drei Tage, und wenn Ozaki dann nicht kommt, rufe ich ihn an.«[39]

Wenn Ozaki und Miyagi wirklich gefaßt worden waren, mußte Sorge davon ausgehen, daß sie am Ende reden und die Polizei auf seine Spur und die der beiden anderen europäischen Mitglieder des Rings bringen würden. Vernünftigerweise hätte er als erstes mit Ozakis Frau Verbindung aufnehmen oder in seinem Büro nachforschen können, und sei es nur, um sich selbst zu beruhigen. Sorge jedoch legte eine bewundernswerte Lässigkeit an den Tag und unternahm nichts.[40]

Dafür konnte es nur einen Grund geben: Er hatte in diesen letzten Tagen nicht das Gefühl, persönlich gefährdet zu sein – obwohl ihm bewußt war, daß die Polizei ihn scharf im Visier hatte. Waren seine Alarmglocken durch die Auswirkungen von Krankheit, Streß oder Alkohol gedämpft? Oder war es Hybris, die ihn zu einem Zeitpunkt, als noch eine leise Hoffnung bestand, sich selbst und einige seiner Kameraden zu retten, die elementarste aller Vorsichtsmaßregeln mißachten ließ?

Während Sorge auf eine Nachricht von Ozaki wartete, lieferte dieser den Vernehmungsbeamten auf der Meguro-Polizeistation eine atemberaubende Schilderung seines Lebens als Komintern-Agent und seiner Beziehung zu Sorge. Aufgrund dieser Enthüllungen, die Miyagis früheres Geständnis untermauerten, beschloß die Polizei, das Haus in Nagasakacho rund um die Uhr zu überwachen. Die Beschattung begann entweder am Mittwoch oder am Donnerstag.

Aber die Staatsanwälte waren noch nicht soweit, die Falle zuschnappen zu lassen. Sie wollten von beiden Hauptverdächtigen Aussagen, die für den Justizminister überzeugend genug wären, um die Festnahme eines prominenten deutschen Staatsbürgers zu genehmigen, der dem Botschafter immerhin so nahestand, daß dieser ihm einen Besuch machte, wenn er krank war. Ein ernsthafter diplomatischer Zwischenfall wäre nicht auszuschließen, aber die Behörden könnten zumindest behaupten, daß sie stichhaltige Beweise dafür hätten, daß Sorge in die Sache verwickelt war. Die Aussagen wurden rasch benötigt: Die Staatsanwälte fürchteten, daß Sorge in der deutschen Botschaft Asyl suchen würde, wenn er sich in Gefahr sah.

Um 17 Uhr am Nachmittag begab sich Konoe zum Palast, um die Demission des gesamten Kabinetts einzureichen. Drei Monate zuvor, als auf das zweite Kabinett Konoe unmittelbar das dritte gefolgt war, hatte Sorge der *Frankfurter Zeitung* mehrere Artikel durchgegeben. Kein Zweifel, seine Chefredakteure warteten jetzt auf einen Bericht über Konoes Sturz, der offiziell am späten Donnerstag abend bekanntgegeben wurde. Es war eine Riesenstory. Doch sie warteten vergeblich. Sorge betrachtete seine Karriere als Tokio-Korrespondent zweifellos als beendet, während er darüber nachdachte, wie er von hier wegkäme. Sein Verlangen, diese unendlich traurigen und einsamen Inseln für immer hinter sich zu lassen, war inzwischen übermächtig geworden. Bald würde er für seine professionelle Tarnung keine Verwendung mehr haben.

FREITAG, 17. OKTOBER »Als Miyagi am Donnerstag nicht kam, wurde ich unruhig, und am Freitag machte ich mir ernsthaft Sorgen.«[41] Zum Schluß spürte Sorge intuitiv, daß die Lage ernst war, aber nichts in seinem Benehmen an diesem Tag deutet auf einen Mann hin, der in den Abgrund starrte. Er hatte es nicht eilig, die Mitteilung mit seinem Versetzungsgesuch durchzugeben – die er, wie er später erklärte, nicht entwarf, weil er vermutete, die Polizei sei ihm auf den Fersen, sondern weil er das Gefühl hatte, seine Mission sei beendet. So tat er alles ohne ersichtliche Hast und ohne den übersteigerten Drang, die im Schwinden begriffene Freiheit noch einmal zu genießen.[42]

Der Morgen verging über Alltagsdingen. Max Clausen, der unruhiger war als Sorge, kam vorbei, und sie gingen zu einer Werkstatt in der Nähe, um Sorges malträtierten Wagen aus der Reparatur zu holen. Es war ein milder, sonniger Tag, und der blaue Himmel war beinahe wolkenlos. Mittags aßen sie im Minoru Restaurant in Shimbashi, einem von Max' Stammlokalen. Sie sprachen über die verschwundenen japanischen Mitglieder des Rings, beleuchteten das Problem von allen Seiten und stießen auf winzige Hoffnungsschimmer – wurde Ozaki vielleicht von irgendwelchen dringenden Geschäften aufgehalten, war der kränkliche Miyagi vielleicht wirklich erkrankt?

Sie blieben dort bis zum Spätnachmittag und ertränkten ihren Kummer in Alkohol. Erst um 16 Uhr verließen sie schließlich das Lokal, und jeder ging seiner Wege. Für die nächsten zwei Stunden verlieren wir Sorges Spur. Was Clausen betrifft, so verspürte er keine Eile, sich um sein

Geschäft zu kümmern. Sein Büro im Karasumori-Gebäude in der Nähe des Bahnhofs Shimbashi war wegen des Shinto-Festes *Kan-name-sai*, eines nationalen Feiertages, geschlossen.

Er suchte sich anderswo Zerstreuung, machte erst einen Einkaufsbummel auf der Ginza und ging anschließend ins Kino. In unmittelbarer Nachbarschaft zeigten zwei Kinos amerikanische Filme, die Max und Anna am besten gefielen. Zwar waren die antiamerikanischen Gefühle auf dem Siedepunkt, aber noch verbot die Regierung den Bürgern den Zauber Hollywoods nicht. Clausen hatte die Wahl zwischen dem Hibiya-Filmtheater, das Myrna Loy und Tyrone Power in *Nacht über Indien* zeigte, und dem Hogakuza, wo soeben Frank Capras *Mr. Smith geht nach Washington* mit James Stewart angelaufen war. Vom Kino aus steuerte Clausen zurück zur Bar des Minoru Restaurants, um seine bohrende Vorahnung mit noch mehr Bier zu ertränken.

Weil seine Firma wegen des Feiertags geschlossen war, hatte Kawai Teikichi, der Agent und Abenteurer im Ruhestand, an diesem Freitag Zeit. Er machte sich auf den Weg zu Ozakis Haus in Meguro. Sobald die Tür aufging und er den Ausdruck auf Eikos Gesicht sah, wußte er, daß seine schlimmsten Befürchtungen wahr geworden waren. »Man hat ihn vorgestern abgeholt und zur Meguro-Polizeistation gebracht«, sagte sie. Kawai rutschte das Herz in die Hose. Was konnte er sagen, um sie zu trösten? »Meinen Sie, es wird sich lange hinziehen?« fragte er, bemüht, seine Aufregung zu verbergen. »Es könnte eine Zeit dauern. Man muß darauf gefaßt sein. Der Winter steht vor der Tür, bitte seien Sie so nett und schicken ihm einen gefütterten Mantel ins Gefängnis. Er kriegt Hämorrhoiden vom langen Sitzen auf dem harten Boden.«[43]

Vukolic ging bei Havas seiner normalen Routine nach. Das von der Domei-Nachrichtenagentur hereinkommende Material wurden zu kleinen Meldungen für die französische Agentur umgeschrieben. Wegen des Feiertages gab es keine Abendzeitungen, die durchgesehen werden mußten.

Die Domei-Nachrichtenagentur brachte eine Geschichte aus Berlin, von der Vukelic glaubte, daß sie Sorge interessieren würde. Die Neuigkeit war zutiefst deprimierend: Rumänische und deutsche Bodentruppen hatten mit Unterstützung der deutschen Luftwaffe den Schwarzmeerhafen Odessa erobert. Vukelic ging zu einem öffentlichen Telefon und wählte Sorges Nummer – Akasaka 118; weil sich dort niemand meldete, versuchte er es bei Clausen, wieder ohne Erfolg. Es war nun etwa 18 Uhr abends. Nachdem er seinen Schreibtisch aufgeräumt hatte, nahm er die U-Bahn nach Akasaka-Mitsuke und rief Sorge ein zweites Mal an. Der »Boss« war da und forderte ihn auf, vorbeizukommen. Während sie sprachen, merkte Vukelic, daß jemand ganz in der Nähe lauschte; er fragte sich, ob er beschattet wurde.

Als Vukelic gegen 19 Uhr in Nagasaka-cho ankam, war es bereits dunkel. Kein Beamter der Geheimen Staatspolizei, die das Haus umstellt hatte, war zu sehen. Clausen war schon da, und Vukelics Ankunft überzeugte die Bewacher davon, daß sie nur eines im Sinn haben konnten – die Bewerkstelligung ihrer Flucht.

Sorge und Clausen saßen mit einer *isshobin*, einer Dreieinhalbliterflasche Sake, am kleinen Eßtisch im unteren Salon. Die Stimmung war düster, als Sorge die Situation erklärte. »›Joe‹ ist neulich nicht aufgetaucht«, sagte er zu Vukelic. »Er hat seine Verabredung nicht eingehalten, und wir haben nichts von ihm gehört. Wir befürchten, daß ihm etwas zugestoßen ist.«

»Ist es das erste Mal, daß so etwas passiert?« fragte Branko beunruhigt.

»Ein einziges Mal konnte er nicht kommen. Aber noch nie so lange nicht.«

»Vielleicht ist er krank«, schlug Vukelic vor. Auch Sorge und Clausen hatten diese Möglichkeit in Betracht gezogen. »Das ist wahr. ›Joe‹ sah kränklich aus, als ich ihn das letzte Mal sah. Es wäre schlecht, wenn er krank geworden wäre. Wir müssen wirklich etwas unternehmen. Er könnte sterben.«

Lustlos diskutierten sie verschiedene Alternativen, ohne zu einem Entschluß zu kommen, und die Unterhaltung verlagerte sich auf Deutschlands phantastische Siege. Die *Japan Times and Advertiser* hatte am Morgen gemeldet, daß deutsche Truppen auf Moskau vorrückten: »Große Schlacht um Moskau in entscheidender Phase; letztes Gefecht der Roten«, lautete die schreiende Schlagzeile.

Vukelic trug zur gedrückten Stimmung bei, als er verkündete, daß Odessa gefallen sei, Leningrad aus der Luft angegriffen werde und deutsche Truppen – einem unbestätigten Bericht von Domei zufolge – nur noch sechzig Kilometer vor Moskau stünden. Schon würden die Einwohner bewaffnet, um sich am letzten verzweifelten Abwehrkampf der Stadt zu beteiligen.

Sie tranken noch mehr Sake und versanken in dumpfe Mutlosigkeit. Vukelic kam auf die jüngsten Nachrichten über das neue Kabinett zu sprechen, das an diesem Abend gebildet wurde. Aber Sorge, der in der Vergangenheit politische Dinge so aufmerksam verfolgt hatte, konnte nur wenig Interesse aufbringen, so sehr nahmen ihn seine privaten Schwierigkeiten in Anspruch.

Während die drei Männer mit Leichenbittermienen über ihren Saketassen hockten, stellte Tojo Hideki, der designierte Ministerpräsident, seine neue Mannschaft auf. Einziger Überlebender des alten Kabinetts war Justizminister Iwamura Michiyo. Und Iwamura gab irgendwann an diesem Abend grünes Licht für die Verhaftung Sorges und der beiden anderen Europäer. Ozakis und Miyagis Geständnisse hatten Sorge in eine Spionageaffäre verwickelt, und für die Staatsanwaltschaft des Bezirksgerichts von Tokio war es ein leichtes, Iwamura, der bester Laune war, davon zu überzeugen, daß es unanfechtbare Gründe gab, den deutschen Journalisten zu verhaften.

Von Vukelic stammt eine kurze, prägnante Schilderung dieser letzten Begegnung, die einen Eindruck von der wehmütigen Stimmung an diesem Abend vermittelt. Sorge und Clausen sprachen darüber, wie man Japan verlassen und nach Deutschland gelangen könnte – vor die Wahl gestellt, hieß das Wunschziel ganz klar Deutschland und nicht Sowjetunion. Vukelic, dessen eigene Heimat von den Deutschen besetzt war, nahm ihnen die Hoffnung mit dem Hinweis, daß der Krieg die Reiserouten zwischen Japan und Europa unterbrochen habe.

»Man kommt von Japan aus nicht dorthin zurück«, sagte er.

»Das stimmt nicht! Wenn wir zurück wollen, ist es ganz leicht!« erwiderten beide scharf. Die Zentrale brauche ihnen bloß zu sagen, sie sollten nach Deutschland gehen, egal wie, dann fänden sie schon einen Weg aus Japan. – Sorge und Clausen redeten, als seien sie sich ihrer Sache vollkommen sicher.

»Wir könnten als Matrosen auf einem Schiff anheuern«, meinten beide.

Möglich, daß Sorge an die Blockadebrecher dachte, die wertvolle Ladungen Kautschuk und anderes Kriegsmaterial aus dem Fernen Osten via Bordeaux nach Deutschland transportierten. Der Seeweg war gefahrvoll, ein tödliches Katz-und-Maus-Spiel mit den britischen Unterseebooten und Zerstörern, die im Indischen Ozean patrouillierten. Erst vor ein paar Tagen – am 14. Oktober – war die *Elsa Eßberger* mit Rohstoffen und dreißig japanischen Torpedos an Bord in Richtung Deutschland ausgelaufen. Zweifellos rechnete Sorge damit, daß sein Freund Paul Wenneker, der Marineattaché (der eine entscheidende Rolle bei der Unterstützung der Blockadebrecher-Operationen spielte), es leicht einrichten könnte, daß man ihn und Clausen als Besatzungsmitglieder mitnähme. So wie es aussah, war Sorge zuversichtlich, von einer Rückkehr nach Deutschland nichts befürchten zu müssen – worin ihn seine heimliche Durchsicht der Akten Meisingers bestärkt haben mochte.

Vukelic verstand, daß Sorge sein Herz daran gehängt hatte, in neue Gefilde aufzubrechen, und nun soweit war, seinen Spionageapparat aufzulösen. »Hier in Japan gibt es für uns nichts mehr zu tun«, beschied Sorge ihn.

Clausen erhob sich bald, um die trübselige Gesellschaft zu verlassen, wobei er tapfer allen Versuchen Sorges widerstand, seine Saketasse aufzufüllen. Vielleicht fürchtete er Annas Vorhaltungen – gewöhnlich machte sie ihm eine Szene, wenn er spätabends, nach Schnaps riechend, von einem Besuch bei Sorge heimkehrte.

Vukelic, der normalerweise früh nach Hause zu seiner japanischen Frau ging, willigte ein, noch ein bißchen zu bleiben, um dem mutlosen Sorge Gesellschaft zu leisten. Neuer Sake wurde warm gemacht.

»Wissen Sie, wo ›Joe‹ wohnt?« fragte Sorge. Vukelic wußte es nicht –

wie hätte er auch? Er kannte nicht einmal »Joes« richtigen Namen, was Sorge klar gewesen wäre, hätte er seine fünf Sinne beisammen gehabt.

»Aber Sie kennen ›Otto‹, nicht wahr?«

»Nein«, sagte Vukelic. Sorge hatte »Otto« gelegentlich als Quelle bestimmter Informationselemente erwähnt.

»Aber Ozaki müssen Sie kennen, den berühmten Journalisten?«

Der Name sagte Vukelic nichts. Sorge hatte Kontakte zwischen den japanischen und europäischen Segmenten des Rings bewußt eingeschränkt. Er sei nie jemandem mit Namen »Otto« oder Ozaki begegnet. Sorge brach mit der ehernen Regel, daß Agenten um der Sicherheit willen nur unter ihren Decknamen bekannt sein dürfen. Hatte er jede Umsicht fahrengelassen? Aus Vukelics Aussage wissen wir, daß Sorge an diesem Abend betrunken war. Vielleicht war er betrunkener als sonst. Was er redete, war ohne Sinn und Verstand.

»Bitte rufen Sie Ozaki bei der Südmandschurischen Eisenbahn an«, bat Sorge.

Es mag Vukelic seltsam vorgekommen sein, daß Sorge keine Möglichkeit hatte, in Notfällen Verbindung mit wichtigen Mitgliedern wie »Otto« und »Joe« aufzunehmen. Der »Boss« kannte weder die private Telefonnummer von Ozaki noch die seines Büros.

»Aber wie soll ich Ozaki anrufen, wenn ich seinen richtigen Namen nicht kenne und nicht weiß, in welcher Abteilung er arbeitet?«

»Aber er ist ein berühmter Journalist und schreibt ständig Artikel, Sie müssen ihn doch kennen. Suchen Sie sich in *Contemporary Japan* seinen Artikel raus, dann haben Sie seinen Namen. Rufen Sie den Verlag von *Contemporary Japan* an und sagen Sie, sie hätten gern Ozakis Adresse.«

Geduldig durchblätterte Vukelic alte Ausgaben des Magazins, fand ein Subskriptionsformular und versprach, als erstes am nächsten Morgen im Verlag anzurufen. Erpicht darauf, zu seiner Frau und seinem kleinen Sohn zurückzukehren, verabschiedete er sich. Die Luft war kühl, und als er sich auf den Heimweg machte, fing es an, leicht zu regnen.

Sorge, der grübelnd allein zurückblieb, ging bald darauf zu Bett. Die in der Nähe des Hauses postierten Polizisten bemerkten, daß um 23 Uhr – ungewöhnlich früh – das Licht ausging. Nie mehr sollte es nächtliche

Ausschweifungen geben. Nie mehr würde er bis tief in die Nacht arbeiten, wenn er sich mit seinem Buch oder einem gelehrten Aufsatz abmühte. Nur noch wenige Stunden, und er hatte die Kontrolle über sein Schicksal verloren.

SONNABEND, 18. OKTOBER Um 5 Uhr 50 morgens wartete der Trupp der Geheimen Staatspolizei, der Sorges Haus umstellt hatte, auf die letzten Befehle. Es war noch dunkel; nur ein paar blaßgraue Splitter durchbrachen den nachtschwarzen Himmel. An einem Fenster im ersten Stock der Toriisaka-Polizeistation stand Yoshikawa Mitsusada und zitterte, während er in der Dunkelheit auszumachen versuchte, was vor sich ging. Er leitete den Einsatz, und es lag in seiner Verantwortung, daß alles nach Plan lief.[44]

Die Verhaftung Sorges war für 6 Uhr geplant, wenn andere Einheiten der Polizei Clausen und Vukelic in ihren Wohnungen festnehmen würden. Aber es war ein Hindernis aufgetaucht. Sorge hatte zu dieser frühen Stunde Besuch bekommen, und vor dem Haus parkte ein Wagen mit Diplomatenkennzeichen. Im Flur in der ersten Etage brannte Licht. Die Minuten verstrichen, und Yoshikawa befürchtete, daß irgend jemand Sorge durch einen Hinweis auf die anderen Verhaftungen warnen könnte. Was wäre, wenn er einen Fluchtversuch unternähme oder – eine noch beunruhigendere Möglichkeit – Selbstmord beginge? Die Spannung war unerträglich.

Gegen 6 Uhr 30 kam der Besucher aus dem Haus, allein, und fuhr weg. Das Morgenlicht sickerte durch die schwere Wolkendecke, und der Regen prasselte gegen die Fensterscheiben. Von seinem Beobachtungspunkt aus konnte Yoshikawa sehen, wie die Polizisten, die die Verhaftung vornehmen sollten, sich in den kleinen Vorgärten schlichen.

Hilfsinspektor Ohashi Hideo – der Komintern-Experte in der Auslandsabteilung der *Tokko* – führte die Schar an. Auf sein Zeichen hin drückte Sergeant Saito Harutsugu, flankiert von zwei weiteren Polizeibeamten, den Klingelknopf. Ohashi hielt sich im Hintergrund. Die Tür öffnete sich. Sorge war noch im Schlafanzug, aber hellwach, rasiert und gewaschen.

Saito, der ebenfalls zur Auslandsabteilung gehörte, sagte den Spruch auf, den er sorgfältig eingeübt hatte. »Guten Morgen. Ich komme wegen des Autounfalls neulich.« Sorges Gesichtsausdruck verriet keine Regung, keine Spur von Überraschung beim Anblick dieser frühen Besucher. Wenig später würde er gegenüber den Beamten bekennen: »Ich war völlig erstaunt, als die Polizei mich verhaftete. Mit einer Verhaftung hatte ich nie gerechnet.«[45]

Mit einer Armbewegung entließ Sorge das Trio in die Diele im Erdgeschoß. In diesem Moment platzte der nervöse und ungeduldige Ohashi herein und bellte ein paar Befehle. Die anderen drei ergriffen Sorge, drehten ihm die Arme auf den Rücken und bugsierten ihn zur Tür hinaus. Ruhig und ohne Widerstand zu leisten, ging er mit. Jemand fand einen Mantel und warf ihn ihm über die Schultern. Vom Regen gepeitscht, marschierte die kleine Schar die enge Gasse hinunter zur 200 Meter entfernten Polizeiwache.

Yoshikawa, der mit Ogata Shinichi, dem Leiter der Auslandsabteilung, in einem Büro wartete, stellte sich vor.

»Ich bin Yoshikawa, Staatsanwalt«, sagte er in stockendem Deutsch.

»Warum hat man mich verhaftet?« wollte Sorge ärgerlich wissen.

»Wir nehmen Sie wegen Verdachts der Spionage unter Verletzung des Nationalen Gesetzes zur Sicherung des Friedens fest.«

»Das ist absurd! Ich bin Korrespondent der *Frankfurter Zeitung*. Es ist mein Beruf, dem Blatt Artikel zu schicken, und das ist völlig legitim. Ich stehe in besonderen Beziehungen zum deutschen Botschafter und sammele Informationen für ihn, und ich bin Nationalsozialist!« schrie Sorge.

»Sind Sie nicht schuldig, für die Komintern zu spionieren?« Yoshikawa hatte sein Deutsch vorher aufpoliert, aber in der momentanen Aufregung kamen ihm die Worte nur unbeholfen über die Lippen.

»Nein!« brüllte Sorge. »Ich bin Nationalsozialist. Rufen Sie sofort Botschafter Ott. Ich bestehe darauf!«

»Sie sind Kommunist, nicht Nationalsozialist. Als Kommunist können Sie nicht Nazi sein«, sagte Yoshikawa abwechselnd auf deutsch und auf englisch.

»Es ist unerhört, jemanden von der Botschaft Deutschlands, einer verbündeten Nation, als Spion zu verhaften. Es wird scharfen Protest geben, da können Sie sicher sein, und es wird ernste Konsequenzen für die Beziehungen zwischen Japan und Deutschland haben!«

Nach dem ersten hitzigen Wortwechsel entschied Yoshikawa abzuwarten, bis Sorge sich beruhigt hatte. Sorge wurde zur Leibesvisitation in eine Zelle gebracht, eine reine Routine, um versteckte Waffen oder Gift zu finden, die aber darüber hinaus den beabsichtigten Effekt hatte, den Verdächtigen zu demoralisieren. Demütigung war ein Machtinstrument. Sorge, der nicht so leicht einzuschüchtern war, knurrte wütend, mußte sich aber trotzdem ausziehen und die Prozedur über sich ergehen lassen. Im Laufe des Tages teilte man ihm mit, daß er verlegt würde. Inzwischen hatte er sich beruhigt. »Es war, als hätte er gewußt, daß das Spiel aus war«, bemerkte Yoshikawa viele Jahre später in Rückbesinnung auf das Drama.

Kurz vor Sorges Verhaftung an diesem Morgen marschierte ein Polizist in Max Clausens Haus in Hiroo-cho. Clausen schreckte aus dem Schlaf hoch und blickte in das vertraute Gesicht von Sergeant Aoyama Shigeru, der in seiner Schlafzimmertür stand.

Am Abend zuvor war er auf dem Heimweg von Sorges Haus zwei Polizisten der Toriisaka-Polizeistation in die Arme gelaufen. Einer von ihnen war Aoyama gewesen, ein Beamter, mit dem er auf freundschaftlichem Fuß stand. Wo er hinginge? hatten sie gefragt, und irgend etwas hatte Clausen gesagt, daß ihr Interesse mehr war als Routine: »Irgendwie spürte ich, daß ich bald verhaftet würde, und als ich in die Bahn nach Hause stieg, wurde ich zunehmend nervöser.«[46]

Clausen hatte überlegt, ob er die Manuskripte, die Codierunterlagen und andere Beweise für Spionage verbrennen und das Funkgerät im Garten vergraben sollte. »Aber am Ende machte ich gar nichts und beschloß, alles so zu lassen, wie es war, und ging um 22 oder 23 Uhr ins Bett.«[47] Jetzt bereute er seine Untätigkeit bitter. Aoyama sagte, er werde auf dem Polizeirevier gebraucht, um bei der Untersuchung eines Verkehrsunfalls behilflich zu sein, aber Clausen wußte, daß das ein Trick war. Ein anderer Polizist in Uniform stand unten im Flur, und zwei weitere Beamte in Zivil warteten in einem Auto vor dem Haus.[48] Er zog sich an, frühstückte in aller Eile und versuchte Anna zu beruhigen, die in heller Aufregung war. »Ich fahr nur eben zur Polizeiwache. Es geht um den Autounfall«, sagte er, während man ihn abführte. »Ich bin gleich wieder da.«

Währenddessen stürzte sich eine dritte Abordnung der *Tokko*-Auslandsabteilung auf Vukelic. Man zerrte ihn aus dem Bett, zwang ihn, sich anzuziehen, und beförderte ihn vor den Augen seiner verängstigten Frau die Treppe hinunter.

»Sie ließen ihm nicht einmal Zeit, sich Schuhe anzuziehen, und er schlüpfte rasch in Sandalen, als sie ihn durch die Tür nach draußen stießen«, erinnert sich Yoshiko. »Ein paar Beamte blieben zurück, um das Haus zu durchsuchen. Sie interessierten sich besonders für seine Dunkelkammer. Ich war entsetzt, als einer von ihnen zwei Kisten mit Clausens Funkausrüstung fand.

›Was ist das?‹ wollte er wissen. Ich versuchte, möglichst lässig zu antworten. ›Keine Ahnung. Ich habe keinen blassen Schimmer von diesen Geräten.‹

Zwei Polizisten blieben da, um das Haus zu bewachen, aber es gelang mir, das Funkgerät rauszuschmuggeln, und ich trieb einen alten Schulfreund auf, der es beiseite schaffen sollte. Dann kam der Polizist, der es gefunden hatte, zurück und fragte: ›Erinnern Sie sich an den komischen Apparat, über den ich Sie was gefragt habe? Wo ist er?‹

Ich sagte, ich wüßte es nicht, und weinte so lange, bis der Polizist es aufgab. Aber dann ging Clausen hin und gestand, das Funkgerät in unserem Haus gelassen zu haben, und die Polizei kam dauernd wieder und fragte, was ich damit gemacht hätte.«[49]

Eta war mit Proben beschäftigt gewesen und hatte Sorge die ganze Woche nicht gesehen. Am Sonnabend morgen um 5 Uhr wachte sie von einem Alptraum auf, der voller Vorahnungen gewesen war. Sie notierte den Traum in ihrem Tagebuch:

Zuerst hörte ich die Gartenpforte gehen, und dann seinen hastigen, hinkenden Schritt. Das Aufschließen der Haustüre war heftig, und dann kam er die Treppe herauf, schnell, wie im höchsten Zorn. Am Treppenabsatz bog er um, kam auf mich zu, und ich sah vom Bett aus sein Gesicht. Es war das Gesicht eines Erwürgten, blaurot, mit fürchterlich vorquellenden Augen.[50]

Sie sagte sich selber, daß diese schreckliche Vision eine Ausgeburt ihres Schuldbewußtseins war – sie hatte es versäumt, Sorge zu besuchen, obwohl sie wußte, daß er krank war. Sie stürzte zum Telefon und wählte Akasaka 118. Eine mißmutige männliche Stimme antwortete. Es war die eines Japaners. Nein, Sorge sei nicht da. »Bitte gefälligst Name und Telefonnummer«, sagte der Mann. Am Samstag nachmittag versuchte sie es nochmals. Dieselbe übelgelaunte Stimme antwortete.

Aller Wahrscheinlichkeit nach gehörte die Stimme Hilfsinspektor Ohashi, der den ganzen Tag in Sorges Haus verbrachte und Beweismaterial sicherstellte. Es war eine lästige Aufgabe, und am Ende war er völlig erledigt. Das Arbeitszimmer war vollgestopft mit Aktenordnern, Notizbüchern und Manuskripten. Da waren Landkarten, Kameras, Fotozubehör, eine Entwicklerausrüstung und fast tausend Bücher. Jeder Gegenstand wurde untersucht, katalogisiert, in Kisten verpackt, anschließend auf einen Eintonner verladen und um Mitternacht schließlich zur Hauptwache der Tokioter Polizei gebracht.[51]

In dem Berg von Material fand sich ein getipptes, ungefähr dreihundert Seiten starkes Manuskript. Es war das Buch, an dem Sorge mit Unterbrechungen viele Jahre gearbeitet hatte. Der Titel lautete: *Über die Herkunft der Japaner*. Zwei Monate zuvor war es einem bekannten deutschen Japanologen, Dr. Otto Karow, von einem Dritten vorgelegt worden. Karows Urteil war vernichtend gewesen: Das Manuskript sei oberflächlich, wenig originell und die Mühe einer Veröffentlichung nicht wert.

Man kann sich recht gut vorstellen, wie sehr dieses Urteil Sorges Stolz verletzt haben mußte. Obwohl er seine Forschungen bescheiden als »Hobby« beschrieb, glaubte er, daß sie für seine Spionagetätigkeit von großer praktischer Bedeutung waren. In seinem während der Haft verfaßten Bericht schrieb er, daß ihm seine Japankenntnisse den Respekt der Botschaft eingetragen hätten; unter anderen Umständen wäre er gern Wissenschaftler geworden – und ganz sicher nicht Geheimagent.

Am Abend wurde Sorge von der Toriisaka-Polizeistation ins Tokioter Untersuchungsgefängnis verlegt. Diese in Sugamo, einem nördlichen Vorort der Hauptstadt, gelegene traurige Betonfestung beherbergte Verdächtige und verurteilte Gefangene. Zu ihren häufig benutzten Einrichtungen gehörte eine Hinrichtungskammer.

Nach den Aufnahmeformalitäten erhielt Sorge eine dünne Matratze und eine Decke und kam in Zelle 11, in der ersten Etage von Flügel 5. Die Zelle war 1,80 Meter breit und 3,35 Meter lang, hatte ein Waschbecken mit fließend Wasser und eine Toilette mit Spülung. Der Deckel des Waschbeckens konnte heruntergelassen und als Tisch benutzt werden, während der Toilettendeckel als Sitz diente. Das Fenster bestand aus kleinen viereckigen Mattglasscheiben, in einen eisernen Rahmen eingelassen. Am unteren Rand befand sich eine winzige Öffnung, die Luft herein-, aber keinen Blick herausließ. Gitter gab es keine.[52]

Die ganze Nacht über brannte ein Deckenlicht, und die Wachen konnten den Gefangenen durch ein Guckloch in der Metalltür kontrollieren. Um sechs Uhr morgens wurde Sorge durch ein Hornsignal und Glockengeläut geweckt. Eine halbe Stunde später riß ein Wärter die Tür zur morgendlichen Inspektion auf. Dann gab es das Gefängnisfrühstück: Suppe, die so ekelhaft schmeckte, wie sie roch, kalten Reis und lauwarmen Tee.

Das sollte für die nächsten drei Jahre Sorges Zuhause sein.

Teil 4

●●●●●●●●●●●●●●●●●●●●●●

Ein hoher Preis

Kapitel 17

Ein hoher Preis

Botschafter Ott wurde am Samstag nachmittag vom japanischen Außenministerium über die Verhaftung Sorges unterrichtet. Eine kurze Mitteilung besagte, daß Richard Sorge »wegen Verdachts auf Spionage«, zusammen mit einem weiteren deutschen Staatsbürger, Max Clausen, festgenommen worden sei. Ott war entsetzt und außer sich. Für ihn gab es keinen Zweifel, daß es sich um einen »typischen Fall von japanischer Spionagehysterie« handelte. Sein erster Gedanke war, daß die Japaner entdeckt haben könnten, daß Sorge der Deutschen Botschaft vertrauliche Informationen über die japanisch-amerikanischen Verhandlungen hatte zukommen lassen.

Er schloß eine Intrige antideutscher Elemente in der Bürokratie nicht aus. Der neue Ministerpräsident Tojo Hideki, dessen Kabinett an diesem Sonnabend vereidigt worden war, stand fest hinter der Achse. Aber dem neuen Außenminister Togo Shigenori war weniger zu trauen. Die Botschaft war im Besitz von Informationen, daß Togo Deutschland ablehnend gegenüberstand und daß er unter dem Einfluß seiner deutschstämmigen Frau Edita, einer Jüdin, stand. Ott hatte keine klare Vorstellung, wer hinter der Verhaftung seines Freundes steckte. Alles, was er wußte, war, daß es ein schrecklicher Fehler war.

»Sorge ein Spion? Für wen denn? Was für ein Gewäsch. Für den Mann würde ich meine Hand ins Feuer legen«, sagte Ott den Leuten in seiner Umgebung. Am Samstag abend vertraute Ott sich Heinrich Loy an, dem Hauptgeschäftsführer von Agfa Japan, der als Tokioter Ortsgruppenleiter der NSDAP in Japan fungierte. Loy war genauso erstaunt und wütend wie der Botschafter. Zwar sei Sorge manchmal schnodderig, ja, sogar unverschämt, was nationalsozialistische Persönlichkeiten betreffe, aber schließlich habe man ihn für verläßlich genug gehalten, um ihm 1937 den Posten des Ortsgruppenleiters anzubieten. Als die japanischen Behörden ein paar Monate später bekanntgaben, daß gegen Sorge als Sowjetspion Anklage erhoben worden sei, machte Loy keinen Hehl daraus, daß er Sorges kunstvolle Charade insgeheim bewunderte:

> Ich kannte Sorge persönlich seit langem, aber diese Nachricht überraschte mich und machte mir deutlich, wie sehr er sich von anderen Menschen unterschied. Normalerweise leisten sich Menschen, die man lange kennt, bei irgendeiner Gelegenheit einen unbedachten Ausrutscher. Besonders wenn einer säuft wie ein Loch, wie Sorge, erwartet man, daß er, wenn er einen sitzen hat, sein wahres Ich rausläßt. Aber Sorge gab niemals den kleinsten Hinweis auf sein wahres Selbst. Wenn man bedenkt, daß er seine wahre Identität bis jetzt verbergen konnte, muß ich sagen, er war ein außergewöhnlicher Mann.[1]

Erwin Wickert, der junge Rundfunkattaché, erfuhr die Neuigkeit am Sonntag auf dem Bahnhof Shimbashi. Der Regen hatte nachgelassen, und er war im Begriff, mit einem Freund einen Ausflug nach Kamakura zu machen, um den bronzenen Daibutsu, den Großen Buddha, zu fotografieren. Sein Freund Fritz Cordt, Presseattaché an der deutschen Mission in Schanghai, kam aufgeregt und außer Atem verspätet zum Bahnhof. »Sorge ist verhaftet worden! Sie sagen, er sei ein Spion!« rief er.

Wickert war sprachlos. Er glaubte, daß es sich um einen dummen Fehler der Geheimpolizei handelte, die sich einbildete, unter jeder *tatami* lauerten Spione. Was würden sie mit Sorge machen? Er erinnerte sich an den Fall von Jimmy Cox, den wegen Spionageverdachts verhafteten Reuters-Korrespondenten, der während des Verhörs durch die Militärpolizei *Kempetei* gestorben war. Aber Wickert war zuversichtlich, daß der Botschafter alles in seiner Macht Stehende tun würde, die Angelegenheit aufzuklären und Sorge freizubekommen.[2]

Niemand war erschütterter als Helma Ott. Tagelang setzte sie ihrem Mann zu, in allerschärfster Form Protest einzulegen. Es war das einzige, was er tun konnte, um sie davon abzuhalten, das Außenministerium zu stürmen und Sorges sofortige Freilassung zu fordern.

Ein Bericht des US-Militärgeheimdienstes über den Fall faßte die Reaktionen derjenigen zusammen, die von dem Ereignis am stärksten betroffen waren:

> Für seine engen Freunde, Botschafter Ott und den Chef der Gestapo, Oberst Meisinger, war Sorges Verhaftung ein schwerer Schock. Sie konnten nur glauben, daß die Japaner einen weiteren jener dummen Fehler begangen hatten, für die sie berühmt waren, und sie taten alles, um ihren Freund aus dem Gefängnis herauszuholen. Außerdem stellte sich eine bange Frage: Wenn der gute Nazi Sorge zufällig tatsächlich ein Sowjetspion war, welche Folgen hätte das für zwei hochrangige Nazi-Funktionäre, die ihm so lange vertraut und sich ihm anvertraut hatten?[3]

Der kleine Kreis von Deutschen, der unmittelbar nach dem Ereignis von Sorges Festnahme erfuhr, verurteilte die Japaner hitzig. Am Sonntag eilten entrüstete deutsche Korrespondenten zur Botschaft, um mit Rudolf Weise, dem Leiter des Deutschen Nachrichtenbüros, über die Notlage ihres Kollegen zu sprechen.

Alle waren sich einig, daß Sorge die Behörden durch seine kritischen Zeitungsartikel beleidigt hatte und nun für seine mangelnde Diskretion büßte. Weise setzte eine volltönende Erklärung auf, die Sorge absolute politische Verläßlichkeit und persönliche Integrität attestierte und die alle Korrespondenten unterzeichneten. Ein oder zwei Tage später dämmerte ihnen, daß sie ziemlich übereilt gehandelt hatten, ohne die Fakten zu prüfen. Was, wenn doch etwas an den Anschuldigungen dran war? Rätselhafterweise ging die Petition verloren, bevor sie den japanischen Behörden vorgelegt werden konnte.

Am Montag legte Legationsrat Erich Kordt auf Otts Anweisung hin Protest beim Außenministerium ein. Am Donnerstag, den 23. Oktober, kabelte der Botschafter seinen ersten Bericht über die Verhaftung der beiden deutschen Staatsbürger nach Berlin.

Die japanische Öffentlichkeit wurde über die Zerschlagung eines gefährlichen Spionagerings im dunkeln gelassen. Die von der Regierung kontrollierte Presse durfte nichts über die Festnahmen berichten. Der Botschafter gab die Neuigkeit nur an eine Handvoll ausgewählter Angehöriger der deutschen Kolonie weiter. Jedes Gespräch über die Angelegenheit war verboten, ein Tabu, dem die drohende Gegenwart von Gestapo-Oberst Josef Meisinger nachdrücklich Geltung verschaffte. Auf Sorge angesprochen, hatten die Mitarbeiter der Botschaft strikte Anweisung, lediglich zu sagen, er sei »weg«.

Botschafter Ott muß von Anfang an begriffen haben, daß es das Ende seiner Karriere bedeuten würde, sollte das Unwahrscheinliche eintreten und sein Freund sich doch als Sowjetspion entpuppen. Statt der Wahrheit ins Auge zu sehen, bestand er darauf, die ganze Sache sei ein groteskes Mißverständnis. Es war das, was er glauben wollte und woran er sich noch Jahre später klammerte, nachdem die Wogen sich längst geglättet hatten.

Eta rätselte wochenlang über Sorges plötzliches Verschwinden. »Ich dachte unaufhörlich an Sorge, glaubte ihn in Schanghai oder Berlin«, schrieb sie später. Von der Botschaft erfuhr sie nichts. Bei ihrem Konzert am 29. Oktober wirkten die Otts »entspannt und heiter«. Am 15. November faßte Eta sich ein Herz und fragte, was aus ihm geworden sei. »Ja, beste maestra, wenn man sich mit Sorge befreundet, dann muß man auch darauf gefaßt sein, daß er plötzlich auf ein paar Wochen oder ein paar Jahre verschwindet«, erwiderte Helma nicht ohne eine gewisse Schadenfreude.[4]

Ein weiterer Monat verging, bevor sie die schreckliche Wahrheit entdeckte. Die Quelle war die Freundin der Otts, Frau Araki. »Ist das nicht furchtbar mit Sorge?« klagte die hübsche Japanerin, die auf keiner Party fehlte. Sie fuhr fort und redete sich alles von der Seele, was sie wußte: Sorge sei im Sugamo-Gefängnis, er habe Stalin wichtige Informationen verraten, die Ott ihm geliefert habe, er habe gestanden, daß er ein russischer Spion sei, daß er mit japanischen, amerikanischen und Kommunisten anderer Länder im Bunde stehe.

Eta war wie betäubt. Sie wußte, auf Spionage stand die Todesstrafe. Würden sie den Mann, den sie liebte, an den Galgen bringen? Sie fragte Frau Araki, was man tun könne. »Nichts. Da ist nichts zu machen. Er muß mit langer Haft rechnen. Aber natürlich können sie einen weißen Mann nicht hängen!« Sie fügte hinzu: »Was immer Sie auch tun, sagen Sie zu niemandem ein Sterbenswörtchen. Die Deutschen haben striktes Redeverbot!«[5]

Lily Abegg, eine aufdringliche Journalistin, die für die *Frankfurter Zeitung* über Asien berichtete, übernahm, ohne zu zögern, sofort die Stelle als Tokio-Korrespondentin und schwärzte Sorge an. Er sei ein eingebildeter Angeber, unkultiviert und ohne inneres Gleichgewicht.[6] »Und passen Sie auf, wenn der wieder raus ist, wie er uns alle beschimpfen wird, weil wir es besser hatten als er! Und *wie* er renommieren wird!« sagte Lily zwei Monate nach der Verhaftung zu Eta, die scharf erwiderte, er sei der anständigste und selbstloseste Mensch, der ihr je begegnet sei.[7]

Richard Sorges Verhör begann am Sonntag, den 19. Oktober, um 9 Uhr morgens. Verantwortlicher Staatsanwalt war der 34jährige Yoshikawa Mitsusada. Yoshikawa war intelligent, ehrgeizig und der besondere Günstling von Nakamura Toneo, dem Chef der Ideologischen Abteilung der Staatsanwaltschaft beim Bezirksstrafgericht von Tokio.

Yoshikawas unmittelbare und dringliche Aufgabe war es, ein Geständnis zu bekommen. Der Druck war enorm. Botschafter Ott verlangte, Sorge unverzüglich zu sehen, und die Staatsanwaltschaft wollte ein Geständnis, bevor es zu einer solchen Begegnung käme, die von Ministerpräsident Tojo genehmigt worden war. Die Verhaftung eines deutsches, Staatsbürgers mit so guten Beziehungen zu höheren Kreisen konnte sich zu einem ernsthaften diplomatischen Zwischenfall auswachsen. Japan konnte es sich nicht leisten, seinen Achsenpartner zu beleidigen, am allerwenigsten zu einem Zeitpunkt, an dem ein Konflikt mit den USA unausweichlich schien.

In späteren Jahren dachte Yoshikawa an den dramatischsten Fall seiner gesamten Laufbahn zurück: »Der politische und diplomatische Druck war immens, und es gab ein großes Theater mit Frau Ott. Ich mußte rasch die Wahrheit herauskriegen. Mit dem Kabinettswechsel und der Amtsübernahme Tojos konnten wir den Deckel auf den Sorge-Ereignissen halten, und das war unser Glück.«[8]

Aber Sorge wollte partout nicht nachgeben. Er erklärte seine Loyalität gegenüber den Nationalsozialisten und Deutschland, das sein Gehalt bezahle. Er gab lediglich zu, hin und wieder vertrauliche Informationen für den Botschafter gesammelt zu haben, dem er als Berater diene. Die Beschuldigungen seien absurd.

»Ich bin Nazi!« beharrte er.

»Hören Sie auf zu lügen! Sie sind Kommunist, nicht Nazi. Ich schlage vor, Sie legen jetzt sofort ein Geständnis ab«, sagte Yoshikawa.

»Ich bin Nazi. Ich verlange, daß Sie sich auf der Stelle mit Botschafter Ott in Verbindung setzen. Er wird die Sache aufklären können.«[9]

Yoshikawa war felsenfest davon überzeugt, daß er einem Spion gegenübersaß. Die Frage war: *wessen* Spion?

Wir fragten uns, ob Sorge wirklich ein Spion für Deutschland war und die Kommunisten in Japan benutzte, in Wirklichkeit aber für das Nazi-Regime in Deutschland spionierte. Das war die eine Frage. Die zweite Frage war, ob Sorge ein Doppelagent sowohl für Berlin als auch für Moskau war. Die dritte Frage lautete, ob er tatsächlich ein Spion für Moskau war, der behauptete, Nazi zu sein. Deshalb verhörten wir Sorge völlig vorurteilsfrei. Wir gingen sehr vorsichtig vor.[10]

Hilfsinspektor Ohashi Hideo von der Auslandsabteilung der japanischen Geheimen Staatspolizei war der leitende polizeiliche Vernehmungsbeamte im Fall Sorge. Ohashi, 39 Jahre alt, war ein stämmiger Mann mit vergnügtem Gesicht und Pausbacken, der ebenfalls unter dem Druck stand, von Sorge das Eingeständnis zu bekommen, Spion für die Sowjetunion oder die Komintern zu sein. Mit Yoshikawa im Nacken versuchte Ohashi, unter unablässigen Drohungen und Schmeicheleien zu demonstrieren, daß Widerstand zwecklos war.

»Wozu es leugnen? Ihre Untergebenen Miyagi und Ozaki haben gestanden, Spione zu sein. Wir haben in Ihrem Haus Material gefunden, das nicht zu der Art von Informationen gehört, die ein Journalist besitzt. Mit ziemlicher Sicherheit wurde es der Sowjetunion übermittelt. In Clausens Haus haben wir dieselbe Art von maschinegeschriebenen Manuskripten sichergestellt, außerdem Codierunterlagen und die Funkausrüstung. Alles zusammen unwiderlegbare Beweise für Spionagetätigkeit.«

Eines der verdächtigen Papiere, die man Sorge präsentierte, war der mit Maschine getippte Entwurf jener letzten flehentlichen Bitte, man möge ihn und Clausen aus Japan abziehen, der bei der Haussuchung in Nagasaka-cho gefunden worden war. Zwar wurde die Sowjetunion nicht namentlich genannt, aber der Stil und die Benutzung von Codenamen waren verdächtig: So schrieb kein Journalist seinem Chefredakteur.

Am ersten oder zweiten Tag behauptete Ohashi, Clausen habe gestanden und Sinn und Zweck des Tokio-Rings enthüllt. »Es ist so sonnenklar, daß Sie und die anderen spioniert haben. Selbst wenn Botschafter Ott offiziellen Protest einlegt, wird die japanische Regierung Sie nicht freilassen«, warnte Ohashi Sorge.

Die Regierung, fuhr er fort, habe eine Nachrichtensperre verhängt, so daß die Zeitungen nichts über den Fall berichten könnten. Der Grund – den Ohashi nicht erläuterte – war, daß das Vertrauen der Öffentlichkeit untergraben würde, wenn herauskäme, daß ein Spionagering hohe offizielle Kreise unterwandert hatte.

»Also wurde der Fall nicht öffentlich bekanntgegeben?« Sorge schien überrascht.

»Jede Berichterstattung ist verboten«, erwiderte Ohashi.

»Ich möchte nicht, daß diese Affäre bekannt wird; wenn sie also nicht publik gemacht wird, hätte ich nichts dagegen, meine Tätigkeit als Spion zuzugeben und darüber zu sprechen.«

Aus heiterem Himmel hatte Sorge zum ersten Mal seine Agentenrolle eingestanden. Ohashi verspürte eine Woge der Erleichterung und des Triumphs, als der Verdächtige einzuknicken begann. Das war am Nachmittag des 23. Oktober, einem Donnerstag.[11]

Ohashi zufolge legte Sorge am Freitag, den 24. Oktober, ein formelles Geständnis ab. Außer ihm selbst waren als Zeugen zwei höhere Beamte der *Tokko,* Yoshikawa und zwei weitere Staatsanwälte sowie ein Dolmetscher zugegen, allesamt eingepfercht im winzigen Büro des buddhistischen Priesters, wo das Verhör stattfand.

Der Durchbruch aber kam Yoshikawa zufolge am Sonnabend, den 25. Oktober. Es war ein Augenblick höchster Dramatik:

> Sorge bat um Papier und Bleistift und schrieb auf deutsch: Ich bin seit 1925 internationaler Kommunist gewesen. Dann brach er in Tränen aus und barg sein Gesicht auf dem Tisch. Er war verzweifelt. Er knüllte das Blatt zu einer Kugel zusammen und schleuderte sie quer durch den Raum, stand auf und rannte hin und her. »Zum ersten Mal in meinem Leben bin ich geschlagen!« schluchzte er. Es war ein echtes Drama. Auch [Staatsanwalt] Tamazawa war überrascht. Andere Staatsanwälte kamen ins Zimmer, um zu sehen, was los war. Dann beruhigte er sich.[12]

Yoshikawa war hochzufrieden. Sorge war schneller als erwartet zusammengebrochen: »Ich hatte gedacht, daß es länger dauern würde, und wenn es länger gedauert hätte, dann wäre ich ganz schön in Schwierigkeiten geraten, und zwar wegen des Drucks sowohl von der Deutschen Botschaft als auch von seiten der japanischen Armee.«[13]

Die Untersuchungsbeamten sahen eine bemitleidenswerte Figur vor sich, einen Menschen, der physisch und psychisch ausgelaugt war. Als man Sorge verhaftet hatte, war er körperlich nicht auf der Höhe gewesen, hatte möglicherweise kurz vor einem Zusammenbruch gestanden. Nach fünf oder sechs Tagen pausenloser Verhöre – und aller Wahrscheinlichkeit nach Schlafentzug – war seine Widerstandskraft gebrochen, sein Kampfgeist erloschen. Er war derart erschöpft, daß er Yoshikawa bat, ausruhen zu dürfen, bevor die formelle Untersuchung begann.

Aber manche Sorge-Experten mochten sich mit einer solch frühen Kapitulation nicht abfinden, sei sie doch völlig untypisch für ihn: Ein Mann von so ungeheurer Willenskraft hätte länger widerstanden – es sei denn, man hatte, vielleicht, zur Folter gegriffen, um ihn zu brechen.

Im Japan der Vorkriegszeit mußte ein Verdächtiger – besonders jemand, der politischer Verbrechen angeklagt war – sich in den Händen der Polizei auf eine unsanfte Behandlung gefaßt machen. Mit Ausländern sprang man höflicher um, obwohl es sehr glaubhafte Fälle gibt, daß Europäer in polizeilichem Gewahrsam schlimme Beschimpfungen über sich ergehen lassen mußten.

Wir wissen nicht mit Bestimmtheit, ob man den drei Europäern des Sorge-Rings die Geständnisse unter der Folter abpreßte, aber auszuschließen ist es nicht. Unmittelbar nach dem Krieg verneinten japanische Justizbeamte, daß Zwang angewendet worden sei. Yoshikawa und Ohashi behaupteten, von Anfang bis Ende wie Gentlemen gehandelt zu haben. Aber in späteren Jahren gab Ohashi zu, daß – wenngleich er die Szene nicht mit eigenen Augen erlebt habe – Vukelic unmittelbar nach seiner Festnahme gefoltert worden sei: »Offenbar schlug Suzuki [Inspektor Suzuki Tomiki] Vukelic. Persönlich gesehen habe ich es allerdings nicht. Ich führte die Untersuchung damals in einem anderen Zimmer durch.« Um seine früheren Kollegen zu verteidigen, sagte Ohashi, daß einzelne Polizeibeamte nur auf Befehl der Staatsanwälte, die die Ermittlungen leiteten, gehandelt hätten.[14]

Clausen – der einzige des Trios, der überlebte und so einiges hätte erzählen können – blieb Unerfreuliches vielleicht erspart, weil er den Beamten nach seiner Festnahme das erzählte, was sie hören wollten. Laut Yoshikawa gestanden Vukelic und Clausen beide »innerhalb von zwei oder drei Tagen. Clausen hatte es eilig. Er klagte über sein schwaches Herz. Er war der erste, der redete, ohne einen Moment zu zögern [*guzuguzu sezu*].«[15]

Ob Sorge gefoltert wurde oder ob man ihn am Schlafen hinderte, um einen Zusammenbruch zu beschleunigen, bleibt Vermutungen überlassen. Das einzige, was wir sicher wissen, ist, daß er strengen Verhören unterzogen wurde, die, nach den Worten Yoshikawas, »vom frühen Morgen bis spät in die Nacht dauerten«.[16]

Ishii Hanako gehört zu denen, die glauben, daß zumindest in den ersten Tagen seiner Haft Gewalt angewendet wurde. Sie behauptet, sicher zu wissen, daß die drei Teams aus Polizisten und Staatsanwälten einen Wettstreit austrugen, um die Verdächtigen zum Reden zu bringen. Dabei war alles erlaubt: »Sie konkurrierten heftig miteinander. Man wollte sehen, wer das erste Geständnis bekäme. Die Belohnung hieß Beförderung.«[17]

Die Erfahrung eines amerikanischen Journalisten stützt ihre Ansicht. Otto Tolischus, der Tokio-Korrespondent der *New York Times*, wurde am Tag des japanischen Angriffs auf Pearl Harbor unter dem Verdacht der Spionage festgenommen. Wie Sorge wurde auch Tolischus im Tokioter Untersuchungsgefängnis inhaftiert und vom 3. Januar 1942 an über zwei Monate lang verhört. Die ersten Verhöre, bei denen man ihn in die Zange nahm, um ihm ein Geständnis zu entlocken, vermitteln eine Vorstellung von dem, was auch Sorge erduldet haben könnte. Schreiend und fluchend beschuldigten die Beamten der *Tokko* Tolischus in gebrochenem Englisch, Japans Staatsgeheimnisse verraten zu haben. »Sie sind in geheimer Mission hierhergekommen, oder etwa nicht? Ich werde jetzt eine Frage an Sie richten, und Sie werden antworten: Ja! Und Gott steh Ihnen bei, wenn Sie es nicht tun! Sie sind Spion. Gestehen Sie! Sie sind Spion! Sie sind Spion! Sagen Sie: Ich bin Spion!«

Tolischus wurde gezwungen, sich nach japanischer Art hinzuknien, während zwei Vernehmungsbeamte ihn wiederholt schlugen, ihm auf Knie und Knöchel traten und seinen Kopf gegen die Wand hämmerten. Sie klemmten seinen Kopf mit einem Jiu-Jitsu-Griff ein, als wollten sie ihn erwürgen. Sie stießen einen Füllfederhalter zwischen seine Finger und drückten, bis sie fast brachen.

Für einen aufsässigen Verdächtigen war dies keine außergewöhnlich brutale Behandlung. Ohne Zweifel wurde Miyagi auf der Tsukiji-Polizeistation weitaus Schlimmeres zuteil, und Kawai Teikichi hatte 1936 in den Zellen der Polizei in Hsinking schreckliche Qualen erleiden müssen. Tolischus hatte Grund zu glauben, daß Sorge mißhandelt wurde. Während der Befragung am 15. Januar 1942 sprachen die Vernehmungsbeamten – die Tolischus Schlange und Hyäne taufte – von einem deutschen Journalisten, der im selben Gefängnis festgehalten werde.

»Ich habe den *Frankfurter-Zeitung*-Mann gefragt«, sagte Schlange, »und der hat mir gesagt, Sie seien ein Spion. Alle sagen das. Ihre eigenen amerikanischen Kollegen sagen das. Warum es leugnen?«
Als er den *Frankfurter-Zeitung*-Mann erwähnte, was Richard Sorge bedeutete, hätte ich es beinahe geglaubt, weil Sorge wahrscheinlich ähnlich gefoltert wurde wie ich. Aber als er andere amerikanische Korrespondenten erwähnte, wußte ich, daß er log.[18]

Nach dem traumatischen Schuldeingeständnis machte Sorge sich auf eine neue Tortur gefaßt. Als der Zeitpunkt seines Treffens mit General Ott – das er lautstark gefordert hatte – näher rückte, hatte er es sich anders überlegt. Yoshikawa schien es beinahe, als seien ihm plötzlich Skrupel gekommen, und er scheue davor zurück, dem Botschafter in die Augen zu sehen.

Aus Sorges Sicht war die Ausnutzung einer Freundschaft eine Lappalie, gemessen an einem hehren Ziel wie der Rettung der Sowjetunion und der Verhinderung eines Krieges. Aber Yoshikawa hatte entschieden den Eindruck, daß Sorge in Gewissensnöten war, und es kostete ihn seine ganze Überredungskunst, ihn umzustimmen.

Eine Weile sagte er nichts, er schien tief in Gedanken versunken. Dann erzählte er mir, daß ihre politischen Ansichten auseinandergingen, sie jedoch persönlich gute Freunde seien. Also sagte ich, daß ich, wenn ich er wäre, ihn [Ott] treffen würde, weil es nur normal und menschlich sei, ein letztes Lebewohl zu sagen. Am Ende sagte er: Ich werde mich mit ihm treffen, und ich unterrichtete das Außenministerium.[19]

Als der Augenblick kam, wurde Sorge in den Gesprächsraum geführt. Den *amigasa*, den Strohkorb, den die Häftlinge über dem Kopf tragen mußten, hatte er unter den Arm geklemmt.

Ott saß mit ein oder zwei Leuten seines Stabes und einem stattlichen Aufgebot japanischer Beamter an einem Konferenztisch. Sorge machte ein grimmiges Gesicht und blieb stehen. Ott starrte ihn konzentriert an und suchte in den Augen seines Freundes nach Anhaltspunkten. »Sorge war schlecht rasiert. Er trug den Pullover der Gefangenen und machte einen erschütternden Eindruck«, sagte der Botschafter später.[21] Keinem der beiden schien wohl ihn seiner Haut zu sein. Glücklicherweise war das Gespräch kurz. Ott stellte drei Fragen, die vorderhand mit den Staatsanwälten verabredet worden waren.

»Nun, wie geht es Ihnen?«

»Danke, gut« erwiderte Sorge.

»Wie ist das Essen, das Sie bekommen?«

»Es reicht.«

»Brauchen Sie irgend etwas?«

»Nein, danke.«

Sorge sah elend aus. »Herr Botschafter, dies ist unser letztes Zusammensein«, sagte er mit leiser Stimme.[22]

Die Tragweite dieser Bemerkung konnte dem Botschafter kaum verborgen bleiben. Nach wie vor weigerte er sich hartnäckig zu akzeptieren, daß Sorge ein Spion war, es war verboten, sich in seiner Gegenwart in diesem Sinne zu äußern. Aber in diesem Augenblick schien sein gequälter Gesichtsausdruck eine andere Sprache zu sprechen. Auch Sorge kämpfte mit seinen Gefühlen. Ohashi beobachtete ihn sehr genau. »Sorge muß darunter gelitten haben, daß er Botschafter Ott, der sein Vertrauen in ihn gesetzt hatte, hintergangen hatte«, schrieb er später.

Kein Mann hatte Ott in Tokio näher gestanden als Sorge. Gemeinsam hatten sie japanische Rätsel entschlüsselt und eine politische Krise nach der anderen überstanden. Ott hatte Sorge mit den heikelsten Missionen betraut, weil es niemanden gab, der über so fundierte Kenntnisse verfügte, der so zuverlässig war und so viel Rückgrat hatte. Sorge gehörte zur Familie, für seine Tochter Ulli war er wie ein Onkel, ihm selber war er Schachpartner und Reisegefährte, gleich, ob die Ziele Mandschurei, Akiya oder Nishi-izu hießen. Sorge hatte sich eine Zeitlang seine Frau ausgeborgt und ihn mit seiner Vernarrtheit in Anita Mohr aufgezogen.

Es gab kaum einen Winkel in Otts Leben, in den Sorge nicht eingedrungen war.

Nach Auskunft aller Zeugen berührte diese Begegnung, die ihre letzte sein würde, beide Männer tief. Sorge schien so aufgewühlt, daß Yoshikawa, der einen Selbstmordversuch fürchtete, es für besser hielt, den Gefängnisdirektor zu bitten, ihn streng überwachen zu lassen. Die Wächter richteten eine Nachtwache ein und schauten regelmäßig durch das Guckloch in der Zellentür. Sorge habe unruhig geschlafen und sich die ganze Nacht hin und her gewälzt, berichteten sie am nächsten Tag.[23]

Clausens schwache Selbstbeherrschung ging im Sugamo-Gefängnis rasch in die Brüche. Ein oder zwei Tage lang weinte und brabbelte er hysterisch. Dann bot er den Ermittlern, ohne daß man ihn groß angestoßen hätte, freiwillig seine uneingeschränkte Mitarbeit an. Als die sichergestellte Funkausrüstung nach Sugamo gebracht wurde, setzte Clausen sie unter den Augen der Beamten zusammen, führte vor, wie er mit »Wiesbaden« kommuniziert hatte, und erklärte bis ins kleinste jede technische Einzelheit.

Clausen floß über vor Reue und behauptete, schon viele Monate zuvor einen vollständigen Gesinnungswandel durchgemacht und sich seitdem als unfreiwilliger Komplize durch seine Arbeit hindurchgewuselt zu haben. Mit seinen heimlichen Aktionen, bei denen er der Zentrale nur Bruchteile von Sorges Geheimberichten durchgab, hatte er dem Ring in der Tat viel Schaden zugefügt. Zum Beweis seiner Behauptung lieferte er eine detaillierte Aufschlüsselung darüber, welches Material er gesendet und welches er zurückgehalten hatte, und wies nach, daß im Jahr 1941 letzteres überwog.

Jahrzehntelang hat man Mutmaßungen darüber angestellt, ob Clausen, um sein Verbrechen zu schmälern, in der Hoffnung auf ein milderes Urteil die Unwahrheit erzählte – eine verständliche List für einen Gefangenen ein paar Blocks von der Hinrichtungskammer entfernt. Heute, nachdem die Russen Exemplare der Telegramme freigegeben haben, die *tatsächlich* in der Vierten Abteilung ankamen, ist es an der Zeit, Clausens Rolle nochmals zu prüfen. Das neue Beweismaterial erlaubt zumindest eine vorsichtige Antwort auf die Frage, ob er heldenhaft für Sorge litt oder ein falsches Spiel mit ihm trieb.

Als Max Clausen in Japan ankam, war er ein engagierter und wagemutiger Funker, und mehr als vier Jahre lang leistete er Sorge und seinen Moskauer Agentenführern gute Dienste. Aber, wie wir gesehen haben, unter dem Einfluß seiner persönlichen Lebensumstände veränderte sich bis 1941 auch sein Weltbild, und ihm kamen Zweifel und Bedenken hinsichtlich seiner Arbeit im Untergrund. In seiner Aussage lieferte er eine ganze Reihe von Begründungen, warum er seinen Pflichten nicht mehr gewissenhaft nachgekommen war:

> Wenn ich sämtliche Telegrammentwürfe, die Sorge mir gab, durchgegeben hätte, wären das annähernd 40 000 Wortgruppen geworden, aber in Wirklichkeit habe ich nur etwas mehr als 13 000 Wortgruppen durchgegeben. Der Grund, warum ich nicht alles gesendet habe, ist erstens, daß Sorge mir zu viele Texte gab, die ich durchgeben sollte, und es wäre wirklich ein schweres Stück Arbeit gewesen, sie alle zu senden. Zudem hatte ich Probleme mit dem Herzen und wollte mir meine Gesundheit nicht ruinieren. Zweitens hatte ich die Spionagearbeit einfach satt. Mein Glaube an den Kommunismus war in letzter Zeit allmählich ins Wanken geraten, und ich hatte keine Lust mehr, mich wirklich ernsthaft meiner Spionagearbeit zu widmen.[24]

Unter Rückgriff auf von der Polizei beschlagnahmte Notizbücher listete Clausen einundzwanzig Termine zwischen Januar und Oktober 1941 auf, an denen er insgesamt 13 103 »Wortgruppen« *(gogun)* durchgab. Es war die wichtigste Phase in der Geschichte des Rings und ein Höhepunkt in Sorges Arbeit, wenngleich Clausens Ausstoß deutlich unter dem Durchschnitt der vorausgegangenen Jahre lag. So belegten die Notizbücher beispielsweise, daß Clausen im Jahr 1940 an sechzig Terminen insgesamt 29 179 und im Jahr 1939 an fünfzig Terminen 23 139 Wortgruppen sendete.[25]

Der Staatsanwalt wollte dann von Clausen die »jüngsten Übertragungsdaten und die Anzahl der Worte« wissen. Die Notizbücher enthielten eine Aufschlüsselung der Arbeit an vierzehn Terminen zwischen dem 6. Mai und dem 4. Oktober, und Clausens Zahlen zufolge wurden in diesen sechs Monaten insgesamt 7118 Wortgruppen durchgegeben – eine erstaunlich geringe Menge in einer wirklich kritischen Zeit, in der Sorge ununterbrochen arbeitete.

In welchem Verhältnis stehen Clausens Zahlen – die aus den von der Polizei als Beweismittel sichergestellten Notizbüchern stammen – zu dem Material, von dem wir heute tatsächlich *wissen*, daß er es an die Vierte Abteilung durchgab? Eine Durchsicht der Telegrammexemplare, die wir von den Russen erhalten haben, ergibt für das Jahr 1941, zwischen dem 6. Mai und dem 4. Oktober, achtzehn Übertragungsdaten (darunter fünf Termine, bei denen zwei Telegramme am selben Tag gesendet wurden).

Es tauchen gewisse Diskrepanzen auf. Während Clausen von vierzehn Terminen spricht, an denen er sendete, zeigt unser Beweismaterial, daß es achtzehn waren. In Clausens Notizbuch fehlen die Übertragungsdaten 17. Juni, 21. Juni, 11. Juli, 12. August und 24. August, doch wir wissen, daß Sorges Berichte an diesen Tagen übermittelt wurden. Auf der anderen Seite geht aus Clausens Notizbuch hervor, daß er am 5. September, und auch am 11. Juni, sendete; die an diesen Tagen durchgegebenen Telegramme konnten wir aber bislang nicht bekommen.

Clausens Notizbuch war zweifellos ein unzuverlässiges *aide-mémoire* (bei zwei Daten hatte er nicht einmal vermerkt, wie viele Wortgruppen gesendet wurden). Einiges von dem Material, von dem er behauptete, er hätte es vernichtet, erreichte in Wirklichkeit Moskau. So wurde beispielsweise Sorges Bericht über die Kaiserliche Konferenz vom 2. Juli durchgegeben, obwohl Clausen aussagte, er könne sich nicht erinnern, ihn gesendet zu haben. Auf der anderen Seite gestand er, eine Reihe von Meldungen übermittelt zu haben, die wir bislang nicht auftreiben konnten; sollten sie gesendet worden sein, so liegen sie vermutlich immer noch in russischen Archiven begraben. Möglich, daß einige davon im Zuge einer weiteren Öffnung der Archive auftauchen. Doch stoßen wir in dem uns zur Verfügung stehenden Beweismaterial, was Übertragungsdaten, Länge der Texte und Inhalt der Meldungen betrifft, auf eine starke Korrelation zwischen dem, was Clausen zugab, gesendet zu haben, und den Telegrammen, von denen wir wissen, daß die Zentrale sie in den letzten sechs Monaten der operativen Arbeit erhielt. Viele Einzelheiten decken sich. Zum Beispiel erzählte Clausen den Vernehmungsbeamten, er sei sich sicher, daß am 4. Oktober die letzte Übertragung stattgefunden habe, und die vorletzte am »14. oder 24. September«. Tatsächlich besitzen wir für das frühere Datum ein Telegramm, und das russische Verteidigungsministerium teilte uns mit, daß der Sorge-Ring am 4. Oktober zum letzten Mal mit der Zentrale in Kontakt gestanden habe.

Clausens Aussage enthält Ungereimtheiten, die jedoch eher auf Gedächtnisschwäche zurückzuführen sind, als daß es sich um Versuche handelte, Polizisten und Staatsanwälte zu täuschen. Aus Angst, eine lange Gefängnisstrafe würde seine angeschlagene Gesundheit weiter ruinieren, war Clausen nur allzu bereit, mit den Ermittlungsbehörden zusammenzuarbeiten, und dabei hätte er allen Grund gehabt, seine wahre Rolle zu verschleiern. Aber das verfügbare Beweismaterial deutet stark darauf hin, daß Clausen die Wahrheit sagte: Er war ein unzufriedener und enttäuschter Sowjetagent, der Sorge betrogen hatte.

Mit ziemlicher Sicherheit beraubte Clausens Falschheit die Geheiminformationen Sorges im Jahr 1941 eines Gutteils ihrer Wirkung. Wenn Moskau alle von ihm entworfenen Depeschen erhalten und die vollständigen Texte hätte lesen können, hätte Sorge der sowjetischen Führung vielleicht ernsthaftere Aufmerksamkeit abnötigen können.

Clausen hat das Doppelspiel, das er in den Tagen vor dem deutschen Überfall auf Rußland trieb, beschrieben. Am 17. Juni 1941 forderte Moskau von Sorge dringend einen Bericht über die Absichten Japans und über Truppenbewegungen entlang der Grenze zwischen der Mandschurei und der UdSSR.

> Sorge entwarf mehrere Mitteilungen, die er mir gab, aber ich sendete nur wenige und zerriß die meisten. Der Grund, warum ich diese paar durchgab, ist, weil ich mir sicher war, daß das Heimatland eine Anfrage an seine Botschaft in Japan richten würde und

daß Serge käme, um zu hören, warum ich die Informationen nicht gesendet hätte. Also sendete ich einfach ein paar, die nicht so wichtig waren.[26]

Weil Clausen einen minimalen, aber regelmäßigen Kommunikationsfluß aufrechterhielt, erregte sein Verhalten keinen Verdacht. Sorge selber war blind für das, was geschah. In der Stunde höchster Not kamen Geheiminformationen von größter Wichtigkeit niemals in der Sowjetunion an. Selbst die Beförderung großer Materialmengen über die Russische Botschaft konnte die Pflichtvergessenheit des Funkers nicht wettmachen.

Sorge zahlte einen hohen Preis für die leichtsinnige Motorradeskapade, die ihn 1938 veranlaßt hatte, seinem Funker den geheimen Code des Netzes auszuhändigen. Solange Clausen die fünfstelligen Zahlengruppen per Morse-Code durchgab, ohne zu wissen, was sie bedeuteten, war es unmöglich, daran herumzupfuschen. Nachdem er aber einmal den Code kannte, verstand er auch, wie weit er bei der Vernichtung und Kürzung von Mitteilungen ungestraft gehen konnte.

Zu Beginn der Ermittlungen verriet Ohashi etwas, das Sorge zutiefst beunruhigte: Die Polizei wisse alles über den Code, der für den Funkverkehr des Rings benutzt worden sei. Clausen, so Ohashi, habe die Funktionsweise des Codes genau erläutert und den illegalen Funkverkehr entschlüsselt, der von japanischen Horchposten abgefangen worden sei, bislang jedoch nicht habe dechiffriert werden können. Die früheste abgefangene Meldung datiere vom 24. Dezember 1937.

Sorge wurde blaß, als er das hörte. Normalerweise blieb er bei den Verhören ruhig und gefaßt, aber diesmal konnte er seine Gefühle nicht verbergen.

»Wie konnte er das tun?« schrie er. »Ein Code darf niemals verraten werden! Er ist das Lebenselixier eines Spionagerings. Ein Geheimagent schützt seinen Code mit dem Leben. Ich habe geschworen, dieses Geheimnis niemals preiszugeben, sollte ich einmal gefaßt werden.

Mehrere Jahre lang habe ich die ganze Codierarbeit selber erledigt. Clausen gab einfach die Mitteilungen durch. Auch die Meldungen, die hereinkamen, habe ich selber entschlüsselt. Erst als ich einen Motorradunfall hatte und im Krankenhaus lag, änderte ich das Verfahren. Es schien praktischer, wenn Clausen den gesamten Vorgang abwickeln könnte. Also beschloß ich, Clausen den Code beizubringen. Ich bat Moskau um Erlaubnis, die ich auch bekam, aber es war meine Entscheidung.«

Sorge machte sich Vorwürfe, weil er sich im Mai 1938 im St Luke's Hospital entschlossen hatte, Clausen etwas so Wertvolles anzuvertrauen. Und ihm kam ein schrecklicher Gedanke. Was, wenn die Russen dächten, *er* hätte den Code nach seiner Gefangennahme verraten? Der Gedanke, jemand könnte ihn für derart ehrlos halten, war ihm unerträglich. »Bitte nehmen Sie ins Protokoll auf«, sagte er ernst zu Ohashi, »daß es Clausen war und nicht ich, der das Geheimnis des Codes verraten hat.«[27]

Sorge hegte jedoch keinen Groll gegen Clausen. Im Gefängnis bemühte er sich bei jeder Gelegenheit, sowohl Clausen als auch Vukclic zu schützen, indem er sie als technische Assistenten hinstellte. Seine Gefühle wären weniger menschenfreundlich gewesen, hätte er gewußt, wie Clausen seine Kenntnis des Codes genutzt hatte, um systematisch Sabotage zu betreiben, aber offenbar behielten die Ermittler dieses Wissen für sich. So überließ man es Sorge, sich den Kopf darüber zu zerbrechen, welche seiner wichtigen Depeschen Moskau aufgrund seiner leichtsinnigen Entscheidung und mangelnder späterer Kontrolle vielleicht nicht erreicht hatte.

Hanako wartete geduldig auf ein Lebenszeichen von Sorge, aber das versprochene Telegramm kam nie. Als Kommissar Matsunaga Ende Oktober unerwartet im Haus ihrer Mutter auftauchte, wurde ihr klar, warum. Jahre danach erinnerte sie sich an ihre Verzweiflung bei der Nachricht, daß Sorge von der Tokioter Polizei verhaftet worden sei.

> Er sagte, er wüßte nicht, warum, aber er glaube, daß es etwas mit illegalen Dollar-Transaktionen zu tun habe. Ich war so erschrokken, daß sich mir alles drehte und ich rüber auf die *tatami* sank.

Nein! sagte ich. Sorge sei nicht der Typ gewesen, der auf dem Schwarzmarkt handelt. Der Kommissar sagte, es müsse wahr sein, weil die Leute sagten, Sorge sei Jude und bete jeden Morgen zur Sonne. Aber das sei absurd, sagte ich ihm. Sorge habe nicht zur Sonne gebetet – dieser Mann habe zu gar nichts gebetet.

Matsunaga war nicht den ganzen Weg von der Toriisaka-Polizeistation nach Higashi-Nakano gekommen, bloß um niederschmetternde Neuigkeiten zu überbringen. Was ihn quälte, war der Gedanke, daß er sich mit Sorge auf ein Geschäft eingelassen und Hanakos Aussage über ihre Affäre mit einem Ausländer verbrannt hatte. Nun fürchtete er, daß seine Vorgesetzten dahinterkämen. Ein oder zwei Wochen später war er wieder da und schaute noch düsterer drein.

Sorge sei ein Spion für Rußland, sagte er. Die Untersuchung sei noch nicht abgeschlossen, aber es sei mehr oder weniger erwiesen. Spione würden normalerweise erschossen, und seine Lage sei hoffnungslos. Sie können sich vorstellen, wie mir zumute war. Ich war vollkommen fertig. Als der Kommissar gegangen war, kramte ich ein Foto von Sorge hervor, preßte es an meine Lippen und sagte laut: Es ist mir egal, ob ganz Japan dich für einen Feind hält, ich werde dich immer lieben. Ich schätze, ein loyaler Japaner wäre entsetzt gewesen. Aber ich war nicht der Meinung, daß es etwas Schlechtes war, Spion zu sein. Am meisten tat mir leid, daß er sich nach all dem Gerede darüber nicht nach Schanghai abgesetzt hatte. Warum war er nicht weggelaufen?[28]

Jeden Morgen erschien ein Wärter in Sorges Zelle, um ihn – das Gesicht unter dem obligatorischen Strohkorb verborgen – über düstere Flure, auf denen die Schritte widerhallten, zum Büro des buddhistischen Priesters zu eskortieren. Hier zog sich Sorge den Apparat vom Kopf. Am Vormittag führte routinemäßig Hilfsinspektor Ohashi das Verhör durch, und um drei Uhr nachmittags übernahm Staatsanwalt Yoshikawa, der die Befragung bis zum späten Abend fortsetzte.

Anfangs hatte Sorge sich gequält, aber dann faßte er sich, und seine Selbstsicherheit kehrte zurück. Im formellen Verhör blieb er ruhig und gelassen, nachdem er seine eigenen Spielregeln festgesetzt hatte. Erstens sollte über die Frauen in seinem Leben nicht gesprochen werden, und zweitens durfte Hanako, da sie in seiner Spionagearbeit keine Rolle gespielt habe, nicht in die polizeilichen Nachforschungen hineingezogen werden. Unter diesen Bedingungen versprach er, uneingeschränkt zu kooperieren.

Die Befrager machten sich daran festzustellen, welche Geheimnisse Sorge verraten hatte, welches seine Informationsquellen waren und ob Mitglieder und Informanten des Rings noch frei herumliefen. Der japanischen Regierung ging es zuallererst darum, sich eine Vorstellung vom Ausmaß des Schadens zu verschaffen, der der nationalen Sicherheit zugefügt worden war. Bis zum 25. Oktober befanden sich einschließlich der drei Europäer zwanzig Personen in Polizeigewahrsam. Bis Ende April 1942 würde es in direktem Zusammenhang mit dem Fall weitere fünfzehn Festnahmen geben.

Sorge achtete darauf, keine Namen zu nennen, die nicht schon bekannt waren. In der Hoffnung, daß ihnen die volle Härte des Gesetzes erspart bliebe, spielte er die Rolle von Vukelic und Miyagi ebenso herunter wie den Beitrag der Randfiguren des Netzes und sämtlicher beteiligter Frauen. Seine enge Beziehung zur Deutschen Botschaft schilderte er in allen Einzelheiten und ohne Übertreibung. Fragwürdiger war sicherlich seine Behauptung, die sowjetischen Führer hielten ebenso wie seine Chefs in der Vierten Abteilung große Stücke auf ihn. Aber zweifellos hoffte er, den Vernehmungsbeamten nach seiner Festnahme klarmachen zu können, von wie großem Nutzen er bei den Bemühungen Japans um Verbesserung seiner Beziehungen zu Rußland noch sein könnte.

Bei den Sitzungen mit Yoshikawa, in dem er jemanden erkannte, der ihm geistig ebenbürtig war, äußerte Sorge sich zu einer ganzen Reihe von Themen, zum internationalen Kommunismus, zur Geopolitik, zu Japans Politik gegenüber China, zu den deutsch-japanischen Beziehungen oder zum russisch-deutschen Krieg. Die Protokolle dieser Ermittlungsphase lesen sich wie eine komprimierte Geschichte der Jahre 1933–1941.

Heute existiert nur noch die trockene Übersetzung der Antworten Sorges, aber selbst in dieser Form klingen sie noch wie Sätze aus den Vorlesungen eines pedantischen Professors für Politische Wissenschaft an einer deutschen Universität.

Japan, so ließ er sich dem Staatsanwalt gegenüber aus, sei nur scheinbar undurchdringlich, in Wirklichkeit jedoch wie eine Krabbe: Habe man die harte Schale erst einmal durchbrochen, dann sei es im Innern ganz weich, und man komme ohne Probleme an Informationen. Yoshikawa war fasziniert von solchen Innenansichten. »Er hatte etwas von einem *sensei* [Lehrer], der mir Unterricht erteilte. Es war faszinierend, jemandem zuzuhören, der über alles so viel wußte«, sagte er in späteren Jahren von Sorge.[29]

Über das, worauf es in seiner Zwangslage am meisten ankam, wußte Sorge indessen wenig – über das japanische Rechtssystem. Und Yoshikawa, der viele Jahre später so herzliche Worte für den Spion fand, beteiligte sich an einer juristischen Täuschung, die für seinen Gefangenen tödliche Konsequenzen hatte. Polizisten und Staatsanwälte waren darauf bedacht, den Ring als Spionagegruppe hinzustellen, die von der Komintern, und nicht von der Roten Armee, gesteuert wurde. Hinter diesem Schachzug steckten rivalisierende Abteilungen. Wenn die wahre Identität der Verdächtigen ans Licht kam, konnte das Kriegsministerium sich auf den Standpunkt stellen, daß der Fall, da es sich um militärische Spionage handele, in den Zuständigkeitsbereich der *Kempetei* gehöre. Das Justizministerium war aber entschlossen, sich den Fall nicht aus der Hand nehmen zu lassen, selbst wenn das bedeutete, daß man die Fakten »zurechtrücken« mußte.

Als die Staatsanwälte zu ermitteln versuchten, welcher kommunistischen Organisation die Agenten Bericht erstatteten, merkten sie, daß die Geschichten der Hauptpersonen nicht zusammenpaßten. Clausen behauptete, er gehöre zur Vierten Abteilung der Roten Armee. Ozaki und Miyagi sagten übereinstimmend aus, daß sie für die Komintern arbeiteten. Vukelic sagte, er vermute, daß er für die Komintern arbeite, räumte aber ein, nie einen Beweis dafür gefunden zu haben.[30]

Sorge selber wich aus. Zuerst weigerte er sich zuzugeben, daß er ein

Agent der Roten Armee war – aus Angst, der für ihre Brutalität bekannten Militärpolizei ausgeliefert zu werden, wie er einige Monate später zugab. »Ich hatte von einem Engländer gehört, der früher einmal in so einem Fall der Militärpolizei übergeben worden war«, erzählte er im Juli 1942 dem Ermittlungsrichter.[31] (Möglicherweise bezog er sich auf den Reuters-Journalisten Jimmy Cox, der 1940 in den Händen der *Kempetei* gestorben war.)

Polizisten und Staatsanwälte spielten mit dieser Furcht und überzeugten Sorge, daß seine Aussichten am besten wären, wenn er gemäß dem Gesetz zur Sicherung des Friedens vor Gericht gestellt würde. Wenn dieses Gesetz auf den Fall angewendet würde, wäre das Kriegsministerium ausgeschaltet und die *Kempetei* bekäme ihn nicht in ihre Klauen. Aber das Gesetz zur Sicherung des Friedens könne nur angewendet werden, wenn Sorge sich als Mitglied einer subversiven Organisation wie der Komintern *(kokusaikyosanto)* identifizierte.

Erst als es zu spät war, begriff Sorge, worauf die Staatsanwaltschaft hinauswollte: daß er nach Japan gekommen sei, um an der Verwirklichung der tödlichen Ziele der Komintern mitzuarbeiten – den Kapitalismus und das kaiserliche System zu stürzen und Japan in einen kommunistischen Staat zu verwandeln. Das hatte mit der Wahrheit nicht das geringste zu tun, aber als Fiktion, um den Fall nach dem Gesetz zur Sicherung des Friedens vor Gericht bringen zu können, spielte es eine wesentliche Rolle. Dem Justizministerium bot dieses Gesetz die beste Gewähr für einen Schuldspruch und das härteste Strafmaß.[32]

Viele Jahre später räumte Ohashi ein, daß er Befehl gehabt habe, Sorge fälschlicherweise als Komintern-Agenten hinzustellen. Sorge zögerte, sich auf diese Verdrehung der Wahrheit einzulassen, aber nach einiger Überredung war er einverstanden, die Organisation, für die er arbeitete, als »Moskauer Zentrale« zu umschreiben. Ganz im Sinne ihrer Zwecke verstanden die Staatsanwälte diesen Ausdruck, der alles mögliche bedeuten konnte, als Komintern. Reumütig bekannte Ohashi sich später zu seiner Rolle bei dieser Rechtsbeugung. »Tatsache ist, daß Sorge von der Polizei etwas in die Schuhe geschoben wurde. Ich muß sagen, daß es mir wegen Sorge leid tut, wegen der Art, wie es ihm angehängt wurde.«[33]

In dem Bericht, den er für Yoshikawa niederschrieb, war Sorge ausweichend. »Von November 1929 an waren meine Spionagegruppen und ich technisch und organisatorisch direkt dem Geheimdienst der Roten Armee, das heißt der sogenannten Vierten Abteilung, unterstellt«, schrieb er. Aber ein paar Abschnitte weiter oben versicherte er: »Bis auf den heutigen Tag weiß ich nicht, ob ich der Komintern-Zentrale zugeteilt war oder nicht, oder ob ich ein Agent der sogenannten Vierten Abteilung war oder irgendeiner anderen Behörde wie beispielsweise des Volkskommissariats für Auswärtige Angelegenheiten oder des Zentralkomitees der Kommunistischen Partei der Sowjetunion.«[34]

Erst im Juli 1942 schafft er während der Vorverhandlungsphase mit dem Untersuchungsrichter klare Verhältnisse. »Dieser Abschnitt hat mit den Tatsachen absolut nichts zu tun«, sagte er mit Bezug auf seine frühere Aussage. »Mir war vollkommen klar, daß ich zur Vierten Abteilung der Roten Armee gehörte.«[35]

Um diese Zeit hatte er die Möglichkeit, sich mit einem Rechtsanwalt zu beraten, und begriff, daß er hereingelegt worden war. Durch Verschleierung seiner wahren Zugehörigkeit hatte er geholfen, die Fiktion aufzubauen, der Ring sei von der Komintern gesteuert worden. Neun Monate nach seiner Verhaftung machte er den Versuch, sich aus der Falle zu befreien. Es war zu spät: Die Würfel waren gefallen.

Die Charade mit dem »Komintern-Spion« hatte eine weitere schwerwiegende Konsequenz für Sorge: Sie erlaubte den Russen, ihn zu verleugnen. Die Sowjetunion hielt die Fiktion aufrecht, die Komintern sei eine internationale kommunistische Organisation, die sich ihrer Kontrolle entzog. Als Sorge sich zum Agenten der Komintern machen ließ, muß ihm klargewesen sein, daß die Russen ihn unmöglich als einen der ihren anerkennen konnten. Und so war es. Als die Japaner sich in der Absicht, Sorge gegen einen ihrer eigenen Spione auszutauschen, an die Sowjetunion wandten, begegneten sie verständnislosen Blicken: »Der Name Richard Sorge ist uns unbekannt.«

Sorge glaubte – zumindest eine Zeitlang –, daß Stalin, in Anerkennung seiner Dienste für die Sowjetunion, seine Rettung anordnen würde.

Schon bald nach seiner Verhaftung forderte Sorge die japanischen Beamten auf, mit der Sowjetischen Botschaft Verbindung aufzunehmen, um einen Gefangenenaustausch in die Wege zu leiten. Ohashi erinnert sich, daß der Dolmetscher gerade nicht im Zimmer war. »Bitte lassen Sie Serge in der Sowjetischen Botschaft wissen, daß Ramsay im Tokioter Untersuchungsgefängnis sitzt«, drängte Sorge. Die Bitte machte Ohashi nervös. Er ignorierte sie und beschloß, seinen Vorgesetzten nichts davon zu sagen.[36]

»Serge« – Viktor Sergewitsch Saizew, Zweiter Sekretär und Konsul an der Sowjetischen Botschaft – hatte als »Briefkasten« fungiert, als Verbindung zwischen dem Ring und der Botschaft. Als »legaler« Geheimagent genoß er diplomatische Immunität und war nicht in Gefahr. Um beiden Regierungen jedwede Verlegenheit zu ersparen, verließen Saizew und ein anderer »Briefkasten«, Vutokewitsch, der Leiter der Konsularabteilung, ein paar Wochen nach den Verhaftungen in aller Stille Japan.[37]

Als Sorge am 8. oder 9. Dezember erfuhr, daß Japan sich mit den USA und Großbritannien im Kriegszustand befand, muß er geglaubt haben, daß die Rettung zum Greifen nahe war. Die Weltgeschichte hatte eine überraschende Wendung genommen, und nun waren die Japaner den Russen ausgeliefert. Sechs Monate zuvor, als die Deutschen in Rußland eingefallen waren, hatte der sowjetische Botschafter die japanische Regierung um Neutralitätszusagen gebeten. Nun war es an Japan, die sowjetische Regierung um Einhaltung des Neutralitätspaktes zu ersuchen.

Nach Pearl Harbor muß Sorge gedacht haben, daß es im Interesse der Japaner läge, ihm kein Haar zu krümmen. Und das war in der Tat der Fall. Gerade weil die Japaner vermuteten, daß er als Faustpfand bei Verhandlungen mit Moskau von gewissem Wert wäre, lehnten sie es ab, ihn den Deutschen zu übergeben. Als Ribbentrop seine Auslieferung an Berlin verlangte – wo ihn ohne Zweifel ein Erschießungskommando erwartet hätte –, reagierten die Japaner ausweichend.

In diesem ersten Winter in Untersuchungshaft schien Sorge zuversichtlich, daß seine Rückkehr in die Sowjetunion irgendwie arrangiert würde. Laut Ohashi glaubte Sorge, daß Rosowski (der stellvertretende Volkskommissar für Auswärtiges) zur Japanischen Botschaft in Moskau

Kontakt aufnehmen würde, um seine Freilassung zu erreichen. Rosowski war einer jener Komintern-Delegierten, um die Sorge sich bei ihrem Besuch in Frankfurt im Jahr 1924 gekümmert hatte, und er hatte seine Finger im Spiel gehabt, als Sorge seinerzeit für eine Tätigkeit in Moskau angeworben worden war.

Sorge war zuversichtlich, daß hochrangigen Persönlichkeiten in Moskau sein Schicksal nicht gleichgültig wäre. Zumindest vermittelte er Ohashi diesen Eindruck: »Er sprach immer von einem Genossen, der in Spionage verwickelt war und in Italien oder sonstwo geschnappt und dann ein paar Jahre später freigelassen worden sei und nach Moskau zurückkehrte – bestimmt hatte er die Hoffnung nicht aufgegeben, daß sie ihn herausholen würden.«[38]

Als der Herbst einem eisigen Winter wich, bot das kleine Zimmer des Priesters, in dem die Verhöre stattfanden, eine willkommene Zuflucht vor der schneidenden Kälte in den Zellen. Sobald Ohashi am Morgen eintraf, füllte er das Kohlenbecken mit der kostbaren, von der Staatsanwaltschaft gelieferten Holzkohle auf, die rationiert und schwer zu bekommen war. Dann setzte er einen Kessel Wasser auf. Kurz darauf war der Raum mollig warm, und die beiden brühten den englischen Tee auf, der aus Sorges Haus stammte.

Anfangs wollte Ohashi Sorge das Rauchen nicht gestatten – laut Gefängnisvorschrift war es verboten. Aber Sorge machte ziemlichen Wirbel und behauptete, seine Rauchernase habe in dem Zimmer Tabakaroma ausgemacht. Nachdem er sich mit dem Gefängnispersonal beraten hatte, gab Ohashi nach, und Sorge konnte sich mit einer Zigarette entspannen, bis der aus Nagasaka-cho herangeschaffte Vorrat erschöpft war.

Man gab Ohashi kaum mehr als vier Monate, seinen Teil der Ermittlungen durchzuführen, und es gelang ihm lediglich, an der Oberfläche einer Affäre zu kratzen, die verwirrend vielschichtig war. Sorge dürfte rasch gemerkt haben, daß Ohashi ahnungslos war. Obwohl Spezialist der *Tokko* für Angelegenheiten der Komintern, hatte Ohashi nur ein rudimentäres Verständnis der Sowjetunion und kommunistischer Strukturen. Überdies war ihm der soziale und politische Hintergrund eines

Mannes wie Sorge vollkommen fremd. Meist interessierten ihn Trivialitäten – beispielsweise, welche Sprachen Stalin und die Führer der Komintern sprachen.

Viel Zeit wurde mit Versuchen verschwendet, überhaupt zu verstehen, was Sorge den Ermittlern erzählte. Zwei Dolmetscher, von denen der eine Englisch und der andere Deutsch sprach, wurden ausprobiert, und Sorge entschied sich für ersteren. Selbst so war es eine mühselige Arbeit. Der Dolmetscher kapitulierte schließlich vor dem sozialistischen Jargon. Sorge verschaffte die Sprachbarriere die Möglichkeit, auf unangenehme Fragen verschwommene Antworten zu geben. Der Nachteil war, daß er nicht mitbekam, wie die Ermittler nach seiner Verhaftung die Fakten für ihre Zwecke zurechtrückten.

Die Staatsanwälte, die in jeder gerichtlichen Untersuchung die Schlüsselfiguren waren, hatten von den polizeilichen Ermittlern zunächst einen abschließenden Bericht bis zum Jahresende gefordert. (Normalerweise wurden Verdächtige als erstes von der Polizei verhört, und daß dies in einem Fall von Subversion sechs Monate dauerte, war nicht ungewöhnlich.) Die Geheime Staatspolizei verteidigte verbissen ihr Territorium, und nach wochenlangem Hin und Her einigte man sich darauf, daß die Staatsanwälte Sorge jeden Tag ein paar Stunden verhören würden, während die Polizei mit ihrer eigenen Befragung fortfuhr.

Im Dezember begann Yoshikawa, Ohashis Untersuchung mit weiteren Fakten zu unterfüttern; als die Polizei am 7. März 1942 die letzte Aussage Sorges zu Protokoll nahm, war der Staatsanwalt mit seinen eigenen Ermittlungen bereits weit vorangekommen. Wie es am letzten Tag üblich war, stellte Ohashi folgende Frage: »In welcher seelischen Verfassung ist der Verdächtige gegenwärtig, und welche Pläne hat er für die Zukunft?«[39] Sorge antwortete, daß er hoffe, man werde ihm erlauben, nach Moskau zurückzukehren und seine Studien fortzusetzen. »Falls ich nicht nach Moskau zurückgehen kann, möchte ich mir meinen Lebensunterhalt in Japan gern mit der Schriftstellerei oder als Journalist verdienen.«

Anschließend bat er um Milde für seine japanischen Mitarbeiter; man möge ihnen gegenüber nachsichtig sein: »Ich trage die alleinige Verantwortung.« Was Clausen und Vukelic betreffe, so hätten sie nur Befehle ausgeführt und seien mit der technischen, nicht mit der politischen Seite des Rings befaßt gewesen: »Deshalb flehe ich Sie an, wenn dieser Fall vorüber ist, sie so schnell wie möglich zu ihren Familien zurückkehren zu lassen.«[40]

In späteren Jahren behauptete Ohashi, er habe Sorge derart rücksichtsvoll behandelt, daß er sich einen strengen Verweis seiner Vorgesetzten bei der *Tokko* eingehandelt habe. Sein wertvollster Besitz ist ein handgeschriebener Dankesbrief, den Sorge ihm am 7. März 1942 gab:

> Für Herrn Ohashi. Zur Erinnerung an seine gründliche und äußerst freundliche Überprüfung meines Falles im Winter 1941/42 drücke ich ihm als Leiter der Untersuchung meine tiefe Dankbarkeit aus. Ich werde nie vergessen, wie freundlich er in der schwierigsten Zeit meines ereignisreichen Lebens zu mir war.
>
> Richard Sorge

Trotzdem enthält der Bericht, den Ohashi zum Abschluß seiner Untersuchung vorlegte, kein freundliches Wort: Er empfahl die Todesstrafe für Sorge. Es ist schwer, eine Erklärung für diese Widersprüchlichkeit zu finden. Im Rückblick, nach mehr als einem halben Jahrhundert, beharrt Ohashi darauf, lediglich »eine angemessene Strafe« empfohlen zu haben; der Leiter der Auslandsabteilung habe daraus später »Todesstrafe« gemacht.[41]

Ein Satz Sorges bei ihrem Abschied im März machte nachhaltigen Eindruck: »Herr Ohashi, sollte ich hingerichtet werden, wird mein Gespenst zurückkommen, um Sie zu jagen.«[41a] Damals hatten sie gelacht, aber Ohashi vergaß diese Worte nie.

Wie Ohashi bekundete auch Staatsanwalt Yoshikawa seine Bewunderung für den Angeklagten in diesem, dem berühmtesten Fall seiner Laufbahn. Nach seiner Darstellung hatten er und Sorge die angenehme Arbeitsatmosphäre, soweit es die schwierigen Umstände zuließen, genossen. Ihren *modus operandi* erläuterte er mit folgenden Worten:

Wir wurden uns schnell einig. Ich setzte Sorge auseinander, zu welchem Thema ich etwas wissen wollte, und Sorge äußerte seine Ansichten dazu. Später setzte er sich an die Maschine und fixierte die beim Verhör erörterten Punkte schriftlich. Er durfte seine eigene Schreibmaschine benutzen, und er saß bis spät in die Nacht an seiner Aussage. Er arbeitete im Gefängnis genauso hart wie als freier Mann.[42]

Das Ergebnis war ein Bericht *(shuki)*, der teils Autobiographie, teils Erörterung seiner Spionagetätigkeit war. Sorge streift viele wichtige Episoden seiner Karriere und verschweigt die Namen der meisten seiner Helfer. Die Arbeitsweise des Tokio-Rings wird nur flüchtig beschrieben. Für den heutigen Leser ist der Bericht in erster Linie hinsichtlich dessen, was man über Sorges Persönlichkeit und seine Motive erfährt, von Interesse.

Zwar scheinen Staatsanwalt und Häftling einander respektiert zu haben, dennoch standen sie sich als Gegner in einem tödlichen geistigen Duell gegenüber, und keiner von beiden wird das vergessen haben. Ebenso wie Ohashi war auch Yoshikawa fest entschlossen, Sorge in die Hinrichtungskammer von Sugamo zu schicken.

Bei einer seiner letzten Sitzungen mit Yoshikawa im Juni 1942 vertrat Sorge den Standpunkt, daß man ihn nicht als Feind Japans behandeln dürfe, weil er kein Spion im herkömmlichen Sinne sei.

Die Sowjetunion wollte keine politischen Konflikte oder militärischen Zusammenstöße mit anderen Ländern, besonders nicht mit Japan, und wollte Japan nicht überfallen. Folglich kamen ich und meine Gruppe ganz sicher nicht als Feinde Japans hierher. Wir unterschieden uns völlig von dem, was man normalerweise unter »Spion« versteht. Der »Spion« Englands oder Amerikas ist jemand, der die schwachen Punkte in Japans Politik, Wirtschaft und Militär als Angriffsziele auskundschaftet. Dies war nicht unsere Absicht, als wir Informationen über Japan sammelten.[43]

Zu Beginn des Verhörs legte Yoshikawa einen Brief vor Sorge auf den Tisch. »Von wem stammt der?« fragte er.[44] Sorge sah, daß es einer von Katjas Briefen war. Der Marineattaché hatte sie zusammen mit Briefen von Sorges geschiedener Frau Christiane und anderen privaten Papieren aufbewahrt. Es waren diese Dinge, von denen Sorge auf keinen Fall wollte, daß Polizisten sie fänden. Wenneker hatte seinerzeit sofort eingewilligt, den abgeschlossenen Koffer in seinem eigenen Haus zu deponieren.

»Wir haben einen Koffer mit diesem und anderen Briefen sichergestellt. Und eine große Geldsumme«, sagte Yoshikawa. Wenneker hatte den Koffer nach Sorges Verhaftung dem Außenministerium übergeben (er war bereits gewaltsam geöffnet worden – vielleicht von jemandem, der fürchtete, er könne Beweise enthalten, wie nahe Sorge gewissen Diplomaten stand).

»Er ist von meiner Frau, die in Rußland wartet«, erklärte Sorge. Der Staatsanwalt war überrascht. Sich an Papiere zu klammern, die Verbindungen nach Rußland offenlegten, und sie bei einem deutschen Marineoffizier zu lagern, hielt er bei einem so berühmten Spion für sträflichen Leichtsinn. Sollte er Katjas Briefe aus lauter Sentimentalität nicht vernichtet haben? fragte sich Yoshikawa.

Sorge machte bereits Pläne für die Zeit nach seiner Entlassung aus dem Gefängnis. »Ich hake die Tage ab, bis ich nach Moskau zurückkehren und ein friedliches Leben genießen kann«, gestand er. Um seinen Wert als Unterpfand bei Verhandlungen zu betonen, mußte er behaupten, daß er den russischen Führern nahestand und daß man ihn mit offenen Armen empfangen würde. Ob er selber daran glaubte, ist nicht klar, aber hätte er von Katjas Leidensweg gewußt, wären seine Illusionen zerstört gewesen.

Obwohl er Yoshikawa erzählt hatte, daß Katja in Moskau auf ihn wartete, hatte er nur wenig Grund zur Hoffnung. Tatsächlich schien der Kontakt nach einem vor drei Jahren geschriebenen Brief abgebrochen zu sein, in dem Sorge das grausame Schicksal beklagte, das sie weiterhin voneinander trennte, und »daß ich mich nicht wundern werde, wenn Du das ewige Warten … aufgegeben hast«.[45]

Katjas Leben endete tragisch. Während Sorge im Gefängnis saß, wurde sie verhaftet – am 4. September 1942 – und der Spionage für den deutschen Geheimdienst angeklagt. Nach einer Scheinverhandlung, bei der keinerlei Beweise präsentiert wurden, verurteilte man sie aufgrund ihres Geständnisses zu fünf Jahren Verbannung. Die Anklagepunkte gegen Katja – die aus lauter Liebe zum Kommunismus die Schauspielschule aufgegeben hatte, um in einer Fabrik zu schuften – waren genauso haltlos wie die, die Millionen anderer Opfer der Stalinschen Säuberungen entgegengeschleudert wurden.

Bevor Sorge 1933 nach Japan abgereist war, hatte er Katja geheiratet. Es war sein Wunsch gewesen. Als Ehefrau eines Offiziers der Roten Armee, der in Übersee stationiert war, stand Katja eine finanzielle Unterstützung zu, und sie konnten über den Dienstweg miteinander verkehren. Aber am Ende hatte diese Entscheidung verhängnisvolle Folgen. Im März 1943 wurde Katja nach Krasnojarsk in Sibirien verbannt. Sie starb am 3. Juli 1943 in einem Arbeitslager. Als Todesursache wurde eine Gehirnblutung als Folge einer Lähmung des Atmungssystems angegeben. Sie war achtunddreißig Jahre alt.

Katjas »Verbrechen« war es, die Frau von Richard Sorge zu sein, und es kann kaum ein Zweifel daran bestehen, daß auch er, hätte er sich zurückgewagt, mit der Höchststrafe bezahlt hätte. Als Katja in Sibirien starb, stand Sorge in Tokio vor Gericht. Zum Glück für seinen Seelenfrieden konnte er von ihrem Schicksal nichts wissen. Die Qual wäre unerträglich gewesen und hätte die letzten Überreste seines Glaubens an die Sowjetunion Stalins zerstört.

Am Morgen des 17. Mai – fast genau acht Monate nach der Verhaftung der Hauptpersonen – brachten die japanischen Zeitungen die ersten Artikel über die Aufdeckung des Sorge-Rings. »Richard Sorge wurde 1933 von der Komintern-Zentrale entsandt, um eine rote Spionageorganisation aufzubauen«, schrieb die *Tokyo Asahi*.

Die Behörden konnten die Affäre nicht länger verheimlichen. Monatelang hatte der politische Klatsch in Tokio die Verhaftung Ozakis mit dem Bruch des Kabinetts Konoe tags darauf in Verbindung gebracht.

Allerorten wurde spekuliert, daß die Armee Ozaki die Sache angehängt hatte, um Konoe, für den er gearbeitet hatte, zu diskreditieren. Das glaubte auch Konoe selber, bis er erkannte, daß der Mann, dem er blind vertraut hatte, tatsächlich ein Spion war. Konoes politische Zukunft sah noch trostloser aus, als im Frühjahr 1942 zwei enge Mitarbeiter, Saionji Kinkazu und Inukai Ken, verhaftet wurden. Der Prinz, den seine Beziehungen zum Thron schützten, entging der Verhaftung, aber er wurde als Zeuge vorgeladen.

Die Neuigkeit, daß hochrangige Persönlichkeiten im Zusammenhang mit einer Spionageaffäre festgenommen worden waren, machte rasch die Runde. Wie Sorge in seiner Verteidigung betonte, ist die japanische Gesellschaft von Natur aus nicht geeignet, Geheimnisse zu wahren. Die Regierung entschied, es sei besser, der Ausbreitung wilder Gerüchte mit einer eigenen, bereinigten Version der Ereignisse zuvorzukommen. Die Mitteilung des Justizministeriums über die Zerschlagung eines Rings von Spionen der Komintern, die der Presse am 16. Mai zugeleitet wurde, war daher sorgfältig formuliert. Die vielsagende Tatsache, daß es sich bei den Informanten der Spione um hohe Beamte in der japanischen Regierung und der Deutschen Botschaft handelte, wurde verschwiegen. Das Wörtchen »wichtig« zur Beschreibung der gesammelten Geheiminformationen fand sich an keiner Stelle.

In der Darstellung, die die Presse veröffentlichen durfte, wurde weder die Vierte Abteilung noch die Sowjetregierung erwähnt, die Schuldigen wurden als Agenten der Komintern bezeichnet. Zu einer Zeit, als Japan in einen tödlichen Kampf mit den Vereinigten Staaten verwickelt war, wollte man weder die Russen verärgern noch die Beziehungen zu Deutschland belasten: Sorges Verbindungen zur Botschaft wurden also ebensowenig erwähnt wie seine Mitgliedschaft in der NSDAP. Um die Rolle prominenter Persönlichkeiten herunterzuspielen, erfuhr man über Inukai und Saionji lediglich, über sie seien »unwissentlich« geheime Informationen »durchgesickert«. Das Ziel war Schadensbegrenzung.

Doch die unausweichliche Wahrheit blieb, daß ausländische Spione ins Herz des japanischen Establishments vorgedrungen waren, und das war der schockierendste Aspekt der Enthüllung. In Regierungskreisen war man wegen der Auswirkungen auf die Moral der Nation beunruhigt. Die Polizei wurde angewiesen, Reaktionen auf die Neuigkeit in Erfahrung zu bringen. Wie die Beamten herausfanden, war der Mann auf der Straße empört, daß die höchsten Klassen der Gesellschaft durch ihr leichtsinniges Verhalten die Staatssicherheit gefährdet hatten, während Japan sich mitten im Krieg befand.

»Es ist unentschuldbar, daß vornehme Familien wie die Saionji darin verwickelt sind«, meinte ein Armeehauptmann der Reserve in der Präfektur Gumma.[46] Ein Bauer in der Präfektur Nagano bemerkte: »Daß dieser Fall durch Leute aus der Oberschicht verursacht wurde, ist wirklich bedauerlich.« Der bitterste der von der Polizei gesammelten Kommentare stammt von einer Kriegerwitwe: »Tatsache ist, daß sie unseren kaiserlichen Soldaten in den Rücken geschossen haben. Und da das seit 1933 so geht und ich zu denen gehöre, die einen schmerzlichen Verlust erlitten haben, finde ich, man sollte diese Verschwörer für die Niederlage im Kampf, bei dem mein Mann den Tod fand, zur Rechenschaft ziehen.«[47]

Auch für die Reaktionen bestimmter deutscher Bewohner interessierte sich die Polizei. Die Beamten begegneten Erschrecken, Überraschung und unterwürfiger Bewunderung für die polizeilichen Erfolge bei der Entlarvung der Verschwörer. Auch die Journalistin Lily Abegg, die neue Tokio-Korrespondentin der *Frankfurter Zeitung*, wurde von der Polizei am 17. Mai 1942 befragt:

> Ich kenne Sorge seit 1935, aber ich hatte keine Ahnung, daß er Kommunist war. Er trank in einer Tour und vertat seine Zeit, aber er schrieb erstklassige Artikel ... Die meisten Deutschen hier wissen, daß Botschafter Ott auf vertrautem Fuß mit ihm stand, also dürfte der Botschafter in der Klemme sitzen. Aber sind nicht alle Angehörigen des Botschaftsstabes in derselben Situation wie Ott? Für Meisinger ist die Sache noch viel peinlicher, weil die japanischen Behörden die Verhaftung vornahmen, und man munkelt sogar, er sei drinnen in der Botschaft erschossen worden. Aber ich glaube nicht, daß da etwas dran ist.[48]

Sämtliche Mitarbeiter der Botschaft waren von Sorge getäuscht worden, aber niemand hatte sich so gründlich blamiert wie Meisinger. Seine Aufgabe war es, gefährliche Elemente zur Strecke zu bringen; statt dessen verbrachte er einen Gutteil seiner Zeit damit, Jagd auf Deutsche zu machen, die im Verdacht standen, nicht mit *Heil Hitler* gegrüßt und ähnliche Verbrechen begangen zu haben. Der japanischen Polizei blieb es überlassen, den russischen Spion zu demaskieren, mit dem Meisinger manch feuchtfröhlichen Abend verbracht hatte. Sein Gesichtsverlust in japanischen Kreisen war absolut und unwiderruflich.[49]

Die Waffenattachés hatten ebenso unklug und fahrlässig gehandelt wie Ott. Keiner von ihnen, abgesehen von Scholl, hatte Sorge indessen so nahegestanden oder war so indiskret gewesen wie Paul Wenneker. Man nahm zur Kenntnis, daß er der erste war, der sich von einem Freund distanzierte, und der eifrigste, als es darum ging, die ganze Schuld auf Ott zu schieben. Von seinen Kameraden wissen wir, daß Wenneker sich Hoffnung auf den Botschafterposten machte, sollte Ott durch den Skandal stürzen. Zusammen mit den Attachés von Heer und Luftwaffe stellte Wenneker sich vor Ott hin und forderte seinen Rücktritt. Der Botschafter fertigte die drei Männer kurz mit dem Hinweis auf Sorges Unschuld ab.

In seinen Berichten für Berlin spielte Ott die Bedeutung der Affäre monatelang herunter, während er gleichzeitig versuchte, sie in der deutschen Kolonie in Tokio zu vertuschen. Aber schon bevor der Skandal öffentlich wurde, war dieses Vorgehen unhaltbar geworden. Eine vom Reichsführer SS und Chef der Deutschen Polizei, Heinrich Himmler, angeordnete Untersuchung förderte Beweise für Sorges kommunistische Aktivitäten in den frühen zwanziger Jahren zutage, die die japanischen Anklagepunkte bis zu einem gewissen Grad erhärteten. Im März 1942 enthüllte dann der Bericht eines in der Mandschurei operierenden Agenten der deutschen Abwehr die erschreckende Tragweite des Falles Sorge. Weil Ott und sein Stab Sorge ins Vertrauen gezogen hatten, waren wichtige Informationen zu den Russen durchgesickert. In den Augen der Japaner hatte der Botschafter seine Autorität verloren. Das Vertrauen der Japaner in die Tokioter Botschaft war ernsthaft erschüttert.

Helmuth Wohlthat, damals Chef der deutschen Wirtschaftsdelegation in Tokio, warnte Berlin außerdem vor den katastrophalen Folgen für den Ruf Deutschlands in Japan. Viele Jahre später faßte er die Situation folgendermaßen zusammen:

> Die Japaner waren zuerst der Meinung, daß der Botschafter aus freien Stücken zurücktreten würde. Als zu ihrer Überraschung auf deutscher Seite nichts geschah, brachten sie bei verschiedenen Stellen ihre Sicht der Situation zum Ausdruck, in Tokio hauptsächlich gegenüber den drei Waffenattachés und mir. Mich selber sprachen höhere Offiziere des Generalstabs und des Marinestabes an ... Aber das war ein Jahr, bevor Botschafter Ott seines Postens enthoben wurde. Wegen der Umstände konnte der Botschafter die japanische Regierung in diesem Jahr nicht im Sinne der deutschen Interessen beeinflussen.[50]

Ott versuchte sich solange wie möglich auf seinem Posten zu halten. Die Entlassung kam am 23. November 1942, in Form eines Telegramms von Ribbentrop selbst mit der Anweisung: »Vom Botschafter persönlich zu entschlüsseln.« In dem Text hieß es, er solle abgelöst werden und sich bis auf weiteres als Privatperson ein »passendes Haus in einer ruhigen Gegend mieten«. Aber erst Weihnachten brachte er es über sich, der deutschen Gemeinde die Neuigkeit mitzuteilen. Unter Mißachtung der Konvention blieb Ott noch lange in Tokio, nachdem sein Nachfolger, Dr. Heinrich Stahmer, eingetroffen war. Im Mai 1943 schließlich zog er sich nach Peking zurück, wo er mit Frau und Tochter das Ende des Krieges abwartete. Sein Sohn Podwick war an der Ostfront gefallen.

Stahmer übernahm den Posten im Januar 1943. Er hatte 1940 beim Dreimächtepakt Geburtshilfe geleistet und stellte nun fest, daß seine Schöpfung schwach und kränklich war. In der Tat hatte die Sorge-Affäre der Gesundheit der Allianz erheblichen Schaden zugefügt. Aus der mangelhaften Sicherheit in der Botschaft, der hinhaltenden Art und Weise, mit der die deutsche Regierung die Nachwirkungen der Affäre behandelte, und dem allgemeinen Mangel an Urteilskraft, der sich darin offenbarte, zogen die Japaner ihre eigenen Schlüsse. Weil sich auf japanischer Seite hartnäckig der Glaube hielt, Sorge sei ein Doppelagent, der sowohl für Deutschland als auch für Rußland gearbeitet habe, wurde das Mißtrauen zwischen den beiden Verbündeten noch tiefer.

Die Folgen bekamen die deutschen Staatsbürger in Japan bald zu spüren. Sie wurden überwacht wie nie zuvor – wir wissen, daß jeder Schritt des Botschafters genau beobachtet wurde –, und die Behörden verweigerten Reisegenehmigungen, manchmal sogar für die kurze Fahrt zwischen Tokio und Yokohama.

Die offizielle Zusammenarbeit erfolgte noch widerstrebender als zuvor. Die japanischen Militärbehörden wurden nach der Sorge-Affäre, was die Versorgung der Waffenattachés in Tokio mit hochwertigen Informationen betraf, vorsichtiger, und Berlin erwiderte diesen Argwohn. Dabei trat die Vergiftung der Atmosphäre ausgerechnet zu einem Zeitpunkt ein, als die Achsenmächte im Krieg gegen die westlichen Demokratien gemeinsame Sache machten. Die Begeisterung zur Bündelung geheimer Informationen und materieller Ressourcen schwand in dem Augenblick, als sie am dringendsten gebraucht wurde.

Sorge war jedesmal hochzufrieden gewesen, wenn er über Spannungen zwischen Deutschland und Japan hatte berichten können; und er hatte sich nach Kräften bemüht, sie durch seine politischen Winkelzüge in der Botschaft zu verschlimmern. Ironischerweise war es die Tatsache seiner Verhaftung, die der Achsenpartnerschaft den schwersten Schlag versetzte. Es war ein letzter, unbeabsichtigter Dienst für die Russen.

Nach allem, was man weiß, paßte Sorge sich rasch an das Gefängnissystem an. Härten ließen sich durch Geld lindern: Die, die nichts hatten, hielt das erbärmliche Essen in Sugamo knapp am Leben. Da Sorge über reichliche Mittel verfügte, konnte er sich sein Essen selber aussuchen. Ohashis Haussuchung hatte 1782 US-Dollar und 1000 Yen in bar zutage gefördert, weitere 2000 US-Dollar entdeckte man in dem Koffer, den er Wenneker zur sicheren Aufbewahrung gegeben hatte; außerdem hatte Sorge Geld auf der Mitsubishi-Bank. Das machte ihn zu einem der wohlhabendsten Insassen des Tokioter Untersuchungsgefängnisses.

Im Gegensatz dazu mußte Ohashi mit seinem schmalen Polizistenlohn jeden Sen umdrehen. Mittags aß er ein *bento* (Fertiggericht in einer Schachtel), das zwischen 50 Sen und einem Yen kostete, während er neidisch beobachtete, wie sein Gefangener ein kostspieliges 5-Yen-*bento* verdrückte. Sorges Verpflegung wurde ergänzt durch das, was Helma Ott ihm ins Gefängnis schickte: Am dankbarsten war er für den reichlichen Nachschub an frischem Obst, darunter so viele *mikan* – Mandarinen –, daß ein Insasse witzelte, Sorges Gesichtsfarbe wechsele allmählich ins Orangene.

Was einem Mann wie Sorge wirklich fehlte, das waren Nachrichten von draußen. Einzige erlaubte Informationsquelle war ein von der Regierung wöchentlich herausgegebenes Mitteilungsblatt, bei dessen mühsamer Lektüre ihm die Wachen und ein englisch sprechender Insasse halfen. Sein Hunger nach Neuigkeiten über den russisch-deutschen Krieg war unersättlich. Als besondere Vergünstigung las Ohashi ihm manchmal morgens die Überschriften einer Zeitung vor.

An dem Tag im November 1942, als Sorge von der sowjetischen Gegenoffensive bei Stalingrad erfuhr, war er außer sich vor Freude. Er erkannte, daß Hitlers Hoffnungen, Rußland zu bezwingen, damit zunichte gemacht wurden. Kawai Teikichi (der am 22. Oktober 1941 verhaftet und im September nach langer Haft in einer Polizeistation nach Sugamo verlegt worden war) war Zeuge der Begeisterung Sorges. Seine Zelle lag in der Nachbarschaft derjenigen Sorges, und Kawai spähte zufällig durch das Guckloch in der Zellentür, als er sah, wie der Deutsche auf dem Gang einen Freudentanz aufführte und einem Wärter auf die Schulter klopfte. Zweifellos hielt Sorge sich einiges auf seinen eigenen Beitrag zur dramatischen Wende des Kriegsglücks vor Stalingrad zugute.[51]

Wir haben noch eine weitere Schilderung der Triumphstimmung Sorges. Nakanishi Kou, dessen Spionagetätigkeit in China sich mit der des Sorge-Rings überschnitt, wartete im Tokioter Untersuchungsgefängnis auf seinen Prozeß. Eines Tages hatte er im Hof Gelegenheit, mit Sorge zu sprechen. »Noch heute kann ich mich erinnern, wie sein Gesicht sich vor Freude aufhellte, als ich ihm erzählte, die Rote Armee stehe vor Warschau«, schrieb er später.[52]

Am 24. Juni 1942 begann die dritte Phase der endlosen Untersuchung. Nach monatelangen scharfen Verhören durch Polizisten und Staatsanwälte mußte Sorge dieselben Themen einen ganzen Sommer lang noch einmal durchgehen, diesmal mit einem Untersuchungsrichter. Der einzige Vorteil war, daß diese Sitzungen nicht in Sugamo stattfanden, sondern am Tokioter Bezirksstrafgericht – der Ausflug ins Stadtzentrum bot eine angenehme Erholung von der ewigen Düsternis und dem muffigen Geruch des Gefängnisses, die aufs Gemüt schlugen. Auf dem Hin- und Rückweg konnte Sorge durch die Schlitze seines *amigasa* und die Gitterstäbe des Gefangenentransporters einen Blick auf das rege Treiben in den Straßen werfen und sich kurz am Grün rings um den Wassergraben des Kaiserpalastes erfreuen.

Diese dritte Verhörrunde hatte für Sorge, wie öde sie auch war, noch einen anderen Vorteil. Er konnte Fehler oder Unwahrheiten in seiner früheren Aussage korrigieren und nutzte vor allem die Gelegenheit, unmißverständlich klarzustellen, daß er zum Geheimdienst der Roten Armee gehörte und nicht zur Komintern.[53]

Bei einer der letzten Sitzungen fragte Nakamura Mitsuzo, der Ermittlungsrichter, ob der Angeklagte begreife, welchen Schaden sein Netz den militärischen Interessen Japans und den Belangen der Landesverteidigung zugefügt habe. Sorge bat zu unterscheiden. Ein gewöhnlicher Spionagering berichtete über die verwundbaren Punkte des Ziellandes, sagte er. Aber seine Gruppe habe einen ganz anderen Zweck verfolgt. Man habe für den Frieden zwischen Japan und der Sowjetunion gearbeitet. Außerdem bestand Sorge darauf, daß wenig von dem, was er nach Moskau weitergeleitet hatte, als Staatsgeheimnis bezeichnet werden könne. Vieles von dem Material sei in Japan bereits veröffentlicht worden oder habe zu der Sorte Informationen gehört, die überall unter gut unterrichteten Japanern zirkulierten.[54]

In einer demokratischen Gesellschaft und in Friedenszeiten wäre eine solche Verteidigung vielleicht stichhaltig. Aber Sorge war naiv, wenn er erwartete, daß diese Argumente in einem totalitären Staat, der sich im Krieg befand, ins Gewicht fielen. Am 15. Dezember kam der Untersuchungsrichter zu seinem Urteil: Der Angeklagte habe gegen das Gesetz zur Sicherung des Friedens und gegen das Gesetz zur Verteidigung der Staatssicherheit verstoßen, und ihm solle der Prozeß gemacht werden.

Ein weiterer Winter verging, bevor das Verfahren vor dem Tokioter Bezirksstrafgericht begann. Sorge wurde für schuldig befunden, vier Gesetze verletzt zu haben. In seinem Plädoyer sagte der Vorsitzende Richter Takada Tadashi, der Angeklagte sei nach Japan gekommen, um die Ziele der Komintern zu verwirklichen, das heißt: das japanische Gesellschaftssystem zu stürzen. Der Richter bestätigte, daß Sorge die Komintern 1929 verlassen habe, um nach Instruktionen des Vierten Büros sein eigenes Spionagenetz aufzubauen. Aber er blieb dabei – das war entscheidend für die gerichtliche Charade –, daß Sorge in erster Linie spioniert habe, um die von der Komintern angestrebte internationale Revolution zu fördern.

> Obwohl ihm vollkommen bewußt war, daß die Komintern auf das Ziel hin ausgerichtet war, durch die Diktatur des Proletariats eine weltweite kommunistische Gesellschaft zu verwirklichen und, im Falle Japans, das *kokutai* [nationale Wesen] von Grund auf zu verändern und das System des Privateigentums abzuschaffen, entfaltete er unter Kontrolle und Führung der Vierten Abteilung seine eigenen Aufklärungsoperationen, die sich um Ostasien drehten.[55]

Diese gewundene Stellungnahme charakterisiert Sorge als Militärspion, dessen eigentliches Ziel es war, den Kaiser zu stürzen und Japan ein kommunistisches System aufzuzwingen. Es war, wie Sorge erkannte, eine verquere Logik, die an Absurdität grenzte. Aber Gerichte in totalitären Staaten sind nicht den Gesetzen der Logik verpflichtet. Entscheidend war, daß diese Einschätzung sicherstellte, daß Sorge wegen eines Kapitalverbrechens verurteilt wurde, dem Verstoß gegen Artikel 1 des Gesetzes zur Sicherung des Friedens.

Am Morgen des 29. September 1943 stand Sorge auf, um sich in einem abschließenden Plädoyer an das Gericht zu wenden: »Ich habe nicht im entferntesten daran gedacht oder geplant, in Japan eine kommunistische Revolution anzuzetteln oder den Kommunismus in Japan zu verbreiten«, sagte er. Er, und nur er allein, trage die volle Verantwortung für die Tätigkeit des Netzes. »Bitte behandeln Sie meine japanischen Kollegen so nachsichtig wie möglich«, bat er.

Das Gericht erhob sich zur Urteilsverkündung. Wir können uns die grenzenlose Einsamkeit des Angeklagten in diesem Augenblick, da eine mitleidlose Stimme sein Schicksal verkündete, wohl vorstellen.

Im Falle des besagten Angeklagten, dem Verletzung des Gesetzes zur Sicherung des Friedens, des Gesetzes zur Verteidigung der Staatssicherheit, des Gesetzes zum Schutz militärischer Geheimnisse und des Gesetzes über militärische Ressourcen vorgeworfen wird, ist dieses Gericht, unter Mitwirkung der Staatsanwälte Nakamura Toneo und Hiramatsu Isamu, zu folgendem Urteilsspruch gelangt: Der Angeklagte wird zum Tode verurteilt.

Sorge nahm das Urteil aufrecht und mit Würde entgegen, seine Beherrschung war vollkommen. Kein Wort, keine Geste verrieten Bestürzung oder Entrüstung darüber, daß das Recht im Interesse des japanischen Staates gebeugt worden war.

Der nächste Schritt war eine Revision. Wieder kam Sorge auf den Punkt zurück, daß er und seine Gruppe größtenteils keine »Geheimnisse« gesammelt hätten, sondern Informationen, die bereits in Umlauf gewesen seien. Genaugenommen, obwohl solche Indiskretionen illegal seien, »läßt das japanische Gesellschaftssystem in der Praxis die Wahrung von Geheimnissen nicht zu«.

Was die Informationen betraf, die er von der Deutschen Botschaft erhalten hatte, blieb Sorge dabei, daß nur wenige, wenn überhaupt, die Bezeichnung »Staatsgeheimnis« rechtfertigten. In der Begründung des Gesuchs heißt es weiter: »Es wurde mir freiwillig gegeben. Um es zu bekommen, nahm ich keine Zuflucht zu Mitteln, die bestraft werden müßten. Ich wandte weder Gewalt noch List an.«[55a]

Sorges Verteidiger Asanuma Sumiji legte einen Tag nach Ablauf der damals gesetzlich vorgeschriebenen Dreizehn-Tage-Frist Revision ein. Letzter Abgabetermin war der 10. Januar. Das Gesuch wurde dem Obersten Gerichtshof am 11. Januar vorgelegt (für Fälle, die nach dem Gesetz zur Verteidigung der Staatssicherheit verhandelt wurden, war zwischen der ersten Instanz und dem Obersten Gerichtshof keine mittlere Instanz vorgesehen).

Zwar wurde Asanuma vom Gericht wegen Fahrlässigkeit formell gemaßregelt, aber obwohl das Leben eines Menschen auf dem Spiel stand, weigerten die Justizbehörden sich, die Vorschriften zu übergehen. Asanuma war zutiefst beschämt, aber sein Mandant trug die Sache philosophisch. Er habe sich, was die Revision angehe, von vornherein nicht viele Hoffnungen gemacht, beschied er dem Anwalt. Asanuma war es, der Trost brauchte, und der Verurteilte tat, was er konnte, um ihn aufzumuntern. Ohnehin glaubten beide nicht, daß legale Manöver den Lauf der staatlich verfügten Gerechtigkeit oder besser Ungerechtigkeit in diesem Stadium noch umlenken könnten. Die einzige, wenngleich schwache Hoffnung war, daß politische Zweckmäßigkeitserwägungen die Staatsspitze möglicherweise bewogen, Sorges Leben zu schonen.[56]

An dem Septembermorgen, als Sorge sein abschließendes Plädoyer vortrug, hörte Ozaki im selben Gerichtssaal finster zu, wie Richter Takada sein Todesurteil verkündete. Er wurde wegen Verstoßes gegen drei Gesetze verurteilt, einschließlich des strengen Gesetzes zur Sicherung des Friedens. Wie Sorge wurde auch Ozaki für schuldig befunden, Spionage mit dem Ziel betrieben zu haben, die bestehende Gesellschaftsordnung und den Kaiser zu stürzen. Das Verbrechen, für das er mit seinem Leben bezahlen mußte, war der angebliche Versuch, »das *kokutai* von Grund auf zu verändern«. *Kokutai* ist als Begriff unübersetzbar und umschreibt die mystische Einheit zwischen dem Kaiser und dem Volk von Japan.

Ozakis Verteidigung hatte sich auf *tenkosho* oder die Bekehrungsthese konzentriert. »Gedankenverbrechen« abzuschwören, war bis 1945 fester Bestandteil des japanischen Rechtssystems. Ein wegen Verletzung des *kokutai* verhafteter Japaner konnte nur durch einen vollständigen Widerruf seine Schuld abbüßen. Eine kommunistische Überzeugung zählte zu den schwerwiegenden Verbrechen, die nur durch ein Geständnis, vorausgesetzt, es wurde mit der gehörigen Demut vorgetragen, abgemildert werden konnten.

Aber Ozaki gelang es in seiner ersten Erklärung, die er am 8. Juni 1943 fertigstellte, nicht, einen entsprechend reuevollen Tonfall anzuschlagen. In dem an Richter Takada gerichteten, 30 000 Worte umfassenden Schriftstück versuchte Ozaki, seine linken Überzeugungen und seine Spionagetätigkeit zu rechtfertigen: »Den politischen Führern Japans fehlt ein schlüssiges Verständnis für den Lauf der Welt.«

Das Todesurteil kam wie ein Schlag. Ozaki hatte als härteste Strafe allenfalls mit Gefängnis gerechnet, vielleicht konnte er nicht begreifen, daß jemand mit seinem sozialen Status, der Freunde in hohen Positionen hatte, am Galgen enden würde. Sein treuer Freund Matsumoto Shinichi, der die Strategie der Verteidigung von Anfang an geplant hatte, beauftragte sofort neue Rechtsanwälte, sich an die Revision zu machen. Sie waren sich einig, daß Ozakis einzige Hoffnung darin bestand, ein neues und entschieden »aufrichtigeres« *tenkosho* aufzusetzen.

Es schmerzte Ozaki, mit Verleugnung der Überzeugungen und Prinzipien, die ihm teuer waren, um sein Leben zu betteln. Erst die verzweifelten, flehentlichen Bitten seiner Frau Eiko konnten ihn umstimmen, und er willigte ein, eine neue Erklärung aufzusetzen. Aber in einem Brief an Eiko vom 8. Februar 1944 gab er zu, daß er unfähig sei, das Bekenntnis eines wahrhaft Bekehrten zu verfassen. Die zweite Erklärung war am 29. Februar fertig, und obwohl sie einen günstigeren Eindruck hinterließ als die erste, fand das Gericht, daß Ozakis staatsfeindliche Ansichten im wesentlichen unverändert geblieben seien.

Am 5. April 1944 wurde die Revision abgelehnt. Ein Brief Ozakis an Eiko zwei Tage später zeigt, daß er sich stoisch in sein Schicksal fügte. Den Rest seiner Tage im Gefängnis verbrachte er mit der Lektüre der vielen Bücher, die seine Frau ihm brachte – darunter die Werke Goethes und Nehrus Autobiographie –, und mit dem Schreiben philosophischer und religiöser Essays, wobei er ein besonderes Interesse für Zen-Buddhismus entwickelte. Seit seiner Jugend war er leidenschaftlicher Briefmarkensammler gewesen, und in einem Brief bat er seine Frau, Yoko solle in einen bestimmten Laden gehen und ihm ein paar Bücher über Philatelie kaufen.

Daß er bis zum Schluß seinen Überzeugungen treu blieb, geht aus Bemerkungen hervor, die er Anfang November gegenüber einem Besucher im Gefängnis machte. »Ich möchte mein Leben mit einem großartigen Tod als Kommunist beschließen«, sagte Ozaki. »Ich habe nichts zu bedauern, und ich bin vollkommen gefaßt.«

Max Clausen und Branko Vukelic erhielten lebenslänglich. Anna Clausen, die einen Monat nach ihrem Mann verhaftet worden war, wurde zu drei Jahren Gefängnis verurteilt. Es war eine der mildesten Strafen, die verhängt wurden. Sie konnte die Staatsanwälte davon überzeugen, daß sie als Komplizin wider Willen nur eine Nebenrolle gespielt hatte, was Sorges und Clausens Versionen bestätigten. Später entgingen Max und Anna bei der Bombardierung japanischer Städte mit Brandbomben nur knapp dem Tod. Im Oktober 1945 waren sie unter den Hunderten politischer Gefangener, die von den siegreichen amerikanischen Truppen befreit wurden.

Branko hatte weniger Glück. In Sugamo wurde ihm das Leben durch die Besuche seiner treuen Frau Yoshiko erträglich gemacht. Sie brachte ihm Kleidung, Bücher und Geld, damit er sich etwas zu essen kaufen konnte. Aber im Juli 1944 wurde er ins Abashiri-Gefängnis verlegt, das in einem trostlosen, für seine strengen Winter berüchtigten Winkel Hokkaidos liegt. Vor seiner Abreise erhielt Yoshiko die Erlaubnis, ihren dreijährigen gemeinsamen Sohn Hiroshi zu einer kurzen Zusammenkunft mit ins Tokioter Untersuchungsgefängnis zu nehmen.

Sie fand Branko abgemagert und schwach. Er war an Ruhr erkrankt, und sie konnte die Tränen nicht zurückhalten. Vukelic versuchte sie mit seinem gewohnten optimistischen Lächeln zu trösten, aber er riet ihr dringend von einem Umzug nach Hokkaido ab – es sei kein Ort, an den man im Winter ein kleines Kind bringe. »Vielleicht kannst du mich im Frühling besuchen kommen«, waren seine Worte zum Abschied.[57]

Vukelic überlebte den ersten Winter in der kältesten und trostlosesten Gegend Japans nicht. Am Abend des 15. Januar 1945 erhielt Yoshiko ein knappes Telegramm: »Wollen Sie kommen, um seine sterblichen Überreste in Empfang zu nehmen, oder sollen wir alles Notwendige arrangieren? Abashiri-Gefängnis.« Im Krieg eine Fahrkarte zu bekommen war ungeheuer schwierig, aber Yoshiko appellierte an das Mitgefühl des Bahnhofspersonals und machte sich auf die lange, einsame Reise in die Eiswüsten Ost-Hokkaidos. In einem Brief an Brankos Mutter, geschrieben im Dezember 1946, schilderte sie die Szene in der tristen Leichenhalle des Gefängnisses.

In Abashiri fand ich ihn in einem Sarg, in ein weißes Gewand gehüllt, wie es Sitte in Japan ist. Er war so dünn, so eiskalt und steif. Ich weinte herzzerreißend bei dem Anblick. Ich bat sie, mich mit ihm allein zu lassen. Ich weiß nicht, wie lange ich dort blieb, aber schließlich kam jemand, um mir zu sagen, daß ich nicht ewig dableiben könnte.[57a]

Als unmittelbare Todesursache wurde Lungenentzündung angegeben, aber es waren chronischer Durchfall und Unterernährung, die ihn entkräftet und für Krankheiten anfällig gemacht hatten. Zweifellos hatte er zu Beginn der Verhöre auch über Gebühr unter körperlichen Mißhandlungen leiden müssen.

Sogar General Willoughby, der Chef des US-Militärgeheimdienstes, der sich nicht entblödete, die japanischen Vernehmungsbeamten als Ehrenmänner hinzustellen, hatte Schwierigkeiten, eine Erklärung für den Tod von Vukelic zu finden: »Sein früher Tod in der Haft wirft die Frage der Folter auf. Er war erst einundvierzig, als er starb, und im Protokoll findet sich kein Hinweis, daß er vor seiner Festnahme körperlich nicht auf der Höhe gewesen war. Es ist sehr gut möglich, daß er sich standhaft weigerte zu reden und entsprechend behandelt wurde.«[58]

Lange Zeit nach dem Telegramm erhielt Yoshiko einen Brief. Der Poststempel trug das Datum des 8. Januar 1945, wenngleich sie vermutete, daß der Brief Ende Dezember geschrieben worden war, als Branko bereits an Lungenentzündung erkrankt war: »Ich halte die Kälte besser aus, als ich erwartet habe. (Nur meine Schrift ist schlechter als gewöhnlich.) Also dürfte unserem Treffen im nächsten Jahr nach menschlichem Ermessen nichts im Wege stehen ...«

Auch Miyagi Yotoku, der seit seiner Jugend an Tuberkulose litt, war zu anfällig, um die rauhen Haftbedingungen zu überstehen.[59] Er starb am 2. August 1943 in Sugamo während des Prozesses. Ozaki, dessen Verfahren sich dem Ende näherte, war todunglücklich, als er die Nachricht erfuhr. In einem Brief an seine Frau vom 11. September 1943 schrieb er:

> Der Vorsitzende Richter erzählte mir, daß Miyagi vor einem Monat gestorben sei. Ich wußte wohl, daß er das Gefängnisleben nicht aushalten würde, aber diese Nachricht erschütterte mich. Miyagi war ein großartiger Mensch ... in all seinen Bildern spürt man diese tiefe Traurigkeit, diese schreckliche Einsamkeit. Miyagi war ein einsamer Mann. Unendlich einsam. Als er starb, kam niemand von seiner Heimatinsel Okinawa, um seinen Leichnam abzuholen.[60]

Im Laufe der Verhöre präsentierte Sorge sich eher als Analytiker und Deuter von Ereignissen denn als »Spion«, eine Etikettierung, die er zurückwies. In seiner Aussage spüren wir, daß er stolz auf sein fundiertes Urteil war, obwohl er einräumte, sich bei ein oder zwei Gelegenheiten geirrt zu haben. Als er schließlich zu der alles entscheidenden Phase seiner Mission im Jahr 1941 Stellung nahm, prahlte er damit, wie schnell und zielsicher er die japanischen Absichten hinsichtlich Rußlands durchschaut habe: Das Problem habe in der Überwindung der Skepsis seiner Moskauer Vorgesetzten gelegen. Den Staatsanwälten sagte er am 11. März 1942:

> Ich habe von Anfang an nach Moskau gemeldet, daß Japan sich nicht an dem Krieg beteiligen würde, aber in der ersten Zeit hegte die Zentrale Zweifel an meinen Berichten dieses Inhalts. Doch seit

September hatte man völliges Vertrauen in meine Berichte, und ich erhielt besondere Dankestelegramme.[61]

Nun ist man im nachhinein immer klüger, denn mit den Fakten stimmt diese Erinnerung nicht überein. Sorge teilte die Ängste der sowjetischen Führer, daß man an einer zweiten Front, im Fernen Osten, würde kämpfen müssen.

Erst am 28. Juni wies Sorge darauf hin, daß die Japaner den rechten Augenblick abwarteten und nur etwas unternehmen würden, wenn die Deutschen die Rote Armee in die Knie gezwungen hätten. Die Japaner seien Opportunisten, die nach leichter Beute Ausschau hielten – und sie würden sich abseits halten, wenn die Rote Armee sich als unschlagbar erwiese. Wie unsere Untersuchung seiner Berichte aus dieser Zeit zeigt, war die exaktere Einschätzung der japanischen Absichten ein langwieriger und mühsamer Prozeß. Quälende Wochen vergingen, während Sorge im dunkeln tappte, bis er herausfand, daß die Sommer-Mobilmachung nicht in erster Linie gegen die UdSSR gerichtet war. Erst spät, Ende August, konnte er mit Bestimmtheit sagen, daß Japan nicht vorhatte, die Sowjetunion in diesem Sommer oder Herbst anzugreifen.

Mitte September folgte eine weitere Versicherung, und Anfang Oktober wurden Ozakis Schlußfolgerungen nach einer Reise in die Mandschurei durchgegeben: Die Armee befinde sich nicht mehr in Alarmbereitschaft, und der Plan, die Transsibirische Eisenbahn zu übernehmen, sei fallengelassen worden. Hätte Clausen seine Pflicht erfüllt, und wären Sorges Depeschen nicht verstümmelt, verzögert oder sogar unterdrückt worden, die strategische Planung der Roten Armee hätte ohne Zweifel von einem vollständigeren nachrichtendienstlichen Bild der Lage profitiert.

In welchem Ausmaß Sorges Berichte die sowjetische Führung beeinflußten, ist immer noch nicht völlig klar.[62] Daß sie ein wichtiger Faktor bei Stalins Entscheidung waren, zur Stärkung der Westfront Reserven aus dem Fernen Osten zu verlegen, wird allgemein angenommen. So gesehen hatte Sorges Arbeit im Jahr 1941 weitreichende historische Folgen. Seine Schätzungen ermöglichten Stalin, erhebliche Kontingente aus dem Fernen Osten abzuziehen, um sie den deutschen Invasoren im Westen entgegenzuwerfen.[63]

Mit dem deutschen Vorstoß auf Moskau begann am 2. Oktober, was Hitler »die letzte große Entscheidungsschlacht des Krieges« nannte. In diesem Augenblick hing das Überleben Rußlands an einem seidenen Faden.[64]

Die nachlassende sowjetische Stärke im Fernen Osten blieb der japanischen Armee nicht lange verborgen. Nach Schätzungen des Geheimdienstes im Generalstab waren neun bis elf Infanterie-Divisionen, mindestens 1000 Panzer und mehr als 1200 Flugzeuge nach Westen verlegt worden. Am 24. Oktober standen nur noch 19 Schützen-Divisionen, 1200 bis 1400 Panzer sowie etwa 1060 Flugzeuge in Sibirien.[65] In diesem Stadium war die japanische Entscheidung, nach Süden vorzustoßen, nicht mehr rückgängig zu machen. Außerdem schloß der Beginn eines strengen Winters jede große Offensive aus.

Die antirussischen Elemente in der japanischen Armee dürften vor Wut mit den Zähnen geknirscht haben, als ihr Nachrichtendienst ihnen meldete, wie sehr das sowjetische Fernostkommando ausgedünnt worden war. Im Oktober, so erfuhr man, sei die Stärke der sowjetischen Truppen im Fernen Osten auf einen Stand gefallen, »der früher wahrscheinlich zu einer Intervention der KJA [Kaiserliche Japanische Armee] geführt hätte«.[66]

Nachdem die Revision verworfen worden war, wurde Sorge mitgeteilt, daß der Hinrichtungstag nicht vorher angekündigt würde. Nach japanischer Sitte erfahre es der Verurteilte, wenn der Tag gekommen sei, im Morgengrauen.

Zehn Monate mußte er die Qual und Ungewißheit ertragen. Nachts konnte er aus den Nachbarzellen die wahnsinnigen Schreie anderer Verurteilter hören, in Todesangst, ob sie den nächsten Tag überleben würden. Sorge ertrug die Tortur standhaft. Welche inneren Qualen er auch durchmachte, nach außen wirkte er, so das Zeugnis derer, die ihn in seinen letzten Monaten sahen, ruhig und gelassen. Nishizato Tatsuo, ein

Häftling vom selben Gang, begegnete Sorge während dieser Zeit oft im Gefängnishof: »Er kam immer heraus, um sich Bewegung zu verschaffen, und er sah nicht aus wie jemand, der auf seine Hinrichtung wartete. Er grüßte mich immer mit einem Lächeln.«[67]

Auch einem Besucher von der Botschaft, Karl Hamel, schien Sorge guter Laune zu sein. Die japanischen Behörden entschieden, daß er Gelegenheit bekommen sollte, von seinen deutschen Freunden Abschied zu nehmen. Meisinger wurde angesprochen, aber ihm war die ganze Angelegenheit »peinlich«, und er schickte statt dessen seinen jungen Dolmetscher Hamel nach Sugamo. Sorge schien wohlgenährt und machte – wie Hamel überrascht feststellte – einen saubereren und gepflegteren Eindruck als jemals außerhalb des Gefängnisses. Bewundernd registrierte der Besucher, wie ruhig und beherrscht der Häftling erschien. »Er macht[e] den Eindruck eines Mannes, der stolz ist, ein großes Werk getan zu haben, und der sich nun darauf vorbereitet, den Schauplatz seines Wirkens zu verlassen.«[68]

Hamel hatte die Erlaubnis, Sorges Letzten Willen entgegenzunehmen. Seine Hauptsorge galt seiner achtzigjährigen Mutter in Deutschland, an der er zeit seines Lebens so sehr gehangen hatte, an deren Geburtstage er stets mit einer Karte oder einem Brief gedacht hatte. Sorge wollte nicht, daß sie von der deutschen Polizei verfolgt würde, da sie von seinen Aktivitäten während der letzten zwanzig Jahre nichts gewußt habe. Er bat darum, ihr einen Brief von ihm zu übermitteln. Die japanischen Beamten, die bei dem Gespräch zugegen waren, versprachen, sich darum zu kümmern.

Für sich selbst bat er um historische Bücher – um in der noch verbleibenden Zeit, so sein Wunsch, »sein ›Weltbild‹ abzurunden«.[69]

Während die kostbaren Sekunden seines Lebens verrannen, klammerte er sich an einen dünnen Hoffnungsfaden: daß die Russen versuchen würden, ihn auf dem Verhandlungswege freizubekommen. Bei den Verhören hatte er sich als standhafter, loyaler, von seinen Vorgesetzten außerordentlich geschätzter Nachrichtenoffizier der Roten Armee präsentiert. Kein Hinweis hatte verraten, daß ihn die Angst vor der Rückkehr verfolgte. Seine Strategie war es gewesen, die Japaner zu überzeugen, daß sie für seine Auslieferung an Rußland einen hohen Preis herausholen konnten. Wenn die Japaner das glaubten, dann wäre es wenig wahrscheinlich, daß das Todesurteil vollstreckt würde.

Die Japaner waren durchaus bereit, ihren Gefangenen auszuliefern. Nachdem sie Sorge lang und breit über die Arbeitsweise seines Netzes verhört hatten, wäre den nationalen Interessen mit seinem weiteren Verbleib in der Haft nicht gedient. Militärische und diplomatische Vertreter Japans unternahmen eine Reihe von Vorstößen bei sowjetischen Beamten, ernteten aber nur verständnislose Blicke und hartnäckige Ablehnung. Generalmajor Tominaga Kyoji erinnerte sich in einem Gespräch mit Leopold Trepper, der für die Vierte Abteilung in Europa spioniert hatte, an die Ereignisse: »Wir haben der russischen Gesandtschaft in Tokio dreimal Austauschvorschläge gemacht, und jedesmal wurden wir mit der Antwort vor den Kopf gestoßen: ›Der Name Richard Sorge ist uns unbekannt.‹«[70]

Für die Sowjets, die niemals zugaben, daß es Spione in ihren Diensten gab, war Sorge durch seine Verhaftung zu einer Last geworden. Aber eine Belastung war er möglicherweise noch in einem anderen Sinne: Als Agent, dessen Warnungen vor einem deutschen Einmarsch auf taube Ohren gestoßen waren, hatte Sorge Stalin in Verlegenheit gebracht. Manch anderer, der von Stalins schweren Fehlern wußte, war eliminiert worden oder würde es später werden. Durch eine tragische Wendung des Schicksals hatte Sorges hingebungsvoller Einsatz für den Schutz der Sowjetunion ihn für den Großen Führer zu einer Bedrohung gemacht statt zu einem Helden, der es wert war, aus der Gefangenschaft errettet zu werden.

Leopold Trepper, der Sorge als einfallsreichen und couragierten Kollegen kannte und bewunderte, hegte keine Zweifel, warum man ihn verleugnete: »Man zog es vor, Richard Sorge lieber erschießen zu lassen, als nach dem Kriege einen weiteren Belastungszeugen am Hals zu haben«, schrieb er in seinen Memoiren.[71] Wegen Sorges Verbindung zu imaginären »Volksfeinden«, darunter der frühere Leiter der Vierten Abteilung, hatte Stalin in ihm seit langem einen Gegner gesehen. »Richard Sorge mußte seine Vertrautheit mit General Bersin bezahlen. Verdächtig seit Bersins Verschwinden, war er für Moskau nur ein Doppelagent, noch dazu ein Trotzkist!«[72]

Am Ende überzeugte die Indifferenz der Russen gegenüber Sorges Schicksal die Japaner davon, daß weitere diesbezügliche Annäherungen oder eine Begnadigung keinen Zweck hatten. Am 4. November 1944 setzte der Justizminister sein Siegel unter den Hinrichtungsbefehl. Zwei Tage später nahm Außenminister Shigemitsu Mamoru in der Sowjetischen Botschaft an einem Empfang zum Jahrestag der bolschewistischen Revolution teil.

Zu diesem Zeitpunkt war Japan in argen Nöten. Es hatte im Krieg gegen Amerika eine Serie schwerster Niederlagen erlitten. Glücklicherweise hatte die Sowjetunion den Neutralitätspakt eingehalten und dem Druck, auf der Seite Amerikas in den Krieg gegen Japan einzutreten, nicht nachgegeben. Aber dann gab es am Vorabend des Jahrestages ein grimmiges Omen der wahren Absichten Rußlands. Eine Rede, in der Stalin Japan als Aggressor denunzierte, versetzte Tokio einen gewaltigen Schrecken. Die scharfsinnigeren Beamten im Außenministerium fragten sich laut, ob die Russen den rechten Augenblick abwarteten und Japan angreifen würden, wenn es vom Pazifik-Krieg vollkommen erschöpft wäre. Beim Botschaftsempfang am 6. November setzten die Russen zur Begrüßung wie gewöhnlich strahlende Mienen auf. Aber ein japanischer Diplomat, der dem Ereignis beiwohnte, Kase Toshikazu, spürte einen eisigen Hauch in der Luft: »Es war, dachte ich, wie die scharfe Berührung mit dem ersten Frost, unter dem die späten Blumen erstarren.«[73]

In dieser heiklen Atmosphäre schnitt Außenminister Shigemitsu, wie sich ein anwesender russischer Diplomat erinnert, die Frage der bevorstehenden Hinrichtung an, um zu erfahren, ob die sowjetische Regierung es sich fünf Minuten vor zwölf nicht doch noch anders überlegt hätte. Das war nicht der Fall. Shigemitsu erhielt eine Abfuhr: Botschafter Malik wünsche das Problem Sorge nicht zu erörtern. Doch die Erinnerung des russischen Zeugen stimmt nicht mit der Version von Kase Toshikazu überein, der sich sicher ist, daß sein Minister den Abend nicht dadurch verdarb, daß er irgendwann im Laufe der Feierlichkeit das Gespräch auf die unangenehme Angelegenheit brachte.

Die versammelten Diplomaten tranken auf das Wohl von Kaiser Hirohito und Generalissimus Stalin und kippten große Mengen Wodka und Whisky. »Es war ein netter Empfang, aber von der Begeisterung, die den Empfang im Jahr davor ausgezeichnet hatte, war nichts mehr zu spüren«, notierte Kase.[74]

Der 7. November, ein Dienstag, war ein heiterer, winterlicher Tag. In den Zellen war es schneidend kalt. Wie gewöhnlich wurde Sugamo um sechs Uhr durch Glockengeläut geweckt. Es war der 27. Jahrestag der Russischen Revolution, ein Tag, an dem Sorge vielleicht am allerwenigsten erwartet hatte, daß die Japaner ihm das Leben nähmen. Er war jetzt neunundvierzig Jahre alt.

Kurz vor zehn hörte er die Stimme eines Wärters »Zelle elf!« brüllen. Der Schrei muß ihm durch Mark und Bein gefahren sein, war es doch für die morgendliche Inspektion schon viel zu spät.

Dann betrat Gefängnisdirektor Ichijima Seiichi mit einer Gruppe von Beamten, darunter der Anstaltsgeistliche, die Zelle. In einem feierlichen Ritual fragte er nach Namen, Alter und Wohnsitz des Verurteilten. Dann gab er in aller Form bekannt, daß Richard Sorge auf Anordnung des Justizministers am heutigen Tag hingerichtet würde und daß man von ihm erwarte, daß er ruhig sterbe. Für Sorge, dessen Japanisch sich in den drei Jahren Haft verbessert hatte, war die Bedeutung der Worte unmißverständlich.

»Verstehen Sie?« fragte der Direktor. Sorge nickte. Ob er an seinem Letzten Willen noch etwas ändern wolle? Sorge verneinte. Dann fragte der Direktor: »Haben Sie noch etwas zu sagen?«

»Nein, nichts mehr«, sagte Sorge. An die Gruppe von Beamten gewandt, fügte er hinzu: »Ich danke Ihnen für all Ihre Freundlichkeit.« Dann kleidete er sich an für seine letzte Reise.

Die grausige Prozession bewegte sich über den Gang. Von seiner Zelle in der Nähe hörte Nakanishi Kou den Lärm und begriff, was vor sich ging.

Soweit ich mich erinnere, war es in Tokio am 7. November 1944 so kalt, daß man sich richtig unwohl fühlte. Ich konnte aus meiner Zelle nicht rausgucken, aber wenn man sich erst einmal an die Dunkelheit im Untersuchungsgefängnis gewöhnt hatte, reagierte man sehr empfindlich auf Geräusche auf dem Gang. Aus dem Klang von Schlüsseln, Füßen, Stimmen usw. und aus der Atmosphäre um die Menschen herum entwickelte man ein Gespür für das, was vor sich ging. Sorges Zelle lag genau gegenüber vom Schreibtisch der Wache in der Mitte des Gangs. Ich spürte an Bewegungen in der Luft, daß Sorge an diesem Morgen gerade weggebracht wurde. Ich weiß noch, wie er an der Stelle, wo der große Schlüssel für den Flügel aufbewahrt wurde, in Richtung unserer Zellen zu nicken schien, als wollte er sagen: »Sayonara.«[75]

Die Gruppe trat nach draußen in den Sonnenschein, überquerte den Hof und betrat ein kleines, hinter hohen Mauern verborgenes Gebäude. In einem Vorraum brannten vor einer goldenen Buddha-Figur Weihrauchkerzen. Ohne bei dem Altar zu verweilen, führte man Sorge in einen kahlen Raum.

Er wurde zu der Falltürvorrichtung im Boden geführt und blieb ruhig stehen, während man ihm Hände und Füße fesselte. Er wußte nicht, daß an diesem Morgen kurz nach 9.30 Uhr sein treuer Helfer Ozaki Hotsumi genau hier gestanden hatte und gehenkt worden war, bis um 9.51 Uhr der Tod eintrat. Nun wurde die Schlinge um Sorges Hals gelegt. Dann traten die Wärter zur Seite. Um 10.20 Uhr schnappte die Falltür unter seinen Füßen auf, und Sorge baumelte am Ende des Seils in der Luft. Sechzehn Minuten später, um 10.36 Uhr, stellte der Gefängnisarzt den Tod fest.

Epilog
Ein Heldengrab

Max Clausen war am 8. August 1945 auf freiem Fuß. Japan lag in Trümmern, besetzt von den siegreichen Amerikanern. »In ihrer üblichen Gutmütigkeit öffneten die amerikanischen Eroberer die Gefängnisse«, schrieb ein reuiger Generalmajor Willoughby, Chef des Militärgeheimdienstes (G-2) in Tokio. Unter den fünfhundert Häftlingen, die aus den Gefängniszellen strömten und das Licht eines befreiten Japan erblickten, waren auch, krank und ausgezehrt, Clausen und seine Frau Anna.

Einige Monate lang lebten die beiden zurückgezogen in Urawa in der Nähe von Tokio, dann zogen sie in die Hauptstadt. Im Dezember 1945 fuhren sie nach Karuizawa, wo sie bei Frieda Weiß, Annas Deutschlehrerin, wohnten. Anfang des folgenden Jahres ließ man sie, die sehr wohl wußten, daß der G-2 sie observierte, mit Hilfe der Sowjetischen Botschaft in einem Flugzeug Richtung Wladiwostok verschwinden.

Willoughby spitzte die Ohren, als »ein aufgeregter japanischer Beamter mich davon unterrichtete, daß die Freilassungsliste der politischen Gefangenen ausländische Geheimagenten enthalte, die Überreste des Sorge-Rings«.[1] Auf Anweisung Willoughbys stellte ein Offizier der Gegenspionage einen ersten Bericht über den Fall zusammen, der auf Material des japanischen Justizministeriums basierte. Nach der Entlarvung eines sowjetischen Spionagerings in Kanada im Februar 1945 hatte der General sich mit neuer Begeisterung auf die Sorge-Geschichte gestürzt. Nun gewann er die Überzeugung, daß sie Teil einer globalen sowjetischen Durchdringungs- und Unterwanderungskampagne war: »Ich kam zu der Ansicht, daß der Fall Sorge, obschon 10 000 Meilen weit entfernt, in jeder Hinsicht eine Parallele war und daß darüber berichtet werden müsse, um zu zeigen, daß ein weltweites Muster existierte.«[2]

Er ließ eine revidierte Version des Sorge-Berichts nach Washington schicken, mit der Empfehlung, diesen bei der militärischen Ausbildung einzusetzen, um sowjetische Geheimdiensttechniken zu studieren. Anfangs sprach Willoughby sich gegen eine Veröffentlichung aus, schließlich erkannte er jedoch, daß das Material für die amerikanische Öffentlichkeit einen erzieherischen Wert haben würde: als Warnung vor einer internationalen kommunistischen Verschwörung, wie er es sah. Für Willoughby – General MacArthur beschrieb ihn als »mein liebenswerter Faschist« – demonstrierte die Sorge-Affäre, wie die sowjetische Spionage ein Heer von kommunistischen Sympathisanten, sogenannte *fellow travellers*, anwarb und einsetzte, um freie Gesellschaften zu zerstören.

Am 10. Februar 1949 wurde der Sorge-Bericht in Tokio für die Presse freigegeben. Die Wirkung war sensationell.

Die Kontroverse in den USA kreiste um Behauptungen, die amerikanische Aktivistin und Journalistin Agnes Smedley sei eine sowjetische Spionin, die den Sorge-Ring in Schanghai unterstützt habe. Ein weiterer Journalist, Günther Stein, ein naturalisierter Brite, wurde als Sowjetagent, der in Japan für Sorge gearbeitet habe, identifiziert. Die kampflustige Smedley ging sofort zum Gegenangriff über und bestritt vehement, für irgendein Land spioniert zu haben. Sie forderte, General Willoughbys dienstliche Immunität aufzuheben, »und ich werde Sie wegen Verleumdung verklagen«.

Smedleys Widerspruch und die Androhung rechtlicher Schritte spornten Willoughby zu einer großangelegten Beweisjagd an, um nachzuweisen, daß sie und Stein tatsächlich Schlüsselfiguren des Rings gewesen waren. Eine langwierige Untersuchung erbrachte jedoch keinen stichhaltigen Schuldnachweis; trotzdem setzte Willoughby seinen Kreuzzug gegen Smedley 1951 mit einem Sonderbericht an das Komitee für unamerikanische Umtriebe und ein Jahr darauf mit einem Buch, *Shanghai Conspiracy*, fort. Die Gefahr einer Verleumdungsklage bestand um diese Zeit nicht mehr: Agnes Smedley war im Mai 1950 im Universitätskrankenhaus von Oxford gestorben.

Für »Falken« wie Willoughby war Smedley das Bindeglied zwischen einem dreisten und erfolgreichen sowjetischen Spionagering und den

»fellow travellers und liberalen Huren« in den Vereinigten Staaten, die für die Sache der Linken Partei ergriffen. Das Sorge-Material wurde als Munition gegen ein breites Spektrum amerikanischer Liberaler genutzt. Die Tatsache, daß Sorge für Amerikas Weltkriegs-Alliierten Rußland spioniert hatte und seine Aktivitäten sich gegen Japan und Deutschland, beide Gegner der Vereinigten Staaten, gerichtet hatten, hatte Willoughby, ein von messianischem Eifer besessener Kommunistenhasser, zweckmäßigerweise vergessen.

Sorges Geheimberichte bestärkten die sowjetischen Taktiker, daß sie zur Verteidigung Moskaus Streitkräfte aus Sibirien nach Westen verlegen konnten. Mit Unterstützung eines grimmigen Winters retteten diese Verstärkungen Moskau und versetzten den Deutschen einen Schlag, von dem sie sich nicht mehr erholten. So gesehen, leistete Sorge einen Beitrag zur Rettung der westlichen Demokratien. Wäre Moskau Hitlers Armeen in die Hände gefallen, der Krieg wäre vielleicht ganz anders ausgegangen. Zumindest hätte der Sieg über Deutschland unzählige weitere alliierte Soldaten das Leben gekostet.

Man überließ es Agnes Smedley, die amerikanische Öffentlichkeit daran zu erinnern, wie viel die westlichen Demokratien der Sowjetunion verdankten – und Männern wie Sorge. »Würden wir hier heute sitzen, wenn nicht 25 Millionen Russen im Krieg gefallen wären?« fragte sie im März 1949 in einer Rede in New York.

Weit davon entfernt, Sorges Beitrag zum Sieg der Alliierten über die Nationalsozialisten anzuerkennen, behaupteten Willoughby und andere, Sorge und Ozaki hätten ihren Einfluß genutzt, um die japanische Aggression von der Sowjetunion in Richtung auf Pearl Harbor zu lenken. Ein Beleg zur Untermauerung dieser bösartigen Theorie wurde niemals gefunden; die hier vorgelegten Beweise zeigen, daß sie in die Irre führt.

Sicher war Sorges vorrangige Aufgabe in Tokio, der Sowjetunion bei der Abwehr einer realen, von Japan ausgehenden Bedrohung zu helfen. Doch den gefährlichsten Widersacher nicht nur Rußlands, sondern der Zivilisation selber, sah er in Deutschland.

Unter einem strategischen Gesichtspunkt schätzte Sorge, daß man die westlichen Demokratien vor Japans aggressiven Absichten warnen mußte. Deshalb stellte er sicher, daß Informationen zu Robert Guillain von der Nachrichtenagentur Havas und zu Joseph Newman von der *Herald Tribune* durchsickerten. Er beschloß, nicht nur Moskau gezielt mit Informationen zu füttern, sondern auch andere Widersacher Deutschlands, die alle ein gemeinsames Ziel hatten: die Zerstörung des nationalsozialistischen Systems.

»Wie eine Serie chinesischer Feuerwerkskörper löste die Veröffentlichung [des ›Berichts über den Fall Sorge‹] eine explosive Kettenreaktion aus«, schrieb Willoughby.[3] Der größte Kracher des Berichts war aus japanischer Sicht die Entlarvung von Ito Ritsu als »ahnungsloser Judas«, der die Polizei auf die Spur des Sorge-Rings geführt habe.

Das Interesse der Japaner an dem Fall war durch einen Sammelband mit den Briefen Ozakis angeregt worden, die er seiner Frau aus dem Gefängnis geschrieben hatte und der zum Bestseller avancierte. Teilnahmsvolle Berichte in den Medien hatten aus Ozaki, dem Verräter, einen Patrioten und Märtyrer gemacht, der gegen Japans Eintritt in einen verheerenden Krieg gekämpft habe; die Veröffentlichung der bewegenden Briefe zeigte Ozaki als hingebungsvollen Ehemann und Vater und als Humanisten statt als sturen Kommunisten.

Im Februar 1949 erfuhr die Öffentlichkeit, daß der Hinweis eines seiner engsten Freunde Ozaki an den Galgen gebracht habe. »Ein erbärmlicher Kerl, heute einer der vier oder fünf einflußreichsten Männer in der Kommunistischen Partei Japans, hat sie [die Mitglieder des Rings] aus Neid verraten«, behauptete der Willoughby-Report von Ito Ritsu.

Die sensationelle Enthüllung verursachte in der nach dem Krieg wiedererstandenen und für den Geschmack amerikanischer und japanischer Machthaber schon wieder viel zu aktiven Kommunistischen Partei Japans einen Aufruhr. Parteifunktionäre erklärten, sie seien den Behauptungen über Ito Ritsu bereits nachgegangen und hätten festgestellt, daß sie jeder Grundlage entbehren; umgekehrt behaupteten sie, die Besatzungsbehörden hätten sich mit den alten Polizeibehörden aus der Zeit vor 1945 verschworen, um die wiedererstarkende Partei in Mißkredit zu bringen.

Die japanischen Polizisten und Staatsanwälte, auf deren Protokollen der Willoughby-Report beruhte, beobachteten das Unbehagen der Kommunistischen Partei mit Befriedigung. In Amerika hatte Willoughby den Fall Sorge ausgeschlachtet, um Liberale und Linke zu diskreditieren. In Japan brachte die Entlarvung von Ito Ritsu als »Judas«, der den Ring verraten habe, die Genossen gegeneinander auf und säte die Saat einer erbitterten Fehde.

Ito, der als »die rätselhafteste Figur der Showa-Ära« beschrieben worden ist, erlitt in den nachfolgenden Fraktionskämpfen der Partei ein tragisches Schicksal. Anfang der fünfziger Jahre verschwand er aus Japan, wurde aus der Partei ausgeschlossen und tauchte 1980, auf sensationelle Weise »von den Toten auferstanden«, in Peking auf. In dem Versuch, seinen Namen reinzuwaschen, verfaßte er bis zu seinem Tod im Jahr 1989 eine Reihe von Schriften. In seinen 1994 postum veröffentlichten Erinnerungen behauptete er, das Opfer eines Komplotts geworden zu sein. Als er im Sommer 1940 verhört worden sei, habe die Polizei Kitabayashi Tomo – deren Verhaftung zur Zerschlagung des Sorge-Rings führte – bereits beschattet. Ito stellte die erstaunliche Behauptung auf, daß Nosaka Sanzo, der frühere Vorsitzende der Partei (der 1993 starb) der wahre Polizeispitzel sei, der den Sorge-Ring und eine Reihe in den Vereinigten Staaten lebender Kommunisten japanischer Abstammung ans Messer geliefert habe.

Die »Judas«-Kontroverse, die untrennbar mit den erbitterten internen Fehden der Kommunistischen Partei verflochten ist, hat noch nach fast einem halben Jahrhundert genug Kraft, die Schlagzeilen der japanischen Presse zu beherrschen. Nachdem die Denunziation Nosakas 1994 in der Januarausgabe von *Bungei Shunju* erschienen war, zirkulierten Gerüchte, Itos »letztes Testament« enthalte weitere beunruhigende Enthüllungen über lebende und tote Führer der japanischen Kommunisten. Dieser Aspekt der Sorge-Affäre – der Streit darüber, wer das Spionagenetz in Wirklichkeit verriet – schwelt weiter wie ein noch nicht erloschener Vulkan.

Richard Sorge liegt auf dem Tama-Friedhof in einem Vorort Tokios begraben. Das Grab erkennt man an einem Stein aus schwarzem Marmor. Er trägt, auf russisch, die Inschrift »Held der Sowjetunion«.

Das eindrucksvolle Denkmal stammt aus dem Jahr 1964, dem Jahr der Rehabilitation Sorges. Zwanzig Jahre nach seiner Hinrichtung beanspruchten ihn die Russen in einem seltenen Eingeständnis der Existenz sowjetischer Spionage schließlich für sich. Verspätet wurde der Spion, dem seine Moskauer Leiter die Anerkennung versagt, den sie im Stich gelassen hatten und der in einem japanischen Gefängnis zu Tode gekommen war, zum Nationalhelden erklärt und mit postumen Ehrungen überhäuft. In Moskau, aber auch anderswo, wurden Straßen und Schulen nach ihm benannt, in der Hauptstadt errichtete man eine riesige Statue, und die Sowjetunion und die damalige Deutsche Demokratische Republik gaben Briefmarken mit seinem Konterfei heraus.

Dieser späte Akt der Gerechtigkeit wurde erst möglich, als der Kreml Kritik an Stalin zuließ. Am 4. September 1964 erschien in der *Prawda*, dem offiziellen Organ des Zentralkomitees der Kommunistischen Partei der Sowjetunion, ein Artikel, in dem Sorge als Held beschrieben wurde, der vor den deutschen Vorbereitungen für den Einmarsch in die UdSSR gewarnt habe. »Aber Stalin schenkte diesen und anderen Berichten keine Beachtung.«

Heute existiert die Sowjetunion nicht mehr. Eine neue Generation in einem weithin veränderten Rußland mißtraut allem, was mit dem alten Regime verbunden ist, auch seinen Helden. Aber Sorges Name wird wahrscheinlich weiterleben, als Symbol des Patriotismus ebenso wie als romantische Figur, deren Abenteuer eine starke Anziehungskraft selbst auf junge Russen ausüben, die sich mehr für McDonald's als für Marx interessieren.

Handelt es sich bei den sterblichen Überresten auf dem Tama-Friedhof wirklich um die Gebeine Sorges? Gelegentlich erwacht eine alte Theorie zu neuem Leben, derzufolge der Spion nicht gehenkt wurde, sondern heimlich – so wie er vermutet hatte, daß es geschehen würde – an die Sowjetunion ausgeliefert worden sei. Leider gibt es keinerlei Beweis, um ein Garn weiterzuspinnen, das in dem schieren Unglauben wurzelt, die Russen wären fähig gewesen, einen ihrer größten Agenten kaltblütig fallenzulassen.[4]

»An den Berichten, Sorge sei in die Sowjetunion zurückgeschickt worden, ist kein wahres Wort«, sagt Hanako hart. »Ich weiß es, weil ich die Knochen selber gesehen habe.«[5]

In den finsteren Zeiten des Krieges hatte sie recht oft an Sorge gedacht, und als der Krieg dann zu Ende war, erfuhr sie aus einem Zeitungsartikel, wie er zu Tode gekommen war. Drei weitere Jahre verstrichen, bevor sie las, daß Sorges Leichnam auf dem Zoshigaya-Friedhof begraben war. Aber das Grab war nicht ausfindig zu machen – die schlichten Holzpfosten mit den Namen waren als Feuerholz verbrannt worden. Hanako gab die Suche nach Sorges sterblichen Überresten nicht auf. Über ein Jahr lang schlug sich diese willensstarke Frau mit den Bürokraten der amerikanischen Besatzungsbehörden herum, die nun für die Akten zuständig waren, die das Bombardement Tokios während des Krieges überstanden hatten. Im November 1949 schließlich wurde Sorges Sarg gefunden.

»Es war in dem Abschnitt des Friedhofs, wo sie die Häftlinge begruben. Es war ein sehr trostloser Ort«, erinnert sie sich. »Ich ging selbst hin, um mit den Friedhofsbeamten die Überreste zu identifizieren. Wegen der Benzinknappheit war der Leichnam nicht eingeäschert worden.

Ich schaute mir die Knochen sorgfältig an. An einem Bein war die Narbe von seiner Verwundung aus dem Ersten Weltkrieg. Man konnte sehen, daß der Bruch nicht richtig zusammengewachsen war. Ich untersuchte die Zähne, die er sich nach seinem Motorradunfall hatte einsetzen lassen. Ich wußte, das war Sorge.«

Aus der goldenen Zahnbrücke ließ sie sich einen Ring machen. Sie trägt ihn immer.

Sie arrangierte auf eigene Kosten eine Einäscherung und kaufte in den Grünanlagen des Tama-Friedhofs eine Grabstelle. Dort wurden Sorges Überreste bestattet, nicht weit entfernt von denen seines japanischen Kameraden, Ozaki Hotsumi.

Anhang

Bildnachweis
Anmerkungen
Bibliographie
Register

Bildnachweis

Stadt- und Universitätsbibliothek Frankfurt am Main, Max-Horkheimer-Archiv: 5
Julius Mader/Gerhard Stuchlik/Horst Pehnert: Dr. Sorge funkt aus Tokyo.
Deutscher Militärverlag Berlin 1966: 1, 3, 4, 8, 9, 15, 23, 24, 25, 26, 27, 28, 31, 33
(hier nicht im einzelnen ausgewiesen)
Kyodo News Agency: 11, 22, 29
Yamazaki Yoshiko: 25
Ursula Ott: 18, 19, 20
Der Spiegel: 6, 35, 37
Ittetsu Morishita, Tokio: 34
Alle anderen: I. B. Tauris Publishers, London – New York

Anmerkungen

Prolog

1 Obi, *Gendaishi Shiryo*, Bd. 3, S. 5. Dieses unentbehrliche vierbändige Werk enthält Gerichtsprotokolle und andere Materialien zum Fall Sorge. Im folgenden zitiert als *GS*.
2 *GS,* Bd. 3, S. 5.
3 Ebda., S. 181.
4 Ebda.
5 Interview mit Ishii Hanako. Zur Zeit der in diesem Buch geschilderten Ereignisse trug Hanako den Familiennamen ihrer Mutter, Miyake; später wechselte sie zum Nachnamen ihres Vaters, Ishii.
6 *Der Spiegel*, »Herr Sorge saß mit zu Tische«, Artikelserie zum Fall Sorge, 13. Juni - 3. Oktober 1951.
7 Meissner, *The Man with Three Faces.*
8 Interview mit Robert Guillain. 1976 ging Guillain in Begleitung des Autors noch einmal denselben Weg zurück zum Hospital und zu dem Zimmer, in dem Sorge behandelt worden war. Das war vor dem kompletten Umbau des Krankenhauses.
9 *GS*, Bd. 4, S. 192.
10 Interview mit Eta Harich-Schneider; auch *Der Spiegel*, 13. Juni - 3. Oktober 1951.

Kapitel 1

1 Die Zitate in diesem Kapitel entstammen der Aussage (im Japanischen als *shuki* bezeichnet), die Sorge in Untersuchungshaft für die Staatsanwälte niederschrieb, abgedruckt in *GS*, Bd.1; im folgenden zitiert als Sorge-Bericht. Dies war die zweite Aussage, die Sorge zugeschrieben wurde; es existiert noch ein erster, von der japanischen Polizei zusammengestellter »Bericht«, der auf ihrer Vernehmung Sorges basiert. Deutsche Übersetzungen dieser Zitate teils aus Deakin und Storry, *Richard Sorge. Die Geschichte eines großen Doppelspiels.*

2 Sorge erzählte den japanischen Behörden, daß sein Vater 1911 gestorben sei. Julius Mader gibt als Todesdatum den 1. Dezember 1907 an, wobei er in Mader/Stuchlik/Pehnert, *Dr. Sorge funkt aus Tokyo*, offizielle deutsche Quellen zitiert. Als Geburtsdatum von Sorges Mutter Nina geben die Autoren den 20. April 1867 an.

Kapitel 2

1 *GS*, Bd. 1, S. 218. Deutsche Übersetzungen der Sorge-Zitate teils aus Deakin und Storry, *Richard Sorge. Die Geschichte eines großen Doppelspiels.*
2 C. Sorge, »Mein Mann – Dr. Richard Sorge«, *Die Weltwoche*, 11. Dezember 1964.
3 *GS*, Bd. 1, S. 220.
4 Poretsky, *Our Own People*. Poretsky bezieht sich hier auf die Begeisterung, mit der Sorge sich 1914 freiwillig zum Militär meldete.
5 C. Sorge, *Die Weltwoche*.
6 Mader/Stuchlik/Pehnert, *Dr. Sorge funkt aus Tokyo*.
7 Poretsky, *Our Own People*.
8 Massing, *This Deception*.
9 C. Sorge, *Die Weltwoche*.
10 Sorge-Bericht.
11 C. Sorge, *Die Weltwoche*.

Kapitel 3

1 Agnes Smedley, zitiert aus J. R. und S. R MacKinnon, *The Life and Times of an American Radical*, Berkeley 1988.
2 Krivitsky, *In Stalin's Secret Service*.
3 C. Sorge, *Die Weltwoche*.
4 Ebda.
5 Ebda.
6 Wright, *Spycatcher. Enthüllungen aus dem Secret Service*. Christiane, die damals in einem Seniorenheim in der Nähe New Yorks wohnte, wurde 1966 von einem Kollegen Wrights im Zuge von Nachforschungen über die sowjetische Infiltration britischer Geheimdienste interviewt. Was die Identität des Agen-

ten betraf, den ihr Mann in London getroffen hatte, konnte Christiane nicht weiterhelfen. Man zeigte ihr Fotografien, darunter eine von Ellis – »Dieser Mann kommt mir bekannt vor«, sagte sie. »Aber nach mehr als vierzig Jahren bin ich mir nicht mehr sicher« (zitiert aus ebda.). Wright ist davon überzeugt, daß Ellis die wichtige Quelle war, die Sorge in London kontaktierte.
7 Massing, *This Deception*. Das Treffen fand Ende 1929 in Berlin statt.
8 *GS*, Bd. 1, S. 332. Deutsche Übersetzung aus Deakin und Storry, *Richard Sorge. Die Geschichte eines großen Doppelspiels*.
9 Sorge-Bericht.

Kapitel 4

1 *GS*, Bd. 1, S. 155. Deutsche Übersetzung aus Deakin und Storry, *Richard Sorge. Die Geschichte eines großen Doppelspiels*.
2 Dies war Ruth Kuczynskis Eindruck von Smedley. Siehe Ruth Werner (Kuczynskis Pseudonym), *Sonjas Rapport*.
3 Chen Hansheng. Es war Chen, Leiter des Instituts für Sozialwissenschaftliche Forschung in Schanghai, der Smedley half, ein Verständnis für die Ungerechtigkeiten der chinesischen Gesellschaft zu entwickeln. Er zählte zu ihren wichtigsten Kontaktpersonen und Helfern in der Schanghaier Dissidentengemeinde. Siehe MacKinnon, *The Life and Times of an American Radical*.
4 Ebda.
5 Sorge-Bericht.
6 Ebda.
7 Ebda.
8 *GS*, Bd. 1, S. 338 (in wörtliche Rede übertragen).
9 Siehe Takada Jiro, *Gendai Shiryo Geppo* (Materialien zur neueren Geschichte, Monatsjournal), Oktober 1962. Grundlage sind außerdem Gespräche des Autors mit Kawai Teikichi, der sich entsann, wie er sich an Ozakis amourösen Abenteuern ergötzte, und mit Ishido Kiyotomo, der sich an den Ruf seines Freundes Ozaki als »Hormontank« erinnerte.
10 *GS*, Bd. 2, S. 8.
11 Siehe Guerin/Chatel, *Camarade Sorge*.
12 Pincher, *Too Secret, too Long*.
13 So jedenfalls sieht Chapman Pincher Ruth Kuczynski. Pincher war der erste, der die Behauptung, Hollis sei ein Sowjetspion und Verräter gewesen, ver-

öffentlichte (Pincher, *Their Trade is Treachery*). In einem zweiten Werk, *Too Secret, too Long*, behauptete Pincher, daß Ruth Kuczynski – »Sonja« –, das eifrige neue Mitglied in Sorges Spionagering in China, die von 1940 bis 1950 als Geheimagentin in Großbritannien im Einsatz war, Hollis' Führungsoffizier gewesen sei. In *Spycatcher* erwähnt Peter Wright, ein pensionierter MI5-Offizier, zur Untermauerung der These, Hollis habe als sowjetischer »Maulwurf« und Spion gedient, außerdem die Verbindung mit Smedley und Ewert.

Die öffentlichen Behauptungen, die in Großbritannien für eine Sensation sorgten, tauchten viele Jahre, nachdem Hollis durch eine interne Untersuchung über eine mögliche sowjetische Unterwanderung der Geheimdienste entlastet worden war, auf. Im Jahr 1970 hatte Hollis, damals im Ruhestand, eingewilligt, sich den Fragen ehemaliger Kollegen zu stellen. Pinchers Buch zufolge räumte Hollis eine Freundschaft mit Smedley ein, von der er gewußt habe, daß sie engagierte Kommunistin war, bestritt jedoch, daß es jemals einen Versuch gegeben habe, ihn anzuwerben. Was Sorge betrifft, so hielt er es für »möglich, daß er ihn bei dem einen oder anderen Empfang getroffen« hatte, fügte jedoch hinzu, daß er sich nicht an ihn erinnern könne.

Aus unerfindlichen Gründen versäumten es die Ermittler, Hollis nach Ruth Kuczynski zu fragen. Dies sei eine überraschende Auslassung, so Pincher, der in seinem Buch behauptet, der MI5-Offizier Hollis sei ein Spion gewesen, dessen Führungsoffizier in der Zeit von 1940 bis 1950 »Sonja« gewesen sei, die in dieser Zeit als Geheimagentin in Großbritannien im Einsatz war. Die Beschreibung von Hollis als »trinkfest« stammt von Pincher. Zur Schilderung von Sonjas Abenteuern in Schanghai siehe Werner, *Sonjas Rapport*. 1993 erzählte Werner dem Autor in einem Gespräch, daß Pinchers Behauptungen über eine Verbindung Hollis – Sonja jeder Grundlage entbehrten: Sie sei Roger Hollis definitiv nie begegnet.

14 *GS*, Bd. 1, S. 125.
15 Ebda. Deutsche Übersetzung aus Deakin und Storry, *Richard Sorge. Die Geschichte eines großen Doppelspiels*.

Kapitel 5

1. *GS*, Bd. 1, S. 347f.
2. Ebda., S. 180 (Sorge-Bericht, ohne Ausschmückungen in wörtliche Rede übertragen).
3. Ebda.
4. Offizielle russische Archive.
5. *GS*, Bd. 4, S. 116.
6. Keiner der beiden Männer wußte zu diesem Zeitpunkt, daß die Zeitung unter dem Nazi-Regime einen frühen Tod sterben würde. Sie wurde im Dezember 1933 verboten und stellte ihr Erscheinen ein.
7. *GS*, Bd. 1, S. 229.
8. *Komsolowskaja Prawda*, 10. Oktober 1964. Deutsche Übersetzung aus Deakin und Storry, *Richard Sorge. Die Geschichte eines großen Doppelspiels.*

Kapitel 6

1. Sieburg, *Die Stählerne Blume.*
2. Siehe Johnson, *A History of the Modern World.*
3. Ebda.
4. Grew, *Ten Years in Japan.*
5. Seth, *Secret Servants.*
6. *GS*, Bd. 1, S. 227.
7. Offensichtlich war Ott in den frühen dreißiger Jahren in gefährliche Intrigen innerhalb der deutschen Armee verwickelt. Es gibt keinen stichhaltigen Beweis dafür, daß Ott zu jenen Offizieren zählte, die sich dem Aufstieg Hitlers widersetzten, aber als die Nazis im Januar 1933 die Macht ergriffen, rieten ihm Freunde im deutschen Oberkommando, sich so weit wie möglich von Berlin fernzuhalten.
8. *GS*, Bd. 1, S. 230.
9. Sorge-Bericht.
10. *GS*, Bd. 4, S. 141.
11. *GS*, Bd. 1, S. 227.
12. Sansom, *Sir George Sansom and Japan: A Memoir.*
13. Kordt, *Nicht aus den Akten ...*
14. *GS*, Bd. 1, S. 235.

16 Ebda.
17 Ebda.
18 Briefwechsel mit Erwin Wickert.

Kapitel 7

1 Aussage von Vukelic, *GS*, Bd. 3, S. 621. Teile dieser Aussage werden hier in wörtlicher Rede wiedergegeben. Zusätzliche Informationen erhielt der Autor von Brankos Witwe, Frau Yamasaki Yoshiko.
2 *GS*, Bd. 3, S. 308.
3 Ebda., S. 317.
4 Ebda.
5 *GS*, Bd. 4, S. 173.
6 Ebda.
7 *Der Spiegel*, 13. Juni - 3. Oktober 1951.
8 Morin, *East Wind Rising*.
9 *GS*, Bd. 2, S. 106.
»Ich dachte zuerst, er könnte ein Spitzel sein, den die Polizei geschickt hatte, die inzwischen über unsere Schanghaier Tätigkeit Bescheid wüßte.«
10 Ebda.
»Später erfuhr ich, daß es sich bei diesem Minami Ryuichi um Miyagi Yotoku handelte und daß er Mitglied der amerikanischen Kommunistischen Partei war«, erinnerte sich Ozaki später.
11 Interview mit Kawai Teikichi.
12 Bearbeitet nach *GS*, Bd. 2, S. 106 und 211.
13 *GS*, Bd. 2, S. 211.
14 Ebda., S. 131.
15 Ebda.
16 Interview mit Eta Harich-Schneider.
17 *Der Spiegel*, 13. Juni - 3. Oktober 1951.
18 Siehe Kuusinen, *Der Gott stürzt seine Engel*.
19 Im Gefängnis wurde Sorge nach einer Agentin namens »Ingrid« befragt. Die Gerichtsprotokolle zeigen, daß er über ihre Beziehung, ihre Arbeit in Japan oder ihre wahre Identität als Ehefrau des höchsten Komintern-Führers nur wenig preisgab. »Sie erschien unangemeldet in Japan, mit einem Spezialauftrag der Zentrale. Aber sie war eine alte Bekannte, die ich schon kannte, als sie in Skandinavien war. Ich habe keine Ahnung, welchen Auftrag sie hatte,

aber soweit ich weiß, hatte ihre Mission irgend etwas mit dem Militär zu tun. Aber sie hatte Befehl, sich von mir und meiner Gruppe fernzuhalten. Dennoch schickte sie durch meine Gruppe Telegramme oder Briefe. Abgesehen davon bestand zwischen uns keine Beziehung, aber sie bat mich um finanzielle Unterstützung, weil ihre finanzielle Situation in Tokio sehr schlecht sei. Später kam sie wegen Geld zu mir nach Hause. Das passierte während der fünf Monate, die sie hier war, einmal im Monat. Ungefähr fünf Monate später wurde sie in einem an mich adressierten Telegramm nach Europa zurückgerufen. Aber ich glaube nicht, daß sie ihren Auftrag beenden konnte. Während ihres Aufenthaltes in Tokio wohnte sie zwei Monate lang im Hotel Imperial und drei Monate in den Nonomiya Apartments.« (*GS*, Bd. 4, S. 136)
Als die Staatsanwälte Clausen aufforderten, alles über seine Genossen im Tokio-Ring zu erzählen, beschrieb er»Ingrid« als eines der »indirekten« Mitglieder, die der Gruppe geholfen hätten (*GS*, Bd. 3, S. 105). Bei einem späteren Verhör verriet er weitere Einzelheiten. Er sagte, »Ingrid« sei eine Schwedin, der er zweimal in Sorges Haus begegnet sei. Sie habe Informationen für Sorge gesammelt, die offenbar nicht sehr wichtig waren. »Einmal sah ich bei Sorge zu Hause ein Manuskript von ihr. Wann sie nach Japan kam, weiß ich nicht genau. Ich glaube, sie verließ Japan 1938. Ich denke, sie war damals ungefähr vierzig.« (*GS*, Bd. 4, S. 157) Alles in allem zeigten Polizisten und Staatsanwälte erstaunlich wenig Interesse für »Ingrid« und ahnten niemals, wer sie wirklich war.
20 *GS*, Bd. 1, S. 186.
21 Die *Kempetai* verfolgte angeblich Verstöße innerhalb des Militärs, überschritt aber in der Regel ihre Befugnisse. Zur 1932 vergrößerten und reorganisierten *Tokko* gehörten Abteilungen, die sich mit Angehörigen fremder Nationalität in Japan befaßten, mit Zensur und mit Aktivitäten der Rechten. Den größten Teil ihrer Ressourcen verwendete sie indessen auf das Ausspionieren und die Unterdrückung der Linken und radikaler sozialer Bewegungen. Zwischen 1933 und 1936 wurden nicht weniger als 59 013 Linke, Liberale und andere, die im Verdacht standen, »gefährliche Gedanken« zu hegen *(kikenshiso)*, von der Tokko festgenommen. Nur etwa 5000 wurden vor Gericht gestellt, aber die polizeilichen Säuberungen hatten den gewünschten Effekt, die Bevölkerung weitgehend einzuschüchtern.
22 *GS*, Bd. 1, S. 125. Dies ist der »erste« Bericht, den die Polizei unter Benutzung von Sorges Aussage verfaßte.
23 Guerin/Chatel, *Camarade Sorge*.
24 *GS*, Bd. 1, S. 129.

25 Siehe *Bungei Shunju*, Juli 1944. Nach seiner Freilassung kehrte Bickerton nach England zurück und schrieb einen Artikel, »Third Degree in Japan«, in welchem er sein Martyrium in Japan schildert (*Manchester Guardian Weekly*, 27. Juli 1934).
26 Interview mit Ishido Kiyotomo.
27 Deutsche Übersetzung aus Deakin und Storry, *Richard Sorge. Die Geschichte eines großen Doppelspiels*.

Kapitel 8

1 *GS*, Bd. 1, S. 236 und 361. Deutsche Übersetzung aus Deakin und Storry, *Richard Sorge. Die Geschichte eines großen Doppelspiels*.
»Während meines Aufenthaltes in Moskau gab man mir die Erlaubnis, der Botschaft ein gewisses Maß an Informationen zu übermitteln, um meine Beziehung zu ihr zu verstärken«, schrieb Sorge später.
2 *GS*, Bd. 3, S. 64. Deutsche Übersetzung aus Deakin und Storry, *Richard Sorge. Die Geschichte eines großen Doppelspiels*.
3 Sorge-Bericht.
4 Poretsky, *Our Own People*.
5 Kuusinen, *Der Gott stürzt seine Engel*.
6 Massing, *This Deception*. Deutsche Übersetzung aus: *Der Spiegel*, 13. Juni - 3. Oktober 1951.
7 *Der Spiegel*, 13. Juni - 3. Oktober 1951.
8 Ebda.

Kapitel 9

1 Interview mit Ishii Hanako.
2 *GS*, Bd. 1, S. 124.
3 *GS*, Bd. 2, S. 274.
4 *GS*, Bd. 4, S. 171.
5 *GS*, Bd. 3, S. 631. Deutsche Übersetzung aus Deakin und Storry, *Richard Sorge. Die Geschichte eines großen Doppelspiels*.
6 *GS*, Bd. 2, S. 8.
7 *GS*, Bd. 3, S. 64f.

8 Eta Harich-Schneider, *Charaktere und Katastrophen.*
9 *Der Spiegel,* 13. Juni - 3. Oktober 1951.
10 Kuusinen, *Der Gott stürzt seine Engel.*
11 Ebda.
12 Eugene Moosa, Associated Press-Artikel vom 26. Februar 1936.
13 *GS,* Bd. 2, S. 229.
14 Interview mit Ishii Hanako; siehe auch Ishii, *Ningen Zoruge.*
15 Es gibt zwei sehr stark voneinander abweichende Versionen darüber, was aus Katjas Schwangerschaft wurde. Russischen Regierungsbeamten zufolge war sie in schlechter gesundheitlicher Verfassung, und die Schwangerschaft wurde abgebrochen, um die Mutter zu retten. Yamasaki Yoshiko, die Witwe von Branko Vukelic, erinnert sich jedoch, daß ein höherer Beamter der Sowjetischen Botschaft ihr 1965 erzählte, daß Katja einem Mädchen das Leben geschenkt habe und daß das Kind, das seinen Vater nie sah, nach Katjas Tod 1943 in ein Waisenhaus gesteckt worden sei, ohne zu wissen, daß sie Sorges Tochter war. Als Sorge 1964 zum Helden der Sowjetunion erklärt wurde, habe man verzweifelt versucht, die lange verlorene Tochter aufzuspüren, aber vergebens. Die Einzelheiten dieser Episode liegen weiter im dunkeln.
16 Kuusinen, *Der Gott stürzt seine Engel.*
17 Ebda.
18 Sorge-Bericht.
19 *GS,* Bd. 1, S. 254f. Deutsche Übersetzung aus Deakin und Storry, *Richard Sorge. Die Geschichte eines großen Doppelspiels.*
20 Diese Geschichte ist eine groteske Fußnote. Dr. Friedrich Wilhelm Hack – der deutsche Waffenhändler, der im Auftrag Ribbentrops seine umfassenden militärischen Kontakte in Tokio nutzte, um ein Klima zu befördern, das einer Allianz zwischen Deutschland und Japan zuträglich wäre – vertraute Sorge an, daß den deutschen Geheimdiensten bekannt sei, daß vor den Wohnungen von Ribbentrop, Canaris und Oshima in Berlin sowjetische Agenten postiert seien. Sie hätten »sogar während der geheimen Verhandlungen über den Antikominternpakt Fotos gemacht«. Aber, prahlte Dr. Hack, er habe den Aufpassern einen Strich durch die Rechnung gemacht und persönlich als »Mittelsmann« zwischen den drei federführenden Beamten agiert. Sorge beeilte sich, Moskau dies zu übermitteln. Später erzählte er den japanischen Vernehmungsbeamten, daß es zuallererst seine Berichte gewesen seien, die die Russen veranlaßt hätten, das Trio zu beschatten, und daß Dr. Hack, nachdem er, Sorge, dessen Prahlerei gemeldet habe, ebenfalls von den Sowjets beschattet worden sei.

21 Krivitsky, *I was Stalin's Agent*. Deutsche Übersetzung aus Gordiewsky und Andrew, *KGB. Die Geschichte seiner Auslandsoperationen von Lenin bis Gorbatschow*.

22 In einem streng geheimen Brief aus dem Jahr 1944 unterstreicht General George Marshall die Wichtigkeit dieses Nachrichtenverkehrs: »Unsere Informationen, was Hitlers Absichten in Europa betrifft, basieren im wesentlichen auf Baron Oshimas Berichten aus Berlin an die japanische Regierung über seine Gespräche mit Hitler und anderen Offiziellen. Sie sind noch mit denselben Codes verschlüsselt, die bei den Ereignissen von Pearl Harbor verwendet wurden.« (zitiert aus Lewin, *The American Magic*)

23 Professor Christopher Andrew, Gespräch mit dem Verfasser. Professor Andrew sagte: »Wann die Russen den diplomatischen Code geknackt hatten, den die Japaner für Berichte benutzten, die von der Botschaft in Moskau nach Tokio abgingen, ist unklar. Aber sie scheinen die dazu erforderliche Sachkenntnis und Technik besessen zu haben, obwohl es ihnen erst im Zweiten Weltkrieg gelang, die anspruchsvollsten Codes zu knacken. Die Sowjets erbten die weltweit erfolgreichste Tradition der Entschlüsselung von Geheimschriften, und sie verwandten mehr Energie darauf als irgend jemand sonst.«

24 Interview mit Ishii Hanako.

25 Ishii, *Ningen Zoruge*.

26 Interview mit Ishii Hanako.

27 Günther Stein, ein deutscher Journalist, kam 1936 als Korrespondent des Londoner *News Chronicle* und der *Financial News* nach Japan. Als Jude konnte er nicht für das deutsche *Berliner Tageblatt* arbeiten, das er in London und Moskau vertreten hatte. Anerkennung als Fernost-Experte fand Stein mit *Made in Japan* (1935) und *Far East in Ferment* (1936). Es ist durchaus möglich, daß Stein während seines Moskauer Aufenthalts die Anweisung erhielt, in Tokio Kontakt mit seinem Landsmann aufzunehmen. In der Tat ist es denkbar, daß Stein schon angeworben worden war, um für die sowjetische Sache zu arbeiten, bevor er in Japan eintraf.

Sorge erzählte der Polizei, daß Stein sich als »sehr hilfreich für meine Arbeit« erwiesen habe. Er sagte: »Ich glaube, Sie müssen ihn sich als Reservespieler oder Backup vorstellen.« Ihre erste Begegnung schilderte er wie folgt: »So um 1932 herum verließ er Moskau und reiste nach China, Hongkong, in die Schweiz und nach London, und als er hörte, daß ich in China war, versuchte er, mich zu treffen, aber da war ich schon wieder weg, und so verpaßten wir uns.

Wir waren beide hocherfreut, als wir uns irgendwann im Frühjahr 1936 auf einer Pressekonferenz im Tokioter Außenministerium begegneten. Anfangs sprachen wir über Politik, aber dann deutete ich an, daß ich neben dem Journalismus noch eine andere Arbeit hätte. Er versprach, mir dabei zu helfen.« (*GS*, Bd. 4, S. 135)

Stein gestattete Clausen, sein Haus als Sendezentrale zu benutzen, und Sorge vertraute ihm so weit, daß er ihn bat, sich mit Ozaki in Verbindung zu setzen, als er (Sorge) krank war. Außerdem lieferte er dem Netz politische und diplomatische Informationen, die er in der Britischen und in der Amerikanischen Botschaft sammelte.

Interessanterweise erinnerte sich Clausen (*GS*, Bd. 4, S. 280), daß Stein und Sorge 1937 über eine streng geheime Einrichtung der japanischen Armee in der Nähe von Harbin sprachen, wo Waffen zur Verbreitung von Cholera und Pest erforscht wurden. Nur eine winzige Handvoll Leute in Armee und Regierung wußte zum damaligen Zeitpunkt von ihrer Existenz. Erst in den siebziger Jahren lüftete Japan das grausige Geheimnis seines Programms zur bakteriologischen Kriegsführung.

Anfang 1938 verließ Stein Japan Richtung London, um seine Einbürgerungsangelegenheit zu Ende zu bringen. Nach dem Krieg identifizierte ihn General Charles Willoughby als Mitglied des Sorge-Rings. Stein bestritt diese Behauptung kategorisch.

28 *GS*, Bd. 3, S. 3–8.
29 *GS*, Bd. 1, S. 124.
30 *GS*, Bd. 3, S. 3–8.
31 Wie Ozaki und viele seiner einflußreichen Freunde hatte auch Ushiba die *Ichiko* besucht, jenes Elite-College, das Studenten auf den Besuch der Universität von Tokio vorbereitete. *Ichiko* ist das Kurzwort für *Tokyo Daiichi Koto Gakko*.
32 In Konoes zweitem, im Juli 1940 formiertem Kabinett bekleidete Kazami den Posten des Justizministers.
33 Zwei Monate später erlangte Ozaki mit seinem bemerkenswerten Buch *Arashi ni Tatsu Shina* (»China im Auge des Sturms«) noch größere Bekanntheit. Im September 1937 schrieb er einen Artikel, der zeigte, ein wie feines Gespür er für Stärke und Richtung des chinesischen Nationalismus hatte. Seiner Meinung nach war die größte Katastrophe, die sich zur Zeit in China abspielte, nicht der unmittelbar bevorstehende Zusammenbruch der Nanking-Regierung Chiang Kai-sheks: »Vielmehr ist es die Tatsache, daß die nationalistische Bewegung Chinas rasch nach links abdriftet.«
34 *GS*, Bd. 1, S. 152.

35 H. T. Cook/T. F. Cook, *Japan At War: An Oral History.*
36 *GS*, Bd. 2, S. 222. Deutsche Übersetzung teils aus Deakin und Storry, *Richard Sorge. Die Geschichte eines großen Doppelspiels.*
   Meissner, *The Man with Three Faces.* Meissners Buch enthält ein Körnchen Wahrheit und einen Schwall von Lügen. Der Autor versichert, daß auch Clausen und Vukelic am 22. September 1937 zu seinen Hochzeitsgästen gehört hätten – eine von zahlreichen lächerlichen Unwahrheiten in dem Buch. Die Vorstellung, daß Vukelic, der keinerlei Beziehungen zur Deutschen Botschaft hatte, eingeladen worden wäre, ist völlig absurd. Keiner der beiden Männer ist auf dem Hochzeitsfoto zu sehen. Überdies haben wir das Wort eines der Gäste, Wolfgang Galinsky, daß weder Clausen noch Vukelic bei der Feier zugegen waren.
38 Ebda.
39 Interview mit Wolfgang Galinsky.
40 Bis Ende 1940, als die neue Partnerschaft zwischen Japan und Deutschland das Kräftegleichgewicht verschob, waren die Deutschen Amerikanern und Briten gegenüber eins zu zwei in der Minderheit. Die Stimme der Angelsachsen dominierte in der ausländischen Gemeinde. Der *Japan Advertiser* wurde von einem Amerikaner herausgegeben und richtete sich wie seine Konkurrentin, die *Japan Times*, in erster Linie an amerikanische und britische Einwohner. (Der *Advertiser*, den man für zu »proamerikanisch« hielt, wurde Ende 1940 von der Regierung eingestellt und sein Titel mit der *Japan Times* verschmolzen.) Zusammen mit britischen Blättern, die aus Hongkong und Schanghai herüberkamen, bildeten sie auch für die Nichtangelsachsen die hauptsächliche Nachrichtenkost.
   Die deutschen, britischen und amerikanischen Staatsbürger hatten regen Kontakt untereinander, wodurch das Gefühl des Ausländers, isoliert zu sein, gedämpft wurde. An der Peripherie der japanischen Gesellschaft von fast allem ausgeschlossen, teilten Deutsche, Briten und Amerikaner das, was Erwin Wickert als die »Solidarität der Weißen gegen die Japaner« beschreibt. Dies änderte sich mit dem Ausbruch des Krieges in Europa im September 1939. Die sozialen Kontakte zwischen den Staatsangehörigen der kriegführenden Länder nahmen stark ab. Nach Unterzeichnung des Dreimächtepakts zwischen Deutschland, Japan und Italien im September 1940 wurden die Trennungslinien von den japanischen Behörden bewußt betont. Deutsche und Italiener wurden in dem (vergeblichen) Versuch, sie von der Feindschaft, die allen Ausländern entgegenschlug, auszunehmen, in den Himmel gelobt und zu Freunden Japans erklärt.

41 Interview mit Frieda Weiß.
42 *Der Spiegel,* 13. Juni - 3. Oktober 1951.
43 Interview mit Frieda Weiß.
44 Kuusinen, *Der Gott stürzt seine Engel.* Am Abend zuvor hatte sie sich im Mitsubishi-Restaurant mit einer deutsch sprechenden Frau getroffen, deren Identität ihr nicht bekannt war. Diese hatte ihr mitgeteilt, daß sie sich am nächsten Abend beim Goto-Blumenladen an der Roppongi-Kreuzung mit dem »Assistenten« Sorges treffen solle. In dem Restaurant hatte sich während des Essens ein Mann an ihren Tisch gesetzt, den ihr die Frau als ihren Mann vorstellte. Von Sorge erfuhr sie später, daß es sich um einen »Chemiker« handelte, »der irgendwie Beziehungen zur Botschaft der UdSSR hatte«. Kurz vor Weihnachten 1937 bat eine Angestellte der Vierten Abteilung sie, mit ihr am nächsten Morgen zum Moskauer Bahnhof zu gehen, um ein Ehepaar abzuholen, das mit dem Sibirienexpreß ankäme – weil nur sie wisse, wie die beiden aussähen. Als das Paar aus dem Zug stieg, erkannte sie in der Frau, so schrieb Aino Kuusinen viele Jahre später, die »Blondine, die einstmals als Sorges Botin zu mir gekommen war und die nun gemeinsam mit ihrem Mann in Moskau eintraf. Auch sie hatten dem Befehl zur Rückkehr gehorcht! Sie wurden in einen wartenden Wagen gesetzt, und dann verschwanden sie. Bald sollte es an mir sein, neun Jahre zu verschwinden ...« (S. 175) Dies deutet auf eine zusätzliche Dimension des Rings hin, die es der japanischen Polizei nicht aufzudecken gelang. Aino wurde als »Volksfeindin« inhaftiert und streng verhört. Der NKWD würde ihr fünfzehn Monate ihres Lebens stehlen, Auftakt zu jahrelanger Lagerhaft. Sie wurde wegen »konterrevolutionärer Tätigkeit« zu acht Jahren Straflager verurteilt. Es gab keine Gerichtsverhandlung oder irgendein legales Verfahren. Ihr Martyrium begann am 1. Januar 1938. Bei den Verhören befragte man sie sowohl nach General Bersin und seinem Nachfolger, General Urizki, als auch nach Sorge.
45 Ainos Darstellung, ohne Ausschmückung in wörtliche Rede übertragen. Siehe Kuusinen, *Der Gott stürzt seine Engel.*
46 Ebda.
47 Interview mit Professor Christopher Andrew.
48 Kuusinen, *Der Gott stürzt seine Engel.*
49 Sorge-Bericht.
50 Ebda.
51 Morin, *East Wind Rising.*
52 Interview mit Kase Toshikazu.

53 Russische Archive. Die Briefe, die von dem Kurier normalerweise auf Mikrofilm kopiert wurden, verschweigen das Land, in dem Sorge arbeitet. Aber Katja muß erraten haben, daß es sich um Japan handelte. Unter den Japan-typischen Geschenken, die er ihr schickte, war ein *obi*, die Schärpe, die um den Kimono getragen wird.
54 Interview mit Eta Harich-Schneider; Harich-Schneider, *Charaktere und Katastrophen*.
55 Interview mit Eta Harich-Schneider.
56 Interview mit Ishii Hanako.
57 Mitteilung Otts nach Berlin, 23. Februar 1942.
58 *Der Spiegel,* 13. Juni - 3. Oktober 1951.
59 Harich-Schneider, *Charaktere und Katastrophen*.
60 Russische Archive.
61 Dieses Telegramm wurde von japanischen Horchposten abgefangen. »Grüne Zelle« war der von den Russen verwendete Codename für die japanische Armee. Deutsche Übersetzung aus Deakin und Storry, *Richard Sorge. Die Geschichte eines großen Doppelspiels*.
62 *GS*, Bd. 4, S. 282.
63 Als Quelle vertraulicher Informationen war Scholl von unschätzbarem Wert, wie Sorge anerkannte. Wie die anderen Waffenattachés in der Botschaft fungierte auch er als Verbindungsmann zwischen der Abwehr und den Spionageabteilungen der japanischen Heeres- und Marinegeneralstäbe. Siehe Chapman, *The Price of Admiralty*.
64 Interview mit Yoshikawa Mitsusada.
65 Russische Archive.
66 Wegen seiner Beförderung zum Oberstleutnant kehrte Scholl nach Berlin zurück. Wenneker wurde Konteradmiral und erhielt das Kommando des Westentaschenkreuzers *Deutschland*. 1940 wurde er nach Tokio zurückversetzt.
67 *GS*, Bd. 1, S. 251. Deutsche Übersetzung aus Deakin und Storry, *Richard Sorge. Die Geschichte eines großen Doppelspiels*.
68 *GS*, Bd. 1, S. 171.
69 *GS*, Bd. 3, S. 175.
70 Sorge hatte jedoch sehr gute Bekannte in der japanischen Armee, die als ahnungslose Informanten nützlich gewesen sein könnten. Bequemerweise lagen das japanische Kriegsministerium und das Hauptquartier des Generalstabs buchstäblich in Rufweite der Deutschen Botschaft, und es gab feste Beziehungen zwischen den Offizieren des Stabes und den deutschen Waffenattachés. Wir wissen, daß Eugen Ott und sein Nachfolger als Militärattaché,

Oberst Matzky, Sorge gern ihren Bekannten in der Armee vorstellten, und Marineattaché Wenneker verfuhr genauso – obwohl Moskau an Marineangelegenheiten weniger interessiert war. Auf diese Weise lernte Sorge Stabsoffiziere kennen, die als Attachés in Deutschland ausgebildet worden waren oder dort gedient hatten. Sie gingen häufig von der Rückfront des Stabshauptquartiers über die Straße und durch den Hintereingang der Botschaft. Nach seiner Verhaftung nannte Sorge eine Handvoll Namen. Er räumte ein, einen mächtigen Freund Deutschlands, Muto Akira, gekannt zu haben, bevor dieser zum General befördert wurde. Akira bekleidete Schlüsselpositionen im Generalstab und später im Kriegsministerium. Er nannte auch Oberst Managi Takanobu, Major Saigo Jugo und Major Yamagata Arimitsu, allesamt Stabsoffiziere, die als Verbindungsmänner mit der Deutschen Botschaft zu tun hatten. Die Zusammenarbeit fand oft in Etablissements statt, in denen Geishas bedienten. In seinem in der Haft verfaßten Bericht geht Sorge auf seine Beziehungen zu diesen Männern nicht näher ein. Die Staatsanwälte vermieden es, diesen delikaten Aspekt des Falles näher auszuleuchten, vermutlich, um Reibereien mit den Militärbehörden aus dem Weg zu gehen.
71 *GS*, Bd. 1, S. 441. Was den Zeitpunkt der Rekrutierung Odais betrifft, sind die Gerichtsprotokolle nicht eindeutig. Einer der Anklagepunkte gegen ihn bezieht sich auf die Weitergabe von Informationen über den Changkufeng-Grenzzusammenstoß zwischen Japan und der Sowjetunion, der sich im Juli 1938 zutrug. Clausen glaubte, daß Odai über Miyagi bereits vor Februar 1938 für den Ring arbeitete.
72 Russische Archive.
73 *GS*, Bd. 4, S. 76. Eine teils abweichende deutsche Übersetzung findet sich bei Deakin und Storry, *Richard Sorge. Die Geschichte eines großen Doppelspiels*.
74 *GS*, Bd. 3, S. 176.
75 *GS*, Bd. 1, S. 240.
76 Ebda.
77 Ebda., S. 241.
78 *GS*, Bd. 4, S. 281.
79 *GS*, Bd. 1, S. 241.
80 Feis, *The Road to Pearl Harbor*.
81 *GS*, Bd. 1, S. 269f.
82 Ebda.
83 Grew, *Ten Years in Japan*.
84 Fleisher, *Our Enemy Japan*.

85 Morin, *East Wind Rising*.
86 Chapman, *The Price of Admiralty*.
87 Interview mit Wolfgang Galinsky. Galinsky, damals ein rangniedriger Diplomat am deutschen Generalkonsulat in Kobe, befand sich auf einer seiner regelmäßigen Dienstreisen nach Tokio. »Im Garten mit Frau Stahmer«, notierte er für Samstag, den 28. September 1940, in sein Tagebuch. Im Anschluß an den Botschaftsempfang ging er zum Mittagessen ins Hotel Imperial und danach mit Ursula Ott, der Tochter des Botschafters, und Franz Krapf, einem Dritten Sekretär in der Wirtschaftsabteilung, ins nahegelegene Takarazuka-Theater. »Dann zu Lohmeyer. Früh ins Bett«, beschloß er seinen Eintrag für diesen Tag.
88 Sorge-Bericht.
89 Interview mit Eta Harich-Schneider; siehe auch Harich-Schneider, *Charaktere und Katastrophen*.
89a Deutsche Übersetzung aus Deakin und Storry, *Richard Sorge. Die Geschichte eines großen Doppelspiels*.
90 *GS*, Bd. 3, S. 8 und 64f.
91 Ebda.
92 Ebda.
93 Ebda., S. 224.
94 *GS*, Bd. 4, S. 101f. Die Polizei entdeckte den Bericht, als sie nach Clausens Verhaftung sein Haus durchsuchte.
95 Das erste Unternehmen, das Clausen in Japan eröffnete, ein Export-Import-Geschäft, lief nicht gut. Die Vierte Abteilung mußte mehr Kapital zuschießen, und Clausen gründete eine Firma, die Maschinen zum Druck von Lichtpausen für industrielle Zwecke herstellte und vertrieb. Sie nahm im Sommer 1937 ihren Betrieb auf und wurde im April 1938 an einen zentralen Standort in Shimbashi, ganz in der Nähe des Hotels Imperial, verlegt. Als die Geschäfte gut liefen, baute Clausen in Miyamura-cho im Tokioter Stadtbezirk Azabu eine neue Fabrik (*GS*, Bd. 3, S. 159), und im Februar 1941 wurde die Firma, die M. Clausen Shokai hieß, in eine Aktiengesellschaft umgewandelt. Clausens Kapitalanteil betrug 85 000 Yen, und von seinen drei Partnern besaß jeder ein Aktienpaket im Wert von 5000 Yen.
96 Chapman, *The Price of Admiralty*.
97 Ebda.
98 Russische Archive. Diese Mitteilung wurde von Clausen am 29. Dezember 1940 per Funk durchgegeben.

Kapitel 10

1 Nagai, *Danchotei Nichijo*, wörtlich »Zuhause mit Verdauungsstörungen«. Einer der beliebtesten japanischen Romanciers des 20. Jahrhunderts, Nagai Katu (1879–1959), führte während des Krieges heimlich ein bissiges Tagebuch, das schließlich nach Japans Niederlage veröffentlicht wurde.
2 Tolischus, *Tokyo Record*.
3 Interview mit Yamasaki Yoshiko.
4 Die in wörtlicher Rede wiedergegebene Passage basiert auf der Aussage von Vukelic in Untersuchungshaft; siehe *GS*, Bd. 3, S. 621.
5 Ebda.
6 Ebda.
7 Nagai, *Danchotei Nichijo*.
8 *GS*, Bd. 1, S. 271 passim (in wörtliche Rede übertragen).
9 Angeblich war Urach im Auftrag des Auswärtigen Amtes nach Japan gekommen, um mit den Japanern ein Presseabkommen auszuhandeln. Sorge glaubte jedoch, daß er Anweisung hatte zu untersuchen, ob Japan seinem deutschen Verbündeten durch einen Angriff auf Singapur helfen würde und ob man im Falle eines Krieges gegen Rußland auf Japan zählen könnte.
10 Kase gehörte als junger Diplomat zum Gefolge Matsuokas. Mehr als ein halbes Jahrhundert später hängt im Wohnzimmer von Kases Haus in Kamakura deutlich sichtbar eine Fotografie, die den Augenblick der Unterzeichnung des japanisch-sowjetischen Neutralitätspaktes festhält. Kase schaut auf das Bild, auf dem er in Molotows Amtszimmer im Kreml hinter Matsuokas Stuhl steht, und lacht leise. Die Deutschen, sagt er, seien in ihre eigene Falle getappt. Hitler und Ribbentrop hätten ihren japanischen Bundesgenossen mißtraut und ihnen nichts von dem bevorstehenden Angriff auf Rußland erzählt, mit dem Ergebnis, daß Matsuoka nach Moskau weitergefahren und sich um eine Annäherung bemüht habe. »Deutschland hatte angeboten, Japan zu helfen, seine Beziehungen zur Sowjetunion zu verbessern, als Deutschland mit Moskau noch auf freundschaftlichem Fuß stand. Aber als wir zu den Verhandlungen im Kreml eintrafen, begannen die Beziehungen zwischen Berlin und Moskau sich schon zu verschlechtern«, sagt Kase. »Statt uns also die Freundschaft zwischen Deutschland und der Sowjetunion zunutze zu machen, [um unsere Beziehungen zu Moskau zu verbessern,] nutzten wir die Feindschaft, die sich damals zwischen den beiden anbahnte.« Hätte Hitler hingegen Matsuoka über seine Pläne ins Vertrauen gezogen, dann hätte Japan wohl kaum den Neutralitätspakt mit der Sowjetunion unterzeichnet. Stalin

wäre dann möglicherweise nicht nur mit einem deutschen Einfall im Westen, sondern auch mit einem japanischen Einfall im Osten konfrontiert worden, und der Zweite Weltkrieg hätte vielleicht einen ganz anderen Verlauf genommen.

11 Am 17. April, als Matsuokas Zug langsam durch den Ural dampfte, erschienen in der japanischen Presse verschleierte Andeutungen, der Neutralitätspakt sei ein »neues Schwert«, das Japan für eine Annäherung an die Vereinigten Staaten, Großbritannien und China benutzen könne. Es war eine plumpe Metapher, aber eine der ersten undurchsichtigen Anspielungen in der Presse auf heimliche Schritte zur Beilegung der Spannungen zwischen Japan und den Vereinigten Staaten auf diplomatischem Wege.
12 *GS*, Bd. 1, S. 272.
13 Ebda.
14 *GS*, Bd. 2, S. 176.
15 Ebda., S. 272.
16 Ebda., S. 273.
17 Schellenberg, *Memoiren*.
18 Interview mit Frieda Weiß.
19 Interview mit Dr. Fred de la Trobe.
20 Ritgen fungierte auch als Redakteur der *NS-Parteikorrespondenz*, des offiziellen Organs der NSDAP. Das Zitat stammt aus der englischen Ausgabe der Schellenberg-Memoiren: *The Schellenberg Memoirs*, die nicht mit der drei Jahre später erschienenen deutschen Ausgabe übereinstimmt. Sowohl bei der englischen als auch bei der deutschen Ausgabe handelt es sich um Extrakte der handschriftlichen Aufzeichnungen Schellenbergs.
21 Schellenberg, *The Schellenberg Memoirs*.
22 Schellenberg, *Memoiren*.
23 Ebda.
24 Oberst Meisinger hatte seine Frau in Deutschland zurückgelassen. In Tokio trat die ehemalige Geliebte des Reichsführers SS und Chefs der Deutschen Polizei Heinrich Himmler als seine Gattin auf. Sie war Meisinger nach Tokio gefolgt, nur um kurz darauf verlassen zu werden; im Sommer 1941 freundete der Oberst sich mit einer jungen Deutschen an, die aus Niederländisch-Ostindien geflohen war und die er zuvor als Sekretärin eingestellt hatte.
25 Kordt, *Nicht aus den Akten ...*

Kapitel 11

1 Russische Archive. Der vollständige Text des Telegramms lautet wie folgt: »Ich sprach mit dem deutschen Botschafter Ott und dem Marineattaché über die deutsch-sowjetischen Beziehungen. Ott sagte, daß Hitler absolut entschlossen sei, die UdSSR zu zerschlagen und sich des europäischen Teils der Sowjetunion zu bemächtigen und ihn als Getreide- und Rohstoffbasis zu nutzen, um ganz Europa unter deutsche Herrschaft zu zwingen.
Botschafter und Marineattaché waren sich einig, daß, was die deutsch-sowjetischen Beziehungen betrifft, zwei kritische Termine näherrücken. Der erste bezieht sich auf das Ende der Aussaat in der UdSSR. Sobald die Aussaat beendet ist, kann der Krieg jederzeit beginnen, da Deutschland nur noch die Ernte einbringen muß.
Der zweite kritische Augenblick betrifft die Verhandlungen zwischen Deutschland und der Türkei. Krieg wird unausweichlich sein, wenn UdSSR, was die Annahme deutscher Forderungen türkischerseits anbelangt, Schwierigkeiten macht.
Möglichkeit des jederzeitigen Kriegsausbruchs ist sehr hoch, weil Hitler und seine Generäle zuversichtlich sind, daß ein Krieg mit der UdSSR Kriegführung gegen Großbritannien nicht im geringsten behindern wird.
Deutsche Generäle schätzen Kampfkraft der Roten Armee für so niedrig ein, daß sie glauben, die Rote Armee werde im Laufe weniger Wochen vernichtet sein. Sie halten das Verteidigungssystem im deutsch-sowjetischen Grenzgebiet für extrem schwach.
Entscheidung über Kriegsbeginn gegen UdSSR wird von Hitler entweder schon im Mai oder nach Beendigung des Krieges mit England getroffen werden.
Dennoch ist Ott, der persönlich gegen einen solchen Krieg ist, momentan so skeptisch, daß er Prinz Urach bereits geraten hat, im Mai nach Deutschland abzureisen.«
2 *GS*, Bd. 1, S. 248.
3 Nach Sorges eigenen Worten war es »äußerst einfach für mich, sie kennenzulernen – die meisten kamen mit Empfehlungsschreiben von Etzdorf, Dirksen, Matzky, Wenneker, Scholl, Lietzmann oder der *Frankfurter Zeitung* oder von sonstwo, und einige hatten von General Thomas besondere Instruktionen erhalten« (*GS*, Bd. 1, S. 248).
4 Ebda., S. 274. Deutsche Übersetzung aus Deakin und Storry, *Richard Sorge. Die Geschichte eines großen Doppelspiels.*

5 Ebda.
6 Korrespondenz mit Erwin Wickert.
7 Interview mit W. Galinsky und F. de la Trobe.
8 Interview mit Eta Harich-Schneider; für dieses und die folgenden Zitate siehe auch: Harich-Schneider, *Charaktere und Katastrophen*.
9 Siehe Kordt, *Nicht aus den Akten* ..., und Wickert, *Mut und Übermut*.
10 In wörtliche Rede übertragenes Zitat aus: Kordt, *Nicht aus den Akten* ...
11 Alle Sorge-Zitate aus ebda.
12 Außenminister Matsuoka war über die in seiner Abwesenheit ergriffene Initiative alles andere als erfreut. Als die Verbindungskonferenz von zivilem Kabinett und Kaiserlichem Hauptquartier am 18. April zu einer Entscheidung kam, dampfte Matsuokas Zug noch durch die sibirische Tundra Richtung Heimat. Die Konferenz entschied, daß Japan das Bündnis der Achse nicht gefährden würde – aber ebensowenig würde es den Friedenswillen, den Botschafter Nomura eventuell gegenüber den Amerikanern in Washington bekundete, desavouieren. Japan wollte das eine, ohne vom anderen zu lassen. Der prodeutsche Außenminister wurde nicht gefragt.
13 Wickert, *Mut und Übermut*.
14 *GS*, Bd. 2, S. 188.
15 Schellenberg, *Memoiren*.
16 Ebda.
17 *Der Spiegel*, 13. Juni - 3. Oktober 1951
18 Ebda.
19 Ebda.
20 Interview mit Ishii Hanako; siehe auch Ishii, *Ningen Zoruge*.
21 Wörtliche Rede auf der Basis von *GS*, Bd. 1, S. 278.
22 Russische Archive.
23 Ebda. »Ott erfuhr, daß Japan im Falle eines deutsch-sowjetischen Krieges in den ersten paar Wochen neutral bleiben werde. Dennoch wird Japan im Falle einer sowjetischen Niederlage wahrscheinlich Wladiwostok angreifen.
Japanische und deutsche Militärattachés halten unvermindert Ausschau nach Westverlegung sowjetischer Truppen aus dem Fernen Osten.«
24 *GS*, Bd. 1, S. 278
25 Wickert, *Mut und Übermut*.
26 *GS*, Bd. 1, S. 278 und 419.
27 Wie es der Zufall wollte, war Meisinger kurz vor Sorges Ankunft nach Schanghai abgereist. Der neue Polizeiattaché wollte sich mit den ansässigen

deutschen Diplomaten, Nazi-Funktionären und der Arbeit der Gestapo in Schanghai vertraut machen, die er von Tokio aus überwachen sollte. Wahrscheinlich war der Oberst zu sehr mit dem Ausbau seines Informantennetzes beschäftigt, als daß er sein besonderes Augenmerk auf Sorge gerichtet hätte. Statt dessen zog er es vor, sich großartige Projekte auszudenken. Er wurde Trebitsch Lincoln vorgestellt, einer legendären Persönlichkeit, die im Ersten Weltkrieg sowohl für Großbritannien als auch für Deutschland spioniert hatte, und der nun in Gestalt eines buddhistischen Abtes bereit war, dem Reich seine Dienste aufs neue anzubieten.

Lincolns Plan war es, Tibet zu unterwandern und zu einer Militärbasis umzufunktionieren, um einen Feldzug gegen Britisch-Indien zu führen. Meisinger war von Lincolns esoterischen Referenzen beeindruckt und kabelte ans Reichssicherheits-Hauptamt (RSHA), um mit seiner Möchtegern-Neuanwerbung zu prahlen. Unglücklicherweise fand der deutsche Generalkonsul heraus, was da vor sich ging, und informierte sofort seine Vorgesetzten in Berlin darüber, daß Lincoln ein politischer Abenteurer ohne bedeutende buddhistische Verbindungen sei. Das Ergebnis war ein scharfer Tadel Außenminister Ribbentrops an die Adresse Meisingers, der den Polizeiattaché daran erinnerte, daß »selbstverständliche Voraussetzung für seine Zuteilung zur Botschaft Tokio ... gewesen sei, dass er sich ausschliesslich mit den ihm obliegenden polizeilichen Fragen befasst« (Telegramm abgedruckt in Wickert, *Mut und Übermut*).

28 Chapman, *The Price of Admiralty*.
29 Ebda.
30 Wörtliche Rede auf der Basis Harich-Schneider, *Charaktere und Katastrophen*, und Interview mit Harich-Schneider.
31 Ebda.
32 Ebda.
33 *GS*, Bd. 1, S. 274.
34 Russische Archive.
35 *GS*, Bd. 4, S. 164 betr. »Ecke« und Bd. 1, S. 274. Wann fand das Treffen zwischen Scholl und Sorge im Hotel Imperial statt? Das Polizeiprotokoll des Verhörs vom 30. Dezember 1941 trägt folgende Unterüberschrift: »Betrifft Erhalt von Vorabinformation über Eröffnung der Feindseligkeiten von seiten Deutschlands gegen die Sowjetunion durch Person, die mit Deutscher Botschaft zu tun hat (20. Mai 1941).«
Dieses Datum stammt eindeutig von Sorge. Wir wissen jedoch, daß Sorge dazu neigte, zu vergessen oder absichtlich zu verschleiern, was er wann tat.

Beispielsweise erzählte er den Vernehmungsbeamten, seine Reise nach Schanghai habe »von Ende April bis *(itatte)* Mai« gedauert. Aber wir wissen, daß er am 17. Mai in der Botschaft war, daß seine Ausreisegenehmigung an diesem Tag vom Außenministerium ausgestellt wurde und daß er ein Telegramm für Moskau entwarf, das vom 19. Mai datiert.

Wenn Sorge Scholl am 20. Mai getroffen hatte, einen Tag vor seiner Abreise nach Schanghai, warum hätte er dann mit der Weiterleitung der von Scholl erhaltenen Information bis zum 1. Juni warten sollen? Außerdem schreibt Sorge in der Depesche vom 1. Juni ausdrücklich, daß Scholl Berlin am 6. Mai verlassen habe. Selbst wenn alle Bahn- und Flugverbindungen reibungslos klappten, dauerte die Reise vierzehn Tage. Es gibt einen weiteren Hinweis, der nahelegt, daß Sorge zu der Zeit, als Scholl in Tokio eintraf, bereits nach Schanghai abgereist war. Eta Harich-Schneider schreibt in ihren Erinnerungen, daß Scholl am 20. Mai zum Abendessen in die Residenz gekommen sei und daß er und der Botschafter eine ganze Zeit über Sorge gesprochen hätten: »Beide Herren waren einmütig im Lob seiner Arbeit und Verläßlichkeit.« Diese Zeugin weiß genau, daß Sorge an diesem Tag nicht mehr in Tokio war. Wenn Richard noch in der Stadt gewesen wäre, kann kaum ein Zweifel daran bestehen, daß auch er zu dem Abendessen eingeladen worden wäre; er und Scholl waren alte Freunde, die beide darauf brannten, sich nach langer Trennung wiederzusehen. Überdies bezieht Sorge sich in seiner Aussage zweimal auf das Abendessen mit Scholl im Hotel Imperial; selbst wenn Richard am 20. Mai nicht in die Residenz eingeladen worden wäre, ist es unwahrscheinlich, daß Scholl an diesem Abend zwei Mahlzeiten gebraucht hätte.

Die Angabe »20. Mai« scheint ein weiteres Beispiel für die planlose Art und Weise zu sein, in der die polizeilichen Vernehmungsbeamten versuchten (mit Hilfe alter Ausgaben der Zeitung *Asahi)*, Daten von Ereignissen exakt zu bestimmen, die Monate oder Jahre zurücklagen.

36 GS, Bd. 1, S. 274.
37 Die vollständige Meldung lautet wie folgt: »Erwarteter Beginn deutsch-sowjetischen Krieges um den 15. Juni herum basiert ausschließlich auf Informationen, die Oberstleutnant Scholl aus Berlin mitbrachte, das er am 6. Mai mit Ziel Bangkok verließ. Er übernimmt in Bangkok Attachéposten.

Ott meinte, daß er aus Berlin direkt keine diesbezüglichen Informationen bekommen könne und nur Scholls Informationen habe.

Im Gespräch mit Scholl bemerkte ich, daß die Deutschen in der Frage des Ausfalls gegen die UdSSR der Tatsache eines großen taktischen Fehlers viel Aufmerksamkeit schenken, den – laut Scholl – die UdSSR begangen habe.

Nach Ansicht der Deutschen stellt die Tatsache, daß die Verteidigungslinie der UdSSR sich in ihrer ganzen Länge vis à vis der deutschen Linie befindet, ohne daß irgendwo eine große Linie abzweigt, den größten Fehler dar. Dadurch werde es möglich sein, die Rote Armee in der ersten großen Schlacht vernichtend zu schlagen. Scholl erklärte, daß der kraftvollste Vorstoß – Fehler – von der linken Flanke des deutschen Heeres kommen werde.«
Sorges Vorgesetzte veranlaßte diese Meldung zu hektischen Randnotizen. Auf dem Telegramm finden sich zwei unterstrichene Zeilen, die sich auf Fehler im Text beziehen. Und neben dem letzten Satz steht ein dickes Fragezeichen: Die Chefs der Vierten Abteilung waren durch die Worte »linke Flanke« eindeutig verwirrt. Sie konnten nicht wissen, daß Richard noch etwas geschrieben hatte; daß der unverständliche Satz das Werk eines Funkers war, der längst nicht mehr mit dem Herzen bei der Sache war.

Kapitel 12

1 Es ist nicht klar, warum diese wichtige Meldung nicht früher gesendet wurde. Clausen erzählte den Beamten, die ihn verhörten, daß Sorge ihm so viele Mitteilungen mit Warnungen vor dem deutschen Überfall gegeben habe, daß er sich bei einigen mit der Übertragung Zeit gelassen und andere weggeworfen habe (*GS,* Bd. 3, S. 197).
2 Interview mit Frieda Weiß. Fräulein Weiß war die junge Frau, die zu Clausens nach Hause kam, um Anna Deutschunterricht zu geben.
3 In diesem Telegramm teilte Wenneker auch mit, daß ihm hohe japanische Marineoffiziere erzählt hätten, sie hätten die Idee, Deutschlands Wunsch gemäß Singapur anzugreifen, deshalb fallengelassen, weil sie fürchteten, es dann nicht nur mit Großbritannien, sondern auch mit den USA als Gegner zu tun zu bekommen. Aus demselben Grund waren höhere Kommandeure der Meinung, daß Japan nicht in den Krieg eintreten solle, selbst dann nicht, wenn Schiffe der deutschen Kriegsmarine von amerikanischen Kriegsschiffen, die die atlantischen Hilfskonvois nach Großbritannien eskortierten, unter Feuer genommen würden. Wenneker konnte nicht anders, als die Geistlosigkeit von Deutschlands Verbündetem im Fernen Osten zu beklagen: »Wenn man bedenkt, mit welcher Begeisterung die Japaner dabei waren, als es darum ging, dem Dreimächtepakt beizutreten, dann ist diese jüngste Tendenz schon eine arge Enttäuschung.« (Chapman, *The Price of Admiralty*)

4 Harich-Schneider, *Charaktere und Katastrophen*.
5 Sorge äußerte gegenüber den Vernehmungsbeamten, daß sein völliger Mangel an persönlichem Ehrgeiz ihm geholfen habe, sich den Respekt und das Vertrauen der karrierebewußten deutschen Dipomaten zu sichern.
6 Interview mit Eta Harich-Schneider.
7 Harich-Schneider, *Charaktere und Katastrophen*.
8 Ebda.
9 Interview mit Eta Harich-Schneider; Harich-Schneider, *Charaktere und Katastrophen*.
10 Interview mit Eta Harich-Schneider.
11 Interview mit Kawai Teikichi; auch Kawai, *Aru Kakumeika no Kaiso*.
12 Ebda.
13 Ebda.
14 Interview mit Eta Harich-Schneider; auch Harich-Schneider, *Charaktere und Katastrophen*.
15 Mitte Juni etwa hatte der deutsche Generalstab unter Generaloberst Franz Halder in Ostpreußen, Polen, der Slowakei und Ungarn die größte Landstreitmacht der deutschen Geschichte zusammengezogen. Obwohl die Unterjochung Westeuropas noch nicht abgeschlossen war, konnte Hitler – von Mißtrauen gegenüber Stalin verzehrt – mit der Erfüllung seines Traums von der Eroberung des Ostens und der Zerstörung des Bolschewismus nicht mehr länger warten.
Am Freitag, den 20. Juni, stand entlang einer Front, die sich von der Ostsee im Norden bis zur Slowakei im Süden erstreckte, eine deutsche Streitmacht von 152 Divisionen, 3 Mio. Mann und 3580 Panzern und Sturmgeschützen, zum Angriff bereit. In ihren Befehlsständen hinter dieser Linie erwarteten die Oberbefehlshaber der drei Heeresgruppen Nord (von Leeb), Mitte (von Bock) und Süd (von Rundstedt) den entscheidenden Befehl vom Oberkommando in Berlin.
16 Russische Archive.
17 Harich-Schneider, *Charaktere und Katastrophen*; Interview mit Eta Harich-Schneider. Sie erinnerte sich: »Richard hatte ein Stadium erreicht, wo er jemanden brauchte, dem er absolut vertrauen konnte, um selber eine Last loszuwerden. Er meinte, er habe keine Freunde, und damals, an diesem Ort, dachte ich, auch ich hätte keine. Er öffnete mir seine Seele und ich ihm die meine.«
18 Ebda.
19 Harich-Schneider, *Charaktere und Katastrophen*; Interview mit Eta Harich-Schneider.

20 Schellenberg, *The Schellenberg Memoirs*; zu den Kommentaren der NSDAP-Ortsgruppe siehe auch *GS*, Bd. 1; Wickert, *Mut und Übermut*; Interview mit Eta Harich-Schneider.
21 Harich-Schneider, *Charaktere und Katastrophen*.
22 Interview mit Eta Harich-Schneider.
23 Harich-Schneider, *Charaktere und Katastrophen*.
24 Ebda.
25 Kordt, *Nicht aus den Akten* ...
26 Interview mit Dr. Fred de la Trobe.
27 Wickert, *Mut und Übermut*.
28 Alle Sorge-Zitate aus ebda.
29 Prinz Konoe war betroffen von der Nachricht – sie rief ihm den früheren »Akt des Verrats« in Erinnerung, als Deutschland im Jahr 1939 aus heiterem Himmel einen Nichtangriffspakt mit Rußland unterzeichnet hatte. Hitlers »Unaufrichtigkeit«, Rußland ohne vorherige Konsultation zu überfallen, ärgerte den empfindlichen Prinzen derart, daß er (wenngleich nur brieflich) erwog, mit Japan aus dem Dreimächtepakt auszuscheren. Seiner Ansicht nach bestand kein Zweifel daran, daß diese Allianz, nun, da Deutschland Rußland angegriffen hatte, eher nicht galt als umgekehrt. Konoe war zudem sehr erleichtert, daß Japan (vielleicht mehr durch Glück als vorausschauende Diplomatie) inzwischen einen Neutralitätspakt mit Moskau in Händen hielt. Während Konoe bestürzt reagierte, herrschte in manchen Kreisen Zufriedenheit darüber, daß als Folge des Kampfes zwischen Hitler und Stalin die Bedrohung Japans von seiten Rußlands wie durch einen »göttlichen Wind« fortgeblasen worden sei. Der Prinz mußte nun mit seinem sprunghaften Außenminister fertigwerden, der außer Kontrolle geratenen Kanonenkugel seines Kabinetts. Matsuoka war durchaus bereit, den Vertrag, den er vor ein paar Wochen im Kreml unterzeichnet hatte, zu brechen, sich mit den Deutschen zusammenzutun und gemeinsam dem bolschewistischen Bären das Fell über die Ohren zu ziehen.
30 Interview mit Kase Toshikazu; auch Kase, *Journey to the Missouri*.
31 Zhukov, *The Memoirs of Marshal Zhukov*.
32 Eine 1973 in Rußland veröffentlichte Studie kam zu dem Ergebnis, daß Moskau nicht weniger als 84 unabhängige Warnungen erhielt, daß ein deutscher Angriff in Sicht sei. »Eine ähnliche Studie heute würde die Zahl wahrscheinlich auf über einhundert erhöhen.« (Andrew und Gordiewsky, *KGB. Die Geschichte seiner Auslandsoperationen von Lenin bis Gorbatschow*) Leopold Trepper, ein Agent des Geheimdienstes der Roten Armee im besetz-

ten Frankreich, wies Moskau frühzeitig zunächst auf das ursprüngliche Datum des Überfalls, den 15. Mai, dann auf ein revidiertes Datum hin. Schließlich teilte er seinem Führungsoffizier mit, daß die Sache am 22. Juni stattfinden werde. Harro Schulze-Boysen, einer der Köpfe der Spionage- und Widerstandsorganisation »Rote Kapelle« in Berlin, bestätigte am 21. Juni, daß der Beginn des Überfalls für den nächsten Tag angesetzt sei. Siehe Trepper, *Die Wahrheit. Autobiographie.*

33 Russische Archive.
34 Andrew und Gordiewsky, *KGB. Die Geschichte seiner Auslandsoperationen von Lenin bis Gorbatschow.*
35 Guerin und Chatel, *Camarade Sorge.*
36 Newman (Hg.), *How I Got that Story.*
37 Kordt, *Nicht aus den Akten* ...
38 Ebda.
39 *Der Spiegel*, 13. Juni - 3. Oktober 1951.
40 Ebda.; Interview mit Eta Harich-Schneider.
41 Interview mit Ahashi Hideo.
42 Das Gespräch basiert auf offiziellen Protokollen. Siehe *GS*, Bd. 2, S. 187 und 257f.; Bd. 1, S. 204f., 279f. und 283f.
43 *GS*, Bd. 1, S. 204.
44 Sorge hatte bei einer Reihe von Gelegenheiten versucht, in der Deutschen Botschaft politischen Einfluß auszuüben, hauptsächlich um die Einkreisung durch eine Allianz zwischen Japan und Deutschland abzuwenden, die die Russen so sehr fürchteten. In den Monaten vor Unterzeichnung des Antikominternpaktes im November 1936 hatte er versucht, Deutschland von einer politisch-militärischen Entente mit Japan abzulenken. In Gesprächen mit Botschafter Dirksen und Militärattaché Ott hatte er eingewandt, daß es nicht in Deutschlands nationalem Interesse läge, Rußland zu verärgern; Hitler täte besser daran, Stalin die Hand zu reichen, um sich gemeinsam ihren wirklichen Gegnern Großbritannien und Frankreich zuzuwenden.
Sorge würde später zugeben, daß seine Argumente wenig ausrichteten. Er ließ sich durch die Erkenntnis, daß die deutsche Politik von Berlin diktiert wurde und Ott in Wirklichkeit ein besserer Laufbursche war, dessen Stimme in Ribbentrops Auswärtigem Amt wenig Gewicht hatte, und noch weniger in Hitlers Reichskanzlei, jedoch nicht abschrecken und fuhr unbeirrt fort, die Nachteile einer verbindlichen Partnerschaft zwischen Deutschland und Japan zu betonen. Nachdem der Dreimächtepakt unter Dach und Fach war, wurde rasch deutlich, daß Deutschland und Japan in ihrem gemeinsamen Bett ganz

verschiedene Träume träumten. Seit Anfang 1941 ärgerten sich Botschafter Ott und seine Mitarbeiter ständig über die halbherzige Kooperation der Japaner. Sorge registrierte die Spannungen in der Achse voller Genugtuung und meldete sie nach Moskau.

Es sei daran erinnert, daß Sorge während dieser Jahre unmittelbar bis zum Vorabend des Krieges in der Botschaft prorussische Gefühle äußern konnte, ohne Anstoß oder Verdacht zu erregen. An seiner strategischen Analyse war nichts Ketzerisches. Hitler selber gab sich, nachdem er die Vor- und Nachteile einer Allianz mit Stalin erwogen hatte, am Ende mit einem Nichtsangriffspakt zufrieden, während Außenminister Ribbentrop bis weit ins Jahr 1941 hinein mit aller Kraft an einem Plan zur Einbindung Rußlands in die Achse arbeitete.

45 *GS,* Bd. 1, S. 204.
46 Ebda.
47 Ebda.
»Ich habe Ozaki hinsichtlich seiner tatsächlichen Schachzüge innerhalb der Konoe-Gruppe nicht eingeschränkt und selber nicht gezögert, auf die Deutschen einzuwirken«, erklärte Sorge.
48 Interview mit Kawai Teikichi; siehe auch Kawai, *Aru Kakumeika Kaiso.*
49 Miyagi hatte den auf Hokkaido geborenen Taguchi Ugenta trotz seiner kommunistischen Vergangenheit als Informanten angeworben. Taguchi trat 1927 in die Partei ein, wurde 1928 verhaftet und saß eine Zeitlang wegen subversiver Tätigkeit im Gefängnis. Für Miyagi sollte er über Hokkaido betreffende wirtschaftliche Angelegenheiten berichten.
Taguchi gehörte zu einem »Ring innerhalb des Rings«, den Miyagi aufbaute, um sich eine breitere Informationsbasis zu verschaffen. Zu den von ihm Angeworbenen gehörten Kuzumi Fusako und Yamano Masazano, die beide wegen ihrer Zugehörigkeit zur Kommunistischen Partei einige Zeit im Gefängnis gesessen hatten.
Miyagi verpflichtete auch einen Übersetzer, Akiyama Koji, den er 1931 in Kalifornien kennengelernt hatte. Akiyama, ein kommunistischer Sympathisant ohne feste Arbeit, erhielt für diese Tätigkeit ein kleines Honorar, jedoch nie mehr als 100 Yen monatlich. Siehe *GS,* Bd. 3, S. 361, bezüglich der Karte von Hokkaido. Den Seishido-Buchladen in Roppongi gibt es immer noch.
50 Tolischus, *Tokyo Record.*
51 *GS,* Bd. 2, S. 179. Ozaki konnte sich nicht mehr erinnern, ob Saionji ihm die Information in seinem Büro gab oder im Restaurant Asien in der sechsten Etage des Gebäudes der Südmandschurischen Eisenbahn.

52 Interview mit Eta Harich-Schneider. Siehe auch Harich-Schneider, *Charaktere und Katastrophen.*
53 Russische Archive.
54 *GS*, Bd. 4, S. 83.
55 Ebda.
56 Ebda., S. 165. Sorge sagte, daß ihm die Quelle des aufschlußreichen Araki-Interviews nicht bekannt sei, daß er jedoch dachte, daß es von einem Sekretär General Urakis stamme, mit dem Miyagi auf gutem Fuß stand.
57 *GS*, Bd. 2, S. 178; zu Miyagis Version siehe auch Bd. 3, S. 347.

Kapitel 13

1 Siehe Butow, *Tojo and the Coming of War*. Regierungsbeamte sprachen von einem Ereignis mit ehrfurchtgebietender Bedeutung – es war seit Ausbruch des »China-Zwischenfalls« im Juli 1937 erst die vierte derartige Konferenz.
2 Tolischus, *Tokyo Record.*
3 Sugiyama Gen, der Stabschef der Armee, berichtete dies der Konferenz vom 2. Juli. Siehe Coox, *Nomonhan: Japan against Russia*, 1939, Bde. 1 und 2.
4 Shimotamae u. a., *Kokusai Supai Zoruge no Shinjitsu* (»Die Wahrheit über Sorge, den internationalen Spion«). Laut eigener Aussage erfuhr Saionji durch Fregattenkapitän Fujii, einen Marineoffizier, der damals in der Abteilung für militärische Angelegenheiten des Marineministeriums arbeitete, von den Beschlüssen der Kaiserlichen Konferenz (*GS*, Bd. 3, S. 495). Als Saionji Ozaki traf, hatte er bereits mit Fregattenkapitän Fujii gesprochen und begriff sofort, in welche Richtung die neue Politik des Landes zielte.
5 Beim Verhör gab Ozaki an, daß er mit Miyagi gesprochen habe, bevor er Sorge persönlich informierte. Sorge erzählte den Staatsanwälten, daß Ozaki »fünf oder sechs Tage« nach der Konferenz zu ihm gekommen sei, um ihm Bericht zu erstatten, siehe *GS*, Bd. 2, S. 288. Tatsächlich hatte Sorge von »fünf oder sechs Monaten« gesprochen. Bei einem späteren Verhör korrigierte Sorge diesen Fehler.
In Sorges Notizbuch findet sich unter dem 5. Juli die interessante Notiz, daß er »O« 200 Yen Spesen ausbezahlt habe (»O« für »Otto«, Ozakis Deckname). Es nicht klar, ob Ozaki um diese Zeit schon mit Saionji gesprochen hatte. Siehe *GS*, Bd. 4, S. 226.
6 Diese Daten weisen darauf hin, daß Ozaki seinen eigenen Lagebericht nach diesem Wochenende bei Sorge ablieferte.

7 Kase, *Journey to the Missouri.*
8 *GS*, Bd. 1, S. 275f.
9 Er hatte den festen Eindruck, daß Japan sich entschlossen habe, »Maßnahmen zum Schutz seiner Position im Norden [zu] ergreifen, ohne einen Angriff auf die Sowjetunion zu unternehmen; der Beschluß sei gefaßt worden, um im Süden, nämlich in [Französisch-]Indochina, aktiv vorgehen zu können«, ebda., S. 288.
10 Invest sagte, daß auf der Konferenz im Beisein des Kaisers beschlossen worden sei, den Plan für Aktion gegen Saigon [Indochina] nicht zu ändern, aber gleichzeitig habe man beschlossen, sich für den Fall einer Niederlage der Roten Armee zum Kampf gegen UdSSR zu rüsten.
Deutscher Botschafter Ott äußerte sich in ähnlicher Weise, daß Japan den Angriff beginnen würde, wenn die Deutschen Swerdlowsk erreichten.
Der deutsche Militärattaché telegrafierte nach Berlin, er sei überzeugt, daß Japan Ende Juli oder Anfang August in den Krieg eintreten werde, sobald die Vorbereitungen abgeschlossen wären.« (ebda., S. 275. Deutsche Übersetzung aus Deakin und Storry, *Richard Sorge. Die Geschichte eines großen Doppelspiels*)
11 Russische Archive.
12 Russische Archive. Als Beispiel für die Vorsicht, mit der Clausens Aussage zu genießen ist, lohnt es sich zu erwähnen, daß er sich nicht erinnern konnte, eine Meldung durchgegeben zu haben, die die Worte »Kaiserliche Konferenz« enthielt (*GS*, Bd. 3, S. 205). Nach der russischen Übersetzung zu urteilen, bezeichnete Sorge sie jedoch offenbar in seinem englischen Text als »Konferenz im Beisein des Kaisers«. Clausen, der in einer Sprache arbeitete, die nicht seine eigene war, mag in der Tat nicht klar gewesen sein, daß Sorge sich auf eine Kaiserliche Konferenz bezog.
13 *GS*, Bd. 3, S. 205.
14 »Kriegsvorbereitungen werden etwa sechs Wochen dauern, während Japan den Verlauf des russisch-deutschen Krieges beobachtet.
Sollte die Rote Armee eine Niederlage erleiden, dann gibt es keinen Zweifel, daß die Japaner in den Krieg eintreten werden, und wenn es keine Niederlage gibt, werden sie neutral bleiben.« (ebda.) Zu beachten ist, daß die Zentrale im Juni eine Änderung der Codenamen anordnete. Sorge wurde »Inson«, obwohl er weiterhin bis Anfang Juli »Ramsay« benutzte. Ozaki wurde »Invest«; Clausen »Insop«; Miyagi »Intari«; Vukelic »Inkel«.
15 Interview mit Robert Guillain. Guillains Darstellung stellt die allgemein akzeptierte Ansicht, daß Sorge vom Ergebnis der Konferenz einige Tage, nachdem sie stattgefunden hatte, erfuhr, in Frage. »Sorge war zwei oder drei

Stunden später im Bilde«, sagte Guillain. Wenn er die Informationen am 2. Juli in Händen hielt, nahm er sich dennoch Zeit, sie zu überprüfen und sicherzustellen, daß er sie richtig verstanden hatte; aus dem zur Verfügung stehenden Beweismaterial können wir ersehen, daß er seinen ersten Bericht nach Moskau erst am 10. Juli entwarf.

16 Interview mit Robert Guillain.
17 Unter der Überschrift »Vier Jahre Krieg in China. Japans Entschlossenheit zur Lösung des chinesischen Konflikts« schrieb Sorge:
»Am 7. Juli 1937, also gerade vor vier Jahren, ist der japanisch-chinesische Konflikt ausgebrochen. Die japanische Aktion, die damals zunächst allgemein als eine kurzfristige Strafexpedition gegen die chinesischen Truppen in Nordchina gedacht war, entwickelte sich zu dem langwierigen, heute noch nicht beendigten Kriege in China, der gegenüber den anderen Ereignissen der auswärtigen Politik zum zentralen Problem Japans geworden ist. Hinter der Weiterführung und der Beendigung des Krieges in China treten für Japan auch alle anderen Probleme zurück, die der Krieg in Europa aufgeworfen hat. Die militärische Entwicklung des Krieges in China führte die Japaner von den ersten Kämpfen im Norden zur Besetzung des ganzen nördlichen Chinas und der Inneren Mongolei, dann zu den schweren Kämpfen um Schanghai und Nanking mit der folgenden Besetzung des ganzen Jangtsebeckens bis Itschang; im südlichen China wurden ebenfalls große Landesteile besetzt, mit Einschluß der ganzen Küste, dazu kam schließlich noch die Besetzung des nördlichen Teiles von Französisch-Indochina. Rechnet man die Grenze Mandschukuos hinzu, so steht jetzt die japanische Armee auf einer Front von rund 1300 Kilometer Länge verteilt ...
Die unerwartete Ausweitung des Konflikts mit China führte Japan von den ersten Mobilmachungsmaßnahmen zur vollen Mobilisierung einer Millionenarmee, zur ständigen Kriegsbereitschaft der Flotte und zur Entwicklung einer beachtenswerten Streitmacht in der Luft.«
18 Harich-Schneider, *Charaktere und Katastrophen*.
19 Wickert, *Mut und Übermut*; Interview mit Eta Harich-Schneider.
20 *Japan Times and Advertiser*, 16. Juli 1941, Briefe an den Herausgeber.
21 Ebda., 20. Juli 1941. Interessanterweise finden sich in der Leserbriefspalte der *Japan Times* unserer Tage beinahe identische Klagen von Ausländern über Japans ambivalente Haltung gegenüber der Außenwelt.
22 *GS*, Bd. 1, S. 276.
23 Ebda. Nehmitz' Gutachten behauptete offenbar, daß die sowjetische Luftwaffe über 50 hochentwickelte Bomber verfügte, die in der Lage seien,

Luftschläge gegen Japan durchzuführen. Ott übergab den Bericht des Attachés Anfang Juli Matsuoka. In seiner Depesche vom 10. Juli bezieht sich Sorge darauf, allerdings wird die Zahl moderner Bomber hier mit 300 angegeben.

24 Konoes Dilemma war, daß das Kabinett stürzen würde, wenn die Gespräche seiner Regierung mit Amerika scheiterten, daß es aber andererseits für die Falken im eigenen Lager unerträglich wäre, wenn Konoe mit den USA zu einem Kompromiß käme – weil es bedeutete, daß man mit einem Truppenrückzug aus China einverstanden war. Egal, was er tat, Konoe bekäme Schwierigkeiten, ebda., S. 457.

25 Dieser Abschnitt beruht auf Sorges Aussage. Siehe *GS*, Bd. 1, S. 419.

26 Ebda.; außerdem Interview mit Eta Harich-Schneider.

27 Harich-Schneider, *Charaktere und Katastrophen*.

28 Dies war besonders nach dem Ausbruch des Krieges mit Rußland der Fall, der die Nabelschnur der Transsibirischen Eisenbahn durchtrennte. Danach wurde Ott praktisch zum Generalissimo mit enormer Macht über die 200 Deutschen, die ohne Verbindung zur Heimat waren. Wenn er wollte, konnte er seinen Einfluß nutzen, um denjenigen Deutschen, die dringende Gründe hatten, Japan zu verlassen, Plätze auf Schiffen zu garantieren, er konnte in Not geratenen Landsleuten auf vielfältige Weise helfen – oder Anträge auf Paßverlängerungen ablehnen und Untersuchungen durch die Gestapo anordnen. Im großen und ganzen scheint er zurückhaltend agiert und sich als Vaterfigur für die deutsche Gemeinde gesehen zu haben.

29 Harich-Schneider, *Charaktere und Katastrophen*; Interview mit Eta Harich-Schneider.

30 Nagai, *Danchotei Nichijo*. Wie Nagai andeutet, lernte Japan in der Tat von Nazi-Deutschland. Die politischen Parteien waren 1940 abgeschafft und durch den Verband zur Unterstützung der kaiserlichen Herrschaft ersetzt worden, eine bedeutungslose Körperschaft insoweit, als Heer und Marine sich weigerten, ihn zu unterstützen. Ein amerikanischer Journalist stellte fest: »Reglementierung und Kontrolle durch die Regierung waren schon weit fortgeschritten und sollten vielfältig ausgeweitet werden. Nazi-Experten saßen in den verschiedenen Ministerien und halfen beim Entwurf von Verordnungen gemäß Nationalem Mobilmachungsgesetz.« Ihr vorrangiges Ziel war es sicherzustellen, daß das Militär bei der Zuweisung von Arbeitskräften und Rohstoffen bevorzugt wurde. Siehe Tolischus, *Tokyo Record*.

31 Sorge-Bericht.

32 *GS*, Bd. 2, S. 238. Ozaki konnte sich nicht erinnern, ob das Treffen in seinem

Büro stattfand oder im Restaurant in der sechsten Etage des Mantetsu-Gebäudes. Deutsche Übersetzung der Antwort Odas aus Deakin und Storry, *Richard Sorge. Die Geschichte eines großen Doppelspiels.*

33 Es geschah aus einem Gefühl der Pflichterfüllung gegenüber Ozaki heraus, daß Miyagi weiter für den Ring arbeitete. Die Beziehung der beiden Männer ist im gesellschaftlichen Kontext Japans von Interesse: Die meisten dauerhaften Beziehungen in Japan gründen auf einer förmlichen Vorstellung, die den Anfang macht, aber Miyagi hatte sich Ozaki aus heiterem Himmel selber vorgestellt. Überdies trennte sie, was Ausbildung und soziale Stellung betraf, ein tiefer Graben. Ozaki, obwohl nur zwei Jahre älter, war *erai* – groß und berühmt; der Mann von der Insel Okinawa war arm, ungebildet und ohne gute Beziehungen. Daß Ozaki ihn in einer statusbewußten Gesellschaft als Freund und nicht als Untergebenen behandelte, sich Miyagi gegenüber großzügig zeigte und ihm Achtung erwies, spricht sehr für seine Großmut und Toleranz. Ozaki übernahm es auch, die mageren Spesen, die Miyagi von Sorge erhielt, aus eigener Tasche aufzubessern.

34 *GS*, Bd. 1, S. 293.

35 Nagai, *Danchotei Nichijo.*

36 *Japan Times and Advertiser,* 17. Juli 1941.

37 Tolischus, *Tokyo Record.*

38 Kawai, *Aru Kakumeika no Kaiso,* und Interview mit Kawai Teikichi.

39 Ebda.

40 Sorge sagte später, der Einmarsch ins südliche Indochina habe seiner Einschätzung nach den strategischen Druck auf die östlichen Grenzen der Sowjetunion abgemildert. Der japanische Vormarsch hätte Rußland in die Hände gespielt, weil er die Kluft zu den USA vertiefte, »und deshalb dachte ich damals, die Gefahr, daß Japan gegen Rußland einen Krieg anfangen könnte, hätte nachgelassen«, *GS*, Bd. 1, S. 420.

41 Der Aufmarsch erhielt den Codenamen »Kantokuen«, ein Initialwort für Sondermanöver der Kwangtung-Armee. Im Laufe des Sommers 1941 wuchs die Stärke der Kwangtung-Armee von 400 000 auf 700 000 Mann.

42 Russische Archive.

Kapitel 14

1 Hitler und Ribbentrop hatten unterschiedliche Vorstellungen davon, welche Rolle Japan in der deutschen Strategie spielen sollte. Ersterer war der Ansicht, daß man die Japaner ermuntern sollte, nach Südostasien vorzustoßen und britische Streitkräfte in der Region zu binden. Diese Ansicht würde sich am Ende durchsetzen. Ribbentrop hingegen meinte, daß die Japaner nutzbringender gegen den sowjetischen Fernen Osten eingesetzt werden könnten, und noch bis Ende August 1941 verfolgte er verbissen den Plan, Japan zum Eingreifen gegen Rußland zu bewegen.

2 »Die Tatsache, daß Moskau am vergangenen Sonntag entgegen dem, was das deutsche Oberkommando Oshima [Japans Botschafter in Berlin] versprochen hatte, nicht eingenommen wurde, hat die japanische Begeisterung abgekühlt. Sogar Grüne Zelle [die japanische Armee] hat den Eindruck, aus dem Krieg Weiß – Rot [Deutschland – Sowjetunion] könne sich ein zweiter China-Zwischenfall entwickeln, weil Weiß [Deutschland] die Fehler wiederholt, die Grün [Japan] in China gemacht hat.« (*GS*, Bd. 4, S. 94.) Deakin und Storry sprechen statt vom deutschen Oberkommando von »höchsten deutschen Stellen« *(Richard Sorge. Die Geschichte eines großen Doppelspiels).*

3 Außerdem verzeichnet Clausens Notizbuch für den Zeitraum Anfang August keine Sendungen – obwohl das für sich genommen kein schlüssiger Beweis ist: Wir wissen beispielsweise, daß er am 7. August einen Funkspruch absetzte, obwohl sich im Notizbuch kein Hinweis darauf findet.

4 *GS*, Bd. 3, S. 198.

5 Basierend auf Sorges und Ozakis Aussagen. Siehe u. a. *GS*, Bd. 2, S. 182.

6 Sorge war zum Beispiel bekannt, daß Tokio versuchte, Berlin über den Fortschritt der japanisch-US-amerikanischen Gespräche im dunkeln zu lassen.

7 »Ott äußerte die Ansicht, daß man sich, obwohl die generelle politische Einstellung unverändert ist, mit dem Kriegseintritt sehr viel Zeit lassen wird. Gleichzeitig äußerte Ott sich vollkommen zuversichtlich, daß das neue Kabinett den Kriegseintritt befürwortet. Auf alle Fälle ist es für Ott nun angesichts der Tatsache, daß das neue Kabinett den Beziehungen zu Deutschland erheblich gleichgültiger gegenübersteht als das letzte Kabinett mit Matsuoka, entschieden schwieriger.« (Russische Archive)

8 Weiter heißt es in der Depesche: »In den ersten Tagen des Krieges Deutschland – UdSSR beschlossen die japanische Regierung und der Generalstab zwecks Kriegsvorbereitung eine größere Mobilmachung. Aber nach sechs

Wochen erleben die japanischen Führer, wie die deutsche Offensive gestoppt wird und beträchtliche deutsche Truppenkontingente von der Roten Armee vernichtet werden.
Die amerikanische Position wird zunehmend antijapanischer, das Handelsembargo gegen Japan wird schärfer, und ...« (Russische Archive). Das Telegramm ist auf den 11. August 1941 datiert.

9 Siehe Coox, *Nomonhan: Japan against Russia, 1939.*
10 Harich-Schneider, *Charaktere und Katastrophen.*
11 Im ersten Teil seines Berichts faßte Sorge zusammen, was Kretschmer (auf den er mit dem Decknamen »Marta« Bezug nimmt) ihm mitgeteilt hatte: »Sechs Divisionen sind bereits in Korea eingetroffen und könnten dort für einen möglichen Angriff auf Wladiwostok bereitstehen. Vier zusätzliche Divisionen sind als Verstärkung in der Mandschurei eingetroffen. Marta telegrafierte Weiß [Deutschland], daß bis jetzt noch keine Entscheidung getroffen worden sei, Offensive zu eröffnen, selbst wenn Vorbereitungen abgeschlossen sind. Laut Marta wäre Wladiwostok das erste Ziel eines japanischen Angriffs.« (*GS*, Bd. 3, S. 198) Sorges Text wurde von der Polizei in Clausens Haus gefunden. In der deutschen Übersetzung des Telegramms bei Deakin und Storry heißt es außerdem: »Japan plant, Stärke in Mandschukuo und Korea auf dreißig Divisionen zu erhöhen ... Nur drei Divisionen ins Gebiet von Blagoweschensk geschickt.« *(Richard Sorge. Die Geschichte eines großen Doppelspiels)* Kretschmer klammerte sich an seinen Glauben an eine japanische Intervention, aber er hatte nicht die leiseste Ahnung, wann sie tatsächlich stattfinden sollte. Dasselbe galt für den Botschafter, der seinen Vorgesetzten immer noch keinen verbindlichen Zeitplan liefern konnte. »Ribbentrop schickt täglich Telegramme und müht sich, Japan zum Handeln zu überreden. Es gab deswegen Gespräche mit den Generälen Doihara und Okamura.« (Russische Archive) Wenn die erste Hälfte dieses Telegramms existiert, dann wurde sie von den russischen Behörden nicht freigegeben. Zu beachten ist, daß in den Originaltexten, die man in Clausens Wohnung fand (und im Funkverkehr, den die japanischen Behörden abhörten und den Clausen später im Gefängnis dechiffrierte), die meisten Namen von Beamten verschlüsselt auftauchen. So erscheint Ribbentrop als »Ricardo«, Botschafter Ott als »Anna«. In der Fassung, die sowjetischen Spitzenbeamten vorgelegt wurde, sind die Codenamen, außer im Falle von Mitgliedern des Sorge-Netzes, ersetzt worden. Ansonsten sind beide Fassungen identisch, aber man darf nicht vergessen, daß es sich um Übersetzungen (eine russische und eine japanische) von Meldungen handelt, die Sorge in Englisch schrieb.

Mit Hilfe russischen Archivmaterials ist es möglich, das, was die Vierte Abteilung zu sehen bekam, mit dem von Sorge tatsächlich entworfenen Text (den die japanische Polizei im Oktober 1941 sicherstellte) zu vergleichen. Wir sehen, daß Clausen am 15. August nur den zweiten Abschnitt des Manuskripts durchgab – »Ribbentrop schickt ...« –, wobei er ein paar Worte ausließ, aber ohne den Sinn zu verändern. Den ersten Teil von Sorges Text, eine Zusammenfassung von Kretschmers Bericht, unterschlug er komplett. Während des Verhörs sagte Clausen, daß er den ersten Teil gesendet und den zweiten unterschlagen habe. Genau das Gegenteil geschah. Clausens Argumentation war sonderbar. Er sagte dem Untersuchungsrichter, daß die Informationen des ersten Teils wichtig gewesen seien, daß die Russen jedoch in der Mandschurei viele Spione hätten, so daß sie darüber wohl schon Bescheid gewußt hätten. Deshalb seien Japans Interessen durch die Sendung dieses Teils der Meldung nicht geschädigt worden. Clausen sagte, er habe den zweiten Teil *nicht* gesendet, der hingegen Teil eines Telegramms ist, das die Russen kürzlich veröffentlichten. Er gab folgenden Grund im Gefängnis an: »Der Grund, warum ich den letzten Teil des Manuskripts nicht sendete, ist folgender: Es stand darin, daß die Treibstoffreserven der japanischen Armee stark zurückgegangen seien. Das war sehr wichtig für Japan, und niemand außer uns wußte etwas von solchen Dingen. Da sich meine Einstellung damals änderte, konnte ich mich nicht überwinden, solche Informationen an Moskau weiterzugeben.« (*GS*, Bd. 3, S. 183) Das ist ein warnendes Beispiel für die Unklarheit und Unzuverlässigkeit der Aussage Clausens.

12 Ishii, *Ningen Zoruge*; Interview mit Ishii Hanako.
13 William J. Hood, Einleitung zu Krivitsky, *In Stalin's Secret Service*. Auf ähnliche Weise war auch Sorge überzeugt, einen Spionagering zu leiten, der seinesgleichen suchte: »Selbst in der Moskauer Zentrale wurde die Tatsache, daß ich ins Innerste der Botschaft vorgedrungen war und sie für meine Aufklärungsarbeit einspannte, mit absolutem Erstaunen zur Kenntnis genommen, und man hielt sie für völlig beispiellos«, prahlte Sorge gegenüber den Vernehmungsbeamten (*GS*, Bd. 1, S. 227). Sorge konnte natürlich nicht wissen, daß sowjetische Agenten in den dreißiger Jahren auch die ausländischen Botschaften in anderen Hauptstädten unterwanderten und in Deutschland und Großbritannien in die höchsten Regierungskreise eindrangen. Isoliert, wie er war, ist es vielleicht eine verständliche Eigenheit anzunehmen, die eigenen Heldentaten seien einzigartig und außergewöhnlich.
14 Ishii, *Ningen Zoruge*; Interview mit Ishii Hanako.
15 Interviews mit Ishii Hanako, Togo Ise und Frieda Weiß. Frieda Weiß, eine

junge Frau, die einige von Sorges Zeitungsartikeln getippt hatte und seine Tangopartnerin bei Festen im Deutschen Club war, gehörte zu den wenigen Ausländern, die das ganze Jahr 1941 über in Karuizawa wohnten. Möglicherweise wußte Sorge nichts davon: Jedenfalls besuchte er sie in diesem Sommer bei seinen Ausflügen an den Urlaubsort nicht.

16 Man hat unterstellt, daß Sorge und Helma Ott sich bereits vor ihrer Begegnung in Japan kannten und daß beide einander während des politischen Chaos im München des Jahres 1919 zum ersten Mal begegnet seien. Die Tochter der Otts, Ursula (»Ulli«), ist anderer Ansicht: »Meine Mutter traf Sorge zur Zeit der Münchner Erhebung 1919 bestimmt nicht, und ich bin mir sicher, sie wußte nichts von seiner politischen Einstellung.« (Briefwechsel mit dem Autor) Wahrscheinlich war sich Ott der radikalen Ansichten seiner Frau zur Zeit ihrer Heirat 1921 sehr wohl bewußt. Noch viele Jahre später stand Helma in der deutschen Kolonie in Tokio in dem Ruf, »leicht rosa« zu sein.

17 Interview mit Eta Harich-Schneider.

18 Ebda.

19 *GS*, Bd. 1, S. 294.

20 Ebda. Aus Sorges Aussage geht nicht klar hervor, wann im August er von Kodais Brief erfuhr.

21 Harich-Schneider, *Charaktere und Katastrophen*; Interview mit Eta Harich-Schneider.

22 Basierend auf dem Text von Wennekers Telegramm nach Berlin und dem von Sorge aufgesetzten Text. Siehe Chapman, *The Price of Admiralty*; auch *GS*, Bd. 3, S. 203 und Bd. 4, S. 95.

23 Am Freitag, den 22. August, informierte Wenneker Berlin in einer langen Meldung zusammenfassend über seine Gespräche mit Marineoffizieren. Sie begann: »Japan wird Rußland nicht angreifen. Man erwartet, daß sein [Rußlands] Zusammenbruch spätestens im Winter erfolgen wird, und man ist nicht erpicht auf, sich bei einer Operation zu opfern, deren Erfolg nicht garantiert werden kann und die, selbst wenn sie erfolgreich wäre, das dringende Problem des Rohstoffnachschubs nicht lösen würde.« (Chapman, *The Price of Admiralty*)

24 Erzählte Clausen den Vernehmungsbeamten die Wahrheit? Angesichts seiner erwiesenermaßen unzuverlässigen Aussage können wir die Möglichkeit nicht ausschließen, daß das Telegramm abgeschickt *wurde* und daß ein Exemplar in russischen Archiven erhalten ist. Der Originaltext wurde entdeckt, als die Polizei Clausens Haus durchsuchte. Siehe *GS*, Bd. 3, S. 203.

25 Russische Archive.
26 »Invest [Ozaki] berichtete, daß [Generalinspekteur der Luftfahrt] Doihara und [Kriegsminister] Tojo glauben, die Zeit für einen Kriegseintritt Japans sei noch nicht reif.
Die Deutschen sind mit dieser Haltung der Japaner sehr unzufrieden. Konoe befahl Umezu [Oberbefehlshaber der Kwangtung-Armee], jeden provokativen Akt zu vermeiden. Zur selben Zeit erörtern Regierungskreise ernsthafter als früher die Frage einer Besetzung Thailands und Borneos.« (Russische Archive)
27 *GS*, Bd. 2, S. 182f.
28 *GS*, Bd. 4, S. 96. Deutsche Übersetzung teils aus Deakin und Storry, *Richard Sorge. Die Geschichte eines großen Doppelspiels*.
29 *GS*, Bd. 2, S. 239.
30 *GS*, Bd. 3, S. 183. Ein gewisser Zweifel bleibt, wieviel von dem Text tatsächlich nach Moskau gesendet wurde; unter den bis heute von den Russen freigegebenen Telegrammen findet sich keines, das Sorges Manuskript entspricht. Zu Sorges Text siehe *GS*, Bd. 4, S. 96.
31 Ishii, *Ningen Zoruge*.
32 Interview mit Ishii Hanako.
33 Ebda.
34 Ebda.
35 Ozaki war auf dem Weg zum Yubetsu-Werk der Großjapanischen Gesellschaft für Papier-Recycling in Nordjapan, wo er einen Vortrag halten sollte. Es war die Firma, bei der Ozaki unter Ausnutzung seiner Beziehungen Kawai eine Stelle verschafft hatte. Siehe Kawai, *Aru Kakumeika no Kaiso*.
36 Interview mit Kawai Teikichi.

Kapitel 15

1 Sorge unterrichtete seinen Führungsoffizier im letzten Abschnitt seines am 26. oder 27. August übermittelten Berichts über Ozakis Reise.
2 *GS*, Bd. 2, S. 193.
3 Ebda.
4 Kase, *Journey to the Missouri*.
5 Nagai, *Danchotei Nichijo*.
6 Ebda.
7 Interview mit Eta Harich-Schneider.

8 Harich-Schneider, *Charaktere und Katastrophen*.
9 Ebda.
10 Ebda.
11 Interview mit Eta Harich-Schneider.
12 *GS*, Bd. 4, S. 99.
13 Russische Archive.
14 Russische Archive.
15 Zufrieden bestätigte Ozaki die Einschätzung des Sorge-Rings hinsichtlich der Absichten Japans. »Die Gefahr ist vorüber«, sagte er. »Durch die Mobilmachung im Sommer stieg die Gesamtstärke der Kwangtung-Armee auf 700 000 Mann. Aber ein paar Einheiten sind schon nach Japan zurücktransportiert worden. Andere wurden aus vorgeschobenen Stellungen zurückgezogen und sollen in der südlichen Mandschurei überwintern. Die Mantetsu hatte sogar Befehl, Züge bereitzustellen, um eine große Anzahl Soldaten aus der nördlichen Region in den Süden des Landes zu transportieren. Außerdem hat die Armee keine Streitkräfte aus Nordchina verlegt.
Dennoch war die Gefahr, wie wir vermuteten, eine Zeitlang sehr real. In der ersten Woche der Mobilmachung befahl die Kwangtung-Armee der Eisenbahngesellschaft, zur Vorbereitung auf eine Invasion 3000 erfahrene Arbeiter für die Übernahme des sibirischen Eisenbahnnetzes in Bereitschaft zu halten. Dann wurde die Zahl auf 1500 herabgesetzt. Nun kommt die Kwangtung-Armee mit fünfzig Arbeitern aus, um das militärische Transportnetz zu betreiben.« Beide Telegramme sind auf den 14. September datiert – das war auch das Datum der Übermittlung –, was nicht notwendigerweise heißt, daß Sorge die Texte an diesem Tag entwarf. Ozaki war bereits zehn Tage vorher zu seiner mandschurischen Reise aufgebrochen, und man kann durchaus annehmen, daß Sorge, falls es die atmosphärischen Bedingungen erlaubten, versucht hätte, Moskau diese wichtige Information früher zukommen zu lassen.
16 *GS*, Bd. 2, S. 183 und Bd. 4, S. 97.
17 Laut Clausens Notizbuch wurde zwischen dem 14. September und 4. Oktober nichts nach Moskau gefunkt. Den einzigen Eintrag gibt es für den 27. September, als Clausen schrieb: »Übertragung unmöglich.«
18 »Im September erhielt die Eisenbahngesellschaft den Befehl, zwischen Tsitsihar und Sonu gegenüber der sowjetischen Stadt Ushumun im geheimen eine neue Bahnstrecke zu errichten. Japan beabsichtigt, diese Region als Angriffsbasis auszubauen, für den Fall von Feindseligkeiten, die im März nächsten Jahres beginnen könnten. Das heißt, falls der Fortgang des Krieges zwischen UdSSR und Deutschland dies erlaubt.« (Russische Staatsarchive) Das vom

Verteidigungsministerium freigegebene Telegramm enthält nur einen Teil des Textes, den die Polizei fand und der in *GS*, Bd. 4, S. 97 abgedruckt ist. Scheinbar sendete Clausen den Text in drei Teilen. In der deutschen Übersetzung des Telegrammtextes bei Deakin und Storry ist von einer »Verbindungsstrecke nach Ou-pu gegenüber der Station Ushman an der Tsitsihar-Amur-Linie« die Rede *(Richard Sorge. Die Geschichte eines großen Doppelspiels).*

19 Wickert, *Mut und Übermut.*
20 Interview mit Eta Harich-Schneider; siehe auch Harich-Schneider, *Charaktere und Katastrophen.*
21 *GS*, Bd. 3, S. 249. Ozaki dachte zunächst, er hätte Saionjis Entwurf am 20. September gesehen und Sorge über seinen Inhalt informiert (siehe *GS*, Bd. 2, S. 374). Später korrigierte er sich und sagte, es sei möglicherweise eine Woche später gewesen (siehe ebda., S. 386). Es ist unmöglich, das Ereignis genau zu datieren.
22 Ebda., Bd. 2, S. 190.
23 Ebda.
24 *GS*, Bd. 4, S. 98.

Kapitel 16

1 Tolischus, *Tokyo Record.*
2 Konoe-Bericht.
3 Mit den Worten des Historikers Herbert Feis war Konoe, »ob freiwillig oder unfreiwillig, ein Gefangener der Bedingungen, die auf Konferenzen, denen er vorgesessen hatte, präzise festgeschrieben worden waren«. Feis, *The Road to Pearl Harbor*, eine ausgezeichnete Darstellung des Countdowns für den Pazifik-Krieg.
4 Interview mit Eta Harich-Schneider.
5 Ebda.
6 Clausen ließ immer bestimmte Teile in den Häusern, von denen aus er sendete, so daß sein Funkgerät bequem in eine Tasche paßte. Yamasaki Yoshiko zufolge lagerten, als die Polizei am 18. Oktober eintraf, noch zwei Kisten mit Ausrüstung in einem Schrank im oberen Stockwerk.
7 Ishii, *Ningen Zoruge.*
8 Interview mit Ishii Hanako. Sie *glaubt*, daß diese letzte Begegnung an Sorges Geburtstag stattfand, aber sie erinnert sich nur schwach an Daten; sicherer ist sie sich, daß es »etwa Anfang Oktober« gewesen sein muß.

9 Interview mit Eta Harich-Schneider.
10 Basierend auf *GS*, Bd. 2, S. 25f.
11 *GS*, Bd. 4, S. 81. Deutsche Übersetzung aus Deakin und Storry, *Richard Sorge. Die Geschichte eines großen Doppelspiels*.
12 Ebda. Deutsche Übersetzung aus Deakin und Storry, *Richard Sorge. Die Geschichte eines großen Doppelspiels*.
13 *GS*, Bd. 1, S. 464.
14 Sorge-Bericht.
15 Ein oder zwei Tage später stellten Missionare in Niigata traurig fest, daß der Postbote ihren *Deutschen Dienst* nicht gebracht hatte; sie jedenfalls vermißten das kleine Mitteilungsblatt, das Sorge mit solcher Verachtung redigierte. Siehe Harich-Schneider, *Charaktere und Katastrophen*.
16 1939 begegnete Clausen »Joe« in Vukelics Haus zum ersten Mal; erst als die Polizei ihm Miyagis Fotografie zeigte, erfuhr er seinen richtigen Namen. Siehe *GS*, Bd. 4, S. 253.
17 Eine handschriftliche, auf den 5. Oktober datierte Analyse der japanisch-US-amerikanischen Beziehungen wurde von der Polizei in Clausens Haus entdeckt. Es war Miyagis Bericht, von Akiyama Koji übersetzt und mit dem Füllfederhalter niedergeschrieben (es handelt sich nicht um Sorges Handschrift): »Die Verhandlungen haben sich konträr zu den japanischen Erwartungen entwickelt«, heißt es in der Mitteilung. Roosevelts Antwort auf die jüngsten japanischen Vorschläge sei wahrscheinlich negativ. Die Amerikaner, so habe es den Anschein, seien offenbar nicht einmal gewillt, dem japanischen Wunsch nach einer Einigung zu entsprechen, bei der letztere ihr Gesicht wahrten. »Japan bereitet den Vorstoß nach Süden vor. Es ist unmöglich zu sagen, wie die Situation sich entwickeln wird. Dennoch sieht es wohl so aus, als würde sich die Kriegsvoraussage bewahrheiten.« (*GS*, Bd. 4, S. 92) Wahrscheinlich überbrachte der Mann aus Okinawa diese Notizen am 7. Oktober, aber es ist möglich, daß die Übergabe auch am 6. Oktober stattfand. (Wegen der Diskrepanzen zwischen den Aussagen der verschiedenen Mitglieder des Rings ist es manchmal schwierig, genau festzustellen, wann Ereignisse stattfanden. Hinsichtlich der Datierungen widersprachen sich Sorge, Ozaki, Miyagi und Clausen zu unterschiedlichen Zeitpunkten in ihren Verhören.) Anschließend sprach Miyagi wieder mit Ozaki, der ihn aufforderte, seinen Bericht zu überarbeiten. Laut eigener Aussage fuhr Miyagi am 8. Oktober nach Nagasaka-cho, um die revidierte Version abzuliefern. Letzthin waren sämtliche Bemühungen Ozakis, Miyagis und Akiyamas vergeblich. Die Meldung wurde weder per Funk durchgegeben, noch befand sie sich unter den

Papieren, die am 10. Oktober »Serge« von der Sowjetischen Botschaft ausgehändigt wurden. Wie so vieles von dem Material, das der Ring zusammenstellte, erreichte sie niemals die Vierte Abteilung.

18 Den ganzen August über war das Tokioter Forschungsbüro der Südmandschurischen Eisenbahn mit einem wichtigen Projekt befaßt: einer komplizierten Studie über das Kriegführungspotential Japans, die mobilisierbare Mannschaftsstärke, Ölreserven der Marine und andere geheime Daten. Darüber hinaus analysierten und dokumentierten Ozaki und seine Kollegen die Zwänge, die zu Japans Entscheidung geführt hatten, die Konfrontation mit den Vereinigten Staaten und Großbritannien zu suchen, statt sich an der deutschen Invasion in der Sowjetunion zu beteiligen. Der Bericht trug den täuschend harmlosen Titel »Eine Untersuchung über den Einfluß, der von der neuen Situation auf die Politik und Wirtschaft Japans ausgeht«. Wie viele andere von Forschern der Südmandschurischen Eisenbahn ausgearbeitete vertrauliche Berichte gelangte auch dieses Dokument in Sorges Hände. Ozaki verstaute eine Kopie in seiner Aktenmappe und nahm sie mit nach Hause. Miyagi kopierte Teile davon handschriftlich und ließ sie von Akiyama ins Englische übersetzen. Nach seiner Verhaftung sagte Miyagi der Polizei, er habe Sorge den ersten Teil des Textes bis zum 3. September gegeben (*GS*, Bd. 4, S. 470). Das vorhandene Beweismaterial deutet darauf hin, das er den Rest am 7. Oktober ablieferte.

19 Harich-Schneider, *Charaktere und Katastrophen*.

20 Dies entsprach nicht ganz der Wahrheit. Grew, stets bereit, beim geringsten Zweifel die Partei Japans zu ergreifen, sagte seinen Zuhörern: »Ich habe nie geglaubt, daß es zwischen unseren beiden Ländern zum Bruch käme; auch jetzt glaube ich das nicht.« Aber er wiederholte auch die Position seiner Regierung, daß der internationale Verkehr auf gewissen Grundprinzipien beruhen müsse und daß es hinsichtlich dieser Prinzipien keinen Kompromiß geben dürfe. Amerikas Beharren darauf, daß Japan an diesen Grundsätzen festhalte – Achtung der territorialen Integrität aller Nationen, Nichteinmischung in die inneren Angelegenheiten anderer Länder, keine Störung des Status quo im Pazifik –, ging den Japanern gegen den Strich und erwies sich als unüberwindbares Hindernis für eine Einigung zwischen den beiden Ländern. In der nachträglichen Zusammenfassung hatte Grews Rede jedoch eindeutig einen schärferen Klang, und Sorge gewann den Eindruck, daß der Botschafter der japanischen Regierung vorgeworfen hatte, absolut nicht vertrauenswürdig zu sein. Siehe *GS*, Bd. 1, S. 429; Grew, *Ten Years in Japan*; Feis, *The Road to Pearl Harbor*.

21 *GS*, Bd. 4, S. 348f. Der genaue Tag ist schwer zu bestimmen. In seiner Aussage erinnerte sich Vukelic, daß die Unterhaltung mit Sorge irgendwann Anfang Oktober stattfand. Mit dem Terminus »Lenin-Gruppe« meinte Sorge die alten Bolschewiki und ihre Gefolgsleute, die im Zuge der Stalinschen Säuberungen liquidiert worden waren. Einer aus ihren Reihen war Nikolai Bucharin, Chef der Komintern von 1926 bis 1929. Wie wir gesehen haben, erfreute Sorge sich während seiner Komintternzeit der besonderen Gunst Bucharins; als letzterer 1929 aus dem Politbüro ausgeschlossen wurde, verlor Sorge dessen Protektion. Sein Wechsel zum Geheimdienst der Roten Armee fiel mit dem Zeitpunkt zusammen, als Bucharin in Ungnade fiel. Noch 1941 hatte Sorge das Gefühl, als Überlebender der »Lenin-Gruppe« schutzlos zu sein.
22 Knightley, *The Second Oldest Profession*. Das Kim Philby-Zitat stammt aus seinen Memoiren: *Mein Doppelspiel. Autobiografie eines Meisterspions.*
23 Es gibt Beweise dafür, daß die Polizei schon 1940 Interesse für Ozaki zeigte. Siehe Kazama, *Aru Hangyaku*; auch Miyashita Hiroshi, *Tokko no Kaiso.*
24 *GS*, Bd. 4, S. 261.
25 Basierend auf *GS*, Bd. 1, S. 278f.; Harich-Schneider, *Charaktere und Katastrophen*; Interview mit Eta Harich-Schneider.
26 *GS*, Bd. 2, S. 388.
27 Ebda.
28 Einer Version zufolge wurden die zwei von der Polizei festgenommen, als sie Miyagi in seiner Pension im Roppongi-Viertel besuchen wollten. In seinen Memoiren schreibt ein ehemaliger Beamter der *Tokko* jedoch, daß Miyagi und sein Ring von Helfern schon seit langem von der Polizei überwacht worden seien. Siehe Miyashita, *Tokko no Kaiso*.
29 Um 11 Uhr vormittags erhielt Konoe eine letzte Chance, einen Krieg abzuwenden. Wie er wußte, war man sich in der Marine nicht einig, ob es klug sei, mit den USA einen Krieg anzufangen. Nun erreichte ihn aus den höheren Rängen der Armee die Nachricht, daß, wenn die Marine sich explizit gegen einen Krieg ausspräche, die Armee sich dem eventuell anschließen würde. Der Prinz horchte sofort bei der Marine nach, aber man beschied ihm, daß ein solcher offizieller Kurswechsel undenkbar sei. Es lief auf eine Frage des Gesichtsverlusts hinaus: Keine der beiden rivalisierenden Waffengattungen wollte als erste vor dem Kriegsplan »kneifen«.
Am Abend des 14. Oktober schickte Tojo einen Boten zu Konoes Privatvilla. Der Kriegsminister hatte erfahren, daß die Marine auf einen Krieg nicht erpicht war, während sie es gleichzeitig ablehnte, sich klar zu äußern. Tojo war empört, daß die vom Kaiser (am 6. September) sanktionierte staatliche Politik

nun in Frage gestellt wurde. Das sei eine unverzeihliche Pflichtvergessenheit. In seiner Botschaft drängte Tojo Konoe, die Verantwortung zu übernehmen: Das einzige, was das Kabinett zu seiner Ehrenrettung tun könne, sei, *geschlossen* zurückzutreten. Siehe Feis, *The Road to Pearl Harbor.*
30 Ozakis Briefe aus dem Gefängnis, gesammelt in Ozaki, *Aijo wa Furu Hoshi no Gotoku.* Deutsche Übersetzung aus Deakin und Storry, *Richard Sorge. Die Geschichte eines großen Doppelspiels.*
31 Ebda.
32 Newman, *How I Got That Story;* siehe auch Polizeiprotokolle.
33 *GS,* Bd. 3, S. 229.
34 Ebda.
35 *GS,* Bd. 4, S. 254.
36 »Wir sind zutiefst betroffen und verfolgen aufmerksam den heldenhaften Kampf Ihrer Nation gegen Weiß [Deutschland]. Wir bedauern sehr, daß wir hier bleiben müssen, wo wir keinen wichtigen Dienst für Sie leisten und Sie nicht unterstützen können.
Fritz [Clausen] und Vix [Sorge] möchten wissen, ob es nicht klug wäre, sie nach Hause zu rufen oder sie mit neuen Aufgaben nach Deutschland [Weiß] zu schicken. Fritz und Vix ist klar, daß jede dieser Bewegungen unter den gegenwärtigen Umständen äußerst schwierig wäre, aber wir sind mit der Arbeit vertraut und glauben, daß wir, wenn wir über die Grenze gehen und unter Ihnen dienen oder in Deutschland eine neue Tätigkeit aufnehmen würden, etwas Sinnvolles tun könnten. Wir erwarten Ihre Antwort.« (ebda., S. 81. Deutsche Übersetzung mit Ausnahme der Codenamen aus Deakin und Storry, *Richard Sorge. Die Geschichte eines großen Doppelspiels*)
37 *GS,* Bd. 3, S. 229.
38 *GS,* Bd. 4, S. 254.
39 *GS,* Bd. 3, S. 229.
40 Im Gefängnis äußerte Sorge, die japanischen Staatsbürger seien die verletzlichsten Glieder seines Netzes. Bis zum Schluß war er überzeugt, daß die Europäer den Ring nicht gefährdet hatten; und er war sich sicher, daß er selber, Clausen, Vukelic (und vormals Günther Stein) über Tarnungen verfügten, die solide genug waren, auch der schärfsten polizeilichen Prüfung standzuhalten. Aber die weiten Bekanntenkreise, die von jedem japanischen Mitglied ausstrahlten, schlossen potentiell Leute ein, die schon im Visier der Polizei gestanden hatten. Obwohl ihm das Risiko bewußt war, räumte Sorge ein, daß die japanischen Mitarbeiter für den Erfolg des Rings unverzichtbar seien. Und trotz seiner Besorgnisse überprüfte er nur wenige der von Miyagi angeworbenen Unteragenten.

41 *GS*, Bd. 1, S. 479.
42 Diese Darstellung der Ereignisse des 17. Oktober basiert auf den Aussagen Sorges, Clausens und Vukelics in der Haft, Clausens Nachkriegserinnerungen und einem Interview mit Yamasaki Yoshiko.
43 Kawai, *Aru Kakumeika no Kaiso*.
44 Schilderung der Verhaftung basierend auf Interviews mit Yoshikawa und Ohashi.
45 *GS*, Bd. 4, S. 114.
46 *GS*, Bd. 3, S. 230.
47 Ebda.
48 Clausen bemerkte: »Ich erinnerte mich an das am Vorabend Gehörte und hatte die ungute Ahnung, daß etwas Ernsteres als nur ein Autounfall im Busch war.« (Guerin und Chatel, *Camarade Sorge*)
49 Interview mit Yamasaki Yoshiko.
50 Harich-Schneider, *Charaktere und Katastrophen*. Erst am 20. August 1951 – fast zehn Jahre später – erfuhr Eta Tag und Stunde von Sorges Verhaftung. Anschließend schaute sie in ihrem Tagebuch unter dem 18. Oktober 1941 nach: »Etwas sagte mir, dies war der Tag des schrecklichen Traums. Und so war es – ich hatte den furchterregenden Traum just in dem Augenblick, als Sorge verhaftet wurde. Er deutete auf das Schicksal hin, das ihm später widerfuhr. Ich war erschüttert und tief betrübt, als ich las, was ich geschrieben hatte. Die Schuld, die ich an jenem Tag empfand, hat mich nie mehr losgelassen.« (Interview mit Eta Harich-Schneider)
51 »Zum Zeitpunkt meiner Verhaftung erwies sich die Entdeckung von 800 bis 1000 Büchern in meinem Haus als beträchtlicher Quell des Verdrusses für die Polizei. Es waren in der Mehrzahl Bücher über Japan.« (Sorge-Bericht)
52 Tolischus, *Tokyo Record*.

Kapitel 17

1 *GS*, Bd. 1, S. 102.
2 Wickert, *Mut und Übermut*.
3 US Army Intelligence (G-2)-Bericht über die Sorge-Affäre.
4 Harich-Schneider, *Charaktere und Katastrophen*.
5 Ebda.
6 Ebda.
7 Ebda.; siehe auch Interview mit Eta Harich-Schneider.

8 Interview mit Yoshikawa Mitsusada.
9 Ebda.
10 Anhörungen vor dem Committee on Un-American Activities, dem Komitee für unamerikanische Umtriebe, Washington, August 1951.
11 Ohashi, *Shinso Zoruge Jiken.*
12 Interview mit Yoshikawa Mitsusada. Sorge-Äußerung zitiert aus Deakin und Storry, *Richard Sorge. Die Geschichte eines großen Doppelspiels.*
13 Anhörungen vor dem Committee on Un-American Activities.
14 Interview mit Ohashi Hideo.
15 Interview mit Yoshikawa Mitsusada. Er war einer von mehreren Justizbeamten, die mit dem Fall zu tun hatten und die dem militärischen Geheimdienst der USA 1949 eidesstattliche Erklärungen übergaben, in denen sie behaupteten, Sorge, Clausen, Ozaki und Vukelic seien niemals gefoltert oder übermäßigem Druck ausgesetzt worden. Die Amerikaner wollten diese eidesstattlichen Erklärungen benutzen, um Agnes Smedleys Behauptung zu widerlegen, die von den Mitgliedern des Rings gemachten Aussagen seien gewaltsam erzwungen worden und deshalb wertlos. In seiner Aussage versicherte Yoshikawa unter Eid, er sei »bei den Untersuchungen oftmals persönlich als Zeuge zugegen gewesen, um sicherzustellen, daß Folter und andere Methoden des Zwangs nicht angewendet wurden. Natürlich griff ich, wenn ich selber gegen Richard Sorge und Kawai Teikichi ermittelte, niemals auf Folter oder andere Methoden des Zwangs zurück, sondern benahm mich stets so zuvorkommend wie möglich.« Man kann sich jedoch unschwer vorstellen, daß Yoshikawa es vermied, bei unerfreulichen Szenen dabeizusein und einfach fernblieb, wenn die Polizisten zu brutalen Methoden griffen.
16 Interview mit Yoshikawa Mitsusada.
17 Interview mit Ishii Hanako.
18 Tolischus, *Tokyo Record.* Der Autor wurde nach einem grotesken Prozeß aus Japan abgeschoben. Sein Bericht bietet einen Einblick in die polizeilichen Verfahrensweisen im Japan jener Zeit.
19 Interview mit Yoshikawa Mitsusada.
20 Jeder noch nicht verurteilte Häftling *(miketsuin)* mußte diesen Apparat über dem Kopf tragen, sobald er seine Zelle verließ.
21 *Der Spiegel,* 13. Juni - 3. Oktober 1951.
22 Interviews mit Yoshikawa Mitsusada und Ohashi Hideo. Sorges und Otts Worte unter Abänderung der Anredeform zitiert aus Deakin und Storry, *Richard Sorge. Die Geschichte eines großen Doppelspiels.* Eta Harich-Schneider

zufolge duzten Sorge und Ott sich nicht. Siehe Harich-Schneider, *Charaktere und Katastrophen*. Ohashi hingegen erinnert sich, daß Sorge nur zwei Sätze äußerte, während Ott gar nichts sagte: »Schließlich murmelte Sorge auf deutsch: ›Ich möchte Ihnen Lebewohl sagen.‹ Ein anwesender Beamter des Außenministeriums übersetzte dies ins Japanische. ›Bitte richten Sie Ihrer Frau und Ihrer Tochter meine besten Wünsche aus.‹ Sorge versagte die Stimme. Ihm standen Tränen in den Augen. Er konnte keine weiteren Worte mehr finden. Als der Dolmetscher zu Ende gesprochen hatte, schien Botschafter Ott etwas sagen zu wollen, aber sein Gesicht wurde vor Schreck ganz bleich, und er starrte Sorge bloß sprachlos, mit schmerzerfülltem Gesichtsausdruck an. Sorge muß darunter gelitten haben, daß er Botschafter Ott, der sein Vertrauen in ihn gesetzt hatte, hintergangen hatte. Sorge nickte nur und verließ schweigend den Raum.« (Ohashi, *Shinso Zoruge Jiken*)

Ohashi vermutete, daß die Fragen des Botschafters über die Behandlung und das Essen des Gefangenen an Yoshikawa gerichtet wurden, *nachdem* er und Sorge den Raum verlassen hatten.

23 Interview mit Ohashi Hideo; siehe auch Ohashi, *Shinso Zoruge Jiken*.
24 *GS*, Bd. 3, S. 109.
25 »Wortgruppe«, japanisch *gogun*, bezieht sich nicht auf Worte, sondern auf die fünfstelligen Blöcke, in die der Text zerlegt wurde, nachdem er mit Ziffern verschlüsselt worden war.
26 *GS*, Bd. 3, S. 178.
27 Interview mit Ohashi Hideo. Siehe auch Matsuhashi und Ohashi, *Zoruge to no Yakosuku*.
28 Interview mit Ishii Hanako. Weil es im Haus ihrer Mutter kein Telefon gab, hatte Sorge ihr versprochen, sich telegrafisch mit ihr in Verbindung zu setzen.
29 Interview mit Yoshikawa Mitsusada.
30 »Sorge vertraute mir nie die Wahrheit über den Charakter und die Funktion unserer Organisation an«, schrieb Vukelic in seinem in der Haft verfaßten Bericht, *GS*, Bd. 3, S. 628.
31 *GS*, Bd. 1, S. 329.
32 Sorge wurde nach dem Gesetz zur Sicherung des Friedens und dem Gesetz zur Verteidigung der Staatssicherheit angeklagt. In beiden Fällen drohte als Höchststrafe der Tod. Wäre er nur gemäß letzterem angeklagt worden, hätte er eventuell bessere Aussicht gehabt, mit einer langen Haftstrafe davonzukommen. Das Gesetz zur Verteidigung der Staatssicherheit war am 10. Mai

1941 in Kraft getreten und durfte nicht rückwirkend angewandt werden. Leute, die den Fall untersucht haben, sind der Ansicht, daß es ein Hohn auf die Gerechtigkeit gewesen sei, Sorge wegen Verstoßes nach dem Gesetz zur Verteidigung der Staatssicherheit vor Gericht zu stellen.

33 Interview mit Ohashi Hideo. Ohashi zeigte sich empört über die Art, in der seine Vorgesetzten in der *Tokko* einen Bericht fabrizierten, der auf Antworten Sorges während des Verhörs basierte, das größtenteils von ihm (Ohashi) persönlich durchgeführt worden sei. Der ehemalige Polizeibeamte verriet, daß man den Bericht so formulierte, als hätte Sorge ihn selber geschrieben. »Hätte Sorge das Dokument zusammengestellt, dann müßte es ein Original auf deutsch oder englisch geben, aber ein solches Exemplar existiert nicht«, betont Ohashi. Der zweite Bericht wurde von Sorge selbst unter Anleitung Yoshikawas geschrieben.

34 Sorge-Bericht.
35 *GS*, Bd. 1, S. 329.
36 Ohashi, *Shinso Zoruge Jiken*.
37 Es kann kaum ein Zeifel daran bestehen, daß die Russen rasch von den Verhaftungen erfuhren. Ein Nachbar Clausens war sowjetischer Diplomat (es ist unwahrscheinlich, daß es sich hierbei um einen Zufall handelte) und dürfte die Botschaft sofort informiert haben.
38 Ohashi, *Shinso Zoruge Jiken*.
39 *GS*, Bd. 4, S. 237.
40 Ebda.
41 Interview mit Ohashi Hideo. Brief teils zitiert aus Deakin und Storry, *Richard Sorge. Die Geschichte eines großen Doppelspiels*.
41a Deakin/Storry geben die Äußerung folgendermaßen wieder: »Wenn man mich zum Tod verurteilt, Ohashi-san, werde ich ein Gespenst und werde bei dir geistern.« *Richard Sorge. Die Geschichte eines großen Doppelspiels*.
42 Interview mit Yoshikawa Mitsusada.
43 *GS*, Bd. 1, S. 302.
44 Interview mit Yoshikawa Mitsusada.
45 Russische Staatsarchive (KGB).
46 *GS*, Bd. 1, S. 106.
47 Ebda., S. 109.
48 Ebda., S. 102.
49 »Wir erhielten nie irgendeinen Tip von Meisinger, die Deutschen gaben uns keine einzige Information, die Zweifel an Sorge aufgeworfen hätte. Was sie hinterher sagten – das sind alles Lügen«, erzählte Yoshikawa dem Autor.

50 Mader, *Dr. Sorge-Report*.
51 Kawai, *Aru Kakumeika no Kaiso*. In diesen Memoiren schreibt Kawai, daß dieser Blick auf Sorge durch das Guckloch einer Zellentür der »erste [war], seit wir uns im Sommer 1932 trennten«. Zum letzten Mal waren sie sich in China begegnet: Obwohl Kawai später in Sorges Netz in Tokio mithalf, kreuzten sich ihre Wege nicht wieder.
Kawais Verdacht, daß man ihn seit beinahe einem Jahr eng beschattete, wurde bestätigt, als man ihn verhaftete und er in einem der Polizisten die schattenhafte Gestalt erkannte, die ihm quer durch Tokio gefolgt war. Später erfuhr er, wer der Mann war – Omata Ken, ein Hilfsinspektor in der Ersten Abteilung der *Tokko*.
52 Ozaki, *Kaiso no Ozaki Hotsumi*.
53 In diesem Stadium der gerichtlichen Untersuchung versuchte Sorge, Teile seiner früheren Aussage zu revidieren. Zum Beispiel sagte er jetzt, daß Ozaki *kein* Mitglied der Komintern sei, daß Kawai Teikichi in Japan nicht für den Ring gearbeitet habe und daß er selber der NSDAP nicht in Deutschland, sondern erst nach seiner Ankunft in Tokio beigetreten sei.
54 »Meiner Ansicht nach kommt die Anklage zu sprunghaft zu dem Schluß, unsere Aufklärungsarbeit habe Staatsgeheimnisse eingeschlossen. Was Vukelic betrifft, lieferte er weder Staatsgeheimnisse noch wichtige Informationen. Er sammelte Informationen aus der Domei-Agentur, von denen die Auslandskorrespondenten wußten. Dasselbe gilt für Miyagi. Miyagi war es überhaupt nicht möglich, wichtige neue Informationen zu sammeln.
Politische Informationen im eigentlichen Sinne erhielt Ozaki. Ich selber manchmal auch, in meinem Fall stammten sie von der Deutschen Botschaft, aber es ist zweifelhaft, inwieweit man selbst hier von Staatsgeheimnissen sprechen kann. Ozaki kam mit Dingen, die er im Frühstücks-Club erfuhr, aber der Frühstücks-Club war kein Staatsorgan, und was dort gesprochen wurde, konnte nicht geheim gewesen sein. Es muß ziemlich viele solcher Clubs in Tokio geben.« *GS*, Bd. 1, S. 480.
55 Ebda., S. 580.
55a *Der Spiegel*, 13. Juni - 3. Oktober 1951.
56 *GS*, August 1962.
57 Interview mit Yamasaki Yoshiko.
57a Eine abweichende deutsche Übersetzung dieses Briefes vom 15. Dezember 1946 findet sich bei Deakin und Storry, *Richard Sorge. Die Geschichte eines großen Doppelspiels*: »Ich fand ihn im Gefängnis bereits im Sarg. Er war nach japanischer Sitte in weiße Tücher gewickelt. Er war so dünn und wie steif

gefroren. Sie schickten einen Pferdewagen, und er wurde zum Krematorium gebracht, wo ich der Verbrennung beiwohnte.«
58 Willoughby, *Shanghai Conspiracy*.
59 Auch drei Mitglieder von Ozakis Unterring überlebten die Haft nicht: Kawamura Yoshio starb am 15. Dezember 1942, Funakoshi Hisao am 27. Februar 1945 und Mizuno Shigeo am 22. März 1945.
60 Ozaki, *Aijo no Furo Hoshi no Gotoku*.
61 *GS*, Bd. 1, S. 276.
62 Chruschtschow schrieb in seinen Memoiren, daß man aus dem verfügbaren Material unmöglich habe ersehen können, »ob wir das Material von Sorge gegen Deutschland strategisch oder taktisch nutzten«.
63 John Erickson, *The Road to Stalingrad*.
64 Andrew und Gordiewsky, *KGB. Die Geschichte seiner Auslandsoperationen von Lenin bis Gorbatschow*.
65 Kriegsgeschichte des Japanischen Büros für Selbst-Verteidigung, zitiert in Cook, *Nomonhan: Japan Against Russia*.
66 Ebda.
67 Nishizato, *Kakumei no Shanghai de*. Nishizato wurde im Juni 1942 wegen Spionageverdachts verhaftet. Nakanishi Kou, ein anderer Freund Ozakis, wurde ebenfalls festgenommen. Nakanishi arbeitete eine Zeitlang bei der Südmandschurischen Eisenbahn, während Nishizato als Journalist tätig war, und beide waren Zivilangestellte der japanischen Armee in China gewesen. Sie teilten Ozakis leidenschaftlichen Glauben an die Rechtmäßigkeit des revolutionären Kampfes der Chinesen und kamen zu der Ansicht, daß sie von größtem Nutzen sein könnten, wenn sie sich Ozakis Aufklärungsarbeit anschlössen. Die beiden gaben militärische Geheimnisse der Japaner an die Kommunistische Partei Chinas weiter und fungierten außerdem als Verbindungsglieder zu den Russen. In der Person Ozakis kreuzten sich der China-Ring und das Sorge-Netz. Aber es handelte sich um jeweils eigenständige Organisationen, und die polizeilichen Ermittler behandelten sie als getrennte Fälle.
Im August 1945 wurden Nishizato und Nakanishi zu lebenslanger Haft verurteilt, im Oktober jedoch nach der Landung amerikanischer Truppen in Japan im Zuge der Befreiung politischer Gefangener freigelassen. Nach dem Krieg wurden beide zu prominenten Figuren in der Kommunistischen Partei Japans, was möglicherweise erklärt, warum ihrer persönlichen Erinnerungen über ihre Zeit in China nur wenige harte Fakten über ihre Spionagetätigkeit im Auftrag der chinesischen Kommunisten enthalten. Auch erhellen ihre Darstellungen nicht, in welcher Weise ihr Netz mit dem von Sorge betriebe-

nen verbunden war. Bis auf den heutigen Tag ist über die Arbeitsweise des China-Rings, der Ozakis eigene Schöpfung war, relativ wenig bekannt.
68 *Der Spiegel*, 13. Juni - 3. Oktober 1951.
69 Ebda. Sorge wies seinen Anwalt an, seinen weltlichen Besitz zu veräußern und den Erlös, zusammen mit seinen Bankguthaben, die sich auf eine Gesamtsumme von 10000 Yen beliefen, Anna Clausen auszuhändigen. Siehe *Gendai Shiryo Geppo*, August 1962.
70 Trepper, *Die Wahrheit. Autobiographie.* Tominaga Kyoji war ein höherer japanischer Offizier, der im Kriegsministerium eine Reihe wichtiger Posten innegehabt hatte, darunter den des Leiters der Personalabteilung. Die in Leopold Treppers Buch beschriebene Begegnung fand in einer sowjetischen Gefängniszelle statt, nachdem der General gegen Ende des Krieges von den Russen in der Mandschurei gefangengenommen worden war und bevor man ihn nach Khabarowsk brachte, wo er im Prozeß gegen japanische Kriegsverbrecher aussagen sollte.
71 Ebda.
72 Ebda.
73 Kase, *Journey to the Missouri*.
74 Ebda.; Interview mit Kase Toshikazu. Kase ist überzeugt, daß der japanischen Seite, der Moskaus mangelndes Interesse an Sorge in scharfer Form zu verstehen gegeben wurde, nicht daran gelegen gewesen wäre, ihre russischen Gastgeber bei einem Anlaß wie diesem durch Anspielungen auf den Fall in Verlegenheit zu bringen. Gegenteiliger Ansicht ist ein russischer Diplomat namens Iwanow, zitiert in Shimotanae, *Kokusai Zoruge no Shinjitsu*.
74a Die letzten Worte Sorges zitiert aus *Der Spiegel*, 13. Juni - 3. Oktober 1951. Siehe auch Deakin und Storry, *Richard Sorge. Die Geschichte eines großen Doppelspiels*.
75 Ozaki, *Kaiso no Ozaki Hotsumi*.

Epilog

1 Willoughby, *Shanghai Conspiracy*.
2 Ebda.
3 Ebda.
4 Die These, daß Sorge ausgetauscht wurde und in die Sowjetunion zurückkehrte, wurde zuerst in Meissners *The Man with Three Faces* propagiert. Ein

energischer Befürworter dieser Theorie war Dr. Karl Kindermann (von dem man vermutet, daß er, obwohl Jude, als Informant für Gestapo-Oberst Meisinger arbeitete). Kindermann diente bei dem vergeblichen Versuch von seiten deutscher Beamter, die Japaner zur Auslieferung Sorges zu überreden, als Dolmetscher. 1976 schrieb er für die *Japan Times* eine Reihe von Artikeln, in denen er behauptete, Sorge sei tatsächlich an der mandschurisch-sibirischen Grenze den Russen ausgehändigt worden. Zum Beweis seiner Behauptung hatte Kindermann lauter Gerüchte zu bieten, aber er war absolut überzeugt, daß die Informationen zuverlässig seien. Außerdem fand er, man könne unmöglich glauben, daß die japanische Regierung die Hinrichtung Sorges für den 7. November, einen für die Sowjetunion geheiligten Jahrestag, befohlen hätte. Japan sei ängstlich darauf bedacht gewesen, sich das Wohlwollen der Sowjets zu erhalten, argumentierte er, und die Wahl des 7. November wäre »politisch nicht nur ein unkluger und törichter, sondern auch ein geschmackloser Akt« gewesen (*Japan Times*, 24. November 1976). Imoto Daikichi, während des Krieges Staatsanwalt und nach dem Krieg Generalstaatsanwalt, sagte jedoch, daß es »purer Zufall« gewesen sei, daß die Hinrichtung mit dem Jahrestag der bolschewistischen Revolution zusammenfiel.

5 Interview mit Ishii Hanako.

Bibliographie

Quellen

Obi Toshito (Hg.), *Gendaishi Shiryo, Zoruge Jiken* (Materialien zur Zeitgeschichte), 4 Bde., Tokio, Bd. 1–3, 1962, Bd. 4, 1971
US-Repräsentantenhaus, 82. Kongreß, 1. Sitzung: Komitee für unamerikanische Umtriebe, Druckerei der US-Regierung, Washington, D. C., 1951
Archiv des deutschen Auswärtigen Amtes, Akten zum Fall Sorge
Archive des russischen Verteidigungsministeriums und des KGB

Bücher zur Sorge-Affäre

Auf Englisch

Deakin, F. W., und Storry, G. R., *The Case of Richard Sorge*, London 1966. Dtsch. Ausgabe: *Richard Sorge. Die Geschichte eines Doppelspiels*, München 1965
Johnson, Chalmers, *An Instance of Treason*, Stanford, CA, 1964
Meissner, Hans-Otto, *The Man With Three Faces*, New York 1955
Prange, Gordon, *Target Tokyo*, New York 1984
Willoughby, Charles A., *Shanghai Conspiracy*, New York 1952

Auf Deutsch

Kordt, Erich, *Nicht aus den Akten ...*, Stuttgart 1950
Mader, Julius, *Dr. Sorge-Report*, Berlin 1984
ders., Stuchlik, Gerhard, und Pehnert, Horst, *Dr. Sorge funkt aus Tokio*, Berlin 1966

Auf Japanisch

Ishii, Hanako, *Ningen Zoruge* (Der Mensch Sorge), Tokio 1967
Kawai, Teikichi, *Aru Kakumeika no Kaiso* (Erinnerungen eines Revolutionärs), Tokio 1953

Kazama, Michitaro, *Aru Hangyaku: Ozaki Hotsumi no Shogai* (Ein Fall von Verrat: Das Leben des Ozaki Hotsumi), Tokio 1950

Matsuhashi, Tadamitsu, und Ohashi, Hideo, *Zoruge to no Yakusoku wo Hatasu* (Getreu einem Sorge gegebenen Versprechen), Tokio 1988

Miyashita, Hiroshi, *Tokko no Kaiso* (Erinnerungen eines Agenten der Tokko), Tokio 1978

Nakanishi, Ko, *Chugoku Kakumei no Arashi no naka de* (Inmitten des Sturms von Chinas Revolution), Tokio 1975

Nishizato, Tatsuo, *Kakumei no Shanghai de* (Im Schanghai der Revolution), Tokio 1977

Ohashi, Hideo, *Shinso Zoruge Jiken*, vom Autor veröffentlicht, 1977

Ozaki, Hotsuki, *Zoruge Jiken* (Die Sorge-Affäre), Tokio 1963

ders., *Kaiso no Ozaki Hotsumi* (Erinnerungen von Ozaki Hotsumi), Tokio 1979

Ozaki, Hotsumi, *Aijo wa Furu Hoshi no Gotoku* (Liebe ist wie ein sinkender Stern), Tokio 1946

Shimotomae, Nobuo, mit NHK-Reportern, *Kokusai Supai Zoruge no Shinjitsu* (Die Wahrheit über Sorge, den internationalen Spion), Tokio 1992

Watabe, Tomiya, *Itsuwari no Rakuin* (Das Stigma einer Unwahrheit), Tokio 1993

Auf Russisch

Dementyeva, I., Agayanyants, N., und Yakovlev, Y., *Tovaritch Sorge* (Genosse Sorge), Moskau 1965

Auf Französisch

Guerin, Alain und Chatel, Nicole, *Camarade Sorge*, Paris 1965

Zeitungs- und Zeitschriftenartikel zur Sorge-Affäre

Auf Englisch

Kindermann, Karl, Artikelserie zum Fall Sorge, *Japan Times*, 20., 21., 23., 24. November 1976

Auf Deutsch

Sorge, Christiane, »Mein Mann – Richard Sorge«, *Weltwoche*, Dezember 1964
»Herr Sorge saß mit zu Tische«, *Der Spiegel*, 13. Juni bis 3. Oktober 1951

Auf Japanisch

Guillain, Robert, »Kaiso no Zoruge Jiken« (Erinnerungen an den Fall Sorge), *Chuo Koron*, April 1972

Ikoma, Yoshitoshi, »Zoruge Kaiso« (Sorge-Erinnerungen), *Misuzu*, März 1962

Ito, Ritsu, »Nihon no Yuda to Yobarete« (Zum japanischen Judas ernannt) *Bungei Shunju*, Februar, März, April 1993

ders., »Sanshu Supai Nozaka Sanzo« (Dreifachspion Nozaka Sanzo), *Bungei Shunju*, Januar 1994

Ohashi, Hideo, »Watakushi wa Zoruge o Toraeta« (Ich verhaftete Sorge), *Sunday Mainichi*, 2. Juli 1961

Yamamoto, Makiko, Interview in *Sunday Mainichi*, 28. September 1980, »Watakushi ga Zoruge wo Utta« (Ich verriet Sorge)

Allgemeine Darstellungen

Auf Englisch

Andrew, Christopher, und Gordievsky, Oleg, *KGB, The Inside Story of its Foreign Operations from Lenin to Gorbachev*, London 1990. Dtsch. Ausgabe: *KGB. Die Geschichte seiner Auslandsoperationen von Lenin bis Gorbatschow*, München 1990

Behr, Edward, *Hirohito. Behind the Myth*, London 1989

Buton, R.J.C., *Tojo and the Coming of War*, Princeton, NJ, 1961

Chamberlin, William Henry, *Japan Over Asia*, Boston, MA, 1937

Chapman, John M.W., *The Price of Admiralty*, East Sussex 1984

Cook, Maruko Taya, und Cook, Theodore F., *Japan at War: An Oral History*, New York 1992

Coox, Alvin D., *Nomonhan: Japan Against Russia, 1939*, Bd. 1 und 2, Stanford, CA, 1985

Dirksen, Herbert von, *Moscow, Tokyo, London*, London 1951

Dupuy, T. N., *A Genius For War, The German Army and General Staff, 1807–1945*, London 1977

Erickson, John, *The Road to Stalingrad*, London 1983

Feis, Herbert, *The Road to Pearl Harbor*, Princeton, NJ, 1950

Fleisher, Wilfrid, *Our Enemy Japan*, New York 1942

Grew, Joseph, *Ten Years In Japan*, New York 1944

Haslam, Jonathon, *The Soviet Union and the Threat from the East, 1933–41*, London 1992

Hughes, Richard, *Foreign Devil*, London 1972

Johnson, Paul, *A History of the Modern World*, London 1983

Kase Toshikazu, *Journey to the Missouri*, New Haven, CT, 1950

Knightley, Phillip, *The Second Oldest Profession*, London 1983. Dtsch. Ausgabe: *Die Geschichte der Spionage im 20. Jahrhundert. Aufbau, Organisation, Erfolge und Niederlagen der großen Geheimdienste*, Bern-München-Wien 1989

Krivitsky, Walter G., *In Stalin's Secret Service*, o. O. 1985

ders., *I was Stalin's Agent*, London 1939

Lewin, Ronald, *The American Magic*, London 1982

MacKinnon, Janice R., und Mackinnon, Stephen R., *Agnes Smedley. The Life and Times of an American Radical*, Berkeley 1988

Massing, Hede, *This Deception*, New York 1951

Morin, Relman, *East Wind Rising*, New York 1960

Newman, Joseph, *Goodbye Japan*, New York 1942

ders. (Hg.), *How I Got that Story*, New York 1967

Oda, James, *Secret Embedded in Magic Cables*, veröffentlicht vom Autor, 1993

Piggott, Francis, *Broken Thread*, Aldershot 1950

Pincher, Chapman, *Their Trade is Treachery*, London 1981

ders., *Too Secret too Long*, London 1984

Poretsky, Elizabeth, *Our Own People*, Oxford 1969

Sansom, Katharine, *Sir George Sansom and Japan: A Memoir*, Tallahassee, FL, 1972

Schellenberg, Walter, *The Schellenberg Memoirs*, London 1956. Dtsch. Ausgabe: *Memoiren*, hg. von Gita Petersen, Köln 1959

Seth, Ronald, *Secret Servants*, New York 1957

Stein, Gunther, *Made in Japan*, London 1935
ders., *Far East in Ferment*, London 1936
Tiltman, H. Hessell, *The Far East Comes Nearer*, Philadelphia und London 1937
Tsuji Masanobu, *Singapore, The Japanese Version*, Sydney 1960
Tolischus, Otto, *Tokyo Record*, London 1943
Trepper, Leopold, *The Great Game*, London 1977. Dtsch. Ausgabe: *Die Wahrheit. Eine Autobiographie*, München 1975
Wright, Peter, *Spycatcher*, New York 1987. Dtsch. Ausgabe: *Spycatcher. Enthüllungen aus dem Secret Service*, Frankfurt/M., Berlin 1988
Zacharias, Ellis M., *Secret Missions*, New York 1946

Auf Deutsch

Deutsche Botschafter in Japan, 1860–1973, Tokio 1974
Harich-Schneider, Eta, *Charaktere und Katastrophen*, Berlin 1978
Kuusinen, Aino, *Der Gott stürzt seine Engel*, Wien 1972
Sieburg, Friedrich, *Die Stählerne Blume*, Frankfurt 1939
Werner, Ruth, *Sonjas Rapport*, Berlin 1977
Wickert, Erwin, *Mut und Übermut*, Stuttgart 1991

Auf Japanisch

Hiyama Yoshiaki, *Stalin Ansatsu Keikaku* (Das geplante Attentat auf Stalin), Tokio 1978
Nagai Kafu, *Danchotei Nichijo* (Nagai-Tagebücher), Tokio 1987

Personenregister

Richard Sorge, der auf fast jeder Seite genannt wird, ist im Register nicht verzeichnet, mit Ausnahme seiner Decknamen und Pseudonyme. Bei den japanischen Namen folgt der Autor der japanischen Gepflogenheit, zuerst den Familiennamen und dann den Vornamen zu nennen, so auch im Register.

Abegg, Lily, Korrespondentin der *Frankfurter Zeitung* 393, 420

Akiyama Koji, Dolmetscher von Sorges Spionage-Ring 273, 368 f.

Andrew, Christopher, Professor am Corpus Christi College, Cambridge 8

»Anna«, Deckname von Eugen Ott, siehe dort

Aoyagi Kikuyo, Nichte von Kitabayashi Tomo 345

Aoyama Shigeru, Polizeibeamter bei Sorges Vernehmung 383

Araki Sadao, japan. General, Kriegsminister 74, 275 f.

Araki Mitsuko, Freundin der Otts 351–353, 392

Arsène-Henry, Charles, frz. Botschafter in Japan 283

Asanuma Sumiji, Verteidiger von R. S. 428

Balzer, dt. Generalkonsul in Japan 231, 313

Berger, Fräulein, Krankenschwester der dt. Botschaft in Tokio 360 f., 366

Berija, Lawrentij, sowjet. Politiker, Geheimdienstchef 282

»Bernhardt«, Deckname eines Funkers 83, 85, 101

Bersin, Jan Karlowitsch, sowjet. General, Gründer der Vierten Abteilung, der Sektion des Sowjetischen Militärgeheimdienstes 44–46, 61–63, 65, 76, 85, 98, 103, 115 f., 437

Bickerton, William, neuseeländ. Lehrer an der *Ichiko*-Oberschule 101

Borowitsch, Alex, Oberst aus Bersins Fernöstlicher Sektion 45, 51 f.

Breuer, Richard, Mitarbeiter der dt. Botschaft in Tokio, zuständig für Information und Propaganda 165

Bucharin, Nicolai, sowjet. Politiker und Wirtschaftstheoretiker 44, 362 f.

Canaris, Wilhelm, dt. Admiral, Chef der Abwehr des dt. Kriegsministeriums 126, 152

Chang Hsueh-liang, Kriegsherr der Mandschurei 136

Chiang Kai-shek, Führer der chines. Nationalisten, der Kuomintang 45, 51, 53 f., 126

Churchill, Sir Winston, brit. Premierminister 261

Clausen, Anna, Ehefrau von Max Clausen 16, 134, 240 f., 376, 379, 384, 430, 440

Clausen, Max, Agent des sowjet. Geheimdienstes, Sorges Funker 10 f.,

16–18, 52, 58, 104 f., 112, 114, 125, 132–135, 152, 157, 161, 165, 173–177, 190, 208, 211, 225, 227, 239–241, 252 f., 262, 274, 310, 314, 325 f., 329 f., 340 f., 347, 352–354, 357, 359 f., 365 f., 371–374, 376–379, 381, 383 f., 389, 395, 397, 401–406, 409, 415, 430, 433, 440

Cordt, Fritz, Presseattaché an der deutschen Mission in Schanghai   390

Cox, Jimmy, Korrespondent der Reuters-Nachrichtenagentur   170, 390, 410

Debuchi Katsuji, japan. Botschafter in den USA   75

Denzo Matsuo, japan. Oberst   117

Dirksen, Herbert von, dt. Botschafter   76, 79, 81, 140, 148, 210

Doiohara Kenji, Spionagechef der japan. Armee   96

Dooman, Eugene, Legationsrat an der US-Botschaft in Japan   283

Edita, Ehefrau von Togo Shigenori   389

Eiko, Ehefrau von Hotsumi Ozaki   56, 429

Elliott, Dr., Arzt am St Luke's Hospital   12

Ellis, Charles »Dickie«, Offizier des MI6, Abteilung des brit. Geheimdienstes   43

Ewert, Arthur, engl. kommun. Agent, s. a. Hollis   59

Fleisher, Wilfred, Chefredakteur des *Japan Advertiser*   169

»Fritz«, Deckname von Max Clausen, siehe dort

Galinsky, Wolfgang, dt. Diplomat in Japan   289

»Genossin Olga«, d. i. Olga Benario, dt. Kommunistin u. Aktivistin   83 f.

Gerlach, Christiane, Ehefrau von Kurt Gerlach, Geliebte und spätere Ehefrau von R. S.   35–39, 41–43, 417

Gerlach, Kurt, dt. Professor der Wirtschaftswissenschaften   35, 37 f.

»Gigolo«, Deckname von Branko Vukelic, siehe dort

Golikow, Filipp Iwanowitsch, sowjet. Generalleutnant, Chef des Nachrichtendienstes der Roten Armee   261

Grew, Joseph, US-Botschafter in Japan   74, 169, 227, 362

Gronau, Hans Wolfgang von, dt. Oberstleutnant, Luftattaché   155, 258

Guillain, Robert, französ. Journalist, Leiter der Havas, französ. Nachrichtenagentur   16, 282–284, 443

Guschenko, sowjet. Militärattaché in Tokio   263

»Gustaf«, Deckname von Günther Stein, siehe dort

Hamburger, Rolf, dt. Architekt, Ehemann von Ruth Kuczynski   58

Hamel, Karl, Mitarbeiter der dt. Botschaft in Tokio   435

»Hansson, Elisabeth«, Deckname von Aino Kuusinen, siehe dort

Harich, Walter, dt. Schriftsteller, Ehemann von Eta Harich-Schneider   234

Harich-Schneider, Eta, dt. Musikerin, Freundin von R. S.   7 f., 216 f., 231–235, 241–245, 247 f., 251, 253–257, 273, 285–288, 297, 307 f., 313 f., 316, 318 f., 320, 323, 336–338, 342 f., 351, 353, 356 f., 361, 384, 392 f.

Haushofer, Albrecht, Sohn von Karl Haushofer   75

Haushofer, Karl, dt. Japanexperte, Gründer der *Zeitschrift für Geopolitik* 67
Heß, Rudolf, Stellvertreter Adolf Hitlers 67, 75
Heydrich, Reinhard, Chef der Gestapo 204, 206
Hideki Tojo, japan. Kriegsminister 166, 291, 369, 378, 389
Himmler, Heinrich, Reichsführer SS 421
Hiramatsu Isamu, japan. Staatsanwalt im Fall Sorge 427
Hiranuma Kiichiro, Baron, japan. Innenminister 228
Hirohito, Kaiser von Japan 125, 148, 171, 200, 277, 293, 336, 438
Hitler, Adolf, Reichskanzler 13, 32, 66 f., 80, 96, 126, 129, 140, 148, 162, 166, 170 f., 177–180, 196, 198–200, 207–211, 214 f., 218, 231, 234, 237, 239, 241 f., 247, 252 f., 255, 257, 259–262, 264, 267, 281, 284, 286, 292, 295 f., 309, 321, 341, 367, 424, 434
Hollis, Roger, brit. Journalist, später Chef der brit. Spionageabwehr 58 f.
Honami Hotsumi, Bruder von Ozaki 56

Ichijima Seiichi, Direktor des Sugamo-Gefängnisses, in dem R. S. saß 438
»Ika«, Kosename von R. S., 35, 37 f., 147
»I. K.«, Pseudonym von R. S., Verschlüsselung seines Kosenamens »Ika«, siehe dort
»Ingrid«, Deckname von Aino Kuusinen, siehe dort
Inukai Ken, Mitarbeiter von Ministerpräsident Konoe 419
Ishii Hanako, s. a. Miyake Hanako 7

Ito Nobumi, Regierungssprecher und Leiter der japan. Informationsbehörde 293
Ito Ritsu, Assistent von Ozaki 303, 344 f., 443 f.
Iwamura Michiyo, japan. Justizminister 378

Jimmu, erster japan. Kaiser 234
»Joe«, Deckname von Miyagi, siehe auch dort 371, 379 f.
»Johnson«, Deckname von R. S. 91, 95
Jost, Hans, Chef des dt. Auslandsnachrichtendienstes 204
Junker, August, dt. Lehrer an der Musashino-Musikhochschule 131

Karow, Otto, dt. Japanologe 385
Kase Toshikazu, japan. Diplomat des Außenministeriums 146, 200, 279 f., 437 f.
Katja, siehe Yekaterina Maximowa
Kawai Teikichi, japan. Journalist, Mitarbeiter von R. S. 57, 248–250, 270, 301 f., 331 f., 360, 424
Kazami Akira, japan. Mitglied der Showa-Forschungsgesellschaft 136, 138
Kessler, Harry Graf, dt. Diplomat 32
Ketel, Helmut, dt. Barbesitzer in Tokio 109 f.
Kishi Michizo, Privatsekretär von Ministerpräsident Konoe 139
Kitabayashi Tomo, Mitarbeiterin von Miyagi 344 f., 364, 444
Kiyotake Yasumasu, gemeinsamer Bekannter von Miyagi und Odai 156
Knoll, Karl, Legationsrat der dt. Botschaft in Tokio 76

Konoe, Prinz, japan. Ministerpräsident 136, 138f., 163, 167, 185f., 195, 198f., 201, 203, 218, 226, 267, 269, 293f., 297, 306, 312f., 335f., 346, 351, 358f., 369, 372, 374, 418f.

Kordt, Erich, Gesandter der dt. Botschaft in Tokio 217–219, 223, 265, 352f., 391

Krapf, Franz, dt. Diplomat 316, 318

Kretschmer, Alfred, dt. Oberst, Militärattaché 178, 197, 250, 280, 289, 291f., 313, 316, 324, 339

Kriwizki, Walter, Vertreter der Geheimpolizei NKWD in Den Haag 128

Kuczynski, Ruth, Mitarbeiterin von R. S. 57–60

Kuusinen, Aino, Decknamen »Ingrid«, »Elisabeth Hansson«, Mitarbeiterin im Geheimdienst der Roten Armee 97, 106, 115f., 124f., 142–145, 147

Kuusinen, Otto, Generalsekretär der Komintern 40, 97, 104

Kuzumi Fusako, Mitarbeiterin von Miyagi 368

Lenz, Claus, Mitarbeiter der Presseabteilung der dt. Botschaft 215

Lietzmann, Joachim, dt. Kapitän, Marineattaché 155

Liuschkow, Genrich S., sowjet. General, Kommandeur der NKWD-Truppen im Fernen Osten, Kommissar für Staatssicherheit III. Ranges 151, 153

Loy, Heinrich, Hauptgeschäftsführer von Agfa Japan, Ortsgruppenleiter der NSDAP in Tokio 389

Lüdde-Neurath, Kurt, Legationssekretär in der politischen Abteilung der dt. Botschaft in Tokio 247f.

Mabuchi, Oberst, Mitarbeiter im Pressebüro der japan. Armee 350

MacArthur, Douglas, amerikan. General, Oberbefehlshaber der alliierten Streitkräfte im Pazifik 441

Malenkow, Georgi, sowjet. Politiker, Mitglied des Kriegskabinetts unter Stalin 282

Manuilski, Dmitri, sowjet. Delegierter der Komintern auf dem 9. Parteitag der deutschen Kommunisten 38, 40

Marchtaler, Hans Ulrich von, Leiter der polit. Abteilung der dt. Botschaft in Tokio 214, 318

»Marta«, Deckname von Alfred Kretschmer, siehe dort

Massing, Hede, dt. Freundin von R. S., Agentin des sowjet. Geheimdienstes 43, 107, 306

Matsumoto Shinichi, Freund von Ozaki 429

Matsunaga, Kommissar, Leiter der Ausländerabteilung 315, 329, 331, 406f.

Matsuoka Yosuke, japan. Außenminister 166

Matzky, Gerhard, dt. Oberst, Militärattaché, Nachfolger von Eugen Ott 155, 162–165, 178f., 197

Maximowa, Yekaterina (Katja), russ. Schauspielerin und Ehefrau von R. S. 61f., 65f., 107, 112f., 123f., 144, 146f., 188, 196, 308, 417f.

Meisinger, Josef, SS-Standartenführer, Polizeiattaché der dt. Botschaft in Tokio 204–207, 223, 230, 253–256, 259, 323, 391f., 420f., 435

Meissner, Hans-Otto, Dritter Sekretär der dt. Botschaft in Tokio 15, 140

»Miki«, Deckname von Odai Yoshinobu, siehe dort
Minami Ryuichi, Deckname von Miyagi Yotoku, siehe auch dort 91
Mirbach-Geldern, Ladislaus Graf, Presseattaché der dt. Botschaft in Tokio 140, 145, 165, 215, 342, 351–353
Miyagi Yotoku, japan. Künstler, Mitarbeiter von R. S. 85–88, 90, 95, 99, 113, 118 f., 156 f., 162, 212, 249, 270 f., 273–276, 278 f., 300, 306, 322, 326, 328, 341, 344, 349 f., 352, 360, 362, 364, 367 f., 370, 373–375, 378, 395, 398, 408 f., 432
Miyake Hanako, japan. Freundin von R. S. 12, 110 f., 120 f., 124, 130, 149, 172, 194, 223–225, 285 f., 307, 314 f., 329–331, 354–356, 398, 406–408, 446
Miyanishi Yoshio, japan. Forschungskollege von Ozaki 334
Mizuno Shigeru, japan. Mitarbeiter von R. S. 57
Mohr, Anita, Freundin von Helma Ott 232, 257, 285, 307, 400
Mohr, Billy 257
Molotow, Wjatscheslaw, sowjet. Außenminister 198, 200, 282, 288
Morin, Relman, amerikan. Korrespondent 170
»Mrs. Chui«, Deckname einer chinesischen Agentin 60
Müller, Heinrich, Gestapo-Chef 256

Nagai Kafu, japan. Schriftsteller 187, 195, 297, 301, 336
Nakamura Mitsuzo, japan. Ermittlungsrichter gegen R. S. 425
Nakamura Toneo, Chef der Ideologischen Abteilung der Staatsanwaltschaft Tokio 393, 427
Nakanishi Kou, japan. Spion in China 424, 438
Nehmitz, dt. Oberstleutnant, stellvertretender Luftattaché der dt. Botschaft in Tokio 155, 163 f., 292 f.
Newman, Joseph, Tokio-Korrespondent der *Tribune* 262 f., 269 f., 362, 370 f., 443
Niedermayer, dt. Major, Mitarbeiter des Reichskriegsministeriums 210
Nishizato Tatsuo, japan. Mithäftling von R. S. 434
Nomura, Admiral, japan. Botschafter in den USA 218, 355
Nosaka Sanzo, Vorsitzender der Kommunistischen Partei Japans 444

Oda Shintaro, Mitarbeiter des Handelshauses Mitsui Bussan 299
Odai Yoshinobu, japan. Korporal, Mitarbeiter von R. S. 156–158, 300, 322
Ogata Shinichi, Leiter der japan. Auslandsabteilung 382
Ohashi Chuichi, japan. stellvertretender Außenminister 180
Ohashi Hideo, japan. Polizeibeamter, Komintern-Experte, führte Verhöre mit R. S. 307, 381, 394–397, 400, 403, 405, 407, 410, 413–416, 423 f.
Okada Keisuke, Admiral, japan. Ministerpräsident 117
Olga, siehe »Genossin Olga«
Oshima Hiroshi, Oberst, japan. Militärattaché 96, 126, 129, 257
Ott, Eugen, dt. Botschafter in Japan 13, 67 f., 77 f., 80 f., 95–97, 100, 103, 117, 127, 130, 140, 148 f., 154 f., 167, 172,

180, 195–197, 201–204, 208 f., 214, 216, 219 f., 222–228, 230 f., 236, 241 f., 246, 252, 254, 256, 264 f., 267, 273 f., 279, 281, 288 f., 291 f., 294, 296–298, 306, 309, 311–314, 316 f., 320 f., 323–325, 338–340, 342, 351, 356, 366 f., 372, 382, 389, 392, 399–401, 420–422,

Ott, Helma, Ehefrau von Eugen Ott 13 f., 78, 89, 97, 103, 140, 148 f., 216 f., 232, 235, 241 f., 248, 251, 256 f., 285–287, 290, 307, 313, 318–321, 356, 366, 391, 394

Ott, Podwick, Sohn 78, 97

Ott, Ulli, Tochter 78, 95, 97, 400

Ott, Ehepaar 235, 244, 257, 286, 337, 361

»Otto«, Deckname von Ozaki Hotsumi, siehe dort

Ozaki Hotsumi, japan. Journalist, Mitarbeiter von R. S. 56 f., 60, 91–96, 101, 113 f., 118–120, 136–139, 156, 194, 198, 202 f., 212 f., 224, 227, 248–250, 253, 266–269, 271–274, 278–281, 294, 299, 301 f., 306, 310 f., 313, 322, 326–329, 331–333, 335, 340 f., 345–347, 352, 358, 360, 362, 365, 367 f., 370, 373 f., 376, 380, 395, 409, 418 f., 428–430, 432 f., 439, 443, 446

»Paul«, Deckname von Paul Wenneker, siehe dort

Paulus, Friedrich, dt. General, Oberquartiermeister I im Generalstab des Heeres 178

Philby, Kim, brit. Spion 363

Pjatnizki, Josif A., Chef des OMS 40

Porezki, Elisabeth, Ehefrau von Ignaz Porezki 105

Porezki, Ignaz, alias Ludwig Reiss, Agent des NKWD 105, 144

»Ramsay«, Deckname von R. S. 46, 133, 152 f., 412

Ribbentrop, Joachim von, Außenminister des Dritten Reiches 13, 126, 167, 180, 195–199, 217 f., 223, 257, 267, 279, 281, 294, 296, 317, 353, 422

Ritgen, Wilhelm von, Leiter des Deutschen Nachrichtenbüros in Tokio 205, 221

Roosevelt, Franklin Delano, US-Präsident 335, 369

Rosowski, Salomon, Delegierter der Komintern auf dem 9. Parteitag der deutschen Kommunisten, stellvertretender Volkskommissar für Auswärtiges 38, 412

Saionji Kinkazu, Mitarbeiter von Ozaki Hotsumi, Berater von Prinz Konoe 198, 202, 272, 278, 327, 346 f., 419

Saionji Kinmochi, japan. Prinz 136, 198

Saito Harutsugu, japan. Polizeibeamter 381 f.

Saito, Vicomte, Lordsiegelbewahrer 117

Saizew, Viktor Sergewitsch, »Serge«, Zweiter Sekretär der sowjet. Botschaft, Mitarbeiter von Max Clausen 135, 365, 412

Schellenberg, Walter, Chef der Spionageabwehr Inland der Gestapo 204–206, 221, 255

Schirach, Baldur von, Reichsjugendführer 215

Scholl, Erwin, Major, stellvertretender dt. Militärattaché 14, 16 f., 152–155, 235–237, 239, 252, 309, 421

Schukow, Georgi, sowjet. General 158
Schulze, Reinhold, Kulturattaché an der dt. Botschaft in Tokio 165, 214
»Serge«, Deckname von Viktor Saizew, siehe auch dort 135, 352, 365, 412
Shigemitsu Mamoru, japan. Außenminister 437
Shigeru Aoyama, japan. Polizeibeamter 330 f.
Sieburg, Friedrich, dt. Journalist u. Schriftsteller 72 f., 115, 172
Smedley, Agnes, amerikan. Korrespondentin der *Frankfurter Zeitung*, Freundin von R. S. 48–51, 55 f., 58–60, 94, 441 f.
Smetanin, Constantin, sowjet. Botschafter in Japan 241, 259–261, 264
Smolianski, Grigori, Erster Sekretär des ZK 104
»Sonja«, Deckname von Ruth Kuczynski, siehe dort
Sonter, R., Pseudonym von R. S. als Journalist 41
Sorge, Friedrich Adolf, Weggefährte von Karl Marx; Großonkel von R. S. 23 f.
Sorge, I. K., Pseudonym von R. S. 41
Sorge, Nina, Mutter von R. S. 22, 25, 30
Sorge, Richard senior, Vater von R. S. 22
Stahmer, Heinrich, Sondergesandter von Ribbentrop 167, 422
Stalin, Jossif Wissarionowitsch, Generalsekretär des ZK der Kommunist. Partei der Sowjetunion 74, 105, 129, 143 f., 147 f., 177, 179 f., 200, 248, 252, 255, 258, 261–264, 267, 269, 284, 288, 298, 309, 333, 392, 402, 414, 418, 433 f., 436, 438, 445
Stein, Günther, Korrespondent der Londoner *Financial Times* und des *News Chronicle* 132, 441
Sugiyama Gen, Stabschef des japan. Heeres 291
Suzuki, japan. Admiral 117
Suzuki Tomiki, japan. Inspektor im Fall Sorge 397

Taguchi Ugenta, japan. Mitarbeiter von Miyagi 271, 273, 278
Takada Tadashi, Vorsitzender Richter im Fall Sorge 426, 428 f.
Takahashi Korekiyo, japan. Finanzminister 117
Takahashi Yosuke, Inspektor im Fall Sorge 370
Tanaka Shinjiro, japan. Mitarbeiter bei der *Asahi Shimbun* 273
Thiebault, Oberst, Militärattaché an der frz. Botschaft in Tokio 283
Thomas, Georg, dt. General, Chef der Amtsgruppe Wehrwirtschaft im Oberkommando des Heeres 119, 162 f.
Tichy, Alois, Leiter der Wirtschaftsabteilung der dt. Botschaft in Tokio 164, 213
Togo, japan. Admiral 304
Togo Shigenori, japan. Außenminister 389
Tojo, siehe Hideki Tojo
Tolischus, Otto, Korrespondent der *New York Times* 187, 277, 302, 398 f.
Tominaga Kyoji, japan. Generalmajor 436
Toyoda Teijiro, Admiral, japan. Außenminister 294, 325
Trepper, Leopold, Kollege von R. S. 436
Tschitschibu, Prinz, Bruder von Kaiser Hirohito 125

Tsunajima, Dolmetscher der dt. Botschaft in Tokio 331

Urach, Prinz Albrecht von, Freund von R. S. 9–11, 14, 90, 196, 208, 223
Urizki, Semjon Petrowitsch, sowjet. General, Nachfolger von Bersin als Direktor der Vierten Abteilung des Sowjetischen Militärgeheimdienstes 103 f., 115, 143
Ushiba Tomohiko, Privatsekretär von Ministerpräsident Konoe 135 f., 139

Virtanen, Niilo, Komintern-Mitarbeiter, Freund von R. S. 105, 147
»Vix«, Deckname von R. S. 133
Vukelic, Branko, jugoslaw. Mitarbeiter des Geheimdienstes der Komintern, Fotoexperte des Spionagenetzes von R. S. 7, 16, 83–87, 95, 101, 112, 114, 132, 156, 188–193, 240, 262, 269 f., 282–284, 307, 353 f., 357, 362–365, 371, 373, 376–381, 384, 397, 408 f., 415, 430 f.
Vukelic, Edith, erste Ehefrau von Branko Vukelic 83 f., 189 f., 192, 240, 307, 365
Vukelic, Hiroshi, Sohn von Branko und Yoshiko 430
Vukelic, Paul, Sohn von Branko und Edith 83, 365
Vukelic, Yoshiko, zweite Ehefrau von Branko Vukelic 188, 190–193, 384, 430 f.
Vutokewitsch, Helge Leonidowitsch, Chef der Konsularabteilung der sowjet. Botschaft 135, 412

Wallenius, Anna, siehe auch Anna Clausen 52

Weingarten, Seppel, dt. Agent des sowjet. Geheimdienstes 51 f.
Weise, Rudolf, Leiter des Deutschen Nachrichtenbüros 10, 225, 353, 357
Weiß, Frieda, Mitarbeiterin der Deutsch-Ostasiatischen Gesellschaft 141, 440
Wenneker, Paul, Marineattaché der dt. Botschaft in Tokio 15, 100, 154 f., 203, 231, 242, 280, 289, 291, 323–325, 339, 351, 357, 379, 417, 421, 423
Werner, Ruth, Deckname von Ruth Kuczynski, siehe dort
Wickert, Erwin, Rundfunkattaché der dt. Botschaft in Tokio 229, 258 f., 390
Wilhelm II., dt. Kaiser 24, 31, 214
Willoughby, General, Chef des US-Militärgeheimdienstes 431, 440 f., 443 f.
Wohlthat, Helmuth, Chef der dt. Wirtschaftsdelegation in Tokio 422
Woroschilow, Kliment, sowjet. Politiker, Mitglied des Kriegskabinetts unter Stalin 282

Yamazaki Yoshiko, siehe auch Yoshiko Vukelic 7, 189
Yano Toru, japan. Komintern-Agent 86
Yoshikawa Mitsusada, japan. Staatsanwalt im Fall Sorge 365, 381–383, 393–399, 401 f., 408 f., 415–417
Yosuke Matsuoka, japan. Außenminister 166–168, 180, 196, 198–203, 218, 220, 227 f., 259–261, 264, 267, 274, 276, 279–281, 291, 294 f., 311
Yukawa Yasuhiro, japan. Leutnant 117

Zeller, Journalist der Berliner *Täglichen Rundschau* 68